भगत सिंह को फाँसी-2

चुनिन्दा गवाहियाँ

सुखदेव की टिप्पणियों सहित

भगत सिंह को फाँसी

2

चुनिन्दा गवाहियाँ
सुखदेव की टिप्पणियों सहित

मलविन्दर जीत सिंह वढ़ैच
राजवन्ती मान

अनुवादक
रमेश कुमार

राजकमल प्रकाशन
नयी दिल्ली पटना इलाहाबाद कोलकाता

ISBN : 978-81-267-2584-7

मूल्य : ₹ 600

पहला संस्करण : 2014

प्रकाशक : राजकमल प्रकाशन प्रा. लि.
1-बी, नेताजी सुभाष मार्ग, दरियागंज
नई दिल्ली-110 002

शाखाएँ : अशोक राजपथ, साइंस कॉलेज के सामने, पटना-800 006
पहली मंजिल, दरबारी बिल्डिंग, महात्मा गांधी मार्ग, इलाहाबाद-211 001
36 ए, शेक्सपियर सरणी, कोलकाता-700 017

वेबसाइट : www.rajkamalprakashan.com
ई-मेल : info@rajkamalprakashan.com

मुद्रक : बी.के. ऑफसेट
नवीन शाहदरा, दिल्ली-110 032

BHAGAT SINGH KO PHANSI (Vol. II)
Chunnida Gawahiyan : Sukhdev Ki Tippaniyon Sahit
by Malwinder Jit Singh Waraich & Rajwanti Mann

समर्पण

सुखदेव के छोटे भाई, स्वर्गीय मथुरादास थापर को, जिन्होंने शहीद सुखदेव की निजी हस्तलिखित टिप्पणियों वाले अदालती रिकार्ड की अमूल्य प्रति

मथुरा दास थापर

राष्ट्रीय अजायबघर, दिल्ली को उपलब्ध कराई, जो भुगती गई गवाहियों की सार्थकता को प्रमाणित करती है।

विषय-वस्तु

~o~

श्रेणीबद्ध गवाहों की सूची

1. आगरा : 178, 233, 245, 252, 253, 254, 263, 310, 327, 328, 356, 404, 452, 238, 239, 240, 241, 242, 243, 244, 256, 370, 371, 248, 249, 250, 251, 265, 234, 235, 236, 237, 331, 246,
2. अमृतसर : 156, 175, 176, 197, 198, 316, 360, 443,
3. बेतिया (बिहार) : 17, 27, 28, 366, 373, 374, 322, 375, 393, 431, 434,
4. बमसाजी : 93, 126, 127, 128, 129, 130, 131, 132, 146, 147, 148, 166, 196, 255, 263, 383, 384, 385, 386, 387, 388, 389, 409
5. कलकत्ता : 358, 390, 391, 394, 395, 396, 397, 398,
6. दिल्ली : 18, 20, 177, 193, 381, 120, 319, 353, 323, 329, 330, 168, 169, 170, 171, 172, 173, 174, 425, 426, 320, 420, 152, 361, 379,
7. फिरोजपुर : 296, 297, 298, 299, 302, 305, 306, 307, 340, 408, 439, 447, 318, 453, 188, 199, 200, 292, 293, 294, 295, 300, 301, 304, 407, 429,
8. शनाख्ती परेडें : 29, 33, 35, 41, 42, 43, 44, 167, 204, 264, 303, 414, 444, 445, 448, 456
9. झाँसी : 279, 280, 282, 283, 284, 285, 286, 287, 288, 289, 290, 291, 454, 403
10. कानपुर : 372, 376, 377, 430, 441
11. लाहौर : 24, 446, 63, 64, 72, 73, 74, 86, 191, 309, 65, 149, 155, 125, 61, 90, 184, 62, 315, 91, 57, 96, 99, 100, 417, 112, 321, 23, 32, 121, 56, 58, 317, 436, 363, 231, 50, 51, 52, 53, 54, 60, 189, 194, 158, 159, 183, 308, 325, 326, 410, 382, 187, 190, 224, 457, 76, 151, 401, 402, 311, 88, 89, 179,

185, 186, 49, 55, 109, 110, 182, 219, 260, 262, 449, 87, 94, 95, 111, 201, 202, 338, 339, 59, 362, 122, 378, 427, 455

12. कत्ल (17 दिसम्बर, 1928) : 34, 36, 45, 47, 47, 48, 101, 102, 106, 144, 145, 180, 181, 232, 261, 80, 84, 85, 79, 107, 108, 69, 75, 77, 78, 92, 105, 150, 68, 71, 39, 37, 38, 40, 67, 70, 103, 114, 115, 116, 117, 118, 119, 195, 30, 31, 66, 104, 113
13. पुलिस–बरामदगियाँ, गिरफ्तारियाँ और हस्तलिखतें : 9, 349, 364, 365, 411, 412, 413, 415, 416, 421, 16, 336, 337, 342, 435, 354, 355, 369, 153, 154, 155, 165, 247, 313, 423, 344, 352, 351, 424, 26, 192, 399, 400, 433, 450, 451, 359
14. रावलपिंडी : 124, 133, 134, 135, 136, 137, 138, 139, 140, 141, 142, 143, 160, 161, 162, 163, 164, 257, 258, 259, 312, 314, 367, 368, 406, 437
15. सहारनपुर : 19, 25, 203, 205, 206, 207, 208, 209, 210, 211, 212, 213, 214, 215, 216, 217, 218, 220, 221, 222, 225, 226, 228, 229, 230, 324, 332, 380
16. लिखतें : 21, 22, 81, 82, 83, 97, 98, 123, 157, 223, 227, 343, 347, 348, 350, 357, 358, 428, 432, 438, 442
17. योगेश चन्द्र चटर्जी को छुड़ाने सम्बन्धी : 12, 13, 14, 15, 266, 267, 268, 269, 270, 271, 272, 273, 274, 275, 276, 277, 280, 281, 333, 334, 335, 341, 345, 346, 418, 419, 422, 440

~o~

किसने किसको शनाख्त किया

क्रम संख्या	दोषी का नाम	शनाख्ती कार्रवाई के गवाह का सिलसिलेवार नम्बर	शनाख्त करने वाले गवाह का सिलसिलेवार नम्बर
1.	आज्ञाराम (मास्टर)	35	5, 171
		29	125
2.	अजय घोष	41	3, 377
		35	6, 3
		444	352
3.	बी.के. दत्त	42	18
		35	170, 171, 3
		17	
		33	248, 371
4.	भगत सिंह	33	288, 290, 287, 391, 392, 292
		35	3, 4, 6, 5, 34, 36, 139, 169, 420, 171, 170, 64, 72, 73, 74, 86
			48, 172, 371, 239, 240, 180, 174, 101, 232, 102, 47, 288, 200
		42	17, 18
		44	145, 235, 102
		303	173, 174
		445	144, 289, 290, 352, 391, 392, 397, 451

12. किशोरी लाल	29	96, 63, 202, 125, 317, 457, 363
	33	111
	35	5, 73, 74, 363, 58, 125, 63, 190, 107
	41	171
	43	457, 417, 23
13. कँवलनाथ तिवारी	33	395, 396, 397
	35	3, 4, 170, 371, 17
	41	393, 431
14. कुन्दन लाल	33	2, 4, 74, 72, 86, 73, 3, 288, 287
	35	236, 365
15. महावीर सिंह	33	2, 5, 74, 73, 72, 60, 54, 51, 304, 292, 301
	35	64, 72, 73, 74, 86, 292, 295, 199, 200
	41	149, 421
16. फणिन्द्रनाथ घोष, सरकारी गवाह	33	6, 373, 397, 396, 395
	264	265, 238, 371, 240, 239, 237, 290
	33	7, 317, 56
	35	299, 157, 158, 190, 224, 439, 5, 298
17. राजगुरु	29	34
	33	2, 3, 6, 64, 73, 86, 72, 174, 47, 36, 101, 363, 436, 236, 237, 239, 240, 74, 408, 181, 58, 288
	41	413
18. शिव वर्मा	29	2, 3, 6
	33	197, 200, 390, 392
	444	334
	33	335, 434

~o~

कुछ मार्मिक तारीखें

क्रम संख्या	व्यक्ति का नाम	जन्म तिथि	मृत्यु की तिथि
1.	अजय घोष	20.02.1909	13.01.1962
2.	बी.के. दत्त	18.11.1910	20.07.1965
3.	भगत सिंह	28.09.1907	23.03.1931
4.	विजय कुमार सिन्हा	17.01.1909	16.07.1992
5.	गया प्रसाद उर्फ डॉक्टर	20.06.1900	10.02.1993
6.	जयदेव कपूर	24.10.1908	19.09.1994
7.	जतिन दास	27.10.1904	13.09.1929
8.	जतिन्द्र सान्याल		10.05.1990
9.	किशोरी लाल	09.06.1909	11.07.1990
10.	महावीर सिंह	16.09.1904	17.05.1933
11.	प्रेमदत्त	19.01.1911	
12.	राजगुरु	24.08.1908	23.03.1931
13.	शिव वर्मा	जनवरी 1907	10.01.1997
14.	सुखदेव	19.02.1907	23.03.1931
15.	सुरिन्द्र पांडे		13.06.1992
16.	चन्द्रशेखर आजाद	23.07.1906	27.02.1931
17.	भगवतीचरण वोहरा	15.11.1903	28.05.1930
18.	दुर्गा वोहरा उर्फ भाभी	07.10.1907	15.10.1999
19.	सचिन्द्र वोहरा उर्फ शची	03.12.1925	29.09.2005

~o~

फोटो सेक्शन

चन्द्रशेखर आज़ाद
[23.07.1906–27.02.1931]

भगत सिंह
[28.09.1907–23.03.1931]

राजगुरु
[24.08.1908–23.03.1931]

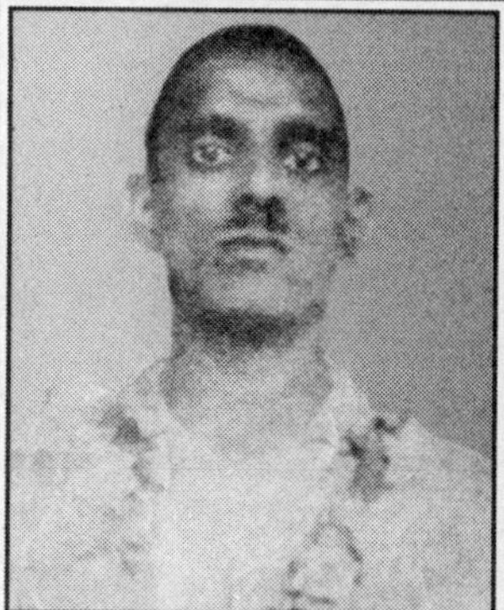

सुखदेव
[19.02.1907–23.03.1931]

जतिन दास
[27.10.1904–13.09.1929]

महावीर सिंह
[16.09.1904–17.05.1933]

बटुकेश्वर दत्त
[18.11.1910–20.07.1965]

विजय कुमार सिन्हा
[17.01.1909–16.07.1992]

शिव वर्मा
[जनवरी 1907–10.01.1997]

जयदेव कपूर
[24.10.1908–19.09.1994]

डॉ. गया प्रसाद
[20.06.1900–10.02.1993]

किशोरी लाल
[09.06.1909–11.07.1990]

भगवतीचरण वोहरा
[15.11.1903–28.05.1930]

दुर्गा 'भाभी'
[07.10.1907–15.10.1999]

सुरिन्द्रनाथ पाण्डे
[................–13.06.1992]

अजय कुमार घोष
[20.02.1909–13.01.1962]

कंवलनाथ तिवाड़ी
[..................................]

आज्ञा राम (मास्टर)
[..................................]

कुन्दन लाल
[..................................]

जतिन्द्रनाथ सान्याल
[.................-10.05.1990]

देश राज
[..................................]

प्रेम दत्त
[19.09.1911-..................]

राम शरण दास
[24.08.1888-08.02.1963]

ब्रह्म दत्त
[..................................]

सदाशिवराव मल्कापुरकर
[...........1908-22.07.2002]

भगवान दास माहौर
[..........1910-12.03.1979]

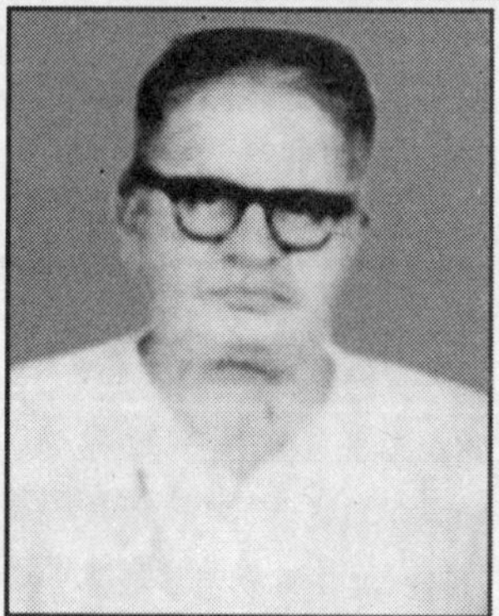

विश्वनाथ वैशम्पायन
[28.11.1910-..................]

सुशीला 'दीदी'
[05.03.1905-15.01.1963]

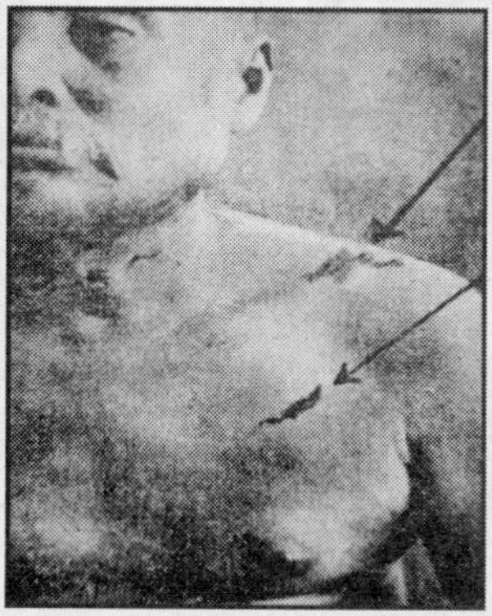

(घायल) लाला लाजपत राय

जे.पी. सांडर्स

किला फिरोज़शाह कोटला, दिल्ली

जहाँ क्रान्तिकारियों ने 8-9 सितम्बर 1928 को मीटिंग की थी

भगत सिंह और बटुकेश्वर दत्त ने 8 अप्रैल 1929 को जिस 'केन्द्रीय विधान सभा' में बम फैंके थे, वह अब 'संसद भवन' के नाम से प्रसिद्ध है।

एस.एस.पी. लाहौर के दफ्तर के बाहर का दृश्य
जहाँ जे.पी. सांडर्स का कत्ल किया गया था।

डी.ए.वी. कॉलेज, लाहौर
जो अब इस्लामिया कॉलेज के नाम से प्रसिद्ध है

डी.ए.वी. कॉलेज, कानपुर

चौबारा, तूड़ी बाजार, फिरोज़पुर **चौबारे की सीढ़ियाँ**

उपरोक्त चौबारे की ऊपर की मंजिल में डॉ. गया प्रसाद की रिहायश थी व निचली मंजिल में उनका क्लिनिक, जो क्रान्तिकारियों की गतिविधियों को बढ़ावा देने व पुलिस की आँख में धूल झोंकने के मकसद से खोला गया था।

रेखांकित वह दुकान
जहाँ भगत सिंह ने बाल कटवाए थे।

उपरोक्त तीनों चित्र सुभाष परिहार के सौजन्य से प्राप्त हुए हैं।

चुनिन्दा गवाहियाँ

सरकारी गवाह नं. 'ए' : 'फरार दोषियों के सम्बन्ध में'

वाजिद अलीशाह, हेड कांस्टेबल, पुलिस नं. 2076, सुपुत्र जाफर अलीशाह, स्पेशल स्टाफ, सी.आई.डी., लाहौर:–

मुझे फरार मुल्जिम सतगुरदयाल की तलाश के लिए सन् 1929 में नियुक्त किया गया था। वह कानपुर का रहने वाला है, उसकी जाति ब्राह्मण है। मैंने उसकी तलाश सहारनपुर, लखनऊ, कानपुर व लाहौर में की, किन्तु वह नहीं मिला। उसके मिलने की कोई उम्मीद नहीं है। उसका कोई पता नहीं है, इसलिए उसकी गिरफ्तारी की कोई सम्भावना नहीं है।

सुनकर सही स्वीकार किया।

(ह.) वाजिद अलीशाह

5 मई, 1930

सरकारी गवाह नं. 'बी' : 'फरार दोषियों के सम्बन्ध में'

मुहम्मद इस्माइल, सहायक सब-इंस्पेक्टर, सी.आई.डी.:

मैंने चन्द्रशेखर आजाद व भगवतीचरण दोषियों की तलाश लाहौर, लुधियाना, मेरठ, हरदोई, गोरखपुर और यू.पी. के अन्य बहुत से शहरों में तथा दिल्ली, पूना व सितारा में की, मगर वे नहीं मिले। उनका कोई पता नहीं है।

सुनकर सही स्वीकार किया।

(ह.) मुहम्मद इस्माइल, सहायक सब-इंस्पेक्टर

5 मई, 1930

सरकारी गवाह नं. 'सी' : 'फरार दोषियों के सम्बन्ध में'

नजफ खान, पुलिस सब-इंस्पेक्टर, जिला गुजरात:–

मैंने कैलाशपति उर्फ कालीचरण, मुल्जिम की तलाश की थी। वह मनगरावां, थाना घमीरपुर, जिला आजमगढ़, यू.पी. का रहने वाला है। उसकी जाति कायस्थ है। गोरखपुर में उसके कई ठिकानों में उसकी तलाश की गई, मगर वह नहीं मिला। पता लगा था कि वह डाकखाने से गबन के जुर्म में भारतीय दंड संहिता की धारा 409 के अधीन गोरखपुर में भी इश्तिहारी मुल्जिम था। उसके जल्दी मिलने की कोई उम्मीद नहीं है।

सुनकर सही स्वीकार किया।

5 मई, 1930 (ह.)

सरकारी गवाह नं. 'डी' : 'फरार दोषियों के सम्बन्ध में'

सय्यद असगर अली, पुलिस सब-इंस्पेक्टर नं. 5, जिला हिसार–

मैंने यशपाल मुल्जिम की तलाश की थी। वह नादौन, थाना हमीरपुर, जिला कांगड़ा का रहने वाला और मच्छी हाटा, लाहौर का वासी भी मालूम हुआ है, लेकिन उसका कोई

पता नहीं चला। उसकी भविष्य में मिलने की कोई उम्मीद नहीं है। मैंने उसे जिला हिसार, रोहतक, लाहौर व रियासत पटियाला में तलाश किया। मगर उसका कोई पता नहीं लगा। मैंने भगवतीचरण मुल्जिम की भी तलाश की, मगर उसका भी कोई पता नहीं चला।

सुनकर सही स्वीकार किया।

5 मई, 1930 (ह.)

आदेश

वाजिद अलीशाह, मुहम्मद इस्माइल, नजफ खान एवं सय्यद असगर अली, सरकारी गवाह '*ए*', '*बी*' '*सी*' और '*डी*' के प्रमाणों से यह सिद्ध होता है कि सतगुरदयाल, चन्द्रशेखर आजाद, भगवतीचरण, कैलाशपति उर्फ कालीचरण और यशपाल फरार हैं और उनकी गिरफ्तारी की कोई उम्मीद नहीं है। यह दंड-प्रक्रिया संहिता की धारा 512 के तहत दिया गया है।

5 मई, 1930 जे. कोल्डस्ट्रीम

सरकारी गवाह नं. 1 : 'शिकायतकर्ता'

मिस्टर जी.टी. हेमिल्टन हार्डिंग, सीनियर सुपरिंटेंडेंट, लाहौर पुलिस, मंजूरी स्थानीय सरकार प्रदर्श पी.ए., प्रदर्श पी.बी. तथा यह सरकारी अभियोग दिनांक 10 जुलाई, 1929 को पेश करता हूँ। इसमें जो लिखा है, मुझे उन वाक्यों का निजी ज्ञान नहीं है। मैं सरकारी आदेश पर केवल औपचारिक शिकायतकर्ता हूँ।

सुनकर सही स्वीकार किया।

5 मई, 1930 जे. कोल्डस्ट्रीम

सरकारी वादामाफ गवाह नं. 2 : 'विस्तृत गवाही'

जयगोपाल, सुपुत्र दीबान चन्द, जाति अरोड़ा, भूतपूर्व शिष्य, उम्र 19 या 20 वर्ष, गुजराँवाला:–

बयान किया कि मुझे इस केस में वादामाफी मिल चुकी है। मेरे पिता पर्मानेंट व इंस्पेक्टर एन.डब्ल्यू.आर. हैं। मैं गुजराँवाला का पक्का निवासी हूँ। मैं छठी कक्षा तक गुजराँवाला में पढ़ा और सातवीं कक्षा में नेशनल स्कूल, लाहौर में दाखिल हुआ। वहाँ मेरा भाई मदनगोपाल भी विद्यार्थी था। मदनगोपाल थोड़ी देर बाद स्कूल छोड़ गया था। वर्ष 1926 में जब मैं दसवीं कक्षा में था तो मेरी जान-पहचान दोषी सुखदेव से हो गई। ***गवाह ने कहा कि दोषी सुखदेव को मौजूदा अदालत में शनाख्त करता हूँ। उसने दोषी की तरफ इशारा किया और उसे शनाख्त किया।*** उस स्कूल में पंडित यशपाल हिन्दी के अध्यापक थे। पंडित यशपाल ने गर्मियों की छुट्टियों से पहले कहा कि उसका मित्र सुखदेव आएगा तो उसको रोटी खिला देना। पंडित यशपाल खुद किसी काम के लिए बाहर जा रहे थे। शाम को सुखदेव जब आया तो मैंने कहा कि पंडित यशपाल जी यहाँ नहीं हैं। मैंने उसे खाना खिलाया। शाम को खाना खाकर मैं सुखदेव के साथ सैर को गया। गोल बाग से होते हुए हम माल रोड की तरफ गए। मुख्य डाकघर के पास सुखदेव ने मुझसे पूछा कि मेरे पिता क्या काम करते हैं? फिर पूछा कि दसवीं की परीक्षा के बाद मैं क्या काम करूँगा? मैंने कहा कि यदि नौकरी मिल गई तो नौकरी कर लूँगा अन्यथा

कॉलेज में दाखिल हो जाऊँगा। इस पर सुखदेव ने कहा यद्यपि तुम नेशनल स्कूल के विद्यार्थी हो तो क्या आपके मन में देश की सेवा का विचार आया है या नहीं? मैंने जवाब दिया कि मैं खद्दर पहना करूँगा और कांग्रेस का काम किया करूँगा। तब सुखदेव ने मुझे एक भाषण दिया कि हमें देशभक्ति के लिए एक गुप्त संस्था स्थापित करनी चाहिए ताकि जिसके द्वारा हम सरकार को तहस-नहस कर सकें। जब हमारा नेशनल स्कूल गर्मियों की छुट्टियों के कारण बन्द हो गया तो मैं लाहौर में आ गया। परन्तु जैसे मुझे मालूम हुआ कि दसवीं की पढ़ाई का इंतजाम स्कूल में है तो मैं फिर स्कूल में वापस आ गया। मैं नेशनल स्कूल के बोर्डिंग हाउस में रहने लगा। उसके बाद मुझे परी महल लाहौर में अचिन्त राम की सिफारिश से रहने के लिए जगह मिल गई। वहाँ दो अन्य लड़के-**मदनलाल और ब्रह्मदत्त** रह रहे थे, जो दसवीं कक्षा में पढ़ते थे। उसके बाद सुखदेव मुझे नवम्बर 1926 में गुप्त संस्था की सदस्यता के बारे में मिला, जो उसने बनाई थी। मैं सदस्य बनने के लिए तैयार हो गया। उसके बाद सुखदेव समय-समय पर मुझे मिलता रहता था। जनवरी 1927 में सुखदेव मेरे मकान पर आया और उसने मुझे कहा कि मैं कल उसे भाटी दरवाजे के सैर बाग में मिलूँ। दूसरे दिन मैं सुखदेव को वहाँ मिला। उसके हाथ में जिस्ती थैला था। वह मेरे साथ परी महल आ गया। वह, जो जिस्ती हैंड बैग साथ लाया था, उसके बारे में उसने कहा कि मैं उसे अपने पास रखूँ। उसने दो चाबियाँ मुझे दिखाईं और कहा कि जो व्यक्ति ये **चाबियाँ** लेकर आए उसको यह **हैंड बैग** दे देना। **हैंड बैग** अदालत में ***प्रदर्श पी.-471*** मौजूद है। मैं इसे शनाख्त करता हूँ। चाबी नम्बर 472 इन दोनों में से एक है। उसके 20-25 दिन के बाद पंडित जयचन्द (भूतपूर्व प्रोफेसर, नेशनल कॉलेज), मेरे पास आया और मुझसे पूछा कि क्या सुखदेव मेरे पास कोई बॉक्स रख गया है? मैंने जवाब दिया कि मैं किसी सुखदेव को नहीं जानता। उसके बाद उसने दोनों चाबियाँ मुझे दिखाईं, जैसी सुखदेव दिखा गया था। तब मैंने हैंड बैग उसके हवाले कर दिया। जयचन्द ने बॉक्स खोलकर वहाँ ही रख दिया; जब उसने बॉक्स खोला था तो उसने मुझे बाहर खड़ा कर दिया था। वह बॉक्स की चाबियाँ अपने साथ ले गया। चाबियों से बॉक्स खोलते समय आई आवाज से पता लगा था कि उसने बॉक्स खोला था। उसके कुछ दिन बाद सुखदेव आया और बॉक्स को ले गया। उसने मुझे कहा कि जब नेशनल स्कूल के सारे कमरों की चाबियाँ तेरे पास हैं तो वहाँ से अच्छी-अच्छी चीजें लाना, क्योंकि मैं हेड-मास्टर से फोटोग्राफी का काम सीखता था, इसलिए चाबियाँ मेरे पास रहती थीं। अत: सुखदेव ने कहा कि **थर्मामीटर, बैटरी, मरकरी व विज्ञान की अच्छी-अच्छी पुस्तकें व उपयोगी चीजें वहाँ से लाना।** मैंने कहा कि कोशिश करूँगा। मैं तब **दो थर्मामीटर-*प्रदर्श पी.-172 व प्रदर्श पी.-173*, दो बैटरियाँ-*प्रदर्श पी.-174 व प्रदर्श पी.-174-ए*, एक बोतल मरकरी-*प्रदर्श पी.-41*** और एक पुस्तक ***'Manufacture of Uses of Expplosives'* *प्रदर्श पी.-364*** स्कूल से लाया। ये सारी चीजें मैंने सुखदेव को दे दीं। परी महल में एक लड़के, बंसीलाल से मेरी जान-पहचान हो गई थी। बंसीलाल को मैंने इस पार्टी के बारे में कुछ भी नहीं बताता था। मैंने दसवीं की परीक्षा मार्च 1927 के आखिर में पास कर ली। सुखदेव ने नवम्बर 1926 की मीटिंग

में मुझसे कहा था कि सरकार और सरकार की तरफदारी करने वाले व्यक्तियों को डराने के लिए बम बनाना जरूरी है। इसलिए मैं जुब्ली इंस्टीट्यूट में दाखिल हो जाऊँ, ताकि मैं फॉउन्डरी वर्क, पैटर्न मेकिंग आदि का काम सीखूँ। मैं मेटल वर्क सीखने के लिए जून 1927 में वहाँ दाखिल हो गया था। मैंने रहने के लिए **'कुन्दन लाल बिल्डिंग'** में एक कमरा किराये पर ले लिया। सुखदेव के कहने पर मैं वहाँ गुप्त रूप से रहता था। सात रुपए कमरे का किराया था। जब मैं परी महल में रहता था तो एक व्यक्ति ने मुझे एक चिट्ठी देकर फिरोजपुर भेजा था, जो मुझे कांग्रेस के दफ्तर में एक व्यक्ति को देनी थी।

(गवाह ने बयान सुनते समय कहा कि उसी व्यक्ति ने मुझे अमृतसर भी रवाना किया–जे. कोल्डस्ट्रीम)

मैं उस व्यक्ति को नहीं जानता था। मैं चिट्ठी देकर लाहौर वापस आ गया। मैं जुब्ली इंस्टीट्यूट में जनवरी 1928 तक शिक्षा प्राप्त करता रहा तथा वहाँ फॉउन्डरी वर्क व लौहार का काम सीखता रहा। सुखदेव की चिट्ठियाँ मुझे इम्पायर इंजीनियरिंग वर्क्स, लाहौर के पते पर आती थीं। जो चिट्ठी सुखदेव को देनी होती थी उस पर 'अजीज जयगोपाल' लिखा होता था; मैं ऐसे पत्र सुखदेव को दिया करता था। 1927 में गर्मियों की छुट्टियों में मेरी भगत सिंह से जान–पहचान हो गई। ***(गवाह ने मुल्जिम की तरफ इशारा किया और उसे शनाख्त किया)*** मैं, भगत सिंह को नेशनल कॉलेज के स्टूडेंट के तौर पर जानता था। भगत सिंह 'कन्हैया लाल बिल्डिंग' वाले मकान में और सुखदेव गर्मियों की छुट्टियों में सन् 1927 में मुझे मेरे मकान पर मिले। वहाँ वह मुझे पार्टी का मेम्बर मालूम हुआ। भगत सिंह जब सुखदेव के साथ बैठा था तो उसके पास **छह लम्बे चाकू** थे। **चाकू *प्रदर्श पी.–475*** मौजूदा अदालत में उन छह चाकुओं जैसे हैं। उन पर चमड़े के मियान चढ़े हुए थे जो ***प्रदर्श पी.–475–ए*** हैं।

भगत सिंह के पूछने पर मैंने बताया कि मैं इम्पायर इंजीनियरिंग वर्क्स में सीखता हूँ। उसके बाद दशहरे के मौके पर मैंने सुखदेव के कहने पर एक मकान, **लक्ष्मण गली** में 5 रुपए महीना किराये पर लिया। उसमें मैं और सुखदेव रहते थे। मकान के ताले की चाबियाँ दो थीं। एक मेरे पास तथा दूसरी सुखदेव के पास रहती थी। **लक्ष्मण गली, गवालमंडी** में है। वहाँ सुखदेव मुझे पढ़ने के लिए पुस्तकें दिया करता था। वे सारी पुस्तकें राजनीति से सम्बन्धित थीं। **पुस्तकें पढ़ने के बाद मेरा यह विचार बन गया कि मैं घर–बार छोड़कर देश की सेवा करूँ।**

बंसीलाल उस मकान में हमें मिलने आया करता था। उसने अपने तौर पर हमारे मकान का पता लगा लिया था।

दिसम्बर 1927 में बड़े दिनों की छुट्टियों के बाद जनवरी 1928 में भगत सिंह व हंसराज वोहरा हमें मिलने के लिए उस मकान में आया करते थे। **[सुखदेव : झूठ]** उन दिनों सुखदेव के पास एक **बड़ा रिवाल्वर** हुआ करता था, जो उसने मुझे दिखाया था कि यह कैसे चलता है। मैं **रिवाल्वर *प्रदर्श पी.–200*** को शनाख्त करता हूँ। यह वही रिवाल्वर है। इसको धागे और बनावट से शनाख्त करता हूँ। सुखदेव को मैं कहा करता था कि वह मुझे बाहर भेज दे। उसने कहा कि पहले दूसरा मकान

ले लो। मैं चूँकि बाहर जाना चाहता था, ताकि देश की सेवा करूँ और दूसरे लोगों को बता दूँ कि मैं एक पादरी के साथ अमेरिका जा रहा हूँ, इसलिए मैंने एक मकान, **मेलाराम बिल्डिंग** (बाहर वाले भाटा दरवाजा) में 5 रुपए किराये पर लिया। सुखदेव वहाँ आया करता था और भगत सिंह भी समय-समय मिल जाया करता था। मैंने सुखदेव के कहने पर वहाँ अपना नाम 'किशन चन्द' बताया था। मैंने किराये की रसीद हासिल की थी; ***प्रदर्श पी.ए.क्यू.*** वह हिस्सा है, जो डुप्लीकेट रसीद का हिस्सा है। रसीद काउंटरपार्ट, जो मुझे मिली थी, वह मैंने फाड़ दी थी।

सुखदेव के निर्देशानुसार मैं बसंत (त्यौहार) से दो-तीन दिन पहले **रावलपिंडी** गया था। वहाँ हंसराज वोहरा के साथ मिलकर काम करता था। **बादामी बाग स्टेशन** पर भगत सिंह भी मेरे साथ आ मिला था। हम दोनों रावलपिंडी जाकर उतरे। वहाँ स्टेशन पर ही हंसराज वोहरा मिल गया और हैमिल्टन बाजार में स्थित अपने मकान में ले आया। भगत सिंह दो तीन दिन रहकर वहाँ से चला गया और मैं और हंसराज वोहरा वहाँ रहे। *सुखदेव ने मुझे रावलपिंडी भेजने से पहले कहा था कि काम के लिए तीन चीजों–पैसों, व्यक्तियों और हथियारों की आवश्यकता है।* **[सुखदेव : एल.एन. मुखर्जी (गवाह नं. 6) के दिनांक 29.5.1930 के बयान का विवरण]** उसने मुझे कहा कि मैं अपना नाम 'हरबंस लाल' रख लूँ और **रावलपिंडी** वासियों की तरह कपड़े पहनूँ तथा वहाँ नौकरी कर लूँ, ताकि कोई शक न करे। इसलिए मैंने लाहौर से एक सलवार, पगड़ी और कल्लाह खरीद लिया और वह पहनकर रावलपिंडी गया।

हंसराज वोहरा ने वहाँ अपना नाम 'त्रिलोक नाथ' या 'त्रिलोक चन्द' रखा हुआ था। हम दोनों 10-11 फरवरी तक रावलपिंडी में ठहरे थे।

मौजूदा अदालत में **लुँगी *प्रदर्श पी.-129*** को मैं शनाख्त करता हूँ, **जो हंसराज वोहरा ने मेरी मौजूदगी में रावलपिंडी से खरीदी थी**। 10-11 फरवरी, 1928 के बाद हंसराज वोहरा लाहौर वापस चला आया और सारी राजनैतिक पुस्तकें भी साथ ले आया।

हंसराज वोहरा ने जाने से पहले पंडित सत्यपाल, आर्यसमाजी उपदेशक से मेरा परिचय करा दिया। लाहौर को जाते समय मैंने हंसराज वोहरा को एक चिट्ठी अपने भाई मदन गोपाल के नाम दी जो मनीपुर, आसाम में रहता है। उसमें लिखा था कि मेरी तलाश न करें क्योंकि मैं अमेरिका जा रहा हूँ। हंसराज वोहरा को मैंने कहा था कि इस चिट्ठी को लाहौर में जाकर डाकखाने में डालना। उस पत्र में मैंने यह भी लिखा था कि मदनगोपाल दो आसामी बिस्तरे वाली चादरें बंसीलाल की बजाय डॉक्टर सत्यपाल के पते पर भेजे।

मैं अगस्त 1928 के आखिर तक रावलपिंडी में रहा था। मैंने हैमिल्टन बाजार वाले मकान को छोड़ दिया था और पंडित सत्यपाल के पास आर्य समाज में रहना शुरू कर दिया था, क्योंकि हंसराज वोहरा ने मुझको कहा था कि सत्यपाल भी हमारी पार्टी का व्यक्ति है। रावलपिंडी पहुँचने के एक महीने बाद सुखदेव मुझे आर्य समाज में सत्यपाल के मकान पर मिला था। सुखदेव ने मुझसे शाम को जाते समय रेलवे स्टेशन पर कहा कि वह एक **एयर पिस्टल** खरीदना चाहता है। इसलिए मैं उसको और सत्यपाल को सदर बाजार में इब्राहिम एंड सन्ज की दुकान पर ले गया और सुखदेव ने एक **एयर**

पिस्टल 30/-रुपए में खरीदा। सुखदेव ने कहा था कि उसने यह **पिस्तौल** निशाना लगाने के अभ्यास के लिए खरीदा है। मैं वह पिस्तौल ***प्रदर्श पी.-12*** शनाख्त करता हूँ, जो दो में से एक है, क्योंकि बाद में **एक और पिस्तौल** भी खरीदा गया था। सुखदेव पिस्तौल लेकर लाहौर चला गया था और लाहौर का अपना निम्नलिखित पता दे गया था:-

सरदार सम्पूर्ण सिंह, एम.ए. कूचा आचार्य, गुन्टी बाजार, लाहौर।

5 मई, 1930

गवाह का शेष बयान कल होगा।

6 मई, 1930 उपस्थित हुए :

सरकार की ओर से :

श्रीमान नोड (सरकारी वकील), खान साहब श्रीमान कलन्दर अली खाँ, मिस्टर गोपाल लाल (सरकारी वकील), बख्शी दीनानाथ (कोर्ट इंस्पेक्टर)

मुल्जिमों की तरफ से कोई वकील उपस्थित नहीं हुआ।

शिवराम राजगुरु की ओर से दुभाषिया हाजिर है।

अदालत ने निम्नलिखित प्रत्येक मुल्जिम से पूछा कि क्या वे सरकार की तरफ से नियुक्त किए गए वकील को करना चाहते हैं:-

1.	भगत सिंह	नहीं।
2.	सुखदेव	नहीं।
3.	किशोरी लाल	हाँ, किन्तु किसी वकील का नाम नहीं बता सकता। किशन सिंह, मेम्बर, बचाव समिति से विचार-विमर्श करना चाहता हूँ।
4.	आज्ञाराम	नहीं।
5.	देशराज	हाँ, इस समय कोई नाम नहीं बता सकता।
6.	प्रेमदत्त	हाँ, इस समय कोई नाम नहीं बता सकता, जोकि मुकदमे की पैरवी करे। मैं किशन सिंह से विचार-विमर्श करना चाहता हूँ।
7.	जयदेव	नहीं।
8.	शिव वर्मा	नहीं।
9.	गया प्रसाद	मैं इस सवाल का जवाब नहीं देना चाहता।
10.	बी.के. दत्त	मैं इस सवाल का जवाब नहीं देना चाहता।
11.	कँवलनाथ तिवारी	नहीं।
12.	अजय कुमार घोष	हाँ, जब तक बचाव समिति के सदस्यों से विचार-विमर्श न कर लूँ, तब तक किसी का नाम नहीं बता सकता।
13.	जतिन्द्रनाथ सान्याल	मैं अदालत के इस सवाल का जवाब नहीं देना चाहता।
14.	सुरिन्द्रनाथ पांडे	मैं अदालत से कोई सहायता नहीं लेना चाहता।
15.	महावीर सिंह	मैं इस कार्रवाई में कोई हिस्सा नहीं लूँगा।
16.	विजय कुमार सिन्हा	मैं अदालत से कोई सहायता नहीं लेना चाहता।
17.	कुन्दनलाल	मैं अदालत के इस सवाल का जवाब नहीं देना चाहता।
18.	शिवराम राजगुरु	मैं अदालत से कोई सहायता नहीं लेना चाहता।

भगत सिंह मुल्जिम ने तब अदालत के समक्ष प्रार्थना-पत्र दिया कि उसे कानूनी सलाहकार चाहिए, जो मुकदमे की कार्रवाई पर नजर रखे तथा गवाहों के बयानों की जिरह में सहायक हो सके। साथ ही यह भी कहा कि सलाहकार गवाहों पर स्वयं जिरह नहीं करेगा और न ही वह अदालत को संबोधित करेगा। फिलहाल वह श्रीमान दुनी चन्द को वकील लेना चाहता है। सरकारी वकील ने कोई विरोध नहीं किया, बशर्ते कि श्रीमान दुनी चन्द के बैठने के लिए जगह हो जाए। अदालत ने इस सुझाव को स्वीकार कर लिया।

हस्ताक्षर

6 मई, 1930

(6 मई, 1930 को बयान जारी हुआ)

मैं रावलपिंडी में पंडित सत्यपाल के पास **आर्य समाज** में ठहरा। पंडित सत्यपाल ने मुझे 30 रुपए एक ऐसा पिस्तौल खरीदने के लिए दिए जैसा कि पहले खरीदा था, इसलिए मैंने इब्राहिम एंड सन्ज की दुकान से एक अन्य **एयर पिस्टल** बहुत सी गोलियों के साथ खरीदा। ***पिस्तौल प्रदर्श पी.-477 मौजूदा अदालत इनमें से एक है। मैं और सत्यपाल इसी पिस्तौल से कमरे की पिछली दीवार पर अभ्यास किया करते थे,*** जो दीवार ***मैंने मजिस्ट्रेट साहब को मौके पर दिखा दी थी।*** पंडित सत्यपाल लाहौर चला गया और एयर पिस्टल भी साथ ले गया। पंडित सत्यपाल के चले जाने के बाद मैंने एक और मकान **नया मोहल्ला** में 3 रुपए महीना के हिसाब से किराये पर लिया। पंडित सत्यपाल को मैंने अपना सारा सामान लाहौर में सुखदेव को देने के लिए दे दिया था। मैंने सुखदेव को चिट्ठी लिखी कि वह मुझे कुछ रुपए भेजे। रुपए आने से पहले मैं 'मॉर्टन प्रेस', सदर बाजार, रावलपिंडी में शिशिक्षु लग गया। मैंने अपना नाम 'हरबंस लाल' ही रखा। सुखदेव ने **दो मनीऑर्डर**–एक 10 रुपए और दूसरा 20 रुपए, भेजे। ***मैं वे दोनों मनीऑर्डर फार्म शनाख्त करता हूँ। वे प्रदर्श पी.ए.आर. व प्रदर्श पी.ए.आर. अदालत में मौजूद हैं।*** ये दोनों मनीऑर्डर मुझे प्रेस में मिले थे। सीताराम ने गवाह के रूप में मनीऑर्डर की रसीद पर हस्ताक्षर किए थे।

बयान सुनते समय गवाह ने कहा कि ये दोनों मनीऑर्डर तुलसी राम, कम्पाउंडर, आर्य समाज द्वारा भेजे गए थे।–जे. कोल्डस्ट्रीम

ये अप्रैल या मई महीने की बात है। ***मैं दोनों मनीऑर्डर फार्मों पर अपने हस्ताक्षर शनाख्त करता हूँ।*** रावलपिंडी में जब मैं आर्य समाज में रहता था तो मेरी जान-पहचान, श्री होरीलाल क्लर्क, आरसीनल से हो गई थी। मैं जून 1928 में लाहौर में सुखदेव को मिलने आया और मैंने उसे कहा कि वह मुझे किसी दूसरे काम पर लगवा दे। उसने मुझे कहा कि मैं वापस रावलपिंडी चला जाऊँ। वापस भेजते समय उसने मुझे 15/- या 20/- रुपए दिए और कहा कि यदि जरूरत होगी तो वह मुझे 20-25 दिन में मिलेगा। मैंने मॉर्टन प्रेस, रावलपिंडी में काम करना शुरू कर दिया। 20-25 दिन के बाद भगत सिंह आकर मुझे **कम्पनी बाग** में मिला। मैं भगत सिंह को अपने मकान **नया मोहल्ला** में ले गया। भगत सिंह ने मुझे 30 रुपए दिए और कहा कि मैं रावलपिंडी में ही ठहरूँ जब तक कि वह उसे पत्र न लिखे। उसकी कोई चिट्ठी नहीं मिली इसलिए मैं वापस

लाहौर चला आया। मैं लाहौर आकर सुखदेव को **भारत बिल्डिंग** के नजदीक मिला। उसने मुझे कहा कि मैं अपना सामान रावलपिंडी से लाहौर ले आऊँ। उसने मुझे किराये व खर्च आदि के लिए 10 रुपए दिए। उसने मुझे कहा कि मैं वापसी में साहदरा में उतरकर उसे परेड ग्राउंड में मिलूँ। मैं दूसरे दिन रावलपिंडी से आकर वहीं सुखदेव को मिला। वह उस समय अकेला था। उसने मुझे कहा कि मैं **यशपाल के मकान पर जाऊँ,** वह मुझे वहीं मिलेगा। सुखदेव उस मकान पर आया तो उसने कहा कि मैं उसे परेड ग्राउंड में मिलूँ। इसलिए मैं वहाँ उससे मिला; वहाँ सुखदेव के साथ एक और व्यक्ति था। सुखदेव ने उस व्यक्ति का नाम **डॉ. बी.एस. निगम** बताया और उसको मेरा नाम 'गोपाल' बताया। (***गवाह ने मौजूदा अदालत में मुल्जिम नम्बर 9, गया प्रसाद की ओर इशारा किया और उसे शनाख्त किया***) सुखदेव ने मुझे बताया कि यह मुल्जिम फिरोजपुर में डॉक्टरी की दुकान करेगा और मैं उसके साथ वहाँ काम करूँगा। उसी रात मैं और डॉक्टर (मुल्जिम) 'बॉम्बे मेल' से फिरोजपुर गए। मुझे सुखदेव ने खर्च के लिए 5 रुपए दिए थे। डॉक्टर मुझे अपने **मकान, मोहल्ला शाहगंज** में ले गया। डॉक्टर ने मुझे कहा कि **मैं उसके पड़ोसी, दीवान चन्द से जाकर मिलूँ और दीवान चन्द की मारफत मैं उसके पास नौकरी के लिए आऊँ।** मैं दीवान चन्द के पास गया और उसने मुझे डॉक्टर के पास 8 रुपए महीने के हिसाब से कर्मचारी रखवा दिया। डॉक्टर के पास उस समय दवाइयाँ नहीं थीं, सिर्फ डॉक्टरी की पुस्तकें ही थीं। वह दो-तीन बार लाहौर गया और वहाँ से दवाइयाँ खरीद लाया। गवाह ने **पाँच जिल्द वाली और एक बिना जिल्द की पुस्तकें *निकालीं।*** वे प्रदर्श पी.-424, प्रदर्श पी. 425, प्रदर्श पी.-427, प्रदर्श पी.-429, प्रदर्श पी.-422, प्रदर्श पी.-372, प्रदर्श पी.-373 सारी उर्दू में ही हैं।

मैं डॉक्टर के मकान में जनवरी 1929 तक रहा। फिरोजपुर को क्रान्तिकारी पार्टी का एक केन्द्र बनाया गया था, जिसका मैं मेम्बर था। *पहला कार्य था यदि कोई मेम्बर यू.पी. जाए तो यू.पी. का पहनावा पहन ले, और यदि कोई यू.पी. से पंजाब आए तो पंजाब का पहनावा पहन ले। दूसरा मकसद यह था कि बम आदि बनाने का सामान डॉक्टर द्वारा खरीदा जाए।* **[सुखदेव : नं. 1 और 2 महत्त्वपूर्ण]** *तीसरा मकसद यह था कि अगर डॉक्टरी की दुकान अच्छी तरह चल जाए तो पैसे का कुछ इंतजाम हो सके। डॉक्टर भी इस पार्टी का मेम्बर था।* **[सुखदेव : गलत]** सुखदेव मुल्जिम आमतौर पर हमें मिलने आया करता था।

सितम्बर 1928 में एक दिन भगत सिंह व सुखदेव रात की गाड़ी से हमें मिलने फिरोजपुर आए थे। उसके पास उस समय एक **जिस्ती हैंड बैग *(प्रदर्श पी.-471)*** था, जिसका मैं कल जिक्र कर चुका हूँ। सुखदेव ने बॉक्स खोला और उसमें से तीन चीजें निकालीं। मैंने एक माउजर रिवाल्वर 40-50 पिस्तौल की गोलियों सहित लक्ष्मण गली में सुखदेव के पास देखा था। और तीसरी चीज एक **चाकू** छह अन्य चाकू समेत मैंने देखा, जो कन्हैया लाल बिल्डिंग में देखे थे। ***प्रदर्श पी.-475 व प्रदर्श पी.-475-ए*** **वह चाकू व उसका मियान** है। इन चीजों को सोते समय उन्होंने अपने सिरहाने के

नीचे रख लिया और वे देर तक बातें करते रहे। दूसरे दिन सुखदेव वापस लाहौर चला गया और भगत सिंह सारा दिन हमारे पास रहा। सुखदेव शाम को वापस आ गया। *सुखदेव के आने पर भगत सिंह के बाल कटाए गए।* [**सुखदेव : महत्त्वपूर्ण। भगत सिंह के बाल कटवाना।**] मैंने, डॉक्टर और सुखदेव ने भगत सिंह के बाल और दाढ़ी मूँड दी और भगत सिंह ने विलायती फैशन के बाल रख लिए। भगत सिंह ने यू.पी. वाला पहनावा–धोती और कमीज पहन ली और वह दिल्ली चला गया। वह अपने साथ बिस्तर में माउजर पिस्तौल, रिवाल्वर और चाकू रखकर ले गया। सुखदेव वहाँ ही रहा और दूसरे दिन लाहौर चला गया। हैंड बैग वहाँ डॉक्टर के मकान में ही पड़ा रहा। सितम्बर के अन्त या अक्तूबर 1928 के शुरू में एक व्यक्ति, **राम नारायण** हमारे मकान पर आया। ***(गवाह ने अदालत में मौजूद शिव वर्मा, मुल्जिम नं. 8 की तरफ इशारा किया और उसे शनाख्त किया)*** राम नारायण अर्थात् शिव वर्मा मुल्जिम को '*बड़े भाई*' के नाम से पुकारा जाता था। शिव वर्मा लगभग 7–8 दिन हमारे पास ठहरा था। उसके पास एक बड़ा बॉक्स था, जिसमें बहुत सी चीजें व पुस्तकें थीं, जो निम्नलिखित हैं:–

Lahore Conspiracy Case, Vol. I
Lahore Conspiracy Case, Vol. II
Babbar Akali Conspiracy Case
Delhi Conspiracy Case
Manufacture and Uses of Explosives

बॉक्स *प्रदर्श पी.–207* है और **इसमें बहुत सी *'किरती'* रसाले की प्रतियाँ थीं, जो अमृतसर से निकलता है। मरकरी की बोतल *प्रदर्श पी.–41*, थर्मामीटर *प्रदर्श पी.–172*** और **एक बोतल *प्रदर्श पी.–173*** थी जो उस समय बरामद हुई थी; जबकि मैंने मकान की निशानदेही की थी। ***प्रदर्श पी.–478*** बोतल है, रसाला 'किरती' भी था। **एयर पिस्टल** राम नारायण लाया था। जहाँ तक मेरा विचार है मौजूदा पिस्तौल दोनों में से एक है।

शिव वर्मा मुल्जिम उन व्यक्तियों की जिन्दगी के बारे में लिखता था, जिनको विभिन्न साजिशों के मुकदमों में फाँसी की सजा मिल चुकी थी। यह संग्रह '*चाँद*' के '*फाँसी अंक*' में दिया जाना था, जो इलाहाबाद से निकलता है। **फाँसी संस्करण का रसाला *(प्रदर्श पी.–570) अदालत में मौजूद है*** और जिसे भगत सिंह मुल्जिम लाया था, जो बाद में छापा गया था। **इसमें पृष्ठ 244 से पृष्ठ 323 तक शिव वर्मा के लिखे हुए लेख हैं।**

मैं 'किरती' रसाले से, जो गुरुमुखी में होता था, लेख पढ़ा करता था और शिव वर्मा हिन्दी में लिखा करता था। इसलिए मैं कह सकता हूँ कि 'चाँद' रसाले में शिव वर्मा के लेख हैं। शिव वर्मा ने कहा था कि इसके एवज में 200/– रुपए 'रसाले' वाले हमें देंगे, जो रुपए पार्टी के काम के लिए इस्तेमाल किए जाएँगे।

'मैनुफैक्चर एंड यूजेज ऑफ एक्सप्लोसिवस' में से कुछ नुस्खे मुझे उर्दू में अनुवाद करने को कहा, क्योंकि डॉक्टर अंग्रेजी नहीं जानता था। मैंने पिक्रिक एसिड आदि से सम्बन्धित कुछ हिस्से का अनुवाद उर्दू में कर दिया।

सात-आठ रोज ठहरकर मुल्जिम शिव वर्मा अमृतसर चला गया। शिव वर्मा के चले जाने के दो-तीन दिन के बाद सुखदेव मुल्जिम हमारे पास फिरोजपुर आया। यह बात 9 या 10 अक्तूबर, 1928 की है। सुखदेव मुल्जिम ने कहा कि मैं अमृतसर में **मुगल बाजार** के मकान पर जाऊँ और वहाँ राम नारायण को सन्देश दूँ कि वह (सुखदेव) जरूरी काम के लिए दिल्ली जा रहा है। अतः शिव वर्मा 30/- या 40/- रुपए में साइकिल को गिरवी रख दे और उन रुपयों को लेकर वह (शिव वर्मा) लाहौर जाए। वहाँ जाकर तिलक स्कूल के लाइब्रेरीयन को 10/- रुपए, हंसराज वोहरा को 10/- रुपए और 10 रुपए गुरुदत्त भवन में दे दे। सुखदेव ने यह भी कहा था कि दूसरे दिन मेरे पहुँचने पर एक व्यक्ति मुझे जलियाँवाला बाग में मिलेगा। उसको कहा जाए कि वह 100/- रुपए का इन्तजाम कर दे। यदि वह (सुखदेव) शिव वर्मा को सात-आठ दिन तक अमृतसर में न मिल सके तो शिव वर्मा उस व्यक्ति के साथ दिल्ली में आकर एडवर्ड स्टेचू के पास सुखदेव को मिले और यदि सुखदेव वहाँ न मिले तो वे दोनों पार्टी सेंटर में आ जाएँ।

सुखदेव दिल्लीवासियों जैसे कपड़े पहनकर दिल्ली की तरफ चला गया। मैं उसको स्टेशन तक छोड़ने गया था। रास्ते में उसने कहा था कि हमको रुपए की सख्त जरूरत है, जिसकी पूर्ति के लिए हम डाका डालना चाहते हैं। उसने मुझको कहा कि जो खजानची रेलवे वालों को ट्राली में तनख्वाह देने आता है, उसका पता लगाना कि उसके पास कितने रुपए होते हैं और कब तनख्वाह बाँटने के लिए आता है? मैंने जवाब दिया कि मैं इस बात का पता करूँगा। दूसरे दिन मैं अमृतसर गया और राम नारायण उर्फ शिव वर्मा को वहाँ मिला। उसके मकान पर एक **काली चरण** रहता था। ***(फरार मुल्जिम, मुल्जिम सूची में नम्बर 21 पर है)*** मैंने शिव वर्मा को एक तरफ ले जाकर सुखदेव का सारा सन्देश दे दिया। उस दिन मैं दोपहर की गाड़ी से फिरोजपुर लौट गया। दशहरे से 7-8 दिन पहले एक व्यक्ति **प्रताप सिंह** हमारे पास आया ***(महावीर सिंह, मुल्जिम नम्बर 10, मौजूदा अदालत में गवाह ने उसको प्रताप सिंह बताया)***। उसको **'भाई साहब'** पुकारा करते थे। प्रताप सिंह को पेचिस की *बीमारी* थी और वह डॉक्टरी इलाज कराने आया था। वह ठीक होकर लाहौर वापस चला गया। उस दौरान, जब प्रताप सिंह वहाँ था, सुखदेव दो-तीन बार वहाँ आया और हमको कुछ रुपए दे गया था। दीवाली के दिन प्रताप सिंह फिर हमको मिलने आया और उससे मालूम हुआ कि पार्टी के कुछ मेम्बर यू.पी. से आने वाले हैं। दीवाली से दूसरे दिन वह लाहौर वापस चला गया। उसके चले जाने के 3 दिन बाद **भगत सिंह और पंडित जी** (फरार मुल्जिम) हमारे पास आए। **उनके पास एक छोटा, काले रंग का सूटकेस और 'चाँद' रसाले के 'फाँसी अंक' का एक बंडल था।** पंडित जी और भगत सिंह हमारे पास ठहरे। उन्होंने दो रिवाल्वर सूटकेस बॉक्स से निकालकर दोनों ने अपने-अपने सिरहाने के नीचे रख लिए।

सुबह 4 बजे के करीब भगत सिंह मुल्जिम मकान से चला गया तो पंडित जी मुल्जिम ने बताया कि जो दूसरे मेम्बर यू.पी. से आने वाले हैं, उनकी रिहायश का इन्तजाम करके वह वापस आ जाएगा। उसी सुबह लगभग 8-9 बजे तक भगत सिंह मुल्जिम

वापस आ गया। रात को भगत सिंह मुल्जिम ने मुझको कहा कि लाहौर जाकर सुखदेव को कहना कि वह उनके लिए पंजाबी पोशाक (कपड़े) उपलब्ध कराए और उनको लाहौर में पहुँचाने का बन्दोबस्त करे। मैं लाहौर गया और सुखदेव को भगत सिंह का सन्देश दे दिया। सुखदेव ने मुझे कहा कि मोजंग वाले मकान से प्रताप सिंह को बुला लाओ और यूनिवर्सिटी के मैदान में उससे मिलाओ। प्रताप सिंह ने वह मकान **अराईं बिल्डिंग** में पार्टी के लिए किराये पर लिया हुआ था। मैं प्रताप सिंह को लेकर यूनिवर्सिटी मैदान में जाकर सुखदेव को मिला। वहाँ सुखदेव ने प्रताप सिंह को कहा कि वह ढाई (2.30) बजे की गाड़ी से फिरोजपुर जाए और भगत सिंह मुल्जिम को जाकर कहे कि पार्टी के सारे मेम्बर जो यू.पी. से आए हैं, वो जितनी जल्दी हो सके लाहौर आ जाएँ। हम उन्हें लेने के लिए स्टेशन पर आ जाएँगे और प्रताप सिंह को मैं रेलवे स्टेशन पर कपड़े पहुँचा दूँगा; जो कपड़े भगत सिंह के पहनने के लिए थे। यह बात 17.11.1928 से एक दिन पहले की है अर्थात् 16.11.1928 की यह बात है। 17.11.1928 को लाला लाजपत राय घायल हुए थे।

प्रताप सिंह के चले जाने के बाद सुखदेव ने मुझको कहा कि मैं सीधा जाकर डी.ए.वी. कॉलेज के चौथे साल के विद्यार्थी, **देशराज** को मिलूँ। मैं कॉलेज गया और उसको कहा कि वह कॉलेज बोर्डिंग हाउस में मुल्जिम सुखदेव को मिले। सुखदेव वहाँ मौजूद था। ***(गवाह ने मुल्जिम देशराज की तरफ इशारा किया और शनाख्त किया।)*** सुखदेव ने देशराज को कहा कि अगर उसके पास फालतू कपड़े हैं तो दे दे, किन्तु देशराज के पास कोई फालतू कपड़ा नहीं था।

उसके बाद सुखदेव मुल्जिम ने मुझको कहा कि मैं तिलक स्कूल के पुस्तकालय में जाऊँ और वहाँ एक लड़के, **प्रेमदत्त** से मिलूँ और उसे बताऊँ कि उसका भाई, दयाल उसको डी.ए.वी. कॉलेज के बोर्डिंग हाउस में बुला रहा है। मैं तिलक स्कूल के पुस्तकालय में गया और प्रेमदत्त को सुखदेव का सन्देश दिया ***(गवाह ने मौजूदा अदालत में मुल्जिम नम्बर 5 की ओर इशारा किया और प्रेमदत्त को शनाख्त किया)***। दयाल उर्फ मुल्जिम सुखदेव प्रेमदत्त का असली भाई नहीं है। सुखदेव ने प्रेमदत्त को कहा कि वह, वे कपड़े, जो उसके पास फालतू हैं, बॉक्स में बंद करके एस.पी.एस.के. हाल के पास मुझे दे दे। प्रेमदत्त चला गया। सुखदेव ने तब मुझको कहा कि मैं बॉक्स लेकर प्रताप सिंह को दे दूँ और बाद में लाहौर छावनी जाऊँ और वहाँ मकान किराये के लिए तलाश करूँ; और शाम के 6 बजे फिर सुखदेव मुल्जिम को देशराज के कमरे में मिलूँ। मैं एस.पी.एस.के. हाल के पास गया और प्रेमदत्त से सूट लेकर रेलवे स्टेशन की तरफ गया और मकान की तलाश की, मगर कोई मकान किराये पर नहीं मिला और वापस आकर 6 बजे के करीब सुखदेव को देशराज के कमरे में मिला। देशराज मुल्जिम भी वहाँ मौजूद था। मैंने सुखदेव को बता दिया कि किराये पर कोई मकान नहीं मिला।

उसके बाद मैंने और सुखदेव ने देशराज के कमरे से साइकिल ली और साइकिल से रेलवे छावनी, लाहौर गए; ताकि अगर कोई पार्टी का मेम्बर मिले तो उसको रिसीव

कर सकें। मगर लाहौर स्टेशन पर हमें कोई भी पार्टी का मेम्बर नहीं मिला था। हमें पता चल गया था कि लाहौर छावनी पर 'बम्बई मेल' नहीं रुकी थी, इसलिए हम लाहौर स्टेशन पर गए थे।

अब समय हो गया है शेष बयान कल होगा।

6 मई, 1930

7 मई, 1930 को बयान जारी हुआ :

सुखदेव ने मुझे कहा कि मैं रात को देशराज के पास ठहरूँ और दूसरे दिन 7 बजे सुबह छावनी स्टेशन लाहौर में जाऊँ। इसलिए मैं दूसरे दिन छावनी स्टेशन लाहौर चला गया। सुखदेव पहले ही वहाँ मौजूद था। वहाँ पैसेन्जर ट्रेन से प्रताप सिंह व पंडित जी आए। प्रताप सिंह (मुल्जिम महावीर सिंह) नम्बर 10 है और पंडित जी (मुल्जिम चन्द्रशेखर) है। पंडित जी को मैं मिला और कहा कि सुखदेव आपका बाहर इन्तजार कर रहा है। पंडित जी ट्रेन से उतरे और उनके पास जो बॉक्स था, वह मेरे हवाले कर दिया। बॉक्स काले रंग का छोटा सूटकेस था। पंडित जी ने मुझसे कहा कि पार्टी के दो मेम्बर एक्सप्रेस ट्रेन से आ रहे हैं और वे सबसे पीछे थर्ड क्लास में होंगे, उनको भी अपने साथ पार्टी के मकान पर ले आओ। प्रताप सिंह सीधा गाड़ी से लाहौर चला गया। पंडित जी बाहर स्टेशन पर चले गए। थोड़ी देर बाद एक्सप्रेस ट्रेन आई और पंडित जी के बतलाए हुए व्यक्तियों को मैं ट्रेन में जाकर मिला ***(गवाह शिवराम राजगुरु, मुल्जिम नं. 16 और दूसरे मुल्जिम कुन्दन लाल नम्बर 17 की तरफ इशारा करता है और शनाख्त करता है)*** इन दोनों को मैं मोजंग के मकान में ले गया। सूटकेस भी साथ ले गया। मेरे मोजंग वाले मकान में पहुँचने से पहले प्रताप सिंह वहाँ पहुँच चुका था। इन दोनों को मकान पर छोड़कर मैं देशराज के कमरे में चला गया। वह 17 नवम्बर, 1928 का दिन था, जिस दिन लाला लाजपत राय की मौत हुई थी। मेरे पहुँचने पर वहाँ पंडित जी, सुखदेव व देशराज मौजूद थे। पंडित जी के पूछने पर कि सूटकेस कहाँ है, मैंने जवाब दिया कि मोजंग हाउस में है। उन्होंने कहा कि मैं जल्दी जाकर उसको मोजंग हाउस से ले आऊँ। अतः मैंने ऐसा ही किया। इसके बाद पंडित जी ने सूटकेस खोला, जिसमें बहुत से रिवाल्वर थे, जिनका ब्यौरा इस प्रकार है:–

(1) एक माउजर पिस्तौल जो मैंने फिरोजपुर में भगत सिंह के पास देखा था।

(2) **रिवाल्वर *प्रदर्श पी.–200*** जो मैंने सुखदेव के पास लाहौर और भगत सिंह के पास फिरोजपुर में देखा था।

(3) **एक और रिवाल्वर *प्रदर्श पी.–200*** से छोटा था। बोर वही था।

(4) **छोटा रिवाल्वर *प्रदर्श पी.–123*** था, जो सुखदेव की निजी तलाशी में बरामद हुआ था। **एक और रिवाल्वर** इसी आकार का ***प्रदर्श पी.–122*** जैसा जो मुल्जिम 'एम' (शिवराम राजगुरु ने सांडर्स के कत्ल में उपयोग किया था।

(5) एक **चाकू** था, जो ***प्रदर्श पी.–475*** की तरह था।

(6) 10–12 कारतूस बन्दूक के थे।

हरेक रिवाल्वर के साथ इसमें बारुद गोलियाँ थीं। जिसको हम **'फूड'** कहते थे। पंडित जी ने हमें चलाना और बंद करना सिखाया और बाद में इसी बॉक्स में इनको बन्द कर दिया और कहा कि शाम के समय सूटकेस को इसी मोजंग वाले मकान में ले आना।

फिर गवाह ने कहा कि 9 बजे रात के करीब वह सूटकेस को ले गया।

वहाँ उस मकान में पार्टी के बहुत से मेम्बर सोए थे, जैसे:–

(1) पंडित जी (मुल्जिम नम्बर 20)

(2) भगत सिंह (मुल्जिम नम्बर 11)

(3) सुखदेव (मुल्जिम नम्बर 1)

(4) प्रताप सिंह (मुल्जिम नम्बर 10)

(5) शिवराम उर्फ 'एम' (मुल्जिम नम्बर 16) और

(6) **'एम' का एक और साथी भी,** और

(7) रामचन्द जो प्रेमदत्त के साथ बैठा हुआ है (गवाह ने किशोरी लाल मुल्जिम नम्बर 3 की तरफ इशारा किया; **'एम' का साथी कुन्दन लाल (मुल्जिम नम्बर 17) है,** जिसकी तरफ भी गवाह ने इशारा किया)

रात हम वहाँ रहे। दूसरे दिन सुखदेव ने मुझको कहा कि मैं फिरोजपुर वापस चला जाऊँ। उसी डॉक्टर के पास जाकर ठहरूँ। मैं शाम की गाड़ी से लाहौर से चला और फिरोजपुर जा पहुँचा।

पाँच-छह दिन के बाद भगत सिंह मुल्जिम हमारे पास फिरोजपुर आया। उसके पास एक **स्वयंचालित पिस्तौल** थी, ***जो प्रदर्श पी.-480 है*** और जिसे भगत सिंह मुल्जिम ने बाद में मिस्टर सांडर्स के कत्ल में इस्तेमाल किया था, जिसकी मैगजीन में गोलियाँ भरी हुई थीं, क्योंकि ये भगत सिंह ने मुझको दिखाई थीं। अब मैगजीन मौजूद नहीं है। भगत सिंह मुल्जिम के पास एक पुस्तक **'रोड टू फ्रीडम'** थी, जो ***प्रदर्श पी.-481 है।*** भगत सिंह मुझको दूसरे दिन लाहौर ले गया। हम दोनों 'चाँद' रसाले के 'फाँसी अंक' की बहुत-सी कॉपियों का एक बंडल साथ ले गए, जो पंडित जी और भगत सिंह लाए थे। भगत सिंह मुल्जिम उक्त पिस्तौल अपने साथ ले गया था। भगत सिंह लाहौर छावनी में उतर गया और मैं सीधा लाहौर चला गया और वहाँ से मोजंग वाले मकान में चला गया। यह 23-24 नवम्बर, 1928 का जिक्र है। उस समय पार्टी के मेम्बर जो रात को वहाँ सोए थे, वे निम्न हैं:–

भगत सिंह (मुल्जिम नम्बर 11), पंडित जी (मुल्जिम नं. 20), सुखदेव (मुल्जिम नम्बर 1), प्रताप सिंह (मुल्जिम नम्बर 10), 'एम' (मुल्जिम नम्बर 16), उसका साथी, कुन्दन लाल (मुल्जिम नम्बर 17), रामचन्द उर्फ किशोरी लाल (मुल्जिम नम्बर 3), कालीचरण (मुल्जिम नम्बर 21), जो अदालत में मौजूद नहीं हैं; मैं भी वहाँ सोया हुआ था।

उन दिनों पंडित जी से मालूम हुआ कि रुपए की कमी की वजह से **पंजाब नेशनल बैंक** *लाहौर में डाका मारा जाएगा।* **[सुखदेव : गलत-बकवास। वह पंजाब नेशनल बैंक के डाके के बारे में परियोजना बनने से पहले ही कैसे जान सका!]** उन्होंने

यह भी कहा कि यह डाका हम मोटरकार से मारेंगे। मोटरकार की सिखलाई के लिए पंडित जी और प्रताप सिंह जाया करते थे। एक-दो बार मैं भी पंडित जी के साथ गया था। पंडित जी मोटर टैक्सी **लुहारी दरवाजे** से किराये पर लेकर मुरीद की तरफ ले जाया करते थे। उन दिनों 'एम' का साथी चला गया था। एक दिन सुखदेव ने मुझे और किशोरी लाल को बुलाया और किशोरी लाल को कहा कि वह मुझे मास्टर जी के मकान पर **प्रेम गली** में ले जाए। किशोरी लाल मुझे वहाँ ले गया। मगर मास्टर जी वहाँ मौजूद नहीं थे। दूसरे दिन जब किशोरी लाल मुझको वहाँ ले गया तो **मास्टर जी** के साथ उनकी माता जी वहाँ मिले। वे वृद्ध आयु की थीं। ***(मास्टर आज्ञाराम, मुल्जिम नम्बर 2 की तरफ गवाह इशारा करता है।)*** तीन दिन तक मैं मास्टर के पास रहा। सुखदेव ने मुझे कहा कि पंडित यशपाल, फरार मुल्जिम नम्बर 23 के मकान पर जाकर सुखदेव का खाकी कोट और बरतन वहाँ से ले आऊँ। वहाँ से मैं **खाकी कोट** और कुछ बरतन ले आया। ***कोट खाकी प्रदर्श पी.-482 अदालत में मौजूद है। जहाँ तक मेरा ख्याल है यह वही कोट है। पतीली प्रदर्श पी.-48 जहाँ तक मेरा ख्याल है वही है।*** मैंने खाकी कोट और बरतन लाकर सुखदेव को दे दिए।

इसके बाद मैं, सुखदेव की माता जी को लाने के लिए लायलपुर गया था। मगर वे मेरे साथ नहीं आए थे। उन्होंने कहा कि वह सुखदेव के फूफा के साथ किसी दिन लाहौर आ जाएगी। यह नवम्बर का आखिर या शुरू दिसम्बर 1928 था। उसके बाद मैं मोजंग वाले मकान में रहता रहा। उस समय निम्नलिखित व्यक्ति आमतौर पर मोजंग वाले मकान पर आते थे:–

> पंडित जी (मुल्जिम नम्बर 20), भगत सिंह (मुल्जिम नम्बर 11), सुखदेव (मुल्जिम नम्बर 1), प्रताप सिंह (मुल्जिम नम्बर 10), किशोरी लाल (मुल्जिम नम्बर 3), 'एम' (मुल्जिम नम्बर 16), काली चरण (फरार मुल्जिम नम्बर 21) थे। दो अन्य व्यक्ति, कैलाश उर्फ भगवान दास जो भुसावल बम केस में मुल्जिम है, वह मुल्जिम नम्बर 19 है। दूसरा व्यक्ति जो सामने वाली पंक्ति में बैठा है। (गवाह इसका नाम नहीं जानता। विजय कुमार सिन्हा (मुल्जिम नम्बर 15) अदालत में मौजूद है।)

मैं भुसावल बम केस में गवाही देने के लिए गया था, जिसमें कैलाश के विरुद्ध अर्थात् भगवान दास उर्फ गुनथाला मुकदमे में मुल्जिम नम्बर 19 है। सेशन अदालत में जब फणिन्द्रनाथ घोष और कुछ पुलिस के अफसर जलगाँव सेशन कोर्ट में बैठे थे, तो लंच टाइम में भगवान दास ने हम पर गोली चलाई थी। **[यह 1 फरवरी, 1930 की बात है—सम्पादक]** मेरे बाएँ कंधे पर गोली लगने का निशान है।

हंसराज वोहरा भी उन दिनों हमारे मकान मोजंग में आया करता था। एक दिन दिसम्बर के शुरू में जब पार्टी के मेम्बर इकट्ठे हुए थे तो पंडित जी ने कहा कि कल दिन के करीब तीन बजे नेशनल बैंक पर डाका मारा जाएगा। उस समय वहाँ निम्नलिखित मेम्बर हाजिर थे:–

> भगत सिंह (मुल्जिम नम्बर 11), पंडित जी (मुल्जिम नम्बर 20), सुखदेव (मुल्जिम नम्बर 1), प्रताप सिंह (मुल्जिम नम्बर 10), 'एम' (मुल्जिम नम्बर 16), कालीचरण (मुल्जिम नम्बर 21), हंसराज वोहरा, मैं व रामचन्द (मुल्जिम नम्बर 3)

पंडित जी ने भगत सिंह और प्रताप सिंह को कहा कि कल दोपहर के समय मकान से चले जाएँ और एक मोटर टैक्सी किराये पर लेकर तीन बजे के करीब नेशनल बैंक में पहुँच जाएँ। कालीचरण को कहा कि उसको एक बड़ा चाकू दिया जाएगा और उसका काम टेलीफोन की तारों को काटना होगा। सुखदेव से कहा गया कि जो बन्दूक वहाँ बैंक पहरेदार के पास होती है उसको पिस्तौल दिखाकर छीन ले। मुझको और किशोरी लाल मुल्जिम को यह कार्य सौंपा गया था कि हम दोनों को थैले दिए जाएँगे और मुद्रा (नोट) इकट्ठे करने होंगे, उसी तरह दूसरे मेम्बरों की भी ड्यूटियाँ लगाई गई थीं।

दूसरे दिन दोपहर के तीन बजे [दो बजे–सम्पादक] भगत सिंह और प्रताप सिंह मकान से चले गए और बाकी मेम्बर नेशनल बैंक में पहुँचे तो वहाँ पंडित जी, सुखदेव, हंसराज वोहरा, 'एम', कालीचरण, मैं और किशोरी लाल थे। मुझे और किशोरी लाल को **दो थैले** दिए गए थे। ***मैं ये दोनों थैले प्रदर्श पी.-484, प्रदर्श पी.-87 शनाख्त करता हूँ।*** पंडित जी के पास माउजर पिस्तौल कागज में लिपटा हुआ था। भगत सिंह के पास **स्वयंचालक पिस्तौल *प्रदर्श पी.-480 था।*** प्रताप सिंह को रिवाल्वर दिया गया था। सुखदेव और कालीचरण को भी रिवाल्वर दिए गए थे और कालीचरण को रिवाल्वर के अतिरिक्त **एक चाकू** भी दिया गया था, ***जो प्रदर्श पी.-475 जैसा था।***

तीन बज गए थे, लेकिन भगत सिंह व् प्रताप सिंह मोटर लेकर नहीं आए थे। प्रताप सिंह एक ताँगे में आया और उसने पंडित जी के कान में कुछ कहा, जिस पर पंडित जी ने हम सबको इशारा किया और हम सब मोजंग वाले मकान पर चले आए। 'एम' को पंडित जी से पूछने पर जवाब मिला था कि **मोटर नहीं मिलने के कारण डाका नहीं मारा गया** था। इस घटना के पाँच-छह दिन के पश्चात् रात के करीब 9-10 बजे हमने एक मीटिंग मोजंग वाले मकान में की, जिसमें पंडित जी, सुखदेव, भगत सिंह, किशोरी लाल, 'एम', प्रताप सिंह और मैं मौजूद थे।

इस मीटिंग में पंडित जी ने प्रस्ताव **[सुखदेव : गलत]** पेश किया अब हमें पुलिस के सीनियर सुपरिंटेंडेंट, मिस्टर स्कॉट का कत्ल करना चाहिए। कत्ल करने का कारण यह बताया कि स्कॉट ने लाला लाजपत राय पर लाठियाँ बरसाई थीं और उससे हमें फायदा यह होगा कि पब्लिक की हमारे साथ सहानुभूति हो जाएगी। यह मीटिंग 9-10 दिसम्बर को रात के 9 बजे हुई थी। उससे अगले दिन पंडित जी ने मुझे कहा था कि मिस्टर स्कॉट 6728 नम्बर मोटर में ऑफिस आता है अतः मुझे उसकी आने-जाने की निगरानी रखने का कार्य सौंपा। मैं मिस्टर स्कॉट की 11-12-13-14 दिसम्बर, 1928 तक उसकी निगरानी करता रहा और पंडित जी को रिपोर्ट देता रहा कि मिस्टर स्कॉट 10-11 बजे के बीच में आता है और 4-5 बजे के करीब वापस चला जाता है।

जब मैं पैरवी करने जाया करता था तो अपने साथ पुस्तकें ले जाया करता था और डी.ए.वी. के छोटे कम्पाउंड में जो डिस्ट्रिक्ट पुलिस ऑफिस के सामने है, बैठा करता था। 14 दिसम्बर, 1928 को पंडित जी ने मुझे कहा कि कल (15 दिसम्बर, 1928 को) जरूर मिस्टर स्कॉट का कत्ल कर देना चाहिए, क्योंकि 16 दिसम्बर, 1928 को लाहौर में 'काकोरी दिवस' मनाया जाना है। **काकोरी दिवस** से मुराद यह है कि

काकोरी केस में चार अभियुक्तों को फाँसी दी गई थी। उनकी याद में काकोरी दिवस मनाया जाना था। अगले दिन (15 दिसम्बर, 1928 को) मैं पुलिस दफ्तर में पैरवी करने के लिए गया, मगर मिस्टर स्कॉट की मोटर नं. 6728 नहीं आई। *उस दिन मुझे मेरे पिता जी का मित्र, जिआउद्दीन जो रेलवे गार्ड है, पुलिस दफ्तर के बाहर मिला।* **[सुखदेव : किसी को परिचित से मिलने की आज्ञा नहीं थी, अन्यथा टलना चाहिए था]** 15 दिसम्बर, 1928 को मैंने पंडित जी को रिपोर्ट की कि आज मिस्टर स्कॉट दफ्तर नहीं आया। उसने कहा कि हम सोमवार, 17 दिसम्बर, 1928 को मिस्टर स्कॉट को जरूर कत्ल कर देंगे। 15 दिसम्बर, 1928 को शनिवार और 16 दिसम्बर, 1928 को रविवार था, इसलिए 17 दिसम्बर, 1928 की तिथि तय की गई। जल्दी करने की वजह यह थी कि कहीं भेद न खुल जाए और हम पकड़े जाएँ। मैं 15.12.1928 को पुलिस दफ्तर के पास बंसीलाल को मिला, उसने मुझे कहा कि तुमने कितने दिनों से अपने घर वालों को सूचना नहीं दी, इसलिए मेरे पिता बहुत नाराज हैं। उस दिन मैंने बंसीलाल को बता दिया था कि मैं क्रान्तिकारी पार्टी में शामिल हो गया हूँ और मैं अपने पिता के पास वापस नहीं जाऊँगा। बंसीलाल के मिलने और गार्ड जियाउद्दीन के मिलने का जिक्र मैंने पंडित जी, सुखदेव और भगत सिंह से कर दिया था। 15.12.1928 को दोपहर के समय भगत सिंह मुल्जिम के पास 'हिन्दुस्तान सोशलिस्ट रिपब्लिकन आर्मी' के पर्चे थे, **ये कागज गुलाबी रंग के थे** और एक पोस्टर पर टाइप किया हुआ था 'Lalaji is avenged' 'Scott is dead' और सिरलेख के नीचे और भी इबारत थी। **नोटिस *प्रदर्श पी.ए.एक्स.* की तरह था, लेकिन इसमें कलमी इबारत है और वह नोटिस टाइप्ड था। उसमें Mr. J.P. Saunders is dead लिखा हुआ था जबकि इसमें Mr. Scott is dead लिखा हुआ है।**

15 दिसम्बर, 1928 को पंडित जी ने मुझको कहा था कि मैं अपने दोस्त, बंसीलाल से रुपया माँग लाऊँ। दूसरे दिन (16.12.1928 को) मैं उससे 3/- रुपए लाया और उससे कहा कि वह और 10/- रुपए का इंतजाम कर दे। ये रुपए मैंने पंडित जी को दे दिए। 16.12.1928 को शाम के समय सिर्फ ब्राडलौघ हाल में 'काकोरी डे' का लेक्चर सुनने गए। 17 दिसम्बर, 1928 को सुबह के समय मैं मिस्टर स्कॉट को दफ्तर में देखने गया। 10 बजे के करीब, लाल रंग की मोटरसाइकिल पर एक यूरोपियन पुलिस अफसर वर्दी पहने हुए दफ्तर में पहुँचा तो सबने उसको सलाम की। मुझको शक हुआ कि यह मिस्टर स्कॉट है। मैं शक दूर करने के लिए मोटर का इंतजार करता रहा, लेकिन जब मोटर नहीं आई तो मैंने ख्याल किया कि यही मिस्टर स्कॉट है। इसकी (सांडर्स) और मिस्टर स्कॉट की वर्दी में कोई अन्तर न था।

मैंने 12 बजे के करीब वापस जाकर पंडित जी को रिपोर्ट कर दी, तो उन्होंने कहा कि आज हम जरूर ही इसको कत्ल कर देंगे। दिन के डेढ़-दो बजे के करीब मोजंग वाले मकान में एक मीटिंग हुई, जिसमें पंडित जी, सुखदेव, भगत सिंह, 'एम' और मैं हाजिर थे। इस मीटिंग में पंडित जी ने माउजर पिस्तौल और छोटा रिवाल्वर बॉक्स से निकाला और उसको भरा। पंडित जी ने कहा कि माउजर पिस्तौल उनके पास रहेगा

और छोटा रिवाल्वर मुझको दिया जाए। मगर सुखदेव ने एतराज किया कि रिवाल्वर 'एम' को दिया जाए, क्योंकि इसी शाम को दीनानाथ, जो 'दिल्ली षड्यंत्र केस' में वादामाफ गवाह था, उसको कत्ल कर देने की तजवीज की गई थी; ***(गवाह ने यह भी कहा कि उसको कहा गया था कि शाम को उसको रिवाल्वर दिया जाएगा ताकि वह दीनानाथ अप्रूवर को कत्ल कर दे।)***

पंडित जी ने माउजर पिस्तौल अपने पास रखी और रिवाल्वर 'एम' को दिया और भगत सिंह के पास ***प्रदर्श पी.-480*** आटोमैटिक पिस्टल रहने दिया। यह फैसला किया गया कि मकान में से पंडित जी, भगत सिंह और 'एम' और मैं कत्ल करने के लिए जाएँगे। **'एम' पैदल गया और मैं, पंडित जी और भगत सिंह साइकिलों से गए।** ***साइकिल मौजूदा अदालत में प्रदर्श पी.-55 वही है, जिस पर मैं सवार होकर गया था। साइकिल प्रदर्श पी.-54 मौजूदा अदालत इन साइकिलों में से थी। मगर मैं नहीं कह सकता कि उस दिन इस पर कोई गया था अथवा नहीं।*** मैं अपनी साइकिल डी.ए.वी. कॉलेज के बोर्डिंग हाउस की शौचालय के पास रखकर कम्पाउंड में गया। ***अब समय हो गया है। बाकी बयान कल होगा।***

7.5.1930

(8.5.1930 को बयान जारी हुआ)

बयान किया कि दो साइकिलें शौचालय के पास रखी जानी थीं, और एक साइकिल मैंने अपने पास रखनी थी व पुलिस दफ्तर के पास खड़ा होना था। **साइकिल को मेरे पास रखने का मकसद यह था कि अगर पहला निशाना मिस्टर स्कॉट को न लगे तो भगत सिंह साइकिल लेकर मिस्टर स्कॉट का पीछा करे और उसको गोली मारे।** तीनों साइकिल मोजंग वाले मकान से लाई गई थीं–एक साइकिल मैं लाया था और दो साइकिलें भगत सिंह और पंडित जी लाए थे। मैं अपनी साइकिल शौचालय के पास रख आया और खुद पैदल डी.ए.वी. कॉलेज के कम्पाउंड में गया। वहाँ से एक साइकिल लाकर शौचालय के पास रखी अपनी साइकिल के पास रख आया। और फिर जाकर तीसरी साइकिल अपने पास रखकर सड़क पर पुलिस दफ्तर के सामने चला गया। ये दोनों साइकिलें पंडित जी और भगत सिंह लाए थे। तीसरी साइकिल मैंने अपने पास रखी थी, ताकि यदि मिस्टर स्कॉट पहले निशाने से बच जाए तो भगत सिंह मुझसे साइकिल लेकर उसका पीछा करके उसे मार देगा। जिस समय मैं तीसरी साइकिल लेकर दफ्तर के पास आ गया था तो कम्पाउंड में भगत सिंह और 'एम' वहाँ सड़क पर (बाहर वाली सड़क पर) घूम रहे थे। उनके पास कोई साइकिल नहीं थी। उस समय चार बज चुके थे। उसी समय डी.ए.वी. कॉलेज के बहुत से लड़के वहाँ से गुजरे। उसके बाद वही साहब जिसको मैंने स्कॉट समझा हुआ था दफ्तर से बाहर आया और उसके पीछे-पीछे पुलिस का सिपाही, जो लम्बे कद वाला सिख था, वह साहब के हाथ में कुछ चीजें देकर वापस चला गया। साहब मोटर साइकिल पर सवार होकर चल पड़ा। मोटरसाइकिल की गति धीमी थी। मैं और 'एम' बिलकुल नजदीक खड़े थे। मैंने 'एम' को इशारा किया कि साहब आ रहे हैं। 'एम' अपना पिस्तौल जेब से बाहर निकालकर,

जिस तरफ से साहब आ रहा था, उस ओर बढ़ गया। मैं सड़क के मोड़ पर आ गया। जब मैं कचहरी वाले मोड़ पर खड़ा था तो उस समय भगत सिंह कम्पाउंड से बाहर सड़क पर पंडित जी के पास खड़ा था। *जिस समय मोटरसाइकिल 'एम' के पास पहुँची उसने फायर कर दिया। 'एम' के पास रिवाल्वर था। जिसके साथ उसने फायर किया था। साहब को गोली लगी, उसके हाथ से हैंडल छूट गया और वह एक तरफ गिर गया, किन्तु मोटरसाइकिल की मशीनरी चलती रही। साहब की एक टाँग मोटरसाइकिल के नीचे आ गई थी। फायर के होते ही भगत सिंह भागता-भागता आया और साहब पर कई फायर किए।* **[सुखदेव : भगत सिंह को पहले गोली चलानी थी। 'एम' को भगत सिंह की सुरक्षा के लिए भेजा गया था। पंडित जी ने दोनों की सुरक्षा करनी थी। जब भगत सिंह को पता चला कि साहब स्कॉट नहीं है, इसलिए यह बताने के लिए वह पंडित जी की ओर मुड़ा। उसी समय 'एम' ने गोली चला दी, जो उसे नहीं चलानी चाहिए थी। उसने स्कॉट को कभी नहीं देखा था। तब भगत सिंह को कर्तव्यवश गलत व्यक्ति पर गोली चलानी पड़ी। इस तरह सांडर्स के कत्ल की घटना घटी।]** जो **आटोमैटिक पिस्तौल** भगत सिंह के पास था, वह प्रदर्श पी.-480 है। भगत सिंह ने 5/6 फायर किए थे। साहब ने गिरते समय 'हाय' की थी और फिर वह हिला तक नहीं था। इसके बाद हम तीनों वहाँ से भागे। जिस समय हम कचहरी वाली गली की तरफ भागे तो दफ्तर से एक साहब बाहर आया और उसके पीछे वही सिख सिपाही भी आया था। वो हमारी तरफ भागे। ***साहब, मिस्टर फर्न था, जिसको मैंने बाद में शनाख्त किया था।*** उस समय एक मोटर जिला कचहरी की तरफ से आई, जो बिलकुल मेरे पास आकर खड़ी हो गई। मैं यह नहीं कह सकता कि उसमें कितने व्यक्ति थे। तहसील बिल्डिग भी पुलिस दफ्तर के पास है। बता नहीं सकता कि वहाँ भी कोई व्यक्ति था या नहीं। जब मिस्टर फर्न और सिख सिपाही हमारे पीछे-पीछे कचहरी गली में आ गए, तब भगत सिंह ने मिस्टर फर्न पर फायर किया। मिस्टर फर्न को गोली नहीं लगी, क्योंकि उसने अपने सिर को बचा लिया था। उसके बाद भगत सिंह और 'एम' डी.ए.वी. कॉलेज के छोटे दरवाजे से अन्दर चले गए, जिसके पास प्रिंसिपल की कोठी है। मैं कोर्ट की गली में से साइकिल हाथ में लेकर भागता चला गया। उसके बाद पुलिस वाला सिख सिपाही, भगत सिंह और 'एम' के पीछे भागा। मैं उस समय तक साइकिल पर सवार नहीं हुआ था। उसके बाद मैंने दो-तीन फायरों की आवाज सुनी, जो कॉलेज के कम्पाउंड के तरफ से आई थी। फिर मैं शौचालय की तरफ गया, जहाँ दो साइकिलें रखी हुई थीं। वहाँ दोनों साइकिलों में से कोई भी साइकिल नहीं थी। वहाँ मैंने एक स्वीपर से पता किया कि साइकिलें कहाँ हैं? उसने बताया कि उसको पता नहीं कि साइकिलें कौन ले गया है। उसके बाद एक किचन ब्वॉय (रसोईया लड़का), जो देशराज के पास काम करता था, वहाँ आया और कहा कि एक साइकिल देशराज ले गया है और दूसरी उसके पास पड़ी है, जो उसने रसोई के पास रखी हुई है। उसी दौरान पंडित जी, भगत सिंह और 'एम' सीढ़ियों से उतरकर नीचे आ गए। बोर्डिंग हाउस की ऊपर वाली मंजिल से जहाँ देशराज का कमरा है।

मैंने ये सब स्थान मजिस्ट्रेट को दिखा दिए हैं। मगर मैंने देशराज का कमरा नहीं दिखाया था। बाकी सब स्थान दिखा दिए थे। पंडित जी के पास माउजर पिस्तौल थी, जिसको एक लम्बा दस्ता लगा हुआ था। उसने बट से पिस्तौल को उतारकर, पिस्तौल तथा बट दोनों को जेब में रख लिया। मैंने पंडित जी को बता दिया कि एक साइकिल देशराज ले गया और दो साइकिलें वहाँ मौजूद हैं। पंडित जी ने मेरे वाली साइकिल ले ली और 'एम' को साथ बिठाकर वे छोटे दरवाजे से बाहर निकल गए। यह दरवाजा टूटा हुआ था। भगत सिंह वहीं रह गया। मैं और भगत सिंह साइकिल लेने रसोई की तरफ गए। वहाँ (रसोई के पास) से मैंने साइकिल उठाई और मुझसे भगत सिंह ने ले लिया और हम वापस फिर उसी स्थान पर आ गए जहाँ से हम साइकिल लेने के लिए गए थे। **वहाँ पर भगत सिंह ने अपनी टोपी मुझे दे दी और मेरे सिर से लुँगी उतार ली।** ***लुँगी मौजूदा अदालत में प्रदर्श पी.-488 वही है, जो मेरे सिर से भगत सिंह ने उतारी थी।*** भगत सिंह भी उसी दरवाजे से साइकिल पर सवार होकर चला गया, जिस दरवाजे से पंडित जी और 'एम' गए थे। मैं सामने वाली **दीवार** फाँदकर निकल गया। ***मौके का नक्शा प्रदर्श पी.ए./डब्ल्यू है, जिसमें नम्बर 29 वह स्थान है।***

मैं वहाँ से आयुर्वेदिक कॉलेज से होता हुआ, जिसके पास एक **हौज** है, ***व मौका नम्बर 32 से होता हुआ, मौका नम्बर 33 के पास जाकर खड़ा हो गया।*** मेरे पास दो पुस्तकें थीं जिनको मैं पढ़ने लग गया। उसके थोड़ी देर बाद दो यूरोपियन अफसर वहाँ पहुँचे। एक ने हाथ में रिवाल्वर पकड़ा हुआ था, दूसरे ने मुझसे पूछा कि क्या उसने कोई व्यक्ति साइकिल से जाते हुए देखा है? मैंने कहा कि मैंने कोई नहीं देखा है। मगर वो जो सामने मजदूर काम कर रहे हैं उनसे पूछ लो। वो उस तरफ चले गए। मैं सी.आई.डी. ऑफिस के पीछे की तरफ से होता हुआ मोजंग वाले मकान में आ पहुँचा। उस समय शाम के साढ़े पाँच बजे होंगे। जिस समय मिस्टर सांडर्स का कत्ल किया गया, उस समय शाम के सवा चार या साढ़े चार बजे का समय होगा। जब हम घटनास्थल के पास पहुँचे थे तो **भगत सिंह ने फेल्ट कैप, गर्म कोट, खाकी निक्कर, जुराबें और काले बूट पहने थे। काले बूट प्रदर्श *पी.-489*** हैं। **गर्म कोट *प्रदर्श पी.-487*** है।

पंडित जी कल्लाह व पगड़ी पहने हुए थे। *मौजूदा अदालत में कल्लाह प्रदर्श पी.-130-ए व पगड़ी प्रदर्श पी-130 है।* उस समय पगड़ी बादामी रंग की थी। अब यह खाकी रंग है। सलवार, गर्म कोट और सफेद रंग के कपड़े के बूट (फ्लीट) पहने हुए थे। **'एम' ने फेल्ट कैप** (मेरी टोपी की तरह की टोपी, जो मैंने अब पहनी हुई है), **सर्द कोट, पाजामा और कपड़े के बूट पहने हुए थे।**

मैंने सिर पर **लुँगी *प्रदर्श पी.-188*, गर्म कोट *प्रदर्श पी-486*, काला बूट** और पाजामा पहने हुए थे। **काला बूट *प्रदर्श पी-166*** है। **पगड़ी *प्रदर्श पी*-*130*** को मैं फिरोजपुर से ले गया था और **वहाँ इसे बादामी रंग को खाकी रंग में तब्दील करवा लिया था।**

सुखदेव को पंडित जी ने यह कहा था कि असले वाला सूटकेस मोजंग हाउस से लेकर किसी और जगह पहुँचा दे, अर्थात् वह छोटा सूटकेस जिसका मैं पहले जिक्र कर चुका हूँ।

मोजंग वाले मकान में पहुँचने पर मैंने प्रताप सिंह (मुल्जिम नम्बर 10) को वहाँ गार्ड की ड्यूटी पर पहले कमरे में मौजूद पाया। अन्दर के कमरे में पंडित जी, भगत सिंह और 'एम' मौजूद थे। मैंने वह सारा माजरा उनको सुना दिया, जो कुछ कत्ल के बाद हुआ था। भगत सिंह के सिर पर लूंगी नहीं थी। वह नंगे सिर बैठा था। मेरे पूछने पर कि लुँगी कहाँ है उसने कहा कि वह लुँगी बाँध नहीं सका और वहीं फेंक आया। भगत सिंह ने तब कहा कि जिस साहब को कत्ल किया गया है वह स्कॉट नहीं है। एक पंजाबी सिख को भी हमें मारना पड़ा जो हमारे पीछे आया था। असले वाला सूटकेस जो मौजूदा अदालत में है, मकान में नहीं था। मगर सुखदेव भी वहाँ मौजूद नहीं था। प्रताप सिंह ने बताया कि सुखदेव कह गया है कि मैं सुखदेव को दयाल सिंह कॉलेज में मिलूँ। पंडित जी ने मुझको कहा कि सुखदेव को कहना कि छोटे सूटकेस में से एक रिवाल्वर व 8-10 कारतूस निकालकर ले आए और मुझे कहा कि बंसीलाल से खर्च के लिए रुपए लाना।

मैं सुखदेव को **दयाल सिंह कॉलेज** के पास उसी शाम लगभग छह बजे के करीब मिला उसके साथ **भगवान दास** और **विजय कुमार सिन्हा** थे। ***(गवाह ने विजय कुमार सिन्हा मुल्जिम की तरफ इशारा किया और शनाख्त किया। भगवान दास यहाँ मौजूद नहीं है।)*** *सुखदेव ने कहा कि उसको इन साथियों से कोई भेद नहीं छुपाना चाहिए, क्योंकि ये भी हमारी पार्टी के सदस्य हैं। सुखदेव से मैंने कत्ल का जिक्र किया।* **[सुखदेव : गलत]** सुखदेव ने कहा कि तुम लोगों ने किसी गलत अफसर को मार दिया है क्योंकि उसने मिस्टर स्कॉट को उसी शाम मोटर पर घूमते हुए देखा था। पंडित जी का सन्देश मैंने सुखदेव को दे दिया। ***(बयान सुनते समय गवाह ने आगे कहा कि सब कुछ जो करना था उसको पहले से मालूम था–जे. कोल्डस्ट्रीम)***। सुखदेव ने मुझको कहा कि मकान पर वापस जाकर 'एम' से उसके मकान की चाबी ले आए और उसके हवाले करे। इसलिए मैंने चाबी लाकर सुखदेव के हवाले कर दी। उसके बाद मैं बंसीलाल से 10/- रुपए लेकर वापस मकान पर गया। मोजंग हाउस पहुँचकर वहाँ सुखदेव को देखा, जो वहाँ पहले ही पहुँच चुका था। रिवाल्वर जो 'एम' ने कत्ल में इस्तेमाल किया था, पंडित जी ने उसे **मेरे हवाले कर दिया और जो रिवाल्वर सुखदेव लाया था, वह 'एम' को दे दिया था।** भगत सिंह वाला रिवाल्वर भगत सिंह के पास ही रहा और पंडित जी ने भी अपना माउजर पिस्तौल अपने पास ही रखा।

पंडित जी से मैंने पूछा कि क्या दीनानाथ अप्रूवर को कत्ल नहीं किया जाएगा? तो उन्होंने कहा कि बाजार में बहुत सी पुलिस घूम रही है। इस समय कत्ल करना ठीक नहीं है। मैं और प्रताप सिंह मोजंग हाउस में रहे; जबकि पंडित जी, भगत सिंह, सुखदेव और 'एम' इस मकान से 9-10 बजे रात को चले गए। दूसरे रोज किशोरी लाल हमारे मकान पर आया और हमको कहा कि मिस्टर सांडर्स और चनण सिंह का कत्ल हो गया है। मैंने कहा कि हमारा मकान सुरक्षित है।

तीन-चार दिन बाद किशोरी लाल व भगवान दास हमारे मकान पर आए। किशोरी लाल ने पाँच रुपए मुझको दिए और कहा कि मैं और प्रताप सिंह वापस फिरोजपुर चले जाएँ। इसलिए मैंने अपना रिवाल्वर किशोरी लाल को दे दिया ताकि वह इसे पंडित

जी के हवाले कर दे। मैं और प्रताप सिंह फिरोजपुर चले गए और वहाँ डॉक्टर के पास ठहरे। हमारे पहुँचने के दो-तीन दिन बाद विजय कुमार सिन्हा भी वहाँ आ पहुँचा, परन्तु शाम की गाड़ी से वह दिल्ली की ओर चला गया। **विजय कुमार ने वही पगड़ी पहनी हुई थी**, जो भगत सिंह ने नेशनल बैंक के डाके के दिन पहनी हुई थी। ***प्रदर्श पी-485 वह पगड़ी मौजूदा अदालत है (बयान सुनते समय गवाह ने यह भी कहा कि मोजंग वाले मकान में सुखदेव 'स्वामी' भगत सिंह 'रणजीत' के नाम से पुकारे जाते थे-जे. कोल्डस्ट्रीम)।***

मैं 30 या 31 दिसम्बर, 1928 को लाहौर में सुखदेव को मिलने आया। मुझे सुखदेव नहीं मिला, मगर किशोरी लाल से मुलाकात हुई। किशोरी लाल से पता चला कि सुखदेव यहाँ नहीं है, वह कल आएगा। रात को मैं मोजंग वाले मकान में सोया। मैं दूसरे दिन शाम चार बजे यूनिवर्सिटी वाले मैदान में सुखदेव व किशोरी लाल को मिला। वहाँ से हम तीनों साइकिलों पर फिरोजपुर सड़क की ओर नहर वाले पुल के पास गए। नहर पर जब बैठे थे तो वहाँ से स्कॉट साहब की मोटर नम्बर 6728 वहाँ से गुजरी, जिसमें मिस्टर स्कॉट व उसकी लेडी, ड्राइवर और एक अन्य व्यक्ति था। *सुखदेव से मैंने कहा कि अगर कहो तो मिस्टर स्कॉट को यहाँ पर ही मार दिया जाए। उसने जवाब दिया कि जब एक बार हमारे हाथ से बच चुका है तो अब क्या मारना है!* **[सुखदेव : बकवास। समिति का एक मेम्बर होने के नाते मैंने ऐसा कुछ नहीं कहा।]**

किशोरी लाल जब हमारे पास से चला गया तो सुखदेव ने मुझसे कहा कि भगत सिंह और 'एम' 20-21 दिसम्बर, 1928 को 'बम्बई मेल' से दिल्ली की ओर चले गए हैं और पंडित जी भी 25-26 दिसम्बर, 1928 के करीब दिल्ली की ओर चले गए हैं। **सुखदेव की माता, किशोरी लाल और सुखदेव की बहन भी पंडित जी के साथ गए थे।** पंडित जी को वहाँ छोड़कर सुखदेव की माता जी, बहन और किशोरी लाल वापस आ गए हैं। उसके बाद *सुखदेव मुझको अपने मकान जोड़मोरी पर ले गया।* **[सुखदेव : मैंने उस पर जरूरत से ज्यादा विश्वास किया। एक नहीं कई बार! जो मुझे नहीं करना चाहिए था। मेरी तरफ से यह अनावश्यक त्रुटि कि मैं उसे जोड़ेमोरी के घर पर ले गया। मैंने ऐसी ही गलती उसे कश्मीर बिल्डिंग हाउस में ले जाकर की।]** वहाँ जाकर सुखदेव ने 'देवदत्त' का नाम लेकर पुकारा। किशोरी लाल नीचे आया और दरवाजा खोला। हम तीनों रात को उसी मकान में रहे। दूसरे दिन, मैं और किशोरी लाल मोजंग हाउस पर गए और सारा सामान वहाँ से उठा लाए व उस मकान को खाली कर दिया। हमने जोड़ेमोरी वाले मकान पर रोटी खाई और सुखदेव ने अपने **रिवाल्वर** को तेल लगाकर साफ किया। ***रिवाल्वर प्रदर्श पी.-122 अदालत में मौजूद है।*** उसी दिन सुखदेव ने मुझको पाँच रुपए दिए और कहा कि अढ़ाई (2.30) बजे की गाड़ी से मैं फिरोजपुर चला जाऊँ। मैं फिरोजपुर चला गया और वहाँ डॉक्टर के मकान पर गया-अर्थात् डॉक्टर बी.एस. निगम के मकान पर। यह बात 2 जनवरी, 1929 की है।

दो-तीन दिन बाद सुखदेव वहाँ आया और प्रताप सिंह से बातें कीं और उसको 25-30 रुपए दिए। प्रताप सिंह फिरोजपुर में ही था।

27-28 जनवरी, 1929 के करीब सुखदेव की चिट्ठी आने पर मैं अमृतसर में कालीचरण के पास चला गया।

डॉक्टर ने फिरोजपुर में मुझको बम वगैरा बनाने का सामान लाकर दिया था कि इसे सुखदेव को दे देना। **कालीचरण** का मकान अमृतसर के **मुगल बाजार** में है। ***कालीचरण अब अदालत में मौजूद नहीं है।*** दो-तीन दिन के बाद सुखदेव वहाँ आया था। मैंने सुखदेव को Nitric acid Merks, Sulphuric acid Merks, Glyceryine Carbolic acid merks, Potassium chloride Merks व दो-तीन शीशियाँ और दीं।

8-9 फरवरी, 1929 को सुखदेव और कालीचरण अमृतसर से लाहौर आए और वहाँ ब्राडलौघ हाल में पंडित जवाहरलाल नेहरू का भाषण सुना। उसी रोज सुखदेव और कालीचरण ने पहनने के कुछ कपड़े अमृतसर में खरीदे थे, क्योंकि कालीचरण ने उसी रात दिल्ली की तरफ जाना था। रात को भाषण सुनने के बाद, मैं और कालीचरण अमृतसर आ गए और वहाँ से कालीचरण रात की गाड़ी से दिल्ली की तरफ चला गया। कालीचरण ने मुझको एक पोटली दी जिसमें सल्फर कैप्स व चार-पाँच पाउडर और थे। उसने कहा था कि जब कल मैं लाहौर में सुखदेव को मिलने जाऊँ तो यह उसके हवाले कर दूँ। दूसरे दिन मैं कालीचरण के कहे अनुसार लाहौर आया और पोटली साथ लाया। किशोरी लाल स्टेशन पर मुझको मिला और अपने **मकान मेवामंडी**, जो **गवालमंडी** में स्थित है, ले गया। इस मकान में सुखदेव और प्रेमदत्त मिले। मैंने वह पोटली, जो कालीचरण ने मुझे दी थी, सुखदेव को दे दी। कालीचरण ने पोटली देते समय मुझे समझा दिया था कि इसे सावधानीपूर्वक ले जाना। सुखदेव ने मुझको कहा कि 'हिन्दुस्तान सोशलिस्ट रिपब्लिकन आर्मी' पार्टी की केन्द्रीय बॉडी ने यह फैसला किया है कि *मुझको कोहाट रवाना किया जाए, क्योंकि अफगानिस्तान में एक 'महाभारत स्वराज पार्टी' है। इसके साथ हमने अपनी पार्टी को जोड़ना है।* **[सुखदेव : बिलकुल बकवास!]** सुखदेव ने कहा कि भगत सिंह और वह (सुखदेव) पंजाब की तरफ से केन्द्रीय बॉडी के सदस्य हैं। सुखदेव ने उसके फूफड़, **बालकराम** स्टेशन मास्टर चक्करकोट के नाम इंट्रोडक्टरी चिट्ठी दी। सुखदेव ने 40/- रुपए मुझको खर्च करने के लिए दिए थे तथा 10 रुपए और दिए व कहा कि दिल्ली का एक टिकट खरीद लाओ। यह बात बसन्त के दिन से दो दिन पहले की-अर्थात् 12 फरवरी, 1929 की है। मैं दिल्ली का टिकट सुखदेव के लिए लाया था।

सुखदेव ने मुझे कहा कि चूँकि वह अमृतसर जा रहा है तो मैं उसका सामान दिल्ली की ट्रेन से अमृतसर ले जाऊँ ताकि सुखदेव अपना सामान इसी गाड़ी में ले जाए। सुखदेव मुझको अमृतसर मिल गया। मैंने उसका **कम्बल** और सूटकेस उसके हवाले कर दिया। **कम्बल** मौजूदा अदालत में ***प्रदर्श पी-539*** है। सुखदेव दिल्ली की तरफ चला गया। सुखदेव ने मुझसे कहा कि अमृतसर वाले मकान की चाबी **आज्ञाराम** को दे देना, जो आश्रम में रहता है। आज्ञाराम मुल्जिम नम्बर 2 है। मैंने आज्ञाराम को चाबी 14.2.1929 को दी।

14.2.1929 को मैं कोहाट रवाना हो गया। मैं लाहौर से 'कलकत्ता मेल' में सवार हुआ था। लाहौर स्टेशन पर बंसीलाल मुझको मिला। **[सुखदेव : स्वाभाविक अनुशासनिक अभाव। उसकी निष्कपटता ने मुझे इतना प्रभावित किया कि मेरा**

उसको परखने की तरफ ध्यान ही न जा सका।] मैं रावलपिंडी में उतरा और होरीलाल को मिलने शहर में चला गया। फिर मैं कोहाट गया और वहाँ से चक्करकोट गया। चक्करकोट में मैं बाबू बालकराम से मिला व मैंने सुखदेव की इंट्रोडक्टरी चिट्ठी उसे दी। बालकराम ने कोहाट में मेरे कहने पर **डॉक्टर अमर सिंह** की दुकान पर बतौर कम्पाउंडर, नौकर रखा दिया। बालकराम ने डॉक्टर अमर सिंह के नाम पत्र लिख दिया था। कोहाट में मैंने **कटड़ा बूटा सिंह** में एक कमरा 3/- रुपए महावार किराये पर ले लिया था। चक्करकोट में मार्च 1929 के शुरू में सुखदेव आया और मैं सुखदेव को मिलने गया। सुखदेव के पास वही रिवाल्वर ***प्रदर्श पी-122*** था। शाम को जब हम दोनों सैर को गए तो **हमने रिवाल्वर से शौकिया तौर पर एक-एक फायर किया।**

दो-तीन दिन बाद सुखदेव लाहौर वापस चला गया और मुझको दो पुस्तकें दे गया। इनमें से एक **'अवेक एंड अराइज'** अंग्रेजी में और दूसरी हिन्दी में **'क्या करें'** थी। 'क्या करें' पुस्तक ***प्रदर्श पी-120*** है और दूसरी पुस्तक 'अवेक एंड अराइज' ***प्रदर्श पी-490*** है। ***(इस समय मिस्टर अमरदास एडवोकेट ने इन पुस्तकों के सम्बन्ध में ऐतराज किया, जो अंग्रेजी में लिखा लिया गया)।*** मैं लाला बालकराम को अक्सर मिलने जाया करता था। उसने दो बार मुझे 10-10 रुपए दिए कि सुखदेव ने मेरे लिए भेजे हैं।

13 अप्रैल, 1929 को बैसाखी के दिन, मैं बालकराम से मिलने गया था, और उसको मैंने कहा कि मैं लाहौर, सुखदेव को मिलने जाना चाहता हूँ। कोई इन्तजाम किया जाए। तो बालकराम ने कहा कि आज रात (13 अप्रैल, 1929) को गणना विभाग का एक बाबू लाहौर जाएगा। उसके साथ मुझे भेजने का बन्दोबस्त कर दिया जाएगा और मैं उस बाबू के साथ लाहौर आ गया। कोहाट से मैंने **एक चिट्ठी** बालकराम को लिख दी थी और अपने मकान की **चाबी** भी साथ भेज दी थी। ***चिट्ठी प्रदर्श पी.ए.आर. 2 है, जो गवाह ने पढ़कर सुनाई। चाबी प्रदर्श पी-491 है।***

रावलपिंडी पहुँचकर मैं, होरीलाल को मिलने गया था। मैं उसके पास **चादर** छोड़ आया था और उसे कहा था कि वापसी पर ले लूँगा। **चादर *प्रदर्श पी-492 है।* फर्द बरामदी *प्रदर्श पी.सी.जे./5 है, जिस पर मेरे हस्ताक्षर हैं; जो पुलिस ने होरीलाल से बरामद की थी। उस समय मैं भी वहाँ मौजूद था।***

रावलपिंडी में मैं **सीताराम सभरवाल** को भी मिला, जो 'मॉर्टन प्रेस' का मालिक है, जिसके पास मैं काम करता था।

ट्राली वाले व्यक्तियों के साथ मैं **बादामी बाग स्टेशन** पर उतर गया, क्योंकि उस दिन 'कलकत्ता मेल' बादामी बाग में ही रुक गई थी। मैं सुखदेव को शाम के समय बैरून भाटी दरवाजे के बाहर मिला। इस्लामिया स्कूल के पास सुखदेव ने कहा कि मैं उसको रात को 9 बजे विक्टोरिया मूर्ति के पास मिलूँ। मैं सुखदेव को वहाँ मिला और हम दोनों *Excelsior* सिनेमा देखने चले गए। सिनेमा के अन्दर सुखदेव ने मुझको भगत सिंह और दत्त के फोटो दिखाए, क्योंकि **इन दोनों ने दिल्ली असेम्बली बम केस में आत्मसमर्पण कर दिया था।** यह बात 14 अप्रैल, 1929 की है। मध्यान्तर में ही

हम सिनेमा छोड़कर वापस चले आए थे। *सिनेमा गेट का पास* **प्रदर्श पी-121** है। *वहाँ से सुखदेव मुझको अपने मकान कश्मीर बिल्डिंग, किला गुजर सिंह में ले गया। कश्मीर बिल्डिंग के कमरे का नम्बर याद नहीं है। रात को सोते समय सुखदेव ने बताया था कि हमने बम बना लिए हैं। उसने यह भी बताया था कि बम आगरा फैक्टरी में हैं।* **[सुखदेव : आगरा बम फैक्टरी का हवाला]** मैंने पूछा कि तुमने बम बनाते समय मुझको क्यों नहीं बुलाया था। उसने कहा कि केन्द्रीय बॉडी ने मुझको बुलाए जाने का फैसला नहीं किया था। रात को मैं और सुखदेव सो गए। दूसरी सुबह **किशोरी लाल मुल्जिम नम्बर 3 *(गवाह ने इशारा मुल्जिम की तरफ किया)*** आ गया। किशोरी लाल ने मुझको कहा कि वह आ गया है। मैंने कहा कि अब जब कि सारा सामान बन चुका है, तो मुझे भी दिखाओ। इस पर *सुखदेव ने कहा कि केन्द्रीय बॉडी ने पुलिस अफसर तस्सदक हुसैन, बनर्जी, एक अन्य के.सी. बनर्जी और दीनानाथ को कत्ल करने का फैसला किया है।* **[सुखदेव : मैंने उसे ऐसा कभी नहीं बताया।]** उसके बाद सुखदेव ने कहा कि नहा-धो आओ। मैं जब नहाकर वापस मकान पर आया तो सुखदेव ने मुझे 10 रुपए दिए और कहा कि अमृतसर जाकर कालीचरण वाले मकान का किराया दे आओ । मैं कपड़े पहन रहा था कि पुलिस आ गई। सुबह आठ बजे का समय था। पुलिस के निम्न व्यक्ति थे:-

> खान साहब नियाज अहमद खाँ व सईद अहमद शाह हमारे कमरे के अन्दर आ गए और खान बहादुर, अब्दुल अजीज तथा कई अन्य बाहर दरवाजे पर ही रहे। उन पुलिस वालों के नाम मुझको बाद में मालूम हुए। इन्होंने हमें गिरफ्तार कर लिया और हमारी तलाशियाँ ली गईं। *सुखदेव की हालत कुछ खराब सी हो गई-अर्थात् वह बीमार लगने लगा और पानी पीने के लिए बाहर गया। इसको अन्दर लाया गया और तलाशी लेने लगे तो उसने जेब से रिवाल्वर निकाला, जो सईद शाह ने उससे छीन लिया। रिवाल्वर प्रदर्श पी-122 है। सुखदेव से पूछा गया कि क्या यह रिवाल्वर भरा (लोडेड) है तो सुखदेव ने कहा, "लोडेड है।" रिवाल्वर तब डिप्टी नियाज अहमद खाँ को दिया गया।* **[सुखदेव : तलाशी के दौरान मैंने खुद पुलिस को रिवाल्वर दिया था।]** हमको तब हथकड़ियाँ लगाकर वहीं बिठाया गया।

उसके बाद सुखदेव ने पुलिस अफसरों को कहा कि एक **बॉक्स में**, जो अलमारी में ऊपर रखा हुआ है, उसमें एक लाइव बम पड़ा हुआ है, जो पुलिस द्वारा कब्जे में ले लिया गया। वह **बॉक्स *प्रदर्श पी-2*** है, जिसमें बम पड़ा हुआ था। उसके बाद किशोरी लाल से चाबी लेकर अलमारी खोली गई और वहाँ से एक बम का खोल, एसिड और शीशे का सामान बरामद हुआ। फिर सामान की **सूची** बनाई गई, मैंने उस बरामदगी की सूची पर हस्ताक्षर किए थे। ***प्रदर्श पी.सी.*** बरामदगी की सूची है। मेरी तलाशी में जो कुछ बरामद हुआ था उसकी **बरामदगी सूची *प्रदर्श पी.ई./4*** भी तैयार की गई थी। ***प्रदर्श पी.सी.*** पर किशोरी लाल, सुखदेव ने भी हस्ताक्षर किए थे। मैं इन हस्ताक्षरों को शनाख्त करता हूँ।

तलाशी के बाद सुखदेव से मैंने पूछा था कि उसने रिवाल्वर क्यों इस्तेमाल नहीं किया था। तो उसने जवाब दिया कि वह चाहता था कि जब उसे और किशोरी लाल को बाहर ले जाया जाए तो टोपी वाले–अर्थात् खान बहादुर पर गोली चलाएगा, मगर उसको मौका नहीं मिला था। [**सुखदेव : निरा बकवास! ऐसा बिलकुल असम्भव था।**] मैं कश्मीर बिल्डिंग से बरामद निम्नलिखित चीजों को शनाख्त करता हूँ:–

8 बम के गोले–*प्रदर्श पी-4 से प्रदर्श पी-11*, रिवाल्वर–*प्रदर्श पी-122*, गोलियाँ–*प्रदर्श पी-13* सुखदेव की जामा तलाशी से बरामद हुई थी। एक डिब्बिया में से गोलियाँ बरामद हुई थीं।

5 पुस्तकें–*प्रदर्श पी-27, प्रदर्श पी-28, प्रदर्श पी-29, प्रदर्श पी-153, प्रदर्श पी-160*; एक और पुस्तक–*प्रदर्श पी-19*; दो पुस्तकें–*प्रदर्श पी-22 और प्रदर्श पी-23*, एक पुस्तक–***प्रदर्श पी-24 Administration of Violence*;** एक पुस्तक ***प्रदर्श पी-18* 'काकोरी के शहीद'; रबड़ के दस्ताने–*प्रदर्श पी-62, प्रदर्श पी-63, प्रदर्श पी-64 भी*** बरामद हुए थे। उन पर चूना पड़ा हुआ था और एक टिन के डिब्बे में पड़े हुए थे। ***थैला प्रदर्श पी. 87*** भी बरामद हुआ था जो नेशनल बैंक की डकैती में प्रयोग करना था। **क्रान्तिकारी पर्चे** की छह प्रतियाँ–***प्रदर्श पी-26*** (जो एक लिफाफे में थीं), जो 1925 की रात को ही बाँटा गया था।

मैं निम्नलिखित चीजों को शनाख्त करता हूँ, जो अदालत में मौजूद हैं:–

चाबी *प्रदर्श पी-472*, जो परी महल में सुखदेव ने बॉक्स को लगाई थी, दो में से एक है और सुखदेव ने मुझको दिखाई थी। **ताला *प्रदर्श पी-473*,** जो **टीन के बॉक्स *प्रदर्श पी-471*** को लगा हुआ था। **दो बैटरियाँ *प्रदर्श पी-474* व *प्रदर्श पी-474-ए*,** जो मैं (नेशनल स्कूल) से लाया था। **कम्बल *प्रदर्श पी-479*,** जो मैंने पंडित जी या विजय कुमार सिन्हा के पास देखा था। **हैट *प्रदर्श पी-298*** वह है, जो पंडित जी ने नेशनल बैंक के डाके के दिन पहना हुआ था। **जुराबें *प्रदर्श पी-290*,** जो भगत सिंह ने कत्ल के रोज पहनी हुई थीं, इनको शनाख्त करता हूँ। वो फटी हुई थीं। ***प्रदर्श पी-493*** वह **फेल्ट हैट** है, जो भगत सिंह मोजंग वाले मकान में इस्तेमाल किया करता था और सुखदेव यह टोप देशराज से लाया था। **रेशमी पगड़ी *प्रदर्श पी-498*** वह है, जो मैं कोहाट छोड़ आया था।

पजामा *प्रदर्श पी-499*, कमीज *प्रदर्श पी-500* व **कमीज *प्रदर्श पी-501*,** ये मैं कोहाट में छोड़ आया था। **कमीज फलालैन *प्रदर्श पी-536*,** मेरी है और इसको मोजंग वाले मकान में सुखदेव व पंडित जी इस्तेमाल करते थे। पुस्तक ***प्रदर्श पी-495 Indian Manual of First Aid*** कश्मीर बिल्डिंग में मेरी निजी तलाशी में बरामद हुई थी। **ताला *प्रदर्श पी-176*** अमृतसर में कालीचरण वाले मकान का है। ***Case Against a Wage Cut*** नामक पुस्तक ***प्रदर्श पी-171*** शायद अमृतसर वाले मकान से बरामद हुई थी। पुस्तक सिरलेख ***Machine Construction and***

Mechanical Drawing ***प्रदर्श पी-163*** अमृतसर से बरामद हुई थी। एक पुस्तक सिरलेख ***Non-Cooperation Pushed to its Logical Consequences*** ***प्रदर्श पी-170*** अमृतसर वाले मकान से बरामद हुई थी। मैं **मफलर *प्रदर्श पी-167*** को मोजंग वाले मकान में इस्तेमाल करता था।

Machine Drawing Scales ***प्रदर्श पी-174*** मेरे अपने और अमृतसर वाले मकान से बरामद हुए थे।

2 पुस्तकों की कॉपियाँ ***प्रदर्श पी-496 और प्रदर्श पी-497*** **नुस्खजाने** है जो मेरी जामा तलाशी में कश्मीर बिल्डिंग से बरामद हुई थी। इनमें वे नुस्खे हैं जो मैंने बी.एस. निगम के यहाँ लिखे थे, अलग-अलग बीमारियों के हैं, मेरे लिखे हुए हैं। **थैला *प्रदर्श पी-320*** खद्दर का है। यह उस समय पंडित जी के पास था, जब वह फिरोजपुर आए थे।

स्विच *प्रदर्श पी-476* है जिस पर गोली का निशान है। **पगड़ी *प्रदर्श पी-813 है,*** जो मैंने रावलपिंडी जाने से पहले लाहौर से बनवाई थी। 15 अप्रैल, 1929 को तलाशी हुई थी। मुझको गिरफ्तार करके थाना मुगलपुरा में ले गए। 'निविदा क्षमा' 30 अप्रैल, 1929 को हुई थी। वह **सूची *प्रदर्श पी.ओ.*** है, जिस पर मेरे हस्ताक्षर हैं। मैंने एक मजिस्ट्रेट साहब के सामने बयान दिया था और प्रत्येक पृष्ठ पर मैंने हस्ताक्षर किए थे। **बयान *प्रदर्श पी.ए.आर./3*** मेरा वह बयान है, जो 3.4.1929, 1.5.1929 व 2.5.1929 को हुआ था; जो कुछ इसमें दर्ज हैं वह सही है। ***प्रदर्श पी. सी.डी./2 पर मेरे हस्ताक्षर हैं।*** वह पार्सल बिल्टी है, जो मनीपुर से मेरे भाई ने साइकिल रवाना की थी, इसके बारे में है। सूची ***प्रदर्श पी.एल.,*** उन चीजों की बरामदगी है, जो अमृतसर के मकान से 11.5.1929 को बरामद हुई थी।

अब समय हो गया है। बाकी कार्रवाई 12.5.1930 को होगी।

8 मई, 1930

12 मई, 1930

आदेश

मुल्जिमों के दुर्व्यवहार की वजह से कार्रवाई कल तक स्थगित की जाती है।

जे. कोल्डस्ट्रीम/जी.सी. हिल्टन/आगा हैदर

मुल्जिमों को बाहर निकालकर कमरा खाली करा दिया गया।

जे. कोल्डस्ट्रीम/जी.सी. हिल्टन

आदेश

मुल्जिमों को अदालत से बाहर निकालकर जेल भेज देने के फैसले में मैं शामिल नहीं हूँ, और उत्तरदायी भी नहीं हूँ। उक्त आदेश के परिणामों से भी मेरा कोई वास्ता नहीं है। दुर्व्यवहार की वजह से कार्रवाई कल तक स्थगित की जाती है।—आगा हैदर

[सुखदेव : सराहनीय।]

(14.5.1930 को जयगोपाल का बयान)

मैं अपने हस्ताक्षर बयान ***प्रदर्श पी.ए.आर. 3*** पर शनाख्त करता हूँ जो मैंने मजिस्ट्रेट साहब के सामने किए थे और जिसके हरेक पृष्ठ पर मैंने हस्ताक्षर किए थे, वे सही रूप में लिखे हुए हैं। मैंने सुनकर सही स्वीकार किया और वही बयान मुझे पंडित श्री किशन ने विशेष मजिस्ट्रेट की अदालत में पढ़कर सुनाया था।

हस्ताक्षर 14.5.1930
जे. कोल्डस्ट्रीम

आज समय हो गया है बाकी बयान कल होगा। 14.5.1930

जे. कोल्डस्ट्रीम

(15.5.1930 को जयगोपाल का बयान)

अदालत के सवाल के जवाब में–गवाह को **नक्शा *प्रदर्श पी.ए.डब्ल्यू*** दिखाया गया है। मैं नम्बर 3 मौके पर और 'एम' नम्बर 4 मौके पर, नम्बर 5 पर भगत सिंह खड़ा हुआ। पहला मौका वह है जहाँ मिस्टर सांडर्स साहब मोटरसाइकिल से गिरे थे, नम्बर 10 वह मौका है जहाँ फर्न गिरे थे। नम्बर 11 मौके पर पंडित जी बैठे थे। मैं नम्बर 3 बिन्दुओं वाली चिह्नित लाइन से रवाना होकर नम्बर 25 पर पहुँचा। कॉलेज के बोर्डिंग हाउस में से होता हुआ वहाँ पहुँचा जहाँ कि भगत सिंह ने मुझसे साइकिल ली थी। साइकिल मौका नम्बर 26 पर रखी हुई थी। नम्बर 27 वह स्थान है जहाँ मैंने साइकिलें रखी थीं। नम्बर 28 वह दरवाजा है जहाँ से हम सारे बाहर निकले थे। मौका नम्बर 29 वह दीवार है जहाँ से मैं कूदा था, मेरा आगे वाला रास्ता चिह्नित बिन्दुओं वाली लाइन का है। मौका नम्बर 32 तालाब है। नम्बर 33 वह जगह है, जहाँ मैं दो यूरोपियन अफसरों से मिला था।

सुनकर सही स्वीकार किया।

15 मई, 1930

जे. कोल्डस्ट्रीम/आगा हैदर/जी.सी. हिल्टन

16 मई, 1930

सरकारी वादामाफ गवाह नं. 3 : 'विस्तृत गवाही'

फणिन्द्रनाथ घोष सुपुत्र श्री मोती लाल घोष, मरहूम, उम्र 30 साल, बंगाली दुकानदार, निवासी बेतिया, जिला चंपारन का बयान:

हम चार भाई हैं। सबसे बड़े का नाम मन्मथ नाथ घोष, दूसरे का नाम मनोरंजन घोष, मैं तीसरा हूँ और चौथे का नाम सुधीर कुमार घोष है। तीसरा भाई बी.एन. डब्ल्यू रेलवे का सहायक स्टेशन मास्टर है। बाकी हम तीनों हथियार अमला व सामान्य दुकानदारी का काम करते हैं। मैं बेतिया हाई स्कूल में दूसरी कक्षा में पढ़ता था, जो कि पंजाब विश्वविद्यालय के नौवें दर्जे के बराबर है। मैंने 1916 में पढ़ाई छोड़ दी। पिता जी के मरने के बाद मैंने अपने भाइयों की दुकान पर काम करना शुरू कर दिया।

सन् 1916 में चंपारन में भूमि मालिकों और खेतीहरों (किसानों) में झगड़ा हो गया। महात्मा गांधी इस मामले की छानबीन करने के लिए चंपारन गए। मैं और चार या पाँच वाल्टीयर व्यक्ति के तौर पर उनके साथ काम करने के लिए गए। मोनिन्द्र नाथ मित्तर जो कि बंगाल से क्रान्तिकारी कार्यों के लिए आया था, मुझको वहीं मिला करता था। मोनिन्द्र नाथ मित्तर 'अन्सुलिन पार्टी' से तालुक रखता था, उसके शब्द का अर्थ 'तलाश' है। कई महीने की चर्चा के बाद उसने मुझको क्रान्तिकारी पार्टी का मेम्बर बना लिया। उसने मुझे पनाहकार बनाया ताकि जहाँ क्रान्तिकारी आकर ठहर सकें और उनके पत्रों के लिए पोस्ट-बॉक्स नियुक्त किया। सन् 1918 तक मैं बेतिया में क्रान्तिकारियों को यह तो अपने मकान पर या दूसरे मकानों में जो किराये पर लिए हुए थे, आश्रय देता था। क्रान्तिकारियों की जो चिट्ठियाँ व मनीऑर्डर आते थे वे मेरे पास से ही प्राप्त किए जाते थे। मैं उन क्रान्तिकारियों को जो बेतिया में होते थे, दे दिया करता था, अथवा जो वहाँ नहीं होते थे उनको पार्टी के मुख्य दफ्तर, मुजफ्फरपुर में भेज दिया करता था।

मैं सन् 1918 में Under the Defence of India Act में गिरफ्तार हुआ था और मेरे मकान की तलाशी ली गई थी। पहली बार, मैं बेतिया में गिरफ्तार हुआ था और फिर माहीलाग रांची में एक साल कैद रहा। मेरे साथ रहने वाले बिहार के तेरह अन्य व्यक्ति भी गिरफ्तार हुए थे। मैं सन् 1919 में जमानत पर रिहा हुआ। मैं पहले बेतिया गया और वहाँ से होमियोपैथी सीखने के लिए पटना गया। मैं दो या तीन महीने पटना रहा। मैंने पढ़ना छोड़ दिया था, क्योंकि मेरा मन पढ़ाई में नहीं लगा। पटना में मेरी मुलाकात जोगिन्द्र शुक्ल से हुई जो मित्रता में बदल गई। मैं पटना से बेतिया आया और अपने भाइयों की दुकान में हाथ बँटाने लगा। जब मैं दुकान पर रहता था तो नारायण चन्द मुखर्जी, व फूफीजाद भाई मनमोहन बनर्जी मुझसे मिलने के लिए आया करता था। मनमोहन बनर्जी इस मुकदमे में सरकारी गवाह है। यह देखकर कि वह अपने देश की सेवा करने को तत्पर था, मैं उसका मित्र बन गया। मैं सन् 1922 तक उसको राजनीतिक व धार्मिक पुस्तकें देता रहा। कुछ समय के बाद सन् 1922 में जोतिष लहिरी जो मेरे साथ गिरफ्तार हुआ था और बंगाल क्रान्तिकारी पार्टी का मेम्बर था, मेरे पास आया। उसने मुझे राय दी कि बिहार में क्रान्तिकारी पार्टी बनाई जाए, जो मैंने मान लिया। दिसम्बर 1922 में मनमोहन बनर्जी और मैं कांग्रेस का अधिवेशन देखने **गया** (स्थान का नाम) में गए। हम चार-पाँच दिन वहाँ ठहरे। इस बीच मेरी जान-पहचान बंगाल की क्रान्तिकारी पार्टी के मेम्बर किथरू मोहन सिंह से हुई। उसने भी बिहार में क्रान्तिकारी पार्टी के पुन:संगठित करने की राय दी तो मैं सहमत हो गया। बेतिया वापस आने पर मैंने क्रान्तिकारी काम शुरू कर दिया। किथरू मोहन सिंह व किशोरी मोहन सिंह के बेतिया से चले जाने तक कोई मेम्बर शामिल नहीं हुआ। उनके जाने के बाद सन् 1923 में मनमोहन बनर्जी को मैंने मेम्बर बनाया।

सन् 1924 में जीवन कनाई पाल मेरे पास जोतिष लहिरी (जिसका मैंने ऊपर जिक्र किया है) की चिट्ठी लाया। चिट्ठी का विषय यह था कि बिहार में क्रान्तिकारी संस्था की स्थापना के लिए जो सहायता चाहिए, दी जाएगी। मैंने उस समय वह चिट्ठी फाड़

दी। जीवन कनाई पाल ने मुझे पटना का पता दिया और कहा कि उसको बंगाल की क्रान्तिकारी पार्टी ने भेजा है कि वह क्रान्तिकारी संस्था को स्थापित करे।

जब वह दूसरी बार आया तो मैं उसको बेरीया ले गया जहाँ उसकी जान-पहचान मनमोहन बनर्जी से उसके मकान पर कराई। दूसरी बार वह एक या डेढ़ माह के बाद आया; वह हिदायत देकर चला गया।

सन् 1925 में मैंने 'हिन्दुस्तानी सेवा दल' स्थापित किया। एक स्वयंसेवक संस्था का मैं कप्तान और जय नारायण प्रसाद उस दल का प्रधान (प्रेजीडेंट) बना। सन् 1925 में दशहरे के मौके पर मानिन्द्र नाथ बनर्जी जिसको 'मनी बनर्जी' कहते हैं बनारस से बेतिया में अपने रिश्तेदारों को मिलने के लिए आया। उसको मालूम था कि मैं गिरफ्तार हो गया था, इसलिए उसने मुझसे क्रान्तिकारी विषय के सम्बन्ध में विचार-विमर्श शुरू किया। उसने मुझको अपना बनारस का पता दिया ताकि जरूरत पड़ने पर मैं उसको पत्र लिख सकूँ या उससे मुलाकात कर सकूँ।

1925 तक मैं कुछ पुस्तकें जैसे 'आनन्द मठ', 'बंदी जीवन', 'लाइफ ऑफ मेजिनी', 'लाइफ ऑफ मैंक सिवानी', 'लाइफ ऑफ गारीबाल्डी', 'बंगाल बिपलु', नन्द कुमार की 'फाँसी' पढ़ता रहा। दिसम्बर 1925 में मैं बतौर नायक दस स्वयंसेवकों के साथ कांग्रेस के कानपुर अधिवेशन में शामिल हुआ। मनमोहन बनर्जी और जय नारायण प्रसाद भी बतौर प्रतिनिधि वहाँ गए थे। वहाँ जीवन कनाई पाल से मुलाकात हुई जिसका जिक्र, मैंने पहले किया है। मैं जोगिन्द्र शुक्ल से भी मिला। मैं उसको क्रान्तिकारी पार्टी का मेम्बर नहीं बना सका, क्योंकि वह पहले ही बुन्देलखंड पार्टी का मेम्बर बन चुका था। वह छत्रोगन लीडर था। मैंने स्वयंसेवकों को वापस बेतिया भेज दिया। मैं, मनमोहन बनर्जी और जय नारायण बनारस में मनी बनर्जी से मिलने के लिए गए। वहाँ हम धर्मशाला में ठहरे। मनी बनर्जी ने मुझसे कहा कि वह यू.पी. की क्रान्तिकारी पार्टी से मेरा परिचय मुझको एक चिट्ठी भेजने के बाद कराएगा। मैंने तब मनमोहन बनर्जी का परिचय मनी बनर्जी से करवाया और एक-दूसरे से जान-पहचान कराई। मैं और मेरे दोनों साथी, उसी रात बनारस से बेतिया वापस आ गए। मैं **बेतिया** से **मुजफ्फरपुर** गया और वहाँ एक डिपू से एक हजार रुपए का खद्दर उधार लाया। मैंने बेतिया में खद्दर की दुकान खोल ली; पाँच रुपए फीसदी कमिशन जोकि मैंने मुजफ्फरपुर में तय की थी, मनमोहन बनर्जी को देना तय करके उसको डिपू का इंचार्ज नियुक्त किया।

दो या तीन माह बाद मनी बनर्जी की चिट्ठी आने पर मैं बनारस गया। उसने मुझे कहा कि सरकारी गवाहों व अनुसंधानीय अफसरों के काम की वजह से हमारा क्रान्तिकारी कार्य कमजोर हो रहा है और (इसलिए) हमें कुछ ऐक्शन लेना चाहिए; शब्द 'ऐक्शन' से उसका अर्थ 'हिंसक कार्य' से था, भाव कत्ल या डकैती। **[सुखदेव : क्रान्तिकारी किसी भी समस्या को सावधानीपूर्वक निपटा सकते थे। मुझे खुद यह कहने में कोई हिचक नहीं कि ये लोग किसी भी पदाधिकारी से अधिक रुतबा रखते हैं]** उसने विशेष तौर पर जिक्र किया कि यू.पी. पार्टी सरकारी गवाहों व इन्वेस्टिगेटिंग अफसरों की वजह से काकोरी केस में कमजोर पड़ रही है। उसने इस काम के लिए

मुझसे एक रिवाल्वर माँगा। मैंने कहा कि यदि मुझको मिल गया तो मैं आपको जरूर दूँगा। उसने मेरा परिचय मोदक से कराया जोकि बनारस क्रान्तिकारी पार्टी का मेम्बर था। एक दिन बनारस में रुककर मैं और मनी बनर्जी **इलाहाबाद** को रवाना हुए।

इलाहाबाद में वह मुझको जतिन्द्रनाथ सान्याल के मकान पर ले गया। जतिन्द्रनाथ सान्याल उन दो कैदियों का भाई है, जो कि काकोरी केस में गिरफ्तार हुए हैं। उनके नाम सचिन्द्रनाथ सान्याल और भूपिन्द्रनाथ सान्याल हैं। जे.एन. सान्याल इस मुकदमे में मुल्जिम है। ***(सरकारी वकील अदालत से विनती करता है कि मुल्जिम को अदालत में पेश किया जाए ताकि सरकारी गवाह अदालत के सामने उसको शनाख्त करे। अदालत ने मुल्जिम को पेश करने का आदेश दिया। इस समय बयान लिखा जाए)*** मैंने कल जेल में जाकर उसको शनाख्त किया। वह मुल्जिम नम्बर 14 है। मैंने जे.एन. सान्याल को विशेष मजिस्ट्रेट की अदालत में शनाख्त किया था और किसी अन्य मजिस्ट्रेट के समक्ष मैंने जे.एन. सान्याल को शनाख्त नहीं किया। मनी बनर्जी ने मेरा जे.एन. सान्याल से परिचय कराया और कहा कि मैं (अर्थात् गवाह) बिहार का क्रान्तिकारी प्रबन्धक और जे.एन. सान्याल यू.पी. क्रान्तिकारी संस्था का एक नेता है। यह बात सन् 1926 की है। जे.एन. सान्याल ने कहा कि उसको व्यक्तियों की जरूरत है ताकि वह काकोरी केस के वादामाफ गवाहों के खिलाफ ऐक्शन कर सके और कहा कि अगर तुम्हारे पास व्यक्ति हो तो मुझे इस कार्य के लिए दो। मैंने जवाब दिया कि इस समय मेरे पास कोई व्यक्ति नहीं है। जब मेरे पास होगा मैं दे दूँगा। इस पर मनी बनर्जी ने कहा कि अगर वादामाफ गवाहों के खिलाफ ऐक्शन किया जाए तो उसको पहला मौका दिया जाए। जे.एन. सान्याल ने उसको पहला मौका देने का वचन दिया। जे.एन. सान्याल ने मुझसे कहा कि वह मुझको जरूरी सूचना बेतिया में बजरिया सन्देश या चिट्ठी भेजेगा। मैंने उसको अपना पता खद्दर डिपू (दुकान) बेतिया का दिया और कहा कि मेरा व्यक्ति वहीं रहता है और अगर कोई सन्देश भेजना है तो वहाँ भेजे। मैंने उसको व्यक्ति का नाम नहीं बताया लेकिन मैं मनमोहन बनर्जी सरकारी वादामाफ गवाह का ख्याल कर रहा था। एक दिन वहाँ ठहरने के बाद मैं और मनी बनर्जी बनारस वापस आ गए। मैंने मनी बनर्जी को खद्दर डिपू का पता दिया और कहा कि मनमोहन बनर्जी वहाँ काम करता है। जिसके साथ मैंने पहले उसकी मुलाकात कराई थी। मनी बनर्जी बनारस में रुका और मैं बेतिया वापस आ गया। दिसम्बर 1926 में मनमोहन बनर्जी और मैं **गोहाटी** कांग्रेस में बतौर प्रतिनिधि गए। गोहाटी आसाम में है। हम वहाँ जीवन कनाई पाल से मिले जिसका पहले जिक्र किया जा चुका है और वहाँ चार-पाँच दिन ठहरे। उसने मुझे और मनमोहन बनर्जी को दो सौ **पम्फलेटस** कांग्रेस के सम्मेलन में बाँटने के लिए दिए, जो हमने सम्मेलन में बाँट दिए। वे पम्फलेटस हिन्दी में थे। ***प्रदर्श पी.सी.एन. पम्फलेट उस प्रकार का है।*** मैं और मनमोहन बनर्जी बेतिया वापस चले आए और जीवन कनाई पाल कलकत्ता चला गया। कांग्रेस कमेटी ने हमारे खद्दर डिपू का चार्ज जो कि बेतिया में था ले लिया और मनमोहन बनर्जी को पन्द्रह रुपए माहवार पर कर्मचारी रखा। यह बात 1927 की है।

वर्ष 1927 के शुरू में मैंने हिन्दुस्तानी सेवा दल का काम जारी किया। महात्मा गांधी 1927 को बेतिया में आए। उनके आने के बाद मैं कलकत्ता चला गया और वहाँ एक महीना रहा। जब मैं कलकत्ता से वापस आया तो मैं खद्दर के डिपू में गया और मनमोहन बनर्जी (सरकारी गवाह) से मिला। मनमोहन बनर्जी ने मुझको दो रिवाल्वर दिए; एक रिवाल्वर के साथ तीन कारतूस थे। उसने कहा कि ये उसे बरिन्द्रनाथ भट्टाचार्य से मिले थे। जब मैं जे.एन. सान्याल से पहले मिला था तो उसने मुझको बताया था कि उसके पास कई रिवाल्वर हैं, जिन पर जंग लगा हुआ है, जिनमें से, दो साफ करने और तेल लगाने के लिए उसने मुझको भेजे थे। जब मैंने उनको प्राप्त किया था तो उनमें जंग लगा हुआ था। मैंने निष्कर्ष निकाला कि ये जे.एन. सान्याल ने ही भेजे हैं।

> **अदालत का नोट** : मैंने मुल्जिम को अदालत में बैठा हुआ पाया जिसका मैंने गवाही में जिक्र किया है। (मुल्जिम जे.एन. सान्याल अदालत में बैठा हुआ है और गवाह ने उसे शनाख्त कर लिया है।) मैं उस व्यक्ति का अपनी गवाही में उसी नाम से हवाला दूँगा।

मैंने उन दोनों रिवाल्वरों को साफ किया और तेल लगाया तथा मनमोहन बनर्जी के हवाले कर दिया। बॉक्स में चार-पाँच रिवाल्वर हैं; रिवाल्वर प्रदर्श पी-122 उन दो रिवाल्वरों में से एक है जिसका मैंने अपनी गवाही में जिक्र किया है। उस समय तक मैंने अपनी पार्टी में निम्नलिखित लोगों के नाम दर्ज किए थे (1) रामप्रसाद (2) महन्त (3) जय नारायण प्रसाद (4) कँवलनाथ तिवारी (5) मनमोहन बनर्जी (सरकारी गवाह)। ***कँवलनाथ तिवारी इस मुकदमे में मुल्जिम है। मैंने उसको कल जेल में शनाख्त किया था। मैंने उसे विशेष मजिस्ट्रेट की अदालत में भी शनाख्त किया था।***

> सरकारी वकील प्रार्थना करता है कि मुल्जिम को अदालत में पेश किया जाए। उसको उपयुक्त समय पर पेश किया जाएगा। बयान लिखा जाए।

सन् 1927 दशहरे के अवसर मिला पर बरिन्द्रनाथ भट्टाचार्य मुझको बेतिया में मेरे मकान पर मिला। उसने कहा कि मनी बनर्जी मेरे पास चार या पाँच रोज में आएगा और वह (बरिन्द्रनाथ भट्टाचार्य) मेरे पास दो माउजर पिस्तौल भेजेगा, जिन्हें मैं मनी बनर्जी को दे दूँ और उसको इनका इस्तेमाल करना सिखा दूँ। उसने यह भी कहा कि मैं मनी बनर्जी से कह दूँ कि उसकी कलकत्ता में जरूरत है और वह अच्छी तरह जानता है कि किस काम के लिए उसकी वहाँ जरूरत है। उसने पूछा कि क्या वे दो रिवाल्वर जो उसने मनमोहन बनर्जी को दिए थे, मुझको मिल गए हैं? मैंने जवाब दिया कि मुझको मिल गए हैं। बरिन्द्रनाथ भट्टाचार्य के पास एक खद्दर का रूमाल था जिस पर अक्षर 'एम' लिखा हुआ था; जिससे मुझे यकीन हो गया कि वह क्रान्तिकारी मेम्बर है।

यह रूमाल का फैसला मनी बनर्जी और मेरे बीच हो गया था। बरिन्द्रनाथ भट्टाचार्य चला गया। मनी बनर्जी चार-पाँच रोज के बाद आया। मैंने उससे सारी बातचीत जो हमारे बीच हुई थी बता दी। मैं दो माउजर पिस्तौलों का इन्तजार करता रहा, लेकिन वे मेरे

पास नहीं पहुँचे। पन्द्रह-बीस रोज के अन्दर पुलिस ने मेरे, मनमोहन बनर्जी, बाबू राम साकन और बलवा रामपुर के मकानों की तलाशी ली। बाबू राम, मनमोहन बनर्जी के पोस्ट बॉक्स का काम करता था। तलाशी के बाद मनी बनर्जी ने मुझसे कहा कि वह बनारस वापस जा रहा है। तलाशी की वजह से उसकी स्कीम जिसमें कि वह फरार था ना-कामयाब हो गई थी। वह कलकत्ता न जा सका। एक या डेढ़ महीने के बाद शिव वर्मा एक मारवाड़ी के साथ मेरी दुकान पर आए। **शिव वर्मा** इस मुकदमे में मुल्जिम है। कल मैंने उसको जेल में शनाख्त किया। विशेष मजिस्ट्रेट की अदालत में भी उसे शनाख्त किया था।

(सरकारी वकील अदालत में शिव वर्मा की हाजिरी के लिए विनती करता है। ***इस सम्बन्ध में आदेश उपयुक्त समय पर दिया जाएगा। बयान लिखा जाए।***)

मारवाड़ी का नाम देवी प्रसाद था और वह बेतिया का रहने वाला था। शिव वर्मा का पहरावा यू.पी. वासियों की तरह था। उसने कहा कि वह यू.पी. क्रान्तिकारी पार्टी का मेम्बर है और जे.एन. सान्याल ने उसको मेरे पास भेजा है। उसने रिवाल्वरों के बारे में भी कहा जो कि मेरे पास हैं और उसने बरिन्द्रनाथ भट्टाचार्य का नाम लिया और कहा कि जे.एन. सान्याल ने वह रिवाल्वर, जिसके साथ तीन कारतूस हैं, मँगवाया है। जब मैंने पूछा कि क्या जे.एन. सान्याल ने वास्तव में तुमको मेरे पास भेजा है? तो उसने जवाब दिया कि विजय कुमार सिन्हा ने उसको मेरे पास भेजा है। शिव वर्मा पर मुझे शक हुआ और मैंने कहा कि मैं खुद जाकर जे.एन. सान्याल को रिवाल्वर दूँगा। इसका कारण यह था कि मैं विजय कुमार सिन्हा को नहीं जानता था। उसी रोज शिव वर्मा वापस चला गया था।

दूसरे दिन, मैंने मनमोहन बनर्जी से वह रिवाल्वर, जिसमें तीन कारतूस थे, लिया और इलाहाबाद के लिए रवाना हो गया। रास्ते में, मैं बनारस में उतर गया। वहाँ मैं मनी बनर्जी के मकान पर उससे मुलाकात के लिए गया। मैंने उससे, उस बात का जिक्र किया, जो शिव वर्मा और मेरे बीच हुई थी। मनी बनर्जी ने यू.पी. के क्रान्तिकारियों के साथ मेरा परिचय कराया। उसने कहा कि जे.एन. सान्याल ने यह रिवाल्वर उसके लिए मँगवाया था। तब मैंने वह रिवाल्वर मनी बनर्जी को दे दिया। मैं यह बात जे.एन. सान्याल को बताने के लिए इलाहाबाद गया। जे.एन. सान्याल ने मुझे बताया कि मनी बनर्जी को इस रिवाल्वर की जरूरत थी। मनी बनर्जी और एक दूसरा व्यक्ति **तारिकनाथ**, जो कि बनारस क्रान्तिकारी पार्टी का मेम्बर है, दोनों मिलकर इस रिवाल्वर का इस्तेमाल मिस्टर मुखर्जी सी.आई.डी. अफसर के विरुद्ध करेंगे। जब मैंने जे.एन. सान्याल से शिव वर्मा के बारे में बात की तो उसने कहा कि उसने विजय कुमार सिन्हा से कहा था कि वह मुझसे रिवाल्वर मँगवा ले। मैं इलाहाबाद से वापस बनारस आ गया।

मनी बनर्जी ने तारिकनाथ से मेरी मुलाकात कराई। तारिकनाथ ने मुझे एक आटोमैटिक पिस्तौल और दो कारतूस दिखाए। बाद में जब मैं अमृतसर गया तो शिव वर्मा ने कहा/बताया कि यही पिस्तौल तारिकनाथ को दिया गया था और उस पिस्तौल से जे.एन. बनर्जी पर ऐक्शन किया गया था। मैं फिर वापस पटना आया और जयचन्द

विद्या अलंकार से मिला। मैं एक इकरार के अनुसार जो जे.एन. सान्याल और मेरे बीच हुआ था वहाँ गया था। मैंने जयचन्द से कहा कि वह अपने भाई इन्द्रदेव से दरखास्त करे कि वह जे.एन. सान्याल और उसकी पार्टी को बम बनाना सिखा दे। तब जयचन्द ने जवाब दिया कि उसका भाई 'देवगढ़ षड्यंत्र केस' में गिरफ्तार हो गया है। फिर मैं वहाँ से कलकत्ता चला गया और कुछ दिनों के बाद इलाहाबाद आ गया।

अखबार में यह समाचार पढ़कर कि जे.एन. बनर्जी पर गोली चलाई गई है और वह जख्मी हो गया है, मैं इलाहाबाद यह पता करने के लिए गया कि मुखर्जी के बजाय जे.एन. बनर्जी पर गोली क्यों चलाई गई है। मैं जे.एन. सान्याल से मिला। जे.एन. सान्याल ने बताया कि इत्तफाक से मनी बनर्जी जब जे.एन. बनर्जी से मिला तो उसे मुखर्जी समझ उस पर फायर कर दिया। फिर जे.एन. सान्याल ने मुझको बताया कि उसने तारिकनाथ और मनी बनर्जी को ऐक्शन करने के लिए नियुक्त किया था। इस मौके पर जे.एन. सान्याल ने मुझको पटना जाने और जयचन्द को मिलने को कहा था। इलाहाबाद से मैं पहले बनारस गया वहाँ तारिकनाथ से मिला। मैंने तारिकनाथ से पूछा कि वह क्यों मनी बनर्जी के साथ जे.एन. बनर्जी पर गोली चलाने में शामिल नहीं हुआ।...तारिकनाथ ने तब, रिवाल्वर व तीन कारतूस, जो मैंने मनी बनर्जी को दिए थे, मुझे दे दिए। फिर मैं वहाँ से पटना गया और जयचन्द से मिला। जैसा कि ऊपर बयान किया है मैंने रिवाल्वर और तीन कारतूस तारिकनाथ से ले लिए। पटना से मैं मुजफ्फरपुर गया और जोगिन्द्र शुक्ल से मिला, जो कि मुजफ्फरपुर में क्रान्तिकारी प्रबन्धक था। यह वही व्यक्ति है जिससे मैं उस समय मिला था जब मैं होम्योपैथी सीख रहा था। मैं कलकत्ता जा रहा था, इसलिए मैंने रिवाल्वर और तीन कारतूस जोगिन्द्र शुक्ल को उसकी कस्टडी में रखने के लिए दिए। मैं मुजफ्फरपुर से कलकत्ता चला गया और चार-पाँच महीने तक कलकत्ता में रहा। जब मैं कलकत्ता में था तो मैं कँवलनाथ तिवारी, जो इस मुकदमे में मुल्जिम है, से मिला। वह विद्यासागर कॉलेज में पढ़ता था और आर्य समाज मन्दिर, 19-कार्नवालिस स्ट्रीट में रहता था। मैं कलकत्ता से बेतिया में वापस जून या जुलाई 1928 में आया। एक दिन अगस्त 1928 के आखिर में कांग्रेस के युवकों में से एक युवक मेरे पास आया और उसने बताया कि कांग्रेस के दफ्तर में एक व्यक्ति मुझसे मुलाकात करना चाहता है। मैं रात के 8 या 9 बजे कांग्रेस के दफ्तर में गया और वहाँ **विजय कुमार सिन्हा** से मिला, जो इस मुकदमे में मुल्जिम है। कल मैंने उसको जेल में शनाख्त किया और विशेष मजिस्ट्रेट की अदालत में भी शनाख्त किया था।

(सरकारी वकील प्रार्थना करता है कि विजय कुमार सिन्हा, मुल्जिम को अदालत में पेश किया जाए। ***आदेश उपयुक्त समय पर सादर होगा। गवाह का बयान जारी रहे।***)

विजय कुमार सिन्हा ने मुसलमानों जैसे कपड़े—पाजामा और ईरानी टोपी पहने हुए थे। ऐसे कपड़े बिहार के मुसलमान पहनते हैं। विजय कुमार सिन्हा ने कहा कि जे.एन. सान्याल ने उसको मेरे पास भेजा है। उसने यह भी बताया कि वह यू.पी. क्रान्तिकारी पार्टी का मेम्बर है। मैंने पूछा कि मैं कैसे तुम पर भरोसा करूँ? उसने तब कहा कि

बरिन्द्रनाथ भट्टाचार्य ने मुझको दो रिवाल्वर दिए हैं, इसमें एक के साथ तीन कारतूस हैं। मुझे तब यकीन हो गया कि वह क्रान्तिकारी पार्टी का मेम्बर है। उसने कहा कि वह जे.एन. सान्याल के साथ काम नहीं करना चाहता, क्योंकि वह सुस्त है और काम को आगे बढ़ाने में सहायता नहीं करता है। उसने तब अपनी राय व्यक्त की कि एक सीक्रेट मीटिंग दिल्ली में रखी जाए। शायद जिसमें भगत सिंह और उसके साथी पंजाब से, शिव वर्मा और चन्द्रशेखर आजाद यू.पी. से व कुछ बंगाल के लीडर आए। मुझसे कहा गया कि मैं बिहार की तरफ से शामिल होऊँ। मैंने कहा कि मैं पहले जे.एन. सान्याल और मनमोहन बनर्जी से भी सलाह कर लूँ और यदि वे सहमत होते हैं तो तुम्हारे साथ काम करूँगा। मैं और विजय कुमार सिन्हा उस रात कांग्रेस दफ्तर के प्लेटफार्म पर सोए।

गवाह का बाकी बयान कल होगा। मुल्जिम हवालात में रहे और कल सुबह 9 बजे पेश हो।

16 मई, 1930

जे. कोल्डस्ट्रीम/आगा हैदर/जी.सी. हिल्टन

(दिनांक 17.5.1930 का बयान)

[सुखदेव : अब हमारा सम्बन्ध बिहार के लोगों से शुरू होता है।] सुबह मैं और विजय कुमार सिन्हा एक साइकिल पर सवार होकर बेरीया में मनमोहन बनर्जी के मकान पर गए। बेरीया, बेतिया से 5 मील की दूरी पर है। मनमोहन बनर्जी बेरीया का रहने वाला है। मनमोहन बनर्जी के मकान से कुछ दूरी पर हम रुक गए और एक व्यक्ति को, जो पास से गुजर रहा था, उससे कहा कि मनमोहन बनर्जी को हमारे पास भेज देवे। **मैं उस व्यक्ति का नाम नहीं जानता**, लेकिन मैं उसको पहचान सकता हूँ। **उसने मुझे मजिस्ट्रेट के सामने शनाख्त किया है।** उस व्यक्ति ने जाकर मनमोहन बनर्जी को हमारे पास भेज दिया। मैंने मनमोहन बनर्जी का विजय कुमार सिन्हा से परिचय कराया और कहा कि सिन्हा यू.पी. क्रान्तिकारी पार्टी का मेम्बर है। मैंने विजय कुमार सिन्हा को बताया कि मनमोहन बनर्जी मेरे साथ क्रान्तिकारी कार्य करता है। मेरे कहने पर विजय कुमार सिन्हा ने दिल्ली की गोपनीय मीटिंग के बारे में मनमोहन बनर्जी को बताया। मैंने मनमोहन बनर्जी को दिल्ली जाने के लिए राजी किया। **विजय कुमार सिन्हा ने कहा कि मीटिंग 8 और 9 सितम्बर, 1928 को फिरोजशाह तुगलक के किले में होगी।** उसने हमको फिरोजशाह के किले में जाने का रास्ता बताया। मैंने विजय कुमार सिन्हा से कहा कि हमारे पास (अर्थात् मनमोहन बनर्जी और मेरे पास) किराये के लिए पैसे नहीं हैं। उसने कहा कि किसी न किसी तरह तुम वहाँ आ जाओ। वहाँ पहुँचने पर तुमको रेल का किराया दे दिया जाएगा। विजय कुमार सिन्हा और मैं बेतिया वापस आ गए।

उसी दिन 8 बजे की गाड़ी से विजय कुमार सिन्हा यू.पी. की तरफ आ गया। मैं फिर अपने भाई की दुकान पर चला गया। मेरा भाई मनोरंजन घोष और एक दुकानदार, जिसका नाम कपिल देव है, और जिसकी दुकान हमारी दुकान के सामने है, उसने बताया कि एक व्यक्ति तुमको (अर्थात् मुझको) कल तलाश करने के लिए आया था। मेरे भाई ने उस व्यक्ति से कहा था कि पहले वह मजिस्ट्रेट का हुक्म ले आए और फिर

वे उसे (अर्थात् उस व्यक्ति को) मुझसे मिला देंगे। मेरे भाई ने उस पर सी.आई.डी. का व्यक्ति होने का शक किया था, इसलिए उसने यह जवाब दिया था। मेरे भाई और कपिल देव ने उसके पहरावे और उसके हुलिये के बारे में बताया, जिससे मैंने नतीजा निकाला कि वह विजय कुमार सिन्हा था। जब मैं पहले कांग्रेस के दफ्तर में विजय कुमार सिन्हा से मिला था तो उसने यही कहा था कि मैं आपकी दुकान पर गया था।

4 सितम्बर, 1928 को रात की गाड़ी से मैं और मनमोहन बनर्जी इलाहाबाद की तरफ रवाना हुए। हम दोनों ने पहले तीसरे दर्जे का टिकट मुजफ्फरपुर का लिया । फिर मुजफ्फरपुर से इलाहाबाद का तीसरे दर्जे का टिकट लिया। यह इसलिए किया था ताकि सी.आई.डी. वाले उस स्टेशन का पता न लगा सके, जहाँ से हम रवाना हुए थे। हम क्रान्तिकारी इसी तरह टुकड़ों-टुकड़ों में टिकट लेते थे। मैं और मनमोहन बनर्जी इलाहाबाद शहर के स्टेशन पर उतरने की बजाय इज्जत ब्रिज स्टेशन पर उतरे। 6 सितम्बर, 1928 को हम इलाहाबाद पहुँचे। हम जे.एन. सान्याल के मकान पर गए और उससे मिले। जे.एन. सान्याल के मकान की दूरी इज्जत ब्रिज स्टेशन से लगभग चार मील है। इज्जत ब्रिज स्टेशन दारागंज मोहल्ला इलाहाबाद में है। **जे.एन. सान्याल करनैलगंज मोहल्ला** में रहता है। ***तहकीकात के दौरान मैंने जे.एन. सान्याल का मकान इलाहाबाद के मजिस्ट्रेट साहब को दिखा दिया है। जिसको मैंने कल अदालत में शनाख्त किया।*** मैंने मनमोहन बनर्जी का जे.एन. सान्याल से परिचय करा दिया। सान्याल ने कहा कि विजय कुमार सिन्हा बहुत अच्छा क्रान्तिकारी है और उसके साथ हम अच्छी तरह काम कर सकते हैं। मैंने बताया कि विजय कुमार के आग्रह पर हम **दिल्ली मीटिंग** में शामिल होने जा रहे हैं। इस पर जे.एन. सान्याल ने कहा कि शिव वर्मा बहुत गर्म मिजाज व्यक्ति है। यह शिव वर्मा वही व्यक्ति है, जो रिवाल्वर लेने के लिए, मेरे पास बेतिया आया था। जिसका जिक्र मैं ऊपर कर चुका हूँ। उस दिन हम जे.एन. सान्याल के पास ठहरे। 7 सितम्बर, 1928 की शाम के चार बजे की गाड़ी से मैं और मनमोहन बनर्जी सप्ताहिक अन्त का वापसी टिकट लेकर इलाहाबाद से दिल्ली के लिए रवाना हुए।

जे.एन. सान्याल ने मुझे कहा था कि जब दिल्ली की मीटिंग खत्म हो जाए तो उससे इलाहाबाद आकर मिलना। मैंने जवाब दिया कि मैं मिलूँगा।

8 सितम्बर, 1928 की सुबह हम दिल्ली जक्शन पहुँच गए। स्टेशन से जामा मस्जिद तक हम ताँगे से गए। जामा मस्जिद से हम पैदल दिल्ली गेट से होते हुए फिरोजशाह तुगलक के किले में पहुँचे, जो कि जेल के नजदीक है। मैं और मनमोहन बनर्जी विजय कुमार सिन्हा से मिले। विजय कुमार सिन्हा ने बताया कि **एक-दो मेम्बर नहीं आए हैं, इसलिए अब मीटिंग कल होगी।** मैं और मनमोहन बनर्जी पेड़ के नीचे बैठ गए। **कुन्दन लाल उर्फ प्रताप उर्फ नम्बर एक वहाँ आया।** विजय कुमार सिन्हा ने उसके साथ हमारा परिचय कराया और कहा कि यह क्रान्तिकारी पार्टी का मेम्बर है। **परसों जेल में जाकर, मैंने कुन्दन लाल को शनाख्त किया** और विशेष मजिस्ट्रेट के समक्ष भी मैंने उसे शनाख्त किया था। थोड़ी देर के बाद **सुरिन्द्रनाथ पांडे और ब्रह्मदत्त मिश्र** हमारे पास से गुजरे। **15.5.1930 को मैंने पांडे को जेल में शनाख्त किया।** विशेष

मजिस्ट्रेट के सामने भी शनाख्त किया था। हमसे कुछ दूरी पर मीटिंग हो रही थी। उस मीटिंग में भगत सिंह, सुखदेव, ब्रह्मदत्त, सुरिन्द्रनाथ पांडे, शिव वर्मा और बच्चू उर्फ विजय कुमार सिन्हा शामिल हुए थे। विजय कुमार सिन्हा जब बेतिया गया था तो उसने अपना नाम बच्चू बताया था। बच्चू और शिव वर्मा कभी-कभी हमारे पास, जहाँ हम बैठे हुए थे, आते और बैठते, और कभी मीटिंग में जाकर बैठ जाते थे। **मैंने उसी दिन पहली बार भगत सिंह, सुखदेव और जयदेव [सुखदेव : जयदेव वहाँ नहीं था।]** को देखा था। मेरा परिचय उनसे 9.9.1928 को हुआ था। मैंने उन तीनों को विशेष मजिस्ट्रेट की अदालत में शनाख्त किया था। **परसों जेल में दो को अर्थात् सुखदेव और जयदेव को जेल सुपरिंटेंडेंट के सामने शनाख्त किया था और भगत सिंह को डिप्टी सुपरिंटेंडेंट के सामने शनाख्त किया था।** मैंने भगत सिंह को सेंट्रल जेल और दूसरे दोनों को बोरस्टल जेल मे भी शनाख्त किया। विजय कुमार सिन्हा, शिव वर्मा, एस. एन. पांडे और कुन्दल लाल को बोरस्टल जेल के सुपरिंटेंडेंट के सामने शनाख्त किया। *विजय कुमार ने एस.एन. पांडे और ब्रह्मदत्त का मुझसे परिचय कराया कि वे क्रान्तिकारी हैं* **[सुखदेव : गलत।]** और यह (मैं) भी क्रान्तिकारी पार्टी का मेम्बर है। हम पेड़ के नीचे ग्यारह बजे तक बैठे रहे। मीटिंग हो रही थी, किन्तु मैं, कुन्दन लाल और मनमोहन दिल्ली चले गए। कुन्दन लाल हमको 'महारथी प्रेस' में ले गया, जहाँ पाठक जी रहते थे, और वह कुन्दन लाल के परिचित थे। हमने दिन का बाकी समय पाठक के साथ ही गुजारा। रात के 8 बजे मैंने, मनमोहन बनर्जी और कुन्दन लाल ने **होटल** में खाना खाया। मैंने और मनमोहन बनर्जी ने दोपहर से पहले 11 बजे बाजार में पूड़ी खाई थी। **होटल का नाम मुझको मालूम नहीं है, लेकिन मैंने यह दिल्ली के मजिस्ट्रेट को दिखाया था।** दूसरे दिन अर्थात् 9.9.1928 की सुबह के 8 बजे मैं और मनमोहन बनर्जी किले में गए। कुन्दन लाल मेरे जाने के बाद वहाँ पहुँचा। सुबह के 8 बजे मीटिंग शुरू हुई; वे लोग पहले ही वहाँ पहुँचे हुए थे। मीटिंग में विजय कुमार सिन्हा, सुखदेव, भगत सिंह, **जयदेव**, शिव वर्मा, मैं खुद, मनमोहन बनर्जी और कुन्दन लाल मौजूद थे। विजय कुमार सिन्हा ने सबका परिचय कराया। जैसे–भगत सिंह और सुखदेव पंजाब से, मैं व मनमोहन बनर्जी बिहार से, शिव वर्मा, विजय सिन्हा व **जयदेव** यू.पी. से और कुन्दन लाल राजपूताना से आया था। सात व्यक्तियों की सेंट्रल कमेटी स्थापित की गई–अर्थात् भगत सिंह, सुखदेव, विजय कुमार सिन्हा, शिव वर्मा, मैं खुद, कुन्दन लाल और चन्द्रशेखर आजाद, जो इस मीटिंग में नहीं आया था। शिव वर्मा ने कहा कि वह बंगाल गया था और बंगाल के क्रान्तिकारियों से मुलाकात की थी; उन्होंने उससे कहा था कि चूँकि हमारी राय सशस्त्र क्रान्ति की हिमायती है, लेकिन वे हमारे साथ नहीं होंगे। जब तक कि हम उग्रवाद को अपने प्रोग्राम से तर्क न करें। इसलिए हमने बंगाल की क्रान्तिकारी पार्टी को छोड़ दिया है, क्योंकि हमने उग्रवाद को तर्क नहीं किया था।

सुखदेव को पंजाब का, शिव वर्मा को यू.पी. का और मुझको बिहार का प्रभारी नियुक्त किया गया। चन्द्रशेखर को मिल्टरी विभाग का मुखिया व कुन्दन लाल को सेंट्रल ऑफिस का इंचार्ज बना दिया गया। यह फैसला हुआ कि दिल्ली की बजाय

झाँसी में सेंट्रल ऑफिस स्थापित किया जाए, क्योंकि दिल्ली में हमारी पार्टी का कोई व्यक्ति नहीं था। भगत सिंह और विजय कुमार सिन्हा को सभी प्रांतों के बीच सम्पर्क सूत्र मुकर्रर किया गया। *विजय कुमार सिन्हा ने अपना घर छोड़ दिया था। भगत सिंह से कहा गया कि वह भी अपना घर छोड़ दे।* **[सुखदेव : गलत अभिप्राय पेश करता है।]** भगत सिंह से यह भी कहा कि वह अपने सिर के बाल व दाढ़ी-मूँछ भी कटवा दे। प्रान्तीय इंचार्ज को अपने राज्य में पूरा इख्तियार होगा, लेकिन यदि वह कोई ऐक्शन करना चाहे तो उसको सेंट्रल कमेटी से मंजूरी लेनी होगी। ऐक्शन से हमारी मुराद डाका या कत्ल या आतंकवाद है। यह तय हुआ कि यदि सेंट्रल कमेटी कोई ऐक्शन करना चाहे तो सम्बन्धित राज्य के मुखिया की राय पहले ले। सेंट्रल कमेटी के मामलों में, जो सारे हिन्दुस्तान से सम्बन्ध रखते हों, पर पूरा इख्तियार होगा। सारे राज्यों का असला सेंट्रल कमेटी के पास रहेगा। यदि प्रांतीय हेड को कोई जरूरत पड़ती है तो वह असला सेंट्रल कमेटी से हासिल करेगा। ऐक्शन करने के बाद असला सेंट्रल कमेटी को वापस कर दिया जाएगा। यह भी तय हुआ कि सेंट्रल कमेटी फंड वगैरह डकैती आदि से हासिल करेगी। डकैती वगैरह से जो रुपया प्राप्त होगा उस पर सेंट्रल कमेटी का अधिकार होगा। इस रुपए को खर्च करने के लिए पूरा अधिकार सेंट्रल कमेटी का होगा। यदि किसी राज्य के मुखिया को रुपए की जरूरत पड़ती है तो वह सेंट्रल कमेटी से माँग लिया करेगा, जो जरूरत पड़ने पर मुहैया किया जाएगा। यह भी तय हुआ कि पार्टी जो, हमने दिल्ली की इस मीटिंग में स्थापित की है, उग्रवाद की नीति उसी दिन से इख्तियार करे।

उसके बाद मैं मेरठ चला गया था। दूसरी बार मैं दिल्ली आने पर शिव वर्मा से मिला था। उसने बताया कि *इस पार्टी का नाम 'हिन्दुस्तान सोशलिस्ट रिपब्लिकन आर्मी' रखा गया है। दिल्ली मीटिंग में जो 9 सितम्बर को हुई थी पार्टी का कोई नाम नहीं रखा गया था, क्योंकि हमारी प्रान्तीय पार्टियों के विभिन्न नाम थे। मैं 'अनुसलिन पार्टी' का मेम्बर था। 'हिन्दुस्तान रिपब्लिकन एसोसिएशन' यू.पी. की पार्टी का नाम था। मेरे जाने के बाद दूसरे दिन यह नाम प्रस्तावित किया गया था और यह नाम रखा गया।* **[सुखदेव : सत्य नहीं।]** विजय कुमार सिन्हा ने दिल्ली मीटिंग में जो प्रस्ताव पेश किया कि जोगेश चन्द्र चटर्जी काकोरी का कैदी है और वह आगरा जेल में है, उसे आगरा जेल से स्थानांतर करते समय छुड़ाया जाए। विजय कुमार सिन्हा ने एक चिट्ठी पढ़ी, जो कि जोगेश चन्द्र चटर्जी ने जेल से लिखी थी। उस चिट्ठी में जेल की यातनाओं का जिक्र किया गया था। यह फैसला हुआ कि जोगेश चन्द्र चटर्जी को छुड़ाया जाए। विजय कुमार सिन्हा को कहा गया कि वह आगरा में रहे और जोगेश चन्द्र चटर्जी के साथ पत्र-व्यवहार करे व उसे छुड़ाने के लिए उचित समय का इन्तजार करे। विजय कुमार सिन्हा ने मुझसे कहा कि जब मैं इलाहाबाद जाऊँ तो जे.एन. सान्याल से कह दूँ कि वह विजय कुमार सिन्हा को पत्र आगरा के पोस्ट मास्टर की मारफत लिखे।

शचीन्द्र नाथ सान्याल जो कि काकोरी केस का मुल्जिम था और लखनऊ जेल में बन्द है उसको छुड़ाए जाने का प्रस्ताव भी पास हुआ। जे.एन. सान्याल, शचीन्द्र नाथ

का भाई है। मीटिंग के दौरान भगत सिंह ने कहा कि 'साइमन कमिशन' हिन्दुस्तान में आ रहा है अतएव उस पर ऐक्शन किया जाए। इस ऐक्शन से हमारी संस्था का आधार हिन्दुस्तान में बढ़ जाएगा और संसार के दूसरे देशों में हमारा नाम प्रसिद्ध हो जाएगा। यह प्रस्ताव भी पास हो गया। भगत सिंह ने कहा कि हमको साइमन कमिशन पर ऐक्शन करने के लिए बम की आवश्यकता है। बंगाल से किसी बम मेकर को बुलाया जाए और हमारी पार्टी उससे बम बनाना सीखे। भगत सिंह ने सुझाव दिया और मेरे नाम का प्रस्ताव रखा और कहा कि बंगाल जाकर किसी बम मेकर को बुला लाओ। मैंने कहा कि मैं इस समय नहीं जा सकता, क्योंकि मेरे सारे साथी 'बंगाल अध्यादेश' में नजरबंद हैं। मैंने कहा कि वे सम्भवत : दिसम्बर 1928 तक रिहा हो जाएँगे। उस समय मैं कलकत्ता जाऊँगा जब वहाँ कांग्रेस सेशन होगा। भगत सिंह ने कहा कि उन दिनों वह भी कलकत्ता जाएगा और दोनों मिलकर किसी बम मेकर की तलाश करेंगे। मैंने उसे कँवलनाथ तिवारी का पता दे दिया जो कि विद्यासागर कॉलेज में पढ़ता था और आर्य समाज मन्दिर में रहता था।

शिव वर्मा ने कहा कि यू.पी. में क्रान्तिकारी संस्था के आधार में कमी आ गई है। यह कमी काकोरी केस के सरकारी गवाहों की वजह से हुई है। अतः इस संस्था के आधार को बढ़ाने के लिए सशस्त्र क्रान्ति यू.पी. में शुरू करनी चाहिए। प्रस्ताव पास हुआ कि काकोरी केस के सरकारी गवाहों का कत्ल किया जाए। विजय कुमार सिन्हा ने इस प्रस्ताव का समर्थन किया और यह प्रस्ताव पास हो गया। विजय कुमार सिन्हा ने कहा कि हमारे पास फंड नहीं है, अतः इसको जुटाने के लिए डकैती की जाए। उसने यह भी कहा कि यह डकैती बिहार में की जाए, क्योंकि वहाँ अभी तक कोई ऐक्शन नहीं हुआ है।

मुझसे पूछा गया कि क्या कोई जगह है? मैंने बताया कि बेतिया एक उम्दा जगह है। विजय कुमार सिन्हा ने मुझसे पूछा कि यदि कोई मकान तुम्हारे ध्यान में है तो बताओ। मैंने कहा कि अभी मेरे ध्यान में कोई मकान नहीं है। मैंने कहा कि 10–12 दिन के अन्दर भगत सिंह बेतिया में मेरे पास आ जाए तब मैं और भगत सिंह दोनों मिलकर बेतिया में किसी उम्दा जगह की तलाश करेंगे। भगत सिंह ने कहा कि वह अपने सिर के बाल, दाढ़ी व मूँछ कटवाकर बंगाली पहरावे में बेतिया आएगा। मैंने कहा कि मूँछ मत कटवाना, अन्यथा बिहार में शक हो जाएगा, क्योंकि वहाँ मूँछ कटवाने का फैशन नहीं है। उसके बाद प्रत्येक मेम्बर का पार्टी का अलग से नाम रखा गया:–

भगत सिंह	रणजीत
सुखदेव	विलेजर
मनमोहन बनर्जी	खुदी राम
मेरा नाम	दादा
शिव वर्मा	प्रभात
कुन्दन लाल	'नं. 1' उर्फ प्रताप
चन्द्रशेखर आजाद	पंडित जी उर्फ महाशय जी उर्फ नम्बर 2

मुझको विजय कुमार सिन्हा व जयदेव का नाम याद नहीं है। **[सुखदेव : असत्य।]** जब हमारी मीटिंग हो रही थी तो किले का चपरासी हमारे पास आया और उसने हमसे पूछा कि आप लोग यहाँ क्या कर रहे हैं? भगत सिंह और सुखदेव ने जवाब दिया कि वे विद्यार्थी हैं और यहाँ पढ़ने के लिए आए हैं। उस समय हमारे पास कुछ पुस्तकें और समाचार-पत्र पड़े हुए थे। एक चने बेचने वाला वहाँ आया। भगत सिंह, सुखदेव व विजय कुमार सिन्हा ने चना खरीदकर हमें दिया। यह मीटिंग शाम चार बजे तक होती रही। मीटिंग खत्म होने के बाद भगत सिंह हमसे अलग हो गया, क्योंकि दिल्ली पुलिस उसको पहचानती थी और वह नहीं चाहता था कि पुलिस उसको देखे। भगत सिंह से अलग होकर हम सब नई दिल्ली की तरफ रवाना हुए। रास्ते में सुखदेव ने मुझसे (अर्थात् गवाह से) कहा कि तुमको पंजाब आना होगा। मैं मान गया। नई दिल्ली में जाकर हमने **जन्तर-मन्तर** देखा, फिर हमने जन्तर-मन्तर व मिट्टी की वाटर पाइप के पास मिठाई बेचने वाले से मिठाई खरीदी। पैसे सुखदेव ने दिए। फिर हमने **असेम्बली हाल व सचिवालय** देखा। उसके बाद हम **ताँगा स्टैंड** पर आए और वहाँ से तीन ताँगे किराये पर लेकर **अजमेरी गेट** उतरे। ताँगों का किराया विजय कुमार सिन्हा ने दिया। मैं, मनमोहन बनर्जी व शिव वर्मा खाना खाने के लिए उस **होटल** में गए, जहाँ हमने एक दिन पहले खाना खाया था। शिव वर्मा ने खाने के पैसे दिए। कुन्दन लाल हमें वहाँ मिला। कुन्दन लाल, मनमोहन बनर्जी और मैं वहाँ से **'महारथी प्रेस'** में गए। शिव वर्मा जहाँ ठहरा हुआ था वहाँ चला गया।

जाँच-पड़ताल के दौरान मैंने 9.9.1928 की मीटिंग की जगह मजिस्ट्रेट साहब को दिखाई। मैंने जन्तर-मन्तर, वाटर पाइप (नलका) और असेम्बली हाउस एवं सचिवालय और होटल जहाँ हमने खाना खाया था भी दिखाया। मैंने किले के चौकीदार (पी.डब्ल्यू 420-बड़ा सिंह) को दिल्ली के मजिस्ट्रेट साहब के सामने शनाख्त किया और उसी चौकीदार ने मुझे भी विशेष मजिस्ट्रेट साहब के समक्ष शनाख्त किया। रात 'महारथी प्रेस' में गुजारी। 10.9.1928 की सुबह मैं और मनमोहन बनर्जी मेरठ के लिए रवाना हो गए, क्योंकि मैंने सुना था कि जोगिन्द्र शुक्ल मेरठ में आया हुआ है और उसके पास मेरा रिवाल्वर है। वह रिवाल्वर मैंने उसे कलकत्ता जाते समय मुजफ्फरपुर में दिया था। सेंट्रल कमेटी के फैसले के मुताबिक मुझको वह रिवाल्वर वापस लेना था और उसे सेंट्रल कमेटी में जमा कराना था। हमने मेरठ के लिए तीसरे दर्जे के टिकट लिए और किराया मैंने अपने पास से दिया। जब मैंने विजय कुमार सिन्हा से कहा कि मुझको रेल का किराया दो जो कि मैंने खर्च किया है तो उसने कहा कि रुपए नहीं हैं। हम 10-11 बजे मेरठ पहुँचे। हम वहाँ गांधी आश्रम में गए, लेकिन जोगिन्द्र शुक्ल से मुलाकात नहीं हुई। हम गांधी आश्रम के निर्देशक से मिले जिसका नाम कृपलानी है। वहाँ खद्दर बिकता है। उसने पूछा कि तुम कहाँ से आए हो? मैंने जवाब दिया कि मैं दिल्ली से माल खरीदने के लिए आया हूँ। मनमोहन बनर्जी और मैं उसी दिन शाम की गाड़ी से मेरठ के लिए रवाना हुए। मनमोहन बनर्जी ने गाजियाबाद का टिकट लिया था, क्योंकि उसको बेतिया में वापस जाना था। उसके

पास वापसी टिकट दिल्ली से इलाहाबाद का था। अपना वापसी टिकट मैंने विजय कुमार सिन्हा को दिल्ली में दे दिया था, क्योंकि वह रुपए प्राप्त कराने के लिए उसे बेचना चाहता था। मेरठ से मैंने दिल्ली का टिकट लिया था। सुखदेव के कहे अनुसार मुझे पंजाब जाना था। जब मनमोहन बनर्जी ने गाजियाबाद में मुझको छोड़ा तो मैंने उससे कहा कि विजय कुमार सिन्हा का सन्देश जे.एन. सान्याल को दे देना, जोकि मैंने पहले बयान किया है। मैं उसी शाम 10 सितम्बर, 1928 को दिल्ली पहुँचा। मैं सिनेमा गया और वहाँ से रात 12 बजे दिल्ली रेलवे के अतिथि-घर में जाकर सो गया। सुबह उठकर मैं 'महारथी प्रेस' में गया, क्योंकि यह तय था कि मुझको कोई मेम्बर वहाँ मिलेगा। थोड़ी देर इन्तजार करने के बाद मैं *शिव वर्मा से मिला। शिव वर्मा ने बताया कि पार्टी का नाम 'हिन्दुस्तान सोशलिस्ट रिपब्लिकन आर्मी' रखा गया है।* **[सुखदेव : गलत।]** मैंने और शिव वर्मा ने 'महारथी प्रेस' में खाना खाया। खाना एक औरत ने तैयार किया था, जो शिव वर्मा की रिश्तेदार मालूम होती थी और वहीं रहती थी। दो या ढाई बजे हम स्टेशन पर आए और अमृतसर का टिकट लिया, जिसका किराये शिव वर्मा ने दिया। मैं पहले कभी अमृतसर नहीं आया था। हम अगली सुबह (12.9.1928 को) अमृतसर पहुँचे। हमने तीसरे दर्जे के टिकट लिए थे। अमृतसर में शिव वर्मा मुझको ताँगे में बिठाकर बाजार में एक मकान पर ले गया। उस मकान के निचले हिस्से में बरतनों की दुकान है। शिव वर्मा ने उस दुकान का ताला खोला। शिव वर्मा ने कहा कि दुकान का ऊपर का हिस्सा पार्टी ने किराये पर लिया है। *दूसरे दिन सुखदेव* **[सुखदेव : 13.9.1928]** उसी दुकान पर आया। सुखदेव अपने साथ **बम के खोल और दो पुस्तकें** लाया था। **उस बक्से में जो बम हैं**, उनमें से ***प्रदर्श पी-11*** बम के खोल जिसका मैंने जिक्र किया है उसको मैं चुन लेता हूँ। **पुस्तकें *Manufacture and Uses of Explosives* और *Small Arms Training* थीं**। मैं, इन पुस्तकों को जिन पर ***प्रदर्श पी. 28, प्रदर्श पी-364 लगा हुआ है, शनाख्त करता हूँ।*** सुखदेव ने कहा कि वह बम के खोल को मिल्टरी बम की तरह इसमें स्ट्राइकर और सेफ्टी स्विच रखकर बनाना चाहता है। मैंने ये दोनों पुस्तकें पढ़ीं और नतीजा निकाला कि इस बम के खोल में डेटोनेटर हमसे नहीं लग सकता, क्योंकि यह मुश्किल कार्य था। मैंने कहा कि बेतिया जाकर मैं कोशिश करूँगा कि हिदायतों के अनुसार कुतब बम में मसाला भरा जाए। सुखदेव दूसरे दिन शाम तक हमारे साथ रहा और फिर चला गया। सुखदेव जाती बार बम शेल अपने साथ ले गया और दोनों पुस्तकें मेरे पास छोड़ गया। सुखदेव के साथ रहते समय हम अमृतसर के एक **होटल** में खाना खाते थे ***और यह होटल अमृतसर के मजिस्ट्रेट को दिखा दिया था।*** सुखदेव के जाने के बाद हम उसी होटल में खाना खाते रहे। जब तक मैं अमृतसर में रहा हम कम्पनी बाग के कुएँ से, जिसे 'ठंडी खुई' कहते हैं, से पानी पिया करते थे। **सुखदेव के आने के एक दिन बाद वह मुझे और शिव वर्मा को एक मकान में ले गया जिसके चारों ओर बगीचा है।** वहाँ चुँगीखाने के नजदीक ही उस बाग में एक जवान व्यक्ति, जिसकी आयु लगभग 28 साल की होगी, एयर पिस्टल से अभ्यास कर रहा

था। ***जाँच-पड़ताल के दौरान मैंने मजिस्ट्रेट को वह मकान दिखाया जहाँ हम ठहरे हुए थे। ठंडी खुई और बगीचा भी दिखाया था।***

सुखदेव के चले जाने के बाद उसी दिन शिव वर्मा और मैं मोटर लारी से लाहौर आ गए। सुखदेव ने हमको लाहौर जाने के लिए कहा था। सुखदेव ने जाती बार कहा था कि जूलोजिकल गार्डन में शाम के 4 बजे के करीब मिलूँगा। हम सुबह अमृतसर लॉरी में सवार हुए और लाहौर स्टेशन के पास लॉरी स्टैंड पर उतरे। हम सुखदेव से वायदे अनुसार मिले। मैं और शिव वर्मा घूमते रहे। सुखदेव ने कहा कि एडवर्ड होस्टल में जाओ; वहाँ पर कालीचरण है। रात को उसके पास ठहर जाना। उसने कहा कि वह हमें सुबह मिलेगा। मैं और शिव वर्मा एडवर्ड होस्टल की तरफ रवाना हुए। रास्ते में दो सिनेमा बिल्डिंग के नजदीक मिठाई खरीदी। **एडवर्ड होस्टल** पहुँचने पर, एक विद्यार्थी जो होस्टल में रहता था से मालूम हुआ कि कालीचरण ऊपर छत पर सोया हुआ है। मैं और शिव वर्मा ऊपर छत पर गए, जहाँ कालीचरण सो रहा था। **कालीचरण हमारी क्रान्तिकारी पार्टी का मेम्बर है। कालीचरण का कद छोटा व रंग काला है। चेहरे पर मुहांसों के दाग हैं। सिर के बाल अंग्रेजी फैशन में कटे हुए हैं। उसकी उम्र 20-22 साल के लगभग है।** ***वह उन मुल्जिमों में, जिनको मैंने परसों जेल में देखा था, नहीं था। मैंने उसे विशेष मजिस्ट्रेट की अदालत में भी नहीं देखा।***

वायदे के अनुसार, सुबह सुखदेव हमारे पास आया और उसने बताया कि वह हमारे लिए पैसा इकट्ठा नहीं कर सका। हमारी शाम को **दो सिनेमों** के नजदीक मुलाकात तय हुई, वह चला गया। मैं, शिव वर्मा और कालीचरण तय की गई जगह पर समय अनुसार पहुँच गए। सुखदेव ने कहा कि उसको रुपए नहीं मिल सके। अतः मैं और शिव वर्मा अमृतसर चले जाएँ और वह हमको वहीं मिलेगा। रात की गाड़ी से हम वहाँ अमृतसर आ गए। हम वहाँ उसी दुकान में ठहरे, जहाँ हम पहले ठहरे हुए थे। ***एडवर्ड होस्टल व दो सिनेमों को लाहौर के मजिस्ट्रेट साहब को दिखाया।*** इन दिनों शिव वर्मा हिन्दी पत्रिका 'चाँद' के 'फाँसी अंक' के लिए लेख लिख रहा था। यह पत्रिका इलाहाबाद से छपती है। शिव वर्मा ने बताया कि सम्पादक ने 1-2 रुपए प्रति कॉलम देना तय किया है। दूसरे दिन भगत सिंह अमृतसर आया और अपने साथ कुछ 'किरती' रसाले के पर्चे, जो उर्दू में थे; कुछ लेख व शहीद क्रान्तिकारियों की तस्वीरें लाया। ये इसने खुद लिखे थे। वह इनको शिव वर्मा के पास छोड़ गया। भगत सिंह ने कहा कि वह यू.पी. जा रहा है और बेतिया में मुझसे मिलेगा। मैंने फिर उसको याद दिलाया कि बंगाली पहरावे में जाना और मूँछ न मुँडवाना। भगत सिंह शाम को चला गया और सुखदेव दूसरे दिन अमृतसर आ गया। सुखदेव ने मुझे 20 रुपए दिए। वह रात वहाँ रहा। दूसरी सुबह मैंने अमृतसर से इलाहाबाद के लिए तीसरी श्रेणी का टिकट लिया और अगले दिन इलाहाबाद पहुँचा।

मैं जे.एन. सान्याल के मकान पर गया और उससे मिला। उसने दिल्ली की कार्रवाई के बारे में पूछा। लेकिन मैंने कोई बात न बताई, क्योंकि विजय कुमार सिन्हा ने मुझे

मना कर दिया था। [**सुखदेव : पार्टी में जे.एन. सान्याल की स्थिति!**] जे.एन. सान्याल ने पूछा कि उसे दिल्ली की मीटिंग में क्यों नहीं बुलाया गया? मैंने कहा कि मुझे मालूम नहीं है। इलाहाबाद से मैं शाम की गाड़ी से बेतिया रवाना हो गया। *भगत सिंह बेतिया में 20.9.1928 या 21.9.1928 तक नहीं आया।* [**सुखदेव : फंड की कमी के कारण**] जैसा कि तय हुआ था मैं और मनमोहन बनर्जी 4-5 रोज के बाद लोकल बोर्ड के दफ्तर में गए। बाद दोपहर मैंने देखा कि एक व्यक्ति, जो कि भगत सिंह की शक्ल का था, उसी रास्ते से इक्के में बैठकर बेतिया शहर की तरफ जा रहा था। मैंने मनमोहन बनर्जी को उनके पीछे रवाना किया और उस व्यक्ति से, यदि वह भगत सिंह है, कहे कि संत घाट गार्डन पर ठहरे और मैं उसे शाम को मिलूँगा। वह गया और वापसी पर बताया कि वह भगत सिंह ही है और उसे मेरा सन्देश दे दिया है। **मनमोहन बनर्जी** दो-एक घंटे लोकल बोर्ड के दफ्तर में रुकने के बाद संत घाट गया। मैं शाम को वहाँ गया। मैंने वहाँ जाकर मनमोहन बनर्जी, भगत सिंह और तीसरे व्यक्ति को देखा। ***(मनमोहन बनर्जी अदालत में लाया गया है)। मैं उस व्यक्ति को, जो अदालत में लाया गया है, शनाख्त करता हूँ। यह मनमोहन बनर्जी है।*** भगत सिंह बंगाली ड्रेस में था। उसके बाल विलायती फैशन के कटे हुए थे और दाढ़ी मुँडी हुई थी। भगत सिंह ने कहा कि यह व्यक्ति, जो मेरे साथ आया हुआ है, इनका नाम चन्द्रशेखर आजाद है। जिन्हें दिल्ली की मीटिंग में सेंट्रल कमेटी का मेम्बर और मिल्टरी विभाग का इंचार्ज बनाया गया है। चन्द्रशेखर आजाद दरमियाने कद का है। चेहरे पर माता के दाग और रंग साँवला है। भगत सिंह ने कहा कि हम लोग डकैती करने के लिए आए हैं और **दो व्यक्तियों को हथियारों सहित मुजफ्फरपुर की धर्मशाला में छोड़ आए हैं। इनमें से एक एम.ए. का विद्यार्थी है व दूसरा महाराष्ट्री है।** जब मैं आगरा गया तो इस महाराष्ट्री का नाम 'राघव नाथ' मालूम हुआ। ये दो नाम हैं जिनसे मैं इसे जानता हूँ। ***15 मई, 1930 को मैंने इसे जेल में शनाख्त किया। मैंने इसे विशेष मजिस्ट्रेट के समक्ष भी शनाख्त किया। मैंने इसे लाहौर के मजिस्ट्रेट साहब के सामने परेड में भी शनाख्त किया था।*** मैंने कहा कि यह दिल्ली में तय हुआ था कि भगत सिंह के आने पर डकैती का स्थान ढूँढ़ा जाएगा। अभी तक कोई जगह नहीं चुनी गई है, क्योंकि भगत सिंह नहीं आया था। यह सुनकर आजाद ने भगत सिंह से नाराज होते हुए कहा कि इस तरह तो कोई काम नहीं हो सकता; अतएव उसका यहाँ आना बेकार हो गया।

मैंने कहा कि मैं मनमोहन बनर्जी को मुजफ्फरपुर हथियारों के लिए भेजता हूँ। जोगिन्द्र शुक्ल के पास मनमोहन बनर्जी के साथ भगत सिंह जाए और डकैती के लिए जगह तलाश करे। मैं और आजाद बेतिया में रहे और डकैती के लिए जगह तलाश करें। यह तय हो गया था। भगत सिंह ने कहा कि आपने जोगिन्द्र शुक्ल के पास दो-तीन रिवाल्वर लाने के लिए कहा है, क्योंकि तारिकनाथ ने दो-तीन रिवाल्वर जोगिन्द्र शुक्ल को दिए हुए हैं। हम सब वहाँ से बेरीया को मनमोहन बनर्जी के मकान को रवाना हुए। हम मकान से आधा मील दूर रुक गए। मनमोहन बनर्जी अपने मकान से रोटी लाया और

उसके साथ उसका किरायेदार था जो लालटेन लेकर आया था। रात के आठ या नौ बजे का समय था। मैंने मनमोहन बनर्जी को कहा कि चन्द्रशेखर आजाद को बाबू राम के मकान, बलवा रामपुर में ठहराओ। मैंने आजाद से कहा कि सुबह संत घाट पर मिलेंगे। मैं और भगत सिंह बेतिया की तरफ चले आए। मनमोहन बनर्जी अपने घर चला गया। 12 बजे स्टेशन पर सबने मनमोहन और भगत सिंह को मिलना था। बेतिया से भगत सिंह स्टेशन को चला गया और मैं अपने घर चला आया। मैं सुबह संत घाट पर आजाद से मिला। चन्द्रशेखर आजाद को साथ लेकर **मारवाड़ियों की दुकानें** ऐक्शन करने के लिए दिखाईं। मगर आजाद ने इनको ऐक्शन के लायक नहीं समझा। तब हमने 12 बजे के बाद दूसरे दिन उदयपुर जंगल में मिलना तय किया। दूसरे दिन जब मैं उदयपुर जंगल जा रहा था तो भगत सिंह, जोगिन्द्र शुक्ल व मनमोहन बनर्जी मिले। मैंने मनमोहन बनर्जी से पूछा कि ऐक्शन का क्या हुआ? उसने कहा कि कुछ नहीं। हम सब उदयपुर जंगल में गए। आजाद भी वहाँ आ गया। आखिरकार यह तय हुआ कि मुजफ्फरपुर में ऐक्शन किया जाए। भगत सिंह व जोगिन्द्र शुक्ल पहले ऐक्शन की तैयारी करे। आजाद इस समय बेतिया में रहे। जोगिन्द्र शुक्ल ने कहा कि उसने **रिवाल्वर और तीन कारतूस** भगत सिंह को दे दिए हैं। भगत सिंह ने कहा कि हाँ उसने जोगिन्द्र शुक्ल से वह रिवाल्वर, जो तारिकनाथ ने दिया था, ले लिया है। ***मैं अदालत में रिवाल्वर तीन कारतूसों सहित नहीं देखता हूँ।*** भगत सिंह ने कहा कि उसने सारे हथियार आगरा में एक एम.ए. के विद्यार्थी के हाथ, जो कि मुजफ्फरपुर की धर्मशाला में ठहरा हुआ था, भेज दिए हैं, क्योंकि वह रिवाल्वर जोगेश चन्द्र चटर्जी को छुड़ाने के लिए चाहिए। भगत सिंह और जोगिन्द्र शुक्ल उसी शाम मुजफ्फरपुर के लिए रवाना हुए। आजाद, बाबू राम के पास ठहरने के लिए गया। दूसरे दिन मैं सुबह की गाड़ी से कलकत्ता चला गया। मैं 6 या 7 दिन के बाद कलकत्ता से वापस आया। मेरे पूछने पर मनमोहन बनर्जी ने कहा कि उसने कोई खबर मुजफ्फरपुर से नहीं सुनी। उसके 6 या 7 रोज बाद भगत सिंह और आजाद मेरे पास आए और कहा कि हाजीपुर और सोनपुर के नजदीक मुजफ्फरपुर के जिले में ऐक्शन होने वाला है। **भगत सिंह को मैंने वह रिवाल्वर दिया, जो मनमोहन बनर्जी से मुझको वापस मिला था। यह रिवाल्वर इनमें से एक था, जो मुझको हरनन्दू नाथ भट्टाचार्य से मिले थे। वह रिवाल्वर *प्रदर्श पी-122 है।*** बाद में, जब मैं आगरा में आया तो मैं यह रिवाल्वर ***प्रदर्श पी-122*** सुखदेव के पास देखता रहा। रिवाल्वर जो जोगिन्द्र शुक्ल के पास था और भगत सिंह को दिया गया था, वह **सिक्स चैम्बर्ड** था, और उसी बोर का था, जैसा सेफ्टी कैप ***प्रदर्श पी-122*** में ऊपर की तरफ है। लेकिन दूसरे रिवाल्वर की सेफ्टी कैप एक तरफ अर्थात् बगल पर है। दूसरा रिवाल्वर मैंने चन्द्रशेखर आजाद के पास आगरे में देखा था। यह बात अक्तूबर 1928 की है। ***(ब्रह्मदत्त मिश्र जो अदालत में लाया गया है)*** मैं इस व्यक्ति को 'ब्रह्मदत्त मिश्र' शनाख्त करता हूँ। यह दिल्ली मीटिंग में 8 सितम्बर, 1928 को मौजूद था। वह पहला मौका था, जब मैंने इसे देखा था।

बाकी बयान 19.5.1930 को होगा।

(*19.5.1930 का बयान*)

19 दिसम्बर, 1928 को मैं, मनमोहन बनर्जी और बेतिया कांग्रेस के 20–25 मेम्बर कलकत्ता कांग्रेस के लिए रवाना हुए। हम 21.12.1928 को कलकत्ता पहुँचे। वहाँ हम लोग आर्य समाज मन्दिर में ठहरे, जो 19 कार्नवालिस स्ट्रीट में है। **वहाँ हमारी मुलाकात कँवलनाथ तिवारी से हुई, *जो मुल्जिम अदालत में है (सूची में मुल्जिम नम्बर 18); जिसको मैं अपनी पार्टी में लाया था, और जिसका मैंने बयान के शुरू में ही जिक्र किया था। मैंने 15.5.1930 को जेल सुपरिंटेंडेंट, बोरस्टल जेल की मौजूदगी में उसको शनाख्त किया था और विशेष मजिस्ट्रेट की अदालत में भी शनाख्त किया था।*** मैं एक दिन **आर्य समाज मन्दिर, कलकत्ता** में ठहरकर दूसरे दिन अपने मामू खुद हरी मोहन घोष के मकान, आनन्द पाली रोड पर गया। अपने साथियों के ठहरने का बन्दोबस्त अपने मामा के रिश्तेदार सतचरण (मामे का साला) द्वारा कैलाश बालिका विद्यालय में किया। साथियों को वहाँ ठहरा दिया। तीन दिन के बाद आर्य समाज पंडाल में कँवलनाथ मुल्जिम को मिला। कांग्रेस पंडाल के नजदीक आर्य समाज का पंडाल है।

कँवलनाथ तिवारी ने मुझे कहा कि एक व्यक्ति रणजीत मुझसे मिलना चाहता है, जो मुझे दूसरे दिन, रात के 8 बजे इसी पंडाल में मिलेगा। मैं दूसरे दिन आर्य समाज पंडाल में गया और रणजीत, जिसका नाम भगत सिंह है, और जो इस मुकदमे में मुल्जिम है, को रात के 8 बजे मिला। जब मैं दिल्ली में था, तब मैंने भगत सिंह को कँवलनाथ तिवारी का पता दे दिया था, ताकि वह मुझे उसकी मारफत कलकत्ता में मिल सके। भगत सिंह ने उस समय बंगालियों की तरह कपड़े पहने हुए थे–अर्थात् धोती पहनी हुई थी। मैं **कोट *प्रदर्श पी-487*** और **भगत सिंह की बड़ी जुराबें *प्रदर्श पी-724 शनाख्त करता हूँ।* यह कोट** मैंने आगरा में भी देखा था, जब विजय कुमार सिन्हा इसको झाँसी आजाद के पास रखने के लिए ले गया था। **जुराबें** उस समय भगत सिंह ने पहनी हुई थीं; जब वह आगरा से दिल्ली असेम्बली में ऐक्शन करने गया था। विजय कुमार सिन्हा ने मुझको बाद में बताया था कि वह कोट आजाद के पास रख आया है। **जुराबों के साथ गैटस *प्रदर्श पी-724/ए*** भी भगत सिंह ने पहने हुए थे। जिनको मैं शनाख्त करता हूँ।

जब रणजीत उर्फ भगत सिंह ने मुझे बताया कि उसने और उसके साथी ने मिस्टर सांडर्स का कत्ल कर दिया है, तो मैंने सवाल किया कि क्या उसने यह कत्ल सेंट्रल कमेटी के मशवरे से किया है? उसने कहा कि हाँ। मैंने कहा कि मुझे क्यों नहीं बुलाया गया था? मैं भी सेंट्रल कमेटी का सदस्य हूँ। तब उसने बताया कि मैं बहुत दूर था, अत: आपको (मुझको–गवाह को) समय पर सूचना नहीं मिल सकती थी। इसलिए सेंट्रल कमेटी ने यह फैसला किया था कि मुझको न बुलाया जाए, क्योंकि भगत सिंह ने मेरी रजामन्दी हासिल करने की जिम्मेवारी ले ली थी। फिर, बिहार के ऐक्शन के बारे में मैंने पूछा, तो उसने बताया कि जोगिन्द्र शुक्ल ने मना कर दिया था। **[सुखदेव : तब (25.12.1928 के लगभग) यद्यपि प्रत्येक की स्वीकृति की अपेक्षा ऐक्शन**

बहुत जरूरी था, जो कि साधारण मामलों में सम्भव नहीं था।] तब मैंने भगत सिंह को कैलाश बालिका विद्यालय दिखा दिया, जहाँ हमारे साथी ठहरे हुए थे। मैंने भगत सिंह को कह दिया कि वह किसी दिन, रात को 8 बजे यहाँ मिल सकता है। भगत सिंह चला गया; और दूसरे दिन मुझे मिला। उसने मुझसे पूछा कि क्या मैंने बमसाज की तलाश की है या नहीं। मैंने जवाब दिया, नहीं। उसने मुझे जल्दी किसी बमसाज की तलाश करने के लिए कहा और वह चला गया। दो दिन बाद वह फिर मुझे वहीं मिला। भगत सिंह ने कहा कि जयचन्द विद्यालंकार ने किसी बमसाज से बात करने को कहा है। उसी दिन जयचन्द मुझको मिला था। उसके बाद शाम को मैं भगत सिंह से मिला और उससे बात की जिस पर मैंने उसको कहा कि जयचन्द ने मुझे कहा है कि उसने (जयचन्द ने) पंजाब के एक क्रान्तिकारी के साथ वादा किया है कि वह उसके लिए बमसाज की तलाश करेगा और पंजाब के क्रान्तिकारी को बम बनाना सिखाने के बाद वह पंजाब के उस क्रान्तिकारी की मुलाकात मुझसे कराएगा और मुझे बम बनाना सिखाएगा। भगत सिंह ने मुझे बताया कि वह भी जयचन्द से मिल चुका है।

दो-तीन दिन के बाद भगत सिंह मुझको फिर मिला और उसने कहा कि जयचन्द उससे बमसाज को मिला नहीं सका। भगत सिंह ने कहा कि वह जयचन्द द्वारा तय की गई जगह पर बमसाज को नहीं मिल सका। ***तब जयचन्द ने भगत सिंह को जे. एन. दास का पता दे दिया था कि वह बमसाज है। बाद में जे.एन. दास ही ने हम लोगों को आगरा में बम बनाना सिखाया था। जे.एन. दास इस मुकदमे में मुल्जिम है। मगर वह अब जिन्दा नहीं।*** भगत सिंह ने कहा कि वह जे.एन. दास को मिल नहीं सकेगा, क्योंकि उसने आज वापस चले जाना है। भगत सिंह ने तब जे.एन. दास का पता मुझे दे दिया। उस समय मैंने भगत सिंह को एक **घड़ी** तोहफे में दी कि वह समय देखा करे। ***वह घड़ी प्रदर्श पी-238 मौजूदा अदालत है। जिसको मैं शनाख्त करता हूँ।*** भगत सिंह इस घड़ी को अपने साथ दिल्ली ले गया था। मेरी मौजूदगी में वह आगरा से दिल्ली गया था। मैंने उसके पास तब घड़ी देखी थी। उस मौके पर उसके पास एक पिस्तौल भी था। **कलकत्ता में भी मैंने भगत सिंह के पास एक पिस्तौल देखा था। उसकी जेब में एक पुस्तक 'स्त्री और पुरुष' थी। पुस्तक *मौजूदा अदालत में प्रदर्श पी-359 वही पुस्तक है,*** जिसके पीछे वह **पिस्तौल** छुपाकर साइड-जेब में रखा करता था। मैं ***पिस्तौल प्रदर्श पी-480*** को शनाख्त करता हूँ। मैंने भगत सिंह को इसी तरह का पिस्तौल आगरा से दिल्ली ले जाते समय देखा था।

कलकत्ता से जाते समय भगत सिंह ने मुझे कहा कि आगरा में 25.1.1929 को मीटिंग में शामिल होना। उसने मुझे यह भी कहा कि 16.1.1929 को यदि मनमोहन बनर्जी और जे.एन. दास आगरा आएँ तो उनको भी साथ ले आना और 16.1.1929 को ही आगरा में पहुँच जाना। आगरा में वह सेंट जोन्स पुस्तकालय या सिटी स्टेशन के पास की धर्मशाला से उनको रिसीव करेगा। उसने मुझे आगरा में पोस्ट बॉक्स स्वयं, शिव वर्मा व बी.के. दत्त का पता दिया। पता इस प्रकार है-**उदय प्रकाश मारफत डॉ. अजोद्या नाथ, राजा की मंडी, आगरा।** वह 75 रुपए खर्च के लिए देकर वहाँ

से चला गया। 3-4 दिन बाद मैं भवानीपुर बीना राय चौधरी को मिलने गया। उसको मैं जानता था। जे.एन. दास भी भवानीपुर में रहता था। जे.एन. दास की चिट में भवानीपुर का पता दर्ज है, जो भगत सिंह ने मुझको दी थी। मैं जब बीना राय चौधरी के मकान पर बातें कर रहा था, तो उसी दौरान जे.एन. दास वहाँ पहुँच गया। मैंने जे.एन. दास को जयचन्द विद्यालंकार की सारी बातें बताईं। पंजाब के क्रान्तिकारियों की बातें भी बताई थीं। उसने उसी पर मेरा विश्वास कर लिया। उसने कहा कि वह बम बनाना सिखा देगा। मैंने उसको कहा कि हम लोगों को बम बनाना सिखाने के लिए उसे बाहर जाना ही होगा। तो उसने कहा कि वह बाहर के 3-4 दिन तक बता देगा। मैंने जे.एन. दास को अपने मामू का पता दे दिया और मैं वापस आ गया। उसके बाद 20.1.1929 तक जे.एन. दास मुझको नहीं मिला।

मैंने मनमोहन बनर्जी को पत्र लिख दिया था कि वह 16.1.1929 से पहले कलकत्ता में मुझको मिले। 20.1.1929 को मनमोहन बनर्जी मेरे पास कलकत्ता आ गया। मैं और मनमोहन बनर्जी 22.1.1929 को 'सियालदा एक्सप्रेस' ट्रेन में थर्ड क्लास (तीसरी श्रेणी) का टिकट लेकर रवाना हुए और आगरा फोर्ट में 24.1.1929 को सुबह तीन बजे पहुँचे। गलती से आगरा फोर्ट में इस तरह पहुँचा क्योंकि **मैं भूल गया कि मैंने सिटी स्टेशन के नजदीक वाली धर्मशाला में उतरना था।** मैं और मनमोहन बनर्जी आगरा फोर्ट के नजदीक, जो धर्मशाला है, उसमें ठहरे। वहाँ हमको 24.1.1929 और 25.1.1929 को कोई नहीं मिला। 25.1.1929 की रात को हम उस धर्मशाला को छोड़कर वहाँ से चल पड़े। मैं इलाहाबाद की ओर और मनमोहन बनर्जी आसनसोल की तरफ रवाना हुआ। धर्मशाला आगरा फोर्ट वाले अहिलकार को रजिस्टर में मैंने अपना गलत नाम 'बरोदा प्रसाद सुपुत्र बिमला प्रसाद' लिखाया था व निवासी मुजफ्फरपुर बताया था। उसने मेरा पता लिख लिया था। उस **रजिस्टर** में मैंने हस्ताक्षर किए थे। **हस्ताक्षर में मैंने 'बरोदा प्रसाद' नाम लिखा था।** ***मैं अपने हस्ताक्षर शनाख्त करता हूँ। एंट्री पी.सी.ओ./1 है और रजिस्टर प्रदर्श पी.सी.ओ. शनाख्त करता हूँ।*** मेरी नाक छिदी हुई है। इसमें पिन चली जाती है। यह बचपन में छेदी गई थी।

अदालत के सवाल के जवाब में : मैंने अपना नाम गलत लिखा था। गलत नाम लिखने का कारण यह था कि हमारी पार्टी का उसूल था कि **कोई भी जानकारी देने से पहले गोपनीयता बरती जाए।**

मैं इलाहाबाद में उतरा था। आगरा से तीसरी श्रेणी का टिकट लिया था।

मैंने अदालत के समक्ष एक कागज पर अपना नाम 'बरोदा प्रसाद' लिखा है, जो प्रदर्श पी.सी.ओ.-1(ए) है।

रजिस्टर में मैंने 'बड़ी पी' (P) लिखी थी। नाम को लिखते समय जो शब्द मेरे असली नाम का पहला है, मगर बाद में गलत नाम लिखने की गर्ज से 'पी' को 'बी' अक्षर में बदल दिया।

इलाहाबाद में उतरकर मैं जे.एन. सान्याल के मकान पर गया, जो अदालत का इस मुकदमे में मुल्जिम है। वहाँ, जे.एन. दास आया, जो मुझको बीना राय चौधरी के मकान

भवानीपुर में मिला था। यह 26 जनवरी, 1929 की बात है। जे.एन. सान्याल ने जे.एन. दास को कहा कि वह हम लोगों को बम बनाना सिखा दे। जे.एन. दास ने सिखाना मंजूर कर लिया, किन्तु उसने कहा कि वह यहाँ बार-बार नहीं आ पाएगा। यदि उसको कोई विज्ञान का विद्यार्थी मिल जाए तो वह उनको बम बनाना सिखा देगा और वह विद्यार्थी हम लोगों को सिखा देगा; और यदि वह विद्यार्थी न सिखा सके तो वह स्वयं (जे.एन. दास) आकर सिखा जाएगा। तब जे.एन. सान्याल ने मुझे **अजय कुमार घोष मुल्जिम का पता दिया, जो मैकडोनल्ड हिन्दू होस्टल इलाहाबाद में रहता था। वह 'मयूर कॉलेज' इलाहाबाद में बी.एस-सी. का विद्यार्थी था। वह कानपुर का रहने वाला है। वह होस्टल की निचली मंजिल के कमरा नं. 18, में रहता था।** जे.एन. सान्याल ने एक चिट्ठी उसके नाम दी थी, जिसमें लिखा था कि जो चिट्ठी लाने वाला कहे वह करना। चिट्ठी बंगाली में थी और मैंने पढ़ ली थी। मैंने वह चिट्ठी **अजय कुमार घोष** को दे दी। ***मैंने अजय कुमार घोष को बोरस्टल सेंट्रल जेल के सुपरिंटेंडेंट की मौजूदगी में शनाख्त किया था और उसको विशेष मजिस्ट्रेट की अदालत में भी शनाख्त किया था। वह अजय कुमार घोष वाला कमरा इलाहाबाद में तफ्तीस के दौरान मजिस्ट्रेट को दिखा दिया था। आगरा फोर्ट की धर्मशाला भी मजिस्ट्रेट साहब को दिखा दी थी।***

नोट : सरकारी वकील ने इस समय अजय कुमार घोष को पेश करने की प्रार्थना की थी। ***आदेश बाद में दिया जाएगा।***

मैंने अजय कुमार घोष को कहा कि जे.एन. सान्याल, ललित कुमार मुखर्जी, जो एम.एस-सी. का विद्यार्थी है, को बुलाने को कहा है। ए.के. घोष ने जवाब दिया कि वह उसको भेज देगा। मैं जे.एन. सान्याल के मकान पर वापस आ गया। दूसरे दिन जे. एन. दास ने जे.एन. सान्याल को बम बनाने की तकनीक सिखानी शुरू कर दी और बम में प्रयोग होने वाली सामग्री बताई। जे.एन. सान्याल अभी बम में प्रयोग होने वाली सामग्री को लिख ही रहा था कि इतने में **ललित कुमार मुखर्जी** वहाँ आ गया। ***बाद में ललित कुमार मुखर्जी ने लाहौर में मुझे शनाख्त परेड में मजिस्ट्रेट की मौजूदगी में शनाख्त किया था।*** ललित कुमार मुखर्जी के आने पर जे.एन. सान्याल ने **अपनी नोट बुक** को ललित कुमार मुखर्जी के हवाले कर दिया, जिसमें वह बम की सामग्री, आदि, लिख रहा था। जे.एन. दास ने ललित कुमार को **गन कॉटन, फुलमिंटड मरकरी, अमोनिया पिकरेट, पिकरेट एसिड व बम बनाने में उपयुक्त होने वाले यंत्रों के नाम लिखा दिए।** उसके बाद जे.एन. सान्याल ने मुझको कहा कि कलकत्ता से कुस एसिड खरीदो और जरूरत के अनुसार अपने साथ लाओ। ललित कुमार मुखर्जी चला गया तथा **मैं और जे.एन. दास 'सियालदा एक्सप्रेस' से शाम को कलकत्ता के लिए रवाना हो गए।** यह तारीख 27.1.1929 थी।

कलकत्ता में, मैं अपने मामू के घर व जे.एन. दास अपने घर भवानीपुर चला गया। मेरे पहुँचने के दो दिन बाद भगत सिंह मुल्जिम 8 बजे सुबह मेरे मामू के घर पर आया। उस समय मेरा मामू का लड़का बियोन केश घोष और मेरा भतीजा चन्द्रशेखर घोष

पढ़ रहे थे। उन्होंने भगत सिंह को देखा। मैंने भगत सिंह को, अपनी मुलाकात में, आगरा व इलाहाबाद तथा जे.एन. सान्याल को मिलना, वगैरह सारी बातें बताई थीं–अर्थात् जे.एन. सान्याल के मकान पर बम बनाने का तरीका वगैरह सब कुछ बता दिया था। मैंने भगत सिंह को यह भी बताया कि मैं आगरा सिटी धर्मशाला में उतरना भूल गया था। भगत सिंह ने मुझको कहा कि उसे जे.एन. दास से मिलाया जाए। **मैंने दूसरे दिन जे.एन. दास को परल सिनेमा के करीब तय की गई जगह पर मिला दिया।** जब हम (भगत सिंह और मैं) जे.एन. दास के इंतजार में खड़े थे, तो उसी दौरान बलारी लाल घोष, मेरा मामूजादा, जो धर्मटोला पोस्ट ऑफिस में काम करता था, वहाँ से गुजरा। उसने हम दोनों को देखकर पूछा कि क्या तुम लोग सिनेमा देखोगे? हमने जवाब दिया कि नहीं यूँ ही खड़े हैं।

कुछ ही देर में, जे.एन. दास वहाँ आ गया और मैंने भगत सिंह से उसका परिचय करा दिया। जे.एन. दास से पता लगा कि वह भगत सिंह को पहले से जानता है। **मैंने जे.एन. दास को भगत सिंह के आने का जिक्र इन्द्र नारायण रोड वाले पुस्तकालय में जाकर किया था *और मजिस्ट्रेट साहब की तफ्तीस के दौरान उस पुस्तकालय की निशानदेही की थी*। हम तीनों–मैं, जे.एन. दास और भगत सिंह–पार्क में गए, *जिस पार्क की निशाहदेही भी मजिस्ट्रेट साहब को करा दी थी।*** भगत सिंह ने कहा कि 'दि हिन्दोस्तान सोशलिस्ट रिपब्लिकन आर्मी' पार्टी का संगठन किया गया है और उसके सदस्य ऐक्शन करने के लिए बम बनाना सीखना चाहते हैं। जे.एन. दास ने कहा कि वह बम बनाना सिखा देगा और बम के खोल भी देगा। भगत सिंह ने जे.एन. दास को कहा कि उसको इस काम के लिए आगरा जाना पड़ेगा। जे.एन. दास आगरा जाने को सहमत हो गया। जे.एन. दास ने कहा कि सर्दी का मौसम है, अतः वहाँ, आगरा में बर्फ नहीं मिलेगी; जबकि यहाँ (कलकत्ता में) यह उपलब्ध है। इसलिए कलकत्ता में ही गन कॉटन बनाने के लिए जे.एन. दास ने कोई उपयुक्त जगह तलाश करने को कहा। मैंने **आर्य समाज मन्दिर की ओर स्थित कँवलनाथ तिवारी के अकेले कमरे के बारे में बताया। *कँवलनाथ तिवारी इस मुकदमे में मुल्जिम है।*** मैंने कहा कि मैं कल सुबह जाकर कँवलनाथ तिवारी से पूछ लूँगा। यदि उसकी मंजूरी होगी तो वहाँ बनाएँगे। वह कमरा पर्दे की जगह है।...

दूसरे दिन मैं सुबह आर्य समाज मन्दिर में कँवलनाथ के पास गया। मैंने उसे सब बातें बता दीं; उसने सहमति दे दी–अर्थात् गन कॉटन बनाने के बारे में कँवलनाथ ने कहा कि वह भी गन कॉटन बनाना सीखेगा। दिन के 12 बजे के बाद, भगत सिंह और जे.एन. दास मेरे मामू के मकान पर मेरे पास आए। जे.एन. दास ने बम के निर्माण में प्रयोग होने वाले यंत्र लिखा दिए और बम बनाने की सामग्री भी लिखा दी। भगत सिंह ने मुझको, सूची में लिखी गई चीजों को खरीदने के लिए, 50 रुपए दिए। मैं सामान की सूची लेकर कँवलनाथ तिवारी के पास गया। मैं और वह बौंड फील्ड लेन में गए और हमने **3–4 दिन में वे चीजें बौंड फील्ड लेन और कॉलेज स्कवेयर के नजदीक दो दुकानें से खरीद लीं। *ये सब दुकानें मैंने कलकत्ता के मजिस्ट्रेट साहब को***

तफ्तीश के दौरान दिखा दी थीं। शक को दूर करने के लिए, हमने सामान वगैरह एक ही दुकान से नहीं खरीदा था। **क्योंकि हमने नकद दाम चुकाए थे, अतः प्रत्येक दुकान ने 'कैश मीमो' दिया था।**

चीजें खरीदने के बाद, हम इन्हें, आर्य समाज मन्दिर के कमरा नं. 19 व कमरा नं. 20 में रखा करते थे। **कँवलनाथ ने एक कमरा नं. 20 कार्नवालिस स्ट्रीट में भी लिया हुआ था।**

चौथे दिन भगत सिंह आर्य समाज मन्दिर में आया। मैं बंग बासी कॉलेज में गया और जे.एन. दास को बुला लाया। **जे.एन. दास ने रास्ते में मुझे दो बम शेल दिए थे।** दोनों बम शेल ***प्रदर्श पी-5*** की तरह थे। दोनों अच्छी किस्म के थे। हम आर्य समाज मन्दिर में पहुँच गए। वहाँ कँवलनाथ तिवारी और भगत सिंह पहले से मौजूद थे। दोनों बम शेल मैंने भगत सिंह को दे दिए। कँवलनाथ तिवारी से आधा-मण बर्फ लाने को कहा, जो वह ले आया; और नम्बर 20 में जो चीजें थीं, वो भी, नम्बर 19 में कँवलनाथ ले आया। जे.एन. दास ने गन कॉटन बनाना शुरू कर दिया, जो मैंने, कँवलनाथ और भगत सिंह ने सीख लिया। जब गन कॉटन बन रहा था तो तुलसी दास एक पानी की बाल्टी वहाँ लाया। तुलसी हमको आते-जाते देखा करता था। ***मैं निम्नलिखित चीजों को शनाख्त करता हूँ, जो अदालत में मौजूद हैं और जिनको हम लोगों ने खरीदा था:-***

1. ***प्रदर्श पी-675, प्रदर्श पी-700*** **मीजरिंग गलासेस।**
2. ***प्रदर्श पी-700*** भगत सिंह कलकत्ता से आगरा में ले गया था और इसे डॉ. बी.एस. निगम आगरा से सहारनपुर ले गया था। वह इसे मेरे सामने ले गया था। मुल्जिम गया प्रसाद ने 4 अन्य रॉड बम बनाने के लिए खरीदे थे। (अदालत के सवाल पर गवाह ने कहा)

   प्रदर्श पी-709-ए प्रदर्श पी. 697, प्रदर्श पी-697-ए व प्रदर्श पी-697-बी, ये सारे भगत सिंह आगरा में ले गया था। आगरा से डॉ. निगम सहारनपुर ले गया था। **थर्मामीटर सेंटीग्रेड *प्रदर्श पी-698*** है, यह भी भगत सिंह आगरा ले गया था और डॉ. निगम वहाँ से सहारनपुर ले गया था। **बोतल *प्रदर्श पी-713*** में मैंने एसिड खरीदा था। यह बोतल बाद में भगत सिंह आगरा ले गया था और आगरा से डॉ. निगम सहारनपुर ले गया था।

   प्रदर्श पी-695 व प्रदर्श पी-695-ए **सी.सी. मीजर गलासेस हैं,** जिनमें से एक मैंने खरीदा था। उनमें से एक गलास भगत सिंह आगरा ले गया था और वहाँ से डॉ. निगम सहारनपुर ले गया था। **6 अदद कटोरे** (enamelled cups) मैंने कलकत्ता में खरीदे थे।

   प्रदर्श पी-693, प्रदर्श पी-693-ए, प्रदर्श पी-693-बी, प्रदर्श पी-693-सी, प्रदर्श पी-692-ए, प्रदर्श पी-692-बी मैं इन सबको आगरा में ले गया था। उन सबको पिकरिक एसिड लगा हुआ था। आगरा से उन सबको शिव वर्मा मुल्जिम सहारनपुर ले गया था।

रबड़ के दस्तानों की जोड़ियाँ ***प्रदर्श पी-694-ए, प्रदर्श 694-बी, प्रदर्श पी-694-सी हैं, जो एक टीन के बक्स में हैं,*** जो उन चार रबड़ के दस्तानों के लिए खरीदा था, ***प्रदर्श पी-694*** है। यह टीन शिव वर्मा मुल्जिम ने आगरा में खरीदा था। रबड़ के दस्तानों को, मैं आगरा ले गया था। मैंने शिव वर्मा को एक चिट आगरा में दी थी, जिसके अनुसार उसने ये खरीदे थे। ***प्रदर्श पी-674*** वह **बक्स** है जिसमें बर्फ रखी गई थी। वह कँवलनाथ के मकान में पड़ा हुआ था। **दो अदद पुस्तकें *'The Women of Nicoloe'* और *'Soviet Russia'* *प्रदर्श पी-387, प्रदर्श पी-405*** भगत सिंह मुल्जिम ने कलकत्ता में मेरी मौजूदगी में खरीदी थीं। गन-कॉटन बनाने के दिनों में खरीदी थीं, जिन्हें भगत सिंह आगरा ले आया था। शिव वर्मा आगरा से ये पुस्तकें सहारनपुर ले गया था। भगत सिंह ने जे.एन. दास को कहा कि उसको यदि आगरा बुलाना होगा, तो मेरे (फणिन्द्र) द्वारा बुला लेगा। जे.एन. दास रेल का किराया मुझसे (फणिन्द्र) ले गया। जब हम ये चीजें खरीद रहे थे तो **बौंड फील्ड लेन के दुकानदार ने कँवलनाथ से पूछा कि तुम किस लिए ये चीजें खरीद रहे हो?** इस पर कँवलनाथ ने जवाब दिया कि वे केमिकल के प्रयोजन के लिए खरीदते हैं; और उसने अपना मकान हजारीबाग में बताया।

उन चीजों में से कुछ चीजें भगत सिंह अपने साथ वहाँ ले गया, जहाँ वह ठहरा हुआ था और कह गया कि वह कल मिलेगा। जाते समय जे.एन. दास से कह गया था कि वह जल्दी ही मेरे मामू के मकान पर मिलेगा। बाकी चीजें कँवलनाथ के मकान पर ही रख गया था। दूसरे दिन भगत सिंह मेरे मामू के मकान पर आया और मुझे 25 रुपए दिए। 10 रुपए रेलवे का किराया मेरे लिए और 15 रुपए जे.एन. दास को रेल का किराया आगरा आने के लिए दिया। **उसने कहा था कि हम दोनों आगरा में बसन्त पंचमी तक पहुँच जाएँ।** भगत सिंह दोनों बम शेल अपने साथ लेकर चला गया था। वह हमको आगरे में सिटी स्टेशन धर्मशाला और सेंट जोन्स पुस्तकालय में रिसीव करेगा। भगत सिंह चला गया।

2-3 दिन के बाद जे.एन. दास मेरे पास आया और मैंने 15 रुपए उसको भगत सिंह की हिदायत के अनुसार दे दिए। ये फैसला हुआ कि मैं 11.2.1929 को और जे.एन. दास 13.2.1929 को आगरा जाएँ। मैं कँवलनाथ तिवारी से सब चीजें लेकर 11.2.1929 को 'सियालदा एक्सप्रेस' से आगरा की ओर रवाना हुआ। मैं अपने साथ बची हुई सारी चीजें—केमिकल की चीजें और गन कॉटन, जो हमने बनाया था, ले गया।

मैं 13.2.1929 को सुबह 3 बजे आगरा में पहुँचा। टिकट तृतीय श्रेणी का लिया था व आगरा फोर्ट स्टेशन पर उतरा था। वहाँ से एक कुली लेकर आगरा सिटी स्टेशन की धर्मशाला गया। मैं वहाँ ठहरा।

13.2.1929 को धर्मशाला के कीपर ने मेरा नाम **रजिस्टर** में दर्ज कर लिया। रजिस्टर, ***प्रदर्श पी.सी.ओ.-2,*** वह है, जिसमें मैंने अपना नाम गलत बताया था, जो एंट्री ***प्रदर्श पी.सी.ओ.-3*** है।

एंट्री का अनुवाद निम्न है:–

नम्बर शुमार 267 दिनांक 12.2.1929 को पहुँचा। नाम बालमुकन्द सुपुत्र कँवलनाथ, जाति कायस्थ, निवासी बड़ा बाजार, कलकत्ता और निजी कार्य से वापस दिल्ली जाना व मुसाफिर की रवानगी की तारीख 13.2.1929 बताई थी।

मैं अपने हस्ताक्षर* 'बालमुकन्द', *जो अंग्रेजी में हैं, शनाख्त करता हूँ। बालमुकन्द गलत नाम दिया था। मेरा नाम सुबह आठ बजे के करीब लिखा गया था। 13.2.1929 को सुबह मैं सेंट जोन्स पुस्तकालय में गया। वहाँ मैं पार्टी वालों को देखने गया था। वहाँ कोई न मिला। तब मुझे वापसी पर भगत सिंह सिटी रेलवे स्टेशन के पास मिला। ***भगत सिंह इस मुकदमें में मुल्जिम है।*** हम दोनों आगरा सिटी स्टेशन की धर्मशाला में आए और वहाँ से अपना सामान लेकर हींग की मंडी वाले मकान में गए। भगत सिंह साइकिल पर और मैं इक्के पर गया था। हम सुबह 9 बजे उस मकान पर पहुँचे। 13.2.1929 को वहाँ जाकर मैंने ललित कुमार मुखर्जी को देखा। जिसको मैंने जे.एन. सान्याल के मकान पर इलाहाबाद में देखा था, जैसा कि मैं ऊपर जिक्र कर चुका हूँ।

गवाह ने ललित कुमार मुखर्जी को अदालत में शनाख्त किया। मैंने उसी मकान में विजय कुमार सिन्हा मुल्जिम और शिव वर्मा मुल्जिम को भी देखा था।

मेरे पहुँचने के बाद **शिव दयाल** नाम का **एक महाराष्ट्री** आया। ***मैंने उस व्यक्ति को शनाख्त परेड में मजिस्ट्रेट साहब के सामने शनाख्त किया था।*** शाम के समय सुखदेव मुल्जिम भी आया। ***सुखदेव इस मुकदमे में मुल्जिम है। उसके पास एक कम्बल था, जो मौजूदा अदालत में प्रदर्श पी-534 है।*** मैं, जो चीजें लाया था, वे भगत सिंह के हवाले कर दीं। भगत सिंह जो चीजें कलकत्ता से लाया था, वे भी, उसी मकान में देखी थीं। जे.एन. दास के बारे में मैंने भगत सिंह को बताया कि वह कल आएँगे। **मैंने चीजों की एक लिस्ट चीजें खरीदने के लिए शिव वर्मा को दी, जो जे.एन. दास ने मुझे मेरे मामू के मकान पर लिखकर दी थी।** बम बनाने वाली चीजें शिव वर्मा बाजार से खरीद लाया था। जो चीजें शिव वर्मा लाया था, उनको मैं शनाख्त करता हूँ : **Enamelled बाल्टी *प्रदर्श पी 316 है,*** जिसको पिकरिक एसिड लगा हुआ है। शिव वर्मा यह बाल्टी सहारनपुर ले गया था। ***प्रदर्श पी-686* तार की जाली है**, जो शिव वर्मा सहारनपुर ले गया था। **लाल कागज *प्रदर्श पी-431* के जैसा खरीदा गया था। यह कागज बम की कीप को उठाने का काम करता था। *प्रदर्श 687* लोहे का वह टुकड़ा है**, जो शिव वर्मा सहारनपुर ले गया था। **यह बम के कल्पि बनाने में काम आता है। टीन का डिब्बा जिसमें Methylated spirit थी *प्रदर्श पी-727*** है **जो Fulminated Mercury बनाने के काम आता है,** जिसे शिव वर्मा सहारनपुर ले गया था।

प्रदर्श पी-703 व प्रदर्श पी-703-ए वे ग्लास हैं, जो शिव वर्मा बाद में सहारनपुर ले गया था। ये चीजें 13.2.1929 को खरीदी गई थीं और इनके अतिरिक्त अन्य कोई चीज उस दिन नहीं खरीदी गई थी।

आज वक्त हो गया है। बाकी कार्रवाई कल होगी।

19 मई, 1930

जे. कोल्डस्ट्रीम/आगा हैदर/जी.सी. हिल्टन

(20.5.1930 का बयान)

बयान किया कि जो चीजें मैंने शनाख्त की हैं, उनको शिव वर्मा मुल्जिम खरीदकर लाया था, जिनकी सूची निम्न है:–

ऑयल क्लाथ, खाली सिगरेट टीन का डिब्बा, लोहे की कीलें, लोहे की तारें, ताँबे की तारें और गोंद अर्थात् हसवल जो बम के कैप्स बनाने के काम आता है।

सिगरेट के टीन का डिब्बा बतौर खोल बम बनाने में इस्तेमाल होता है। ऐसे बमों को सिगरेट टीन बम कहते हैं।

ताँबे की तार बम के स्ट्राइकर बनाने के काम आती है।

सफेद कागज बम के कैप बनाने के काम आता है। ऑयल क्लाथ भी खरीदा था।

बौंड फील्ड लेन और कॉलेज स्ट्रीट, कलकत्ता में हमने निम्नलिखित चीजें केमिकल बम बनाने के लिए खरीदी थीं:–

सल्फरिक एसिड की एक 10 पौंड की बोतल खरीदी थी। नाइट्रिक एसिड 12 पौंड पहले दिन दो पौंड, और फिर एक बार दो बोतलें 5–5 पौंड की दूसरी बार खरीदी थीं। तीन पौंड कार्बोलिक एसिड–दो पौंड एक बार, और एक पौंड दूसरी बार, एक पौंड सल्फर रेस (पदार्थ), एक पौंड फास्फोरस, एक पौंड लाल सल्फेट (मंछल), एक पौंड क्लोरो पोटाश और दो तोले मरकरी खरीदा था।

अदालत के सवाल के जवाब में : मैं ये चीजें कल बयान करने को तैयार था, मगर मुझसे पूछा नहीं गया था, इसलिए नहीं बताई थीं।

भगत सिंह ने मुझे 50/– रुपए दिए थे जिनसे मैंने ये चीजें खरीदी थीं, जो मैंने पिछले कल जिक्र किया था।

(नोट : सरकारी वकील के सवाल के जवाब में) :

13.2.1929 को मुझे पता लगा कि आगरा में पार्टी का एक और मकान नाई की मंडी में भी है और वहाँ डॉ. निगम (मुल्जिम गया प्रसाद जिसको मैं जानता हूँ) रहता था।

मैं डॉ. निगम का नाम पहले नहीं जानता था। बाद में, मैंने उसको नाई की मंडी में देखा था। अब मैं उसको जानता हूँ।

मैंने इसको बोरस्टल जेल में 15.5.1930 को शनाख्त किया है। उसको मैंने जेल सुपरिंटेंडेंट साहब की मौजूदगी में और विशेष मजिस्ट्रेट साहब की अदालत में भी शनाख्त किया था।

इस मकान में ललित कुमार मुखर्जी, जो 'हींग की मंडी' में स्थित है, 13.2.1929 को बीमार पड़ा था।

नाई की मंडी वाले मकान में रह रहे पार्टी के सदस्यों के लिए खाना **हींग की मंडी** वाले मकान से पककर जाया करता था। डॉ. निगम के अलावा और भी लोग वहाँ रहते थे, किन्तु, जिनके बारे में मुझे बाद में मालूम हुआ था कि कौन–कौन हैं?

14.2.1929 को भगत सिंह स्टेशन पर जे.एन. दास को लेने गया। भगत सिंह के साथ जे.एन. दास आया था। जे.एन. दास का पहरावा विलायती था।

जे.एन. दास के पास एक लैदर का बैग था, जिसमें **दो बोतलें अमोनियम कार्बोनेट** की थीं। इससे **अमोनियम पिकरेट** बनता था। ***बम बनाने में बोतल प्रदर्श पी-714, मौजूदा अदालत में मौजूद, जैसी दो बोतलें थीं।*** जे.एन. दास ने कहा कि वह ये बोतलें उस दुकान से खरीदकर लाया था, जिससे हमने एसिड वगैरा खरीदे थे। जे.एन. दास ने कलकत्ता वाली दुकान का पता मुझको उस समय दिया था, जब मैंने चीजों की सूची बनाई थी।

भगत सिंह ने फैसला किया था कि जे.एन. दास का नाम 'मास्टर जी' रखा जाए। मुझे कलकत्ता वाली दुकान का नाम सिर्फ 'केमिकल' और 'कलकत्ता' ही याद है।

भगत सिंह ने कहा कि कुछ बम बनाने की चीजें डॉक्टर निगम अपनी दुकान से नाई की मंडी में लाया था। और नाई की मंडी वाले मकान से वे यंत्र **हींग की मंडी** में स्थित मकान में लाए गए थे। वे निम्न चीजें थीं जिनको मैं शनाख्त करता हूँ:–

> **एक मीजरिंग स्केल्स का जोड़ा, ग्रेन वेट स्केल का छोटा बक्स** *प्रदर्श पी-719 मौजूदा अदालत (गवाह ने स्केल पर तराजू लगा दिया)।* **इस तराजू से बम कैप्स का मसाला तोला जाता था** और डॉक्टर निगम बाद में इसको सहारनपुर ले गया था।

Pestic and mortor *प्रदर्श पी-327 मौजूदा अदालत में है*, जिससे बम का मसाला पीसा जाता था। उस खरल में पिकरिक एसिड लगा हुआ है और उसको डॉक्टर निगम बाद में सहारनपुर ले गया था।

प्रदर्श पी-696 **वह spirit lamp है जो बम शेल के अन्दर लगाई जाने वाली लाख को गर्म करने के काम आता है। इसे अन्दर की तरफ लगाया जाता है ताकि पिकरिक एसिड लोहे को न लग जाए, क्योंकि लोहा और पिकरिक एसिड मिलकर फट जाते हैं–अर्थात् लोहा पिकरेट बन जाएगा और लोहे को फाड़ देगा। जे.एन. दास ने मुझको यह सब कुछ बताया था। [सुखदेव : महत्त्वपूर्ण।]** ***प्रदर्श पी.-699*** **बोतल (Glass Flask) *है*,** जिसको पिकरिक एसिड लगा हुआ है। और जिसको डॉक्टर निगम बाद में सहारनपुर ले गया था।

प्रदर्श पी-691-ए **दो गलास कीपें (फन्नेलस)** ***हैं (पैक शीशे के),*** जो बोतल में एसिड के उलटने के काम आता है। और जिसको बाद में डॉक्टर निगम सहारनपुर ले गया था।

प्रदर्श पी-695 और प्रदर्श पी-695-ए में से **एक सी.सी. मीजरिंग गलास है। जिसको एसिड को नापने में चीनी के बरतन में डाला जाता है।**

प्रदर्श पी-690 **वह यंत्र स्टैंड है**, जो बाद में डॉक्टर निगम सहारनपुर ले गया था। हमने उसको इस्तेमाल तक नहीं किया था।

प्रदर्श पी-698 **इस यंत्र स्टैंड का हिस्सा है।** ***प्रदर्श पी-704 और प्रदर्श पी-704-ए*** **दो टूटे हुए गलास बीकर हैं, जो एसिड के डालने के काम आते**

हैं और ये डॉक्टर निगम बाद में सहारनपुर ले गया था। उस समय ये टूटी हुई नहीं थीं, जब मैंने उन्हें इस्तेमाल किया था।

***प्रदर्श पी-792* गलास टेस्ट टयूब, *प्रदर्श पी-792-ए.बी.सी.डी.* 5 ये उसी तरह की हैं जो हम इस्तेमाल करते थे।** जिनको बाद में डॉक्टर निगम सहारनपुर ले गया था। ***प्रदर्श पी-688* सर्जिकल नाइफ है।**

***प्रदर्श पी-688-ए* एक चाकू** है, जिसको मैं शनाख्त नहीं कर सकता। यह मामूली किस्म का है।

सर्जिकल नाइफ *प्रदर्श पी-688* वह चाकू है, जिसको बाद में डॉक्टर निगम सहारनपुर ले गया था। **एक और लम्बी गलास टयूब थी।** वह उन चीजों में से थी, जो डॉक्टर निगम लाया था, और नाई की मंडी वाले मकान से हींग की मंडी वाले मकान में लाई गई थी।

अदालत के सवाल के जवाब में :

> जब डॉक्टर निगम सहारनपुर गया था तो ये सारी चीजें हमने उसको दी थीं, जो बात मुझको याद हैं। मैंने और दूसरों ने नाई की मंडी वाले मकान में सामान बाँधने में सहायता की थी। उस समय ये मैंने, विजय कुमार सिन्हा और डॉक्टर निगम ने बाँधी थीं। याद नहीं मैंने कौन सी चीजें बाँधी थी और कौन सी उन दोनों ने। उन चीजों के अलावा पुस्तकें भी थीं, जो बाँधी गई थी और कपड़े भी थे।

दोपहर बाद हमने बम बनाना शुरू कर दिया। 14.2.1929 को पार्टी के निम्नलिखित मेम्बरों को विभिन्न प्रांतों से चुना था:-

> *अर्थात् मैं बिहार से, यू.पी. से एल.के. मुखर्जी व शिव वर्मा, पंजाब से भगत सिंह व सुखदेव तथा* **झाँसी** *से सदाशिव।* **[सुखदेव : झाँसी भी यू.पी. में है]**

ये व्यक्ति बम बनाने के समय मौजूद थे और जे.एन. दास से निर्देश लेते थे।

विजय कुमार सिन्हा कभी-कभी आकर इस प्रक्रिया को देख जाया करता था; जब प्रक्रिया चल रही थी तो **चन्द्रशेखर आजाद** भी आया था। वह हींग की मंडी वाले मकान में आया था। जहाँ तक याद है वह फरार मुल्जिम है। उसने यह अमल प्रक्रिया देखी थी।

ललित कुमार मुखर्जी गुगल धुखाता था। ताकि बाहर कोई शक न करे और पिकरिक अमोनियम की बदबू न आए। कभी-कभी वह (एल.के. मुखर्जी) पानी की बाल्टी भी ऊपर ले जाया करता था। विजय कुमार सिन्हा भी कभी-कभी गुगल धुखाया करता था। तैयारी की यह क्रिया शाम 4-5 बजे तक जारी रही, मगर हम कामयाब न हो सके, **क्योंकि चीनी का बरतन टूट गया था।** हमने सौ शीशियाँ सी.सी. कारबोलिक एसिड की इस्तेमाल की थीं, **ताकि जितना पाइरैट अमोनिया बने, बनाया जाए।**

जब हमने अमोनिया कार्ब मिलाया था तो चीनी का बरतन टूट गया था, चीनी का बरतन आग के स्टोव (चूल्हे) पर रखा हुआ था। ये स्टोव एल.के. मुखर्जी इलाहाबाद से लाया था। ***एल.के. मुखर्जी सरकारी गवाह है।***

जब चीनी का बरतन टूटा तो जमीन पर ऑयल क्लोथ था, जो उस पर गिर गया। भगत सिंह ने तब शिव वर्मा को कहा कि एक **नया चीनी का बरतन खरीद लाए, जो उसने खरीदकर ला दिया।** ***प्रदर्श पी-315*** वह बरतन है जिसको शिव वर्मा लाया था। बाद में जिसको डॉक्टर निगम सहारनपुर ले गया था। वह उस समय ठीक था। उसी दिन विजय कुमार सिन्हा ने सूचना दी कि जोगेश चन्द्र चटर्जी को आगरा जेल से 15.2.1929 को 'तूफान मेल' से स्थानांतरित किया जाएगा।

हमने शाम को 14.2.1929 को एक मीटिंग की जिसमें मैं, सुखदेव, विजय कुमार सिन्हा, भगत सिंह, आजाद व शिव वर्मा थे। ये फैसला हुआ था कि ट्रेन को रोककर जोगेश चन्द्र चटर्जी को पुलिस की गिरफ्त से छुड़ाया जाए। ट्रेन को खतरे वाली संगली खींचकर जंगल में रुकवाया जाए, जो आगरा और कानपुर के बीच है। छुड़ाने वाले मेम्बरों का चुनाव किया गया था।

हींग की मंडी वाले मकान में–**शिव वर्मा, विजय कुमार सिन्हा व भगत सिंह, आजाद और सदाशिव**। नाई की मंडी वाले मकान में–**कैलाश उर्फ भगवान दास, बी.के. दत्त,** जिसका पार्टी का नाम 'मोहन' है। वह मुकदमे में मुल्जिम है। ***मैंने उसको 15.5.1930 को जेल के डिप्टी सुपरिंटेंडेंट के सामने शनाख्त किया था***, और **तीसरा रघुनाथ** था ***जिसको मैंने 15.5.1930 को जेल सुपरिंटेंडेंट के सामने शनाख्त किया था।***

रघुनाथ उर्फ 'एम' उर्फ राजगुरु मुल्जिम नं. 16 है। मैं रघुनाथ और बी.के. दत्त को जानता हूँ। ये भी फैसला हुआ था कि कानपुर की पार्टी के भी कुछ मेम्बर इस ऐक्शन में शामिल हों और वे मेम्बर साइकिलें लेकर खड़े रहे जहाँ जंगल में ट्रेन को रोका जाए। *मैंने विजय कुमार सिन्हा को पांडे का नाम लेते सुना था, जिससे मैंने यह ख्याल किया कि वो ब्रह्मदत्त मिश्र और सुरिन्द्रनाथ पांडे होंगे।* **[सुखदेव : बकवास! केवल इन दोनों को फँसाने की चाल।]** ***ब्रह्मदत्त इस मुकदमे में सरकारी गवाह है और सुरिन्द्रनाथ पांडे इस मुकदमे में मुल्जिम है।*** ये दोनों कानपुर में इकट्ठे रहते थे और दिल्ली में भी मैंने दोनों को इकट्ठे रहते देखा था। ये इकट्ठे आते-जाते थे। ये दोनों साइकिलें लेकर जंगल में खड़े रहेंगे।

शिव वर्मा को कानपुर में इस ऐक्शन का इंतजाम करने के लिए रवाना किया था। यह भी फैसला किया गया था कि एक बम इस्तेमाल किया जाए और जे.एन. दास कल 4 बजे शाम तक एक बम तैयार कर दे; उसी रात फुल्मिनेटड मरकरी तैयार की गई थी, जो बम कैप्स को बनाने में काम आती है। फुल्गिनेटड गरकरी को बनाते समय, सिवाय ए.एल.के. मुखर्जी के, सब मौजूद थे। उसी दिन शिव वर्मा कानपुर चला गया था।

15.2.1929 की सुबह के समय फुल्मिनेटड मरकरी छत से नीचे लाई गई थी, जहाँ यह बनाई गई थी और रात को रखी गई थी। सुबह जे.एन. दास ने उसे पानी से धोया और एक शीशी में रख दिया, जिसमें पानी था। जे.एन. दास ने बम खोल में स्ट्राइकर लगा दिया और बम कैप्स व पिकरिक एसिड मिक्चर बनाया और कोलोरा पोटाश से मिलकर वह बम शेल में डाल दिया, और जो गन कॉटन कलकत्ता से लाया था, उसे

फ्यूज की जगह लगाया गया। पिकरिक अमोनिया दो बार नहीं बन सका। तीसरी बार जब **नया स्टोव** इस्तेमाल किया था, जिसे विजय कुमार सिन्हा लाया था, तो पिकरिक एसिड दुरुस्त तौर पर बन गया। **नया स्टोव *प्रदर्श पी-324 की तरह है*** उसमें पिकरिक एसिड लगा हुआ है। पुराना स्टोव, जो एल.के. मुखर्जी लाया था, उसमें कुछ खराबी थी जिस करके वह पूरी गर्मी नहीं देता था। पिकरिक एसिड को जे.एन. दास ने बम में कोलोरा पोटाश के साथ भरा था और **एक बम बनाया गया था।**

पिकरिक एसिड 'पीला स्फटिक' होता है। कैप्स बनाने में एल.के. मुखर्जी मौजूद नहीं था, लेकिन 15 फरवरी को बम भरते समय और पिकरिक एसिड बनाते समय वह मौजूद था। भगत सिंह सभी मौकों पर मौजूद था। सुखदेव, सदाशिव और मैं भी मौजूद थे।

विजय कुमार सिन्हा कभी-कभी आता-जाता था। चन्द्रशेखर आजाद भी मकान में मौजूद था और कभी-कभी आता-जाता था। *उसी दिन भगत सिंह और मुखर्जी की प्रचार के कार्य पर बातचीत हुई। भगत सिंह ने विरोधता की, और एल.के. मुखर्जी ने हक में कहा।* **[सुखदेव : गलत व्याख्या। उसे पार्टी ने वापिस आने तक रोक के रखा था।]**

उसी दिन यह भी तय किया गया था कि एल.के. मुखर्जी इलाहाबाद लौट जाए, जो चला गया और जे.एन. दास भी वापस चला जाए, मगर वह नहीं गया था, क्योंकि शाम को 6 बजे विजय कुमार सिन्हा खबर लाया था कि उस दिन जोगेश चन्द्र चटर्जी को नहीं ले जाया जाएगा, बल्कि अगले दिन ले जाया जाएगा। उसी कारण से जे.एन. दास नहीं गया था। ये बातें 15.2.1929 की हैं।

16 फरवरी को जे.एन. दास ने कुछ और अमोनियम पिकरेट बनाया था, जिसमें मैंने, भगत सिंह और सुखदेव ने हिस्सा लिया था।

विजय कुमार सिन्हा, **जेल वार्डर** से जोगेश चन्द्र जी के बारे में खबरें लाया करता था। जेल वार्डर का नाम मालूम नहीं है। यह बात विजय कुमार सिन्हा ने मुझसे कही थी, क्योंकि उस काम के लिए उसकी डयूटी लगाई गई थी। 16.2.1929 को बी.के. दत्त की डयूटी लगाई गई थी कि सारा दिन आगरा सिटी स्टेशन पर ठहरे और देखे कि जोगेश चन्द्र चटर्जी को कौन सी ट्रेन से ले जा रहे हैं। **16 फरवरी, 1929 को शाम के 6 बजे बी.के. दत्त खबर लाया कि जोगेश चन्द्र चटर्जी को साढ़े पाँच बजे वाली गाड़ी से लखनऊ ले जाया गया। बी.के. दत्त** इस मुकदमे में मुल्जिम है। ***मैंने बी.के. दत्त को 15 मई, 1930 को सेंट्रल जेल में डिप्टी सुपरिंटेंडेंट के सामने शनाख्त किया था और उसको विशेष मजिस्ट्रेट की अदालत में भी शनाख्त किया था।*** उसके बाद हमने मीटिंग की जिसमें शिव वर्मा (जो उसी दिन सुबह कानपुर से वापस आया था), भगत सिंह, सुखदेव, विजय कुमार सिन्हा, मैं व चन्द्रशेखर आजाद शामिल थे।

मीटिंग में फैसला हुआ था कि जोगेश चन्द्र चटर्जी को कानपुर में पुलिस लॉक-अप में रात को रखा जाएगा, क्योंकि रात को कोई ट्रेन लखनऊ को नहीं जाती, बल्कि सुबह आठ बजे जाती है। इसलिए फैसला हुआ कि हम पुलिस लॉक-अप पर हमला करें और जोगेश चन्द्र चटर्जी को आजाद करा दें, इस काम के लिए वही व्यक्ति नियुक्त

हुए थे, जिनका नाम मैंने पहले ट्रेन को रोकने में लिया था।

मुझे और सुखदेव को हिदायत थी कि यदि ऐक्शन करने वाले मेम्बर पकड़े जाते हैं तो भी हम रेवोल्यूशनरी कार्य को निरन्तर जारी रखेंगे। भगत सिंह ने उसी दिन कहा कि 'साइमन कमिशन' पर बम फेंकने की जो तजवीज हुई थी, वह भी अमल में लाई जाए। यदि साइमन कमिशन पर बम फेंकने में फेल हो जाएँ तो 'असेम्बली हाल' में बम फेंका जाए। भगत सिंह ने कहा कि **जयदेव** को पार्टी की तरफ से असेम्बली की कार्यवाही देखने के लिए नियुक्त किया गया है, जिसमें 'पब्लिक सेफ्टी बिल' व 'ट्रेड डिस्पयूट बिल' पेश होने हैं।

इस रेवोल्यूशनी प्रचार को चलाने के लिए आजाद ने 100 रुपए मुझको दिए। 100 रुपए में से 20 रुपए जे.एन. दास को रेल के किराये के लिए दिए, जो 'तूफान मेल' से वापस गया था। जोगेश चन्द्र चटर्जी को बचाने वाली पार्टी भी उसी ट्रेन में गई थी। 80 रुपए मैंने अपने पास रखे थे। जब हमको पता लगा था कि जोगेश चन्द्र चटर्जी 15.2.1929 को नहीं गुजरेगा तो फैसला हुआ था कि **एक व्यक्ति को ट्रेन से कानपुर रवाना किया जाए और वह टार्च लाइट से जंगल वाली पार्टी को इशारा करे कि इस ट्रेन से जोगेश चन्द्र चटर्जी नहीं जा रहे हैं।** उस व्यक्ति का नाम, जिसकी ड्यूटी लगाई गई थी, याद नहीं है। अब भी मालूम नहीं कि कौन गया था? 16 फरवरी, 1929 को 8.30 बजे तूफान मेल में बचाने वाली पार्टी रवाना हुई थी। वही व्यक्ति गए थे जो 14 फरवरी, 1929 को चुने गए थे। हरेक पार्टी मेम्बर **अपना-अपना हथियार-अर्थात् रिवाल्वर या पिस्तौल ले गया था।** ***प्रदर्श पी-122, प्रदर्श पी-202*** **रिवाल्वर** ***प्रदर्श पी-200*** व **पिस्तौल प्रदर्श** ***पी-480 मौजूदा अदालत में शनाख्त करता हूँ,*** जो पार्टी ले गई थी। कौन-कौन क्या-क्या ले गया था, यह ज्ञात नहीं है। **आजाद अपने साथ लाइव बम भी ले गया था, जो कि जे.एन. दास ने बनाया था।** इस बम के अलावा वह अपने साथ रिवाल्वर या पिस्तौल भी ले गया था। पार्टी **तीन टार्च लाइटें** भी ले गई थी, जो ***प्रदर्श पी-710, प्रदर्श पी-710-ए, प्रदर्श पी-710-बी हैं, जिनको मैं शनाख्त करता हूँ।*** **रेतियाँ** ***प्रदर्श पी-682 और प्रदर्श पी-682-ए को शनाख्त करता हूँ।*** **छेनियाँ** ***प्रदर्श पी-680 व प्रदर्श पी-680-ए*** भी वही हैं। ***प्रदर्श पी-681*** **दो हथोड़ों में से एक है,** जो अपने साथ ले गए थे। ***प्रदर्श पी-679 व प्रदर्श पी-679-ए*** **लोहा काटने वाले औजार हैं** ***जिनको मैं शनाख्त करता हूँ,*** अपने साथ ले गए थे। **दो स्थूणें (Anvils)** ***प्रदर्श पी-678, प्रदर्श पी-678-ए को शनाख्त करता हूँ।*** **ये हथियार बेड़ियों और जेल की सलाखें काटने के लिए ले जाए गए थे।** ये सारी चीजें बाद में शिव वर्मा सहारनपुर ले गया था।

16.2.1929 से पहले ये चीजें मुहैया की गई थीं और रखी गई थीं ताकि जोगेश चन्द्र चटर्जी को छुड़ाया जाए। मगर मालूम नहीं कि कहाँ से खरीदी थीं। न यह मालूमहै कि किस मेम्बर के कब्जे में रखी गई थीं। पार्टी के चले जाने के बाद, **मैंने और सुखदेव ने हींग की मंडी वाले मकान को ताला लगा दिया और नाई की मंडी वाले मकान में आ गए। वहाँ हम डॉक्टर निगम को मिले** ***(जो इस मुकदमे में मुल्जिम है),***

जिसको मैंने बोरस्टल जेल में 15.5.1930 को जेल सुपरिंटेंडेंट के सामने शनाख्त किया था और जिसको मैंने विशेष मजिस्ट्रेट की अदालत में भी शनाख्त किया था। उसी दिन मैं उसको पहली बार मिला था। ***प्रदर्श पी-689 व प्रदर्श पी-689-ए, प्रदर्श पी-689-बी, वे औजार हैं, जो बम स्ट्राइकर में सुराख करने के काम आते हैं।*** ये हींग की मंडी वाले मकान में थे। ***मैं इनको शनाख्त करता हूँ।***

प्रदर्श पी-683, लोहे को काटने वाला औजार है, जो मैंने हींग की मंडी वाले मकान में इस्तेमाल होते देखा था और जिसको बाद में शिव वर्मा सहारनपुर ले गया था। ***प्रदर्श पी-300 वह पतीली है*** जिसमें खाना पकाया जाता था, बाद में यह सहारनपुर ले जाई गई थी।

प्रदर्श पी-288 खद्दर का कोट है, जिसको पिकरिक एसिड लगा हुआ है। जिसको हींग की मंडी वाले मकान में देखा था और जिसको कोई भी पार्टी का मेम्बर पहन सकता था। शिव वर्मा बाद में उस कोट को सहारनपुर ले गया था।

प्रदर्श पी-209 बिस्तरे वाली चादर है जो पार्टी की है। हींग की मंडी वाले मकान में देखी थी जिसको शिव वर्मा बाद में सहारनपुर ले गया था।

प्रदर्श पी-684 पेचकस है, जो हींग की मंडी वाले मकान में देखा था, और जिसको बाद में शिव वर्मा सहारनपुर ले गया था। मैंने, शिव वर्मा और विजय कुमार सिन्हा ने ये वस्तुएँ बाँधी थीं।

प्रदर्श पी-685, प्रदर्श पी-685-ए, प्रदर्श पी-685-बी, को मैं शनाख्त करता हूँ, ये जंबूर हींग की मंडी वाले मकान में स्ट्राइकर को टेढ़ा करने के लिए इस्तेमाल हुए थे, उनको शिव वर्मा बाद में सहारनपुर ले गया था, मैंने ये बंद करके उसके हवाले किए थे। दूसरे दिन, 17 फरवरी, 1929 को, जो पार्टी जोगेश चन्द्र चटर्जी को छुड़ाने के लिए गई थी, उनमें से कुछ मेम्बर वापस आ गए थे। वे निम्नलिखित थे:–

> भगत सिंह, कैलाश (जिससे 17.2.1929 को ही मेरी जान-पहचान हुई थी) और सदाशिव।

आजाद से मैंने पूछा कि ऐक्शन क्यों नहीं हुआ? उसने जवाब दिया कि कानपुर रेलवे स्टेशन में जो लॉक-अप है, वह बहुत मजबूत है और वहाँ पुलिस का बड़ा कड़ा पहरा था; और कानपुर के मेम्बर उस समय तक वहाँ नहीं पहुँचे थे। आजाद ने बताया था कि उसकी जेब से किसी व्यक्ति ने 50 रुपए और उसकी मोटर ड्राइविंग का लाइसेंस निकाल लिया है।

उसी रोज भगत सिंह ने सुखदेव को कहा कि वह एक बम खोल लाहौर ले जाए; यह वह दूसरा बम खोल था, जो जे.एन. दास ने मुझको दिया था। **भगत सिंह ने सुखदेव को कहा कि इस तरह के बम खोल लाहौर से बनवाकर आगरा भेजें।** चूँकि उस समय पैसे नहीं थे, इसलिए आजाद ने कहा कि इस फंड के लिए जितने भी रुपए-पैसे जिस मेम्बर के पास हैं, दे देवे। इसलिए हरेक मेम्बर ने, जिसके पास जितने रुपए थे, वे उसी समय दे दिए थे।

मैंने 70 दिए—अर्थात् 80 रुपए में से जो मेरे पास थे, और जिनमें से 10 रुपए मैंने डॉक्टर निगम को दे दिए थे। इस तरह कुल मिलाकर 150 रुपए हुए थे। उसमें से 50 रुपए सुखदेव को दिए गए। *उसी दिन शाम को सुखदेव लाहौर रवाना हो गया।* **[सुखदेव : 17.2.1929]** उसी दिन पहली बार मेरी मुलाकात बी.के. दत्त व रघुनाथ से हुई थी। 18 फरवरी, 1929 को बी.के. दत्त, शिव वर्मा व रघुनाथ कानपुर से वापस आए थे। ये सब इस मुकदमे में मुल्जिम हैं। रघुनाथ से हम सारे उर्दू में बोलते थे। वह बनारस में बहुत देर से रह रहा था, जहाँ वह संस्कृत की शिक्षा प्राप्त कर रहा था। रघुनाथ हमसे महाराष्ट्री में नहीं बोलता था। वह हमसे अंग्रेजी में कभी नहीं बोला था। उस दिन आजाद यू.पी. में ही कहीं, रुपए लाने चला गया और शिव वर्मा इसी गर्ज से कानपुर चला गया। सदाशिव झाँसी चला गया। मैं सेंट्रल कमेटी का मेम्बर था, इसलिए प्रत्येक मुझे बताकर जाता था।

कैलाश को अंडवृद्धि की बीमारी थी। कैलाश, जहाँ वह पढ़ता था, चला गया। मैं, भगत सिंह, डॉ. निगम, रघुनाथ, बी.के. दत्त नाई की मंडी में रहते थे। मैं और भगत सिंह हर रोज हींग की मंडी वाले मकान में जाते थे और बम का मसाला बनाते थे। 2–3 दिन लगातार जाते रहे। उन दिनों भगत सिंह ने मुझसे कहा कि *मिस्टर सांडर्स के कत्ल के बाद वह और चन्द्रशेखर आजाद, दीनानाथ सरकारी गवाह को भी, जो 'लाहौर षड्यंत्र केस' (गदर पार्टी के केस) में अप्रूवर था, मारने के लिए गए थे, और जब उन्होंने उसके मकान पर आवाज दी तो दीनानाथ के पिता ने जवाब दिया कि दीनानाथ घर में मौजूद नहीं है।* **[सुखदेव : गलत।]**

तीन दिन के बाद विजय कुमार सिन्हा कानपुर से वापस आया, तो उसने कहा कि उसको रुपए नहीं मिले। आजाद पहले ही वापस आ गया था।

मैंने, विजय कुमार सिन्हा, भगत सिंह और आजाद ने मिलकर एक मीटिंग की, उस मीटिंग में तय हुआ कि एक बैच नागपुर जाए और वहाँ साइमन कमिशन पर हमला करे और यदि वह बैच असफल हो जाए तो दूसरी बैच दिल्ली में साइमन कमिशन पर हमला करे। यदि दोनों बैच असफल हो जाएँ तो बम्बई में साइमन कमिशन पर हमला किया जाए।

बाद में तय हुआ कि साइमन कमिशन पर बम फेंका जाए। आजाद इस राय के खिलाफ था; ये फैसला हुआ कि इस ऐक्शन के लिए 400–500 रुपए की जरूरत है। इस जरूरत को पूरा करने के लिए भगत सिंह लाहौर की तरफ और आजाद यू. पी. में ही कहीं रुपए लेने गए थे।

बी.के. दत्त और मैं हींग की मंडी वाले मकान में हर रोज जाकर बम का मसाला बनाते थे। डॉक्टर निगम बाजार से खाने का सामान और केमिकल का सामान खरीद कर लाया करता था। उसी दिन विजय कुमार सिन्हा ने मुझको बताया कि हमारी दिल्ली मीटिंग से पहले पार्टी ने 3100/– रुपए चुराये थे उसमें से 100/– रुपए सुरिन्द्रनाथ पांडे और ब्रह्मदत्त मिश्र 100/– रुपए लेकर इंदौर की तरफ गए थे। रुपए क्रान्तिकारी संस्था के लिए ले गए थे।

चार-पाँच दिन बाद, भगत सिंह लाहौर से **पाँच बम शेल लेकर आया था।** ***प्रदर्श पी-89*** के नमूने के थे। **मगर उनमें से किसी में कोई स्ट्राइकर नहीं था। उसने बताया ये बम खोल सुखदेव ने लाहौर में बनवाए हैं।**

उसके बाद आजाद 200 रुपए लेकर वापस आ गया। शिव वर्मा खाली हाथ वापस आया था।

उसके बाद मैंने, शिव वर्मा, भगत सिंह, आजाद, विजय कुमार सिन्हा, बी.के. दत्त, रघुनाथ और डॉक्टर निगम ने उन पाँच बम खोलों को, उस अमोनिया पाइरेट से भरा था, जो जे.एन. दास ने तैयार किया था। हमने उसमें कोलारा पोटाश भी मिलाई थी। ये दोनों चीजें बराबर मात्रा में भरी थीं। स्ट्राइकर्स उनमें भगत सिंह ने लगाए थे। स्ट्राइकर्स के लिए ताँबे की तारें उसने बाजार से खरीदी थीं।

डॉक्टर निगम बाजार से **तीन-चार रबड़ कार्क** खरीदकर लाया था। ***प्रदर्श पी-676*** रबड़ कार्क है। **यह बमों में चर्खी का काम देता है ताकि स्ट्राइकर मुकर्रर जगह पर, जहाँ गिराना हो, गिरे।** रबड़ की चर्खियाँ, सारे पाँच बमों में काटकर, स्ट्राइकर्स में लगाई गई थीं। ***पूरा बम प्रदर्श पी-91 की तरह था।*** उसके बाद एक मीटिंग हुई जिसमें शिव वर्मा, भगत सिंह, मैं, विजय कुमार सिन्हा और आजाद थे। इसमें फैसला लिया गया कि बम साइमन कमिशन पर न गिराया जाए, क्योंकि यात्रा आदि के खर्च के लिए रुपए की भारी कमी थी।

यह फैसला हुआ था कि सरकारी बैंच दिल्ली असेम्बली में बम फेंका जाए और उस कार्य के लिए भगत सिंह और बी.के. दत्त के नामों का चुनाव किया गया था और जब वे बम फेंककर आएँ उनको बचाया जाए। **[सुखदेव : गलत। यह बाद में तय हुआ था।]** 'ट्रेड डिस्प्यूट बिल' और 'पब्लिक सेफ्टी' पर विचार-विमर्श हो जाने के बाद बम गिराने का फैसला हुआ था। हमारा मकसद सरकार को भयभीत करना था। **हमने योजना बनाई थी कि उन दोनों को किस तरह बचाया जाए। शिव वर्मा ने तजवीज पेश की एक मकान कानपुर में किराये पर लिया जाए और उस मकान मालिक को जो कि मालदार व्यक्ति था, उसके खिलाफ ऐक्शन किया जाए।** शिव वर्मा उस मकान मालिक को पहले से जानता था। **असेम्बली में बम फेंकने वालों को बचाने की परियोजना इस प्रकार थी कि सदाशिव, कैलाश, जयदेव और आजाद इसमें शामिल हों। आजाद एक किराये वाली मोटरकार लेकर ड्राइव करे और जब बम फेंकने वाले आ जाएँ तो मोटरकार ड्राइवर को धक्का देकर आजाद खुद मोटरकार चलाए। फिर मोटरकार में दो लाइव बम रख लिए जाएँ, ताकि यदि कोई मोटर वालों पर हमला करे या पीछा करे तो उन पर बम फेंके जाएँ।**

चूँकि कैलाश अच्छा निशाना लगा सकता था, इसलिए वह रिवाल्वर लेकर खड़ा रहे और यदि जरूरत हो तो गोली चलाए। जयदेव और सदाशिव कस्बे के नजदीक साइकिल लेकर खड़े रहें ताकि बम फेंकने वाले मोटर से उतरकर साइकिलों पर सवार होकर शहर की गलियों में चले जाएँ।

जब जोगेश चन्द्र चटर्जी को बचाने वाली पार्टी कानपुर गई थी तो वह अन्य चीजों के अलावा एक साइकिल भी साथ ले गई थी, जिस पर सवार होकर भगत सिंह आगरा सिटी स्टेशन के नजदीक धर्मशाला के पास मिला था और पार्टी के हींग की मंडी में स्थित मकान में ले गया था। उसी रात को मैं, **भगत सिंह और आजाद एक लाइव बम लेकर झाँसी की तरफ, बम की ताकत जाँचने का निरीक्षण करने के लिए, गए थे।** यह बम उन पाँच बमों में से एक था, जो हमने तैयार किए थे। झाँसी के इर्द-गिर्द पहाड़ व जंगल हैं। हमने ये बम स्ट्रांग बनाए थे, हम बम को एक **चमड़े के केस**, ***जो मौजूदा अदालत में प्रदर्श पी-206 है,*** में डालकर ले गए थे। बम के इर्द-गिर्द एक कपड़ा खूब कसकर लपेटा गया था, ताकि वह केस में से न हिल सके। हम थर्ड क्लास का टिकट लेकर रेल में सवार होकर गए थे।

सुबह झाँसी स्टेशन पर उतरकर हम तीनों एक रामदुलारे के मकान पर गए। ***रामदुलारे ने बाद में मुझको शनाख्त परेड में शनाख्त किया था।*** रामदुलारे के मकान पर एक छोटा सा लड़का मौजूद था, जो उसका साला था। वहाँ हमको सदाशिव मिला। आजाद एक मोटर टैक्सी ले आया। खाना खाने के बाद मैं, भगत सिंह, आजाद, सदाशिव बम लेकर एक टैक्सी में सवार होकर जंगल में चले गए। **मोटर ड्राइवर एक हिन्दू था, *जिसने मुझे शनाख्त परेड में झाँसी के मजिस्ट्रेट के सामने शनाख्त किया था।*** मोटर फोर्ड कम्पनी की थी। ड्राइवर का नाम **रामानन्द** था। आने-जाने का सफर 40-42 मील का होगा। **जंगल के किनारे एक पहाड़ की चोटी पर मैं, भगत सिंह, आजाद और सदाशिव चढ़ गए।** हमने मोटर रास्ते में **थोड़ी दूर के फासले** पर खड़ी करवा दी थी। ***जिस स्थान को मैंने झाँसी के मजिस्ट्रेट को दिखाया था।*** भगत सिंह ने बम में कैप फिट करके बम को फेंका, जिससे विस्फोट हुआ था व एक पेड़ की टहनियों के टुकड़े-टुकड़े हो गए थे। बाद में भगत सिंह को बम का एक ही टुकड़ा मिला था, जिसे वह उठा ले आया। हम वापस आकर मोटर के पास खड़े हो गए। आजाद ने मोटर ड्राइवर से पूछा कि क्या उसने कोई आवाज सुनी थी? ड्राइवर ने जवाब दिया कि बन्दूक की तरह धड़ाका सुना था। हम मोटर में बैठ गए और झाँसी में रामदुलारे के मकान पर पहुँच गए। **रास्ते में हम एक बाँध पर रुके थे, *जो जगह मैंने तफ्तीश के दौरान मजिस्ट्रेट साहब को दिखा दी थी।*** कई लोगों ने हमको देखा और एक कांग्रेस वाले ने भी देखा, जो आजाद का परिचित था। झाँसी में आजाद ने मोटर ड्राइविंग सीखी थी और एक झाँसी के सुपरिंटेंडेंट से ड्राइवरी का लाइसेंस हासिल किया था। रात को रामदुलारे के मकान पर ठहरे और दूसरे दिन मैं और भगत सिंह आगरा आने के लिए झाँसी स्टेशन पर आए। सदाशिव एक साइकिल पर स्टेशन आया, जो आजाद ने दी थी।

साइकिल को आगरा राजा की मंडी के लिए बुक कराया। भगत सिंह ने रामदुलारे के मकान से **एक पुस्तक उठा ली** जिसकी बहुत-सी कॉपियाँ उस मकान में थीं। ***प्रदर्श पी-363* उसी सिरलेख वाली वही पुस्तक है। *प्रदर्श पी-206* लैदर केस भी** अपने साथ ले गए थे। थर्ड क्लास का टिकट लिया। आगरा पहुँचकर साइकिल की डिलिवरी

भगत सिंह ने ली थी। हम नाई की मंडी वाले मकान में गए वहाँ **विजय कुमार सिन्हा, बी.के. दत्त, डॉ. निगम व रघुनाथ** थे।

उसी दिन या दूसरी शाम भगत सिंह व बी.के. दत्त चार लाइव बम और एक साइकिल लेकर ट्रेन से दिल्ली की तरफ गए। वे चार बम उन पाँच बमों में से थे, जो भगत सिंह लाहौर से लाया था। बम जो आजाद कानपुर ऐक्शन में ले गया था वह इस्तेमाल नहीं किया गया था। वह नाई की मंडी वाले मकान में रखा हुआ था।

चार बम* लैदर केस *प्रदर्श पी-206 मैं, भगत सिंह और दत्त ले गए थे। **भगत सिंह जुराबें, बड़ी फेल्ट हैट व पिस्तौल अपने साथ ले गया था। *प्रदर्श पी-480*** वह पिस्तौल है। **जुराबें *प्रदर्श पी-724, प्रदर्श 724-ए गेटर्स हैं।* फेल्ट हैट *प्रदर्श पी-493*** है। कुछ दिनों बाद शिव वर्मा वापस आ गया और उसने बताया कि कानपुर में मकान किराये पर नहीं मिला। उसी दिन वह दिल्ली चला गया। दूसरे दिन चन्द्रशेखर आया और वह भी दिल्ली चला गया। रघुनाथ भी दिल्ली चला गया, क्योंकि वहाँ मेम्बरों की असेम्बली ऐक्शन के लिए जरूरत थी।

मैं, बी.के. दत्त तथा डॉक्टर निगम वहाँ नाई की मंडी वाले मकान में ठहरे थे। मैं और डॉ. निगम हींग की मंडी वाले मकान में बम का मसाला बनाने जाया करते थे। रघुनाथ के चले जाने के एक दिन बाद आजाद दिल्ली से वापस आ गया। वह अपने साथ छह बम शेल, बम *बनाने का मसाला, व* **पुस्तकें *Manufacture and Use of Explosives*** और ***Small Arms Training*** *लाया था।* **प्रदर्श पी. 364 और प्रदर्श पी. 28** *वे पुस्तकें हैं। चीजें जो लाई गई थीं उनमें glycerine and chloro potash भी थी। आजाद ने मुझे बताया था कि वह ये चीजें सुखदेव से लाया है। वे सारी चीजें हमने डॉ. निगम को रखने के लिए दे दीं। ये चीजें सुखदेव से* **दिल्ली में** *ली थीं।* **[सुखदेव : लाहौर में।]**

अब समय हो गया है। बाकी बयान कल होगा।

20 मई, 1930

जे. कोल्डस्ट्रीम/आगा हैदर/जी.सी. हिल्टन

(21.5.1930 को बयान जारी हुआ)

(बक्स, जिसमें नौ बम हैं, गवाह को दिखलाया गया)

इन बमों में से, ***प्रदर्श पी-94/203, प्रदर्श 94/204 को मैं शनाख्त करता हूँ।*** ये बम इस किस्म के हैं जैसे कि **आजाद दिल्ली से आगरा** लाया था। वे सब छह बम, जो आजाद लाया था, इसी तरह के थे। आजाद ने मुझसे कहा था कि दिल्ली में एक मीटिंग हुई थी, जिसमें सभी हाजिर मेम्बरों ने फैसला किया था कि असेम्बली में बम फेंकने वालों के बचाव की योजना छोड़ दी जाए, क्योंकि इससे पार्टी के बहुत से मेम्बरों को नुकसान पहुँचेगा। इस मीटिंग में चन्द्रशेखर आजाद, शिव वर्मा, भगत सिंह, सुखदेव, रघुनाथ और जयदेव शामिल हुए थे। आजाद ने कहा मीटिंग में यह तय हुआ है कि दोनों बम फेंकने के बाद अपने आप को आत्म समर्पण करें और वे **लाल पम्फ्लेट्स** असेम्बली हाल में फेंके। जब मैंने यह फैसला, दिल्ली मीटिंग का सुना तो

मैंने आजाद को कहा कि मुझको यह मंजूर है; बेवजह इसके कि मैं केन्द्रीय समिति का सदस्य था। विजय कुमार सिन्हा ने यह फैसला मंजूर किया। आजाद ने यह भी कहा कि दिल्ली मीटिंग में यह फैसला भी हुआ है कि पार्टी का सेंट्रल ऑफिस आगरा से किसी दूसरे शहर में स्थानांतरित कर दिया जाए। पार्टी का सेंट्रल ऑफिस पहले झाँसी में था, लेकिन उन दिनों आगरा में था।

अदालत के सवाल के जवाब में :

> मुझे मालूम नहीं कि सेंट्रल ऑफिस झाँसी से कब आगरा में लाया गया, लेकिन आगरा में लाने की वजह यह थी कि जोगेश चटर्जी को आगरा से छुड़ाना था तथा पुलिस को झाँसी की कार्यविधि की खबर मिल गई थी।

***प्रदर्श पी-442* इस किस्म के पोस्टर हैं जो पार्टी बाँटा करती थी।** यह बंडल आगरा में नाई की मंडी में स्थित मकान में पड़ा हुआ था। आजाद ने बताया कि सुखदेव, उन चार बमों में से, जो भगत सिंह आगरा से दिल्ली ले गया था, एक भरा हुआ बम दिल्ली से लाहौर ले गया है। आजाद यह कहकर झाँसी चला गया कि वह झाँसी में रुपए हासिल करने के लिए ऐक्शन करेगा। कुछ दिनों के बाद सुखदेव आगरा आया। वह फिर लाहौर चला गया और अपने साथ **दो पुस्तकें *प्रदर्श पी.-364, प्रदर्श पी-28* 'मैनुफैक्चर एंड यूज ऑफ एक्सप्लोसिवस'** और **'स्माल आर्म्स ट्रेनिंग एंड सम केमिकल'** व बम बनाने का फारमूला ले गया। रवानगी के समय मैंने उसको ये सब चीजें इकट्ठे करते हुए देखा। जाते समय उसने मुझसे कहा कि **सहारनपुर लाहौर के नजदीक है और उम्दा जगह है। सेंट्रल ऑफिस आगरा से सहारनपुर ले जाया जाए।**

मैं, विजय कुमार सिन्हा और डॉक्टर निगम पीला फास्फोरस बाजार से खरीद लाए। **पीला फास्फोरस और कार्बन बिसुलफेट मिलाकर एक मिश्रण बन जाता है और इस मिश्रण को जब बम में स्ट्राइकर न हो तो गन कॉटन में फ्यूज के रूप में लगा दिया जाता है और कुछ देर के बाद वह बम अपने आप फट जाता है। जब मैं मिश्रण बना रहा था तो मेरा हाथ जल गया। मेरे हाथ पर जलने का निशान मौजूद है और मैंने यह निशान अदालत में दिखाया है।** डॉक्टर निगम बाजार से जमबक मरहम खरीद लाया और हाइड्रोजन पेरोक्साइड जख्म धोने के लिए लाया। ***प्रदर्श पी-721*** उस **बोतल** की तरह है जो वह लाया। उस समय **दरी** का कुछ हिस्सा भी जल गया था। ***प्रदर्श पी-237*** वह दरी है जिस पर जलने के निशान मौजूद हैं। ***प्रदर्श पी-260* दूसरी दरी है**, जो उस समय जली। दूसरे दिन भगत सिंह दिल्ली से आगरा आया। भगत सिंह और विजय कुमार सिन्हा में इस विषय पर बातचीत हुई कि क्या भगत सिंह को असेम्बली पर बम फेंकना चाहिए? भगत सिंह ने कहा कि वह सुखदेव से सलाह-मशवरा करके बताएगा, क्योंकि सुखदेव पंजाब का इंचार्ज था। भगत सिंह ने यह भी कहा कि वह लाहौर से रुपए लाएगा। भगत सिंह चला गया।

मैं बीमार हो गया और मुझको चेचक निकल आई। चेचक निकलने से पहले मैं कुछ गोरा था। यह बात मार्च 1929 की है जब मैं बीमार था। दवाई डॉ. निगम एक डॉक्टर से लाया करता था। जब मैं अच्छा हुआ तो डॉ. निगम ने मुझे उस डॉक्टर की

दुकान दिखाई। चूँकि हम आगरा से जाने वाले थे, इसलिए विजय कुमार सिन्हा हमारे **सर्दी के कपड़े आगरा से झाँसी ले गया।** इन कपड़ों में से **दो कपड़ों** को मैं शनाख्त करता हूँ। ***प्रदर्श पी-487*** और ***प्रदर्श पी-537*** **वही दो कोट हैं।** पहला कोट भगत सिंह का है व दूसरा कोट डॉ. निगम का है। वह कपड़े सन्दूक में ले गया था। ***प्रदर्श पी-515*** **वह सन्दूक** है।

जस्टिस आगा हैदर साहब के सवाल के जवाब में :

> विजय कुमार सिन्हा ने सन्दूक में कपड़े मेरे सामने रखे और ले गया। मैंने कपड़े रखने में उसकी कोई सहायता नहीं की, जबकि मैं वहाँ मौजूद था। उन कपड़ों के अलावा और कपड़े भी सन्दूक में थे। कपड़े पार्टी के थे। मुझे मालूम नहीं कि और कौन-कौन से कपड़े थे। अगर कपड़े मुझे दिखाए जाएँ तो मैं शनाख्त कर सकता हूँ। मैंने कपड़ों की कोई सूची नहीं बनाई। मैंने उनको याद रखने की कोशिश नहीं की। जो कुछ मैंने देखा है मैं सिर्फ वह कह रहा हूँ। मुझे मालूम नहीं है कि ऑनरेबल मिस्टर जस्टिस आगा हैदर साहब बहादुर दो दिन से किस किस्म की कमीज पहने हुए हैं, जबकि मैंने उन्हें गाऊन पहले हुए देखा है जो कि वो अब भी पहने हुए हैं। मैं कमीज का रंग नहीं बतला सकता। गाऊन से मेरा मतलब कोट से है, जो वह इस अदालत में पहने हुए हैं।
>
> मैं ऑनरेबल जज साहब बहादुर की कमीज का रंग नहीं बता सकता क्योंकि यह गाऊन में ढकी हुई है। और टाई से छिपी हुई है। मैं अब कमीज देखता हूँ, अब जब ऑनरेबल जज साहब बहादुर मुझे अपनी कमीज दिखा रहे हैं तो दिखाई दे रही है।

विजय कुमार सिन्हा कपड़े झाँसी में ले गया और झाँसी से दो दिन बाद वापस आगरा आया। मैंने पूछा कि कपड़े कहाँ छोड़ आए हो? उसने बताया कि आजाद के पास झाँसी में छोड़ आया हूँ।

जस्टिस आगा हैदर साहब के सवाल के जवाब में :

> एक दिन जबकि मैं और डॉ. निगम बाहर जा रहे थे तो हम उस दुकान से गुजरे जहाँ से मेरी दवाई लाई गई थी। डॉ. निगम दुकान में गया और मैं नजदीक खड़ा रहा। मैंने एक बूढ़े व्यक्ति को देखा जो कि डॉक्टर था। मैं नहीं कह सकता कि उसने मुझे देखा या नहीं; इस तरह डॉ. निगम ने मुझे उस डॉक्टर की दुकान दिखाई।

तीन चार दिन बाद भगत सिंह आगरा में नाई की मंडी वाले मकान में आया। मैं, विजय कुमार सिन्हा और भगत सिंह वहाँ मौजूद थे। असेम्बली और 'साइमन कमिशन' पर बम फेंकने के बारे में बहस हो रही थी। हम तीनों सहमत हुए कि **रामशरण दास** पंजाब का एक बुजुर्ग क्रान्तिकारी असेम्बली में बम फेंके और आखरी फैसला सुखदेव पर होगा, क्योंकि वह पंजाब का इंचार्ज है। भगत सिंह उसी दिन की शाम के समय चला गया। मैंने विजय कुमार सिन्हा से कहा कि मेरा स्वेटर गलती से झाँसी चला गया है उसे ले आना। एक दिन बाद वह मेरा स्वेटर, तीन क्लिप, जिसमें दस-दस कारतूस

माउजर पिस्तौल के थे और कुछ कारतूस स्वयंचालित पिस्तौल के लाया। ***प्रदर्श पी-514 वह बक्सा है***, जिसमें वह कपड़े इस बार झाँसी में ले गया था। उसने कहा कोई डकैती नहीं हुई है और न कोई रुपया प्राप्त हुआ है।

> इसी समय प्रोसिक्यूटर एक डिस्पैच बॉक्स पेश करता है। जिस पर 'सेंट्रल जेल लाहौर' की मोहर लगी हुई है। उस पर चार बड़ी मोहरें 'Joshua Dawson Watts, Notary Public, London' लगी हुई हैं। फीता काटा गया। बक्से की चीजें वैसे ही रहने दीं जैसे कि वह पाई गई थीं। (प्रोसिक्यूटर ने कहा कि वह अब बक्से के अन्दर की चीजों पर निशान लगाना नहीं चाहता।)

प्रदर्श पी.-236 मैं शनाख्त करता हूँ। **ये स्वयंचालित पिस्तौल के कारतूस हैं।** कुछ उनसे मिलते हैं और उसी किस्म के हैं, जो विजय कुमार सिन्हा झाँसी से लाया था। बोर 320 है। मुझको छह कारतूसों के बंडल अदालत में दिखाए गए हैं। इन बंडलों में कोई कारतूस ऐसा नहीं है, जो इन तीन पिस्तौल के कारतूसों से मिलता हो, जो कि विजय कुमार सिन्हा झाँसी से लाया था। उन कारतूसों में गड्ढे होते थे। इस गड्ढे में क्लिप लगा दिया जाता है। विजय कुमार सिन्हा ने मुझको बताया था कि ये कारतूस उसको आजाद ने दिए थे। एक मौके पर मैंने, आजाद, विजय कुमार सिन्हा और शिव वर्मा ने इस तजवीज पर चर्चा की कि डाइनामाइट झारिया के संतोष कुमार से लाए जाए और साइमन कमिशन की रेलगाड़ी के नीचे रखा जाए। लेकिन, चूँकि हमारे पास रुपया नहीं था, हमने डाइनामाइट नहीं खरीदा।

विजय कुमार सिन्हा ने सेंट्रल कमेटी के मेम्बर की हैसियत से सुखदेव की राय के अनुसार डॉक्टर निगम को सहारनपुर में मकान लेने के लिए भेजा। डॉ. निगम दो दिन के बाद मकान किराये पर लेकर वापस आ गया। *उसने बताया कि उसने मकान किराये पर ले लिया है, सहारनपुर में तिलक पुस्तकालय के पास है। मकसद यह था कि यदि कोई व्यक्ति सहारनपुर में जाए तो पहले तिलक पुस्तकालय में जाए और वहाँ उस ठिकाने पर किसी मेम्बर से मिले।* **[सुखदेव : बहुत पुराना ढंग।]** ऐसा ही इंतजाम आगरा में था। जहाँ सेंट जोन्स पुस्तकालय मुलाकात का ठिकाना था। दो-तीन दिन बाद डॉ. निगम आगरा से वाया दिल्ली होकर सहारनपुर को रवाना हुआ और अपने साथ मिल्टरी रिवाल्वर, पुस्तकें, कपड़े, बम बनाने के औजार और सामग्री लिये वह पहले दिल्ली गया, ताकि वह दिल्ली के मेम्बरों को सहारनपुर के मकान का पता दे सके। वो सब चीजें जो मैंने अपनी गवाही में बयान की हैं, सहारनपुर साथ ले गया। ***प्रदर्श पी-200 वह मिल्टरी रिवाल्वर है***, जो वह अपने साथ ले गया। ***(गवाह ने बाक्स में से जिसमें चार रिवाल्वर और एक पिस्तौल है, वह रिवाल्वर ढूँढ़ निकाला, जिसमें 450 और 455 बोर के कारतूस इस्तेमाल होते हैं।)***

दूसरे दिन शिव वर्मा ने मुझसे बताया कि *उसने एक चिट्ठी जो भगत सिंह ने सुखदेव को लिखी है, देखी। उस चिट्ठी का विषय यह था कि भगत सिंह असेम्बली में बम फेंकेगा। मेरी ये बात शिव वर्मा के साथ मार्च के आखरी सप्ताह में हुई।* **[सुखदेव :**

कुछ तथ्य बताने का तरीका] चार बम, जो शिव वर्मा लाया था, उसी नमूने के थे जैसे कि ***प्रदर्श पी-89***, जो कि गवाह ने उस बक्से में से निकाला था। उसमें स्ट्राइकर नहीं था। मेरे, विजय कुमार सिन्हा और शिव वर्मा के बीच में यह तय हुआ था कि इस केस के फैसले के दस दिन बाद, जिसका असेम्बली बम से सम्बन्ध होगा, सहारनपुर में मीटिंग की जाए। यह मीटिंग इसलिए होगी कि इसके बाद क्या काम किया जाए। शिव वर्मा ने कहा कि वह इन दिनों एक व्यक्ति को तिलक पुस्तकालय में बराबर भेजता रहेगा, ताकि वहाँ यदि कोई पार्टी का मेम्बर आए तो वह उससे मिले। यह तय हुआ था कि शिव वर्मा दिल्ली होते हुए सहारनपुर जाएगा। विजय कुमार सिन्हा ने शिव वर्मा को कहा कि भगत सिंह और बी.के. दत्त को सहारनपुर के मकान का पता मत देना, क्योंकि यदि वे गिरफ्तार हो गए तो पुलिस को सहारनपुर के मकान का पता लगने पर बहुत से मेम्बर पकड़े जाएँगे। 31.3.1929 को मैं और विजय कुमार सिन्हा कलकत्ता चले गए। रवानगी के समय हमने शिव वर्मा को कलकत्ता का पता दिया था, अर्थात् **19, कॉर्नवालिस स्ट्रीट, बिमला कन्थ।** हमने पता इसलिए दिया था, क्योंकि शिव वर्मा ने कहा था कि वह विजय कुमार सिन्हा को रुपए उसके पते पर भेज देगा। विजय कुमार सिन्हा ने दो स्वयंचालित पिस्तौल, एक अन्य पिस्तौल, एक स्टोव जो एल.के. मुखर्जी हींग की मंडी वाले मकान में लाया था, एक कम्बल, जो एल.के. मुखर्जी भूल से छोड़ गया था और कुछ पुस्तकें जिसमें से एक का नाम मुझको याद था, *'मुक्ति कौन पाथे'* अपने साथ ले गया। मैं अपने साथ दो बम के खोल ले गया। मैं दो बम शेल इसलिए ले गया था ताकि मैं जे.एन. दास को वापस कर दूँ; इसके बदले जो मैंने उससे लिए थे। शिव वर्मा ने अपने सामान में 8 बम शेल, एक भरा हुआ बम और माउजर पिस्तौल रखे, जोकि आगरा वाले मकान में थे। ***प्रदर्श पी-477* वह ऐयर पिस्तौल है,** जो कि विजय कुमार सिन्हा ले गया। बम शेल जो मैं ले गया, ***वे प्रदर्श पी-89* के जैसे थे। लेकिन वे बिना स्ट्राइकर के थे। आठ बम शेल जो शिव वर्मा ने लिए थे वो *प्रदर्श पी-89, प्रदर्श पी-94/203, प्रदर्श पी-95/204* के जैसे *थे, लेकिन उनमें कोई स्ट्राइकर नहीं था।*** भरा हुआ बम जो शिव वर्मा ने लिया, उसमें स्ट्राइकर था और वह जे.एन. दास ने हींग की मंडी वाले मकान में भरा था। शिव वर्मा हमारी रवानगी के बाद दिल्ली को जाने वाला था। आगरा वाला मकान खाली कर दिया गया। विजय कुमार सिन्हा ने शिव वर्मा को जाते समय **एक सोने की अगूँठी दी**, जो ***प्रदर्श पी-250 है। मैंने आगरा वाले मकान व धर्मशाला तहकीकात के दौरान मजिस्ट्रेट को दिखाए।*** जितनी चीजें आगरा में नाई की मंडी वाले मकान में थीं, वे सारी सहारनपुर ले जाई गईं। उनमें से मैं सब शनाख्त कर सकता हूँ, अगर मुझको वे दिखाई जाएँ। अर्थात् उनके अलावा जिनका मैं पहले जिक्र कर चुका हूँ।

इस बार बहुत से प्रदर्श अदालत में लाए गए और एक कमरे के फर्श पर रखे गए और गवाह से पूछा गया कि क्या वह इन प्रदर्शों में से उन प्रदर्शों को शनाख्त कर सकता हूँ जो आगरा में नाई की मंडी वाले मकान पर थीं और सहारनपुर से ले जाई गई थीं। मैं निम्न की शनाख्त करता हूँ:—

प्रदर्श पी-257 कोट, प्रदर्श पी-726 कोट, प्रदर्श-465 बक्स, पी-325 जुराब, पी-317 लैंप, प्रदर्श पी-321 व पी-321-ए दो जोड़े डंबल, पी-313-ए, पी-313-बी, पी-313-सी, पी-313-डी, पी-313-ई, पाँच जोड़े चम्मच, पी-320 सोप केस, प्रदर्श पी-485 पगड़ी, प्रदर्श पी-467 कुकरी, 307, 307-ए व 307-बी तीन बाऊल, पी-475 चाकू, प्रदर्श पी-712 व प्रदर्श पी-712-ए दो लुकिंग गलास, पी-475-ए लैदर केस, प्रदर्श पी-708 ब्रुश, प्रदर्श पी-711 व 711-ए गारटर (तस्मे) के 2 जोड़े, स्टील बॉक्स पी-469, बोतल प्रदर्श पी-716 जिसमें स्पिरिट है। स्टील बक्स प्रदर्श पी-207, बक्स प्रदर्श पी-677, कोट प्रदर्श पी-251, टहलने की छड़ी जिसमें बर्छी लगी हुई है। प्रदर्श पी-247, कोट प्रदर्श पी-252, चम्मच प्रदर्श पी-310, दरी प्रदर्श पी-274, रब्बड़ का चेस्ट ऐक्सपेंडर प्रदर्श पी-322, दोहर गाढ़ा प्रदर्श पी-263, तकिया प्रदर्श पी-332, पुरानी दरी प्रदर्श पी-272, दोहर गाढ़ा प्रदर्श पी-262, कोट बारंग फाखती प्रदर्श पी-253, नेकटाई प्रदर्श पी-706, केलोमल दवाई प्रदर्श पी-720, पचकारी अनेमीया प्रदर्श पी-717, स्टेथेस्कोप प्रदर्श पी-718, धोती (नीली कन्नी वाली) प्रदर्श पी-334, धोती प्रदर्श पी-211, धोती प्रदर्श पी-214, एक जोड़ा जुराब प्रदर्श पी-705, लैदर बैग प्रदर्श पी-470.

पुस्तकें—मखनज हिकमत प्रदर्श पी-424, Modern Breech Loader प्रदर्श पी-410, Monopoly or How labour is robbed प्रदर्श पी-391, भोगौलिक आधार (हिन्दी) प्रदर्श पी-391, मख्जनुल अदवीया व तस्वीर (भाग 1) प्रदर्श पी-422, मख्जनुल अदवीया (भाग 2) प्रदर्श पी 425, मख्जने हिकमत प्रदर्श पी-429, Road Map of the United Provinces प्रदर्श पी-354, रसायन शास्त्र या हिन्दी केमिस्टरी प्रदर्श पी-378, बहार जबान (हिन्दी) प्रदर्श पी-382, वनस्पति शास्त्र या हिन्दी बोटनी प्रदर्श पी-375, प्रेम (हिन्दी) प्रदर्श पी-411, Book of label for Medicine Bottles —प्रदर्श पी-436.

कोट प्रदर्श पी-707, बंडल प्रदर्श पी-442 सिरलेख 'हिन्दुस्तान सोशिलिस्ट रिपब्लिकन आर्मी' के आगरा के नोटिस थे।

ये सब चीजें जो मैंने अब बताई हैं मैंने नाई की मंडी में देखी थीं। ये सब चीजें डॉ. निगम और शिव वर्मा सहारनपुर ले गए थे। ये सब चीजें पार्टी की थीं और इनको खास-खास व्यक्ति इस्तेमाल में लाते थे। मैं पुस्तकों और चीजों को जो मेरे सामने हैं शनाख्त नहीं कर सकता कि ये सब आगरा में थीं या नहीं। निम्न चीजें भगत सिंह इस्तेमाल करता था—प्रदर्श पी-479 लैदर बैग, जुराबें प्रदर्श पी-705, नेक टाई प्रदर्श पी-706, धोती प्रदर्श पी-211, धोती प्रदर्श पी-214, शेल बॉक्स प्रदर्श पी-207, भगत सिंह कलकत्ता से लाया था। जिसमें एसिड था। 711 व 711-ए एक तसमों का जोड़ा है।

निम्न चीजें डॉ. निगम इस्तेमाल करता था–***प्रदर्श पी-707* कोट, पुस्तकें–*423, 425, 429, 424,* स्टेथोस्कोप *718,* कलोमेल *720,* Enema Basin with a Tube *717,* Book of labels *436 और 716* बोतल।**

बी.के. दत्त निम्न चीजें इस्तेमाल करता था–***253-726,*** सुखदेव ***257,*** आजाद ***485,*** भगवान दास ***310.***

बाकी चीजें पार्टी के मेम्बर इस्तेमाल करते थे।

शिव वर्मा ने ***प्रदर्श पी-325*** का इस्तेमाल किया।

प्रदर्श पी-334 मेरी (गवाह की) धोती है।

मैं और विजय कुमार सिन्हा ने आगरा से इलाहाबाद के लिए तीसरे दर्जे के टिकट लिए। हम वहाँ जे.एन. सान्याल से मिलने के लिए उतरे और उससे मिले। जे.एन. सान्याल ने मुझसे पूछा कि क्या मैंने कलकत्ता में एसिड खरीदा है या नहीं? मैंने जवाब दिया कि मैंने नहीं खरीदा है। उसने कहा बहुत अच्छा किया, क्योंकि उसने कुन्दन लाल को जे.एन. दास के पास कलकत्ता से बुलाने के लिए भेजा था। लेकिन उसने आने और बम सिक्का लाने से इनकार किया। विजय कुमार सिन्हा मुझसे अलग हो गया और कम्बल, स्टोव और पुस्तक *'मुक्ति कौन पथ्य' ललित कुमार मुखर्जी को देने के लिए और अजय कुमार घोष को ये सन्देश देने के लिए कि वह चम्पत हो जाए, क्योंकि बी.के. दत्त, जोकि उसका दोस्त है, ऐक्शन करने वाला है।* **[सुखदेव : सावधानीपूर्वक।]** यह तय हुआ कि अजय कुमार घोष गैर-हाजिर होकर कलकत्ता में कॉलेज स्कवेयर में चला जाए। जहाँ वह विजय कुमार सिन्हा से अप्रैल के पहले या दूसरे सप्ताह में शाम के समय मिले। विजय कुमार सिन्हा ने वापस आकर कहा कि उसने सन्देश अजय कुमार घोष को दे दिया है। उसने कुछ लेख भी दिए हैं। उस दिन शाम को मैं और विजय कुमार सिन्हा कलकत्ता से तीसरे दर्जे का टिकट लेकर हावड़ा के लिए रवाना हुए। रास्ते में धनबाद में उतरे। विजय कुमार सिन्हा **झरिया** में संतोष से मिलने गया। झरिया ब्रांच लाइन पर है व धनबाद से पाँच मील की दूरी पर है। संतोष, विजय कुमार सिन्हा और बी.के. दत्त का मित्र है। शाम को विजय कुमार सिन्हा मुझे संतोष के पास ले गया और उससे मिलाया। *विजय कुमार सिन्हा ने संतोष से मेरी मौजूदगी में कहा कि वह कलकत्ता को भाग जाए। जब बी.के. दत्त किसी ऐक्शन में शामिल हो तो विजय कुमार सिन्हा से वहाँ मुलाकात करे।* **[सुखदेव : पूर्व सावधानी।]** धनबाद में, मैं धर्मशाला में ठहरा। धर्मशाला के प्रभारी ने मुझको कहा कि यदि तुमने यहाँ ठहरना है तो धर्मशाला के मालिक से इजाजत ले आओ। मैंने कहा कि मैं कुछ घंटे यहाँ ठहरूँगा और रात को नहीं रुकूँगा। इसलिए उसने मुझे ठहरने की इजाजत दी। मैं और विजय कुमार सिन्हा धनबाद से रात नौ बजे की गाड़ी का तीसरे दर्जे का टिकट लेकर कलकत्ता के लिए वापस रवाना हुए।

कलकत्ता में आर्य समाज मन्दिर में कँवलनाथ तिवारी के पास गए। यह अप्रैल का पहला सप्ताह था। शायद तीन या चार अप्रैल होगा। पहले दिन मैंने कँवलनाथ तिवारी की विजय कुमार सिन्हा से जान-पहचान कराई और दूसरे दिन मैं अपने मामू

के घर चला गया। विजय कुमार सिन्हा कँवलनाथ तिवारी के पास रहा। पाँच-छह रोज वहाँ रहा और मैं हर रोज उसके पास आया करता था। उसके बाद कँवलनाथ ने विजय कुमार सिन्हा के लिए एक मकान मछुआ बाजार में लिया, जिसका किराया करीब तेरह या चौदह रुपए था। ***तहकीकात के दौरान मैंने यह मकान मजिस्ट्रेट साहब को दिखाया था।*** उन दिनों संतोष कुमार कलकत्ता आया और विजय कुमार सिन्हा के पास मछुआ बाजार में ठहरा। उन दिनों शिव वर्मा की एक चिट्ठी सहारनपुर से आई। वह चिट्ठी पहले आर्य समाज मन्दिर में तुलसी जमादार को मिली। उसने वह चिट्ठी कँवलनाथ तिवारी को दी; और कँवलनाथ तिवारी ने मुझको दे दी। उसमें दस-दस रुपए के तीन नोट और एक चिट्ठी थी। चिट्ठी हम लोगों ने जला दी। उस चिट्ठी का विषय यह था कि मैं और विजय कुमार सिन्हा सहारनपुर चले आएँ, लेकिन हम नहीं गए। मैंने अखबारों में पढ़ा था कि लाहौर वाली बम फैक्टरी पकड़ी गई है। और भगत सिंह और बी.के. दत्त असेम्बली उपद्रव में पकड़े गए हैं। मैंने मनमोहन बनर्जी को एक चिट्ठी लिखी थी। वह 18 या 19 अप्रैल को आया। कँवलनाथ तिवारी ने उसको मनी भूषण के मकान पर ठहराया। मैंने कँवलनाथ तिवारी को कहा कि मनमोहन बनर्जी को लेकर ईडन गार्डन आना। मैं विजय कुमार सिन्हा, कँवलनाथ तिवारी और मनमोहन बनर्जी वहाँ मिले। मैंने मनमोहन बनर्जी को कहा कि विजय कुमार सिन्हा असेम्बली उपद्रव और बम फैक्टरी के मामले में भागा फिरता है। और मनमोहन उसको कहीं न कहीं ठहरा दे तथा रुपए-पैसे से सहायता करे। विजय कुमार सिन्हा ने कहा कि बेतिया में ऐक्शन किया जाए ताकि रुपया प्राप्त किया जाए। इस पर मनमोहन बनर्जी सहमत हुआ। विजय कुमार सिन्हा और कँवलनाथ तिवारी अपने घर चले गए और मैं अपने घर चला गया। मनमोहन बनर्जी मनीभूषण के साथ चला गया। वहाँ से योजना अनुसार मनमोहन बनर्जी आसनसोल चला गया। मैंने जे.एन. दास को बिनाय राय चौधरी की मारफत बुलाया और उसको दो बम शेल दे दिए, जो मैं आगरा से लाया था। 24-25 अप्रैल की रात को विजय कुमार सिन्हा और कँवलनाथ तिवारी बेतिया के लिए रवाना हुए। मैं फिर बारकपुर जहाँ मेरी शादी हुई थी चला गया। मेरे ससुर का नाम रास बिहारी है। बारकपुर से मैं नकसर चला गया। मेरे मामू के मकान की तलाशी हुई। यह बात 24 मई की है। जहाँ मैं 15-20 रोज रहा। मैं फिर अपने मामू के मकान कलकत्ता में आ गया। मैं वहाँ रहता था, लेकिन तलाशी के समय वहाँ नहीं था। मैं और बीजनाथ सिंह मेरे बहनोई नवारन चन्द्र घोष के मकान पर गए। जोकि नथाई बाबू लेन में रहता था। रात अपने बहनोई के घर रहा। बीजनाथ सिंह चला गया। सुबह बीजनाथ सिंह मुझको मिला और मुझको 10 रुपए दिए। जनवरी या फरवरी 1929 में मैंने बीजनाथ को अपनी पार्टी का मेम्बर बनाया था। बीजनाथ सिंह ने कहा कि तुम्हारे ठहरने के लिए **ब्रह्मदत्त** के पास इंतजाम किया है, जो कलकत्ता में टोपियों का कारोबार करता है। बीजनाथ सिंह उस दिन मुझको ब्रह्मदत्त के मकान पर ले गया। वहाँ मैं सात-आठ रोज ठहरा। मैं फिर बिनाय राय चौधरी के मकान भवानीपुर में गया। मैं अपने स्लीपर ब्रह्मदत्त के मकान पर छोड़ आया था। ***मैंने***

तहकीकात के दौरान कलकत्ता के मजिस्ट्रेट को ब्रह्मदत्त का मकान, ईडन गार्डन, जहाँ मीटिंग हुई थी और आर्य समाज मन्दिर दिखाया। बिनाय राय चौधरी का मकान भी दिखाया। बिनाय राय चौधरी ने मुझको एक मित्र के पास रखा जहाँ मैं चार रोज रहा। फिर उसने एक अन्य मित्र के पास रखा, जहाँ पर मैं दो-तीन रोज रहा। फिर वह पदो पाशु को लाया और मुझे उसके साथ उसके मछवा बाजार में स्थित मकान पर भेजा। यह बात 8 जून, 1929 की है। ***मैंने मजिस्ट्रेट को दोनों मकान दिखाए।*** वह मकान भी जहाँ बिनाय राय चौधरी ने ठहराया था, ***मजिस्ट्रेट साहब को दिखाया।*** 8 जून शाम को मैं ब्रह्मदत्त को मिला। चितरंजन एवेन्यू में उसने मुझको एक बंडल पकड़ाया। वह साइकिल पर था। उतरकर उसने बातें शुरू कीं। गलती से वह बंडल मेरे पास छोड़कर चला गया।

मैं फिर बीजनाथ सिंह के मकान की तरफ गया। और उसको लेकर मछवा बाजार में अपने घर की तरफ जहाँ मैं ठहरा हुआ था, चला गया। रास्ते में सड़क पर मैं और बीजनाथ सिंह पकड़ लिए गए। सी.आई.डी. के अफसर ने पकड़ा था। रात के साढ़े नौ बजे का समय था। हमको थाने में ले गए और हमारी तलाशी ली गई। मुझसे एक बंडल जो ब्रह्मदत्त ने दिया था **अखबार और कुछ नकदी बरामद हुई। *मैं प्रदर्श पी-512 को शनाख्त करता हूँ। प्रदर्श पी.सी.पी./2 अखबार है, उसको शनाख्त करता हूँ।*** यह बात 8 जून की है। लाल बाजार थाना में मुझको रात रखा गया। दूसरे दिन एक मजिस्ट्रेट के सामने पेश करने के बाद मैं और बीजनाथ सिंह पंजाब मेल से लाहौर लाए गए। हम 11 जून को लाहौर पहुँचे और हमें लाहौर फोर्ट में रखा गया। 20 जून को मुझे माफी दी गई। ***मैं अपने हस्ताक्षर मजिस्ट्रेट के आदेश पर शनाख्त करता हूँ। वह अंग्रेजी पी.सी.पी. हैं।*** जिसके द्वारा माफी मंजूर की। मैं अदालत की ओर से 11 जून से 20 जून तक हिरासत में था। **मैंने 14 जून से अपना बयान पुलिस के सामने देना शुरू किया। जब मुझको माफी मिल गई *थी तब मैंने बयान एक और मजिस्ट्रेट के सामने दिया था। बयान पी.सी.पी./1 उस मजिस्ट्रेट का रिकार्ड किया हुआ है। वह लिखते जाते थे और मुझको पढ़कर सुनाते जाते थे। वह बयान मुझको विशेष मजिस्ट्रेट की अदालत में सुनाया गया था। मजिस्ट्रेट ने बयान सही लिखा था और बयान सच्चा था।*** उस समय जब हम तीनों झरिया में मिले थे तो संतोष ने मेरी मौजूदगी में विजय कुमार सिन्हा को 2 रुपए खर्च के लिए दिए थे।

बयान वादामाफ गवाह नं. 3 का खत्म हुआ। सुनकर सही पाया।

21 मई, 1930

जे. कोल्डस्ट्रीम

अब समय हो गया है। मुकदमा कल नौ बजे पेश होगा। मुल्जिमान हवालात में रहे। और कल नौ बजे पेश हो।

दिनांक 21.5.1930

जे. कोल्डस्ट्रीम/आगा हैदर/जी.सी. हिल्टन

(फणिन्द्रनाथ घोष का बयान जारी रहा)

15.05.1930 को मैं दो जेलों में गया। एक जेल में मैंने 11 मुल्जिमों को शनाख्त किया और दूसरी जेल में दो मुल्जिमों को शनाख्त किया। पहले मैं बोरस्टल जेल में गया। जेल सुपरिंटेंडेंट मुझको जेल में ले गया, जहाँ मुल्जिम थे। पाँच मुल्जिमों को छोड़कर बाकी मुल्जिमों को आँगन में खड़ा किया गया। पाँच मुल्जिम जिनको अलग खड़ा किया गया था, को बाद में मैंने देखा था। इस पंक्ति में से मैंने 8 व्यक्तियों को शनाख्त किया; न कि हर एक व्यक्ति को जो पंक्ति में खड़ा *था*, मैंने हाथ से बताया और नाम लिया। जेल सुपरिंटेंडेंट जो मैं कहता वह लिखते थे। बाद में मैंने पाँच व्यक्तियों को अलग कोठरियों में देखा। कोठरी पर कोई नाम न था। मैंने कोई टिकट न देखा था। उन पाँचों में से मैंने तीन को शनाख्त किया था। मैंने उनको इशारा करके व नाम लेकर शनाख्त किया। उन पाँचों में से एक मुल्जिम के पास जब मैं पहुँचा तो उसने मुँह फेर लिया। मैंने सुपरिंटेंडेंट को बताया कि मुल्जिम ने मुँह फेर लिया है, मैं उसको शनाख्त नहीं कर सका। सुपरिंटेंडेंट ने मुझे दीवार के कोने में खड़ा कर दिया और मुल्जिम को मेरे सामने से लेकर गुजरा तो मैंने सुपरिंटेंडेंट को कहा कि मैं उस मुल्जिम को देखकर नहीं पहचान सका। ग्यारह में से मैंने जे.एन. सान्याल को शनाख्त किया। उसको मैंने उस अदालत में भी शनाख्त किया था। दूसरे मुल्जिमों जिनको मैंने बोरस्टल जेल में शनाख्त किया वो हैं–**कँवलनाथ तिवारी, शिव वर्मा, विजय कुमार सिन्हा, कुन्दन लाल, जयदेव, सुखदेव, सुरेन्द्रनाथ पांडे, अजय कुमार घोष, शिवराम राजगुरु उर्फ रघुनाथ। मैंने सुपरिंटेंडेंट के सामने रघुनाथ और डॉ. निगम का नाम लिया था। मैं उन ग्यारह व्यक्तियों को पहले भी जानता था।** ये वहीं व्यक्ति हैं जिनका मैंने अपने बयान में हवाला दिया है। उन ग्यारह व्यक्तियों को अगर बहुत से व्यक्तियों में मिलाकर दिखाया जाए, तो भी मैं शनाख्त कर सकता हूँ। **बोरस्टल जेल में से मैं सेंट्रल जेल गया। वहाँ भगत सिंह और बी.के. दत्त को शनाख्त किया।** भगत सिंह व बी.के. दत्त दोनों कैदखाने के अहाते में खड़े थे। कोई सेल टिकट न था। मुझको डिप्टी सुपरिंटेंडेंट जेल में ले गया। मेरे पास कोई जरिया सिवाय इसके कि मैं उनको जानता था, नहीं है।

मिस्टर आगा हैदर के सवाल के जवाब में :

> भगत सिंह लम्बा, गोरा, छोटी आँखें, दाढ़ी मुँढी हुई है, किन्तु मूँछें हैं, उसके सिर के बाल विलायती फैशन के कटे हुए हैं। बी.के. दत्त साँवला है। मैं उनको पहले से जानता हूँ, क्योंकि वे क्रान्तिकारी संस्था के हैं। मैं उनके पास जाकर खड़ा हो गया और हरेक का नाम बताया और शनाख्त किया। मिस्टर जस्टिस आगा हैदर साहब ने वादामाफ गवाह से पूछा कि कौन सी तारीख को तुमने अदालत में गवाही देनी शुरू की। मैंने गवाही 16, 17, 19, 20, 21 व 22 मई को दी। विशेष मजिस्ट्रेट की अदालत में मेरी गवाही डेढ़ या दो सप्ताह पहले तक लिखी गई है। लगातार गवाही नहीं हुई, क्योंकि मुल्जिम उसमें झगड़ा करते और मुकदमा भूख हड़ताल के कारण मुल्तवी हुआ था। मजिस्ट्रेट से भी झगड़ा करते थे। मुल्जिम

विशेष मजिस्ट्रेट की अदालत में हाजिर नहीं होते थे। जब मैं गवाही देता था तो मुल्जिम मेरे सामने होते थे।

लाला गोपाल लाल, वकील के सवाल के जवाब में :

विशेष मजिस्ट्रेट की अदालत में जब गवाही में मुल्जिमों का जिक्र आता था तो मैं मुल्जिमों को शनाख्त करता था। मैं उनको उसी समय कठघरे में शनाख्त करता था। पहली बार मैं अदालत में दो रोज हाजिर हुआ। दूसरे रोज मैंने जे.एन. सान्याल को शनाख्त किया। उस समय जे.एन. सान्याल की दाढ़ी न थी। एक या डेढ़ महीने के बाद उसकी कुछ दाढ़ी थी और अब उसकी पूरी दाढ़ी है।

सुनकर सही स्वीकार किया।

22 मई, 1930

मुकदमे की बाकी कार्रवाई के लिए कल, दिनांक 23.5.30 को पेश हो।

जे. कोल्डस्ट्रीम/आगा हैदर/जी.सी. हिल्टन

(गवाह नं. 3 का अतिरिक्त बयान)

सवाल : तुमने बयान किया है कि डॉक्टर निगम जो सारी चीजें सहारनपुर ले गया था, तुमको किस तरह उनका ज्ञान है?

जवाब : ये फैसला सेंट्रल कमेटी ने किया था कि डॉक्टर निगम कुछ चीजें आगरा से सहारनपुर ले जावे। जब डॉक्टर निगम ने सब चीजें बाँधी थी, उस समय मैं वहाँ मौजूद था। जिनका जिक्र मैंने ऊपर किया है। मुझे इस बात का निजी ज्ञान नहीं है कि वह चीजें सहारनपुर ही ले गया था। डॉक्टर निगम से कहा गया था कि वह चीजें सहारनपुर ले जाए और दिल्ली से होकर सहारनपुर जावे। मैंने और विजय कुमार सिन्हा ने सेंट्रल कमेटी की ओर से डॉक्टर निगम को चीजें सहारनपुर ले जाने का हुक्म दिया था क्योंकि हम ही वहाँ (आगरा में) सेंट्रल कमेटी के सदस्य थे।

23 मई, 1930

जे. कोल्डस्ट्रीम/आगा हैदर/जी.सी. हिल्टन

मुझे निजी ज्ञान नहीं है कि जो चीजें शिव वर्मा सहारनपुर ले गया था, सहारनपुर पहुँची थीं।

23 मई, 1930

आज वक्त हो गया है। मुकदमा 26.5.1930 को पेश होवे।

23 मई, 1930

जे. कोल्डस्ट्रीम

सरकारी वादामाफ गवाह नं. 4 : 'विस्तृत गवाही'

मनमोहन बनर्जी, उर्फ मनोहर बनर्जी, सुपुत्र जगदीश चन्द्र बनर्जी, उम्र 22 साल, व्यवसाय काश्तकारी तथा ठेकेदारी, जाति ब्राह्मण, गाँव बेरीया, जिला चम्पारनः

मैंने पहले बेतिया पाठशाला में शिक्षा पाई; लगभग चार वर्ष वहाँ पढ़ता रहा। फिर बेतिया राजकीय अंग्रेजी हाई स्कूल में नाम लिखाया, जहाँ मैं पाँच वर्ष पढ़ा। बेतिया मेरे गाँव बेरीया से पाँच मील की दूरी पर है। मैं जब स्कूल में पढ़ता था तो मेरा परिचय कँवलनाथ तिवारी से हुआ जो मुझसे दो कक्षाएँ आगे था। कँवलनाथ तिवारी इस मुकदमे में दोषी है। ***मैंने उसको स्पेशल मजिस्ट्रेट की अदालत में शनाख्त किया था, जबकि वह बाकी दोषियों के साथ कठघरे में खड़ा था।***

(सरकारी वकील– Prosecutor), दरखास्त करता है कि कँवलनाथ तिवारी, दोषी को अदालत में हाजिर किया जाए ताकि वादामाफ गवाह उसको शनाख्त करे। इस मुद्दे पर विचार होगा। बयान जारी रहे।)

एक और विद्यार्थी नारायण चन्द्र मुखर्जी जो मेरे मामू का बेटा है, मुझसे तीन कक्षाएँ आगे था और उसी स्कूल में पढ़ता था। नारायण चन्द्र मुखर्जी फणिन्द्रनाथ घोष की दुकान पर, जो मीना बाजार में है, जाया करता था। मैं भी नारायण चन्द्र मुखर्जी के साथ उस दुकान पर जाया करता था। दुकान का मालिक, फणिन्द्रनाथ घोष का भाई मनवांजन घोष है। उनकी दुकान तेल, दवाओं, लालटेनों की थी तथा वह असला और बारूद के लिए लाइसेंसदार हैं। मैं फणिन्द्रनाथ घोष से परिचित हो गया, जो मुझे पुस्तकें पढ़ने को दिया करता था। उसने मुझे निम्नलिखित पुस्तकें पढ़ने को दीं:–

(1) *आनन्द मठ*, (2) *बंदी जीवन*, (3) *बंगला बिपल* (बंगाल में क्रान्ति), (4) *Life of Mac Swiney* in Bengali और बहुत सारी राजनैतिक और धार्मिक पुस्तकें दी थीं। फिर मैंने इन पुस्तकों का अध्ययन किया। यह 1920–21 की बात है।

उन दिनों बेतिया में जन सभाएँ हुआ करती थीं और मैं उनमें शामिल हुआ करता था। ये सभाएँ महात्मा गांधी के विचारों के प्रचार के उद्देश्य से की जाती थीं। पुस्तकें पढ़कर और सभाओं में शामिल होने से मुझे अनुभव हुआ था कि मैं भी देश की सेवा करूँ। उन्हीं दिनों में फणिन्द्रनाथ घोष मुझसे राजनैतिक मुद्दों पर चर्चा किया करता था। मैंने समाचार पत्र में पढ़ा था कि फणिन्द्रनाथ घोष 'लाहौर षड्यंत्र केस' में पकड़ा गया था। मैंने उसे, जब वह उक्त अदालत में गवाही दे रहा था, देखा था।

(श्रीमान जस्टिस आगा हैदर के सवाल के जवाब में : जिन स्कूलों में मैंने शिक्षा पाई थी उनमें अपनी उम्र भिन्न-भिन्न लिखाई थी। बेरीया स्कूल में मैंने अपनी उम्र 7 साल और कुछ महीने लिखाई थी जबकि बेतिया स्कूल में 11 वर्ष और कुछ महीने लिखाई थी। मैं अपनी दाढ़ी कटवाता हूँ।)

फणिन्द्रनाथ घोष मुझसे कहता था कि देश की जो हालत खराब है उसका कारण यही है कि यहाँ विदेशी हुकूमत है। देश गरीब हो गया और यहाँ साक्षरता में कमी आई है; ये सब भी विदेशी राज्य के कारण हैं। यदि इस विदेशी सरकार को बदल दिया जाए तो यह देश बहुत तरक्की कर सकता है। वह अक्सर यही बातें किया करता था। 1922–23 में कांग्रेस का अधिवेशन **गया** में हुआ जिसमें फणिन्द्रनाथ घोष मुझे साथ ले गया। मैंने अधिवेशन में दर्शक के रूप में भाग लिया।

वहाँ अधिवेशन में सुने भाषणों का मेरे ऊपर गहरा प्रभाव पड़ा और मुझे यह लगने लगा कि सरकार को बदलना चाहिए और देश को आजाद कराना चाहिए तथा मुझे भी इसमें हिस्सा लेना चाहिए। गया में जब कांग्रेस का अधिवेशन समाप्त हो गया तो मैं फणिन्द्रनाथ घोष के साथ वापस बेतिया आ गया। वापसी के उपरांत जब भी मुझे स्कूल में समय मिलता तो मैं फणिन्द्रनाथ घोष के पास चला जाया करता था। वह हमेशा मुझे क्रान्तिकारी दल में शामिल होने के लिए कहता और यह भी कहता कि क्रान्ति ही एक ऐसा साधन है जिससे सरकार को बदला जा सकता है। उसने मुझे बताया था कि क्रान्तिकारी दल का मेम्बर बनने के लिए माता-पिता, मित्रों व रिश्तेदारों को छोड़ना पड़ता है। क्रान्तिकारी दल का जो हुक्म हो उसे मानना पड़ता है और उसकी गतिविधियों को गुप्त रखना पड़ता है। इस दल को जब रुपए की जरूरत हो तो यह चंदों से उपलब्ध कराया जाता है; अगर ऐसा न हो सके तो डकैती का सहारा लिया जा सकता है। इस दल में काम करने के लिए हथियारों की जरूरत पड़ती थी, जो हरेक सम्भव स्रोत से जुटाए जाने चाहिए। मैं उसके विचारों से प्रेरित होकर क्रान्तिकारी दल का मेम्बर बन गया। यह बात 1923-24 की है। मैं उस समय 14 या 15 साल का था और मैं सातवीं में पढ़ता था। मैंने ये विचार अपने सहपाठियों में फैलाए। मैंने अपने एक सहपाठी, केदार मनी शुक्ल, जो मेरी उम्र का ही है, को पुस्तकें दीं व अपने विचारों से उसको हमख्याली बनाया। वह मलकोली का रहने वाला है। मैंने 1924 में स्कूल छोड़ दिया। जब मैंने पढ़ना छोड़ा तो मैं सातवीं श्रेणी में था। उस कक्षा तक पहुँचने में मुझे दस वर्ष लग गए थे। स्कूल छोड़ने के बाद मैंने अपने गाँव बेरीया में खेतीबाड़ी का काम शुरू किया। एक दिन फणिन्द्रनाथ घोष मेरे पास आया और मुझे एक बंगाली से मिलाया। फणिन्द्रनाथ घोष ने मुझे बताया कि इसका नाम **जीवन कनाई पाल** है। इसको क्रान्तिकारी दल बंगाल की तरफ से बिहार और उड़ीसा में भेजा गया है। उन्होंने आपस में बातें करते यह भी कहा कि जो व्यक्ति हमारे विचारों का हो जाए उसको पार्टी में शामिल कर लेना चाहिए ताकि क्रान्तिकारी दल का आधार बढ़े और यह दल तरक्की करे। थोड़ी देर में वे दोनों वहाँ से चले गए।

मैं 1925 में फणिन्द्रनाथ घोष के साथ कांग्रेस के कानपुर अधिवेशन में गया।

श्रीमान जस्टिस आगा हैदर के सवाल के जवाब में : सरोजनी नायडू उसकी अध्यक्ष थी।

फणिन्द्रनाथ घोष के साथ 10 स्वयंसेवक, सेवा के लिए कांग्रेस के अधिवेशन में गए थे। जय नारायण प्रसाद भी साथ गया था। वह 'स्थानीय कांग्रेस कमेटी' का सेक्रेटरी और 'सेवा दल' का अध्यक्ष था। मैंने उनको वहाँ देखा था; ये लोग कानपुर में सेवा दल के कैम्प में ठहरे हुए थे; मैं बिहार-उड़ीसा के प्रतिनिधियों के कैम्प में ठहरा हुआ था। मैंने व्याख्यान व भाषण सुने। मेरा सरकार को बदलने का और देश सेवा का विचार और दृढ़ हुआ। कानपुर से फणिन्द्रनाथ घोष स्वयंसेवकों के साथ वापस बेतिया आया। मैंने उसको कहते हुए सुना था कि स्वयंसेवक बेतिया जा रहे हैं। कानपुर से मैं, फणिन्द्रनाथ घोष और जय नारायण प्रसाद बनारस गए। हमारे साथ कोई स्वयंसेवक नहीं आया। बनारस में हम एक धर्मशाला में ठहरे; वहाँ हम तीनों मनी बनर्जी से मिले।

फणिन्द्रनाथ घोष ने मुझे उसके मकान पांडे घाट, मुहल्ला बंगाली टोला में स्थित मकान पर उससे मिलाया और कहा कि मनी बनर्जी क्रान्तिकारी दल का मेम्बर है। मेरे बारे में भी कहा कि मैं भी इस दल का मेम्बर हूँ। बनारस से हम तीनों–मैं, फणिन्द्रनाथ घोष और जय नारायण, बेतिया गए।

फणिन्द्रनाथ घोष मुजफ्फरपुर से खद्दर लाया और बेतिया में खद्दर की दुकान खोली। मुझे उस दुकान का इंचार्ज बनाया। यह बात 1926 की है। दुकान मुहल्ला काली बाग में 1926 ई. के आखिर या 1927 ई. शुरू में खोली गई। जीवन कनाई पाल मुझको बेतिया में खद्दर डिपू में आकर मिला। उसने मुझे पाँच या छह कारतूसों सहित स्वयंचालित पिस्तौल और तीन-चार कारतूसों सहित एक रिवाल्वर दिया। उसने मुझसे कहा कि इन्हें अपने पास रखूँ और खुद वहाँ से चला गया। **मैंने कुछ समय तक वे स्वयंचालित पिस्तौल, रिवाल्वर व कारतूस अपने पास रखे** और बाद में मैंने ये रघुनी चमार, जो मेरे साथ दुकान में काम करता था, को रखने के लिए दे दिए। ***प्रदर्श पी.-814*** स्वयंचालित पिस्तौल ***व प्रदर्श पी.-815*** रिवाल्वर है। रिवाल्वर के कारतूस ***प्रदर्श पी.-817*** इस प्रकार के हैं जैसे कि स्वयंचालित पिस्तौल के कारतूस हों। ***(कारतूस जो गवाह ने बयान किए हैं वो ठीक तरह से रिवाल्वर और पिस्तौल में आए हैं।)*** **रिवाल्वर पर जो निशान है वह मुझको याद है। इसलिए मैं रिवाल्वर को उसके ढाँचे और निशान से पहचानता हूँ।** ये मेरे पास दो-तीन महीने रहे थे।

प्रदर्श पी.-814 **जब मेरे पास था तो इसकी प्लेट टूट गई थी। इस कारण, मैं इसे शनाख्त करता हूँ।** ***मैंने ये हथियार अदालत मोतीहारी में सेशन जज की अदालत में देखे थे, जो अब इस अदालत में हैं।***

मैं 1926 ई. में फणिन्द्रनाथ घोष के साथ गुहाटी कांग्रेस के अधिवेशन में गया। वहाँ हमको जीवन कनाई पाल मिला और उसने हमें दो सौ **पत्रिकाएँ (पम्फ्लेट्स)** बाँटने के लिए दीं। पत्रिकाएँ हिन्दी में थीं। यह (उनमें से) **वही पत्रिका है**, ***जिस पर प्रदर्श पी.-सी. 2 का निशान है*** और यह प्रत्येक कॉपी उस पत्रिका की है, इसका तात्पर्य यह है, महात्मा गांधी का शान्ति का तरीका असफल हो रहा है; हमारे देश के सिवाय प्रत्येक देश आजाद है; आजादी क्रान्ति से ही मिल सकती है।

हमने ये पत्रिकाएँ Sufferers' Conference में बाँटी थीं। उसमें वे लोग शामिल हुए थे, जो राजनैतिक कारणों के कारण कैद हुए थे। गोहाटी से मैं और फणिन्द्रनाथ घोष बेतिया आए। 1926 के आखिर में या 1927 के शुरू में एक चिट्ठी के कारण जो मनी बनर्जी ने मेरे पास भेजी थी, मैंने उसे पचास रुपए इस पते पर भेजे:–

पांडे घाट, मुहल्ला बंगाली टोला, बनारस।

मनीऑर्डर की रसीद मेरे पास थी, लेकिन पुलिस ने 'देवगढ़ षड्यंत्र केस' के बारे में मेरे मकान की तलाशी लेते समय वह रसीद मुझसे ले ली। बाद में मैंने वह रसीद मोतीहारी सेशन अदालत में देखी। 1927 के शुरू में बी.एन. भट्टाचार्य मुझको खद्दर के डिपू में मिला। मैं उसको अपने घर बेरीया ले गया, क्योंकि उस समय फणिन्द्रनाथ घोष बेतिया में मौजूद नहीं था और उसने बेतिया से जाती बार मुझे कहा था कि यदि

कोई व्यक्ति बनारस से मुझे (फणिन्द्र को) तलाश करते हुए तुम्हारे पास आया तो तुम उसे क्रान्तिकारी दल का मेम्बर समझकर अपने पास ठहराना। **बी.के. भट्टाचार्य ने मुझे दो रिवाल्वर दिए, जिसमें से एक के साथ तीन कारतूस थे।** वह वापस चला गया। चार-पाँच दिन के बाद फणिन्द्रनाथ घोष खद्दर के डिपू में वापस आया। मैंने बी.एन. भट्टाचार्य के दिए हुए दो रिवाल्वर उसे दे दिए। मैंने उसे बताया कि बी.एन. भट्टाचार्य आया था। **उसके दो-तीन दिन के बाद फणिन्द्रनाथ घोष ने रिवाल्वर मुझे दिए और कहा कि इन्हें सँभालकर रखूँ।** रिवाल्वरों में से जो रिवाल्वर मेज पर, ***पी. 122 है, मैं इसे शनाख्त करता हूँ।*** यह वही रिवाल्वर है, जिसके तीन कारतूस थे। **मुझे दूसरा रिवाल्वर अदालत में नहीं दिखाई दे रहा है जिसके साथ तीन कारतूस थे।** ***(गवाह को छह रिवाल्वर और दो पिस्तौल दिखाए गए)*** मैंने ये रिवाल्वर एक बक्से में रखकर अपने मकान में जमीन में दबा दिए थे; जब मेरे मकान की तलाशी हुई तो भी वे जमीन में दबे हुए थे। लगभग एक या डेढ़ मास के बाद मैंने फणिन्द्रनाथ घोष को एक रिवाल्वर तीन कारतूस वाला जमीन से निकालकर दिया था। फणिन्द्रनाथ घोष ने रिवाल्वर मुझसे लेकर कहा कि वह बनारस की तरफ जा रहा है। मेरे मकान की तलाशी दुर्गा पूजा छुट्टियों के बाद हुई। मैंने खद्दर के डिपू से काम करना छोड़ दिया था। यह बात मई 1928 की है। इसके बाद मैंने स्थानीय बोर्ड व चम्पारन जिला बोर्ड का ठेकेदारी का काम किया। मैं लगभग छह माह कलकत्ता में रहा। कुछ दिनों के बाद मुझको एक अन्य व्यक्ति इन्द्र मंथू, जो बेरीया का रहने वाला है, और उसका मकान मेरे मकान के नजदीक है, उसने मुझे आकर जगाया और कहा कि मेरे मकान की पूर्व की तरफ बेतिया का एक दुकानदार और एक अन्य व्यक्ति मुझे बुला रहे हैं। मैंने वहाँ फणिन्द्रनाथ घोष और एक दूसरे व्यक्ति को साइकिल सहित देखा। फणिन्द्रनाथ घोष ने मुझे बताया कि वह क्रान्तिकारी दल का मेम्बर है तथा इसका नाम 'बच्चू' है। ***मैंने बच्चू को किले में न्यायधीश के सामने शनाख्त किया था। इसका पूरा नाम विजय कुमार सिन्हा है। यह मुझे बाद में मालूम हुआ जब मैं और वह दिल्ली मीटिंग के बाद कलकत्ता गए।***

> सरकारी वकील दरखास्त करता है कि दोषी विजय कुमार सिन्हा को पेश किया जाए, ताकि सरकारी गवाह उसे शनाख्त कर सके। ***मामला सुझाव अधीन है, बयान लिखा जाए।***

विजय कुमार सिन्हा ने मुझसे कहा कि दिल्ली में एक मीटिंग होगी, जिसमें पंजाब, यू.पी., बंगाल, बिहार व उड़ीसा के क्रान्तिकारी शामिल होंगे। उसने कहा कि मैं और फणिन्द्रनाथ घोष इसमें शामिल हों। मैंने कुछ जवाब नहीं दिया। फणिन्द्रनाथ घोष ने कहा कि उनके पास रुपए नहीं हैं जिससे वह रेल का किराया दे सके। विजय कुमार सिन्हा ने फणिन्द्रनाथ घोष से किसी न किसी तरह रेल का एक तरफ का किराया जुटा लेने को कहा और उसने यह भी कहा कि वह वापसी के किराये का इंतजाम कर देगा। यह तय हुआ कि मैं और फणिन्द्रनाथ घोष दिल्ली की मीटिंग में जाएँगे। विजय कुमार सिन्हा ने हमसे कहा कि मीटिंग, **फिरोजशाह तुगलक** के किले में होगी। इस

विचार-विमर्श के बाद वे (फणिन्द्रनाथ घोष और विजय कुमार सिन्हा) मुझे छोड़कर चले गए। विजय कुमार सिन्हा मुसलमानी पहरावा-पाजामा, खाकी कमीज और सिर पर ऊनी टोपी पहने हुए था। कुछ दिनों बाद, मैं और फणिन्द्रनाथ घोष बेतिया से मुजफ्फरपुर का थर्ड क्लास का टिकट लेकर रवाना हुए। मुजफ्फरपुर पहुँचकर, वहाँ से, इलाहाबाद का थर्ड क्लास का टिकट लिया। इलाहाबाद में फणिन्द्रनाथ घोष मुझको एक बंगाली के घर पर ले गया। उसने मुझे बताया कि यह मकान **जतिन्द्र नाथ सान्याल** का है जो कि **शचीन्द्र नाथ सान्याल** का भाई है। मुझे मालूम था कि शचीन्द्र नाथ सान्याल काकोरी केस में कैद है। इस मकान में हम जे.एन. सान्याल से मिले। फणिन्द्रनाथ घोष और जे.एन. सान्याल में बातचीत हुई।

मैंने जे.एन. सान्याल को विशेष मजिस्ट्रेट की अदालत में शनाख्त किया। वह उस समय दोषियों के कठघरे में बैठा हुआ था।

> (सरकारी वकील जे.एन. सान्याल को पेश करने की दरखास्त करता है ताकि गवाह उसको शनाख्त करे। ***मामला विचार अधीन है। बयान जारी रहे।***)

फणिन्द्रनाथ घोष ने जे.एन. सान्याल से पूछा कि क्या वह विजय कुमार सिन्हा के साथ काम कर सकता है? काम से भाव 'क्रान्तिकारी कार्य' है।

हम आपस में यह भाषा बोला करते थे और उससे यह संकेत लेते थे। जे.एन. सान्याल ने कहा कि विजय कुमार सिन्हा अच्छा व्यक्ति है; फणिन्द्रनाथ घोष उससे मिलकर बिना किसी डर के काम कर सकता है।

हम अर्थात् फणिन्द्रनाथ घोष और मैं, एक दिन और रात वहाँ ठहरे। दूसरे दिन मैं और फणिन्द्र थर्ड क्लास का टिकट लेकर इलाहाबाद से दिल्ली की तरफ रवाना हुए। दूसरे दिन सुबह मैं और फणिन्द्रनाथ घोष दिल्ली पहुँचे। रेलवे स्टेशन से हमने ताँगा लिया और जामिया मस्जिद तक उसमें गए। वहाँ से पैदल सुबह 8 या 9 बजे फिरोजशाह तुगलक के किले में पहुँचे। वहाँ हम विजय कुमार सिन्हा से मिले, जिसको 'बच्चू' भी कहते हैं। विजय कुमार सिन्हा ने कहा कि जो मीटिंग आज होनी थी वह कल के लिए स्थगित कर दी गई है, क्योंकि कुछ मेम्बर नहीं आए हैं। उसने कहा कि मीटिंग कल सुबह यहीं पर होगी; आज और काम है। मैं फणिन्द्र और विजय कुमार सिन्हा पेड़ के नीचे बैठ गए। प्रताप और शिव वर्मा वहाँ आए। प्रताप को मैंने उस परेड में, जो मजिस्ट्रेट के सामने हुई शनाख्त किया। प्रताप और शिव को विशेष मजिस्ट्रेट की अदालत में शनाख्त किया। प्रताप का नाम कुन्दन लाल है। वह अदालत में दोषियों के कठघरे में था। **[सुखदेव : कोई तारीख नहीं बताई गई।]**

> (सरकारी वकील दरखास्त करता है कि प्रताप, कुन्दन लाल और शिव वर्मा को पेश किया जाए, ताकि सरकारी गवाह उनको शनाख्त कर सके। ***मामला विचार अधीन है। बयान लिखा जाए।***)

हमसे कुछ दूरी पर जहाँ हम बैठे थे एक और मीटिंग हो रही थी, जिसमें कुछ व्यक्ति शामिल थे। **दो व्यक्ति हमारे पास से गुजरे और इस मीटिंग में गए। विजय कुमार सिन्हा ने कहा कि वह पांडे और ब्रह्मदत्त थे**, जोकि क्रान्तिकारी पार्टी के मेम्बर थे।

पांडे को मैंने स्पेशल मजिस्ट्रेट की अदालत में उस समय शनाख्त किया था जब वह दोषियों के कठघरे में बैठा था। मुझे उस समय उसका पूरा नाम मालूम हुआ था जब सुरिन्द्रनाथ पांडे दोपहर को मुझे और फणिन्द्र को 'प्रताप महारानी प्रेस' में लाया। हमें एक कमरे में ठहराया गया। वहाँ एक पथीलजी, राजपुताना का ठहरा हुआ था। हम दिन भर वहाँ रहे। **शाम को प्रताप हमको एक होटल में ले गया, जहाँ हमने खाना खाया।** ***मैंने बाद में यह होटल दिल्ली के मजिस्ट्रेट को दिखाया था।***

खाना खाने के बाद उसने मुझे और फणिन्द्र को 'प्रताप प्रेस' में पहुँचा दिया और स्वयं वहाँ से चला गया। हम दोनों ने रात प्रेस में गुजारी। दूसरी सुबह हम नहाकर फिरोजशाह तुगलक में पहुँचे।

वहाँ मीटिंग हुई। उस मीटिंग में, **मैं, पी.एन. घोष, भगत सिंह, सुखदेव, शिव वर्मा, जयदेव, विजय कुमार सिन्हा, प्रताप शामिल हुए।** *भगत सिंह, सुखदेव और जयदेव* **[सुखदेव : असत्य।]** ***को मैंने स्पेशल मजिस्ट्रेट की अदालत में शनाख्त किया था। ये तीनों दोषी कठघरे में बैठे हुए थे।*** मीटिंग में भगत सिंह का नाम 'रणजीत' बताया गया था। भगत सिंह का असली नाम मुझको विजय कुमार सिन्हा से मालूम हुआ था। मीटिंग में *सुखदेव का नाम 'विलेजर' था।* **[सुखदेव : सुखदेव विलेजर।]** जब बम फैक्टरी, लाहौर में सुखदेव नाम का एक व्यक्ति पकड़ा गया तो मुझे मालूम हुआ कि उसका नाम सुखदेव है और उसे 'विलेजर' कहते हैं। *जहाँ तक मुझे मालूम है जयदेव का नाम 'हरीश', मीटिंग में रखा गया था। दिल्ली मीटिंग के कुछ दिन बाद मुझे फणिन्द्रनाथ घोष से मालूम हुआ कि इसका नाम जयदेव है।* **[सुखदेव : 'दुष्ट'!]**

> (सरकारी वकील दरखास्त करता है कि भगत सिंह, सुखदेव और जयदेव को पेश किया जाए ताकि सरकारी गवाह शनाख्त कर सके। ***मामला विचार अधीन है, बयान लिखा जाए।***)
>
> ***(इस स्थिति में फणिन्द्रनाथ घोष गवाह नं. 3 को अदालत में लाया गया है।)***
>
> मैं जिस व्यक्ति को अदालत में देख रहा हूँ वह फणिन्द्रनाथ घोष है।

विजय कुमार सिन्हा ने हम सबका परिचय एक-दूसरे से कराया। ***(इस दौरान एक व्यक्ति को अदालत में लाया गया और गवाह से पूछा गया कि यह कौन है?)***

मैं जिस व्यक्ति को अदालत में देख रहा हूँ **वह ब्रह्मदत्त है, जिसको मैंने पांडे के साथ देखा था।** जैसा कि मैंने ऊपर जिक्र किया है, आज पहला मौका है कि मैंने उसको दिल्ली की मीटिंग के बाद देखा है। *मैंने दिल्ली मीटिंग के दौरान उसे दो-तीन मिनट ही देखा था। पांडे और ब्रह्मदत्त हमसे चार-पाँच गज की दूरी से गुजरे थे* **[सुखदेव : कमाल की स्मरणशक्ति!]** और दूसरी मीटिंग हमसे लगभग पचास गज की दूरी पर हो रही थी।

विजय कुमार सिन्हा ने सारे मेम्बरों से परिचय कराया। यह राय हुई कि एक सेंट्रल कमेटी बनाई जाए। सारे लोग जो हाजिर थे, सब मेम्बर बना लिए गए। **आजाद** जो

गैर-हाजिर था, उसे भी सेंट्रल कमेटी का मेम्बर बनाया गया। उसका पूरा नाम चन्द्रशेखर आजाद था। यह तय हुआ कि सेंट्रल कमेटी का दफ्तर **झाँसी** में स्थापित किया जाए और प्रताप को सेंट्रल कमेटी का इंचार्ज बनाया जाए। यू.पी. से शिव वर्मा को इंचार्ज बनाया गया। सुखदेव को पंजाब का व फणिन्द्रनाथ घोष को बिहार व उड़ीसा का इंचार्ज बनाया गया।

फणिन्द्रनाथ घोष का नाम 'दादा' और मेरा नाम 'खुदी राम' रखा गया। शिव वर्मा का नाम 'प्रभात', कुन्दन का 'प्रताप' या 'नम्बर 1', आजाद का 'पंडित जी' या 'नम्बर 2', विजय कुमार सिन्हा का जो नाम रखा गया था वह मुझे याद नहीं है। यह भी तय किया गया था कि काकोरी के मुकदमे के वादामाफ गवाहों को कत्ल किया जाए। शिव वर्मा ने कहा कि यू.पी. के क्रान्तिकारी दल को इन लोगों की वजह से बहुत नुकसान पहुँचा है और दल कमजोर हुआ है। विजय कुमार सिन्हा ने इसका समर्थन किया और प्रस्ताव पास हो गया। विजय कुमार सिन्हा ने एक पत्र काकोरी केस में कैद **जोगेश चन्द्र चटर्जी** का पढ़कर सुनाया। यह तय हुआ कि जोगेश चन्द्र चटर्जी को आगरा जेल से तब्दील करते समय छुड़ाया जाए तथा जोगेश चन्द्र चटर्जी को छुड़ाने के बाद शचीन्द्र नाथ सान्याल को भी छुड़ाया जाए। भगत सिंह ने कहा कि 'साइमन कमिशन' हमारे देश में आ रहा है, उस पर विरोध स्वरूप बम फेंका जाए। भगत सिंह की सलाह पर यह तय हुआ कि पहले हमको उस ऐक्शन के लिए बम बनाना सीखना चाहिए।

यह तय हुआ कि फणिन्द्रनाथ घोष बंगाल में बम बनाने वाले की खोज करे और हमको, अर्थात् पार्टी के सदस्यों को बम बनाना सिखाया जाए, जो साइमन कमिशन के विरुद्ध ऐक्शन करने के लिए जरूरी है। फणिन्द्रनाथ घोष ने कहा कि वह कांग्रेस अधिवेशन के मौके पर कलकत्ता जाएगा और तलाश करेगा। भगत सिंह ने कहा कि वह भी वहाँ आएगा और दोनों साथ मिलकर बमसाज की तलाश करेंगे। यह तय हुआ था कि बंगाल से किसी स्थानीय मुखिया को नियुक्त नहीं किया जाए, क्योंकि शिव वर्मा ने कहा कि बंगाल वाले आतंकवाद के खिलाफ हैं और हम सशस्त्र विद्रोह का समर्थन करते हैं। इसलिए बंगाल को हमारे कार्यक्षेत्र से बाहर रखा जाए। यह भी तय हुआ था कि स्थानीय मुखिया अपने राज्य में इंचार्ज होगा और हरेक काम की जिम्मेवारी उसकी होगी। स्थानीय मुखिया अगर कोई ऐक्शन करना चाहे तो वह सेंट्रल कमेटी की मंजूरी से ऐक्शन कर सकता है। सेंट्रल कमेटी किसी राज्य में कोई ऐक्शन नहीं कर सकती। जो हथियार मेम्बरों के पास हैं, वे सेंट्रल कमेटी को दे दिए जाएँ। अगर ऐक्शन के लिए हथियारों की जरूरत हो तो सेंट्रल कमेटी से हथियार लेकर ऐक्शन हो, किन्तु ऐक्शन के बाद वे हथियार सेंट्रल कमेटी के पास जमा कर दिए जाएँ। **ऐक्शन** से भाव कत्ल या डकैती राजनैतिक मन्तव के लिए है। ऐक्शन से जो चीज हासिल हो, चाहे वह हथियार हो या रुपए या कोई दूसरी चीज, वे सब सेंट्रल कमेटी के पास जमा करा दिए जाएँ। यदि स्थानीय इंचार्ज को रुपए की आवश्यकता हो तो वह सेंट्रल कमेटी से रुपए लेकर अपना काम चला सकता है। सारे मुद्दे जो समूचे दोषियों से सम्बन्धित हो वे सेंट्रल कमेटी में तय होंगे। *यह भी तय हुआ जैसे विजय कुमार सिन्हा ने अपना*

घर छोड़ा हुआ है भगत सिंह भी अपना घर छोड़ दे। वह अपनी दाढ़ी मुंडवा दे और सिर के बाल भी भी कटवा दे। [**सुखदेव : 'व्याख्या ठीक नहीं है।'**] विजय कुमार सिन्हा की सलाह पर यह तय हुआ कि बिहार और उड़ीसा में ऐक्शन किया जाए ताकि रुपया उपलब्ध हो। यह भी तय हुआ कि ऐक्शन बेतिया में किया जाए तथा आठ-दस दिन के बाद भगत सिंह और फणिन्द्रनाथ घोष मिलकर कोई मुनासिब जगह डकैती के लिए तलाश करें। भगत सिंह ने कहा कि वह अपनी दाढ़ी मूँछ मुँडवाकर बंगाली ड्रेस में आएगा, किन्तु फणिन्द्रनाथ घोष ने कहा कि मूँछ मत मुँडवाना, केवल दाढ़ी व बाल ही कटवाना। **चन्द्रशेखर** को मिलिटरी विभाग का इंचार्ज नियुक्त किया गया। ये सारे प्रस्ताव मौखिक थे और लिखित में नहीं आए थे। जब मीटिंग हो रही थी तो किले का एक सिपाही वहाँ आया और उसने पूछताछ की कि आप लोग क्या कर रहे हैं? भगत सिंह ने जवाब दिया कि हम शिष्य हैं और इम्तिहान की तैयारी कर रहे हैं, क्योंकि हमारे पास कुछ पुस्तकें और समाचार पत्र थे। मीटिंग सुबह साढ़े आठ बजे शुरू हुई और शाम को लगभग चार या पाँच बजे खत्म हुई। मीटिंग खत्म होने के बाद भगत सिंह के अलावा हम सब नई दिल्ली की तरफ गए। वहाँ हमने जन्तर-मन्तर देखा, एक नल से पानी पिया और वहाँ बैठकर मिठाई खाई। असेम्बली हाउस व सचिवालय देखा। शिव वर्मा मुझे और फणिन्द्रनाथ घोष को उस होटल में ले गया, जहाँ हमने पहले खाना खाया था। जब हम वहाँ थे तो कुन्दन लाल अपना बिस्तर लेकर वहाँ आया। फिर हम कुन्दन लाल के साथ 'महारथी प्रेस' में गए और रात वहाँ गुजारी।

दूसरे दिन मैं और फणिन्द्रनाथ घोष सुबह की गाड़ी से मेरठ के लिए रवाना हुए। फणिन्द्रनाथ घोष मेरठ में जोगिन्द्र शुक्ल से मिलना चाहता था। वह मुजफ्फरपुर में खद्दर के डिपू में काम करता था और क्रान्तिकारी दल का मेम्बर था। मैंने उसको मुजफ्फरपुर के खद्दर डिपू में काम करते हुए देखा था। मैं खद्दर के डिपू बेतिया की बिक्री लेकर मुजफ्फरपुर जाया करता था; फणिन्द्रनाथ घोष ने मुझे बताया था कि जोगिन्द्र शुक्ल क्रान्तिकारी दल का मेम्बर है। हमको जोगिन्द्र शुक्ल मेरठ में नहीं मिला। मेरठ से मैंने गाजियाबाद का और फणिन्द्रनाथ घोष ने दिल्ली का टिकट लिया। फणिन्द्रनाथ घोष ने जाती बार मुझको कहा कि यह सन्देश जे.एन. सान्याल को दे देना कि यदि जे.एन. सान्याल कोई पत्र विजय कुमार सिन्हा को लिखना चाहे तो वह पत्र मारफत पोस्ट मास्टर आगरा लिखे। फणिन्द्रनाथ घोष गाजियाबाद से दिल्ली और मैं गाजियाबाद से इलाहाबाद चला गया। इलाहाबाद जाकर मैंने विजय कुमार सिन्हा का सन्देश जे.एन. सान्याल को दे दिया। फिर इलाहाबाद से मैं बेतिया चला गया। इलाहाबाद से मैंने पटना का टिकट लिया और पटना से मैं बेतिया गया। मैंने टिकट अपने पास से लिया था। इलाहाबाद से बेतिया का सीधा टिकट नहीं मिलता था इसलिए मैंने इलाहाबाद से पटना का टिकट लिया था। फणिन्द्रनाथ घोष मेरे बेतिया पहुँचने के बाद लगभग सात-आठ दिन बाद आया। उसके बाद मैं और फणिन्द्रनाथ घोष दो या तीन दिन लोकल (स्थानीय) बोर्ड के दफ्तर में गए थे, क्योंकि वहाँ ठेकेदारों को ठेका देने के लिए मीटिंग थी। वहाँ दोपहर के समय दफ्तर से हमने दो व्यक्तियों को ताँगे में बैठे हुए वहाँ से जाते हुए देखा। उनमें से एक

भगत सिंह जैसा था। मेरे पास साइकिल थी। फणिन्द्रनाथ घोष ने कहा जाकर देखो भगत सिंह ही है या कोई और? मैंने भगत सिंह को ताँगे में देखा और दूसरे व्यक्ति को भी जो उसके साथ था। मैं भगत सिंह को एक दुकान में ले आया। वहाँ उसे खाने के लिए मिठाई दी और कहा कि संत घाट गार्डन में ठहरो, जहाँ मैं और फणिन्द्रनाथ घोष आकर उसे मिलते हैं। भगत सिंह के साथ जो दूसरा व्यक्ति था, उसे मैंने उस वक्त नहीं पहचाना। मैं फिर वापस लोकल बोर्ड के दफ्तर आ गया। मैंने फणिन्द्रनाथ घोष को बताया कि वह भगत सिंह ही है और उसके साथ एक और व्यक्ति है। लगभग दिन के दो बजे मैं संत घाट गार्डन में गया तथा फणिन्द्रनाथ घोष अपनी दुकान की तरफ चला गया। मेरे वहाँ पहुँचने के थोड़ी देर बाद फणिन्द्रनाथ घोष भी वहाँ आ गया। हम सब आपस में मिले। भगत सिंह ने बताया कि यह उसका साथी **चन्द्रशेखर आजाद** है, जिन्हें दिल्ली मीटिंग में सेंट्रल कमेटी का मेम्बर चुना गया था। भगत सिंह ने कहा कि दो और व्यक्ति जोकि पार्टी के मेम्बर हैं हमारे साथ आए हैं। उनको वे मुजफ्फरपुर में एक धर्मशाला में छोड़ आए हैं। उनमें से एक एम.ए. का विद्यार्थी और दूसरा महाराष्ट्री है। भगत सिंह ने बताया कि वे हथियार भी लाए हैं, जिन्हें भी वे उन दो साथियों के पास छोड़ आए हैं। फणिन्द्रनाथ घोष ने भगत सिंह को बताया कि बेतिया से मुजफ्फरपुर 100 मील है।

जैसा कि तय हुआ था कि फणिन्द्रनाथ घोष और भगत सिंह मिलकर ऐक्शन के लिए कोई जगह ढूँढ़ेंगे; फणिन्द्रनाथ घोष ने अब तक किसी भी जगह को नहीं चुना था। आजाद यह सुनकर भगत सिंह से कुछ नाराज हो गया। आजाद ने कहा कि अगर कोई जगह तय नहीं थी तो उसको यहाँ क्यों लाया गया है? उसके बाद यह फैसला किया गया कि आजाद बेतिया में ठहरे। मैं और भगत सिंह **मुजफ्फरपुर** जाएँ, ताकि मैं जोगिन्द्र शुक्ल से वह रिवाल्वर लाऊँ जो कि फणिन्द्रनाथ घोष वहाँ छोड़ आया था और फिर वह रिवाल्वर भगत सिंह को दूँ। जोगिन्द्र शुक्ल को कहा जाए कि मुजफ्फरपुर में डकैती करे। मैं, भगत सिंह, फणिन्द्रनाथ घोष और आजाद बेरीया में गए। हम गाँव से लगभग आधा मील की दूरी पर रुके। मैं घर गया और खाना लेकर आया। मेरे साथ **रघुनी** चमार लालटेन लेकर आया। उसके बाद आजाद को **रामपुर** में बाबू राम के पास ठहराया गया। रामपुर बेरीया से एक मील की दूरी पर है। मैंने रघुनी चमार को बाबू राम को बुलाने के लिए भेजा। बाबू राम आ गया। मैंने उसे कहा कि वह आजाद को अपने मकान पर ठहराए। उसने यह मान लिया और आजाद को अपने मकान पर ठहराया। मैंने आजाद से कहा कि परसों मुझसे या किसी और व्यक्ति से आकर उदयपुर के जंगल में मिले। उसके बाद मैं अपने घर वापस आ गया। मैं सुबह मुजफ्फरपुर पहुँच गया। जैसा कि पहले ही तय हुआ था, मैं शाम के वक्त धर्मशाला में भगत सिंह से मिला। धर्मशाला स्टेशन के नजदीक है। भगत सिंह के साथ, जो दो व्यक्ति थे, वे धर्मशाला के अहाते में लेटे हुए थे। उनमें एक एम.ए. का विद्यार्थी और दूसरा महाराष्ट्री था। मेरे साथ जोगिन्द्र शुक्ल था। यह सितम्बर या अक्तूबर 1928 की बात है। मैं जोगिन्द्र शुक्ल से मुजफ्फरपुर स्टेशन पर मिला। मैंने उसको हाजीपुर में तलाश किया था, किन्तु वह नहीं मिला था। मैं जोगिन्द्र शुक्ल को भगत सिंह के पास ले गया और कहा कि

जोगिन्द्र शुक्ल रिवाल्वर लाकर भगत सिंह को दे दे। वह चला गया और थोड़ी देर बाद रिवाल्वर व तीन कारतूस ले आया। मैंने जोगिन्द्र शुक्ल को फणिन्द्रनाथ घोष का सन्देश दे दिया था। जोगिन्द्र शुक्ल ने रिवाल्वर भगत सिंह को दे दिया। भगत सिंह ने वह रिवाल्वर एम.ए. के विद्यार्थी को दे दिया। यह वाकया मेरे सामने हुआ।

रात की गाड़ी से मैं, भगत सिंह और जोगिन्द्र शुक्ल मुजफ्फरपुर से बेतिया को रवाना हुए, जहाँ हम दिन के 9 या 10 बजे पहुँचे। हम तीनों उदयपुर जंगल की तरफ गए और रास्ते में फणिन्द्रनाथ घोष से मिले। जहाँ हम बैठे थे वह जगह बेतिया स्टेशन से तीन मील के करीब है। थोड़ी देर के बाद **आजाद** वहाँ आ गया। फणिन्द्रनाथ घोष ने जोगिन्द्र शुक्ल से पूछा कि क्या उसने रिवाल्वर भगत सिंह को दे दिया है? भगत सिंह ने कहा उसने जोगिन्द्र शुक्ल से रिवाल्वर लेकर एम.ए. के विद्यार्थी को दे दिया है। यह तय हुआ कि जोगिन्द्र शुक्ल और भगत सिंह मुजफ्फरपुर चले जाएँ और वहाँ जाकर ऐक्शन के लिए कोई जगह तलाश करें। जब तक ऐक्शन के लिए कोई जगह ढूँढ़ नहीं ली जाती आजाद रामपुर में ही ठहरे। फणिन्द्रनाथ घोष ने कहा कि वह कलकत्ता जाएगा और पाँच दिन के बाद वापस आएगा। मैं घर चला गया। भगत सिंह और जोगिन्द्र शुक्ल मुजफ्फरपुर चले गए। दो दिन के बाद, मैं आजाद को बाबू राम के पास से लाया और उसको **अडासरिसा** में कपिल देव के पास ठहराया। कपिल देव को मैंने क्रान्तिकारी दल का मेम्बर बनाया था। तीन-चार दिन के बाद मैं आजाद को कपिल देव के पास से लाया और **तुनिया** में ननकू के पास ठहराया; वह एक स्कूल मास्टर है। उसके बाद मैं फणिन्द्रनाथ घोष से बेतिया में मिला। फणिन्द्रनाथ घोष ने मुझसे वह रिवाल्वर माँगा, जो बी.एन. भट्टाचार्य मेरे पास छोड़ गया था, और जिसके साथ कारतूस नहीं थे, जो मैंने फणिन्द्रनाथ घोष को दे दिया।

मिस्टर जस्टिस आगा हैदर साहब बहादुर के सवाल के जवाब में :

> मैंने मोलानिया डकैती के मुकदमे में ननकू सिंह आदि के विरुद्ध गवाही दी थी। उससे पहले मैंने स्पेशल मजिस्ट्रेट की अदालत में गवाही दी थी।

प्रदर्श पी.-122 वह **रिवाल्वर** है जो कई रिवाल्वरों और पिस्तौलों से गवाह ने चुनकर ली थी।

भगत सिंह को आने में देर हो गई। मैंने किदार मुनी शुक्ल को **मुजफ्फरपुर** में जोगिन्द्र शुक्ल के पास भेजा कि क्या वजह हुई है कि **सोहनीपुर** में ऐक्शन करने की तरकीब बनी, लेकिन वहाँ ऐक्शन नहीं हुआ। एक महीने के बाद मैंने चार व्यक्तियों को सोहनीपुर के नजदीक डकैती करने के लिए भेजा। वहाँ डकैती की गई, लेकिन उस डकैती में ज्यादा रुपए उपलब्ध नहीं हुए। इसके बाद मैं, फणिन्द्रनाथ घोष और बहुत से व्यक्ति बेतिया से कलकत्ता में कांग्रेस के अधिवेशन में गए। हम 19 दिसम्बर को रवाना हुए और 21 दिसम्बर, 1928 को पहुँचे। पहले हम आर्य समाज मन्दिर में तथा फिर कैलाश गर्ल्स स्कूल में ठहरे। इस स्कूल में फणिन्द्रनाथ घोष का मामू मैनेजर है। वहाँ हम, कँवलनाथ तिवारी और भगत सिंह से मिले। ये दोनों इस मुकदमे में दोषी हैं। भगत सिंह और फणिन्द्रनाथ घोष की बहुत देर तक बातें होती रही। **भगत सिंह**

ने अपना कोट और रिवाल्वर फणिन्द्रनाथ घोष को दिखाया और कहा कि कोट की जेब रिवाल्वर की वजह से फट गई है; मैंने कोट की जेब को फटा हुआ देखा।

प्रदर्श पी.-487* वह कोट है। कोट की जेब जो दाईं तरफ है फटी हुई है। *(गवाह ने वह जेब अदालत में दिखलाई है और रिवाल्वर भी देखा।) मैं कांग्रेस कमेटी में बतौर प्रतिनिधि शामिल हुआ।

मैं Peasants Party Conference और Youth Congress में भी शामिल हुआ था। ***प्रदर्श पी.सी.एन.-2* Peasants Party Conference का टिकट** है, जिस पर मैंने हस्ताक्षर किए थे और जिसके आधार पर मैं अन्दर दाखिल हुआ था।

प्रदर्श पी. सी.एन.-2 चेयरमैन के भाषण की **वह कॉपी** है, जो Youth Congress में दिया गया था। वह कॉपी मैं अपने साथ लाया था। मैं चेयरमैन का नाम नहीं जानता। 3 जनवरी, 1929 को मैं और मेरे साथी, सिवाय फणिन्द्रनाथ घोष के, कलकत्ता से रवाना हुए। अर्थात् फणिन्द्रनाथ घोष कलकत्ता में ही रहा।

आज वक्त खत्म हो गया है, बाकी का बयान कल होगा।

तिथि 26.5.1930

जे. कोल्डस्ट्रीम/आगा हैदर/जी.सी. हिल्टन

(बयान जारी...)

मैं पहले कलकत्ता से आसनसोल आया, जहाँ मेरा एक रिश्तेदार रहता है। वहाँ से मैं बेतिया चला आया। मैं आसनसोल से अपनी बहन को साथ ले आया था। बेतिया पहुँचने के 8-10 रोज के बाद मुझे फणिन्द्रनाथ घोष का पत्र मिला, जिसमें कलकत्ता आने के लिए लिखा था। मैं 19 जनवरी, 1929 को बेतिया से रवाना होकर 20.1.1929 को कलकत्ता पहुँचा। फणिन्द्रनाथ घोष को उसके मामू के पते पर कलकत्ता में मिला और उससे मुलाकात की। उससे पूछने पर पता चला कि आगरा में पार्टी की मीटिंग है और हम वहाँ जाएँगे।

हम (मैं और फणिन्द्रनाथ घोष) 22 जनवरी, 1929 को 'सालदा एक्सप्रेस' में कलकत्ता से सवार होकर 24 जनवरी, 1929 को सुबह तीन बजे आगरा पहुँचे। रेलवे स्टेशन पर उतरकर स्टेशन के नजदीक ही एक धर्मशाला में हम दोनों ठहरे। धर्मशाला वालों को फणिन्द्रनाथ घोष ने अपना नाम बरोदा प्रसाद उर्फ बिमला प्रसाद, जाति कश्यप, मुजफ्फरपुर का रहने वाला बताया। मेरे नाम की अपेक्षा मुझे सिर्फ साथी ही बताया था; हम वहाँ किसी पार्टी के मेम्बर को नहीं मिले थे।

25 जनवरी, 1929 को मैं और फणिन्द्रनाथ घोष रात के 9 बजे वाली 'तूफान मेल' में आगरा सिटी स्टेशन से सवार हुए थे। मैंने आसनसोल का थर्ड क्लास का टिकट और फणिन्द्रनाथ घोष ने इलाहाबाद का थर्ड क्लास टिकट लिया था।

तीन-चार दिन के बाद मैं बेतिया पहुँच गया। अपनी बहिन को बरकार से साथ ले आया। 30 या 31 जनवरी को मैं वापस बेतिया पहुँचा था। 13-14 अप्रैल को मुझे फणिन्द्रनाथ घोष का एक पत्र मिला जिसमें कलकत्ता आने के लिए लिखा था। मैं 19

अप्रैल को कलकत्ता के लिए रवाना हुआ व 20 अप्रैल को वहाँ पहुँचा। वहाँ स्टेशन पर फणिन्द्रनाथ घोष को मिला, उसके साथ कँवलनाथ तिवारी भी था। वे दोनों मुझे कॉलेज स्कवेयर ले गए जहाँ मनीइन्द्र भट्टाचार्य रहता है। कँवलनाथ तिवारी ने मेरे रहने का इंतजाम वहाँ कर दिया; मैं वहीं रहा।

दूसरे दिन फणिन्द्रनाथ घोष मुझे ईडन गार्डन में ले गया। वहाँ पहुँचने पर हम **कँवलनाथ तिवारी व विजय कुमार सिन्हा को मिले।** ***ये दोनों दोषी हैं। मैंने स्पेशल मजिस्ट्रेट की अदालत में इन दोनों को शनाख्त किया था।*** हमने फैसला किया कि विजय कुमार सिन्हा कँवलनाथ तिवारी के साथ बेतिया जाए और मैं वहाँ उनकी सहायता करूँ।

विजय कुमार सिन्हा ने बताया कि लाहौर केस में बहुत से क्रान्तिकारी फरार हैं, अत : उनके **बचाव** के लिए पैसे की जरूरत है। इसलिए हमें ऐक्शन करना चाहिए, ताकि रुपया हासिल हो सके। मैंने कहा कि मैं वहाँ ऐक्शन करने के लिए इंतजाम करा दूँगा।

कुछ समय आसनसोल में ठहरकर मैं वापस बेतिया आ गया अथवा बाकी तीनों कलकत्ता में रुके रहे।

बेतिया पहुँचने के बाद 20 और 21 मई को कँवलनाथ तिवारी मुझे वहाँ मिला था। मुझे वह हजारी बाग ले गया और विजय कुमार सिन्हा को भी कहीं से ले आया।

विजय कुमार सिन्हा ने बताया कि रुपए की बड़ी जरूरत है; जल्दी ऐक्शन होना चाहिए। विजय कुमार सिन्हा ने मुझे यह भी कहा कि वह अखबार की फाइल कँवलनाथ तिवारी को भेज दे और कँवलनाथ तिवारी मुझे (विजय कुमार सिन्हा को) भेज देगा। चलने से पहले विजय कुमार सिन्हा ने **एक एयर पिस्तौल, बर्छा और पिन भी दी।** ***प्रदर्श पी.-477*** **एयर पिस्तौल** को मैं शनाख्त करता हूँ।

अदालत का सवाल : एयर पिस्तौल को किस तरह शनाख्त करते हो?

जवाब : दस्ते का प्लेट टूटा हुआ है, जिसको मैंने ठीक कराना था व कुछ और भी नुक्स थे, जिससे मैं इसे शनाख्त करता हूँ; मैंने इस पिस्तौल को चलाया भी नहीं।

डब्बी स्लिंग (slings) की, जो ***प्रदर्श पी.-673*** है, मुझे दी गई थी और जिसको मैं बर्छी (Darts) कहता हूँ। **बर्छे** दस-बारह दिए थे, जो ***प्रदर्श पी.-672*** है, वे वैसे ही थे जिनको मैं **'पिन'** कहता हूँ। ये चीजें मैंने अपने घर पर रघुनी चमार को दे दी थी। पहली या दो जून को अखबारों की फाइल मैंने रघुनी चमार के हाथ कँवलनाथ तिवारी को भेज दी। कँवलनाथ तिवारी बेतिया में था। रघुनी चमार ने वापस आकर मुझे बताया कि कँवलनाथ तिवारी मुझे मिलना चाहता है और वह बेतिया कांग्रेस के दफ्तर में है।

मैं 3 जून को कँवलनाथ तिवारी को मिला। मैंने उसको बताया कि मैं ऐक्शन के लिए बहुत जल्दी इंतजाम कर दूँगा। मैं उस दिन बेरीया चला गया और दूसरे दिन बेतिया में वापस आया। बेतिया आने पर ननकू सिंह से मिला। ननकू सिंह को मैंने बताया कि पार्टी को रुपए की बहुत जरूरत है। कोई जगह जल्दी ऐक्शन के लिए तलाश की जाए। मैंने ननकू को कहा कि वह 5 जून को मुझे कांग्रेस के कार्यालय में फिर मिले। मैंने,

कँवलनाथ तिवारी और ननकू सिंह ने भी मोलानिया में ऐक्शन करने का फैसला किया। 5 जून को मैं और ननकू सिंह कँवलनाथ तिवारी को कांग्रेस के कार्यालय में मिले; वहाँ यह फैसला हुआ था कि मोलानिया में एक धनी व्यक्ति, क्योरी के घर पर डाका मारा जाए। यह फैसला किया कि जिस दिन ऐक्शन किया जाए उस दिन मैं घर में मौजूद न रहूँ तथा ऐसी जगह रहूँ कि लोग मुझे देखते रहे। अतः यह तय किया गया कि यह डाका 7 जून को डाला जाए। कँवलनाथ तिवारी ने कहा कि वह इस ऐक्शन के लिए दो और व्यक्ति देगा। यह तय हुआ कि 7 जून की रात को हम सारे चमानिया तालाब के नजदीक इकट्ठे हों। मैंने ननकू सिंह से कहा कि कपिल देव राय व गुलाली सुनार से कहे कि वे बेतिया चंपाठीया में आ जाएँ।

मैंने जोगिन्द्र शुक्ल, ननकू सिंह, कपिल देव राय, केदार मनी शुक्ल, रघुनी चमार, गुलाली सुनार के तय किए हुए स्थान, तालाब के नजदीक, इकट्ठे करने का बन्दोबस्त किया। 6 जून को मैंने रघुनी चमार को एक **तलवार** दी, ***प्रदर्श पी.-817* वही तलवार मियान सहित इस समय अदालत में है, जो कपड़े में लपेटी हुई है।**

एक तलवार पहले ही मैंने रघुनी चमार को रखने के लिए दी हुई थी। पहली तलवार मैंने उसका इरादा मजबूत करने के लिए दी थी, जब इसको पार्टी में दाखिल किया था।

दूसरी तलवार 6 जून को मैंने उसे डाका मारने के लिए दी थी। 7 जून को सुबह ननकू सिंह मुझे मेरे मकान पर मिला। जोगिन्द्र शुक्ल भी अपने एक साथी के साथ वहाँ आया था। उसने जोगिन्द्र शुक्ल को सारी बात, जिसकी तजवीज हुई थी, बता दी। तब मैं रघुनी चमार के पास गया और उसको कहा कि दो तलवारें और एक **रिवाल्वर** लेकर चमानिया के पास तालाब पर जाए और अपने साथ केदार मुनी शुक्ल को भी ले जावे। **रिवाल्वर** वही था जो मैंने जीवन कनाई पाल से लिया था। मैंने रघुनी चमार को निर्देश दिया कि वह जोगिन्द्र शुक्ल और पार्टी के आदेश की पालना करे।

***प्रदर्श पी.-815* वह रिवाल्वर है जो रघुनी चमार ले गया था। मैं इसे शनाख्त करता हूँ।**

सवाल अदालत : रिवाल्वर को कैसे शनाख्त करते हो?

जवाब : दस्ते की बनावट से।

7 जून को मैं 10 बजे सुबह बुखारिया गाँव में जगू रोड की बारात के साथ चला गया। 8 जून शाम को बेरीया अपने घर वापस आ गया। रघुनी चमार मुझे मेरे घर पर मिला। रघुनी चमार ने बताया कि मोलानिया में डाका डाला गया है। उसने बताया कि ननकू सिंह, कपिल देव राय, केदार मनी शुक्ल, गुलाली सुनार, कँवलनाथ तिवारी और उसके दो साथी जोगिन्द्र शुक्ल और उसका एक साथी और वह खुद उस डाके में शामिल थे। डाका रात को मारा गया था।

रघुनी चमार ने यह भी बताया कि डाके में दो व्यक्तियों को चोटें आई हैं, तीसरे व्यक्ति को भाला लगा है और कँवलनाथ तिवारी की कोहनी **तलवार** से कट गई है, जो कपिल देव राय ने मारी थी। कोहनी को उसी समय बाँध दिया गया था। रघुनी चमार ने बताया कि बहुत से जेवर और रुपए लूटे हैं। रुपए ननकू सिंह के पास हैं

और जेवर कुछ पार्टी के मेम्बरों में बाँटा गया है। रघुनी चमार मेरे पास **दो तलवारें, रिवाल्वर और बहुत से जेवरात लाया था।**

***प्रदर्श पी.-818 ए प्रदर्श पी.-819* वो तलवारें** हैं जो वह लाया था; ***तलवार प्रदर्श पी.-819* वही तलवार** है जो दूसरी तलवारों की तरह की है।

प्रदर्श पी.-815,* वह रिवाल्वर** है, जो रघुनी चमार ने बताया कि डाके में इस्तेमाल किया गया था। उसने यह भी बताया था कि एक **तलवार** भी इस्तेमाल की गई थी और वह कपिल देव द्वारा चलाई गई थी; दूसरी **तलवार** इस्तेमाल नहीं की गई। ***निम्नलिखित* जेवरातों *को मैं शनाख्त करता हूँ जो मेरे पास* रघुनी *चमार लाया था और जो मैंने 8 जून को उठाकर देखे थे :

प्रदर्श पी.-820 जनाना पेटी चाँदी गंधी हुई।

प्रदर्श पी.-821 व प्रदर्श पी.-822 चाँदी के हार हैं।

बाकी बहुत से जेवर थे जिनको मैंने बाँध दिया था, जो अदालत में मौजूद हैं। ***ये निम्नलिखित हैं और उसी प्रकार के हैं जो रघुनी लाया था :***

प्रदर्श पी.-823 फ्लैग में बाँधे थे
प्रदर्श पी.-824 चाँदी के कंगन
प्रदर्श पी.-825 झवा, चाँदी घुँगरूधार
प्रदर्श पी.-826 चाँदी का टीका
प्रदर्श पी.-827 चाँदी के कंगन
प्रदर्श पी.-828 चाँदी की अछाली
प्रदर्श पी.-829 चाँदी का एक जोड़ा बाजूबंद गुँधा हुआ
प्रदर्श पी.-830 हंसली
प्रदर्श पी.-831 चाँदी के कानफूल
प्रदर्श पी.-832 हमेल चाँदी के दाने
प्रदर्श पी.-833 चाँदी के कंगन
प्रदर्श पी.-834 कानफूल चाँदी का एक जोड़ा
प्रदर्श पी.-835 चाँदी का भोटा (Bohatta)
प्रदर्श पी.-836 चाँदी के दो जोड़े घंडी
प्रदर्श पी.-837 चाँदी का कड़ा (टूटा हुआ)
प्रदर्श पी.-838 पतली चाँदी के दो जोड़े कड़े
प्रदर्श पी.-839 चाँदी के दो जोड़े कड़े
प्रदर्श पी.-840 चाँदी की बंगोरी
प्रदर्श पी.-841 चाँदी का एक झुमका
प्रदर्श पी.-842 चाँदी की जंजीरदार माँग टीका
प्रदर्श पी.-843 तावीज चाँदी बाजू
प्रदर्श पी.-844 चाँदी का तावीज ढोलक दो दाना मनका लाल दाने

जेवरों को मैंने नेशनल ***प्रदर्श पी.-823*** फ्लैग में बाँधकर एक टीन के बक्स ***प्रदर्श पी.-845*** में डाल दिया था। ***प्रदर्श पी.-846*** लोहे का एक टुकड़ा है जो सन्दूक की ट्रे है। फ्लैग मेरे मकान में था। मैंने अपनी cattleshed में रघुनी चमार के सामने दबा दिया। मैंने रघुनी चमार को कहा कि ये पार्टी के जेवर हैं। अगर मैं गिरफ्तार हो जाऊँ तो वहाँ से निकालकर ले जावे। मैंने उसे कहा कि दोनों तलवारें व रिवाल्वर अपने पास ही रखो। यह घटना 8 जून की है।

10 जून को मैंने रघुनी चमार को ननकू सिंह के पास 60 रुपए लाने के लिए भेजा। ननकू सिंह के पास ही सारे रुपए थे, क्योंकि पहले ही फैसला हुआ था कि ननकू सिंह ही सारे रुपए रखेगा। रघुनी चमार 60 रुपए और दो सोने के जेवर लाया कि ननकू ने मेरे वास्ते उसको दिए हैं। 60 रुपए इसलिए मँगवाए थे कि कँवलनाथ को दिए जाएँ। वो जेवर कंठे गोल्ड के थे। जिसमें से दोनों दाने मैंने फीता काटकर अलग कर दिए और इकट्ठे करके रघुनी चमार को दे दिए। ***प्रदर्श पी.-847* वे कंठे के दाने हैं।** जिनको बाद में किसी ने एक रस्सी में डाला होगा। 22 दाने हैं, चार तिल्ली हैं। 60 रुपए लेकर मैं कँवलनाथ तिवारी के पास गया। मैंने उसको बेतिया के पास धर्मशाला में जख्मी पाया। उसके बाजू पर पट्टी बँधी हुई थी। मैंने 60 रुपए कँवलनाथ तिवारी को दिए ताकि वह दवाई वगैरा करा सके और उसका घाव जल्दी ठीक हो जाए। कँवलनाथ तिवारी ने मुझे बताया कि उसने विजय कुमार सिन्हा को बेतिया से दूर किसी जगह पर ठहराया हुआ है और वह डाके में शामिल नहीं हुआ था।

कँवलनाथ तिवारी ने ही मुझे बताया कि कपिल देव राय की गलती से तलवार उसके बाजू में लगी; उसने बताया कि उसने (कँवलनाथ) डाके के दौरान एक व्यक्ति को पकड़ा हुआ था और कपिल देव राय ने उस व्यक्ति पर तलवार चलाई पर गलती से उसे लग गई। वह व्यक्ति जिसको पकड़ा हुआ था उसके मकान पर ही डाका डाला गया था। उसके बाद मैं बेरीया में अपने घर आ गया।

14 जून को मेरी तलाश में पुलिस अफसर मेरे घर पर आए। मैं छिप गया और पुलिस के सामने नहीं आया।

16 जून की सुबह को मैं थाने में अपने आप चला गया। मैं अपनी माता के कहने पर थाने में गया था। मेरी माँ ने मुझे 15 जून को कहा था कि तुम पुलिस के सामने हाजिर हो जाओ। **[सुखदेव : विचार करने योग्य है।]**

मैं पुलिस थाना बेतिया में गया था और पुलिस ने मुझे गिरफ्तार करके वहीं जेल में बंद कर दिया।

3-4 दिन के बाद मुझे लाहौर के शाही किले में लाया गया और किले की हवालात के एक कमरे में बंद कर दिया गया। लाहौर में पहुँचने के 4-5 दिन बाद पुलिस के पूछने पर मैंने एक बयान दिया था। पुलिस मुझे फिर वापस बेतिया ले गई। पुलिस को ही हमने सूचना दी थी उसके आधार पर पुलिस ने वे जेवर बरामद किए, जो मेरे कब्जे में थे तथा वे जेवर व हथियार भी बरामद किए जिनका मुझे पता था और वे रघुनी के कब्जे में थे।

बेतिया से मुझे बेरीया लाया गया था ताकि रघुनी चमार को तलाश किया जा सके; चूँकि रघुनी चमार बेरीया में नहीं था इसलिए मुझे फिर वापस बेतिया लाया गया। बेतिया से फिर बेरीया ले जाते समय पुलिस ने रास्ते में रघुनी चमार की तलाश की। रघुनी चमार मिल गया। *रघुनी चमार को मैंने कहा कि वह सच-सच बता दे।* **[सुखदेव : 'लक्ष्य की बजाय व्यक्ति का प्रभाव।']** तब मैं पुलिस को वहाँ ले गया जहाँ cattleshed में जेवरात दबाए गए थे। मैंने पुलिस को उस जगह की निशानदेही दी थी। रघुनी चमार ने खुर्पी से जमीन खोदी और जेवरों का **बक्स** बरामद हो गया। ***बक्स प्रदर्श पी.-845*** है। **जेवर Flag** जो ***प्रदर्श पी.-823 है,*** में बँधे हुए थे।

जेवर प्रदर्श पी.-820, प्रदर्श पी.-822ए, प्रदर्श पी.-824 व प्रदर्श पी.-844 वो हैं जो मैंने दबाए थे। जिस तरह मैंने ये जेवर बाँधे थे उसी तरह बरामद हुए थे और पुलिस ने अपने कब्जे में ले लिए थे।

उसके बाद रघुनी चमार मेरे साथ पुलिस को एक प्रसादी चमार के पास ले गया। जिससे एक ***तलवार प्रदर्श पी.-829*** बरामद हुई। तब रघुनी मेरी मौजूदगी में अपने घर ले गया और ***प्रदर्श पी.-847 जेवर सोने का कंठा*** बरामद करा दिया।

उसके बाद रघुनी चमार पुलिस को बाँस के पेड़ों के नीचे ले गया जहाँ टहनियों का ढेर था। उन टहनियों में से मेरी मौजूदगी में ***तलवार प्रदर्श पी.-818*** पुलिस ने बरामद कर ली।

फिर रघुनी चमार पुलिस को मेरी मौजूदगी में प्रसादी चमार के घर ले गया। प्रसादी चमार वह बक्स लाया था। ***बक्स प्रदर्श पी.-848 इस अदालत में है,*** रघुनी चमार ने उसे खोला, जिसमें से **Air Pistol *प्रदर्श पी.-477*** with **Darts *प्रदर्श पी.-673ए,* Slings *प्रदर्श पी.-672ए, एक स्वयंचालित पिस्तौल प्रदर्श पी.-814 कारतूस प्रदर्श पी.-847 के साथ और रिवाल्वर प्रदर्श पी.-815 कारतूस प्रदर्श पी.-816*** सहित निकले थे।

उस **बक्से में टीन का एक छोटा डिब्बा *प्रदर्श पी.-849*** था और उसमें **दो-तीन जेवरात *प्रदर्श पी.-850, व प्रदर्श पी.-851*** चाँदी की भाँति और मूँगतिला थे। ये सारी चीजें पुलिस अफसर के सामने कब्जे में ले लीं। ***बेतिया से मुझे कलकत्ता ले जाया गया, और मजिस्ट्रेट साहब को उस*** होटल ***की निशानदेही दी, जहाँ मनी भट्टाचार्य ठहरा था और*** ईडन गार्डन ***के सामने की निशानदेही भी दी।***

उसके बाद मुझे कलकत्ता से **इलाहाबाद** ले जाया गया, ***जहाँ मैंने मजिस्ट्रेट को वह मकान दिखाया जहाँ मुझे जे.एन. सान्याल मिला था।***

मुझे इलाहाबाद से **आगरा** लाया गया, ***जहाँ मैंने किले के पास की धर्मशाला की निशानदेही मजिस्ट्रेट साहब को दी।***

उसके बाद मुझे आगरा से **दिल्ली** ले जाया गया, ***जहाँ मैंने मजिस्ट्रेट साहब 'महारथी प्रेस' व फिरोजशाह तुगलक के किले की निशानदेही दी जहाँ मीटिंग हुई थी। फिर वहाँ जन्तर-मन्तर, पानी का नल, असेम्बली हाउस, सचिवालय और जहाँ हमने खाना खाया था उस होटल की निशानदेही भी दी।***

दिल्ली से मुझे **लाहौर** लाया गया, ***जहाँ मुझे फिर उसी तरह किले की हवालात में रखा गया था।***

23-24 जुलाई को मेरा बयान मजिस्ट्रेट के सामने हुआ था।

अदालत के सवाल के जवाब में :

लाहौर पहुँचने के 8-10 दिन बाद मेरा बयान हुआ था। **4-5 शनाख्त परेडों** में मुझे बुलाया गया। **एक में मैंने विजय कुमार सिन्हा** व **दूसरी में कुन्दन लाल उर्फ प्रताप** को शनाख्त किया था। मजिस्ट्रेट साहब के सामने बयान देने के बाद मजिस्ट्रेट के सामने ही यह शनाख्त परेड हुई थी।

मुझे वादामाफी मिली थी। **फर्द *प्रदर्श पी.सी.ए. 3 पर मेरे हस्ताक्षर हैं जिनको मैं शनाख्त करता हूँ।*** मजिस्ट्रेट के सामने मेरा बयान हुआ था। मजिस्ट्रेट साहब ने मेरा बयान कलमबंद करने के बाद मुझे पढ़कर सुनाया था। यही बयान मुझे स्पेशल मजिस्ट्रेट साहब की अदालत में पढ़कर सुनाया गया था।

यह बयान बिलकुल वैसा ही था, जो मैंने 23-24 **जुलाई [सुखदेव : जून]** को दिया था। मैंने मजिस्ट्रेट साहब (सेशन जज, मोतीहारी) के सामने मोलानिया डकैती में गवाही दी थी। **कँवलनाथ तिवारी** मोतीहारी मामले में दोषी नहीं था।

कँवलनाथ तिवारी को मैंने ***स्पेशल मजिस्ट्रेट साहब, लाहौर की अदालत में देखा था। वह मुल्जिमों के कठघरे में था।***

मिस्टर जस्टिस आगा हैदर अली साहब के सवाल के जवाब में :

मेरा बयान स्पेशल मजिस्ट्रेट साहब लाहौर की अदालत में दो दिन में हुआ था। तीसरे दिन भी कुछ समय हुआ था। अर्थात् पहले दिन थोड़ा समय ही हुआ था। इसमें बहस शामिल नहीं है।

इस अदालन में पहले दिन ही दोपहर के बाद कँवलनाथ तिवारी को शनाख्त किया था।

विजय कुमार सिन्हा को मैंने अपने बयान के दूसरे दिन शनाख्त किया था। भगत सिंह को भी दूसरे दिन ही शनाख्त किया था।

श्रीमान जस्टिस आगा हैदर साहब के सवाल के जवाब में :

इलाहाबाद में हम इज्जत पुल स्टेशन पर उतरे थे।

सुनकर सही पाया।

27.5.1930

जे. कोल्डस्ट्रीम/जी.सी. हिल्टन

सरकारी गवाह नं. 5

हंसराज वोहरा सुपुत्र लाला गुरांदित्ता मल्ल, प्रोफेसर, सेंट्रल ट्रेनिंग कॉलेज, लाहौर, उम्र 21 वर्ष, विद्यार्थी ने बयान किया:

मैं उर्दू की अपेक्षा अंग्रेजी में अपनी गवाही अच्छी तरह दे सकता हूँ। यदि अदालत मंजूरी दे तो मैं अपनी गवाही अंग्रेजी में दूँगा।

आदेश

यह गवाह अपना बयान अंग्रेजी में देगा और इसका बयान अंग्रेजी में लिखा जाए, जैसा कि अदालत लिखाएगी। इसका अनुवाद उर्दू की मिस्ल में शामिल किया जाए।

जे. कोल्डस्ट्रीम

सरकारी गवाह नं. 5 : 'विस्तृत गवाही'

मैंने दसवीं कक्षा का इम्तिहान सेंट्रल मॉडल स्कूल लाहौर से पास किया। जब मैं स्कूल में था तो मुझे इतिहास में गहरी दिलचस्पी थी। 1921-22 में जिन विद्यार्थियों ने स्कूल के दरवाजे पर पिकेटिंग में भाग लिया था, उनको मुख्याध्यापक साहब ने बैंत लगाए थे। मुख्याध्यापक अंग्रेज थे। **इस घटना का मेरे दिल पर गहरा असर पड़ा। मैं यह सोचने लगा कि इन शिष्यों को उनकी राष्ट्रीय भावना के कारण बैंत क्यों लगाए गए?**

दसवीं पास करने के बाद मैं 1925 में फोरमैन क्रिसचन कॉलेज में दाखिल हुआ। जहाँ मैं राजनीति में बहुत दिलचस्पी लेने लगा। अत: मैंने महात्मा गांधी और लाला लाजपत राय की लिखतों का अध्ययन शुरू किया। जैसे : लाला लाजपत राय द्वारा लिखित *England's Debt to India* व महात्मा गांधी द्वारा लिखित *Home Rule*। सुखदेव दोषी मेरी चाची का भाई था, और मैं उसे पार्टी के किसी सम्बन्ध के अतिरिक्त इस रिश्तेदारी के कारण जानता था।

> (सरकारी वकील कहता है कि सुखदेव को गवाह से शनाख्त कराने के लिए अदालत में पेश किया जावे। ***यह मामला विचार अधीन है, बयान जारी रहे।***)

उसका हमारे घर पर आना-जाना था, किन्तु मेरे पिता ने उसके राजनीतिक विचारों के कारण उसका आना-जाना बंद कर दिया हुआ था। अपने घर पर हम राजनीति से सम्बन्धित बातचीत नहीं किया करते थे। एक बार मैं ट्रेनिंग कॉलेज के टैनिस के मैदान पर बैठा मेडिकल साइंस फैकल्टी की परीक्षा की तैयारी कर रहा था, तो सुखदेव मेरे पास आया और उसने मुझसे पूछा कि तुम्हारी जिन्दगी का क्या मकसद है? मैंने कहा कि मैं पत्रकारिता द्वारा अपने देश की सेवा करना चाहता हूँ। उसने मुझे राजनीति के अध्ययन से सम्बन्धित कुछ पुस्तकें बाद में देने का वचन दिया। इस भाँति की यह पहली मुलाकात अगस्त 1926 में हुई। कुछ ही दिनों बाद सुखदेव मुझे फिर उसी जगह मिला और उसने मुझे एक पुस्तक *Collection From Bande Matram* दी, जो शायद आर.बंधु घोष की लिखी हुई थी।

हम अपनी बाद में होने वाली मुलाकातों में कांग्रेस के प्रोग्राम निष्फल होने के बारे में और खास हालात में इंकलाबी पार्टियाँ बनाने की जरूरत व अन्य राजनीतिक मुद्दों पर चर्चा करते रहे। उसने मुझे बताया कि यद्यपि हिन्दोस्तान में कोई संवैधानिक तौर-तरीके उसके कल्याण के लिए उपलब्ध नहीं हैं, इसलिए हमें जरूरी तौर पर दूसरे, असवैधानिक तरीके अपनाने चाहिए। इन मुलाकातों में उसने मुझे और पुस्तकें भी दीं,

जैसे : *Cry for Justice* by Upton Sinclair, *Sedition Committee Report, Life of Barrister Savarkar, Life of Mazzinni* आदि। असंवैधानिक तरीकों से हमारा भाव था कि सरकार की संवैधानिक संस्थाओं पर बाहर से दबाव डाला जाए। संवैधानिक संस्थाओं से मेरा भाव वैधानिक काउंसिल से है। हम आयरलैंड की तरह सरकार पर दबाव बनाए रखने की व्यवस्था के मुद्दे पर बातचीत करते थे। मेरे पिता प्रोफेसर के अतिरिक्त सेंट्रल ट्रेनिंग कॉलेज बोर्डिंग हाउस के अधीक्षक भी हैं। इसी कारण मैं इस भवन के मैदान में बैठने का हकदार था। सेंट्रल ट्रेनिंग कॉलेज और बोर्डिंग हाउस बिलकुल पास-पास हैं व जिला कचहरी के सामने हैं। मेरे पिता बोर्डिंग हाउस के नजदीक क्वार्टर में, जो उन्हें बतौर अधीक्षक मिला हुआ था, रहते थे। उक्त मुलाकातों के बाद, हम एक-दूसरे से गोल बाग, यूनिवर्सिटी के मैदान और नहर के किनारे आदि पर मिलते रहे।

नवम्बर के अन्त में या दिसम्बर 1926 के शुरू में सुखदेव ने मुझे लारेंस गार्डन में बुलाया। वहाँ उसने मुझे **पीले रंग का एक पर्चा दिखाया**, जो हिन्दुस्तान रिपब्लिकन एसोसिएशन के संविधान की कॉपी थी। उसमें उस गुप्त संगठन के दिशा-निर्देश व उसके मेम्बरों व कार्यकर्ताओं के कर्तव्य दर्शाए गए थे। उसके अनुसार इंकलाबी एक प्रकार की हुकूमत-दर-हुकूमत स्थापित करना चाहते थे। उसमें प्रान्तीय प्रभारी होने थे, जिनके अधीन जिलावार और स्थानिक अधिकारी होने थे। इन प्रान्तीय प्रभारियों की एक केन्द्रीय संस्था तैयार होनी थी, जिसने संगठन की कार्रवाइयों की अगवाई करनी थी। सुखदेव ने मुझे वह पर्चा पढ़ने के लिए कहा और जब मैं उसे पढ़ चुका तो उसने मुझे कहा कि तुम इस संगठन के मेम्बर बन चुके हो और तुम्हें इसके नियमों की पालना करनी होगी।

(सरकारी वकील बयान करता है कि उक्त पर्चे की एक कॉपी बाद में पेश करेगा। अभी वह, उसे पेश नहीं कर सकता, क्योंकि जो कॉपी उपलब्ध हो सकती थी वह एक अन्य मुकदमे में बतौर सबूत पेश हो चुकी है।)

नोट : पर्चे की कॉपी 7.7.1930 को प्रस्तुत की गई थी; देखें इस गवाही के अन्त में पृष्ठ 211.

मैंने सुखदेव को ***स्पेशल मजिस्ट्रेट की अदालत में शनाख्त किया; वह उस अदालत में शेष मुल्जिमों के साथ मुल्जिमों के कठघरे में बैठा था।***

'हिन्दुस्तान रिपब्लिकन एसोसिएशन' का मेम्बर बन जाने के बाद उस शाम सुखदेव ने मुझे कहा कि वह बाहर जा रहा है और तुम मेरी गैर-हाजिरी में विद्यार्थियों में क्रान्तिकारी साहित्य द्वारा राजसी चेतना पैदा करो। उसने मुझे बताया कि वह लगभग दो महीने लाहौर से बाहर रहेगा; फिर इस दौरान मैं उससे नहीं मिला। उसने मुझे विद्यार्थियों के लिए वहीं पुस्तकें दीं, जिनका मैंने भी अध्ययन किया था, और जिनसे मेरे विचार इंकलाब-पसन्द हो गए थे। उसके निर्देश के अनुसार मैंने अपने कुछ मित्रों में वे पुस्तकें बाँटीं। उसकी वापसी पर दुर्गादास खन्ना, जो मेरा सहपाठी था, से मुलाकात इस उद्देश्य से कराई कि वह उसे मेरे जैसा मेम्बर बना ले।

अप्रैल 1927 में मेरा सांइस फैकल्टी मेडिकल की परीक्षा में प्रवेश हुआ। बाद में लगभग दो महीने के लिए मैं शिमला चला गया। वहाँ से वापसी पर अगस्त के आखिर

में मैंने ज्यादातर *ट्रिब्यून* समाचार-पत्र में विद्यार्थियों की एक संस्था लाहौर में स्थापित किए जाने के पक्ष में लेख पढ़े। मैं खुद इस तरह की संस्था लाहौर में स्थापित किए जाने के पक्ष में था। मैंने उसके लिए सुखदेव से विचार-विमर्श किया तो उसने रंजामंदी दे दी। मैंने अपने कुछेक मित्रों-जैसे ए.सी. बाली, दुर्गादास खन्ना व सम्पूर्ण सिंह, एम.ए. के सहयोग से संस्था स्थापित की और उसका नाम 'दि लाहौर स्टूडेंट यूनियन' रखा। इस यूनियन का उद्देश्य यह था कि कौमी भावनाओं को उभारा जाए, लेकिन इसमें मेरी यह धारणा थी कि मैं विद्यार्थियों में इंकलाबी कार्यों के पक्ष में हमदर्दी पैदा करना चाहता था और इस पार्टी के लिए व्यक्तियों का समूह तैयार करना चाहता था।

मुझे स्टूडेंट्स यूनियन का पहला सेक्रेटरी चुना गया और मैंने यूनियन के चार-पाँच सौ मेम्बर बनाए। दिसम्बर 1927 तक मैं यूनियन के कार्यों में व्यस्त रहा। बाद में सुखदेव ने मुझसे एक दिन कहा कि चूँकि तुम अपने माता-पिता के विचारों की भिन्नता के तहत लाहौर में इंकलाबी पार्टी को सहयोग नहीं दे सकते, इसलिए जरूरी है कि तुम्हें बाहर किसी अन्य स्थान पर रवाना किया जाए। उस समय उसने किसी विशेष स्थान का नाम नहीं लिया था; मैं जाने के लिए सहमत हो गया। सुखदेव ने मुझे बताया कि तुम्हें 3 जनवरी, 1928 को रवाना कर दिया जाएगा। उसी शाम सुखदेव मुझे एक मकान पर ले गया जो **गवालमंडी में सम्भवतः लक्ष्मण गली में स्थित है;** मकान में ताला लगा हुआ था। सुखदेव ने उसकी एक चाबी मुझे दी व दूसरी अपने पास रखी। मुझे चाबी इसलिए दी गई कि सुखदेव की गैर-हाजिरी में भी मैं उसे खोल सकूँ। मैंने वह मकान, जहाँ तक मुझे याद है, पहली बार सम्भवत : 17 दिसम्बर, 1927 को देखा था। मैं उस मकान पर आने-जाने लगा। मैंने देखा कि इंकलाबी पार्टी के दो मेम्बरों, सुखदेव और जयगोपाल का वहाँ आना-जाना था। सुखदेव ने ही मुझे बताया कि भगत सिंह उस पार्टी का एक प्रमुख नेता है। उसने मुझे यह भी बताया कि जयगोपाल का भी उक्त पार्टी से सम्बन्ध है। **भगत सिंह** इसी मुकदमे के दोषियों में से है ***और मैंने उसे स्पेशल मजिस्ट्रेट की अदालत में शनाख्त किया था। जयगोपाल उक्त मुकदमे में वादामाफ है।***

(सरकारी वकील कहते हैं कि भगत सिंह को इस गवाह से शनाख्त किए जाने की गर्ज से अदालत में पेश किया जाए। ***यह मामला विचार अधीन है, बयान जारी रहे।***)

3 जनवरी, 1928 को सुखदेव ने मुझे उस मकान पर बुलाया। मैं वहाँ गया और उसने मुझे बताया कि तुम्हें दिल्ली जाना होगा। वहाँ विस्वानी आश्रम में रुकना और एक स्थानिक विद्यार्थी की (जिसका नाम मैं अब भूल गया हूँ) तलाश करना। मुझे यह भी कहा गया कि अमृतसर में रुककर आगे जाओ। मकान में सुखदेव ने मुझे एक हैंड बैग और एक सूटकेस दिखाया। हैंड बैग के अन्दर मैंने इंकलाबी साहित्य देखा और सूटकेस के अन्दर मेरे कपड़े थे। ***प्रदर्श पी.-470 को मैं शनाख्त करता हूँ। यह*** **वही हैंड बैग है।** वह यह कहकर चला गया कि वह लारी से अमृतसर जा रहा है और तुम मेरे बाद रेलगाड़ी से चले आना। उसने मुझसे वादा किया कि वह मुझे अमृतसर

रेलवे स्टेशन के बाहर मिलेगा। वह मुझसे करीब शाम के 4 बजे अलग हुआ। मैं हैंड बैग व सूटकेस साथ लेकर शाम के सात बजे की गाड़ी से अमृतसर को रवाना हो गया। सुखदेव मुझे वायदे के अनुसार मुझे अमृतसर स्टेशन के बाहर मिला। ***उसके साथ एक व्यक्ति था, जिसका नाम मुझे बाद में मालूम हुआ कि वह मास्टर आज्ञाराम है। वह भी इस मुकदमे में दोषी है और मैंने उसे विशेष मजिस्ट्रेट की अदालत में शनाख्त किया।***

(सरकारी वकील कहते हैं कि आज्ञाराम मुल्जिम को उक्त गवाह से शनाख्त किए जाने के लिए अदालत में पेश किया जावे। ***यह मामला विचार अधीन है, बयान जारी रहे।***)

मैं अदालत में प्रदर्शित प्रदर्शों में से किसी को भी शनाख्त नहीं करता कि मैंने ये गवालमंडी वाले मकान में देखे थे। अमृतसर में हम मास्टर आज्ञाराम के मकान पर गए। सुखदेव हमारे साथ वहाँ रहा और सुबह यह कहकर चला गया कि वह लाहौर जा रहा है। उसने मुझे दो-तीन दिन के अन्दर-अन्दर मिलने का वचन दिया। बाद में वह भगत सिंह के साथ वहाँ आया। भगत सिंह के पास एक रिवाल्वर था जो मैंने पहले गवालमंडी में देखा था। ***(गवाह को एक बक्स दिखाया गया जिसमें चार रिवाल्वर और एक पिस्तौल है)। मैं प्रदर्श पी.-200 को शनाख्त करता हूँ कि*** **यह वही रिवाल्वर है। भगत सिंह के पास इस रिवाल्वर के साथ तीन-चार कारतूस भी थे।** ***मैंने यह रिवाल्वर स्पेशल मजिस्ट्रेट के सामने शनाख्त किया था।*** वे दोनों एक रात हमारे साथ ठहरे। सुखदेव ने मुझे बताया कि तुम दो-तीन दिन पश्चात् दिल्ली जाने के बजाय रावलपिंडी चले जाओ। मुझे यह आदेश हुआ कि मैं सत्यपाल सेक्रेटरी, लोकल आर्य समाज, रावलपिंडी के पास जाऊँ और वहाँ इंकलाबी पार्टी का एक स्थानिक केन्द्र स्थापित करूँ। भगत सिंह और सुखदेव अमृतसर चले गए और मैं दो-तीन दिन के बाद बम्बई मेल से रावलपिंडी को रवाना हो गया। वहाँ सम्भवत: 9 जनवरी, 1928 को पहुँचकर मैं सत्यपाल के पास गया। सुखदेव ने मुझे कहा था कि सत्यपाल इंकलाबी पार्टी का समर्थक है। मैं सत्यपाल के पास ठहरा। वह आर्य समाज के दफ्तर के एक कमरे में रहता था। रावलपिंडी में मैंने अपना नाम 'त्रिलोक नाथ' बताया जो मेरा असली नाम नहीं था। मैंने अतिथि रजिस्टर में, जो आर्य समाज का एक चपरासी रखता था, वही नाम दर्ज किया था। मैंने अपने पिता का गलत नाम 'शिव दयाल' और पता भी गलत बताया। सम्भवत : पता-मेवा दुकानदार, हाल बाजार, अमृतसर बताया था। मैंने वहाँ जाने का अपना उद्देश्य सत्यपाल से मुलाकात लिखा था। 'सतपाल' और 'सत्यपाल' एक ही नाम है। ***मैंने रजिस्टर प्रदर्श पी.बी.टी. और उसमें दर्ज प्रदर्श पी.बी.टी.-1 देखा है।*** ये वही एंट्रियाँ हैं जो मैंने की थीं।

मिस्टर जस्टिस आगा हैदर साहब का सवाल :

क्या तुमने इस रजिस्टर में यह सफेद झूठ दर्ज करते समय कोई दोष महसूस किया था?

जवाब : **चूँकि मैं एक महान उद्देश्य के लिए झूठ बोल रहा था इसलिए मुझे कोई ग्लानि नहीं हुई।**

जिस महान उद्देश्य का मैंने जिक्र किया है, वह एक इंकलाबी केन्द्र स्थापित करना था। गलत नाम बताने का कारण यह था कि मैं अपनी पहचान गुप्त रखना चाहता था। मुझे सुखदेव ने बताया था कि गलत नाम बताना। ***दस्तावेज पी.बी.टी.-1 मेरी लिखावट है; आखिर वाले हस्ताक्षर भी मेरे ही हाथ के हैं। प्रदर्श पी.बी.टी.-2 एक पूरा कागज है, जिस पर अदालत के आदेश पर मैंने इसी प्रकार के हस्ताक्षर किए हैं, जैसे रजिस्टर में किए थे।***

मैं अमृतसर से रावलपिंडी अपने साथ हैंड बैग व सूटकेस ले गया था। हैंड बैग में जो पुस्तकें थीं उनमें *Life of Mazzini*, कुछ रसाले, पत्रिका *Appeal to the Young* by Prince Kropotkin, "Forward", *Volunteer* और *People* की कुछ कॉपियाँ थीं। ***मैं प्रदर्श पी.-511 व प्रदर्श पी.-511-ए (Appeal to the Young) और प्रदर्श पी.-510 (बंदे मातरम एलबम) शनाख्त करता हूँ।*** ये उसी प्रकाशन की कॉपियाँ हैं जो हैंड बैग में थे। ***प्रदर्श पी.-19 What do you want*** by M.M. Roy की हस्तलिपि वही है जो हैंड बैग में थी। जहाँ तक मुझे याद है ***प्रदर्श पी.-19*** में **भारतीय समाजवादियों की माँगें** दर्ज थीं।

मैं 25 जनवरी तक आर्य समाज मन्दिर में सत्यपाल के पास रहा। मेरे रावलपिंडी पहुँचने के एक सप्ताह के बाद सुखदेव मेरे पास आया और एक दिन ठहरा। उसने मुझसे कहा कि तुम मुझे इस पते पर पत्राचार करना—दुर्गादास खन्ना, मारफत मुबारक अली, पुस्तक विक्रेता, अन्दरुनी लोहारी दरवाजा। उसने मुझे वचन दिया कि मैं तुम्हारी सहायता के लिए लाहौर से जयगोपाल को भेजूँगा। उसी दिन उसने और मैंने **कल्लाह** (पगड़ी में रखने वाला) खरीदा। जो ***प्रदर्श पी.-130-ए है और जिसे मैं शनाख्त करता हूँ*** कि यह वही है। यह मैंने अपने इस्तेमाल के लिए खरीदा था ताकि मैं स्थानिक लिबास पहनूँ। मैं 10-12 दिन तक यह कल्लाह इस्तेमाल करता रहा। ***मैंने अदालत में इसे अपने सिर पर रखा था और यह मुझे फिट आता है।***

सुखदेव एक दिन मेरे पास ठहरा और उसी रात को वापस चला गया; चूँकि वह मेरे पास ठहरने आया था और उसे आर्य समाज मन्दिर में नहीं ठहरना था, इसलिए रजिस्टर में उसके आने के बारे में नहीं लिखा गया। पाँच-छह दिन के लिए सत्यपाल भी कहीं चला गया। वह एक सप्ताह के बाद वापस आया और उसने सुखदेव की एक चिट्ठी मुझे दी—जिसमें मुझे एक मकान किराये पर लेने के लिए निर्देश दिया था।

चिट्ठी में यह भी लिखा हुआ था कि जयगोपाल 25 जनवरी, 1928 को मेरे पास पहुँचेगा और मैं उसे रेलवे स्टेशन से जाकर ले आऊँ। मैंने वह चिट्ठी फाड़ दी। तदानुसार मैंने **हैमिल्टन बाजार** में एक मकान किराये पर लिया। यह जयगोपाल के आने से पहले, करीबन 20 जनवरी की बात है। उस मकान में मैं जयगोपाल के आने वाले दिन 25 जनवरी को गया। मैं 25 जनवरी को उसे लेने के लिए (रेलवे) स्टेशन पर गया था। वह भगत सिंह के साथ आया। मैं उन्हें किराये वाले मकान पर ले गया। मकान का किराया 6 रुपए महीना तय हुआ था, जो मैंने पेशगी दे दिया था। भगत सिंह मेरे पास दो-तीन दिन रहा। उसने मुझे 10 रुपए दिए और बताया कि लाइब्रेरियों और कॉलेजों

में जाऊँ और वहाँ प्रतिष्ठित विद्यार्थियों से मेल-जोल बढ़ाऊँ। **बात-बात में उसने मुझे यह भी बताया कि भगवतीचरण वही पहला मुख्य संगठनकर्ता था, जिसे प्रोफेसर जयदेव ने मनोनीत किया था और जिसके बारे में उक्त प्रोफेसर का संकल्प था कि वह पंजाब में इंकलाबी पार्टी स्थापित करेगा**, *लेकिन, चूँकि बाद में उसके विरुद्ध कुछ शंकाएँ पैदा हो गईं थीं इसलिए उसे पार्टी से निकाल दिया गया था।* **[सुखदेव : भगवतीचरण प्रमुख संगठनकर्ता] [इसी दिन (28.5.1930) भगवतीचरण बम का परीक्षण करते हुए शहीद हुए थे–सम्पादक]**

मुझे याद नहीं कि उन दिनों भगत सिंह ने किस प्रकार के कपड़े पहने हुए थे। मैंने लाइब्रेरियों और कॉलजों में आना-जाना शुरू कर दिया और आर्य समाज के सेक्रेटरी, सेवा दल के सेक्रेटरी और एक विद्यार्थी गोपालकृष्ण से जान-पहचान की, जिसे मैंने एक पुस्तक *'बंदी जीवन'* पढ़ने के लिए दी थी। इस विचार से कि मैं अपना गुजारा आप चलाऊँ, मैंने सत्यपाल के सहयोग से पढ़ाने का काम हासिल करने की कोशिश की। सत्यपाल एक बार मुझे गोविन्द राम, साइकिल व्यापारी (विक्रेता), रावलपिंडी के पास ले गया, जिसे उसके लड़कों के लिए एक व्यक्तिगत शिक्षक की जरूरत थी, लेकिन मुझे वह जगह न मिल सकी। हैमिल्टन बाजार वाले मकान के नजदीक एक सिख महोदय रहते थे, मैं उस मकान में रहता रहा। मैं वहाँ जयगोपाल के साथ 13 फरवरी, 1928 तक रहा। मैंने उस दिन (10 फरवरी) अखबार *ट्रिब्यून* में एक चिट्ठी पढ़ी, जो मेरे पिताजी ने मेरा पता लगाने के लिए प्रकाशित करवाई थी। वह चिट्ठी पढ़कर मैंने उसी दिन घर वापस आने का फैसला कर लिया। मैंने जयगोपाल की जान-पहचान सत्यपाल से करा दी, ताकि वह मेरी गैरहाजिरी में उसकी सहायता करे। मैंने जयगोपाल को बताया कि मैं लाहौर में सुखदेव से मिलकर इस सम्बन्ध में बात करूँगा और अगर जरूरत हुई तो एक और सहायक भेजूँगा। मैं अपना सूटकेस लेकर लाहौर वापस आ गया। चमड़े का हैंड बैग भगत सिंह रावलपिंडी से जाते समय अपने साथ ले गया था, लेकिन जो पुस्तकें उस बैग में थीं, वे मेरे पास ही रह गई थीं। जब मैं रावलपिंडी से रवाना हुआ था तो मैं वे पुस्तकें अपने सूटकेस में रखकर अपने साथ ले आया था। मैंने सूटकेस लाहौर रेलवे स्टेशन के 'वस्तु घर' (cloak room) में रख दिया। दो-तीन दिन के बाद मैं सुखदेव को मिला और मैंने उसे अपने वापस आने का कारण और सूटकेस कहाँ रखा है के बारे में बताया। उसने मुझे निर्देश दिया कि सूटकेस को अमृतसर में आज्ञाराम के मकान पर ले जाओ, इसलिए मैंने ऐसा ही किया। मैं खुद वह सूटकेस कपड़ों व पुस्तकों सहित आज्ञाराम को अमृतसर में दे आया। **ये कपड़े पार्टी की सांझी सम्पत्ति थे, जिसके मेम्बर किसी भाँति की निजी मलकीत के धारणी नहीं थे।** जब मैंने पहले इन कपड़ों को अपने कपड़े कहा था तो उससे मेरा भाव यह था कि इन कपड़ों को मैं अस्थाई तौर पर प्रयोग करता था। उनमें से कुछ कपड़े मैं जयगोपाल के पास रावलपिंडी में छोड़ आया था। **मैं कोट *प्रदर्श पी.-480 को शनाख्त करता हूँ।* यह कोट मैं रावलपिंडी में जयगोपाल के पास उसके पहनने के लिए छोड़ आया था।**

दिनांक 10 फरवरी, 1928 के अखबार *ट्रिब्यून* का पर्चा जिसके पृष्ठ नं. 7 पर मेरे पिताजी की उक्त चिट्ठी दर्ज है*।* उस पर्चे में ***प्रदर्श पी.डी.जैड.*** वह चिट्ठी है।

सुखदेव मेरे रावलपिंडी से अचानक चले आने के कारण नाराज हो गया और उसने मुझसे मिलना लगभग छोड़ दिया। साइमन कमिशन के भारत आने पर 9 मार्च, 1928 को मेरे मकान की तलाशी हुई। पुलिस, स्टूडेंट्स यूनियन की रसीदें जो मेरे कमरे में पड़ी थीं, ले गई। मैंने परीक्षा दी और फिर अपने पिताजी के साथ कश्मीर चला गया। जुलाई से 12 सितम्बर तक मैं वहीं रहा। मैं लाहौर वापस आया और सुखदेव से तिलक स्कूल ऑफ पॉलीटिक्स में मिला। इन दिनों लाहौर में पहली स्टूडेंट्स कॉन्फ्रेंस हुई थी। मैं और मेरे साथियों ने उसे सफल बनाने की पूरी कोशिश की। कॉन्फ्रेंस के बाद शायद नवम्बर में सुखदेव ने मेरी मुलाकात किशोरी लाल से कराई, जो उस समय **गुरुदत्त भवन** में रहता था। ***किशोरी लाल भी इसी मुकदमे में एक मुल्जिम है और उसे मैंने विशेष मजिस्ट्रेट की अदालत में शनाख्त किया था।***

(सरकारी वकील कहते हैं कि किशोरी लाल को इस गवाह से शनाख्त किए जाने के लिए अदालत में पेश किया जाए। ***यह मामला विचार अधीन है, बयान जारी रहे।***)

किशोरी लाल से मुलाकात कराने का मन्तव्य यह था कि मैं उससे इंकलाबी पुस्तकें प्राप्त करूँ। रावलपिंडी से वापसी पर पुलिस मेरे पीछे फिरती थी, इसलिए मैं इंकलाबी साहित्य अपने मकान पर नहीं रख सकता था। विचार यह था कि मैं पुस्तकें किशोरी लाल के पास रखा करूँ और जरूरत पड़ने पर उससे ले लिया करूँ। मुलाकात कराते समय सुखदेव ने मुझे बताया था कि किशोरी लाल हमारी पार्टी का मेम्बर है। इससे मेरा मतलब 'क्रान्तिकारी पार्टी' है।

पहली दिसम्बर, 1928 को सुखदेव ने मुझे शाम को लारेंस गार्डन में बुलाया और वहाँ से मोजंग वाले मकान में ले गया, जो अराई बिल्डिग में था। उसने मकान के बारे में मुझे कुछ नहीं बताया। वहाँ मैंने क्रान्तिकारी पार्टी के पंजाब व यू.पी. के कार्यकर्ता देखे। पंजाब से भगत सिंह, सुखदेव, किशोरी लाल और जयगोपाल थे। भगत सिंह की शक्ल उस समय बदल चुकी थी, क्योंकि न उसके सिर पर बाल थे और न ही मुँह पर दाढ़ी। यू.पी. के सदस्यों में जो वहाँ मौजूद थे, उन्हें 'पंडित जी' कहकर बुलाते थे। **उस गिरोह के बाकी व्यक्ति राजगुरु, महावीर सिंह और एक और छोटे कद का व्यक्ति था जिसका नाम मुझे मालूम नहीं हुआ।** महावीर और राजगुरु के नाम मुझे जाँच में पहचान प्रतिक्रिया के बाद मालूम हुए। महावीर और राजगुरु दोनों इस मुकदमे में दोषी हैं। ***मैंने उन्हें विशेष मजिस्ट्रेट की अदालत में पहचाना था।***

(सरकारी वकील कहते हैं कि महावीर सिंह और राजगुरु मुल्जिमों को गवाह से शनाख्त किए जाने के मन्तव्य से अदालत में पेश किया जावे। ***यह मामला विचार अधीन है, बयान जारी रहे।***)

अदालत का सवाल : क्या तुमने उस मकान में राजगुरु से बात नहीं की?

उत्तर : मैंने उस दिन उसे बोलते हुए भी नहीं सुना।

मैं 20–25 मिनट तक उस मकान में रहा। भगत सिंह ने मुझे बताया कि पार्टी कोई ऐक्शन करना चाहती है, इसलिए यू.पी. के कुछ सदस्यों को बुलाया गया है; मुझे उस दिन सिर्फ इतना ही बताया गया था।

(इस दौरान जयगोपाल, सरकारी गवाह नं. 2 अदालत में पेश किया गया।) इस व्यक्ति को जिसे अदालत में लाया गया है, मैं इसे जयगोपाल के रूप में पहचानता हूँ जिसका जिक्र मेरी गवाही में आया है।

भगत सिंह ने मुझे 3 दिसम्बर को उसी मकान पर आने के लिए कहा; मैं वहाँ गया। जयगोपाल के अलावा मैंने सभी उपरोक्त बताए व्यक्तियों को वहाँ मौजूद पाया। वहाँ एक मीटिंग हुई। मीटिंग के दौरान पंडित जी ने एक संदूक खोला, जिसमें 4–5 रिवाल्वर, एक स्वयंचालित पिस्तौल और एक माउजर पिस्तौल थे। इनमें से एक ***प्रदर्श पी.-200*** था, जिसकी मैं पहले ही पहचान कर चुका हूँ। ***एक प्रदर्श पी.-122, एक प्रदर्श पी.-202, प्रदर्श पी.-480*** **स्वयंचालित पिस्तौल व माउजर पिस्तौल थे, जो अदालत में मौजूद नहीं हैं।** उसने हमें इन हथियारों में कारतूस भरने व निकालने का तरीका भी समझाया। करीब आधे घंटे के बाद मैं मीटिंग से चला आया और मुझे मालूम नहीं कि उस रात को क्या फैसला हुआ? पंडित जी ने मुझे 4 दिसम्बर की सुबह को फिर आने के लिए कहा था। मैं सुबह पहुँचा। पंडित जी ने मुझे बताया कि पार्टी को रुपयों की सख्त जरूरत है और इसलिए पंजाब नेशनल बैंक पर डाका डालने का फैसला किया है। पंडित जी ने मुझे वह योजना बताई जिस पर विचार किया जाना था। वह यह थी कि भगत सिंह और महावीर सिंह एक गाड़ी लेकर ठीक तीन बजे (दोपहर बाद) पहुँच जाएँ। मेरा काम था एक और यू.पी. के मेम्बर की सहायता से, जिसका हुलिया मैं भूल गया हूँ, सेक्रेटरी के कमरे के बाहर जो चपरासी बैठता है उसे उस कमरे में धकेल दिया जाए और फिर उसे बाहर न निकलने दिया जाए। मुझे उसे एक विजिटिंग कार्ड, सेक्रेटरी साहब के पास ले जाने के लिए देना था, ताकि वह कमरे के अन्दर चला जाए और फिर उसे हथियार दिखाकर बाहर न आने दिया जाए। दो मेम्बरों ने बैंक के चौकीदार से बन्दूक छीननी थी। पंडित जी ने खजाँची को काबू करना था। **जयगोपाल और किशोरी लाल ने उन नोटों को, जो वहाँ पड़े हों, इकट्ठा करके थैलों में भरना था,** जो उन्हें दिए गए थे। भगत सिंह ने आम निगरानी करनी थी। पंडित जी ने एक सीटी बजानी थी जिसकी पहली आवाज पर सभी व्यक्तियों ने अपनी-अपनी जगह पहुँच जाना था। दूसरी सीटी पर काम शुरू होना था और तीसरी सीटी पर सभी व्यक्तियों ने टैक्सी के पास इकट्ठे हो जाना था। **जैसा कि मैं पहले बयान कर चुका हूँ कि एक 'गाड़ी' लाई जानी थी। मैं अब यह बयान करना चाहता हूँ कि किराये की टैक्सी लाई जानी थी।** पंडित जी या महावीर सिंह ने मोटर चलानी थी। टैक्सी ड्राइवर को बैंक ही में छोड़ जाना था और मोटर को मेडिकल कॉलेज बोर्डिंग हाउस के करीब एक छोटे से रास्ते पर छोड़ दिया जाना था। यह मुझे याद नहीं कि चौकीदार से बंदूक छीनने का कार्य किसको सौंपा गया था? इस तरह की योजना तय की गई थी। मुझे यह तजवीज 10–12 बजे के मध्य बताई गई। मैं अढ़ाई बजे तक

मोजंग के मकान पर रहा। दिन के दो बजे हथियार बाँटे गए। **मैंने एक छोटा सा रिवाल्वर लिया, जिस पर एक सेफ्टी कैच लगा हुआ था। *प्रदर्श पी.-122* वह रिवाल्वर है।**

मिस्टर जस्टिर आगा हैदर के सवाल के जवाब में :

> मैं इस तरह का रिवाल्वर हाथ में लेना और चलाना कुछ जानता हूँ। पंडित जी ने 3 दिसम्बर को मुझे सिखाया था। मैं रिवाल्वर चलाने का असूल जानता हूँ, लेकिन कभी चलाया नहीं।

ये तजवीज हुई थी कि भगत सिंह **रिवाल्वर *प्रदर्श पी 200*** ले, लेकिन मैंने दरअसल उसे यह रिवाल्वर लेते हुए नहीं देखा; मुझे याद नहीं कि बाकी प्रस्तुत हथियारों में से कौन-कौन से किस-किस ने लिए थे? ***प्रदर्श पी 87* व *प्रदर्श पी 484* वे दो थैले हैं *जो जयगोपाल और किशोरी लाल ने लेने थे। प्रदर्श पी 485* वह पगड़ी है, *जो मैंने भगत सिंह को मोजंग वाले मकान में उस मौके पर पहनी हुई देखी थी।***

दिन के दो बजे भगत सिंह और महावीर सिंह को टैक्सी लाने के लिए भेजा गया था। हम बाकी व्यक्ति अढ़ाई बजे के करीब बैंक पहुँच गए। वहाँ हम टैक्सी का इंतजार करते रहे, लेकिन वह नहीं आई; कोई तीन बजे के करीब महावीर सिंह एक ताँगे में आया। उसने पंडित जी से कुछ इशारा किया और पंडित जी ने हमें मोजंग वाले मकान पर वापस जाने के लिए कहा। हम सब मोजंग वाले मकान पर चले गए। मैं वहाँ शाम के चार बजे तक ठहरा। पंडित जी ने कहा कि चूँकि टैक्सी नहीं मिल सकी, इसलिए इस योजना को टाल दिया गया है; जो हथियार हमारे पास थे वह हमने पंडित जी को वापस कर दिए।

मैं घड़ी *प्रदर्श पी.-124* को पहचानता हूँ जो मैंने एक अपने दोस्त दीपक भाटिया से माँगकर सुखदेव को काम में लाने के लिए नवम्बर में दी थी।

5 दिसम्बर, 1928 को मैं मोजंग वाले मकान पर गया और वहाँ भगत सिंह को गैर-हाजिर पाया। फिर मैं 7 दिसम्बर को वहाँ गया और देखा कि भगत सिंह वापस आ गया है और **अपने साथ दो नए सदस्य, विजय कुमार सिन्हा और भगवानदास को लाया है।** भगत सिंह ने मुझसे कहा कि वह कुछ रुपए लाने यू.पी. गया था और दो सौ रुपए लाया है। **विजय कुमार सिन्हा *इसी मुकदमे में एक मुल्जिम है जिसे मैंने विशेष मजिस्ट्रेट की अदालत में पहचाना था।***

> (सरकारी वकील कहते हैं कि विजय कुमार सिन्हा मुल्जिम को गवाह से शनाख्त कराए जाने की गर्ज से अदालत में पेश किया जाए। ***ये मामला विचार अधीन है। बयान जारी रहे।***)

जब मैं 5 दिसम्बर को (मोजंग) गया था तो भगत सिंह गैर-हाजिर था और बाकी सदस्य वहाँ हाजिर थे; अर्थात् सुखदेव, पंडित जी, किशोरी और राजगुरु यही वे सारे व्यक्ति हैं जिन्हें मैंने वहाँ देखा था।

अदालत का सवाल : तो तुम जाँच के दौरान भगवानदास को पहचानने में सफल क्यों नहीं हुए?

उत्तर : **मुझे यह शनाख्त परेड के बाद मालूम हुआ कि उसका नाम भगवानदास है।** मैं यह पहले नहीं जानता था कि भगत सिंह के साथ जो

दूसरा व्यक्ति आया था उसका नाम भगवानदास था। यह मैं यकीन के साथ कहता हूँ कि जो दो व्यक्ति भगत सिंह के साथ मोजंग वाले मकान पर आए थे, उनमें से एक को मैंने बाद में शनाख्त परेड में पहचान लिया था, किन्तु मुझे यह अब (बाद में) मालूम हुआ कि उसका नाम विजय कुमार सिन्हा है।

मिस्टर जस्टिस आगा हैदर के सवाल के जवाब में : **शनाख्त परेडों में मजिस्ट्रेट साहब दोषियों का नाम पुकारा करते थे। परेड खत्म होने पर मैंने मजिस्ट्रेट को उन दोषियों के नाम लेते हुए सुना था जिनकी पहचान कराई गई थी। यह वजह है कि मुझे विजय कुमार सिन्हा का नाम मालूम हुआ।** शनाख्त परेड के बाद मुझे (एक) पुलिस अफसर ने बताया कि **तुम भगवानदास को पहचान नहीं सके। मुझे पुलिस ने कहा था कि मोजंग वाले मकान पर विजय कुमार सिन्हा के साथ जो व्यक्ति आया था वह भगवानदास था,** ये उसने परेड के बाद मुझे बताया था।

मिस्टर जस्टिस हिल्टन के सवाल के जवाब में : मैंने कोई गलत व्यक्ति शनाख्त नहीं किया था। मैंने केवल (महिज) उसी व्यक्ति को न पहचाना, जिसे मैंने शनाख्त करना था। वह परेड अलग हुई थी, जिसमें मैंने विजय कुमार सिन्हा को शनाख्त किया था।

मिस्टर जस्टिस आगा हैदर के सवाल के जवाब में : जिस शनाख्त परेड में, मैं किसी को भी नहीं पहचान सका, उसमें मुझे अब मालूम हुआ है कि वह भगवानदास था। (गवाह अपने-आप बयान करता है)। भगत सिंह दो व्यक्तियों के साथ लाहौर आया, उनमें से मैंने एक को पहचान लिया और बाद में मुझे उसका नाम मालूम हुआ कि वह विजय कुमार सिन्हा है। दूसरे व्यक्ति को मैं पहचानने में सफल नहीं हुआ। मुझे बताया गया कि मैं इस मुल्जिम को जिसका नाम भगवानदास है तथा जिसका जिक्र मेरे बयान में आया है, शनाख्त करने में सफल नहीं हुआ। यह सूचना मुझे पुलिस अफसर ने बाद में दी थी और भगवानदास नाम भी मुझे उसी ने बताया था।

मिस्टर जस्टिर जी.सी. हिल्टन के सवाल के जवाब में : यदि भगत सिंह का वह साथी जिसका नाम मैंने विजय कुमार सिन्हा बताया है, अब मेरे सामने पेश किया जाए तो मैं उसे पहचान सकता हूँ। ***मैंने उसे विशेष मजिस्ट्रेट की अदालत में पहचाना था।***

मैं मोजंग वाले मकान पर 17 दिसम्बर, 1928 तक आता-जाता रहा। 2 से 14 दिसम्बर तक मैं कॉलेज नहीं गया, क्योंकि सुखदेव ने मुझे कहा था कि शायद मुझे लाहौर से बाहर जाने की जरूरत पड़े। 15 दिसम्बर को सुखदेव मुझे सरकारी कॉलेज के नजदीक मिला और मुझे मोजंग वाले मकान पर ले गया। वहाँ **भगत सिंह ने मुझे कुछ गुलाबी रंग के इश्तिहार दिखाए, जिनका शीर्षक भी गुलाबी सियाही में था। उनके नीचे के कोने भी छपे हुए थे। एक तरफ तारीख थी और दूसरी तरफ कमांडर-इन-चीफ अंकित था।** मैंने उन इश्तिहारों को पढ़ा। इश्तिहारों के टाइप किए

हुए भाग का शीर्षक यह था–'स्कॉट मर चुका है, लालाजी की मौत का बदला ले लिया गया है।' (Scott is dead, Lalaji is avenged) **इश्तिहार** का सिरलेख यह था–'दि हिन्दुस्तान सोशलिस्ट रिपब्लिक आर्मी' (The Hindustan Socialist Repubic Army)। उस समय वहाँ भगत सिंह, सुखदेव, महावीर सिंह और किशोरी लाल मौजूद थे। मुझे मालूम नहीं कि बाकी व्यक्ति उस समय मौजूद थे या नहीं। ***प्रदर्श पी.-422* उस फार्म का प्रतिरूप (नमूना) है, जो उस इश्तिहार की भाँति था।** उस लिखित की विषय सूची (खुलासा) जो मुझे भगत सिंह ने दिखाई थी, यह थी, कि कत्ल क्रान्तिकारी पार्टी ने किया है। भगत सिंह और पंडित जी ने मुझे बताया था कि पार्टी ने मिस्टर स्कॉट को लाला लाजपत पर लाठियाँ बरसाने के जुर्म में कत्ल करने का फैसला कर लिया है, क्योंकि यह कार्य क्रान्तिकारी पार्टी के लिए एक प्रकार की चुनौती थी; मैंने मिस्टर स्कॉट को गोली मारने की तजवीज से इतफाक किया।

मुझे सुखदेव ने 15 दिसम्बर को कॉलेज में हाजिर रहने का निर्देश दिया, ताकि वहाँ मेरी उपस्थिति साबित हो सके। मैं दोपहर 1 बजे से 3.30 बजे तक कॉलेज में रहा। उस दिन मैं अंग्रेजी के निबन्ध की परीक्षा में उपस्थित हुआ था।

16 दिसम्बर को मैं 3.30 बजे शाम को मोजंग वाले मकान पर गया। मैंने वहाँ सिर्फ महावीर को ही मौजूद पाया। उसने मुझे बताया कि बाकी लोग ब्राडलौघ हाल में काकोरी शहीदों के समागम में गए हुए हैं। 17 दिसम्बर को लगभग दिन के 11 बजे मैं फिर मोजंग वाले मकान पर गया और करीब एक घंटा वहाँ ठहरा। पंडित जी, भगत सिंह, सुखदेव, राजगुरु और किशोरी लाल वहाँ मौजूद थे।

अदालत के सवाल के जवाब में : पार्टी के सदस्य पुलिस से बचने का हर सम्भव प्रयत्न करते थे।

मैंने **भगत सिंह को अपने हाथ से टाइप हुए पोस्टर का विषय-वस्तु गुलाबी इश्तिहार के खाली फार्म पर नकल करते हुए देखा। उसके कहने पर मैंने भी तीन-चार इश्तिहार नकल किए। मैं दस्तावेज *पी.ए.एक्स., पी.ए.एक्स.-2, पी.ए.एक्स.-3, पी.बी.क्यू., पी.बी.क्यू.1, पी.बी.क्यू.-2 और पी.बी.एस.* देखता हूँ। जहाँ तक मेरा विचार है उनमें से निम्न दर्ज पोस्टर पर भगत सिंह के हाथ की लिखाई है। दस्तावेज, *पी.ए.एक्स., पी.ए.एक्स.-2, पी.ए.एक्स.-3, पी.बी.क्यू., पी.बी.क्यू. 1,*** पर सब्ज और काली सियाही में दस्तावेज और ***पी.बी.एस.*** पर लिखाई इनमें से कोई भी मेरी मौजूदगी में नहीं लिखा गया।

मिस्टर जस्टिस आगा हैदर के सवाल के जवाब में : **मेरे दिल में इस बात का यकीन है कि भगत सिंह के हस्ताक्षर हैं। मैंने भगत सिंह को लिखते हुए सिर्फ 17 दिसम्बर को देखा था, जब वह पोस्टर की नकल कर रहा था। उस समय मैंने उसकी लिखाई को ध्यान से नहीं देखा था। उस वक्त मैं और वह बिलकुल साथ-साथ बैठे थे।**

सवाल : पार्टी में शामिल होने के बाद क्या तुम पार्टी सदस्यों के साथ पार्टी के कार्यों के बारे में खुलकर वार्तालाप किया करते थे?

जवाब : *आम तौर पर पार्टी के नेतागण साधारण सदस्यों को सूचित नहीं करते थे, जब तक उस सूचना का उनसे कोई लेना-देना न हो; हालाँकि साधारण सदस्यों से यह आशा की जाती थी कि वे कोई तथ्य नेतागणों से न छुपाएँ।* [**सुखदेव : अति महत्त्वपूर्ण।**]

सवाल : क्या तुम इस नियम पर चलते रहे?

जवाब : जहाँ तक मेरे लिए सम्भव था, मैं इस नियम का पालन करता रहा। सदस्यों से ये आशा नहीं की जाती थी कि वे सिवाय नेतागणों से एक-दूसरे को कोई सूचना उपलब्ध कराए। मैं भगत सिंह या सुखदेव से किसी मुद्दे पर खुले तौर पर बातचीत कर सकता था, लेकिन जयगोपाल या किशोरी लाल या राजगुरु से जो साधारण मेम्बर थे, नहीं कर सकता था। मैं नेतागणों के प्रति उदार था और उनसे कोई तथ्य छुपाकर नहीं रखता था। मैंने उन्हें बताया था कि रावलपिंडी से वापसी पर पुलिस मेरा पीछा करती है; इसके बावजूद भी उन्होंने मुझे बैंक के धावे में शामिल करने का फैसला कर लिया था।

सवाल : क्या मिस्टर स्कॉट के कत्ल की योजना तुम्हें बतलाई गई थी?

जवाब : यह योजना पूरे तौर पर मुझे नहीं बताई गई थी। उसमें से कुछ-कुछ मुझे बताई गई थी, क्योंकि सम्भावना थी कि मैं गिरफ्तार कर लिया जाऊँगा।

सवाल : बावजूद इसके कि पुलिस तुम्हारा पीछा करती थी, क्या तुम्हें साजिश का कुछ हिस्सा बताया गया था?

जवाब : उन्होंने महज इस वजह से बताया था कि पुलिस मेरे पीछे लगी हुई थी और मेरे गिरफ्तार होने की सम्भावना थी। साजिश का एक हिस्सा मुझे जाहिर कर देने का मन्तव्य यह था कि मैं अडोल रहूँ और सदस्य के तौर पर अपनी जिम्मेवारी का पालन करूँ।

मिस्टर जस्टिस हिल्टन के सवाल के जवाब में : साइमन कमिशन के लाहौर में आने के समय पर पुलिस खास तौर से मेरा पीछा करती थी। लेकिन बाद में मेरी निगरानी में कमी होती गई, ऐसा दिसम्बर के महीने में हुआ। मुझे यकीन है कि कोई पुलिस अफसर मेरे पीछे पंजाब नेशनल बैंक नहीं गया।

मिस्टर जस्टिर आगा हैदर के सवाल के जवाब में : पुलिस अफसर सफेद वर्दी में मेरा पीछा करते थे, यह निगरानी ज्यादा समय तक गोपनीय न रही। मुझे याद है कि सिवाय शुरू-शुरू के, मेरी निगरानी मुझसे कभी भी छुपी न रही। यहाँ तक कि मुझे उसकी आदत सी हो गई थी। जब मेरा पीछा किया जाता था तो मुझे जल्दी ही इस बारे में पता लग जाता और जब पीछा नहीं किया जाता तब भी पता लग जाता था। सी.आई.डी. के अलग-अलग व्यक्ति मेरा पीछा करते थे।

सरकारी वकील के सवाल के जवाब में : जब कभी मुझे मोजंग वाले मकान पर जाना होता था या पार्टी के किसी मेम्बर से मिलना होता था तो मैं ध्यान रखता था कि सी.आई.डी. का व्यक्ति मेरा पीछा न करे। दूसरे अवसरों पर मैं कोई विशेष ध्यान न देता था। सावधानी के तौर पर मैं पिछले दरवाजों का प्रयोग करता था।

(इस पड़ाव पर मिस्टर जस्टिस आगा हैदर साहब बहादुर की टिप्पणी)

"मेरी राय में मेरे सवालों के जो जवाब गवाह ने दिए बिलकुल स्पष्ट हैं, और उनकी व्याख्या की जरूरत नहीं है। जो सवाल मैंने गवाह को किए वे न्याय की दृष्टि तथा इस विचार से किए हैं कि जहाँ तक सम्भव हो सच्चाई मालूम की जाए। मेरे विचार में न्याय तथा धारा दफा 165 साक्ष्य अधिनियम के अनुसार सरकारी वकील को मेरे सवालों के जवाबों पर बहस की स्वीकृति देना बिलकुल जरूरी नहीं है। माननीय अध्यक्ष और माननीय हिल्टन जो सवाल चाहें कर सकते हैं।"

मिस्टर जस्टिस हिल्टन : चूँकि सरकारी वकील के इस बयान के बाद कि मैं इस किस्म के सवाल करना चाहता हूँ, सवाल किए गए और उनके जवाब दर्ज हुए। इसलिए मेरे विचार में जो जवाब दिए जा चुके हैं वे फाइल में रहें, और ऐसे सवाल करने की मंजूरी अगर जरूरी हो तो दी गई मान ली जाए।

प्रेजीडेंट मिस्टर जस्टिस कोल्ड स्ट्रीम : मैं मिस्टर जस्टिस हिल्टन से सहमत हूँ।

जो इश्तिहार मेरी उपस्थिति में नकल किए गए उनमें और ***प्रदर्श पी.ए.एक्स. में*** **यह फर्क है कि पहले वाले इश्तिहारों में शीर्षक यह था** 'Scott is dead' (स्कॉट मर चुका है) और ***प्रदर्श पी.ए.एक्स.*** में **मिस्टर *स्कॉट के स्थान*** पर ***जे.पी. सांडर्स*** का नाम है। ***प्रदर्श पी.ए.एक्स.-1 तथा अन्य इश्तिहारों में भी जो इसके कारण के रूप में सबूत पेश हुए हैं, यही स्थिति है।***

फिर मैं *'अलबर्ट प्रेस'* इसलिए गया कि वहाँ से नए साल के अभिवादन के सम्बन्ध में जो पाठ्य (मसौदा) मैंने छापने के लिए दिया था, उसे ले आऊँ। यह स्टूडेंट्स यूनियन की नीति अनुसार विद्यार्थियों में बाँटे जाने थे। मैंने इसकी कुछ कॉपियाँ लीं और फिर मोजंग वाले मकान पर दिन के करीब साढ़े बारह बजे पहुँचा। *उस समय मुझे पंडित जी ने बताया कि भगत सिंह, जयगोपाल, एक यू.पी. का व्यक्ति और मैं खुद मिस्टर स्कॉट के कत्ल की योजना में भाग लेंगे। पंडित जी ने मुझे बताया कि मैं माउजर पिस्तौल और भगत सिंह स्वयंचालित पिस्तौल प्रयोग में करेगा।* [**सुखदेव : बकवास।**] मुझे याद नहीं है कि तीसरे व्यक्ति को कौन सा हथियार दिया जाना था। मुझे मालूम नहीं कि जो कुछ पंडित जी ने मुझे बताया किसी और व्यक्ति ने भी सुना या नहीं, लेकिन भगत सिंह और सुखदेव भी उस समय हमारे पास ही अलग-अलग बैठे थे। यू.पी. का व्यक्ति भी जिसका जिक्र किया गया वह भी मकान में ही था। मैंने उसे देखा, लेकिन मुझे मालूम नहीं कि वह कौन है? **शनाख्त परेड के बाद मुझे मालूम हुआ कि उसका नाम राजगुरु है। *मैंने उसे शनाख्त परेड में पहचाना था।*** यदि उसे मेरे सामने लाया जाए तो मैं उसे पहचान सकता हूँ। ***मैंने उसे विशेष मजिस्ट्रेट की अदालत में भी पहचाना था।*** पंडित जी ने मुझे यह भी बताया था कि वे साइकिलों से जाना-आना करेंगे। मैं करीब दोपहर के डेढ़ बजे घर गया और वहाँ पाँच बजे तक रहा। तब मैं बाहर निकला और मिस्टर दुर्गादास खन्ना को मिला। वह और मैं सरकारी कॉलेज के बोर्डिंग हाउस के नजदीक पहुँचे जहाँ

लोगों की भीड़ लगी हुई थी। पूछने पर मालूम हुआ कि मिस्टर सांडर्स और चनण सिंह का किसी ने कत्ल कर दिया है।

मिस्टर जस्टिस आगा हैदर साहब के सवाल के जवाब में : मोजंग वाले मकान पर मुझे यह नहीं बताया गया कि कत्ल किस स्थान पर होगा। मैं जानबूझकर नहीं बल्कि आकस्मिक ही वहाँ से गुजरा जहाँ भीड़ थी।

दुर्गादास खन्ना और मैं एक दूसरे से अलग हुए और मैं घर चला गया। वहाँ मैं अपनी गिरफ्तारी का इंतजार करने लगा। हमें उम्मीद थी कि कत्ल के बाद सक्रिय राजसी सदस्य गिरफ्तार किए जाएँगे। इसी लिए मुझे अपनी गिरफ्तारी के बारे में कोई शक नहीं था।

17 दिसम्बर को करीब आठ बजे रात (अर्थात् कत्ल वाली रात) मेरे मकान की तलाशी ली गई, और मुझे गिरफ्तार किया गया। मैं लगभग 17 दिन पुलिस की हिरासत में रहा और 3 जनवरी, 1929 को मुझे 10 हजार रुपए की जमानत पर रिहा किया गया। पार्टी की आशा के अनुसार मैंने अपनी हिरासत के दौरान मिस्टर सांडर्स के कत्ल के बारे में कुछ नहीं बताया। **17 दिसम्बर को मोजंग वाले मकान में भगत सिंह एक गर्म पट्टी का कोट पहने हुए थे, *प्रदर्श पी.187* वह कोट है। *(गवाह ने तीन कोटों में से यह कोट पहचाना)*। वह निक्कर और मफलर पहने हुए था। *प्रदर्श पी.-504* वह मफलर है *(गवाह ने दो मफलरों में से यह मफलर पहचाना)*।** पंडित जी एक बादामी रंग की पगड़ी, कल्लाह, एक गर्म कोट और शलवार पहने हुए थे। **कल्लाह** या तो ***प्रदर्श पी.-130-ए*** था या उससे बहुत मिलता-जुलता था। **राजगुरु फ्लीट बूट पहने हुए था और उसके पहरावे में यही एक प्रत्यक्ष चीज थी।** मोजंग वाले मकान पर उस रोज जब मैं वहाँ गया तो जयगोपाल वहाँ नहीं था।

जमानत पर रिहाई के बाद मैं तिलक स्कूल ऑफ पॉलिटिकल में सुखदेव से मिला। उसने मुझे बताया कि उसकी यू.पी. में सख्त जरूरत है, लेकिन वह केवल मेरी खातिर यहाँ रुका है। उसने मुझे पुलिस की हिरासत में अडोल रहने पर **मुबारकबाद** दी। जब मैंने उससे सांडर्स के कत्ल के बारे में पूछा तो उसने मुझे कोई तसल्लीबख्श जवाब नहीं दिया। उसके बाद वह ज्यादातर यू.पी. में ही रहा और हम कभी-कभार ही एक-दूसरे को मिल पाए।

1929 के मार्च महीने के मध्य में, मैं उसे फिर तिलक स्कूल ऑफ पॉलिटिकल में मिला और **भगत सिंह से मिलने की इच्छा प्रकट की।** तब वह मुझे एक और मकान, **मोहल्ला गवालमंडी** में ले गया और वहाँ मैंने भगत सिंह को देखा। वहाँ बहुत से इस्पाती खोल फर्श पर पड़े थे। मैंने भगत सिंह से पूछा कि यह क्या चीज है? उसने बताया कि ये बम शेल हैं। उसने मुझे बम तैयार करने का तरीका बताया। उसने मुझे बताया कि **बम शेल में पिकरिक एसिड और पोटाश भरा जाता है और (बम की) चोटी पर जो छोटा सा छेद है उसमें रूई (गन कॉटन) रखी जाती है; जब स्ट्राइकर फास्फोरस पर चोट मारता है तो रूई में आग लग जाती**

है जिससे पिकरिक एसिड और पोटाश में आग लग जाने के कारण विस्फोट होता है।

(सरकारी वकील गवाह को एक बक्स दिखाते हैं जिसमें छह बम खोल हैं) जो बम मैंने भगत सिंह के पास देखे थे वे इसी प्रकार के थे, जैसा कि प्रदर्श पी-4 : चूँकि भगत सिंह ने बाहर जाना था इसलिए मैं सिर्फ 20-25 मिनट ही वहाँ ठहरा।

मिस्टर जस्टिस आगा हैदर के सवाल के जवाब में : उस अवसर पर मेरी भगत सिंह से सांडर्स के कत्ल के बारे में कोई बातचीत नहीं हुई थी। मुझे याद नहीं कि और क्या-क्या बातें हमने की थीं।

सरकारी वकील द्वारा अदालत की आज्ञा से पूछे गए सवाल के जवाब में : भगत सिंह ने बताया था कि पुलिस दोषियों की तलाश यू.पी. और बंगाल में कर रही है। हमें सतर्क रहना चाहिए।

मिस्टर जस्टिस आगा हैदर का सवाल : क्या कोई और बातचीत हुई थी?

जवाब : भगत सिंह ने यह सूचना अपने आप दी थी। 20-25 मिनट वहाँ रहकर मैं किसी और से बातचीत किए बिना चला आया। भगत सिंह से मिलकर मेरी उससे मिलने की इच्छा पूरी हो गई थी।

28 मई, 1930

जे. कोल्डस्ट्रीम

_(29 मई को बयान जारी)_

_(गवाह को एक बक्स जिसमें चार रिवाल्वर और एक पिस्तौल थी दिखाया गया।)_

मुझे पंडित जी ने बताया था कि मिस्टर स्कॉट के कत्ल के लिए **पिस्तौल _प्रदर्श पी.-480_** इस्तेमाल करेगा। इस मुकदमे में यह पिस्तौल मैं पहले ही पहचान चुका हूँ। मैंने उसे एक और अवसर पर भी देखा था। पंडित जी ने यह बात 17 दिसम्बर, 1928 को दिन के साढ़े बारह बजे और डेढ़ बजे के बीच बताई थी।

दिल्ली असेम्बली बम विस्फोट के दो-तीन दिन बाद (शायद 10 अप्रैल, 1929 को) मैं **सुखदेव** से नहर के किनारे पर मिला; उसने मुझे दो फोटो दिखाईं, एक भगत सिंह की थी और दूसरी बी.के दत्त की। उसने बताया कि पार्टी ने फैसला लिया था कि असेम्बली में बम फेंकने के बाद भगत सिंह और बी.के. दत्त अपने आपको पुलिस के हवाले कर देंगे। उसने बताया कि पार्टी ने यह फैसला इसलिए किया था कि हम (अर्थात् क्रान्तिकारी पार्टी की) 'ट्रेड डिस्प्यूट बिल' व 'पब्लिक सेफ्टी बिल' जिन पर उस वक्त चर्चा हो रही थी के प्रति अपनी नाराजगी प्रकट करें। सुखदेव ने यह भी बताया कि **पार्टी का मन्तव्य असेम्बली में किसी व्यक्ति की जान लेने का न था, इसलिए इस घटना के लिए बम सोच-समझकर कमजोर बनाए गए थे, ताकि सरकार के बेंचस को कोई नुकसान भी न पहुँचे और कांग्रेस के नेतागण (अर्थात् स्वराज पार्टी वाले),**

जो हाल में हों वे भी सुरक्षित रहें। उसने यह भी बताया कि पार्टी ने **भगत सिंह और बी.के. दत्त को पुलिस के सामने आत्मसमर्पण इसलिए कराया था ताकि वे अदालत में अपने बयान द्वारा इंकलाबी विचारधारा, दृष्टि तथा फलसफा की व्याख्या कर सकें।** मुझे उससे पहले भी यह मालूम था कि भगत सिंह और बी.के. दत्त को गिरफ्तार किया गया है।

मिस्टर जस्टिस आगा हैदर का सवाल : क्या उस वक्त भगत सिंह और दत्त के गिरफ्तार होने और उनके आत्मसमर्पण की खबर फैली हुई थी?

जवाब : ये खबर उस समय आम हो चुकी थी कि मिस्टर भगत सिंह और दत्त गिरफ्तार हो चुके हैं और उन्होंने अपनी गिरफ्तारी के समय कोई प्रतिरोध नहीं किया।

सवाल : पंडित जी की तुम्हें यह बताने की क्या धारणा थी कि भगत सिंह मिस्टर स्कॉट के कत्ल के समय **यह विशेष पिस्तौल *प्रदर्श पी.-480*** इस्तेमाल करेगा?

जवाब : उसने मुझे यह बात 17 दिसम्बर, 1928 को बताई थी। उसका कोई विशेष मतलब नहीं था।

इस अवसर पर सरकारी वकील ने यह बयान किया–मुझे शक है कि गवाह हजूर का सवाल नहीं समझा। **शब्द 'occasion' के दो अर्थ हैं–एक तो 'वक्त और जगह' और दूसरा 'तर्क'।**

गवाह : मुझे यह वजह मालूम नहीं कि क्यों मुझे यह सूचना दी गई; वक्त और जगह मैं पहले ही बयान कर चुका हूँ, बल्कि मुझे यह सूचना 'मिली' थी।

सवाल : यह बताने के बाद कि भगत सिंह यह पिस्तौल इस्तेमाल करेगा, क्या पंडित जी ने तुम्हें यह नहीं बताया कि अन्य पार्टी के मेम्बर कौन-कौन से हथियार इस्तेमाल करेंगे?

जवाब : नहीं।

सवाल : क्या पंडित जी ने तुम्हें उन मेम्बरों के नाम नहीं बताए, जिन्होंने मिस्टर स्कॉट के कत्ल में हिस्सा लेना था?

जवाब : मैं अपनी गवाही में पहले ही उनके नाम बता चुका हूँ–अर्थात् पंडित जी, भगत सिंह, जयगोपाल और एक यू.पी. का मेम्बर।

सरकारी वकील ने अदालत के सवालों के बारे में, जो अभी किए गए थे और जिनका जवाब दिया जा चुका है, एक और सवाल गवाह से पूछने की स्वीकृति माँगी। चूँकि गवाह थोड़े समय के लिए अदालत से बाहर गया है, इसलिए सरकारी वकील ने वह सवाल बताया जो गवाह से करना चाहते हैं–**"क्या पंडित जी ने बताया कि वह स्कॉट के कत्ल के लिए खुद कौन सा हथियार ले जाएगा?"**

अदालत ने यह सवाल पूछने की स्वीकृति दे दी। गवाह को फिर अदालत के कमरे में बुलाया गया और उसने यह (उपरोक्त) सवाल पूछा।

गवाह : मैं अपनी गवाही में पहले ही बता चुका हूँ कि **पंडित जी ने माउजर पिस्तौल ले जाना था।** वह माउजर पिस्तौल अदालत में पेश नहीं हुआ है। ***गवाह को दो फोटो दिखाए गए।*** मैं फोटो ***प्रदर्श पी.-231*** को शनाख्त करता हूँ कि यह फोटो **भगत सिंह** का है। मुझे सुखदेव ने बताया था कि यह ***(प्रदर्श पी.-229)*** **बी.के. दत्त** का फोटो है।

सुखदेव ने नहर के किनारे पर मिलने से पन्द्रह-बीस दिन पहले मुझे बताया था कि कि सांडर्स के कत्ल के बाद भगत सिंह और राजगुरु **20 दिसम्बर, 1928** *को आगरा की ओर रवाना कर दिए गए हैं। भगत सिंह ने दूसरे दर्जे में सफर किया और राजगुरु ने नौकरों के कमरे में। सुखदेव ने यह भी बताया कि कि पंडित जी और किशोरी लाल सुखदेव की माता और बहिन के साथ* **25 दिसम्बर, 1928** *को मथुरा की ओर रवाना कर दिए गए हैं।* **[सुखदेव : महत्त्वपूर्ण]**

मिस्टर जस्टिस आगा हैदर का सवाल : तुमने कल बयान किया था कि पार्टी तुम्हें अपने अन्दरूनी रहस्य नहीं बताती थी।

जवाब : **मैंने यह नहीं कहा था, मैंने तो यह कहा था कि वह हरेक राज मुझे नहीं बताती थी।**

सवाल : वे क्या रहस्य थे जो तुम्हें नहीं बताए गए?

जवाब : **जो बात उन्होंने मुझे बताई ही नहीं वह मैं कैसे जान सकता हूँ!**

सवाल : क्या तुम कल्पना कर सकते हो कि कौन-कौन से राज तुम्हें नहीं बताए गए?

जवाब : जो कुछ मैं कह सकता हूँ वह यह है कि उन्होंने मुझे सांडर्स के कत्ल की पूरी बातें नहीं बताईं।

सवाल : यह तुम किस तरह कह सकते हो कि उन्होंने तुमसे कोई बात छुपा रखी थी?

जवाब : ये मैं पहले बयान कर चुका हूँ कि उन्होंने मुझे सांडर्स के कत्ल के पूरे हालात नहीं बताए और इसके मैं यह परिणाम निकालता हूँ कि वे मुझे हरेक बात नहीं बताते थे।

सवाल : तुम्हें इस बात का ज्ञान कि सांडर्स के कत्ल सम्बन्धी कुछ जानकारी तुमसे छुपाकर रखी गई है, कत्ल के बाद हुआ या कत्ल से पहले?

जवाब : कत्ल से पहले।

सवाल : क्या तुमने इस बात का उल्लेख किया है कि तुम्हें रहस्य नहीं बताए जाते?

जवाब : **मुझसे इस किस्म का उल्लेख किए जाने की आशा नहीं की जाती थी, और न ही पार्टी के नियमों के अनुसार मैं खोद-खोद कर ऐसे सवाल कर सकता था।**

सवाल : सुखदेव के लिए क्या अवसर था कि उसने तुम्हें उन जगहों के नाम बतलाए जहाँ कि पार्टी के कातिलों को रवाना किया?

जवाब : कोई खास अवसर नहीं था, जो मैं बता सकूँ।

सवाल : *क्या उसने केवल तुम्हें अपना विश्वास पात्र समझकर बताया था?* **[सुखदेव : जज की सूझबूझ।]**

जवाब : हाँ।

नहर के किनारे के दो दिन बाद सुखदेव, किशोरी और जयगोपाल कश्मीर बिल्डिंग से गिरफ्तार किए गए। मुझे 2 मई, 1929 को दोबारा गिरफ्तार किया गया। मैंने विशेष मजिस्ट्रेट की अदालत में उक्त दोषियों को देखा था। मैं अपनी गवाही में उन मुल्जिमों में से कुछ के नाम और पहरावे बयान कर चुका हूँ। उनमें से एक नाम **प्रेमदत्त** का है। 1928 के नवम्बर महीने में मैंने उसे गुरुदत्त भवन में किशोरी लाल के कमरे में देखा था, वह पार्टी का मेम्बर था। सुखदेव ने ही मुझे बताया था कि **प्रेमदत्त** पार्टी का मेम्बर है। ***यदि अब प्रेमदत्त को अन्य व्यक्तियों से मिलाकर मेरे सामने किया जाए तो मैं उसे शनाख्त कर सकता हूँ। मैंने उसे विशेष मजिस्ट्रेट की अदालत में पहचाना था।***

मैंने **देशराज** को भी सुखदेव के साथ तिलक स्कूल ऑफ पॉलिटिक्स की लाइब्रेरी में देखा था। सुखदेव ने 1928 नवम्बर महीने में दो-तीन बार बताया था कि देशराज हमारी पार्टी का मेम्बर है, लेकिन मेरा उससे कोई सरोकार न था। ***अगर देशराज को अन्य व्यक्तिों के साथ मेरे सामने लाया जाए तो मैं उसे पहचान सकता हूँ। मैं पहले भी उसे विशेष मजिस्ट्रेट की अदालत में पहचान चुका हूँ।***

(सरकारी वकील कहते हैं कि प्रेमदत्त व देशराज मुल्जिमों को इस गवाह से शनाख्त कराए जाने के लिए पेश किया जाए। ***यह मामला विचार अधीन है, बयान जारी रहे।***)

सरकारी वकील द्वारा सवाल : अदालत के समक्ष यदि आप यह सामग्री शनाख्त कर सकते हैं तो करें और जो कुछ आप इसके बारे में जानते हैं, बयान करें।

जवाब : ***ये पुस्तकें प्रदर्श पी.-27, पी. 28, पी. 29, पी. 364, पी. 159. पी. 508 हैं,*** जो मुझे सुखदेव ने मिस्टर हरीचन्द एम.ए. के विद्यार्थी, सेंट्रल कॉलेज, लाहौर के पास रखने के लिए नवम्बर 1928 में दी थीं। मैंने ये पुस्तकें उसके पास पहुँचा दी थीं। ***प्रदर्श पी.-360*** एक **पुस्तक** है जो सुखदेव ने मुझे पढ़ने के लिए दी थी। **रसाला *प्रदर्श पी.-26*** भी इसी लिए दिया था।

रसाले ***(प्रदर्श पी.-26)*** की छह कापियाँ हैं। इसकी एक कॉपी सुखदेव ने मुझे पढ़ने के लिए दी थी।

प्रदर्श पी.-406 एक पुस्तक है। यह पुस्तक मैंने भगत सिंह को मोजंग वाले मकान पर पड़ने के लिए दी थी।

प्रदर्श पी.-420 एक पुस्तक है, जो मैंने मोजंग वाले मकान में देखी थी।

प्रदर्श पी.-493 एक अंग्रेजी टोपी है, जो मैंने मोजंग वाले मकान में देखी थी।

प्रदर्श पी.-298 एक सोला खाकी अंग्रेजी टोप है, जो मैंने मोजंग वाले मकान में देखा था।

प्रदर्श पी.-343 एक रूमाल है, जो मैंने मकान मोजंग स्थित में देखा था। ***प्रदर्श पी.-167 एक मफलर*** है, जो सुखदेव को मैंने दिया था और जिसे मैंने मोजंग वाले मकान में भी देखा था।

***प्रदर्श पी.-482* एक कोट है,** जो मैंने मोजंग वाले मकान में देखा था।

***प्रदर्श पी.-506, पी. 506-ए* एक प्रधानगी भाषण की दो कॉपियाँ** 2 मई, 1929 को मेरे मकान से बरामद हुईं। वे मेरे कब्जे में थीं। मैं उन्हें तिलक स्कूल ऑफ पोलीटिक्स लाइब्रेरी से लाया था। ***प्रदर्श पी.-475* एक चाकू है**, जो मैंने मोजंग वाले मकान में देखा था।

प्रदर्श पी.-482* एक कोट है,** जो मैंने मोजंग वाले मकान में देखा था। मैंने सुखदेव को **कोट *प्रदर्श पी.-482 पहने हुए देखा था। **अंग्रेजी टोपी *प्रदर्श पी.-493***, भगत सिंह पहना करता था।

जस्टिस आगा हैदर साहब बहादुर का सवाल : क्या तुमने भगत सिंह की वह तस्वीर देखी है जिसमें उसने टोप पहना हुआ है?

जवाब : **मैंने भगत सिंह की वह तस्वीर भी देखी हैं जिसमें उसने टोप पहना हुआ है। फोटो *प्रदर्श पी.-231*** में भी जो आज सुबह मुझे दिखाया गया है, भगत सिंह ने यह टोप पहना हुआ है।

मैं **दस्तावेज *प्रदर्श पी.ए.के.-7*** (दो पृष्ठ) देख रहा हूँ, मुझे मालूम होता है कि ये भगत सिंह की लिखत है।

मैं ***प्रदर्श पी.ए.के.-8*** (पाँच पृष्ठ) देख रहा हूँ, **यह मुझे भगत सिंह के हाथ की लिखत मालूम होती है**, मुझे इस चिट्ठी के बारे में कुछ ज्ञान नहीं है।

मैं ***प्रदर्श पी-157*** (तीन पृष्ठ) देख रहा हूँ। यह मुझे भगत सिंह की हस्तलिखित मालूम होती है। मुझे इस चिट्ठी के बारे में कोई ज्ञान नहीं।

मैं ***प्रदर्श पी.इ.पी.* (एक पृष्ठ) देखता हूँ, यह भी भगत सिंह की लिखाई मालूम होती है।**

जैसा कि मैं पहले अपनी गवाही में बयान कर चुका हूँ, मैंने भगत सिंह को लिखते हुए देखा था।

गिरफ्तारी के बाद मुझे वादामाफी दी गई और मैंने माफी की शर्तें मान लीं। ***मैं प्रदर्श पी.बी.यू.*** पर जिसके द्वारा शर्तें स्वीकार कीं, अपने हस्ताक्षर शनाख्त करता हूँ। मैंने सिटी मजिस्ट्रेट साहब के सामने अपना बयान दिया जो उन्होंने दर्ज करवाया। ***प्रदर्श पी.बी.यू.-1*** मेरा बयान मजिस्ट्रेट के सामने हुआ है, जिसके हर पृष्ठ पर मैंने अपने हस्ताक्षर किए हुए हैं। जब यह बयान मुझे सुनाया गया तो मजिस्ट्रेट के कहने पर मैंने उस पर अपने हस्ताक्षर किए। जो कुछ मैंने बयान किया था, स्पष्ट रूप से इसमें लिखा है। यह बयान सही है। विशेष मजिस्ट्रेट की अदालत में भी यह बयान मुझे सुनाया गया था। 18 मई को मुझे माफी दी गई थी। मैंने मजिस्ट्रेट के सामने अपना बयान सम्भवत : 21, 22, 23 मई को दिया था।

सवाल (सरकारी वकील) : **जब तुम पहले 17 दिसम्बर, 1928 को गिरफ्तार किए गए थे, तो तुमने 17 दिन पुलिस की हिरासत में रहने के बावजूद पार्टी का कोई रहस्य प्रकट नहीं किया था, परन्तु इस बार तुमने गिरफ्तारी के शीघ्र बाद ही बयान दे दिया, इसके क्या कारण हैं?**

जवाब : मैं इस ट्रिब्यूनल के सामने एक बयान देना चाहता हूँ जिसमें मैं पुलिस के सामने बयान देने और माफी कबूल करने की व्याख्या करूँगा।

मिस्टर जस्टिस जी.एस. हिल्टन की टिप्पणी : इस सवाल का मुद्दा यह है कि गवाह के बयान की सच्चाई अनुभव की जा सके और यह सवाल उक्त बयान में नहीं किया जाना चाहिए।

मिस्टर जस्टिस आगा हैदर की टिप्पणी : अभियोग पक्ष यह सवाल गवाह से नहीं कर सकता, इस सवाल की मंजूरी नहीं दी जाती।

सुनकर सही स्वीकार किया।

29 मई, 1930 (हस्ताक्षर) जे. कोल्डस्ट्रीम

(बयान खत्म किया जाता है। अदालत में उक्त गवाह से दोषियों–सुखदेव, भगत सिंह, मास्टर आज्ञाराम, किशोरी लाल, महावीर सिंह, राजगुरु, विजय कुमार सिन्हा, देशराज व प्रेमदत्त को शनाख्त कराए जाने के लिए पेश किया जाए।)

29 मई, 1930

सरकारी गवाह नम्बर 5 : हंसराज वोहरा

माननीय अध्यक्ष का सवाल : क्या तुम्हारी राजगुरु से जान-पहचान हो गई और तुमने उससे बातचीत की, अगर की तो किस भाषा में?

जवाब : वह हिन्दी में बोलता था। वह उस भाषा को जो हम आपस में बोलते थे, समझता था। एक मिली-जुली भाषा जो उर्दू न थी।

सवाल : तुम्हारा उर्दू से क्या मतलब है?

जवाब : उर्दू में हिन्दी की तुलना में फारसी और अरबी के ज्यादा अक्षर होते हैं।

सुनकर सही स्वीकार किया।

29 मई, 1930

जे. कोल्डस्ट्रीम

आज समय हो गया है बाकी बयान कल होगा।

29 मई, 1930

जे. कोल्डस्ट्रीम

हंसराज वोहरा, सरकारी गवाह को दोबारा तल्ब किए जाने पर उसने बयान किया–पीले लीफलेट देखकर मैं कहता हूँ कि यह उसी पीले पर्चे की छपी हुई कॉपी है, जिसका जिक्र मैंने अपने 28.5.1930 वाले बयान में किया था। ये कॉपी सुखदेव ने नवम्बर के अन्त या दिसम्बर 1929 के शुरू लारेंस गार्डन में मुझे दिखाई थी।

(ह.) हंसराज वोहरा

7.7.30 जी.सी. हिल्टन/अब्दुल कादिर

सरकारी गवाह नं. 6

ललित कुमार मुखर्जी सुपुत्र बाबू इन्द्र कृष्ण मुखर्जी, वकील हाई कोर्ट, इलाहाबाद, जाति ब्राह्मण, उम्र साढ़े तेइस वर्ष, पता इलाहाबाद:–

मैं उर्दू की अपेक्षा अंग्रेजी में अपनी गवाही अच्छी तरह दे सकता हूँ। यदि अदालत आज्ञा दे तो मैं अपनी गवाही अंग्रेजी में दूँगा।

ललित कुमार मुखर्जी

29 मई, 1930 — जे. कोल्डस्ट्रीम

आदेश

यह गवाह अपना बयान अंग्रेजी भाषा में देगा और इसका बयान अंग्रेजी में दर्ज किया जाए। जैसा कि अदालत लिखाएगी, इस गवाही का प्रमाणित अनुवाद उर्दू की फाइल में शामिल किया जाए। न्यायालय के अध्यक्ष साहब उक्त गवाही का खुलासा अपराधी दंड-संहिता **की धारा 355 के अन्तर्गत लिखवाने जा रहे हैं।**

29 मई, 1930 — जे. कोल्डस्ट्रीम

सरकारी गवाह नं. 6 : विस्तृत गवाही

ललित कुमार मुखर्जी सुपुत्र बाबू इन्द्र कृष्ण मुखर्जी, वकील हाई कोर्ट, इलाहाबाद, जाति ब्राह्मण, उम्र 23 वर्ष 6 महीने, पता इलाहाबाद ने बयान किया [**सुखदेव : थोड़ा महत्त्वपूर्ण**]:–

मेरे पिता इलाहाबाद हाई कोर्ट में वकील हैं। वे 33 साल से इसी व्यवसाय में हैं। मैंने इलाहाबाद में शिक्षा प्राप्त की। वर्ष 1925 में मैंने एफ.ए. की परीक्षा इविंग क्रिश्चिन कॉलेज से पास की। उसके बाद मैंने बी.एस-सी. की डिग्री टीचिंग यूनिवर्सिटी, इलाहाबाद से वर्ष 1927 में उत्तीर्ण की। उसके उपरांत मैं टीचिंग यूनिवर्सिटी, एम.एस-सी. केमिस्ट्री का विद्यार्थी 1927-28 व 1928-29 में विद्यार्थी बना।

मैंने एम.एस-सी. की परीक्षा अभी पास नहीं की थी, जबकि मैं इस मुकदमे में फँस गया। मेरे क्रान्तिकारी कार्य की भूमिका भूपिन्द्र नाथ सान्याल द्वारा विकसित हुई। जब मैं 1925 में द्वितीय वर्ष का विद्यार्थी था, तब वह तृतीय वर्ष का विद्यार्थी था। फरवरी 1925 में मुझे मालूम हुआ कि उसका बड़ा भाई *शचीन्द्र नाथ सान्याल* 'बंगाली आर्डिनैंस' में गिरफ्तार हो गया है। मैं भूपिन्द्र नाथ सान्याल के घर मोहल्ला चौक में गया। ***मैंने उस घर की बाद में मजिस्ट्रेट के सामने निशानदेही की।*** मैंने बी.एन. सान्याल से उसके भाई की गिरफ्तारी पर सहानुभूति प्रकट की। बी.एन. सान्याल ने कहा कि उसका भाई देश की सेवा हित गिरफ्तार हो गया है। यह उसका कर्तव्य है कि जिस कार्य के लिए उसके भाई को गिरफ्तार किया गया है उसे पूरा करेगा। उसने कहा कि वह इस कार्य में अपने मित्रों की सहायता चाहता है। उसने मुझसे सहायता माँगी। मैंने कहा कि मैं सहायता करने के लिए तैयार हूँ पर मुझे यह बताया जाए कि मैं किस तरह से सहायता करूँ। तब उसने मुझे *'बंदी जीवन'* पुस्तक के दोनों खंड पढ़ने के लिए दिए। ये पुस्तकें एस.एन. सान्याल की रचनाएँ थीं। मार्च की परीक्षा के उपरांत मैंने वे रचनाएँ जो बंगाली

में थी पढ़ीं, जिन्होंने **मेरे मन में इंकलाबी आन्दोलन के प्रति हमदर्दी का अनुभव पैदा कर दिया।** उस पुस्तक को पढ़ने के बाद मैंने बी.एन. सान्याल से बातचीत की। उससे बातचीत करने के बाद मेरा यह विचार बन गया कि देश की आजादी सशस्त्र विद्रोह द्वारा प्राप्त करनी चाहिए। मैंने अपने आपको 'हिन्दुस्तान रिपब्लिकन एसोसिएशन' में दाखिल कराया। इस संस्था की प्रवृत्ति यह थी कि देश को सशस्त्र विद्रोह द्वारा आजाद कराया जाए। मेरा यह विचार था कि **इसके लिए व्यक्तियों, हथियारों व रुपयों की जरूरत होगी।** मैंने बी.एन. सान्याल से कुछ और पुस्तकें पढ़ने के लिए माँगीं। उसकी सलाह के अनुसार मैं पब्लिक लाइब्रेरी में गया और एक पुस्तक 'फ्राँसिसी क्रान्ति' (*French Revolution* by Carlyle) पढ़ी। यह बात वर्ष 1925 की गर्मियों की छुट्टियों के दौरान जून व जुलाई महीनों की है। *जब बी.एन. सान्याल गर्मियों की छुट्टियों से वापस आया तो उसने मुझे एक और पुस्तक बंगाली में दी जिसका अनुवाद अंग्रेजी प्रकाशन The History of National Movement in India से किया गया था। उस पुस्तक में सारे हिन्दुस्तान की राष्ट्रीय लहरों तथा इंकलाबी लहरों का इतिहास उपलब्ध था।* **[सुखदेव : ऐसी पुस्तक हिन्दी में भी होनी चाहिए।]** मैंने उस पुस्तक को पढ़ा और **देश की हालत के बारे में पता चला**। दिसम्बर में बी.एन. सान्याल की गिरफ्तारी तक मेरी किसी और क्रान्तिकारी से जान-पहचान नहीं हुई। मेरी जे.एन. सान्याल से जान-पहचान हुई थी, लेकिन मुझे यह बाद में मालूम हुआ कि वह क्रान्तिकारी पार्टी का मेम्बर है। उसके बाद मुझे मालूम हुआ कि उसका पूरा नाम जतिन्द्र नाथ सान्याल है। वह बी.एन. सान्याल का बड़ा भाई है। ***जे.एन. सान्याल को मैंने विशेष मजिस्ट्रेट की अदालत में दोषियों के कठघरे में शनाख्त किया। वह इस मुकदमे में मुल्जिम है।***

> (सरकारी वकील कहता है कि उस मुल्जिम को गवाह के सामने शनाख्त कराने के लिए अदालत में पेश किया जाए। ***यह मामला विचार अधीन है, बयान जारी रहे।***)

बी.एन. सान्याल की गिरफ्तारी से लगभग एक महीने बाद मैं जे.एन. सान्याल के घर कर्नल कुंज में गया और बी.एन. सान्याल के बारे में सहानुभूति प्रकट की। *वह दिसम्बर 1925 में काकोरी केस में पकड़ा गया था। उस समय मैं उसको मिस्टर सान्याल के नाम से जानता था। उसने मुझसे कहा कि बहुत से परिवार काकोरी केस में बर्बाद हो गए हैं और मैं उनके लिए और उनके मुकदमे के लिए चंदा इकट्ठा कर रहा हूँ।* **[सुखदेव : जे.एन. सान्याल की मनोवृत्ति]** मैंने उससे कहा कि मैं बी.एन. सान्याल की पार्टी का समर्थक हूँ और उस पार्टी का मेम्बर बन गया हूँ। मैंने अपनी जेब से तीन रुपए उसी समय चंदा दिया तथा बाद में और ज्यादा देने का वचन दिया। मैं मिस्टर सान्याल को 'इंडियन प्रेस' में मिला, जहाँ वह नौकर था। मैं उससे अल्फ्रेड पार्क में पार्टी के अधिवेशनों में मिला। मैं मुद्रण (प्रिंटिंग प्रेस) में भी दो कानून की पुस्तकें, जो मेरे पिता ने 1926-27 में लिखी थीं, के प्रूफ लेकर गया। मैं 1926-27 की गर्मियों की छुट्टियों में जे.एन. सान्याल के फंड में चंदा देता रहा। मैं 1926-27, 1927-28 व 1928-29 के कुछ समय तक कॉलेज सेशन में भी चंदा देता रहा। मैं

जे.एन. सान्याल को कभी चंदा खुद व कभी **अजय कुमार घोष** द्वारा भेजता था। 1926 की गर्मियों के बाद मैंने चंदा अजय कुमार द्वारा ही दिया।

एक दिन नवम्बर 1926 में मैंने जे.एन. सान्याल को फंड में चंदा देने का वचन दिया, लेकिन मैं उस समय चंदा न दे सका। उसने मुझे कहा कि मैं चंदा अजय कुमार घोष, जो कि उस समय तृतीय वर्ष का विद्यार्थी था, और मैं चतुर्थ वर्ष का विद्यार्थी था, जिसको मैं उस समय क्रान्तिकारी के रूप में नहीं, बल्कि साधारण विद्यार्थी के रूप में ही जानता था, को दे दूँ। जैसा कि मैंने वचन किया था, मैंने 15 दिन के बाद पाँच रुपए **अजय कुमार घोष को उसके कमरा नम्बर 168 में**, ***जिसकी मैंने मजिस्ट्रेट के सामने निशानदेही की, दे दिए। विशेष मजिस्ट्रेट की अदालत में मैंने अजय कुमार घोष को, जब वह मुल्जिमों के कठघरे में था, शनाख्त किया।*** जब मैंने उसे पाँच रुपए दे दिए तो उसने मेरा परिचय उन दो यू.पी. के व्यक्तियों से कराया जो उस समय उसके पास थे। उसने मुझे बताया कि ये मेरे सहपाठी हैं तथा कानपुर व इलाहाबाद में विद्यार्थी हैं। उसने उनके नाम प्रकाश नारायण सक्सेना व राजिन्द्र प्रसाद सक्सेना बताए। उसके बाद मैं उन व्यक्तियों को कई बार मिला।

जनवरी 1927 में जब मुझे गवाह के रूप में काकोरी केस में पेश होने का आदेश दिया गया तो वहाँ मैंने प्रकाश नारायण सक्सेना व एक नौजवान, जो कि कानपुर में उसका सहपाठी था और जिसका नाम उसने **विजय कुमार सिन्हा** बताया था, को देखा। ***मैंने विजय कुमार सिन्हा को शनाख्त परेड में मजिस्ट्रेट के सामने पहचाना।***

> (सरकारी वकील कहता है कि विजय कुमार सिन्हा मुल्जिम को गवाह से शनाख्त कराने के लिए अदालत में पेश किया जाए। ***यह मामला विचार अधीन रहे, बयान जारी रहे।***)

प्रकाश नारायण सक्सेना ने कहा कि विजय कुमार सिन्हा, मिस्टर लस्टर (Mr Luster) को मिलने के लिए इलाहाबाद गया हुआ है, ताकि उसके भाई राज कुमार सिन्हा, जो कि काकोरी केस में मुल्जिम है, के बचाव का इन्तजाम किया जाए।

वर्ष 1927 में जनवरी के मध्य में मैं काकोरी केस में बी.एन. सान्याल की तरफ से बचाव के गवाह के रूप में पेश हुआ। मैं लगभग मई 1927 में एच.एस. सान्याल को मिला। जबकि मैं बी.एन. सान्याल के पास काकोरी केस में उसके भाई को सजा पाए जाने पर अपनी हमदर्दी प्रकट करने के लिए गया था।

सितम्बर 1927 के आखिर में या अक्तूबर के शुरू में अजय कुमार घोष ने मुझसे कहा कि मैं उससे अल्फ्रेड पार्क में उसी शाम को मिलूँ। मैं वहाँ गया और अजय कुमार घोष से मिला। *उसके साथ सालिन्द्र नाथ चक्रवर्ती था।* **[सुखदेव : देवगढ़ साजिश केस का आरोपी]** एस.एन. चक्रवर्ती ने दो पुस्तकें–1. *My Fight for Irish Freedom* by Daveial Brown व 2. *Victory of Sinn Fein probably* by O. Gartt मेरे हवाले कीं।

एस.एन. चक्रवर्ती की सलाह के अनुसार मैंने पार्टी की डाक का इन्तजाम किया कि डाक अमोल रत्न मितरा के पते पर भेजी जाए, जो इसे जे.एन. सान्याल को पहुँचा देगा। एम.एन. चक्रवर्ती और मेरे बीच यह तय हुआ कि लिफाफे के ऊपर की लिखत

सब्ज सियाही में हो; डाक ए.आर. मितरा को भेजी जाए; और वह मुझे उनको जे.एन. सान्याल को पहुँचाने के लिए दे। अगले तीन महीनों में ए.आर. मितरा ने दो चिट्ठियाँ दीं और वे मैंने जे.एन. सान्याल को पहुँचा दीं; उन दोनों पर पता सब्ज सियाही में लिखा हुआ था।

नवम्बर 1927 में, मैं ए.के. घोष को मिला और उससे मालूम हुआ कि एस.एन. चक्रवर्ती गिरफ्तार हो गया है। तब मैंने वे दोनों पुस्तकें जो मुझे एस.एन. चक्रवर्ती ने दी हुई थी, ए.आर. मितरा को दे दीं, इस डर से कि कहीं मेरे घर की तलाशी हो और ये पुस्तकें पकड़ी जाएँ। बाद में, वही दोनों पुस्तकें ए.एन. मितरा से ले लीं और नवम्बर में ए.के. घोष को दे दीं।

नवम्बर 1927 में ए.के. घोष और मैं इस बात पर सहमत हुए कि हमें काकोरी केस के फंड के लिए चन्दा जमा करने के अतिरिक्त क्रान्ति के लिए कोई विशेष काम करना चाहिए। जनवरी 1928 में वह कानपुर से वापस आया। उसने मुझे बताया कि लोग कानपुर में मजदूरों को संगठित कर रहे हैं, ताकि वे हड़ताल करें, जिसका असली लक्ष्य इंकलाब है। उसने यह भी सुझाया कि हमें भी इलाहाबाद में ऐसा करना चाहिए और कोई संगठनकर्ता जो कानपुर से आएगा, उसकी सलाह के अनुसार काम करना चाहिए। जनवरी 1928 में वह कानपुर चला गया, क्योंकि वह बीमार था।

जनवरी 1928 के मध्य में मैंने एक मीटिंग जे.एन. सान्याल, प्रकाश नारायण और राजिन्द्र सक्सेना की अल्फ्रेड पार्क में बुलाई। मैं खुद भी उस मीटिंग में उपस्थित था। जे.एन. सान्याल ने प्रकाश को बताया कि उसको साधारणत : काकोरी फंड के लिए चंदा आता है। जनवरी 1928 के आखिर में, मैं प्रकाश के कमरे में गया और वहाँ एक कोरियर (हरकारा) को उसकी उपस्थिति में मिला। ***बाद में मैंने मजिस्ट्रेट के सामने उस कमरे की निशानदेही की है।*** कोरियर ने मुझे एक चिट्ठी जे.एन. सान्याल को देने के लिए दी। मैं 'इंडियन प्रेस' में गया और जे.एन. सान्याल को चिट्ठी दे दी। जे.एन .सान्याल ने चिट्ठी पढ़ने के बाद मुझसे कहा कि चिट्ठी लाने वाले को कह दो 'नहीं'। मैं वापस आ गया और प्रकाश के कमरे में आकर उसकी उपस्थित में कोरियर को 'नहीं' का सन्देश दे दिया।

मिस्टर जस्टिस आगा हैदर के सवाल के जवाब में : कोरियर यू.पी. का रहने वाला था; सम्भवत : वह हिन्दू था। उसका नाम मुझे मालूम नहीं। वह उस दिन कानपुर से आया था। प्रकाश ने बताया था कि वह कानपुर से आया है। **कोरियर** पतला व मध्यम कद का था। उसका रंग गोरा, मूँछें छोटी और दाढ़ी कटी हुई थी। उसके बाल घुँघराले थे और उसने इस तरह कंघी की हुई थी कि उसके बाल लहरा रहे थे। उसकी उम्र लगभग 20 वर्ष थी। उस दिन के बाद मैंने उसे कहीं नहीं देखा। ***स्पेशल मजिस्ट्रेट की अदालत में वह मुझे नहीं दिखाया गया।***

मार्च 1928 में प्रकाश एक बार **मिस्टर पांडे** के साथ मेरे मकान पर आया। प्रकाश ने बताया कि पांडे कानपुर से आया है और वह मुझे मिलने का इच्छुक है। **जब मैंने**

पांडे को स्पेशल मजिस्ट्रेट की अदालत में पहचाना तो उस समय मुझे मालूम हुआ कि उसका पूरा नाम सुरिन्द्रनाथ पांडे है। वह मुल्जिमों के कठघरे में था।

(सरकारी वकील कहते हैं कि एस.एन. पांडे को गवाह से शनाख्त कराए जाने के लिए अदालत में पेश किया जाए। ***यह मामला विचार अधीन है, बयान जारी रहे।***)

पांडे ने मुझे बताया कि वह उस बातचीत की पैरवी के लिए जो ए.के. घोष और मेरे मध्य में हुई, कानपुर से आया है। वह अगले सेशन में इलाहाबाद यूनिवर्सिटी में दाखिल हो जाएगा और इंकलाब पसन्द मजदूरों की ट्रेड-यूनियन बनाएगा। मैंने उसे बताया कि मैं जे.एन. सान्याल को चंदा दे रहा हूँ। पांडे ने बताया कि वह जे.एन. सान्याल को जानता है और उससे मिलना चाहता है। तब मैं उसको जे.एन. सान्याल के मकान कर्नल गंज में ले गया, किन्तु सान्याल 'इंडियन प्रेस' में था। पांडे ने कहा कि वह सान्याल को 'इंडियन प्रेस' में नहीं मिलेगा। उसने एक चिट लिखी और मुझे कहा कि वह इस चिट को जे.एन. सान्याल के मकान में दे आए। मैं गया और चिट को जे.एन. सान्याल के भतीजे, जिसकी उम्र 6 वर्ष के करीब थी दे आया। थोड़े दिनों के बाद जे.एन. सान्याल ने मुझे बताया कि उसे चिट मिल गई थी।

एस.एन. पांडे जून में फिर इलाहाबाद आया और मेरे पास सुबह से लेकर शाम के तीन बजे तक ठहरा। उसने मुझे सुझाव दिया था कि मैं मजदूरों के लिए इलाहाबाद में नाइट स्कूल खोलूँ। ए.के. घोष जुलाई 1928 में इलाहाबाद आया। मैंने उसे पांडे के दिए हुए सुझाव के बारे में बताया। लेकिन उसने पांडे के नाईट स्कूल खोलने के सुझाव को पसन्द नहीं किया, क्योंकि उससे प्रोग्राम को पूरा करने में अनावश्यक देर हो जाएगी। सितम्बर 1928 ई. में मैं कॉलेज से छुट्टी के बाद ए.के. घोष के कमरा नं. 18 में गया। ***उस कमरे की बाद में मैंने मजिस्ट्रेट के सामने निशानदेही की।*** उस कमरे में मैंने ए.के. घोष, प्रकाश नारायण सक्सेना, राजिन्द्र प्रसाद सक्सेना, विजय कुमार सिन्हा और एक अजनबी को देखा। उसके बाद उसी दिन मुझे मालूम हुआ कि उस अजनबी का नाम 'सरदार' है; जनवरी 1929 ई. में मुझे उसका नाम 'रणजीत' मालूम हुआ।

असेम्बली में बम गिराए जाने के बाद मुझे ए.के. घोष से मालूम हुआ कि उस अजनबी का नाम भगत सिंह था। **मैंने उसे विशेष मजिस्ट्रेट की अदालत में मुल्जिमों के कठघरे में पहचाना।**

(सरकारी वकील कहते हैं कि भगत सिंह, मुल्जिम को गवाह से शनाख्त कराने के लिए अदालत में पेश किया जाए। ***मामला विचार अधीन है, बयान जारी रहे।***)

जब बी.एन. सक्सेना, आर.बी. सक्सेना हाजिर थे तो हमने विभिन्न विषयों पर बातचीत की। उनके जाने के बाद शेष तीनों और मैं अल्फ्रेड पार्क में सैर के लिए गए। मेरी बातचीत पहले विजय कुमार सिन्हा से हुई। जो कुछ पांडे ने मुझसे कहा था, मैंने वह उसे बता दिया। उसने भी नाइट स्कूल खोलने के सुझाव को पसन्द न किया। तब विजय कुमार सिन्हा ने मुझे सूचना दी कि वह पार्टी के मजदूर संगठन

पर निर्भर करने के अलावा नए तरीके अपना रहे हैं और मैं भी नए तरीके पर काम करूँ। विजय कुमार सिन्हा ने कहा कि भविष्य में पार्टी के दो भाग होंगे–एक, सक्रिय सदस्यों का संगठन और दूसरा, हमदर्दी रखने वालों का। पहले संगठन के व्यक्तियों को घर छोड़ना पड़ेगा और उनको ऐसी व्यवस्था करनी होगी जिसके तहत वह लड़ाकू भूमिका निभा सकें। दूसरा संगठन पहले संगठन की वित्तीय सहायता करेगा और इस संगठन की सहायता से देश की आजादी के लिए प्रचार करेंगे। दूसरा संगठन पहले संगठन के अधीन होगा और पहले (लड़ाकू) संगठन का प्रोग्राम दूसरे (सहायकों और हमदर्दों को) को मालूम नहीं होगा। ए.के. घोष और मैं इससे सहमत हुए तब विजय कुमार सिन्हा ने मेरा परिचय 'सरदार' से कराया। *उसने उसका नाम सरदार लिया और कहा कि वह लड़ाकू संगठन में है। उसने मुझसे आगे पूछा कि क्या कोई योग्य व्यक्ति इलाहाबाद से लड़ाकू संगठन में शामिल हो सकता है? मैंने कहा कि मेरे पास ऐसा कोई व्यक्ति नहीं।* **[सुखदेव : उसे खुद को प्रस्तुत करना चाहिए था]** ए.के. घोष ने कहा कि एक व्यक्ति आजमाने के लिए दिया जा सकता है। तब मैंने दस रुपए चंदे के रूप में लड़ाकू संगठन को दिए।

दिसम्बर 1928 ई. में, मैं, जे.एन. सान्याल के मकान पर गया और वहाँ उसने मुझसे रुपए माँगे। मैंने उसे बताया कि मैं सशस्त्र संगठन को चंदा दे आया हूँ और इस कारण ज्यादा रुपए नहीं दे सकता। फिर हमारी बातचीत सशस्त्र संगठन के बारे में होती रही। उसने राय दी कि बमों के प्रयोग के बिना ऐक्शन कार्य नहीं हो सकता। मैं उसकी राय से सहमत हुआ।

जनवरी 1929 ई. में ए.के. घोष के कहने पर मैं कॉलेज के समय के बाद उसके कमरे में 10 रुपए लेकर गया। वहाँ मैं फिर सरदार से मिला। ए.के. घोष एक मेहमान का इन्तजार कर रहा था, और इसलिए कहीं जा नहीं सकता था। **सरदार और मैं अल्फ्रेड पार्क में गए। जब सरदार सैर पर जाने के लिए अपना कोट पहन रहा था तो उसकी जेब से एक स्वयंचालक पिस्तौल गिर गई। *प्रदर्श पी.-480 वही पिस्तौल मालूम होती है।*** उसके बाद मैंने वैसी ही पिस्तौल फरवरी 1929 को आगरा में एक मकान में देखी।

तब मुझे सरदार ने बताया कि पार्टी का नाम सक्रिय संगठन से 'हिन्दुस्तान सोशलिस्ट रिपब्लिकन आर्मी' में बदल दिया गया है और सहायक और हमदर्द इस फौज के साथी होंगे। उसने तब मुझे बताया कि उसका नाम रणजीत है। *उसने मुझसे पूछा कि क्या कोई योग्य कार्रवाई इंस्पेक्टर बनर्जी और दूसरे सी.आई.डी. वालों के विरुद्ध की जा सकती है, जो इंकलाब पसन्द पार्टी की लहर को खराब कर रहे हैं। मैंने जवाब दिया दिया कि इससे हमारा प्रचार का कार्य और इलाहाबाद में संगठन का काम बिगड़ जाएगा, और इसलिए इस समय ऐसी कोई कार्रवाई न की जाए।* **[सुखदेव : गलत अभिप्राय]** मैंने उसे बताया कि जे.एन. सान्याल ने मुझे दिसम्बर में बताया था कि बमों के प्रयोग के बिना ऐक्शन असम्भव है। सरदार ने जवाब दिया कि वह इस बारे में ए.के. घोष के साथ बात करेगा। मैंने सरदार को दस रुपए दिए जो मुझे ए.के. घोष ने लाने के

लिए कहा था। ए.के. घोष के कमरे के दरवाजे पर मैंने रघुनाथ मितरा को देखा। यह देखकर कि रघुनाथ मितरा वहाँ है, मैं घर चला गया और सरदार ए.के. घोष के कमरे में दाखिल हुआ।

दिनांक 29 मई, 1930 ई.

जे. कोल्डस्ट्रीम

(बयान जारी रहा)

मैं रघुनाथ मितरा को सहपाठी व ए.के. घोष के मेहमान के रूप में जानता था। मैं, ए.के. घोष और जे.एन. बनर्जी से समय तय करके अगले दिन अल्फ्रेड पार्क में मिला। मैंने उन्हें अपनी बातचीत, जो मेरी रणजीत से सी.आई.डी. के विरुद्ध कार्रवाई करने के बारे में हुई थी, बताई। उन्होंने सुझाव को पसन्द किया। ए.के. घोष ने कहा कि हमें इंस्पेक्टर बनर्जी और दूसरे सी.आई.डी. वालों को पहचान लेना चाहिए, ताकि हम इस योग्य हो जाएँ कि सक्रिय संगठन के सदस्यों के पूछने पर उनकी पहचान बता सकें। मेरी और बी.एन. बैनारी की डयूटी इंस्पेक्टर बनर्जी की शनाख्त के लिए लगी। वह और मैं **प्रषोत्तम दास पार्क** में बैठ गए, जो सी.आई.डी. के दफ्तर और इंस्पेक्टर बनर्जी के मकान के मध्य **क्रोस्थवेट रोड** पर स्थित है।

(सरकारी वकील कहते हैं कि जे.एन. बनर्जी को गवाह के रूप में हाजिर किया जाएगा, यदि उसे हाजिर किया जा सके, लेकिन उसका पता मालूम नहीं। जे.एन. बनर्जी का नाम इस गवाह की गवाही में रखा जाए, इस शर्त पर कि अगर उसे गवाह के रूप में पेश नहीं किया जाएगा तो उन घटनाओं के साथ जिनका कि उसकी गवाही में जिक्र आया है, को नजरअंदाज किया जाएगा।)

दो दिन तक हमने इंस्पेक्टर बनर्जी को पहचानने की कोशिश की। दूसरे दिन हमने नीले रंग की सरकारी पुलिस की मोटरकार, जिसमें तीन पुलिस वाले और एक पुलिस अफसर, जिसको कि हमने इंस्पेक्टर बनर्जी समझा, बैठे हुए थे, देखा। हम उसको पहचान न सके, क्योंकि हम उसे नहीं जानते थे और दूसरा, मोटरकार भी तेज गति से जा रही थी। यह बात शाम के चार बजे के बाद की है। अगले दिन मैंने उसकी सूचना ए. के. घोष को दी। सी.आई.डी. वालों की शनाख्त का इरादा छोड़ दिया गया। यह जनवरी 1929 ई. की बात है।

मिस्टर जस्टिस आगा हैदर के सवाल के जवाब में : मैं महीने याद रख सकता हूँ लेकिन तारीखें नहीं। मेरी बहन की शादी पहली फरवरी 1929 को थी। इससे मुझे यह तारीख याद रखने में मदद मिली है।

सवाल : क्या तुम डायरी रखते हो?

जवाब : मैं 1925 तक रखता था। लेकिन जबसे मैं क्रान्तिकारी पार्टी का मेम्बर बना, डायरी रखनी छोड़ दी।

सवाल : क्या तुम अपने रोजाना हिसाब व खर्चे आदि की याददाश्त रखते हो?

जवाब : मैं अपने रोजाना हिसाब व खर्च की याददाश्त नहीं रखता।

साल 1929 के जनवरी के आखिरी सप्ताह के दिन जो कि मेरी बहन के तिलक की रस्म से पहला दिन था, मैं बाजार से आ रहा था, तो मेरे छोटे भाई, बी.के. मुखर्जी ने मुझे एक **चिट** दी। यह चिट ए.के. घोष की लिखाई में थी तथा इस पर छोटे हस्ताक्षर 'ए.जी.' थे। चिट में लिखा हुआ था कि **मिस्टर जे.एन. सान्याल को मिलो।** मैंने चिट को फाड़कर फेंक दिया। अगली सुबह मैं जे.एन. सान्याल को उसके मकान पर मिला। वह मुझे ऊपर की मंजिल में अपने कमरे में ले गया। कमरे में दो अनजान व्यक्ति थे। जे.एन. सान्याल ग्रेजुएट है। ***वादामाफ गवाह बनने के बाद जिस समय मैंने उन दोनों को पहचाना मुझे मालूम हुआ कि उन दोनों के नाम जतिन्द्र नाथ और फणिन्द्रनाथ घोष हैं। मैंने फणिन्द्रनाथ घोष को 10-11 दिन पहले अदालत में गवाहों के कठघरे में देखा था।*** जतिन्द्र नाथ दास लिखा रहा था और जे.एन. सान्याल के हाथ में पेन्सिल और नोटबुक थी। नोटबुक में जाहिर तौर पर उसके हाथ से कुछ लिखा हुआ था। बाद में नोटबुक मेरे हवाले की गई। उसमें मैंने कुछ एंट्रियाँ देखीं, जो कि जे.एन. सान्याल की लिखाई में मालूम होती थीं। यह केमिकल की एक लिस्ट थी। मैंने जे.एन. सान्याल की लिस्ट पहले देखी हुई थी। जे.एन. सान्याल के कहने पर मैंने उस नोटबुक में वही लिखा जो मुझे जतिन्द्र नाथ दास ने लिखाया। चूँकि मैंने यह एक उपकरणों की लिस्ट लिखी जो इस प्रकार थी–Measuring Glass, Glass Jar, Glass Rod, Glass Tube (Measuring Cylinder) आदि।

मिस्टर जस्टिस आगा हैदर का सवाल : जे.एन. सान्याल ने तुमको क्यों कहा कि तुम लिस्ट का लिखना जारी रखो, जबकि वह खुद लिख रहा था?

जवाब : मुझे यह मालूम नहीं कि क्यों जे.एन. सान्याल ने मुझे कहा कि मैं लिखने का काम उससे ले लूँ। उसने मुझसे यह भी कहा कि यदि सम्भव हो तो मैं ये सारे उपकरण यूनिवर्सिटी की लैबोटरी से लाऊँ।

जतिन्द्र नाथ दास ने मुझे जुबानी समझाया कि विशेष विस्फोटक पदार्थ किस तरह तैयार किए जाते हैं अर्थात् पिकरिक एसिड, गन कॉटन, फ्यूल्मीनेट ऑफ मरकरी, अमोनियम पिकरेट; तदानुसार, ग्लास रोड्स, ग्लास ट्यूब्स जोकि मुझे लैबोरेटरी से मुफ्त मिल सकते थे मैं ले आया। अगले दिन उन उपकरणों की लिस्ट, जो कि नोटबुक से फाड़ ली गई थी, जे.एन. सान्याल को दे दी। यह जनवरी 1929 के आखरी रविवार को लिखाई गई थी। यही तारीख मेरी बहन के तिलक की रस्म के लिए प्रस्तावित हुई थी। मैंने लिस्ट जे.एन. सान्याल को दे दी और कहा कि बाकी चीजें बाजार में लैबोरेटरी से सस्ती मिल सकती हैं। फरवरी 1929 ई. के शुरू में, मैं कॉलेज के समय के बाद ए.के. घोष के कहे अनुसार उसके कमरे में मिला। वहाँ मैंने पंडित जी नाम के एक नौजवान व्यक्ति को देखा। ए.के. घोष ने मुझे बताया कि विजय कुमार सिन्हा ने उसका परिचय पंडित जी से सक्रिय संगठन के सदस्य के रूप में कराया। **मैं ए.के. घोष को सक्रिय संगठन का सहायक समझता था।**

पंडित जी ने मुझे सी.डी.आई. वालों के घरों के साथ-साथ इंस्पेक्टर बनर्जी और डी.आई.बी. के घर व दफ्तर दिखाने को कहा। इसलिए उसके कहने पर मैंने सी.आई.डी.

के इंस्पेक्टर बनर्जी का दफ्तर, जिसको मैं जानता था, दिखाया। ***बाद में मैंने एक मजिस्ट्रेट को सी.आई.डी. का दफ्तर और बनर्जी का घर दिखाया।***

सरकारी वकील के सुझाव अनुसार एक ही उम्र के सात व्यक्ति अदालत के मचान पर लाए गए। गवाह को कहा गया कि इन व्यक्तियों में से किसी को पहचाने, जिसको पहले देखा हो अथवा जानता हो। यदि हो तो बयान करे कि कब और कहाँ उसने ऐसे व्यक्ति को देखा? **मैं उन सात व्यक्तियों में से एक को कोरियर के रूप में पहचानता हूँ, जो जनवरी 1928 में कानपुर से प्रकाश के कमरे में चिट्‌ठी लाया था।** जैसा कि मैंने अपनी गवाही में जिक्र किया है। जब मैंने उसे जनवरी 1928 में देखा तो उस समय यह व्यक्ति ऐनक लगाए हुए था। उन दिनों यह आज से पतला था। मैंने उसे जनवरी 1928 और आज के मध्य कभी नहीं देखा।

(सरकारी वकील ने कहा, यह व्यक्ति जिसको ललित कुमार बनर्जी ने चुना है, उसे गवाह के रूप में समन किया जाएगा, **जिसका नाम हमें ब्रह्मदत्त मिश्र मालूम है**) अदालत उस व्यक्ति की शनाख्त का उल्लेख करती है, जिसको कि सरकारी वकील ब्रह्मदत्त मिश्र बताता है और जिसे गवाह ललित कुमार मुखर्जी द्वारा शनाख्त किया गया है।

सरकारी वकील के कहने पर ट्रिब्यूनल इस बात को भी मद्देनजर रखती है। सात व्यक्ति जिनको अदालत में लाया गया, सारे नंगे सिर थे। चार व्यक्तियों में से जिस व्यक्ति को पहचाना गया है, वे कछुए के फरेम वाली ऐनकें व धोती पहने हुए था।

(अदालत में इस पड़ाव पर पी.एन. घोष, सरकारी गवाह नं. 3 को लाया गया।) **मैं उस व्यक्ति को पी.एन. घोष के रूप में पहचानता हूँ। तफ्तीश के दौरान मैंने उसे मजिस्ट्रेट के सामने पहचाना था।** दस-ग्यारह दिन पहले इसे मेरे सामने लाया गया था। उस मौके पर उसने मुझे शनाख्त किया, जब वह गवाही दे रहा था। पिछले साल फरवरी 1929 को बसंत से दो दिन पहले ए.के. घोष मेरी लैबोरेटरी में आया और मुझे एक चिट्‌ठी जो कि उसको रणजीत ने लिखी थी, दिखाई। चिट्‌ठी पर रणजीत के हस्ताक्षर थे। पहले उसने मुझे कहा कि एक कोरियर लाया है। इस चिट्‌ठी में मुझे 'Brother M.Sc.' दिखाया गया। चिट्‌ठी में लिखा था कि मैं खुद या ए.के. घोष, कोरियर के साथ, प्रिमूस स्टोव, एक काँच (शीशे) की नली, एक ग्लास रोड, पीला फास्फोरस लेते आए। ए.के. घोष ने मुझको कहा कि चूँकि उसने एक शादी में शामिल होना है, मैं ही चला जाऊँ। मैं सहमत हो गया। ए.के. घोष स्टोव लाया और चार-पाँच घंटों के बाद रात को 8 बजे अपने कमरे में मुझको दे दिया। फास्फोरस मिल न सका। मैं लैबोरेटरी से एक गलास टयूब का टुकड़ा और एक 7 इंच लम्बा ग्लास रोड का टुकड़ा ले गया। कॉलेज के समय के बाद, मैं उस **हरकारे (कोरियर)** को ए.

के. घोष के कमरे में मिला। **बाद में मैंने उस कोरियर को मजिस्ट्रेट के सामने शनाख्त किया। मैंने उसे विशेष मजिस्ट्रेट की अदालत में मुल्जिमों के कठघरे में भी शनाख्त किया। मजिस्ट्रेट के सामने शनाख्त परेड में मुझे मालूम हुआ कि उसका नाम राजगुरु था या उससे भी लम्बा नाम था, जिसमें शब्द राजगुरु भी शामिल था। मजिस्ट्रेट ने मुझे नाम बताया था। यह मजिस्ट्रेट ही था जिससे मुझे यह सूचना मिली। जबकि उसने कहा था कि गवाह राजगुरु को शनाख्त करता है। मजिस्ट्रेट ने ऐसा नाम बोला था।** कोरियर और मैं 'आगरा एक्सप्रेस' से रात को साढ़े नौ बजे रवाना हुए। कोरियर ने ए.के. घोष के सामने कहा था कि वह और मैं आगरा एक्सप्रेस से जाएँगे। उसने मुझसे कहा कि मैं अपने पिताजी से कहकर यह स्वीकृति ले लूँ कि मैं अपने कॉलेज के विद्यार्थियों के साथ कानपुर जा रहा हूँ।

अदालत के सवाल के जवाब में : उस कोरियर ने सारी बातें साधारण हिन्दुस्तानी में की, जो इलाहाबाद की तरफ बोली जाती है। मैंने उसे उसी की भाषा में जवाब दिया।

(सरकारी वकील कहते हैं कि राजगुरु मुल्जिम को गवाह से शनाख्त कराने के लिए अदालत में पेश किया जाए। ***मामला विचार अधीन है, बयान जारी है।***)

मैंने अपने पिताजी को वही कहा जो कुछ मुझे कोरियर ने बताया था। उन्होंने मुझे जाने की इजाजत दे दी। कोरियर ने मुझे एक मथुरा की टिकट दी और हम दोनों ने भिन्न-भिन्न डिब्बों में सफर किया। मेरे पास **स्टोव,** ग्लास टयूब, ग्लास रॉड, कम्बल और दो कोट और सूटकेस में मेरे कपड़े थे। ***प्रदर्श पी.-324*** वैसे ही **प्रिमूस स्टोव** है, जिसको कि मैं ले गया। **लेकिन उसका बर्नर सिलेंसर टूटा हुआ है।**

पूर्व निर्धारित व्यवस्था के अनुसार मैं **टुंडला जक्शन** के प्लेटफार्म पर कोरियर को मिला। टुंडला से लेकर आगरा शहर तक हम दोनों ने मेरे वाले डिब्बे में इकट्ठे सफर किया। हम आगरा शहर के स्टेशन पर उतरे। हम एक घर में गए, जो कि **अस्पताल के नजदीक एक कूचे में है। *बाद में उस घर की मैंने मजिस्ट्रेट के सामने निशानदेही की।*** मैं उस घर में एक यू.पी. के व्यक्ति से मिला। कोरियर ने मेरा उससे यह कहकर परिचय कराया कि उसका नाम **'प्रभात'** है। **बाद में मैंने उस व्यक्ति को विशेष मजिस्ट्रेट की अदालत में मुल्जिमों के कठघरे में पहचाना; तथा मुझे मालूम हुआ कि उसका नाम शिव वर्मा है; उसने वहाँ मेरे साथ जिरह भी की।**

(सरकारी वकील कहते हैं कि मुल्जिम शिव वर्मा को गवाह से शनाख्त कराने के लिए अदालत में पेश किया जाए। ***मामला विचार अधीन है, बयान जारी रहे।***)

बुखार की वजह से मैं ऊपर की मंजिल में कम्बल पर लेट गया। लगभग एक घंटे के बाद रणजीत वहाँ पी.एन. घोष के साथ आया। पी.एन. घोष को वहाँ **दादा**

कहा जाता था। **वह वही व्यक्ति है जिसको मैंने आज शुरू में शनाख्त किया।** अगले दिन रणजीत अपने साथ जे.एन. दास को लाया। उससे अगले दिन मैंने आगरा वाले मकान में एक नौजवान को देखा जिसको **विलेजर** के नाम से पुकारा जाता था। मैंने एक और नौजवान को भी देखा जिसका पार्टी का नाम मैं नहीं जानता। **मैंने विलेजर को विशेष मजिस्ट्रेट की अदालत में मुल्जिमों के कठघरे में शनाख्त किया और वहाँ मुझे मालूम हुआ कि उसका नाम 'सुखदेव' है।**

(सरकारी वकील कहते हैं कि मुल्जिम सुखदेव को गवाह से शनाख्त कराने के लिए अदालत में पेश किया जाए। ***मामला विचार अधीन है।***)

उसके पास एक सूटकेस था, जिसमें दो बोतलें अमोनियम कार्बोनेट की थीं। उससे अगले दिन खाना खाने के बाद अमोनियम पिकरेट बनाने की तैयारी शुरू की गई और जो दो या तीन घंटे तक जारी रही। जहाँ तक मुझे याद है, एक बरतन टूट गया और इससे स्टोव खराब हो गया। उस दिन मिश्रण (मिक्चर) आदि को मिलाने की तैयारी में दास, पी.एन. घोष और रणजीत ने हिस्सा लिया। बाकी हम सब–विलेजर, पंडित जी (जो कि उस समय वहाँ पहुँचा, जब तैयारी का काम जोरों पर था), एक और व्यक्ति, जिसका नाम मैं नहीं जानता था, प्रभात, विजय कुमार सिन्हा, जो कि कभी–कभी आया करता था और मैं देख रहे थे और सहायता भी कर रहे थे। विजय कुमार सिन्हा रोटी भी पकाया करता था। वह उस दिन भी रोटी पका रहा था। उस दिन दास, घोष व रणजीत के पास रबड़ के दस्ताने थे।

छोटे दस्ताने थोड़ी देर के लिए विलेजर ने पहन लिए थे; बाद में मैंने और आखिरी बार पंडित जी ने पहने। जब चिलमची टूट गई तो तैयारी बन्द कर दी। ***प्रदर्श पी.–700*** **वैसा ही मीजरिंग ग्लास (Measuring glass) है, जैसा कि उस घर में था।** उसका उपयोग नहीं किया गया था। **दो मीजरिंग सिलेंडर *पी. 695–ए और प्रदर्श पी.–695*** के जैसे इस्तेमाल किए गए थे। जिस **छड़ी** से मिश्रण को मिलाया गया था वह ***प्रदर्श पी.–697, 697–ए, पी. 697–बी*** **छड़ियों** की तरह है। **पहली चिलमची टूट जाने के बाद दूसरी चिलमची लाई गई जो *प्रदर्श पी.–395 की तरह थी।* रबड़ के चार जोड़े दस्ताने *प्रदर्श पी.–694–ए, पी. 694–बी.*** की तरह थे। वहाँ **प्याले धोने के लिए प्याले भी** थे, जो ***प्रदर्श पी–692 व प्रदर्श पी–692ए*** की तरह थे।

मिस्टर जस्टिस आगा हैदर के सवाल के जवाब में : दस्ताने जिनको मैंने यहाँ देखा है, फ्रांसीसी चाक से ढके हुए हैं, जिस कारण मैं उन दस्तानों का रंग नहीं देख सका था। उनको बिना पहने ही मैंने उनके माप का अंदाजा लगा लिया है। मेरे विचार में जो चार जोड़े दस्ताने घर पर थे, उनमें से एक जोड़ा जरा दूसरों से बड़ा था। रणजीत के हाथ में वह पूरा आता था और रणजीत का हाथ मेरे हाथ से बड़ा था। मेरे विचार में दूसरे दस्ताने एक ही माप के थे। रबड़ लचकदार थी और फैलकर हथेली पर पूरी आ जाती थी। जो दस्ताने घर में थे, ऊपर की तरफ से मिट्टी के रंग के और अन्दर की तरफ से हल्के भूरे रंग के थे।

वहाँ ***प्रदर्श पी.-316*** की तरह **एक बाल्टी** थी। रणजीत ने प्रभात और विजय कुमार सिन्हा को कहा कि वे नई बाल्टी ला दें। जब चिलमची टूटी तो ये दोनों नीचे थे। अगले दिन नई चिलमची आ गई और अमोनियम पिकरेट की तैयारी शुरू की गई। उस दिन भी तैयारी में ज्यादा हिस्सा दादा उर्फ घोष, दास व रणजीत ने लिया। बाकी सबने अर्थात् सुखदेव, एक व्यक्ति जिसका नाम मैं नहीं जानता, पंडित जी व विजय कुमार सिन्हा और मैंने सहायता की। मैं नहीं कह सकता कि उस दिन जब तैयारी की जा रही थी तो **प्रभात** ने भी सहायता की। मैटर काला हो गया, तो दादा और दास ने फैसला किया कि पिकरिक एसिड की बजाय अमोनियम पिकरेट बनाया जाए। उनका विचार था कि मैटर का काला हो जाना स्टोव में नुक्स के कारण हुआ है, क्योंकि पिछले दिन स्टोव को नुकसान पहुँच चुका था। तब एक नया स्टोव लाया गया और काम शुरू किया गया। पिकरिक एसिड खुश्क रूप में तैयार किया गया और उसे पोटाश के साथ मिलाया गया। इस मिश्रण से एक खोल भरा गया।

> जब गवाह को आठ बम शेल दिखाए गए तो उसने कहा जो **शेल** आगरा वाले घर में भरा जा रहा था, ***वह प्रदर्श पी.-89, पी. 90 और पी. 93*** में से एक की तरह था। सुबह भरे जाने के बाद वह ***प्रदर्श पी.-94, 203, या पी 96-205*** की तरह था।

जहाँ तक मुझे याद है मैंने आगरा वाले मकान में बम शेल देखा। आखिरी व्यक्ति जिसको मैंने बम शेल पकड़े हुए देखा था वह विलेजर था। मैंने विलेजर को दूसरे कमरे में बम शेल ले जाते देखा था, और फिर मैंने बम शेल नहीं देखा। मैंने वहाँ एक **काली स्वयंचालित पिस्तौल** को देखा, दादा जिसे रणजीत को दे रहा था। **वह *प्रदर्श पी.-480* की तरह थी, जिसको मैंने अभी पहचाना है; वह इस तरह की पिस्तौल है जैसी कि मैंने रणजीत के पास इलाहाबाद में देखी थी।** मैंने एक बड़ी पिस्तौल उस घर में देखी। वह लकड़ी के केस में रखी हुई थी। इसका दस्ता लकड़ी का था और बट पिस्तौल के केस के रूप में प्रयोग होता था। जब बट पिस्तौल पर रखा जाता था तो वह हथियार बन्दूक जितना लम्बा हो जाता था। जहाँ तक मुझे याद है उसे वहाँ **माउजर** के नाम से पुकारते थे।

शेल शाम के तीन या चार बजे तक भरी गई। तब मेरी और रणजीत की बहस हुई। उसने मुझे कहा कि लड़ाकू गिरोह में शामिल हो जाओ। मैंने जवाब दिया कि मैं विद्यार्थियों में प्रचार करने के काम को अच्छा समझता हूँ। हमारी खूब बहस हुई। आखिर रणजीत ने मुझे कहा कि मैं आज शाम की पाँच बजे की गाड़ी से इलाहाबाद वापस चला जाऊँ।

उसने मुझे पाँच रुपए रेल के किराये के लिए दिए। उसने मुझे कहा कि अच्छा होगा कि तुम अपने विचार के अनुसार काम करो। विलेजर मेरे साथ ताँगे के अड्डे तक गया। मैं इलाहाबाद उसी शाम को आ गया। वहाँ से मैंने बनारस का एक टिकट लिया। मैंने अपना टिकट वहाँ नहीं दिया। **मैं इलाहाबाद के लिए अपने साथ कम्बल व स्टोव नहीं लाया, क्योंकि कम्बल गुम गया था और स्टोव खराब हो गया**

था। रणजीत ने वचन दिया था कि वह स्टोव ठीक करके व कम्बल ढूँढ़कर भेज देगा। मैं इलाहाबाद में ए.के. घोष को मिला और उसको जो कुछ आगरा में हुआ था, बताया। **रणजीत ने मुझे कहा कि मैं सान्याल और दूसरे मेम्बरों के अलावा ए.के. घोष, जिसके लिए मैंने उससे विशेष मंजूरी ले ली थी, बिलकुल नहीं बताना कि आगरा में क्या हुआ है।** लगभग 14 दिन के बाद मैं अल्फ्रेड पार्क में ए.के. घोष और विजय कुमार सिन्हा को मिला। **विजय कुमार सिन्हा ने कहा कि कम्बल मिल गया है और तुम उसे ए.के. घोष से ले लेना। उसने यह भी बताया कि स्टोव ठीक हो गया है और उसे भी ए.के. घोष से लेना।** बाद में मैंने ए.के. घोष से कम्बल ले लिया। मेरे पास अब वह कम्बल है, लेकिन मैंने स्टोव नहीं लिया, क्योंकि वह ए.के. घोष का था। बाद में ए.के. घोष ने मुझे बताया कि रणजीत का नाम भगत सिंह है।

मुझे 16 जून, 1929 को मेरे मकान इलाहाबाद से गिरफ्तार किया गया। अगले दिन मुझे लाहौर लाया गया, यहाँ मैं 18 जून, 1929 को पहुँचा। मैंने पुलिस अफसर के सामने अपना बयान 26 जून को दिया। उससे अगले दिन मुझे वादामाफी मिल गई जिसे मैंने मंजूर किया। उससे अगले दिन (28 जून, 1929 को) ***मैंने मजिस्ट्रेट के सामने बयान दिया। मैं अपने हस्ताक्षर प्रदर्श पी.बी.वी. पर शनाख्त करता हूँ।*** यह माफी की मंजूरी का फार्म है। जो बयान मैंने मजिस्ट्रेट के सामने दिया, वह मुझे पढ़कर सुनाया गया। वह सही लिखा गया था। मैंने उस पर अपने हस्ताक्षर किए थे। जिस मजिस्ट्रेट ने बयान लिखे थे, शायद उसका नाम **मुलखराज** है।

(इस स्टेज पर सरकारी वकील ने ***प्रदर्श पी.बी.वी.1*** पेश किया और कहा कि वह इस दस्तावेज को फिर प्रमाणित करेगा।)

जो बयान श्रीमान मुलखराज ने लिखा था, शायद मुझे विशेष मजिस्ट्रेट की अदालत में पढ़कर सुनाया गया था। **श्रीमान मुलखराज को बयान देने के बाद मैं एक पुलिस अफसर और एक मजिस्ट्रेट को आगरा वाले मकान पर ले गया, जहाँ विस्फोट तैयार हुआ था। मैं उनको इलाहाबाद में ए.के. घोष के दोनों कमरों में व जे. एन. सान्याल के मकान और दूसरी जगहों पर, जिनका मैंने जिक्र किया है, ले गया।**

शनाख्त परेड में मैंने पी.एन. घोष, दास, विजय कुमार सिन्हा और राजगुरु को पहचाना।

श्रीमान मजिस्ट्रेट आगा हैदर के सवाल के जवाब में : विशेष मजिस्ट्रेट की अदालत में मैंने भगत सिंह, सुखदेव, शिव वर्मा, जे.एन. सान्याल, ए.के. घोष, राजगुरु, विजय कुमार सिन्हा और एस.आर. पांडे को शनाख्त किया।

विशेष मजिस्ट्रेट की अदालत में मेरा **बयान दो दिन और कुछ समय** तथा मेरी **जिरह छह दिन और कुछ समय** तक होती रही।

बयान के पहले दिन मैंने **सान्याल, एक.के. घोष व विजय कुमार सिन्हा** तथा दूसरे दिन **दूसरे मुल्जिमों** को शनाख्त किया।

शनाख्त परेडों में कई व्यक्ति पंक्ति में खड़े किए गए। मुझे कहा गया कि मैं किसी व्यक्ति को जिसको मैं जानता हूँ, उसे पहचानूँ। इन परेडों में व्यक्तियों की गिनती विभिन्न थी। जहाँ तक कि मेरा ख्याल है हर एक परेड में आठ व्यक्तियों से ज्यादा के साथ वे व्यक्ति शामिल होते थे जिनको पहचानता होता था। प्रत्येक परेड में मैंने एक व्यक्ति को शनाख्त किया।

जहाँ तक मैं जानता हूँ, दूसरे व्यक्ति जो कि उन व्यक्तियों के साथ होते थे, जिनको मैंने शनाख्त किया, इस मुकदमे में दोषी नहीं थे। मैं सात परेडों में शामिल हुआ था। उन सातों परेडों में जिन व्यक्तियों की शनाख्त की, उन व्यक्तियों ने शनाख्त परेडों के दौरान एक ही तरह के कपड़े पहने हुए थे। **उस परेड, जिसमें दास था, बहुत से व्यक्तियों के शरीर नंगे थे। जिस परेड में घोष था, उसमें व्यक्तियों ने धोतियाँ और कमीजें पहनी हुई थीं, लेकिन सिर पर कुछ नहीं था। एक परेड में मैंने एक व्यक्ति को पहचाना, लेकिन मजिस्ट्रेट साहब ने कहा कि ठीक नहीं पहचाना गया। दो परेडों में मैंने किसी को नहीं पहचाना। मुझे यह मालूम नहीं कि उन दो परेडों में कोई मुल्जिम शामिल था या नहीं।**

सुनकर सही स्वीकार किया।

30 मई, 1930 जे. कोल्डस्ट्रीम

(बयान समाप्त हुआ। इस विषय के सम्बन्ध में जे.एन. सान्याल, ए.के. घोष, विजय कुमार सिन्हा, एस.एन. पांडे, भगत सिंह, शिव वर्मा व सुखदेव मुल्जिमों को गवाह से शनाख्त कराने के लिए अदालत में पेश किया जाए।)

30 मई, 1930 जे. कोल्डस्ट्रीम

गवाह नं. 7 : 'सरकारी गवाही से पीछे हटना'

बयान वादामाफ गवाह रामशरणदास, सुपुत्र लाला संतराम, जाति खत्री, आयु 41 वर्ष, पता कपूरथला, व्यवसाय बेरोजगार:–

मुझे 1915 में 'लाहौर साजिश केस' में आजीवन कारावास–काले पानी की सजा हुई थी।

29 सितम्बर, 1927 को मुझे कैद की सजा के पूरे होने अथवा अस्वस्थ होने के आधार पर रिहा किया गया था।

रिहा होने के पश्चात् मैं पहली बार 1927 में लाहौर आया था, वहाँ आकर मैं सरदार किशन सिंह के मकान पर ठहरा था, जो सरदार अजीत सिंह के भाई हैं तथा मुकदमे में दोषी भगत सिंह के पिता हैं। मैं एक दिन और रात उनके मकान में ठहरा था। इस मकान में, मैं दोषी सुखदेव से मिला था, जो भगत सिंह के साथ था। मुझे उनकी बातों से यह पता चला कि वे बड़े सच्चे देशभक्त हैं और वे विद्यार्थियों में देशभक्ति का प्रचार करते हैं।

मैंने उनको यह सुझाव दिया कि भाषणों की बजाय विद्यार्थियों में साहित्य के द्वारा देशभक्ति का प्रचार किया जाए और उन्होंने यह सुझाव स्वीकार कर लिया; इस बार मेरी और कोई बात उनसे नहीं हुई थी।

इसके पश्चात् मैं दो-तीन बार लाहौर आता रहा। इस दौरान मैं ज्यादातर भगत सिंह को और कभी-कभी सुखदेव को मिला करता था। हम आपस में देश के हित में प्रचार के मुद्दे पर विचार-विमर्श किया करते थे।

मैं चाहता था कि वे महात्मा गांधी के कार्यक्रम के अनुसार कार्य करें; उस समय उन्होंने ऐसा करना स्वीकार भी कर लिया था।

बाद में जब उन्होंने असेम्बली में बम फेंका तो पता चला कि वे हिंसा के अनुयायी हैं तथा उन्होंने यह तथ्य मुझे नहीं बताया था। असेम्बली बम घटना से मुझे उक्त तथ्य का अनुभव हुआ; इस घटना की जानकारी मुझे अखबारों से मिली थी।

अक्तूबर 1928 में, मैं अमृतसर गया तो संयोग से मुझे दोषी सुखदेव मिल गया, जो मुझे जलियाँवाला बाग में ले गया। वहाँ बातचीत के दौरान उसने कहा कि उन्हें धन की जरूरत है; मैंने जवाब दिया कि मेरे पास रुपए तो नहीं हैं। उसने कहा कि मुझे ऋण के रूप में ही दे दें, जो वह बाद में लौटा देगा। मैंने कहा कि यत्न करूँगा। सुखदेव मुझे अमृतसर से किसी और स्थान पर लेकर नहीं गया।

मैं वापस कपूरथला चला गया और वहाँ पर कर्जा लेने का यत्न किया, परन्तु निश्चित समय में, मैं कर्जा हासिल नहीं कर सका, क्योंकि मैंने सुखदेव को लौटकर अमृतसर के जलियाँवाला बाग में मिलने का वचन दिया हुआ था। मैं निश्चित तिथि को अमृतसर पहुँचा। वहाँ मुझे सुखदेव मिला और मैंने उसे बताया कि कर्जा नहीं मिल सका। उसने कहा कि आप दोबारा यत्न करें। इस बार अमृतसर में सुखदेव को छोड़कर किसी और से मेरी भेंट नहीं हुई।

फिर मैं कपूरथला वापस चला गया और मैंने पंडित दुर्गादास से 100 रुपए कर्जा लिया। मैंने उसके हक में परनोट लिख दिया; आठ महीने पहले मैंने उसका कर्जा चुका दिया था, दस्तावेज ***प्रदर्श पी.इ.क्यू.*** वह परनोट है जो मैंने दुर्गादास को लिखकर दिया था। मैं नियत दिन के अनुसार सुखदेव को जालन्धर में मिला; वहाँ मैंने उसको बताया कि मुझे 100 रुपए कर्जा मिला था, परन्तु मैंने उसे अपनी जरूरतों के लिए खर्च कर दिया है। मैं फिर कपूरथला वापस आ गया।

(बयान जारी रहा)

"मैं अदालती हवालात की बजाय जेल में जाना चाहता हूँ, क्योंकि मैं पुलिस वालों के साथ नहीं रहना चाहता।"

यह दस्तावेज मुझे पुलिस ने दिया है कि मैं इसको जबानी याद कर लूँ। यह बयान एक साल से पुलिस अधिकारी के पास था जो कि मेरे ऊपर नियुक्त रहा है और वह कभी-कभी इसे मुझे दिखाया करता था।

जिस समय कोई पुलिस अधिकारी बदलता था, तो वह अपने इस बयान को अपने उत्तराधिकारी को सौंप दिया करता था।

गवाह ने एक और दस्तावेज अदालत के समक्ष प्रस्तुत किया है।

30 मई, 1930

जे. कोल्डस्ट्रीम/आगा हैदर/जी.सी. हिल्टन

आदेश (अदालत)

इस गवाह को लाहौर की बोरस्टल जेल की जुडिशियल हवालात में रखा जाए तथा पुलिस की हिरासत में न रखा जाए। उसे कल अदालत में पेश किया जाए अथवा उसको मुकदमे के अन्य दोषियों के साथ भी मिलने न दिया जाए।

(आज समय हो गया बाकी कार्रवाई कल होगी।)

30 मई, 1930

जे. कोल्डस्ट्रीम

31.5.1930 को बयान जारी

मैंने सुखदेव को वह 100 की राशि नहीं दी थी न ही मैंने कभी 100 रुपए उसको दिए थे।

सुखदेव को मिलने के बाद, मैं उसके साथ आगरा न जाकर, वापस कपूरथला आ गया था। सुखदेव के साथ मैं कभी दिल्ली भी नहीं गया। मैं आगरा कभी नहीं गया और न ही भगत सिंह तथा दत्त को वहाँ इकट्ठे देखा था। कपूरथला से मैं लाहौर आया और फिर वहाँ से कलकत्ता चला गया।

(इस पर मजिस्ट्रेट आगा हैदर ने टिप्पणी की कि यह सवाल और जो इससे पहले सवाल पूछे गए हैं, वे सवाल जिरह की भाँति के अथवा ऐसे सवाल करने से पहले सरकारी वकील को ऐसे सवाल करने की अनुमति लेनी चाहिए।)

अध्यक्ष महोदय, सवाल इस प्रकार हैं:–

सवाल : क्या तुमने वे 100 रुपए सुखदेव को दिए थे? सुखदेव को जालन्धर में मिलने के बाद क्या तुम उसके साथ आगरा गए थे या नहीं?

सवाल : क्या तुम सुखदेव के साथ दिल्ली गए थे?

सवाल : क्या तुमने भगत सिंह तथा सुखदेव को दिल्ली में इकट्ठे देखा था?

सवाल : क्या तुम कभी कलकत्ता गए थे या नहीं?

सवाल : तुम किस उद्देश्य के लिए कलकत्ता गए थे?

जस्टिस हिल्टन : अभी तक किए गए सवाल जिरह वाले प्रतीत नहीं होते।

अध्यक्ष महोदय : हम इन प्रश्नों को जिरह की भाँति के सवाल नहीं ठहराते।

मैं कपूरथला में गिरफ्तार हुआ था; पहली बार मुझे 6 जून को लाहौर लाया गया था। 13 जून को मैंने मजिस्ट्रेट साहब के समक्ष बयान दिया था। ***बयान प्रदर्श पी.ई. पर मेरे हस्ताक्षर हैं।***

हालाँकि मैंने उक्त बयान पर मेरे हस्ताक्षर 13 जून को किए हुए लगते हैं, परन्तु वास्तव में मैंने यह हस्ताक्षर तीन-चार दिन उसके पश्चात् किए थे। ***प्रदर्श पी.ई.आर.*** **उक्त दस्तावेज नहीं है;** मैं नहीं जानता कि वह कहाँ है? मुझे याद नहीं है कि **जिस दस्तावेज पर मैंने 13 जून को हस्ताक्षर किए थे, वह इसी रूप में थी, जैसी कि यह *प्रदर्श पी.ई.आर.*। *प्रदर्श पी.ई.आर.* वह दस्तावेज है जिस पर मैंने 13 जून के तीन-चार दिन बाद हस्ताक्षर किए थे।** इंस्पेक्टर अताउल्ला ने मेरे हस्ताक्षर

करवाते समय यह बताया था कि उक्त ***प्रदर्श पी.ई.आर.* दस्तावेज मेरे हस्ताक्षरों वाली उस दस्तावेज *पी.ई.आर.* से भिन्न थी**, अथवा उसका काँट-छाँट किया हुआ रूप था। इसमें जो फालतू बातें डाल दी गई हैं उनमें एक तो यह थी, **मेरा शिव वर्मा को जलियाँवाला बाग में मिलना, वहाँ यू.पी. के दो व्यक्तियों को देखना 'मदर' पुस्तक का वहाँ देखना, मेरा दिल्ली और आगरा जाना, तथा वहाँ मेरी भगत सिंह से हुई वार्तालाप का विस्तार।** मैंने हस्ताक्षर करने से पहले ***प्रदर्श पी.ई.आर.*** को पढ़ा नहीं था।

25 जून को मुझे अतिरिक्त जिला मजिस्ट्रेट के समक्ष पेश किया गया था, मैंने उस समय उनसे कोई ऐसी याचना नहीं की थी कि ***प्रदर्श पी.ई.आर.*** जिस पर पुलिस ने मेरे हस्ताक्षर करवाए हैं, यह वास्तव में मेरा सही बयान नहीं था तथा न ही मैंने उनसे यह ही पूछा था कि जिस कागज पर अतिरिक्त जिला मजिस्ट्रेट ने मेरे हस्ताक्षर कराए थे। ***प्रदर्श पी.ई.आर.* में मेरी कही हुई बातों के अतिरिक्त और भी बातें हैं जो मैंने कभी कही ही नहीं। मैंने प्रदर्श पी.ई.आर. पर 13 जून की तारीख इंस्पेक्टर अताउल्ला के दवाब पर डाली थी; मैंने कोई एतराज नहीं किया था क्योंकि वादामाफ ऐसी स्थिति में नहीं होते। मेरे से *प्रदर्श पी.ई.आर.* पर हस्ताक्षर किले में करवाए गए थे; जब मैंने *प्रदर्श पी.ई.आर.* पर हस्ताक्षर किए थे तो उस समय मजिस्ट्रेट वहाँ मौजूद नहीं था। मैंने मजिस्ट्रेट को इस तरह की कोई याचना नहीं की थी कि जिस बयान पर मेरे हस्ताक्षर कराए गए हैं वह वास्तव में मेरा सही बयान नहीं है। जब मैंने प्रदर्श पी.ई.आर. पर हस्ताक्षर किए थे, उस समय मैंने यह नहीं जाँचा था कि क्या उस पर पहले से ही मजिस्ट्रेट के हस्ताक्षर थे या कि नहीं।**

25 जून, 1929 को मुझे अतिरिक्त जिला मजिस्ट्रेट के समक्ष पेश करके मुझे माफी की शर्तें बताने के बाद मुझे माफी प्रदान कर दी गई थी, तब मैंने इन शर्तों को परवान कर लिया था। मेरे *प्रदर्श पी.ई.आर.* पर किए हुए हस्ताक्षर उक्त परवानगी के लक्ष्यित हैं।

दूसरे दिन (26 जून को) मुझे लाला मुलकराज मजिस्ट्रेट के समक्ष ले जाया गया। मैंने वहाँ बयान दिया। मेरा बयान लिखने के बाद उसने मुझे यह बयान पढ़कर सुनाया और फिर मैंने इस पर हस्ताक्षर किए थे; उस बयान के अन्त में मजिस्ट्रेट ने कुछ अतिरिक्त सवाल किए, जिनका मैंने जवाब दिया तो उनको दर्ज कर लिया गया था। इन सवालों के जवाब भी मुझे पढ़कर सुनाए गए थे तथा मैंने उन पर हस्ताक्षर किए थे। ***प्रदर्श पी.ई.आर. 3*** वह अतिरिक्त बयान है जिस पर मैं अपने हस्ताक्षर स्वीकार करता हूँ। ***प्रदर्श पी.ई.आर. 2 तथा प्रदर्श पी.ई.आर. 3*** दोनों ही ठीक लिखे गए हुए थे। अथवा मैंने मजिस्ट्रेट की हाजिरी में उन पर हस्ताक्षर भी किए थे।

(इस पड़ाव पर सरकारी वकील ने अदालत से ***प्रदर्श पी.ई.आर. 2 तथा पी.ई.आर.*** द्वारा प्रस्तुत कुछ तथ्यों से गवाह के मुकर जाने के आधार पर उसे जिरह करने के लिए आज्ञा की याचना की, जो प्रदान कर दी गई।)

जस्टिस आगा हैदर के सवाल के जवाब में : मेरे 26 जून, 1929 वाले बयान में कुछ ठीक है और कुछ गलत।

सरकारी वकील के सवाल के जवाब में:

जब सरदार किशन सिंह के मकान पर मैं भगत सिंह तथा सुखदेव को मिला था तो मुझे यह पता नहीं चल पाया था कि उन्होंने कोई गुप्त संगठन बना रखा था और न ही मुझे यह पता चला था कि उक्त संगठन की शाखाएँ संयुक्त प्रांत (यू.पी.) में भी हैं।

(इस पड़ाव पर गवाह को उसके 26 जून, 1929 वाले बयान ***प्रदर्श पी. ई.आर. 2*** से यह पंक्तियाँ पढ़कर सुनाई गईं।)

मुझे यह पता भी चला था कि ये लोग खुल्लमखुला प्रचार कर रहे थे और मुझे बाद में पता चला कि इन्होंने एक गुप्त संस्था बना रखी थी जिसके उद्‌देश्य, लाहौर साजिश केस वाली गदर पार्टी वाले ही थे।

सवाल : क्या तुमने उक्त तथ्य मजिस्ट्रेट को बताए थे?

जवाब : हाँ मैंने यह कुछ पुलिस के कहने पर ही कहा था, जो कि सच नहीं था।

सवाल : क्या तुमने मजिस्ट्रेट को यह भी बताया था कि इस पार्टी का उद्‌देश्य अंग्रेजी शासन को हर सम्भव तरीके से जड़ से उखाड़ना था, तथा विद्रोही भावनाओं का प्रचार-प्रसार करना था, खासकर युवक वर्ग में?

जवाब : मैंने कहा था, लेकिन झूठ।

जस्टिस आगा हैदर के सवाल के जवाब में : मैंने ऐसा पुलिस अधिकारियों के निवेदन पर किया था, अर्थात् इंस्पेक्टर अताउल्ला, कपूरथला के पुलिस सुपरिंटेंडेंट और एक सरदार अधिकारी जिसका नाम मुझे याद नहीं।

सरकारी वकील (सवाल) : क्या तुमने मजिस्ट्रेट को यह बताया था कि तुम 28 अक्तूबर, 1928 को किसी निजी काम के लिए अमृतसर गए थे और वहाँ संयोग से सुखदेव से भेंट हो गई थी, जो तुम्हें शाम के समय एक मकान में ले गया जहाँ तुम्हें यू.पी. के दो नवयुवक मिले थे?

जवाब : मैंने उक्त बयान दिया था। यह तो सही है कि मैं अमृतसर गया था और सुखदेव को मिला भी था, परन्तु यह गलत है कि वह मुझे मकान में ले गया था और वहाँ मुझे दो यू.पी. के नवयुवक मिले थे।

सवाल : क्या तुमने मजिस्ट्रेट को यह बताया था कि तुम उस रात वहीं ठहरे थे?

जवाब : हाँ मैंने कहा तो था, लेकिन यह झूठ था।

बयान (पूर्व अनुयोग) जारी रहना

निरीक्षण के दौरान मैंने शनाख्त परेड में यह कहा था कि यह युवक उक्त यू.पी. वालों में से एक था, परन्तु उसने यह कुछ पुलिस के उस नौजवान को पहले से ही लिखा होने के आधार पर ही किया था।

सरकारी वकील की ओर से–

सवाल : क्या तुमने मजिस्ट्रेट को यह बताया था कि तुम एक निश्चित दिन तथा समय पर जलियाँवाला बाग, अमृतसर में पधारे थे जहाँ तुम्हें सुखदेव की बजाय

वहाँ यू.पी. का एक युवक मिला था, और जिसने तुम्हें बताया था कि सुखेदव इस समय अमृतसर में नहीं है?

जवाब : हाँ, मैंने मजिस्ट्रेट को ऐसे ही बताया था, परन्तु यह झूठ है।

सवाल : क्या तुमने मजिस्ट्रेट को लिखाया था कि 'मैंने भगत सिंह को कहा कि मैं कलकत्ता जाने वाला हूँ इस पर उन्होंने कहा कि मैं अपने मित्रों से बम आदि प्राप्त करने का यत्न करूँ?'

जवाब : हाँ ऐसा लिखाया था, परन्तु यह गलत था।

सवाल : क्या तुमने मजिस्ट्रेट को लिखाया था कि '25 फरवरी की सुबह जब मैं शहर से वापस लौट रहा था तो संयोग से मैं सुखदेव को मिला और वह मुझे गवालमंडी वाले मकान पर ले गया?'

जवाब : हाँ, यह बयान सही है।

वहाँ पर 4-5 व्यक्ति बैठे थे, जिनके नाम मैं नहीं जानता; भगत सिंह उनमें नहीं था।

सवाल : क्या तुमने मजिस्ट्रेट को लिखाया था कि 'दो सिखों ने मुझे लोहे का खोल दिखाया और कहा कि यह बम का खोल है और लाहौर में ही तैयार हुआ है?'

जवाब : मैंने यह बयान दिया था, परन्तु यह गलत है।

अदालती सवाल के जवाब में : **'ये सब बयान मैंने दो उक्त पुलिस अधिकारियों के कहने में दिए थे।'**

31 मई, 1930

जे. कोल्डस्ट्रीम/आगा हैदर/जी.सी. हिल्टन

गवाह नं. 8 : 'राजगुरु का उर्दू में वार्तालाप'

सरकारी वकील बक्शी दीनानाथ–राजगुरु उर्दू में बातचीत कर सकता है।

31 मई, 1930

गवाह नं. 9 : 'राजगुरु की गिरफ्तारी...'

ताजद्दीन, पुलिस इंस्पेक्टर–मैं राजगुरु को पूना से गिरफ्तार करके लाहौर लाया था तथा उसकी तलाशी और बरामदगियाँ में भी मैं शामिल था।

31 मई, 1930

गवाह नं. 10–'राजगुरु की बातचीत'

पंडित हंसराज, सहायक जेलर, बोरस्टल इंस्टीट्यूट (जेल) लाहौर:

शिवराम राजगुरु बोरस्टल जेल, लाहौर में 7-8 महीने से है। मुझे अक्सर उसके साथ बातचीत करने का अवसर मिला है। वह अंग्रेजी और हिन्दी समझ सकता है और उर्दू, अंग्रेजी और हिन्दी में बातचीत कर सकता है। कल से 16 मुल्जिम बोरस्टल जेल में हैं और वे एक ही बारक में हैं। मैंने अक्सर राजगुरु को उर्दू, हिन्दी और अंग्रेजी में दूसरे मुल्जिमों से बातें करते देखा है। मैंने दूसरे मुल्जिमों में से किसी को कभी मराठी

बोलते नहीं देखा। ***जब वह पहली बार विशेष मजिस्ट्रेट की अदालत में आया था तो मैंने उसे एक शेर भी पढ़ते सुना था :***

अपने आशिक को ढूँढ़ने निकले,
लो ऐसी होती है लौ लगी दिल की।

31 मई, 1930

जे. कोल्डस्ट्रीम/आगा हैदर/जी.सी. हिल्टन

गवाह नं. 11 : 'अप्रासंगिक'

मुकन्द पंत शास्त्री सुपुत्र सखा राम पंत, ब्राह्मण, महाराष्ट्र, आयु 37 साल, संस्कृत अध्यापक, संग वैद्य विद्यालय, राम घाट मोहल्ला, बनारस–अप्रासंगिक।

31 मई, 1930

जे. कोल्डस्ट्रीम/आगा हैदर/जी.सी. हिल्टन

गवाह नं. 12 : 'योगेश–जेल स्थानांतर'

गंडा सिंह सुपुत्र हरी सिंह, जाति सिख, व्यवसाय नौकरी, जेल सुपरिंटेंडेंट, फैजाबाद का बयान:–

मैं 1928 में फतहेगढ़ सेंट्रल जेल में स्थानापन्न सुपरिंटेंडेंट था। रामदुलारे त्रिवेदी और योगेश चन्द्र चटर्जी जो कि काकोरी केस में सजा पा चुके थे, वहाँ उसी जेल में थे। 13 मार्च, 1928 को योगेश चन्द्र चटर्जी को फतेहगढ़ जेल से आगरा सेंट्रल जेल में भेज दिया गया। *वास्तव में फरवरी 1928 में मुझको सूचना मिली थी योगेश चन्द्र चटर्जी ने चार-पाँच कैदियों के साथ इस जेल से भागने की योजना बनाई थी। इसलिए मैंने सलाह दी कि योगेश चन्द्र चटर्जी को यहाँ से स्थानांतर कर दिया जाए।* **[सुखदेव : महत्त्वपूर्ण। अच्छी सूझबूझ।]** मैंने इस मामले की रिपोर्ट सुपरिंटेंडेंट को दी। इसके अतिरिक्त सूचना की जो **याचनाएँ (प्रार्थना पत्र)** एक-दो दिन में कैदियों से मुलाकात के लिए आईं उनसे मुझको संदेह हुआ और मैंने छानबीन की। ***प्रदर्श पी.ई.एस. और पी.ई.एस.-1*** वे प्रार्थना पत्र हैं जो मुझे मिले। ***प्रदर्श पी.ई.एस. और पी.ई.एस.-1,*** दोनों प्रार्थना पत्र मुझे 3 मार्च, 1928 को मिले। ***प्रदर्श पी.ई.एस.*** प्रार्थना पत्र रामदुलारे त्रिवेदी से मिलने के बारे में है। रामदुलारे की मुलाकात जनवरी 1928 में हो चुकी थी और उससे दूसरी मुलाकात अप्रैल से पहले नहीं हो सकती थी। मैंने पुलिस को सूचना दे दी थी कि जो व्यक्ति रामदुलारे से मिलने के लिए आएँ उनकी निगरानी की जाए।

प्रदर्श पी.ई.एस.-1* प्रार्थना पत्र** योगेश चन्द्र चटर्जी से मुलाकात के बारे में है और यह कैदी अप्रैल 1927 में इस जेल में आया था। उससे पहले कोई प्रार्थना पत्र नहीं आया था। यह पहला प्रार्थना पत्र उस कैदी से मिलने के लिए दिया गया था। मैंने दोनों प्रार्थना पत्र सुपरिंटेंडेंट के पास पेश किए और कहा कि जो व्यक्ति मिलने के लिए आए, उसकी गतिविधियों पर नजर रखी जाए। मैंने इस चिट्ठी में लिखा कि इन प्रार्थना पत्रों को लिखने वालों की गतिविधियों की भी निगरानी की जाए। ***प्रदर्श पी.

ई.एस.-2* वह चिट्ठी है जो सुपरिंटेंडेंट ने लिखी।** इस चिट्ठी में जो शोधन किया गया है वह मेरे हाथ का है। इस शोधन पर मेरे छोटे हस्ताक्षर (इनिशल) हैं। इस प्रार्थना पत्र ***पी.ई.एस.-2 पर हस्ताक्षर Lt. E.D. White शनाख्त करता हूँ। मैं यह नहीं कह सकता कि ये प्रार्थना पत्र ***पी.ई.एस. और पी.ई.एस.-1*** किसने लिखे!

13 मार्च को योगेश चन्द्र चटर्जी को आगरा सेंट्रल जेल में स्थानांतर किया गया।

9 जून, 1930

जे. कोल्डस्ट्रीम/आगा हैदर/जी.सी. हिल्टन

गवाह नं.13 : 'योगेश-जेल स्थानांतर'

मोहन सिंह सुपुत्र सरदार रामसिंह, सिख, सब-इंस्पेक्टर पुलिस, आयु 37 वर्ष, जिला फर्रुखाबाद।

उक्त गवाह नं. 13, गंडा सिंह की गवाही जैसी।

9 जून, 1930

जे. कोल्डस्ट्रीम/आगा हैदर/जी.सी. हिल्टन

गवाह नं. 14 : 'योगेश का स्थानांतर और पहचान'

यह अनुवाद प्रमाणित हो चुका है-(ह.) फतेह खान

11 जून, 1930

मेजर एम.ए. जाफरी, आई.एम.एस., सुपरिंटेंडेंट, सेंट्रल जेल, आगरा ने बयान किया :

मैं यह, जेल के 'दाखिला व रिहाई' **रजिस्टर, *प्रदर्श पी.इ.यू.-2*,** जो 7 जनवरी, 1928 से शुरू किया गया था, पेश करता हूँ।

जब से मैं इस जेल का सुपरिंटेंडेंट हूँ यह रजिस्टर मेरे अधिकार में रहा है। रजिस्टर से पता चलता है कि योगेश चन्द्र चटर्जी सुपुत्र बैन चन्द्र 14 मार्च, 1928 को सेंट्रल जेल फतेहगढ़ से आया और 16 फरवरी, 1929 को सेंट्रल जेल लखनऊ में भेज दिया गया। रजिस्टर में उसका पूरा पता और हुलिया दिया गया है। अँगूठे के निशान मौजूद हैं जिन पर जेलर के हस्ताक्षर हैं। ये अँगूठे के निशान उस समय लगवाए जाते हैं जब कैदी जेल में आता है और जेल से जाता है।

9 जून, 1930

गवाह नं. 15 : 'येलो लीफ्लेट'

ब्रह्म सिंह सुपुत्र सुबेदार धुना सिंह, उम्र 37 साल, इंस्पेक्टर पुलिस, सी.आई.डी. ने बयान किया:

काकोरी डकैती केस में सेशन रिकार्ड लखनऊ से ये कागज **'येलो लीफ्लेट', *प्रदर्श पी.इ.वी.*** (एच.आर.ए. का संविधान) लाया हूँ। मैं इसको ऐसी ही हालत में लाया, जैसा कि था। सुनकर सही स्वीकार किया।

9 जून, 1930

जे. कोल्डस्ट्रीम/आगा हैदर/जी.सी. हिल्टन

गवाह नं. 16 : 'कैलाशपति की गैर-हाजिरी'

पंडित बलबहादुर चतुर्वेदी, आयु 44, क्लर्क, गोरखपुर, गोरखपुर हेड ऑफिस–कैलाशपति (फरार दोषी) के 26.6.1928 से गैर–हाजिर रहने के बारे में।

9 जून, 1930

जे. कोल्डस्ट्रीम/आगा हैदर/जी.सी. हिल्टन

गवाह नं. 17 : 'मोलानिया डकैती'

रघुनी सुपुत्र जूठन, रोजगार का साधन खेतीबाड़ी, जाति चमार, वासी बेरीयाः–

सरकारी वादामाफ गवाह नं. 4 मनमोहन बनर्जी का नौकर था, जो इसको पार्टी में लाया गया। **8 जून, 1929 को मोलानिया डाके में सहयोगी था जहाँ झड़प भी हुई थी–यह सब कुछ पूरे विस्तार में बयान किए हैं**। कलकत्ता में कांग्रेस के अधिवेशन में भी गया था। **[इसने 7 जुलाई, 1930 को एक और बयान भी दिया था।–सम्पादक]**

9 जून, 1930

जे. कोल्डस्ट्रीम/आगा हैदर/जी.सी. हिल्टन

गवाह नं. 18 : 'असेम्बली बम केस'

एच.जी. टेरी, सार्जन्ट पंजाब पुलिस, दिल्ली में नियुक्त, अब फिल्लौर के बयान के बारे में:–

(यह गवाह अपना बयान अंग्रेजी में देगा और इसकी गवाही अंग्रेजी में लिखी जाएगी। इस गवाही का उर्दू अनुवाद मिस्ल में शामिल किया जाए।)

17 जून, 1930

जे. कोल्डस्ट्रीम/आगा हैदर/जी.सी. हिल्टन

सरकारी गवाह नं. 18 : के बयान का अनुवाद

मैं 8 अप्रैल, 1929 को असेम्बली में लेडीज गैलरी में नियुक्त था। मैंने साढ़े बारह बजे के करीब एक धमाके की आवाज सुनी और जब मैं नीचे चैंबर में देखने के लिए आगे बढ़ा तो मैंने मध्य चैंबर से जहाँ सर जार्ज शवस्तर बैठे हुए थे, नील–गूँ धुआँ उठता देखा। थोड़ी देर बाद एक और धमाका हुआ और इस बार मैंने लेडीज गैलरी के नीचे चैंबर से धुआँ उठता हुआ देखा। दूसरे धमाके के तुरन्त बाद पिस्तौल के दो फायरों की आवाज सुनी।

मैं **नक्शा**, ***प्रदर्श पी.इ.एक्स.*** देख रहा हूँ इसी से असेम्बली हाल की रूप–रेखा व्यक्त होती है। दरअसल कुर्सियों की पंक्तियाँ नक्शे में दिखाई गई पंक्तियों से कहीं ज्यादा थीं। नक्शे पर जिस जगह लेडीज गैलरी अंकित है, एक बैठने की पंक्ति है जो पब्लिक गैलरी को भी जाती है; लेडीज गैलरी वह हिस्सा है जो नक्शे में अक्षर (सी.डी.) द्वारा दिखाया गया है। पब्लिक गैलरी को ए.बी. से व्यक्त किया गया है। नक्शे में जिस स्थान पर पब्लिक गैलरी दिखाई गई है वह दरअसल पब्लिक के लिए एक कॉरीडोर का रास्ता है। कल वहाँ की जो स्थिति थी अब मैं उसे बयान कर रहा हूँ।

जब मैंने पहले धमाके की आवाज सुनी थी उस समय मैं नक्शे के बिन्दू ई., जो एक दरवाज़ा है, जिससे कॉरीडोर को जाते हैं, और जो नक्शे में नहीं दिखाया गया है, पर खड़ा था। पहले धमाके की आवाज सुनने पर मैं बिन्दु ई. की तरफ दौड़ा। वहाँ से मैं असेम्बली हाल का मध्यम हिस्सा देख सकता था। 'जी.' वह बिन्दु है, जहाँ से मैंने पहले बम का धुआँ उड़ता हुआ देखा। दूसरे बम का धुआँ लेडीज गैलरी के बिलकुल नीचे से उड़ता हुआ मालूम हुआ। आवाज ऐसी ही थी जैसे कोई बम जोर से फटता है। **पिस्तौल से गोली चलने की, मैंने सिर्फ आवाज सुनी, किसी को पिस्तौल चलाते हुए नहीं देखा।** पिस्तौल चलने के बाद लोग शीघ्र ही लेडीज गैलरी से बाहर जाने वाले दरवाजे की तरफ दौड़े और उनमें से कुछ मध्यम दरवाजे की ओर इशारा करते हुए चिल्लाए, 'वो वहाँ है', जो बिन्दु 'एच.' के करीब है। कॉरीडोर में एक रस्सा बँधा हुआ है जो लेडीज गैलरी और पब्लिक गैलरी को अलग करता है। उन लोगों के इशारे पर मैं स्तम्भ बिन्दु 'जे.' से बँधे हुए रस्से को फाँदकर दौड़ा। स्तम्भ 'जे.' से मैंने दो व्यक्तियों को लेडीज गैलरी और मध्यम दरवाजे के बिलकुल मध्य में बिन्दु 'के.' के नजदीक अकेले खड़े हुए देखा। उनके पास कोई और व्यक्ति नहीं था। लेकिन उनसे दूसरी ओर कुछ व्यक्ति मध्यम दरवाजे की ओर दौड़ रहे थे। मेरे और उनके मध्य कोई व्यक्ति न था। जब मैंने उनको पहली बार देखा तो वे पूरी जोशीली चित्तवृत्ति में थे और गर्जती हुई आवाज में 'डाऊन विद इम्पेरियलिज़्म' चिल्ला रहे थे। उनका मुँह मेरी तरफ था। वह व्यक्ति, भगत सिंह, जिसका नाम मुझे बाद में मालूम हुआ, मेरे नजदीक था। *उसके दाएँ हाथ में एक पिस्तौल थी जिसका मुँह नीचे की तरफ था। दूसरा व्यक्ति, बी.के. दत्त, जिसका नाम भी मुझे बाद में मालूम हुआ उसके साथ खड़ा था। मैं बिन्दु 'जे.' से उसके पास पहुँचा। मैंने भगत सिंह के दाएँ हाथ से पिस्तौल छीन ली* **[सुखदेव : उस क्षण, भगत सिंह के हाथ में कोई पिस्तौल नहीं थी। पिस्तौल सभा के अधिकारी मेम्बर की कुर्सी से लाई गई थी, केवल यह सिद्ध करने के लिए कि यह वहीं पिस्तौल है जो सांडर्स के कत्ल में प्रयोग की गई थी।]** और उससे पूछा, "क्या तुमने ही यह किया है?" और उन्हें गिरफ्तार कर लिया। मैंने भगत सिंह का बायाँ बाजू अपने दाएँ बाजू के नीचे और बी.के. दत्त का दायां बाजू अपने बाएँ बाजू के नीचे दबा लिए। तब मैं उन्हें सीढ़ियों पर से कॉरीडोर में ले गया। कॉरीडोर पहुँचने पर मुझे बिन्दु 'के.' के बिलकुल पीछे मिस्टर जानसन ट्रेफिक इंस्पेक्टर मिला। बाद में सार्जन्ट मेकरैडी व पैकिस्टनक, मिस्टर जी. ओबराय और हंसराज व प्रेम चन्द सब-इंस्पेक्टर आ पहुँचे। मिस्टर ओबराय एक व्यापारी है। उनके आने से पहले मिस्टर जानसन ने उन दोनों की तलाशी लेनी शुरू की थी और अभी भी हम तलाशी ले रहे थे, जबकि उसी दौरान कुछ और लोग वहाँ आ पहुँचे। भगत सिंह से एक भरी हुई पिस्तौल की मैगजीन बरामद हुई। मिस्टर जानसन ने उन दोनों से कुछ समाचार पत्र और रसाले भी बरामद किए। दत्त के पास कोई हथियार नहीं था। मिस्टर जानसन ने मुझे निर्देश दिया कि इन दोनों को मिस्टर कालंज के विधान सभा वाले कमरे में ले जाओ। वह कमरा उसी मंजिल में दूसरी तरफ था जिस पर हम उस समय थे। मिस्टर कालंज, विधान

सभा की जनरल ब्रांच के सुपरिंटेंडेंट हैं, वह भी उस कमरे में मौजूद थे। उस कमरे में शहाब अली, सब-इंस्पेक्टर ने बरामद हुई **वस्तुओं की एक सूची तैयार की**, जिस पर मैंने हस्ताक्षर किए। मैं **दस्तावेज *प्रदर्श पी.ई.एक्स. नं. 1 पर जो कि बरामदगी सूची है, पर अपने हस्ताक्षर को पहचानता हूँ।*** बरामदगी सूची को तैयार करने से पहले मैं मिस्टर कालंज के कमरे से गैलरी में अपने हैल्मेट (वर्दी की टोपी) तलाश करने के लिए गया था। जब मैं उस स्थान से गुजरा, जहाँ मैंने उन्हें गिरफ्तार किया था, तो वहाँ पिस्तौल के दो खाली कारतूस पड़े थे। मिस्टर कालंज के कमरे में इन दोषियों ने अपने नाम भगत सिंह तथा बी.के. दत्त बताए। **भगत सिंह ने उस समय एक नीलगूं सफेद रंग का कोट, जिस पर छोटे-छोटे चार खाने थे, खाकी निक्कर व कमीज पहने हुए था।** उसके सिर पर गिरफ्तारी के समय कुछ नहीं था, लेकिन मिस्टर कालंज के कमरे में मैंने उसे सब्ज व हल्के बादामी से मध्यम रंग की **फ्लैट हैट** पहने हुए देखा। मुझे नहीं मालूम कि वह टोप कहाँ से आया। **बी.के. दत्त खाकी निक्कर व कमीज और हल्के आसमानी रंग का कोट पहने हुए था, तथा नंगे सिर था। *प्रदर्श पी.-493* उस टोपी जैसी है, जैसी भगत सिंह ने उस समय पहनी हुई थी। *प्रदर्श पी.-856* भगत सिंह के कोट जैसा है। *प्रदर्श पी.-726* बी.के. दत्त के कोट जैसा है।** ज्यों ही मिस्टर जानसन मुझे कॉरीडोर में मिले, उन्होंने मुझसे वह रिवाल्वर ले लिया जो मैंने भगत सिंह से लिया था, उसे मिस्टर कालंज के कमरे में लाया गया। मैंने मिस्टर कालंज के कमरे में पिस्तौल का नम्बर एक छोटे कागज पर नोट कर लिया, जिसे मैं पेश कर रहा हूँ। ***यह प्रदर्श पी.ई.एक्स.-2 है।*** यह मेरी हाथ की लिखी हुई है। इस पर मेरे हस्ताक्षर हैं और मैंने यह रिपोर्ट 16 मई, 1929 को की थी। यह नोट मैंने शिमला में लिखा था। लिखते समय पिस्तौल वहाँ मौजूद न थी। उस कागज पर जो रिपोर्ट है, वह उस रिपोर्ट की नकल है, जो मैंने दिल्ली में की थी और इसे अपनी याददाशत के लिए शिमला ले गया था। मैंने उस कागज पर केवल अपनी सुविधा के लिए नोट किया था, जिसे बाद में मैंने फाड़ दिया था। ***प्रदर्श पी.-480* वही पिस्तौल है और उस पर नम्बर 168896 अंकित है।**

मिस्टर जस्टिस आगा हैदर के सवाल के जवाब में **: मैंने किसी सरकारी रजिस्टर में वह नम्बर दर्ज नहीं किया।**

यह प्रदर्श पी.ई.एक्स.-1 में दर्ज है। जब मैंने भगत सिंह से पिस्तौल ली थी तो उसमें एक मैगजीन थी, जिसमें पाँच गोलियाँ थीं और एक गोली मैगजीन में फँस गई थी, उस गोली के जमने के फलस्वरूप पिस्तौल नहीं चलाई जा सकती थी। भगत सिंह की जेब में से जो मैगजीन निकली थी जिसमें सात गोलियाँ थीं और वह सात गोलियों के लिए ही बनी हुई थी। मैगजीन की सात गोलियों के अतिरिक्त एक कारतूस पिस्तौल की नली में भी रखा जा सकता था। मैंने उस समय इस बात की तसल्ली कर ली कि भगत सिंह से जो सामान-गोली-बारूद बरामद हुआ था, वह उस पिस्तौल के आकार का था। वो खाली कारतूस भी भरे हुए कारतूसों जैसे थे। मैंने वो लाल रंग के पर्चे देखे थे, जो दोषी से गिरफ्तारी के समय मिले थे। पर्चे मोटे कागज के थे और उन

पर यह शीर्षक छपा हुआ था, 'हिन्दुस्तानी सोशलिस्ट रिपब्लिकन आर्मी'। शीर्षक के नीचे 'कमांडर-इन-चीफ' अक्षर छपे हुए थे और उस पर 'बलराज' के हस्ताक्षर थे। शीर्षक तथा छपे हुए अक्षरों के मध्य नीली टाइप में कुछ शब्द थे जो विद्रोही भाँति के थे। ***प्रदर्श पी.ई.एक्स 3* भी उसी प्रकार का पर्चा है। उस पर भी वैसे ही हस्ताक्षर थे, जैसे कि मैंने उन पर्चों पर देखे थे।**

उसके बाद मैंने बी.के. दत्त को एक शनाख्त परेड में देखा था, जबकि मैंने उसे थाना नई दिल्ली में पहचाना था और भगत सिंह को मैंने फिर उस समय देखा था, जबकि मैंने उसे थाना सेंट्रल दिल्ली में एक परेड में पहचाना था। **ये परेड, घटना से लगभग 15 दिनों के बाद हुई थीं।** मैंने फिर उन दोनों व्यक्तियों को अतिरिक्त जिला मजिस्ट्रेट की अदालत में और बाद में सेशन कोर्ट में पहचाना था, जबकि मैंने उनके विरुद्ध उक्त अदालत में गवाही दी थी।

सरकारी वकील कहता है कि भगत सिंह और बी.के. दत्त को गवाह से शनाख्त कराने के लिए अदालत में पेश किया जाए। ***मामला विचार अधीन है।***

मिस्टर जस्टिस आगा हैदर साहब के सवाल के जवाब में : जब मैंने दोनों व्यक्तियों को गिरफ्तार किया तो मैंने गिरफ्तारी वाले स्थान के पास कोई टोपी पड़ी हुई नहीं देखी। ये दोनों नंगे सिर थे।

(हस्ताक्षर) जे. कोल्डस्ट्रीम

(हस्ताक्षर) एच.जी. टैरी सार्जन्ट

17 जून, 1930

(बयान जारी)

भगत सिंह और बी.के. दत्त को जिन्हें असेम्बली बम घटना के बाद गिरफ्तार किया था, आज सुबह सेंट्रल जेल, लाहौर में देखा। वे अलग-अलग कोठरी में थे। मैं कोठरियों के सामने से गुजरा और उनमें से एक व्यक्ति को मैंने चारपाई पर लेटे हुए देखा, जिसका मुँह दीवार की तरफ था। मैं कोठरी के अन्दर गया तो उसने मुँह फेरने की कोशिश की। फिर भी, मैंने उसे पहचान लिया, वह **बी.के. दत्त** है। मैं आगे बढ़ा और एक और कोठरी में मैंने एक और व्यक्ति को लेटे हुए देखा। उसका चेहरा भी दीवार की तरफ था। मैं उसे शनाख्त करने के लिए अन्दर गया और उसे अपनी तरफ आकर्षित किया (उसका चेहरा दिखाने के लिए कहा) तो देखा कि वह **भगत सिंह** है। मैंने उन दोनों दोषियों के नाम जेल अधिकारियों को, जो मेरे साथ थे, बताए। मेरी इस शनाख्त से सम्बन्धित एक नोट लिखा गया। भगत सिंह और बी.के. दत्त जिन्हें मैंने आज सुबह शनाख्त किया, वही व्यक्ति हैं जिन्हें मैंने असेम्बली बम केस में गिरफ्तार किया था।

(हस्ताक्षर) एच.जी. टैरी, सार्जन्ट

17 जून, 1930 (लिपि अंग्रेजी)

(हस्ताक्षर) जे. कोल्डस्ट्रीम

(बयान जारी)

मैं ***प्रदर्श पी.-229*** देखता हूँ। यह बी.के. दत्त का फोटो है। मैं ***प्रदर्श पी.-231*** देखता हूँ। यह भगत सिंह का फोटोग्राफ है।

7 जुलाई, 1930

जे. कोल्डस्ट्रीम/आगा हैदर/जी.सी. हिल्टन

गवाह नं. 19 : 'सहारनपुर-पुलिस छापा'

चौधरी रघबीर सिंह, सुपुत्र चौधरी हरदियाल सिंह, उम्र 35 वर्ष, सब-इंस्पेक्टर पुलिस, इंचार्ज कोतवाली सहारनपुर :

मैं कोतवाली सहारनपुर में नियुक्त हूँ, मोहल्ला चोब फरोशाँ मेरे क्षेत्र में है। 12 मई, 1929 को मुहम्मद यासीन खाँ, नाईक चौकी खटेहरा प्रथम ने आकर सूचना दी कि पन्द्रह-बीस दिन से तीन नौजवान, जो बंगाली मालूम होते हैं, मोहल्ला चोब फरोशाँ में एक किराये का मकान लेकर रह रहे हैं। उनके मकान के दरवाजे बंद रहते हैं और वे कोई कारोबार नहीं करते हैं। मैंने उस शाम अपने डिप्टी सुपरिंटेंडेंट को सूचित किया, जो कि उस समय जिला प्रभारी थे। उनका नाम मिस्टर मितरा दत्त जोशी है। उन्होंने मुझको आदेश दिया कि इस बारे में पड़ताल की जाए और उनकी गतिविधियों पर नजर रखी जाए। मैंने पड़ताल की और रिपोर्ट की कि कांग्रेस के व्यक्ति उनके पास आते-जाते हैं और हालात संदिग्ध हैं। 13 मई, 1929 की सुबह मैंने डिप्टी सुपरिंटेंडेंट पुलिस को फोन किया और वह एक गारद लेकर आए। साथ में बंदे हुसैन, सब-इंस्पेक्टर और शबीर हुसैन खाँ, सब-इंस्पेक्टर चौकी खटेहरा प्रथम पर गए। मैं गारद को चौकी पर छोड़ आया और मुहम्मद यासीन को साथ लेकर रवाना हुए। रास्ते में शेर अली और इरशाद हुसैन मिले। उनको भी साथ लेकर हम उस मकान पर गए, जो बंगालियों ने किराये पर लिया हुआ था।

मैंने दरवाजा खटखटाया; एक व्यक्ति ने अन्दर से दरवाजा खोला और हम सब अन्दर घुस गए। मुहम्मद यासीन खाँ के अतिरिक्त बाकी सब पुलिस अधिकारी वर्दी पहने हुए थे। जिसने दरवाजा खोला था बाद में उसका नाम शिव वर्मा मालूम हुआ। अन्दर एक चारपाई पड़ी हुई थी और एक व्यक्ति उस चारपाई के पास पड़ा हुआ था। बाद मैं उसका नाम **जयदेव कपूर** मुझे मालूम हुआ। ***मैंने उसको इस मुकदमे में स्पेशल मजिस्ट्रेट की अदालत में मुल्जिमों के कठघरे में शनाख्त किया था।*** तीसरा व्यक्ति वहाँ मौजूद न था; हम अहाते से मकान की बैठक में चले गए। बैठक में हमने बहुत सी **पुस्तकें** और **दो-चार दवाई की बोतलें** पड़ी हुई देखीं। यह **एक प्रतिबंधित पुस्तक *प्रदर्श पी.-410*** है। बैठक से हम अहाते में आए और वहाँ से दूसरे कमरे में, जो उत्तर की ओर है, बहुत-सी पुस्तकें देखीं। शिव वर्मा और जयदेव हमारे साथ कमरे में गए। पुस्तकें अल्मारी में पड़ी हुई थीं। **देखते-देखते हमने एक बड़ा सा सन्दूक देखा, जो साथ की अल्मारी से मिला हुआ था।** अल्मारी बिना दरवाजे के थी और उसमें

केवल चीजों को रखने के लिए तख्ते लगे हुए थे। जो पुस्तकें इस मकान से बरामद हुई उनकी सूची निम्नलिखित है:–

मॉडर्न ब्रीच लोडरस	***प्रदर्श पी.-401***
वरशिपर ऑफ इंडीपेंडेंस	***प्रदर्श पी.-402***
रिफॉर्म ऑफ रेवोल्यूशन	***प्रदर्श पी.-357***
सोवियत रसिया	***प्रदर्श पी.-405***
'आई अपील अनटू सीजर'	***प्रदर्श पी.-361***
इम्पीरियलिज़्म	***प्रदर्श पी.-398***
मैनुफैक्चर एंड यूजस ऑफ ऐक्सप्लोशिवस	***प्रदर्श पी.-364***
दी कमिंग ऑफ सोशलिज़्म	***प्रदर्श पी.-360***
थियोरी एंड प्रेक्टिस ऑफ लेनिनिज़्म	***प्रदर्श पी.-362***
दी अवेकनिंग ऑफ इंडियन यूथ	***प्रदर्श पी.-371***
इम्पायर 'सोशलिज़्म'	***प्रदर्श पी.-407***
'जख्मी पंजाब'	***प्रदर्श पी.ए.ई-3, प्रदर्श पी.-442***

शिव वर्मा से कहा गया कि सन्दूक को खोलो, किन्तु उसने संकोच किया। **जब उसको दो-तीन बार सन्दूक खोलने को कहा गया तो उसने सन्दूक खोला और उसमें से लोहे की एक चीज निकाली और कहा कि यह बम है।** ***प्रदर्श पी.-465*** **सन्दूक** है। ***मैं इसे शनाख्त करता हूँ।*** मैंने उसको पकड़ा और उससे बम छीन लिया। डी.एस.पी. वहाँ मौजूद थे। **सन्दूक में पाँच और भरे हुए बम थे। जो बम शिव वर्मा से छीना गया था वह भी भरा हुआ था।** ***प्रदर्श पी.-89 से पी. 93 तक*** **बम** थे। ये पाँच बम सन्दूक में से निकले थे, ***मैं इन्हें शनाख्त करता हूँ।*** दोनों को गिरफ्तार किया गया और तलाशी ली गई। **दूसरे सन्दूक में से तीन बम के खोल बरामद हुए।** ***प्रदर्श पी.-94-ए-203, प्रदर्श पी.-95 बी.-204 व प्रदर्श पी.-96-सी-205*** बम के खोल हैं। ***पी. 469*** सन्दूक है। ***इस पर सिटी मजिस्ट्रेट सहारनपुर के छोटे हस्ताक्षर (इनिशल) हैं।*** टेलीफोन करने पर, वह मौके पर आ गए थे। इस सन्दूक में **हथौड़ा आदि है।** ***पी. 681*** **हथौड़ा, आरी** ***679,*** **दो फाइलें** ***पी. 682 व 682-ए,*** **दवातें** ***680 और 680-ए,*** **दो छेनियाँ** ***678 व 678-ए निहाइयाँ को मैं शनाख्त करता हूँ।*** **तीन-चार और सन्दूक भी बरामद हुए थे।** एक सन्दूक केमिकल से भरा हुआ था। दूसरे सन्दूक में कपड़े और विभिन्न चीजें थीं। ***पी. 207*** वह **सन्दूक** है, जिसमें केमिकल का सामान था। ***पी. 703 और पी 703-ए.*** **दो ग्लास जार** थे। ***पी. 695, पी. 695-ए,*** **दो मीजरिंग ग्लास,** ***पी. 691, पी. 691-ए*** पेक, ***पी. 700*** **मीजरिंग ग्लास,** ***पी. 698*** **थर्मामीटर,** ***696*** **स्पिरिट लैंप।**

697, 697-ए., 697-बी. **टीन के ग्लास,** ***699*** **ग्लास प्लैश, पी.** ***694*** **टीन बॉक्स जिसमें रबड़ के दस्ताने हैं।** ***693, 693-ए., 693-बी., 693 सी., 692, 692-*****एनामेलड बेसिनस,** ये सब चीजें, वे हैं जो सन्दूक में से निकली थीं। सन्दूक

कोतवाली में मोहरबन्द (सील्ड) पहुँचाया गया था। मजिस्ट्रेट साहब ने कोतवाली में कुछ चीजों पर छोटे हस्ताक्षर किए। मजिस्ट्रेट साहब के हस्ताक्षरों को शनाख्त करके मैं कहता हूँ कि ये वहीं चीजें हैं जो उक्त मकान से बरामद हुईं। ***पी. 201 रिवाल्वर*** मकान के अन्दर बिस्तरे से बरामद हुआ। यह भरा हुआ था। ***पी. 200 और 201 रिवाल्वर*** हैं। चारपाई जो अहाते में पड़ी हुई थी, उसके ऊपर बिस्तरा था और तकिये के नीचे ये दोनों रिवाल्वर पड़े हुए थे। ये भरे हुए थे। ***पी. 208 रिवाल्वर के कारतूस*** हैं और सन्दूक से बरामद हुए; ***पी. 200-ए*** कारतूस हैं। ***पी. 722 कारतूस, पी. 235 राईफल कारतूस, पी. 201 रिवाल्वर के कारतूस हैं जो भरे हुए रिवाल्वरों में थे।*** वो भी उन्हीं कारतूसों में डाल दिए।

710, 710-ए, 710-बी. टार्चें मकान में से बरामद हुईं। ***पी. 316 बाल्टी*** है। ***पी. 324 चूल्हा, पी. 322 चेस्ट एक्सपैंडर, पी. 321, पी. 321-ए दो जोड़े डंबल, कुकरी पी. 467, पी. 468 कृपाण, पी. 719*** सन्दूक ***है, जिसमें तराजू है। पी. 718 डॉक्टरी यंत्र, पी. 717 पिचकारी, पी. 690 गैस रिंग, (पी. 231, पी. 231-ए) (पी. 230, पी. 230-ए), (पी. 229, पी. 229-ए) भगत सिंह व बी.के. दत्त के छह फोटो हैं।***

पी. 713 बोतल जिसमें एसिड भरा हुआ है और उस पर लेबल **एसिड नाइट्रेट मार्क** लगा हुआ है। ***पी. 716 बोतल***, जिसमें तरल पदार्थ है। ***पी. 689, पी. 689-ए. व पी. 689-बी. छेद करने की लोहे की कीलें*** हैं। ***पी. 683 कटर, पी. 688 व पी. 688-ए दो चाकू लोहे की शीट, पी. 687 व पी. 690-ए आयरन प्लेटें, पी. 676 रबड़ कॉरकस, पी. 686 वायर गेज, पी. 684 पेचकस, पी. 315 टूटा हुआ बरतन, पी. 466 दो घड़े*** छत पर पड़े हुए थे, उनमें उस समय एसिड था। ***पी. 470 चमड़े का बैग***, उसके अतिरिक्त और कई चीजें बरामद हुईं जिनमें कपड़े भी शामिल हैं। चीजों की सूची शब्बीर हुसैन ने तैयार की, पुस्तकों की सूची जफर हुसैन ने बनाई और अन्य वस्तुओं तथा बरतनों की सूची बंदे हुसैन ने तैयार की। ये सब चीजें कब्जे में ली गईं। जब सूचियाँ तैयार की गईं तो मैं मौजूद था। गुप्त रूप से दोषियों को जेल भेजा गया और चीजों को कोतवाली भेजा गया। जीत सिंह नाईक और तीन कांस्टेबल को मकान पर छोड़ दिया गया, क्योंकि **डॉक्टर** जो उन दो व्यक्तियों के साथ रहता था वहाँ मौजूद नहीं था। उनसे कहा गया कि अगर वह आए तो उसे गिरफ्तार किया जाए। **मकान में सिहन में छत और दीवार पर पीले से रंग वाले छींटे पड़े हुए देखे गए। उन जगहों की मिट्टी खुदवाकर पंडित ब्रज भूषण लाल मजिस्ट्रेट की देख-रेख में कब्जे में ली गई।**

15 मई, 1929 शाम के करीब चार बजे मुझको सूचना मिली कि डॉक्टर को पकड़ लिया है; मैं मकान पर गया तथा देखा कि नाईक और तीन कांस्टेबलों ने डॉक्टर को पकड़ा हुआ है। मुझे बाद में मालूम हुआ कि **डॉक्टर का नाम गया प्रसाद** है। ***मैं जब गवाही देने के लिए आया था तो मैंने गया प्रसाद को विशेष मजिस्ट्रेट की अदालत में मुल्जिमों के कठघरे में पहचाना था।*** मैंने रिपोर्ट की कि शिव वर्मा और गया प्रसाद के नाखूनों पर पीले से रंग के निशान हैं। ऐसे निशान जयदेव के नाखूनों पर कम मालूम होते हैं। 16 मई, 1929 को मैंने रिपोर्ट की; ***रिपोर्ट पी.ए.सी. है,*** जो

मैंने सिविल सर्जन साहब को भेजी। पहली तफ्तीश डिप्टी सुपरिंटेंडेंट ने की थी। उसने प्रथम रिपोर्ट मेरी मौजूदगी में लिखाई। अब्दुल मजीद खाँ, हेड मुन्शी ने उक्त रिपोर्ट लिखी। ***प्रदर्श पी.ए.पी.-1* वह रिपोर्ट** है। मैंने उस पर हस्ताक्षर किए। गया प्रसाद के बताने पर आसा धोबी को बुलाकर कपड़े मँगवाए गए जो इस प्रकार हैं:–

पी. 209 पी. 210 पी. 211 पी. 212 पी. 213
पी. 214 पी. 215 पी. 216 पी. 217 पी. 218
पी. 219 पी. 220 पी. 221 पी. 222 पी. 223
पी. 224 पी. 225 पी. 226 पी. 227 पी. 228

ये कपड़े कब्जे में लिए गए। ***प्रदर्श पी.ए.जेड.-2*** कपड़ों की सूची है।

(प्रोसीक्यूटर) गवाह बयान खत्म करता है। दोषियों–शिव वर्मा, जयदेव और गया प्रसाद को शनाख्त के लिए अदालत में पेश किया जाए; ***मामला विचार अधीन है।)***

17 जून, 1930

जे. कोल्डस्ट्रीम/आगा हैदर/जी.सी. हिल्टन

18 जून, 1930

मिस्टर जस्टिस आगा हैदर साहब के सवाल का जवाब : 12 मई, 1929 शाम के चार बजे नाईक, मुहम्मद यासीन खान चौकी कटेहरा प्रथम ने मुझे सूचना दी। मैंने डिप्टी सुपरिंटेंडेंट पुलिस को सूचित किया; अब वह चार महीने की छुट्टी पर नैनीताल में हैं। जब हम जगह को घेरने के लिए गए तो डिप्टी सुपरिंटेंडेंट पुलिस के पास रिवाल्वर था तथा अन्य किसी भी अधिकारी के पास रिवाल्वर नहीं था। मुझे मालूम नहीं कि पुलिस अधिकारी के पास किसके जैसा पिस्तौल है। मैंने पिस्तौल जो मेरे पास है, को नहीं देखा कि किस का बनाया हुआ है। एक पिस्तौल जो सहारनपुर वाले मकान से बरामद हुई है, पुलिस वाले उस जैसी पिस्तौल का उपयोग करते हैं। ***पी. 202*** पुलिस का रिवाल्वर है। उस पर निर्मित करने वाले का नाम या निशान नहीं है। मैं आज पिस्तौल अपने साथ नहीं लाया हूँ। मैं निश्चित रूप से नहीं कह सकता कि ये वेबले पिस्तौल पुलिस को दिए हुए हैं। शायद वेबले पिस्तौल ही होते हो। वेबले रिवाल्वर ***पी. 201*** है, जो अब पुलिस वाले रखते हैं (अदालत ने ***पी. 202*** को अच्छी तरह देखकर यह पाया है कि उस पर बहुत ही धुँधले अक्षरों में वेबले मॉडल 6 शॉट खुदा हुआ है)। वे ***प्रदर्श पी.-201*** से ज्यादा लम्बे होते हैं।

जवाब : ***प्रदर्श पी.-200*** रिवाल्वर पर निशान होलिस एंड सन्स का है। ***प्रदर्श पी.-200*** रिवाल्वर उस रंग और लम्बाई का होता है जो पुलिस वाले रखते हैं। इसके सिवाय वह एक तरफ से दबाने से खुलता है।

सवाल : आप अपना रिवाल्वर साथ क्यों नहीं ले गए, जैसा कि आप रेड करने के समय करते हैं?

जवाब : मैं रिवाल्वर इसलिए साथ नहीं ले गया, क्योंकि मैंने अनुभव नहीं किया था कि **वे लोग इतने खतरनाक होंगे!** मैं जल्दी में था और जिन लोगों पर

रेड होनी थी उन्हें खतरनाक नहीं समझता था। सब-इंस्पेक्टर शब्बीर हुसैन भी हमारे साथ गया था। मैंने चलते समय डिप्टी सुपरिंटेंडेंट बंदे हुसैन के पास रिवाल्वर देखा। मकान कोतवाली से ढाई या तीन फर्लांग है। हम पुलिस की मोटर लारी में गए। हमें इरशाद हुसैन मकान से 50 गज के फासले पर मिला। शेख शेर अली का मकान सामने है। इरशाद हुसैन शेख जाति का है और **चोब फरोशाँ मोहल्ले** का मुखिया है। मैं इरशाद हुसैन से शायद 1928 या 1929 में मिला। वह एक-दो बार मेरे पास कोतवाली आए और मुझसे मिले। मैंने उससे किसी और मुकदमे की तफ्तीश में सहायता नहीं ली। शायद उसकी उम्र 38 साल की होगी। मैं शेख शेर अली को 1914 से जानता हूँ। शेख शेर अली जमींदार चोब फरोशाँ के **रइया मोहल्ले** का वासी है।

सवाल : कभी ऐसा भी हुआ कि आप शेर अली से सहायता ले सकते थे और आपने सहायता ली न हो?

जवाब : ऐसा कोई अवसर नहीं आया।

मकान पर पहुँचने पर मैंने किसी मोहल्ले वाले की सहायता नहीं ली। उस मोहल्ले में सब लोगों की स्थिति अच्छी है। मैं उस मोहल्ले के बहुत से लोगों को जानता हूँ। मैं शेख नूर मुहम्मद को जानता हूँ, वह बड़ा अमीर व्यक्ति है। उसकी हैसियत अरशद हुसैन और शेर अली से बढ़कर है।

मैंने दरवाजे पर दस्तक दी थी। मकान में दाखिल होने से पहले हमारी तलाशी नहीं हुई थी। दोषियों का कोई नौकर हमसे नहीं मिला। जब शिव वर्मा ने बम उठाया तो वह गुस्से में मालूम होता था। मुझे विचार हुआ कि वह बम फेंकेगा; लेकिन जब मैंने उसको गिरफ्तार किया तो उसने प्रतिरोध नहीं किया। मैंने उसके **हाव-भाव देखकर समझा था कि वह मुझ पर बम फेंकेगा।** उस समय पुलिस सुपरिंटेंडेंट मेरे पीछे खड़े थे। जब हमने शिव वर्मा और जयदेव को काबू कर लिया तो मैंने मुड़कर देखा कि डिप्टी सुपरिंटेंडेंट ने रिवाल्वर हाथ में पकड़ा हुआ था। बंदे हुसैन ने शिव वर्मा को पीछे से पकड़ा। हमने जिला मजिस्ट्रेट, सिटी मजिस्ट्रेट और इंस्पेक्टर मुन्शी अब्दुर रहमान खाँ को बुलाया। पब्लिक को इस विचार से अन्दर नहीं आने दिया गया कि कहीं कोई खतरा न हो जाए। तलाशी 7 बजे सुबह से 3 बजे शाम तक होती रही। सिटी मजिस्ट्रेट 10 बजे के बाद आए। उसका नाम खान साहब रहमान बख्श खाँ है। जिला मजिस्ट्रेट मिस्टर सी.एच. कुक बारह बजे आए। पौना घंटा या आधा घंटा ठहरे थे। हमने एक नाईक और तीन सिपाही मकान की सुरक्षा के लिए छोड़े थे। मुझको सूचना मिली कि तीसरा व्यक्ति आ गया है। मैं वहाँ गया और देखा कि गया प्रसाद को पकड़ा हुआ है। मैं उसको कोतवाली ले आया।

18 जून, 1930

जे. कोल्डस्ट्रीम/आगा हैदर/जी.सी. हिल्टन

गवाह को उसका बयान सुनाने के बाद मिस्टर गोपाल लाल सरकारी वकील ने निम्नलिखित सवाल पूछने की आज्ञा चाही:–

(1) क्या ***प्रदर्श पी.-201*** में सरकारी बारूद इस्तेमाल होता है?

(2) आप किस तरह कह सकते हैं ***प्रदर्श पी.-202*** पुलिस रिवाल्वर है?

(3) **आपने नूर मुहम्मद और अन्य मान्य व्यक्तियों को तलाशी के समय क्यों नहीं बुलाया?**

मिस्टर आगा अली हैदर साहब *:* हमारे विचार में मिस्टर गोपाल लाल सरकारी वकील को गवाह पर सवाल नम्बर 1 व 3 करने की आज्ञा नहीं देनी चाहिए। वो मुद्दे जो उन सवालों से सम्बन्धित हैं, दूसरे गवाहों से पूछे जा सकते हैं, परन्तु सवाल नम्बर 2 इस गवाह पर कर सकते हैं।

18 जून, 1930

18 जून, 1930

मिस्टर गोपाल लाल सरकारी वकील का सवाल : ***प्रदर्श पी.-202*** रिवाल्वर आप कैसे कह सकते हैं कि ये पुलिस का रिवाल्वर है?

जवाब : प्रदर्श पी.-202 पुलिस रिवाल्वर है, क्योंकि उस नम्बर का रिवाल्वर दोषियों ने पुलिस अफसर से बरेली में छीन लिया था।

मिस्टर जस्टिस आगा हैदर साहब के सवाल के जवाब में : मैंने पुलिस गजट में रिवाल्वर के बारे में पढ़ा था। उस चोरी के बारे में मुझे पता चला है। रिवाल्वर की चोरी की रिपोर्ट बरेली पुलिस में की गई थी। मैंने एक रिपोर्ट पुलिस सुपरिंटेंडेंट बरेली तथा दूसरी रिपोर्ट पुलिस सुपरिंटेंडेंट बनारस को भेजी थी। मैंने पुलिस सुपरिंटेंडेंट के आदेश पर मुकदमा धारा आई.पी.सी. 411 अधीन दर्ज किया था। मुझको निजी जानकारी नहीं है कि पुलिस अधिकारी से कब यह रिवाल्वर छीना गया था। यह बात 3-4 वर्ष की है। मुकदमा अभी तक अदालत में नहीं पहुँचा। तफ्तीश हो रही है। लगभग 7 या 8 महीनों से यह तफ्तीश हो रही है। मुझे याद नहीं है कि किस अधिकारी से यह रिवाल्वर छीना गया था।

मिस्टर जस्टिस आगा हैदर साहब का सवाल : जबकि हमारे सवाल के जवाब में आपने यह कहा कि यह रिवाल्वर पुलिस का है तो उस समय जो तथ्य अब बयान किए हैं, पहले क्यों नहीं लिखाए? तथा
आपने उन आवश्यक हालतों में यह क्यों बयान नहीं किया कि रिवाल्वर किस पुलिस अफसर से छीना गया है?

जवाब : जो मुझसे सवाल किया गया मैंने उसका उतना ही उत्तर दिया; उसके बारे में ज्यादा कहना उचित न समझा। रिवाल्वर जो पुलिस को मिला है वह इस किस्म का ही है।

जस्टिस आगा हैदर साहब के सवाल के जवाब में : मुझे निजी जानकारी नहीं है कि पुलिस अफसर से मुल्जिमों ने रिवाल्वर छीना; जहाँ मैंने लिखा है कि दोषियों ने पुलिस अफसर से रिवाल्वर छीन लिया, **मेरा संकेत इन दोषियों की ओर नहीं था।**

18 जून, 1930

जे. कोल्डस्ट्रीम/आगा हैदर/जी.सी. हिल्टन

गवाह नं. 20 : 'असेम्बली बम केस–गिरफ्तारी'

हंसराज, पुलिस सब-इंस्पेक्टर थाना फैज बाजार, दिल्ली–दिल्ली असेम्बली में बम धमाके की आवाज सुनकर मौके पर पहुँचा, जहाँ सरकारी गवाह नं. 18 सार्जन्ट टैरी पहले ही दोषियों को गिरफ्तार कर चुका था।

18 जून, 1930

गवाह नं. 21 : 'कानपुर खोज'

शंकर लाल सुपुत्र बद्री प्रसाद, खत्री, आयु 30 वर्ष, मालिक, 'दी इस्टर्न प्रेस', कानपुर–औपचारिक।

18 जून, 1930

गवाह नं. 22 : 'कानपुर खोज'

रामेश्वर प्रसाद, सुपुत्र हीरालाल, जाति अग्रवाल, आयु 27, वासी कानपुर–औपचारिक।

18 जून, 1930

गवाह नं. 23 : 'कश्मीर बिल्डिंग की तलाशी'

खान साहब नियाज आमिर खाँ, डिप्टी सुपरिंटेंडेंट पुलिस, सी.आई.डी. लाहौर–15 अप्रैल, 1929 को कश्मीर बिल्डिंग में पुलिस के छापे में शामिल था, ने इस छापे के बारे में सरकारी गवाह नं. 2, जयगोपाल (वादामाफ) के ब्यौरे दोहराए।

18 जून, 1930

गवाह नं. 24 : 'जयगोपाल व हंसराज वोहरा द्वारा निशानदेही'

राय साहब लाला नत्थूराम, सिटी मजिस्ट्रेट, लाहौर:–

30 अप्रैल, 1929 को मुझे जिला मजिस्ट्रेट से लिखित आदेश मिला कि मैं जयगोपाल, वादामाफ का बयान लिखूँ। उसे माफी का आदेश जिला मजिस्ट्रेट से पहले मिल चुका था। जयगोपाल मेरे सामने पेश हुआ और मैंने उसका बयान लिखा। मैंने यह बयान 30 अप्रैल, 1929 को लिखना शुरू किया और 2 मई, 1929 को समाप्त किया। जो कुछ इसने (गवाह ने) लिखाया था मैंने ठीक-ठीक लिखा और उसको पढ़कर सुनाया। हरेक पृष्ठ पर उसने हस्ताक्षर किए और बयान को सही माना। उसने 9 मई, 1929 को लाहौर में मुझे विभिन्न ठिकाने दिखाए। सबसे पहले वह मुझे **अराईं बिल्डिंग**, जो फिरोजपुर सड़क पर है, में ले गया। यह मशहूर बिल्डिंग **मोजंग** में है। वह मुझे ऊपर की मंजिल में ले गया और मुझको **कमरे नम्बर 35 व 36** दिखाए और यह बताया कि इन कमरों में क्रान्तिकारी पार्टी के मेम्बर रहा करते थे। मुझे एक कमरे की दीवार का वह हिस्सा दिखाया जहाँ घेराव बनी हुई थी, **जिस पर हवाई पिस्तौल की गोलियाँ लगने के निशान थे।** दीवार के अन्दर से एक शररा (शॉट) उसने निकालकर मुझको दिखाया। तीन और हवाई पिस्तौल के शॉट्स उसने एक अल्मारी से निकालकर दिए।

शररे का अर्थ सिक्के के छोटे-छोटे टुकड़े से है। जब वह यह निशानदेही करा रहा था, एक व्यक्ति जिसका नाम बूड़ा था वहाँ आ गया। उसको देखकर जयगोपाल ने कहा, "यह वह व्यक्ति है जो इस मकान की उन दिनों सफाई किया करता था।" जो तीन गोलियाँ अल्मारी से बरामद हुई थीं मैंने उनको दीवार के छेदों पर रखकर देखा तो वह छेद के अनुसार थीं। फिर वह मुझे **पुलिस के दफ्तर के नजदीक ले गया और कॉलेज रोड और कोर्ट रोड; के संगम पर खड़ा हो गया;** वह फिर **डी.ए.वी. कॉलेज के छोटे अहाते** में दाखिल हो गया और प्रिंसिपल साहब के मकान के सामने के घास के मैदान (लान) में एक **गोदनी के वृक्ष** को दिखाया। उसने कहा कि पंडित जी एक बैंच, जो उस लान में पड़ी थी, सांडर्स की हत्या से कुछ समय पहले आकर यहाँ बैठे थे। फिर उसने बताया कि **दो साइकिलें** उस वृक्ष के पास खड़ी की थी। उसके बाद उसने वह **बेरी का पेड़** दिखाया जहाँ **राजगुरु और भगत सिंह कत्ल से कुछ समय पहले वहाँ मौजूद थे।** वह बेरी का पेड़ उस अहाते में ही है। फिर वह मुझे डी.ए.वी. कॉलेज के *हॉस्टल* में ले गया। वहाँ उसने **जामुन का एक वृक्ष** दिखाया। उसने बताया कि जब भगत सिंह कत्ल करके वापस आया तो उसने इस जगह से उसे एक साइकिल उठाकर दी थी। फिर वह मुझे **पशुओं के हस्पताल** के पास ले गया। वहाँ एक अहाते की दीवार की निशानदेही करके, जो **लैंगले रोड** के नजदीक है, उसने बताया कि मैं इस **दीवार** से फाँदकर गया था।

यह बात कत्ल के बाद की थी। उस दीवार के नजदीक उसने एक जगह दिखाई जहाँ भगत सिंह ने उससे परना ले लिया और अपनी टोपी उसे दे दी। फिर वह मुझे **कोर्ट स्ट्रीट** ले गया। वहाँ उसने मुझे एक तख्ता दिखाया जिस पर कोर्ट स्ट्रीट का बोर्ड लगा हुआ था, और वहाँ वह साइकिल लेकर खड़ा हुआ था, जबकि राजगुरु ने एक साहब पर उसको मिस्टर स्कॉट समझकर फायर किया। उसके बाद सड़क की ओर जहाँ कि बिजली का एक खम्भा था के पास एक वृक्ष की निशानदेही करके कहा कि इस जगह पर मिस्टर सांडर्स गोली से घायल होकर गिरा था। इसके बाद सरकारी कॉलेज के एक अहाते में एक पीपल के पेड़ की निशानदेही करके कहा कि भगत सिंह ने इस पेड़ के पास से एक हृष्ट-पुष्ट साहब पर फायर किया था। फिर उनसे साँडा रोड से होते हुए राय बहादुर हरीचन्द की कोठी के सामने एक **बिजली के खम्भे** की निशानदेही की और कहा कि इसके बाद वह घबराकर यहाँ आया था। थोड़ी देर बाद वर्दी पहने हुए दो पुलिस अफसर वहाँ पहुँच गए। उनमें से छोटे कद वाले के पास पिस्तौल थी। उन्होंने मुझसे पूछा कि क्या मैंने किसी साइकिल सवार को देखा है? मैंने जवाब दिया कि सामने जो मजदूर काम कर रहे हैं उनसे पूछ लीजिए। फिर वह मुझे **बेडन रोड** के नजदीक **दयाल सिंह कॉलेज** के पास ले गया। वहाँ **सर उमर हयात खाँ की कोठी नम्बर 21** के पास एक **बिजली का खम्भा** दिखाया और कहा कि इस जगह से उसने प्रताप सिंह (महावीर सिंह) के आदेश के अनुसार सुखदेव मुल्जिम को सूचना दी कि मिस्टर स्कॉट का कत्ल कर दिया गया है।

फिर वह मुझे **गवालमंडी की लक्ष्मण गली** में ले गया। वहाँ मुझे एक मकान **सुन्दर निवास की तीसरी मंजिल** पर ले गया और एक कमरा दिखाया जिस पर ताला लगा हुआ था। उसने मुझे बताया कि इस कमरे में वह और सुखदेव 1927 के दशहरे से जनवरी 1928 तक रहे। ताला तोड़ने से पहले उसने मुझे उस कमरे के अन्दर की रूपरेखा बताई। कमरा खोलने के बाद मैंने देखा कि जो कुछ उसने बताया था वह बिलकुल सही निकला। उसके बाद वह मुझे **शाह कंठ रोड** पर ले गया और एक मकान जिसको **उत्तम निवास** कहते हैं, उसकी निचली मंजिल में एक कमरे को दिखाकर कहा कि यहाँ मैं फरवरी 1929 में किशोरी लाल के साथ इस कमरे में आया था और **सुखदेव और मास्टर प्रेमदत्त** को मिला था। इसके बाद वह मुझे **प्रेम गली** के एक मकान नम्बर 1104 में ले गया और बताया कि यहाँ **आज्ञाराम** मुल्जिम रहा करता था। सुखदेव के निर्देश के अनुसार वह भी दो-तीन दिन यहाँ रहा था। उसके बाद वह मुझे **गवालमंडी की कन्हैया लाल बिल्डिंग** में ले गया और कमरा नम्बर 2, जिस पर ताला लगा हुआ था, की निशानदेही की। उसने बताया कि वह 1927 की गर्मियों में यहाँ रहा करता था; और यह भी बताया कि सुखदेव व भगत सिंह कभी-कभी आकर यहाँ ठहरते थे। ताला तोड़ने से पहले उसने अन्दरूनी रूप-रेखा बताई थी और जब मकान मालिक को बुलाकर ताला तोड़ा गया तो वह सब सही पाया। मकान मालिक, **कन्हैया लाल ने एक रसीद बुक दिखाई**, जिसमें जून और जुलाई 1927 की किराये की रसीदें थीं। **रसीद बुक *प्रदर्श पी.बी.सी. है;*** रसीदें नम्बर 98 और 107 क्रमश : जून और जुलाई महीने की हैं और जयगोपाल के नाम से हैं। **एक रसीद पर मेरे हस्ताक्षर भी हैं और मैं उन्हें शनाख्त करता हूँ।** फिर वह मुझे इस्लामिया हाई स्कूल के सामने **राय बहादुर रामशरण दास बिल्डिंग** में ले गया। वहाँ उसने कमरा नं. 13 की निशानदेही की और बताया कि वह यहाँ जनवरी 1928 में कुछ समय के लिए ठहरा था। उसने यह भी बताया कि उसने अपना नाम गलत बताया था और पाँच रुपए किराया पेशगी दिया था। फिर वह मुझे लाहौर शहर में स्थित **परी महल** में ले गया और वहाँ पहली मंजिल में एक कमरा दिखाया, जहाँ वह जनवरी और फरवरी 1928 में ठहरा था और फोटोग्राफी का काम सीखा था। (***बयान दोबारा पढ़ने पर गवाह ने कहा कि साल के बारे में यकीन से नहीं कह सकता***)। फिर वह मुझे *कूचा किरपा राम* में ले गया और वहाँ **मकान घोटा मल** दिखाकर उसने मुझे बताया कि दोषी सुखदेव उसे एक या दो जनवरी 1929 में वहाँ ले गया था और दोषी किशोरी लाल से जो यहाँ रहता था उससे मुलाकात कराई थी। उसके बाद जयगोपाल मुझे **कूचा जय कृष्णा** में ले गया और **मकान नम्बर 2102** दिखाया। उसने मुझे बताया कि यहाँ **पंडित यशपाल** रहा करता था और यहाँ वह सुखदेव के कहने पर एक-दो बार पंडित यशपाल को मिलने आया था। इसके बाद जयगोपाल मुझे **अहाता लाला हरनाम दास सूतर मंडी** में ले गया और **मकान नम्बर डी-3306** दिखाया। उसने बताया कि पिछले नवम्बर में सुखदेव के कहने पर वह यशपाल को मिला और उससे सुखदेव के लिए कपड़े और बरतन प्राप्त किए। यहाँ मकान मालिक, लाला हंसराज मौजूद था। उसने

एक इकरारनामा और रसीद जो यशपाल ने लिखी थी, पेश की। ***पी.ए.ए. इकरारनामा है पी.ए.ए.-1 रसीद है।*** दोनों पर मेरे हस्ताक्षर हैं और मैं अपने हस्ताक्षर शनाख्त करता हूँ।

मैं साथ-साथ उन गवाहों का ज्ञापन तैयार करता गया। यह **ज्ञापन *प्रदर्श पी.डी.डी.*** है और सही है। **छर्रे जो अल्मारी और दीवार से निकाले गए थे, उनसे ये छर्रे जो अब दिखाए गए हैं, से मिलते हैं** और **छर्रे *प्रदर्श पी.-688*** हैं।

10 मई, 1929 को पुलिस ने **मिल्खी राम** और **रुलिया** को मेरे सामने पेश किया, तब मैंने उनके बयान लिखे थे। ***प्रदर्श पी.बी.पी. और पी.बी.पी.-1*** ये बयान हैं और लिखने के बाद उनको पढ़कर सुनाए और उन्होंने सही स्वीकार किया। 13 मई, 1929 को आठ यूरोपीय पुलिस अफसरों की परेड कराई गई जो कि वर्दी में थे और सरकारी गवाह, जयगोपाल को दिखाए गए थे। उसने **मिस्टर मोरिस** और **मिस्टर नील** को पहचाना और बताया कि इन दो अफसरों ने उसको सांडर्स के कत्ल के बाद राय बहादुर हरीचन्द की कोठी के पास देखा था। उसने मिस्टर **फर्न** को शनाख्त किया और बताया कि यह कत्ल के बाद भगत सिंह के पीछे दौड़ा था और उस पर फायर हुआ था। मैंने परेड का **ज्ञापन *पी.डी.डी. 1*** तैयार किया है, यह कार्यवाही बिलकुल सही है।

22 मई, 1929 को सुखदेव और आज्ञाराम को अन्य 17 व्यक्तियों में मिलाया गया। इसके बाद गवाह एक-एक करके बुलाए गए। **अमोलक राम** गवाह ने सुखदेव को ठीक शनाख्त किया और बताया कि उसने **शाह कंठ रोड पर स्थित उत्तम निवास मकान** में उसे आते-जाते देखा था। **हीरालाल** ने सुखदेव को शनाख्त किया और बताया कि सुखदेव उसका किरायेदार था। बंसीलाल ने सुखदेव को शनाख्त किया और बताया कि सुखदेव ने इसका मकान किराये पर लिया था, और **किरायेनामे पर सुखदेव की बजाय 'देवी दास' के हस्ताक्षर किए थे।** घोटा मल ने सुखदेव को शनाख्त किया और बताया कि सुखदेव उसका किरायेदार था।

हुसैन बख्श ने सुखदेव को शनाख्त किया और बताया कि सुखदेव अराईं बिल्डिंग में रहता था।

बुद्धू ने सुखदेव को शनाख्त किया और कहा कि सुखदेव अराईं बिल्डिंग में रहता था।

छेदा राम ने सुखदेव की ओर इशारा करके कहा कि सुखदेव अराईं बिल्डिंग में रहा करता था।

फकीर चन्द और बूड़ा ने भी यही कहा। मास्टर कन्हैया लाल ने सुखदेव को शनाख्त किया और बताया कि सुखदेव किरायेदार के रूप में उसके मकान में रहा है। कन्हैया लाल ने आज्ञाराम को भी शनाख्त किया था और बताया कि वह सुखदेव के साथ मकान में रहा था।

मिस्टर जस्टिर आगा हैदर साहब के सवाल के जवाब में : **परेड के समय किसी मकान मालिक ने किराये के भुगतान सम्बन्धी कोई कागज मेरे सामने पेश नहीं किया।**

पंडित त्रिभवन नाथ, मानक चन्द, जयराम मल, गामा, रामप्रसाद और गंगा देवी ने सुखदेव और आज्ञाराम को शनाख्त किया। जब एक गवाह शनाख्त कर रहा था तो बाकी गवाहों को कुछ दूरी पर रखा गया था जहाँ से वे देख नहीं सकते थे। हरेक गवाह

को शनाख्त के बाद अलग कमरे में बैठाया जाता था, जहाँ से वह गवाह परेड की कार्यवाही व बाकी गवाहों को भी नहीं देख सकता था।

कमाल दीन ने जयगोपाल को शनाख्त किया और कहा कि मैंने जयगोपाल को सांडर्स के कत्ल के घटनास्थल के नजदीक देखा था। अब्दुल्ला ने जयगोपाल को शनाख्त किया और कहा कि मैंने जयगोपाल को घटनास्थल के नजदीक देखा था। हबीबुल्ला ने जयगोपाल को शनाख्त किया और यही बयान दिया। हुसैन बख्श ने जयगोपाल और हंसराज वोहरा को शनाख्त किया और कहा कि उसने उनको अराईं बिल्डिंग में आते-जाते देखा था। बुद्धू ने जयगोपाल और हंसराज को शनाख्त किया और कहा कि उसने उनको अराईं बिल्डिंग में आते-जाते देखा था। फकीर चन्द गवाह ने हंसराज मुल्जिम को शनाख्त किया और कहा कि उसने उसे अराईं बिल्डिंग में आते-जाते देखा था। बूड़ा ने जयगोपाल और हंसराज मुल्जिम को शनाख्त किया और कहा कि उसने उनको अराईं बिल्डिंग में आते-जाते देखा था। शिवनाथ ने जयगोपाल और हंसराज को शनाख्त किया और कहा कि ये दोनों उसके मकान में किरायेदार रहे हैं।

जब एक गवाह शनाख्त कर चुका होता तो व्यवस्था की जाती थी कि वह अगले शनाख्त करने वाले गवाह को न देख सके और न ही अगला गवाह यह सब देख सके। 22 मई, 1929 को मैंने एक और परेड कराई। यह परेड पुलिस लाइन में कराई गई थी। किशोरी लाल और प्रेमदत्त मुल्जिमों को ग्यारह अन्य व्यक्तियों से मिलाया गया। ये ग्यारह व्यक्ति उन्होंने खुद छाँटे थे। अमोलक राम ने **किशोरी लाल और प्रेमदत्त** को शनाख्त किया और कहा कि उनको उसने उत्तम निवास में आते-जाते देखा था। त्रिभवन नाथ ने किशोरी लाल को शनाख्त किया और कहा कि उनको उसने **उत्तम निवास** में आते-जाते देखा था। हुसैन बख्श ने किशोरी लाल को शनाख्त किया और कहा कि इसको अराईं बिल्डिंग में आते-जाते देखा था। इसी तरह छेदा राम, बुद्धू, फकीर चन्द और बूड़ा ने किशोरी लाल को शनाख्त करके कहा कि उसको अराईं बिल्डिंग में आते-जाते देखा था। रामप्रसाद ने किशोरी लाल मुल्जिम को शनाख्त किया और कहा कि उसको श्रीमति पार्वती के मकान में रहते देखा था। सुन्दर लाल ने भी किशोरी लाल मुल्जिम को शनाख्त किया और कहा कि वह उसके मकान में किरायेदार रहा है। गणपत ने किशोरी लाल मुल्जिम को शनाख्त किया और कहा कि उसको कश्मीर बिल्डिंग में आते-जाते देखा था। शाहद्दीन ने किशोरी लाल मुल्जिम को शनाख्त किया और कहा कि उसके पास मशीन के पुर्जे डलवाने के लिए आया था। गुलाम रसूल ने किशोरी लाल को शनाख्त किया और कहा कि वह उसकी दुकान से खोल तैयार करवाकर ले जाता था। मुहम्मद्दीन ने किशोरी लाल को शनाख्त किया और कहा कि वह उसकी किश्ती ले जाया करता था।

23 मई, 1929 को मैंने एक और परेड जिला पुलिस लाइन में करवाई। इसमें सुखदेव और आज्ञाराम को ग्यारह अन्य व्यक्तियों में शामिल कर बैठाया गया था। ग्यारह व्यक्ति मुल्जिमों ने खुद छाँटे थे। सुन्दरदास ने मुल्जिम सुखदेव को शनाख्त किया और कहा कि यह उसके मकान **सुन्दर निवास** में रहता था।

सिराजुद्दीन सुपुत्र मुहम्मद्दीन ने सुखदेव को शनाख्त किया और कहा कि यह मशीन के पुर्जे ढलवाने के लिए लाया करता था। फिरोजुद्दीन ने सुखदेव को शनाख्त किया और कहा कि वह इसकी दुकान पर पुर्जे बनवाने के लिए आया करता था। सिराजुद्दीन सुपुत्र अल्लाह दत्ता ने सुखदेव को शनाख्त किया और कहा कि वह उसकी दुकान पर चार पुर्जे खराद कराने के लिए लाया था। गुलाम रसूल ने सुखदेव को शनाख्त किया और कहा कि वह उससे लोहे के खोल तैयार करवाया करता था। मुहम्मद्दीन ने सुखदेव को शनाख्त किया और कहा कि वह **उससे डी.ए.वी. कॉलेज की किश्ती सैर के लिए ले जाया करता था।**

मिस्टर जस्टिस आगा हैदर साहब के सवाल के जवाब में : 22 मई, 1929 की परेड में छह व्यक्ति थे, जिन्होंने न तो सुखदेव को और न ही आज्ञाराम को शनाख्त किया।

23 मई, 1929 की पहली परेड में आठ व्यक्ति थे, जिन्होंने न तो जयगोपाल को शनाख्त किया और न ही हंसराज को शनाख्त किया। 23 मई, 1929 की दूसरी परेड में सात व्यक्ति थे, जिन्होंने प्रेमदत्त और किशोरी लाल को शनाख्त नहीं किया।

23 मई, 1929 की तीसरी परेड में दो व्यक्ति थे जिन्होंने न तो मुल्जिम सुखदेव और न ही आज्ञाराम को शनाख्त किया।

18 मई, 1929 को जिला मजिस्ट्रेट का आदेश हुआ कि हंसराज वोहरा, जिसको वादामाफी मिली हुई है, उसका बयान लिखा जाए। ***प्रदर्श पी.बी.यू.* वह माफी का आदेश है।** मैंने उसका बयान 21 मई, 1929 को लेना शुरू किया और 23 मई, 1929 को खत्म किया। ***प्रदर्श पी.बी.यू.-1* वह बयान है** जो मैंने सही दर्ज किया। बयान को पढ़कर सुनाया गया। उसने प्रत्येक पृष्ठ पर हस्ताक्षर किए। उसने बयान सुनकर सही स्वीकार किया। 24 जून, 1929 को मैंने दोषी महावीर सिंह का बयान लिखा। पी.डी.डी. 6-ए, **वह प्रार्थना पत्र है**, जो पुलिस ने इस बारे में दिया; मैंने उसका बयान सही दर्ज किया; ***पी.डी.डी.-6* वह बयान है जो मैंने लिखा।** मैंने निम्नलिखित सवाल किए:-

सवाल नं. 1 : क्या आपको मालूम है कि आपको बाध्य नहीं किया गया कि आप इकबाल करें?

जवाब : हाँ मुझे यह मालूम है।

सवाल नं. 2 : क्या आपको मालूम है कि यदि आपने कोई इकबाल किया तो ये आपके विरुद्ध सबूत के रूप में प्रयोग किया जाएगा?

जवाब : हाँ मैं खुशी से जवाब दे रहा हूँ।

जब ये सवाल पूछे जा रहे थे तो सिर्फ मैं, मेरा रीडर और मेरा अहलमद मौजूद थे, बाकी सब बाहर निकाल दिए गए थे। किसी पुलिस अफसर को अन्दर नहीं आने दिया गया। मैंने **यह प्रमाण पत्र, कि मुल्जिम ने बयान खुशी से दिया है, उसके बयान के उपरांत दर्ज कर दिया था।** बयान लिखने के बाद मैंने बयान उसको पढ़कर सुनाया; उसने बयान को सही स्वीकार किया और उस पर अपने हस्ताक्षर किए। जब तक वह

मेरे पास था, उसने मुझे कोई शिकायत नहीं की। उसने न तो पुलिस की और न ही किसी अन्य अफसर की शिकायत की। जब जयगोपाल मुझे विभिन्न ठिकाने दिखा रहा था तो उसने मुझे डी.ए.वी. कॉलेज के अन्दर एक जगह दिखाई और कहा कि जिस समय वह स्कॉट के आने का इन्तजार किया जा रहा था, तो पंडित जी यहाँ खड़े थे और भगत सिंह उस जगह के बिलकुल सामने हाथ में पिस्तौल लिये हुए खड़े थे।

मिस्टर जस्टिस आगा हैदर के सवाल के जवाब में : मैं 8 जून, 1927 को लाहौर में मजिस्ट्रेट के पद पर आया था तब से लगातार यहीं हूँ।

मिस्टर स्कॉट दुबला-पतला सा था जबकि सांडर्स दुबला नहीं था। स्कॉट लगभग 40 वर्ष का होगा जबकि सांडर्स 30 वर्ष से कुछ कम था। कम से कम मैं इनमें से, किसी एक को, दूसरा कभी नहीं समझूँगा; हालाँकि यह पहचानने वाले व्यक्ति की आम सूझबूझ पर निर्भर है।

[नोट : लगता है, यह सवाल, स्कॉट की बजाय सांडर्स के मारे जाने के संदर्भ में किया गया होगा।—सम्पादक]

लाला लाजपत राय, लाहौर के आर्य समाजियों के एक भाग के चहेते थे, जबकि अन्य आर्य समाजी उन्हें पसन्द नहीं करते थे बल्कि उसे दोष भी देते थे। मैं यह नहीं कह सकता कि अधिक संख्या इनमें से किन की थी।

वह पंजाब का प्रमुख नेता समझा जाता था। वह हिन्दू सभा वालों में सर्वप्रिय था, परन्तु हिन्दुओं में कुछ लोग उसें पसन्द नहीं करते थे। मेरे विचार में बहुत से ऐसे लोग थे जो उसे पसन्द नहीं करते थे, हालाँकि मैं ऐसा नहीं कह सकता कि इनमें कौन सा भाग बहुमत में था।

मुझे इस बारे में कोई जानकारी नहीं है कि लाला लाजपत राय को अवरोध (बार्‌रिअर) पर चोटें पहुँचाई गई थीं।

[नोट : यह अवरोध 30 अक्तूबर, 1928 को साइमन कमिशन के लाहौर आगमन पर लाहौर रेलवे स्टेशन के सामने, विरोधी जलूस को रोकने के लिए पुलिस द्वारा स्थापित किए गए थे।—सम्पादक] कुछ भी हो आन्दोलनकारियों को यह बार-बार सुझाया जाता रहा कि लाला जी को पीटा गया था; ऐसे वक्तव्यों ने एक विशेष राजसी धारणा वाले लोगों को उत्तेजित कर दिया था।

मैंने हंसराज वोहरा को देखा है; वह नाज़ुक सा नौजवान है, हालाँकि मैं जन साधारण के तौर पर यह नहीं कह सकता कि 'बहुत नाजुक' है। जब मैंने उसे देखा था तो उसकी दाढ़ी-मूँछ मुँडी हुई थी।

सवाल : क्या आप एक सूझबूझ वाले व्यक्ति के तौर पर कह सकते हैं कि उस जैसा नौजवान किसी साधारण शरीर वाले से संघर्ष कर सकता है?

जवाब : **यह केवल शारीरिक बल ही नहीं जो मनुष्य को बलवान बनाता है, यह उसकी मानसिकता तथा इच्छाशक्ति पर भी निर्भर करता है।** जहाँ तक मैंने उसे देखा है, वह कोई भी जोखिम वाला कार्य करने योग्य है।

सवाल : क्या आप यह कह पाने की स्थिति में हैं कि वह ऐसे हिंसक चरित्र वाला था जो कोई खतरनाक व्यक्ति कर पाता है?

[जस्टिस आगा हैदर : **जब मैं इस गवाह से सवाल कर रहा था तो सरकारी वकील, मिस्टर नोड बीच में टोककर कुछ कहने लगे थे। मेरा आदेश है कि उनका, मेरे सवाल करने की प्रतिक्रिया के दौरान ऐसा करने का कोई अधिकार नहीं है।**]

जवाब : जो कुछ उसने बयान दिए हैं और जिस प्रकार से उसने घटनाओं को प्रस्तुत किया है उस आधार पर, मैं अनुभव करता हूँ कि वह खतरनाक चरित्र वाला था। मुझे मालूम नहीं कि मोजंग वाला मकान निगरानी के अधीन था; जब मैं वहाँ पहुँचा, तो मकान अराईं बिल्डिंग की सीढ़ियों वाले गेट या दरवाजे पर ताला नहीं लगा हुआ था, जबकि कमरा बाहर से बन्द था।

सवाल : वह व्यक्ति कौन था जो सफाई करता था?

जवाब : भंगी सफाई करता था, संयोग से आ गया था।

सुनकर सही स्वीकार किया।

20 जून, 1930

गवाह नं. 25 : 'डॉ. गया प्रसाद की गिरफ्तारी'

चेत सिंह, नाईक नं. 4, सहारनपुर पुलिस लाइन–15 मई, 1929 को डॉ. गया प्रसाद की गिरफ्तारी का ब्यौरा दिया।

20 जून, 1930

गवाह नं. 26 : 'क्रान्तिकारियों का हमला'

राय बहादुर जे.एन. बनर्जी, डी.एस.पी., सी.आई.डी., यू.पी., इलाहाबाद–संदिग्ध क्रान्तिकारियों ने उस पर काकोरी केस की तफ्तीश में उसकी भूमिका के संदर्भ में हमला किया था।

24 जून, 1930

गवाह नं. 27 : 'बेतिया–मोलानिया डकैती'

जे. नाथ साहनी, सब-इंस्पेक्टर पुलिस, जिला चम्पारन, प्रांत बिहार-उड़ीसा का बयान:–

8 जून, 1929 को जब मोलानिया डकैती की रिपोर्ट थाना बेतिया में हुई थी तब मैं उस थाने में नियुक्त था। सय्यद अजीजुल हक सब-इंस्पेक्टर थाना प्रभारी थे। दसाय अबीर गाँव के चौकीदार ने सूचना दी थी। मैंने आरम्भिक रिपोर्ट (एफ.आई.आर.) लिखी थी। मैं मौके पर जाँच-पड़ताल करने के लिए गया था।

मैं उसी दिन 8 जून, 1929 को ही मौके पर जाँच-पड़ताल करने गया था। मैंने 4–5 व्यक्तियों को जख्मी पाया था। जो निम्नलिखित थे:–

बौक, सरल जाति तेली, केशू, मोहन व तिरछा।

सहायक सर्जन मौके पर आए। जख्मियों को दवाई दी। केशू व सरल को अस्पताल बेतिया में भेज दिया गया था।

सरल का उसकी मृत्यु से पहले बयान लिख लिया गया था। जहाँ तक मुझे याद है, सरल के पेट में भाले की गंभीर चोट थी; इस कारण वह 2–3 दिन के बाद मर गया था।

इस डकैती में सारे दोषी गिरफ्तार नहीं किए जा सके थे। कदा मनी शुक्ल फरार, था। पंडित कँवलनाथ तिवारी की जरूरत 'लाहौर षड्यंत्र केस' में थी, इसलिए उसको लाहौर रवाना किया गया। चालान मोलानिया डकैती का पेश किया गया, किन्तु अदालत के समक्ष पेश नहीं किया गया था।

अमोलक राम, वकील के सवालों के जवाब : मैंने दो दिन तक मोलानिया डकैती की जाँच-पड़ताल की थी; 8–9 जून को सय्यद अजीजुल हक ने यह तफ्तीश अपने हाथ में ले ली थी। मेरी तफ्तीश के दौरान कोई दोषी गिरफ्तार नहीं हो सका था। मेरे दो दिन की तफ्तीश में चोरी का सामान बरामद नहीं हुआ था। मैंने जख्मियों के बयान लिखे थे, और गवाहों के बयान भी दर्ज किए थे, परन्तु मुझे उनके नाम याद नहीं हैं।

शिवराम राजगुरु के सवालों के जवाब : मोलानिया बेतिया से 4–5 मील दी दूरी पर है। मुझे लगभग सुबह 6 बजे पता लगा कि मोलानिया में डाका पड़ा है। मैं थोड़ी देर रुककर मोलानिया की तरफ रवाना हुआ था। मैं लगभग सुबह के 10 बजे वहाँ पहुँच गया था। मेरे साथ कई पुलिस कर्मचारी गए थे–हजारी लाल मुहम्मद हेड कांस्टेबल, पीड़क सब-इंस्पेक्टर और कुछ कांस्टेबल जिनके मैं नाम भूल गया हूँ। जिस मकान में डाका डला था वह गाँव के किनारे पर स्थित था। मेरी याददाश्त अनुसार उस मकान का दरवाजा दक्षिण की तरफ खुलता है। गाँव के पूर्व की ओर वह मकान है। 6–7 पुलिस कर्मचारी मेरे साथ थे। मौके पर मैंने पीड़ितों और उसके रिश्तेदारों व जख्मियों को मौजूद पाया, अन्य गाँवों के व्यक्ति वहाँ बाद में आए थे।

केशू को जरब कहाँ लगी थी, मुझे याद नहीं है।

सरल का जख्म कितना गहरा था मुझे याद नहीं है। मकान के अन्दर सन्दूकों के ताले टूटे हुए थे। मोलानिया गाँव में, मैं पहले कभी नहीं गया था। चौकीदार ने थाने में रिपोर्ट की थी। मैं नहीं कह सकता कि मोलानिया डकैती के फरार दोषियों का चालान कब होगा! मैं थाना बेतिया से तब्दील हो गया हूँ।

केदार मनी शुक्ल को मैंने पहले कभी नहीं देखा था।

सुनकर सही स्वीकार किया।

24 जून, 1930

(हस्ताक्षर) जयनाथ सहाय

एस.एल. चम्पारन

गवाह नं. 28 : 'बेतिया–औपचारिक'

केशव प्रसाद, मुंशी, हेड कांस्टेबल, बेतिया थाना, जिला चम्पारन–औपचारिक।

24 जून, 1930

गवाह नं. 29 : 'शनाख्तें'

रोशन लाल, मजिस्ट्रेट, लाहौर–शनाख्तों के बारे में।

25 जून, 1930

गवाह नं. 30 : 'कत्ल–तफ्तीश'

मिस्टर डब्ल्यू.एन.पी. जेनकिन, सुपरिंटेंडेंट, पॉलिटिकल सी.आई.डी., पंजाब।

यह गवाह अपना बयान अंग्रेजी में देगा और इसका बयान अंग्रेजी में लिखा जाए, जैसा कि अदालत लिखाएगी। इसका अनुवाद उर्दू की मिस्ल में शामिल किया जाए।

जी.सी. हिल्टन

26 जून, 1930

गवाह नम्बर 30 : के बयान का अनुवाद

बयान किया कि मैं इस पद पर अक्तूबर 1928 में सांडर्स के कत्ल से पहले नियुक्त हुआ हूँ; कत्ल के बाद जल्दी ही मुझे इंचार्ज तफ्तीश बनाया गया। घटनास्थल से आठ खाली कारतूस बरामद हुए, जो मुझे दफ्तर में विभिन्न व्यक्तियों ने लाकर दिए। घटनास्थल पुलिस के दफ्तर से लगभग चालीस गज की दूरी पर है। सिविल सर्जन साहब ने .32 (7.75) बोर की कुछेक गोलियाँ मिस्टर सांडर्स के जिस्म से निकालीं, और मिस्टर स्लैटरी डी.आई.जी. को दीं, जिन्होंने वे मुझे दे दीं। सिविल सर्जन साहब ने .463 बोर की एक गोली चनण सिंह, हेड कांस्टेबल के जिस्म से भी निकाली, और मिस्टर स्लैटरी को दे दी, जिन्होंने वह मुझे दी। मैंने उक्त खाली कारतूस व गोलियाँ जगननाथ, सहायक सब-इंस्पेक्टर को सुरक्षित ढंग से रखने के लिए दे दीं। उसने मेरे सामने रूई में लपेटकर दिया-सलाई (माचिस) की डिब्बी में रखकर एक ताला बन्द सन्दूक में रख दीं। माचिस की डिब्बियों पर निशान नहीं लगाया गया था।

***मैं प्रदर्श 864/1ए, 864/1बी, 864/1डी, 864/1एफ और 864/1आई को देखकर बता रहा हूँ कि* ये पाँच खाली कारतूस .32 बोर के हैं। मैं इन खाली कारतूसों को शनाख्त करता हूँ। ये वहीं कारतूस हैं जो घटनास्थल से उठाए गए थे और मुझे दिए गए थे। मैं इन्हें, इनके छेदों और निशानियों के आधार पर पहचानता हूँ।** मैंने कत्ल के थोड़े दिनों के बाद, इन सारे कारतूसों को बड़े ही गौर से देखा था, लेकिन मैं इसकी ठीक तारीख नहीं बता सकता। मैंने यह सब इस मकसद से किया था कि शायद इन पर कोई खास निशान हो, क्योंकि मेरा मन्तव्य यह था कि **मैं पंजाब से इस बोर के सभी पिस्तौलों से फायर कराऊँ और कारतूस व गोलियाँ जमा कराकर जाँच के लिए मँगाऊँ।** मैंने यह इसलिए किया क्योंकि मुझे ज्ञात था कि इंगलिस्तान में इसी किस्म की ही जाँच की गई थी, जबकि खाली कारतूस या गोली से यह पूरी तरह मालूम होना असम्भव है, कि वह किस खास हथियार से चलाई गई थीं। **मैंने .32 बोर के सारे पिस्तौल और .403 बोर के तमाम माउजर पुलिस सुपरिंटेंडेंटों से अपने-अपने जिलों में फायर करवाए,** और उन्होंने खाली कारतूस और गोलियाँ जो उन हथियारों से चलाई गईं थीं, भेज दीं। लेकिन इससे कोई नतीजा

न निकला। पंजाब में इन दोनों बोर के जितने हथियार लाइसेंस पर मिले हुए हैं उन सबको चलाया गया था। इस तरह से जो गोलियाँ और खाली कारतूस मुझे भेजे गए उनके निशान उन कारतूसों और गोलियों के निशान उक्त मुकदमे में बरामद हुए कारतूसों से मिलते-जुलते नहीं पाए गए थे।

मैं ***प्रदर्श 664-1एन*** को शनाख्त करता हूँ कि **यह वही माउजर की गोली है, जो चनण सिंह हेड कांस्टेबल के शरीर से बरामद हुई थी।** मैं ***प्रदर्श 864-1 आई*** को शनाख्त करता हूँ कि **यह .32 बोर की गोलियों में से एक गोली है,** जो मिस्टर सांडर्स के शरीर से निकाली गई थी। इन गोलियों का मैंने कत्ल के थोड़े समय बाद ही निरीक्षण किया था।

9 अप्रैल, 1929 को हमें दिल्ली से सूचना मिली कि असेम्बली में बम फेंका गया है और दो व्यक्ति गिरफ्तार हुए हैं और उनमें से एक के कब्जे से आटोमैटिक पिस्तौल बरामद हुई है। जब यह सूचना हमें मिली तो पुलिस के इंस्पेक्टर जनरल साहब ने मुझे आदेश दिया कि मैं दिल्ली जाऊँ और इन दोनों कत्लों के सिलसिले में जो खाली कारतूस और गोलियाँ बरामद हुई हैं वे साथ ले जाऊँ। **उनमें वे खाली कारतूस और गोलियाँ भी शामिल थीं, जो आज मैंने अदालत में शनाख्त की हैं।** मुझे कहा गया था कि यदि सम्भव हो तो मैं जाँच के आधार पर पता करूँ कि क्या इस पिस्तौल का जो वहाँ बरामद हुई है, उन पिस्तौलों से सम्बन्ध है जिनसे वे कारतूस चलाए गए थे, जो उन दोनों कत्लों के संदर्भ में बरामद हुए। ऊपर बताए गए सारे खाली कारतूस व गोलियाँ लेकर मैं दिल्ली गया। **मैंने घटनास्थल की जाँच की, और .32 बोर की एक आटोमैटिक पिस्तौल नम्बर 168896 अपने कब्जे में ली। मैं आटोमैटिक पिस्तौल प्रदर्श पी-480 को शनाख्त करता हूँ कि यह वही पिस्तौल है, जो बम की दुर्घटना के मौके पर बरामद हुई थी।** मैंने यह हथियार अपने कब्जे में ले लिया और एक खाली कारतूस भी जो कि असेम्बली हाल से पाया गया था। ***मैं प्रदर्श पी.-864-5 बी*** **को शनाख्त करता हूँ कि यह वही खाली कारतूस है** जो मुझे दिल्ली में दिया गया था।

दिल्ली में जो खाली कारतूस बरामद हुआ था उसकी मैंने जाँच की और मुझे मालूम हुआ कि जो कारतूस पर निकलने की रगड़ के निशान हैं वे निशान उन कारतूसों पर पड़ी रगड़ के निशानों से बहुत मिलते-जुलते हैं, जो वारदात के मौके से मिले हैं। मैं कोई विशेषज्ञ नहीं था और इस प्रकार की जाँच करने योग्य न था, इसलिए मैंने लाहौर में वाल्टर लॉक कम्पनी से मिस्टर लुईस को टेलीफोन किया, जिनके साथ मैं इससे पहले भी कई बार ऐसी जाँचों पर सम्पर्क कर चुका था, दिल्ली भेज दिया जाए; किन्तु वह अपने कारोबार के कारण दिल्ली न जा सका। अत: मैं लाहौर वापस चला आया और अपने साथ वह पिस्तौल और खाली कारतूस, जो दिल्ली में बरामद हुए थे तथा अन्य कारतूस व गोलियाँ जो मैं अपने साथ ले गया था, साथ ले आया। मिस्टर लुईस ने कहा कि दिल्ली में जो हथियार बरामद हुआ है, उससे फायर किए हुए खाली कारतूसों और गोलियों की काफी गिनती जाँच के लिए जरूरी है। **दिल्ली से जो पिस्तौल बरामद हुई थी उसे साफ किए या छेड़े बगैर उसमें से छह कारतूस चलाए गए; वह उसी**

हालत में थी जिस हालत में बरामद हुई थी। ये फायर मेरी, मिस्टर लुईस और अतिरिक्त जिला मजिस्ट्रेट लाहौर की मौजूदगी में किए गए थे। तब पिस्तौल साफ की गई तथा छह अतिरिक्त फायर किए गए। पिस्तौल एक बार फिर साफ की गई तथा छह और कारतूस फायर किए गए। इस तरह अठारह कारतूस और अठारह गोलियाँ इकट्ठी की गईं। उसी प्रकार के चार अन्य आटोमैटिक पिस्तौलों से छह और अतिरिक्त फायर किए गए। ये फायर भी मिस्टर लुईस की मौजूदगी में किए गए, और उन्होंने ही कारतूस व गोलियाँ इकट्ठी करके और हर एक खेप लिफाफे में रखकर उस पर मोहर लगाई और उन पर अपने हस्ताक्षर किए। जिन हथियारों से ये फायर किए गए उनका ब्यौरा लिफाफों पर दर्ज है। **मैं अपनी लिखी व हस्ताक्षर की हुई एक याददाश्त *प्रदर्श पी.एफ.बी.*, जो उस समय लिखी गई थी और जिस पर मिस्टर लूईस अतिरिक्त जिला मजिस्ट्रेट के हस्ताक्षर हैं पेश करता हूँ।**

वाल्टर लॉक कम्पनी के मिस्टर लूईस उस समय मौजूद थे, जब यह कार्रवाई हो रही थी। दरअसल फायर उन्होंने ही किए थे। बाद में उन्होंने ही विभिन्न खाली कारतूस व गोलियाँ, जो उनके विचार में ***प्रदर्श पी.-480*** से चलाए गए थे, कुछेक कारतूस व गोलियाँ जो घटनास्थल से बरामद हुई थीं, उन्हें मिलाकर जाँच की। इस बात की बहुत सावधानी बरती गई कि विभिन्न खाली कारतूस व गोलियाँ आपस में मिल-जुल न जाएँ। एक बार में सिर्फ एक कारतूस ही जाँच के लिए दिया जाता था। निरीक्षण के बाद खाली कारतूस मिस्टर लूईस, ए.डी.एम. को वापस दे दिया जाता था। तब वाल्टर लॉक कम्पनी के मिस्टर लूईस ने कुल चीजें अलग-अलग मोहरबंद लिफाफे में रख दी और उन्हें सी.आई.डी. के लोहे के सन्दूक में ताला बन्द कर दिया। उसकी चाबी मेरे कब्जे में रही। वाल्टर लॉक कम्पनी के मिस्टर लूईस की राय में एक अन्य माहिर की राय ली जाए कि **क्या पिस्तौल *प्रदर्श पी.-480* वास्तव में कत्ल में प्रयोग किया गया है?** आखिरकार यह फैसला हुआ कि मैं खाली कारतूस व गोलियाँ और आटोमैटिक पिस्तौल ***प्रदर्श पी.-480*** और माउजर के खाली कारतूस व .320 बोर के जो सहारनपुर में बरामद हुए थे तथा अन्य रिवाल्वर जो लाहौर में बरामद हुए थे मिस्टर चर्चिल के पास लंदन ले जाऊँ, जो गोलियों की शनाख्त के सुप्रसिद्ध विशेषज्ञ हैं।

मैं रिवाल्वर ***प्रदर्श पी.-200, पी. 122, पी. 202 व पी. 201***, पाँच खाली कारतूस .450 बोर के रिवाल्वर के, एक खाली कारतूस .38 बोर का, जो 'डब्ल्यू.आर.ए. कम्पनी' का और एक खाली कारतूस .38 बोर का 'जी.जी. एंड कम्पनी' का है।

चौदह खाली कारतूस .403 बोर के पिस्तौल के (मार्का डी.डब्ल्यू.एम.के.के.) अठाइस खाली कारतूस .32 बोर के, आटोमैटिक गोली बारूद (डब्ल्यू.आर.ए. एंड कं. , ए.सी.) और बारह खाली कारतूस 7.65 पिस्तौल के (आर.इ.एम.-यू.एम.सी.), **जो सहारनपुर से बरामद हुए थे, अपने साथ लंदन ले गया।** मैं वे सारी चीजें भी अपने साथ ले गया, जो लाहौर व दिल्ली में बरामद हुई थीं, और जिनका जिक्र ऊपर हो चुका है। लाहौर में मिस्टर लूईस, ए.डी.एम. की देख-रेख में जो परीक्षण हुआ था, उसके साथ सारे खाली कारतूस और गोलियाँ भी मैं अपने साथ **लंदन** ले गया।

खाली कारतूस ***प्रदर्श पी.-864-एम***, 18 दिसम्बर, 1929 की सुबह सांडर्स व चनण सिंह के कत्ल के घटनास्थल के समय डी.ए.वी. कॉलेज के मैदान से उठाया गया था। एक सार्जन्ट उसे मेरे पास लाया था। मैंने वह मौका देखा था, जहाँ वह मिला था। **खाली कारतूस *प्रदर्श 864-10 सी.*** जिसमें 10 सी-7 भी शामिल है, सहारनपुर में बरामद हुए थे, जैसा कि मैं पहले बयान कर चुका हूँ। **फोटो *प्रदर्श पी.सी.एफ. -1, पी.सी.एफ.-5*** पर निशानियाँ व नम्बर मैंने लिखे हैं, और उनमें जो असली फोटो प्लेट उतारे गए थे तथा जिन पर मैंने फोटो प्लेट उतारने से पहले हस्ताक्षर किए थे, उनसे मैंने उनका मिलान किया था और वो सही हैं।

26 जून, 1930

(हस्ताक्षर) एन.पी. जैनकिन (हस्ताक्षर) जी.सी. हिल्टन

सुपरिंटेंडेंट पुलिस पॉलिटिकल,

सी.आई.डी.

गवाह नं. 31 : 'हथियारों की वैज्ञानिक जाँच'

रॉबर्ट चर्चिल, डायरेक्टर, ए.जे. चर्चिल (बंदूक साज), लंदन–इसको विशेष तौर पर लंदन से बुलाया गया था। जैसा कि गवाह नं. 30 ने बताया है, सांडर्स की हत्या के सम्बन्ध में जो भी हथियार, कारतूस तथा खोल जुटाए गए थे, सभी को गवाह नं. 30 ने स्वयं लंदन ले जाकर चर्चिल के सुपुर्द किए थे। [**सम्भवत : पहली बार ही ऐसा हो रहा था कि किसी हत्या के मामले में वैज्ञानिक पड़ताल इतने सूक्ष्म तौर पर हुई होगी–सम्पादक**]

26 जून, 1930

गवाह नं. 32 : 'कश्मीर बिल्डिंग–छापा'

चौधरी शहाबुद्दीन, सब-इंस्पेक्टर पुलिस, स्पेशल स्टाफ, सी.आई.डी. लाहौर--गवाह नं. 23 का दुहराव।

27 जून, 1930

गवाह नं. 33 : 'शनाख्तें'

चौधरी मुश्ताक अहमद, मजिस्ट्रेट, लुधियाना–शनाख्त परेड कराई।

03 जुलाई, 1930

गवाह नं. 34 : 'कत्ल स्थल का चश्मदीद गवाह'

अब्दुल्ला सुपुत्र इसा, जाति लोहार, आयु 22/23 वर्ष, वासी मुगलपुरा गंज, जिला लाहौर, मोटर ड्राइवर:–

लगभग डेढ़ साल हुआ क्रिसमिस से कुछ दिन पहले मैं मोटरकार में लगभग शाम के साढ़े चार बजे **साँडा** की तरफ जा रहा था। कमालुद्दीन (मोटरकार का मालिक) व हबीबुल्ला (**सफेदपोश**, वासी फतेहगढ़) भी मोटरकार में मेरे साथ थे। कमालुद्दीन,

हबीबुल्ला का रिश्तेदार है। मैं गाड़ी चला रहा था। हबीबुल्ला पिछली सीट पर व कमालुद्दीन मेरी साथ वाली सीट पर बैठा था। जब हम **कचहरी चौक** से निकलकर तहसील बिल्डिंग से निकल रहे थे तो **एक व्यक्ति को डी.ए.वी. कॉलेज की बिल्डिंग के पास खड़ा देखा और दूसरे को शीशम के पेड़ के नीचे पुलिस के दफ्तर के पास खड़े देखा।** ये दोनों सड़क के सामने थे और एक-दूसरे से 10 कदम की दूरी पर थे।

इतने में मैंने एक वर्दी पहने अंग्रेज पुलिस अफसर को लाल रंग की मोटरसाइकिल पर पुलिस के दफ्तर के फाटक से निकलते देखा। हबीबुल्ला ने मुझे कहा कि मैं मोटरकार एक तरफ कर लूँ। जब साहब पुलिस दफ्तर के फाटक से बाहर आया तो हमारी मोटरकार पुली के पास पहुँची; तो उस व्यक्ति ने जो शीशम के वृक्ष के नीचे खड़ा था, पिस्तौल से साहब पर गोली चलाई। पिस्तौल को मैंने उस समय देखा जब उसने इसको चलाया।

साहब को गोली लगने पर उसका हाथ मोटरसाइकिल से छूट गया और वह गिर गया। मोटरसाइकिल की मशीन वैसे ही चलती रही। साहब की एक टाँग मोटरसाइकिल पर ही थी, जबकि दूसरी उसके नीचे आ गई थी। जब साहब मोटरसाइकिल से नीचे गिरा तो वह व्यक्ति जो कॉलेज की तरफ खड़ा था, पहले व्यक्ति के पास आ गया, और दोनों ने साहब पर गोलियाँ चलाईं, जबकि साहब जमीन पर गिरा हुआ था। तब मैंने दूसरे व्यक्ति के हाथ में भी एक पिस्तौल देखी, जब उसने साहब पर गोलियाँ चलाईं। **मैंने मोटरकार एक पुली के पास खड़ी कर दी।** *वह पुली उस सड़क के कोने पर है, जो कचहरी से कॉलेज को जाती है। मोटरकार हमने उस समय खड़ी की थी जबकि दोनों व्यक्ति गोलियाँ चलाकर दौड़े थे; वे दोनों उस पुली के पास से कॉलेज की तरफ दौड़े थे।* **[सुखदेव : फर्न कहता है कि कार उसने रोकी!]** तीसरा व्यक्ति जो साइकिल लिए उसी पुली के पास खड़ा था, वह भी साइकिल पर सवार होकर चल पड़ा; वह उन दोनों व्यक्तियों से आगे-आगे चला गया था।

> (जयगोपाल वादामाफ सरकारी गवाह नं. 2 अदालत में लाया गया है। गवाह ने उसको देखकर कहा है कि यह वह व्यक्ति है, जो साइकिल लेकर दोनों हत्यारों के आगे साइकिल पर गया था। मैंने उस व्यक्ति (जयगोपाल) को घटना के 5-6 महीने बाद पुलिस लाइन की शनाख्त परेड में, जो मजिस्ट्रेट साहब ने करवाई थी, शनाख्त किया था। मैंने उसे विशेष मजिस्ट्रेट की अदालत में भी पहचाना था, जब मैं गवाही देने गया था।)

एक मोटा सा वर्दी पहने पुलिस अफसर यूरोपियन और एक सिख पुलिस वाला पुलिस दफ्तर में से बाहर निकले और हत्यारों के पीछे दौड़े। जब दोनों हत्यारे कॉलेज के अहाते के द्वार में दाखिल होने लगे तो साहब पुलिस वाले ने उनको गिरफ्तार करना चाहा, तो एक व्यक्ति ने साहब पर गोली चलाई और साहब गिर गया।

पुलिस वाला सिख दोनों कातिलों के पीछे गया जबकि पुलिस वाले साहब ने उसको उनके पीछे जाने से मना किया; मगर पुलिस वाला सिख अन्दर चला ही गया; तब अन्दर से मैंने गोली चलने की आवाज सुनी।

मैं अपनी मोटरकार से उतरा और साहब की मोटरसाइकिल की तरफ गया, जिसकी मशीन अभी तक चल रही थी। **मैंने मोटरसाइकिल की मशीन को बन्द कर दिया,** और साहब को एक तरफ कर दिया। साहब को कोई होश नहीं था, किन्तु वह साँस ले रहा था।

इतने में कुछ व्यक्ति मौके पर आ गए और पुलिस वाले सिख को एक पुलिस कांस्टेबल बाजुओं का सहारा देकर उठाकर ला रहा था। जिसकी एक टाँग जमीन पर लगती आ रही थी, और दूसरी टेढ़ी हुई थी; उसे सड़क पर कॉलेज के कोने पर लिटाया गया और उसके मुँह में पानी डाला गया। पुलिस वाले सिख की जख्म वाली टाँग से खून बह रहा था। उसने एक-दो घूँट पानी तो पिया, किन्तु वह बोल नहीं पाया था।

दो-तीन यूरोपियन पुलिस अफसरों ने मुझे आदेश दिया कि मैं अपनी मोटरकार में घायल साहब को अस्पताल में ले जाऊँ। मैंने साहब को मोटरकार की पिछली सीट पर लिटा दिया। मैं, कमालुद्दीन, हबीबुल्ला और पुलिस के तीन कांस्टेबल साहब बहादुर को अस्पताल ले गया। मोटरकार में जब साहब को डाला था तो **वह उस समय मर चुका था।**

हम उसे मेयो अस्पताल ले गए थे; घटनास्थल से अस्पताल तक किसी ने लाश को छुआ नहीं था। अस्पताल में पहुँचने पर तीन कांस्टेबल, साहब की लाश को उठाकर ले गए। जब हम मोटरकार लेकर साहब की लाश को ले गए थे, तो **सिख पुलिस वाला सड़क पर अभी लेटा हुआ ही पड़ा था।** हम अस्पताल से फिर घटनास्थल पर वापस नहीं आए। हम वापसी पर दूसरे रास्ते से साँडा गाँव गए थे।

वह व्यक्ति, जो शीशम के नीचे खड़ा था और जिसने गोली चलाई थी, वह गंदमी साँवले रंग और छोटे कद का था। वह पंजाबी मालूम नहीं होता था और 18-20 साल की उम्र का लगता था। **[सुखदेव : कितना बढ़िया अवलोकक!]** ***मैंने घटना से 5-6 महीने बाद उस व्यक्ति को मजिस्ट्रेट साहब के सामने शनाख्त किया था।*** उसके बाद जब मैं अपनी गवाही देने गया था तो उसको जेल की कचहरी में दोषियों के कठघरे में शनाख्त किया था।

दूसरा कातिल उक्त कातिलों से लम्बे कद और गोरे रंग का खूबसूरत जवान था। उसकी उम्र 19-20 वर्ष की मालूम होती थी। उसकी मूँछें छोटी थीं और दाढ़ी मुँडी हुई थी। **मैं नहीं कह सकता कि दोनों कातिलों ने किस तरह के कपड़े पहने हुए थे।**

दूसरे कातिल को घटना से 4-5 महीने बाद लाहौर छावनी की कोतवाली की शनाख्त परेड में मजिस्ट्रेट साहब के सामने शनाख्त किया था।

उसके बाद जब मैं अपनी गवाही देने गया था तो मैंने उसको विशेष मजिस्ट्रेट की अदालत में दोषियों के कठघरे में भी शनाख्त किया।

मोटा सा पुलिस अफसर साहब जो फाटक के पास गिर गया था, उसका नाम फर्न था। **[सुखदेव : वह नाम कैसे जान गया!]** वह व्यक्ति जो साइकिल से गया था और जिसे मैंने अब जयगोपाल शनाख्त किया है, सीधा सड़क पर चला गया था। मेरी मोटरकार 15 कदमों की दूरी पर थी। जब मैंने पहले कातिल को गोली चलाते देखा था तो उस समय मेरी मोटरकार 8-9 कदमों की दूरी पर थी। फिर दूसरे कातिल को

पहले कातिल के पास आते देखा और उसने भी गोली चलाई थी। हमारी मोटरकार से लगभग 4 कदम की दूरी से दोनों कातिल कॉलेज की तरफ गए थे।

साइकिल वाला तीसरा व्यक्ति मोटरकार से 2-3 कदमों की दूरी पर था, जबकि मैंने मोटरकार रोकी हुई थी।

उस दिन आसमान में बादल नहीं थे।

(अदालत का हुक्म : सरकारी वकील की याचना के उपरान्त गवाह का बयान विशेष मजिस्ट्रेट साहब की अदालत की फाइल में जेरे दफा 288 जाब्ता फौजदारी शामिल किया जाए।)

अब जो बयान मैंने सुना, वह मैंने विशेष मजिस्ट्रेट की अदालत में दिया था; यह वही बयान है।

अदालत के सवाल के जवाब में : मेरा बयान कत्ल के चौथे दिन बाद हुआ था। **किसी भी पुलिस अफसर ने घटना के दिन मेरा नाम या पता नहीं पूछा था तथा न ही किसी ने कमालुद्दीन और हबीबुल्ला का नाम और पता मेरे सामने पूछा था।** कमालुद्दीन जिसका मैं नौकर था, फतेहगढ़ का है, जो मुगलपुरा से आगे है। कमालुद्दीन अपने रिश्तेदारों की कोठी जो साँडा के खेतों में स्थित है, वहाँ जाना चाहता था।

मैंने विशेष मजिस्ट्रेट साहब की अदालत में बयान दिया था कि **मैंने साहब की मोटरसाइकिल को बन्द करना चाहा मगर मैं बन्द न कर सका**, और फर्न साहब ने बंद किया; यह सही है, और न कि जैसा मैंने आज बयान दिया कि मैंने बंद किया है।

चनण सिंह को मैं पहले नहीं जानता था, मगर उसका नाम मुझे तब मालूम हुआ जब वह जख्मी हुआ था।

मुझे मालूम नहीं कि क्या उसने पुलिस के समक्ष बयान दिया था कि पुलिस वाला सिख जो पुलिस के दफ्तर से निकला था, वह वर्दी में था। (पुलिस के सामने मेरे बयान से जाहिर होता है कि पुलिस वाला सिख वर्दी में था।)

मैंने पुलिस को यह नहीं लिखाया था कि दो व्यक्तियों ने साहब पर फायर किए थे, जब कमालुद्दीन ने मुझे मोटरकार एक तरफ खड़ी करने को कहा। जो मैंने बयान दिया था वह यह था कि एक व्यक्ति ने साहब पर फायर किया था और दूसरा तुरन्त ही पहले व्यक्ति के पास आ गया और उसने भी साहब पर फायर किया।

3 जुलाई, 1930

गवाह नं. 35 : 'शनाख्तें'

संत सिंह, अहिलमद्द, विशेष ट्रिब्यूनल, लाहौर षड्यंत्र केस, लाहौर–शनाख्तें कराईं।

4 जुलाई, 1930

गवाह नं. 36 : 'कत्ल स्थल का चश्मदीद गवाह'

मुहम्मद इब्राहिम, कांस्टेबल नं. 520, जिला लाहौर–

लगभग गवाह नं. 34 का दुहराव।

5 जुलाई, 1930

गवाह नं. 37 : 'सांडर्स–पोस्टमार्टम'

हाजी अहमद, दफ्तर इंस्पेक्टर जनरल, सिविल अस्पताल, लाहौर
औपचारिक।
5 जुलाई, 1930

गवाह नं. 38 : 'सांडर्स–पोस्टमार्टम'

सिवन, लेफ्टीनेंट कर्नल।

सवाल : सहायक, सिविल सर्जन लाहौर : सांडर्स के पोस्टमार्टम में उसके सिर पर किसी गोली का जख्म नहीं पाया गया। [**जबकि स्वयं राजगुरु और भगत सिंह के विचार में राजगुरु की गोली सांडर्स के सिर पर लगी थी। –सम्पादक**]

5 जुलाई, 1930

गवाह नं. 39 : 'चनण सिंह–पोस्टमार्टम'

डॉ. मैथ्यूज, सहायक सिविल सर्जन, लाहौरः–

चनण सिंह को एक मात्र गोली उसकी दाहिनी जाँघ पर लगी थी [ठीक जाँघ के उसी भाग पर स्वयं आजाद को भी 27.2.1931 वाले मुकाबले में पहली गोली लगी थी–सम्पादक]; और उसकी मृत्यु केवल खून के अधिक बहाव के कारण हुई थी। जैसा कि गवाह नं. 34 अब्दुल्ला (कार ड्राइवर) ने बताया है कि हालाँकि सांडर्स मोटरकार में डालने से पहले ही मर चुका था, और ठीक उसी समय चनण सिंह सड़क पर लेटा पड़ा था। कुछ 'अज्ञात व्यक्ति' उसको नजदीकी डिस्पेंसरी में लेकर गए थे। [**स्पष्ट है कि अगर उसको उसी समय मेयो अस्पताल ले जाया जाता तो उसकी जान बचाई जा सकती थी। जिक्रयोग है कि अंग्रेज इंस्पेक्टर फर्न ने चनण सिंह को कातिलों का पीछा करने से रोका भी था, परन्तु उसने एक न सुनी, और आजाद ने उस पर गोली चलाने से पहले उसे चेतावनी भी दी थी, जिस पर भी वह बाज नहीं आया, हालाँकि, फिर भी चन्द्रशेखर आजाद ने उसकी जाँघ (थाई) को ही गोली का निशाना बनाया, ताकि उसकी जान बच जाए।–सम्पादक**]

5 जुलाई, 1930

गवाह नं. 40 : 'सांडर्स–पोस्टमार्टम'

डॉ. कूंबज, सहायक सिविल सर्जन, लाहौर–औपचारिक।
5 जुलाई, 1930

गवाह नं. 41 : 'शनाख्तें'

मेजर ब्रिगज, सुपरिंटेंडेंट, बोरस्टल जेल, लाहौर–शनाख्तें कराईं।
7 जुलाई, 1930

गवाह नं. 42 : 'शनाख्तें'

दौलत अली शाह, सहायक जेलर, सेंट्रल जेल, लाहौर–शनाख्तें कराईं।
7 जुलाई, 1930

गवाह नं. 43 : 'शनाख्तें'

जयदयाल, रीडर, जिला कचहरी, लाहौर–शनाख्तें कराईं।
7 जुलाई, 1930

गवाह नं. 44 : 'शनाख्तें'

रामलाल, मजिस्ट्रेट, लाहौर–शनाख्तें कराईं।
7 जुलाई, 1930

गवाह नं. 45 : 'कत्ल स्थल का चश्मदीद गवाह'

मिस्टर जे.आर. मोरिस, डिप्टी सुपरिंटेंडेंट पुलिस।

यह गवाह अंग्रेजी में अपना बयान देगा और उसकी गवाही अंग्रेजी में लिखी जाए, जैसा कि अदालत लिखाएगी। इस गवाही का उर्दू अनुवाद मिसल में शामिल किया जाए।

8 जुलाई, 1930 — जी.सी. हिल्टन

अनुवाद

17 दिसम्बर, 1928 को मैं सीनियर सुपरिंटेंडेंट पुलिस लाहौर के दफ्तर में अपने कमरे में था। मेरा कमरा इमारत के पिछली तरफ है; वास्तव में वह कमरा अंग्रेजी दफ्तर का रिकार्ड रूम है। *शाम के साढ़े चार बजे दामोदर दास कांस्टेबल मेरे कमरे में आया और उसने बताया कि मिस्टर सांडर्स अपनी मोटरसाइकिल से गिर गया है और उसको चोटें आई हैं।* **[सुखदेव : व्यक्ति ने गोली चलने की आवाज नहीं सुनी!]** उसने मुझसे मेरा पानी पीने वाला गिलास माँगा, क्योंकि वह मिस्टर सांडर्स के लिए पानी ले जाना चाहता था। मेरे पास कोई गिलास नहीं था, इसलिए मैंने उसको कहा कि किसी दूसरे कमरे में तलाश करे। मैं भी उठ खड़ा हुआ और गिलास की तलाश में गया; मुझे एक गिलास मिल गया और उसे लेकर नल की तरफ गया, जहाँ दामोदर पहले ही मौजूद था। मैंने उसे कहा कि जल्दी करो और मैं भी उसके पीछे गया, जहाँ मिस्टर सांडर्स था। मैंने सांडर्स को एक कांस्टेबल का सहारा लिए हुए, सड़क पर लेटे हुए पाया। **जो सड़क पुलिस के दफ्तर से गोल बाग को जाती है, मिस्टर सांडर्स उस सड़क की बाईं ओर पड़ा हुआ था व यह स्थल पुलिस के दफ्तर के पूर्वी दरवाजे से लगभग 40-50 फुट की दूरी पर है।** मिस्टर सांडर्स मरा हुआ मालूम होता था। उसकी मोटरसाइकिल पास ही पड़ी थी। सड़क के सामने एक मोटरकार खड़ी थी, जिसके नजदीक मिस्टर सांडर्स का मुन्शी, चनण सिंह जखमी पड़ा था। हवा में बारूद की बू आ रही थी। मैंने उस समय मिस्टर फर्न को डी.ए.वी. कॉलेज के प्रिंसिपल की कोठी की तरफ से आते हुए देखा। वह

अपना बाजू पकड़े हुए था। मेरे पूछने पर उसने बताया कि उसने दो व्यक्तियों को मिस्टर सांडर्स पर गोली चलाते हुए देखा था, जबकि चनण सिंह उनके पीछे-पीछे कॉलेज के अहाते के अन्दर गया था और जब वह प्रिंसिपल की कोठी के सामने पहुँचा था, तो उस पर भी गोली चलाई गई थी। *मिस्टर फर्न ने मुझे बताया कि उस पर भी गोली चलाई गई थी, जो खुशकिस्मती से उसे न लगी। तब मैं कॉलेज के अहाते के अन्दर गया तो प्रिंसिपल की कोठी के सामने सड़क पर खून पड़ा हुआ पाया।* **[सुखदेव : फर्न इनकार करता है]** मैं तब जल्दी ही दफ्तर वापस आ गया ताकि सीनियर अफसरों को सूचना दूँ। मैंने सब-इंस्पेक्टर को टेलीफोन पर अफसरों को सूचना देते हुए पाया। तब मैं अपने रीडर और एक-दो अन्य कांस्टेबलों के साथ जल्दी से डी.ए.वी. के मैदान में गया और विद्यार्थियों से पूछताछ शुरू कर दी, जिस अनुसार मैं कॉलेज के मैदान से पीछा करते हुए चला गया और कर्मचारियों के क्वार्टरों के पास से कच्ची सड़क पर बाहर आ गया। **जब हम वहाँ से गुजर रहे थे तो मेरे रीडर को एक लुँगी (तहमत) मिल गई।** मैंने उस समय लुँगी को देखा था, और अब मैं उसी लुँगी को अदालत में प्रदर्श पी.-488 को शनाख्त करता हूँ कि यह वही लुँगी है।

मैं पीछा करता चला गया और **लैंगले सड़क** पर स्थित एक साइकिलों वाले की दुकान पर आ गया, जिसका नाम अता-उल्ला मालूम हुआ। मेरे पूछने पर अता-उल्ला ने बताया कि दो या तीन व्यक्ति उसकी दुकान से गुजरे थे, जिनमें से एक ने जबरदस्ती उसकी दुकान से साइकिल ले ली थी। अता-उल्ला ने उस ओर इशारा किया जिस ओर वे व्यक्ति गए थे। उसका इशारा एक कोठी की तरफ था, जो लाट साहब के दफ्तर के अन्त में स्थित है। मैंने वहाँ बहुत से विद्यार्थी घास पर बैठकर पढ़ते हुए देखे। मैंने उनसे पूछा कि क्या उन्होंने किसी व्यक्ति को हथियार लिये हुए उस ओर जाते हुए देखा था, मगर उन सभी ने 'नहीं' में ही जवाब दिया। वहाँ कोठी के गेट के नजदीक एक व्यक्ति था, जो विद्यार्थी मालूम होता था तथा जिसके हाथ में पुस्तक थी। मैंने उससे पूछा और उसने जवाब दिया कि उसने किसी व्यक्ति को नहीं देखा है। मैं तब कुछ मजदूरों के पास गया, जो तैरना सीखने वाले तालाब पर काम कर रहे थे, और मेरे पूछने पर उन्होंने जवाब दिया कि उन्होंने किसी व्यक्ति को **हथियार लिये हुए** यहाँ से गुजरते हुए नहीं देखा है। दो *या तीन महीने के बाद उक्त विद्यार्थी को, जिसका मैंने ऊपर उल्लेख किया है, उसे पुलिस लाइन की शनाख्त परेड में पहचाना था।* **[सुखदेव : गलत] नक्शा प्रदर्श पी.ए.डब्ल्यू. को देखकर मैं कह सकता हूँ कि वह कोठी, जिसका मैंने ऊपर उल्लेख किया है, वह नक्शे में बतौर 'हरी लॉज' दिखाई गई है और वह उस नहाने वाले तालाब के नजदीक है।** मैं साथ लगते खेतों में तलाश करता चला गया जब तक कि अँधेरा नहीं हो गया। उसके बाद मैं दफ्तर में वापस आ गया और सारी घटना का उल्लेख मौखिक रूप से **मिस्टर स्कॉट,** सीनियर पुलिस सुपरिंटेंडेंट पुलिस से किया। पुलिस के बहुत से सीनियर अफसर हरी लॉज की तरफ आए थे। जिन्होंने मुझे बताया था कि उन्होंने

कातिलों को कॉलेज के अहाते में से दौड़ते हुए जाते देखा था, मैंने मिस्टर स्कॉट को उन व्यक्तियों के नाम बताए और जो कुछ मैंने देखा था वह भी बता दिया।

अदालत के सवाल के जवाब में : मिस्टर स्कॉट घटना के समय दफ्तर में मौजूद नहीं थे। जब मैंने चनण सिंह को मोटरकार के नजदीक जख्मी हुए पाया था, तो वहाँ केवल मिस्टर फर्न ही था, जिसने जो कुछ देखा था उसकी मुझे सूचना दी थी। मिस्टर सांडर्स के पास बहुत से पुलिस वाले अथवा अन्य व्यक्ति थे। मैंने मोटरकार के पास खड़े हुए व्यक्तियों में से किसी से भी सवाल नहीं किया। ज्यों ही मैं वहाँ पहुँचा था तो मिस्टर फर्न प्रिंसिपल की कोठी की तरफ से आया और मैं उसी तरफ चला गया। मैं यकीन से नहीं कह सकता कि मिस्टर नील, सहायक सुपरिंटेंडेंट पुलिस मोटर में सवार होकर उस तैरना सीखने वाले तालाब पर मेरे पास पहुँचे थे, जबकि मैं दोषियों की तलाश कर रहा था, व पूछ-पड़ताल की थी। मैं उस व्यक्ति को (जयगोपाल सरकारी गवाह) जो अदालत में लाया गया है को देखता हूँ। यह वही विद्यार्थी मालूम होता है जिसके हाथ में पुस्तक थी व जिसको मैंने हरी लॉज के दरवाजे पर देखा था और जिससे मैंने पता किया था। मेरा विचार है कि यह वही व्यक्ति है।

8 जुलाई, 1930

गवाह नं. 46 : 'कत्ल स्थल का चशमदीद गवाह'

मिस्टर डब्ल्यू.जे.जी. फर्न, ट्रेफिक इंस्पेक्टर पुलिस, लाहौर।

यह गवाह अंग्रेजी में अपना बयान देगा और उसकी गवाही अंग्रेजी में लिखी जाए; जैसा कि अदालत लिखाएगी। इसकी गवाही का उर्दू अनुवाद मिस्ल में शामिल किया जाए।

8 जुलाई, 1930 जी.सी. हिल्टन

अनुवाद

बयान किया कि मैं 17 दिसम्बर, 1928 को पुलिस के दफ्तर में था; मैं मिस्टर सांडर्स, सहायक सुपरिंटेंडेंट पुलिस के साथ उनके कमरे में दोपहर साढ़े बारह बजे से शाम के लगभग चार बजे या उससे भी कुछ समय बाद तक रहा था। उसके बाद मैं अपने कमरे में वापस आया। उस समय मेरा कमरा दफ्तर के अगले बरामदे में था। मिस्टर सांडर्स जब भी दफ्तर आते थे तो अक्सर अपनी मोटर-साइकिल मेरे कमरे की खिड़की के साथ बाहर खड़ी करते थे। जब मैं अपने कमरे में आया तो मुझे याद आ गया कि मुझे मिस्टर सांडर्स से कुछ कहना है, इसलिए मैं फिर उनके कमरे में चला गया। उनके कमरे में पहुँचने पर मैंने न तो उनको और न ही उनके रीडर को वहाँ पाया। मैं पुन: अपने कमरे में वापस आ गया। मैंने एक दुर्घटना स्थल में जाने के लिए शाम साढ़े चार बजे का समय तय किया था। जब मैं दफ्तर से वहाँ जाने के लिए अपनी वर्दी, टोपी और पेटी पहन रहा था तो मैंने बाहर से मिस्टर सांडर्स की मोटर-साइकिल चलने की आवाज सुनी। मैं अपने कमरे से बाहर निकला और सीधा अपनी मोटर-साइकिल की ओर गया, जो कि दरवाजे के स्तून के पीछे खड़ी थी। जब मैं अपनी मोटर-साइकिल पर सवार हुआ तब मिस्टर सांडर्स

अपनी मोटरसाइकिल से गेट से बाहर निकल रहे थे। *जब मिस्टर सांडर्स डी.ए.वी. कॉलेज के समीप सड़क के एक तरफ बिजली के खंबे के पास पहुँचे तो मैंने दो व्यक्तियों को खम्भे के नजदीक से आगे बढ़ते और उन पर गोली चलाते देखा।* **[सुखदेव : इसी सम्बन्ध में दो व्यक्तियों ने उत्तर में कहा, 'उससे सामने वाला अवस्थान']** मिस्टर सांडर्स उस समय सड़क पर अपने दाएँ हाथ की तरफ थे। वह अपनी मोटर-साइकिल पर आगे की ओर गिरे; मोटर-साइकिल सड़क की बाईं तरफ घूम गई और आखिरकार उसी तरफ ही गिर गई। मिस्टर सांडर्स भी उसके साथ गिर गए और उनकी टाँग मोटर-साइकिल के नीचे आ गई। वो दोनों व्यक्ति जिन्होंने सांडर्स पर गोली चलाई थी, सड़क को पार करके उस जगह पहुँचे, जहाँ मिस्टर सांडर्स गिरे थे। उनमें से एक व्यक्ति मोटर-साइकिल के सामने अगले पहिये के नजदीक और दूसरा मोटर-साइकिल के इंजन के सामने खड़ा हो गया, जबकि मिस्टर सांडर्स जमीन पर गिरे हुए थे। ये दोनों मिस्टर सांडर्स पर गोलियाँ चलाने लगे। मिस्टर सांडर्स एक पेड़ के करीब सड़क की उस ओर पड़े थे, जिस ओर पुलिस का दफ्तर है। जब मैं बाहर अपनी मोटर-साइकिल की तरफ आया था तब मिस्टर सांडर्स का मुन्शी चनण सिंह उनके पास खड़ा उनसे बातें कर रहा था। मैं पहली और दूसरी गोली चलने के दरमियान द्वार की ओर दौड़ा, जबकि चनण सिंह मेरे पीछे था। वो दोनों व्यक्ति, जो जमीन पर पड़े हुए मिस्टर सांडर्स पर गोलियाँ चला रहे थे, कोर्ट स्ट्रीट की तरफ दौड़े। जो व्यक्ति मोटर-साइकिल के सामने खड़ा था, मैं उसके पीछे दौड़ा तथा मैंने दूसरे व्यक्ति का ख्याल छोड़ दिया। जब हम कोर्ट स्ट्रीट के मोड़ पर पहुँचे तो मैं उस व्यक्ति को पकड़ने वाला ही था। जब हम कोर्ट स्ट्रीट में थोड़ी दूर गए तो वह व्यक्ति मुड़ा और उसने मुझ पर गोली चलाई। मैं झुक गया और गोली मुझे नहीं लगी। मैं निरन्तर उसके पीछे दौड़ता गया; मेरा पैर सड़क के किनारे एक छोटी सी नाली में फिसला और मैं बड़े जोर से गिर गया। जब मैं जमीन पर गिरा था तो उस व्यक्ति ने फिर मुझ पर गोली चलाई, लेकिन वह मुझे नहीं लगी। जब मैं उठ रहा था तो मैंने देखा कि चनण सिंह मेरे पास से गुजरकर कोर्ट स्ट्रीट में डी.ए.वी. कॉलेज के द्वार की तरफ भागे जा रहा था। मैंने मिस्टर सांडर्स पर फायर करने वाले किसी व्यक्ति को भी कॉलेज के द्वार में प्रवेश करते हुए नहीं देखा; मैं यह नहीं देख पाया कि वे कहाँ गए! चनण सिंह प्रिंसिपल की कोठी के द्वार से अन्दर गया और उसके अन्दर जाने से पहले मैंने उसको आवाज देकर कहा, "अन्दर न जाओ।" उसके तुरन्त बाद द्वार के अन्दर से एक और गोली चलने की आवाज आई। **उसके बाद चनण सिंह बाहर आया। उसके दाईं टाँग के चड्ढे से बहुत खून बह रहा था। वह मेरे पास आया और उसने मुझसे कहा कि साहब मर गया।** उस समय मैं दरवाजे के बिलकुल साथ बाहरी दीवार के पीछे खड़ा था। **यह बात कहकर चनण सिंह बेहोश हो गया।** मैंने पानी के लिए आवाज दी और एक सुराही लाई गई, लेकिन चनण सिंह पानी पी नहीं सका था।

मैं तब कोर्ट स्ट्रीट के मोड़ की तरफ दौड़ा और एक मोटर-कार को, जो कि पुलिस के दफ्तर के आगे से सड़क पर जा रही थी, रोक लिया। मैंने अमर सिंह सब-इंस्पेक्टर को कहा कि वह एक बन्दूक ला दे; कचहरी से एक बन्दूक लाई गई। मैं बन्दूक और

कुछ कारतूस लेकर डी.ए.वी. कॉलेज के अहाते में गया। मैंने सारी इमारतों की, जो कि कॉलेज की बड़ी इमारत के पीछे थीं, तलाशी ली और कुछ विद्यार्थियों से, जो कि वहाँ बगीचे में थे, पूछा, लेकिन मुझे यह मालूम नहीं हो सका कि कोई व्यक्ति इस अहाते में से भागकर गया है। जब मैं बड़ी सड़क पर वालीबॉल के मैदान के पीछे पहुँचा तो मैं मिस्टर मोरिस, डिप्टी सुपरिंटेंडेंट पुलिस को मिला। मैंने उसको इस घटना के बारे में कुछ नहीं बताया। तब मैं मिस्टर मोरिस के साथ कॉलेज के अहाते में से होकर कॉलेज के शौचालय घर की तरफ गया; चलते-चलते हम देव समाज कॉलेज की दीवार तक पहुँचे। चूँकि मेरी तबीयत खराब हो गई थी, अत: मैं मिस्टर मोरिस से इजाजत लेकर दफ्तर वापस आ गया। जब मैं गिरा था तो मेरे बाएँ बाजू पर एक चोट लग गई थी।

वह व्यक्ति जो कि मिस्टर सांडर्स के मोटर-साइकिल के अगले पहिये की तरफ खड़ा था, एक विद्यार्थी लगता था। उसका कद पाँच फुट पाँच-छह इंच होगा। वह दुबला-पतला था। वह एक क्रिस्टी टोपी, एक सिपाही माइल कपड़े का कोट, सफेद पाजामा और काला डर्बी (तस्मे वाला) जूता पहने हुए था। उन चीजों को मैंने जब मैं गिरा था, नजदीक से देखा था। क्योंकि उस व्यक्ति ने मुझ पर गोली चलाई थी [राजगुरु : सम्पादक]। दूसरा व्यक्ति जो कि मिस्टर सांडर्स की मोटर-साइकिल के इंजन के समक्ष खड़ा था, कुछ लम्बा था और उसने भी वैसी ही पोशाक पहनी हुई थी। वह भी दुबला-पतला था [भगत सिंह : सम्पादक]। जहाँ तक मुझे ज्ञात है, उस व्यक्ति ने मुझ पर गोली नहीं चलाई। पहली गोली चलने और मेरा नाली में पाँव फिसलने से गिरने तक के बीच का समय तीन मिनट से ज्यादा नहीं हो सकता। मैंने यह ध्यान नहीं किया कि **मोटरकार में, जिसे मैंने रुकवाया था, उसमें कितने व्यक्ति थे।** मैंने दो व्यक्तियों को मोटरकार से निकलते देखा। लगभग एक घंटे के बाद मैंने घटना के बारे में एक रिपोर्ट स्वयं तैयार की। ***(प्रदर्श पी.ए.टी.)*** यह वही रिपोर्ट है जो मैंने लिखी थी और जो मुझे सुनाई गई है। जिस व्यक्ति का हुलिया मैंने रिपोर्ट में दिया, वह वही व्यक्ति है जिसने मुझ पर गोली चलाई थी।

अदालत के सवाल के जवाब में : मेरी रिपोर्ट में अक्षर 'दुबली व छोटी' उस व्यक्ति की मूँछों के बारे में है, जिसका हुलिया इस रिपोर्ट में दिया गया है, जैसा कि मेरी रिपोर्ट में जिक्र किया गया है। यह ठीक है कि उस व्यक्ति के पास, जिसने मुझ पर गोली चलाई, एक नीली नाली वाली पिस्तौल थी। **मैं विश्वास के साथ नहीं कह सकता कि वह स्वयंचालित पिस्तौल थी, जैसा कि मेरी रिपोर्ट में दर्ज है।** जब मैंने पहले पहल दो हमला करने वालों को देखा, तो वे मिस्टर सांडर्स की दाईं ओर से आगे बढ़कर उन पर गोली चला रहे थे। गोली चलने पर ही मेरा ध्यान उनकी तरफ गया। मोटर-साइकिल नजदीक ही गिर गई; उसका अगला पहिया सड़क की तरफ था। मिस्टर सांडर्स पीठ के बल पड़े थे और उनका सिर पुलिस के दफ्तर की ओर था। एक दोषी अगले पहिये के सामने खड़ा था और दूसरा मोटर-साइकिल के नजदीक एक पक्की सड़क पर। दूसरा दोषी ज्यादा लम्बा था। उस मोटरकार के पहुँचने से पहले मैंने कोई मोटरकार कोर्ट स्ट्रीट के मोड़ पर नहीं देखी। मैं नहीं बता सकता कि क्या दोनों हमलावरों में लम्बा हमलावर टोपी पहने हुए था या पगड़ी। मैं कई शनाख्त परेडों में हाजिर हुआ, **लेकिन मिस्टर**

सांडर्स के दोनों हमलावरों को पहचान नहीं सका। उस व्यक्ति को जिसे मैंने अभी अदालत में देखा है वह (वादामाफ गवाह जयगोपाल है। मैंने उसे शनाख्त परेड में भी पहचाना था।

अदालत का सवाल : तुमने विशेष मजिस्ट्रेट के समक्ष अपनी गवाही देते हुए बयान किया 'मुझे मालूम नहीं कि दोनों व्यक्तियों में से किसने दरअसल मुझ पर गोली चलाई, लेकिन मैंने पिस्तौल जो कि मेरे पर चलाई गई थी, देखी।' और आज तुमने पक्के तौर पर बयान दिया कि दोनों हमलावरों में से जो छोटा था उसने तुम पर गोली चलाई।

जवाब : **जब दोनों हमलावरों में से छोटा व्यक्ति फिरा और मुझ पर निशाना बाँधा, मैंने गोली की आवाज सुनी, लेकिन मैं यकीन के साथ नहीं कह सकता कि क्या यह उसी व्यक्ति की पिस्तौल से आई थी या किसी अन्य व्यक्ति के हथियार से!** इसलिए मैं दृढ़तापूर्वक नहीं कह सकता कि दोनों व्यक्तियों में से किसने मेरे ऊपर गोली चलाई। मैं नक्शा ***प्रदर्श पी.ए.डब्ल्यू.*** के बिन्दु नम्बर 10 के करीब सामने था, जबकि मैंने मोटरकार को कॉलेज स्ट्रीट से कॉलेज की ओर आते देखा। तब मैं कोर्ट स्ट्रीट के आखिर तक गया और मोटरकार को खड़ा किया। मोटरकार उस जगह से करीब, जहाँ कॉलेज की सड़क और कोर्ट स्ट्रीट मिलती है, खड़ी हो गई। नीली नाली वाला हथियार उस व्यक्ति के हाथ में था, जिसका मैं सड़क की बाईं तरफ पीछा कर रहा था।

मोटरकार जिसको मैंने खड़ा किया भूसले रंग की थी।

8 जुलाई, 1930

गवाह नं. 47 : 'कत्ल स्थल का चशमदीद गवाह'

वहीउद्दीन सुपुत्र निजामुद्दीन, आयु 24 वर्ष, जमींदार, लाहौरः–

पी.डब्ल्यू. 34, अब्दुल्ला के बयान का दुहराव है।

8 जुलाई, 1930

गवाह नं. 48 : 'कत्ल स्थल का चशमदीद गवाह'

अता मुहम्मद सुपुत्र गुलाम मुहम्मद, जाति कश्मीरी, आयु 20–21 वर्ष, वासी लाहौर, **साइकिल मिस्त्रीः–**

मेरी दुकान पहले लांगले रोड पर थी; जिस दिन मिस्टर सांडर्स साहब का कत्ल हुआ था, मैं अपनी दुकान पर था। लगभग पाँच बजे शाम का समय था जब मैं, मेरा शागिर्द (चेला) मुहम्मद शरीफ और चेत सिंह विद्यार्थी जो मेरा ग्राहक था, दुकान पर बैठे थे। मैं और मेरा शागिर्द मुहम्मद शरीफ साइकिल मरम्मत कर रहे थे कि हमने दो व्यक्ति साइकिलों पर और एक व्यक्ति पैदल वहाँ से गुजरते देखे। जो व्यक्ति पैदल था उसने मेरी एक साइकिल, जो मरम्मत स्टैंड पर खड़ी थी, आकर पकड़ ली और साइकिल लेकर आगे धकेलने लगा, और दौड़ा। मेरे सवाल पर कि बाबू जी साइकिल कहाँ ले जा रहे हो? उसने कुछ जवाब नहीं दिया। साइकिल उस समय उसी व्यक्ति के हाथ में थी और अभी वह उस पर सवार नहीं हुआ था। मैंने साइकिल को पकड़ लिया और कहा, "वह आपकी

साइकिल नहीं है।" उसने कहा, "मेरी साइकिल है।" उस पर उन दोनों व्यक्तियों में से एक ने, जो साइकिल पर सवार होकर वहाँ से गुजरे थे, और कुछ दूरी पर मोड़ पर खड़ा था, उसने आवाज दी, "मिस्त्री छोड़ दे, तेरी साइकिल अभी वापस आ जाएगी।" इतने में उस पैदल चलने वाले ने झटका मारा और साइकिल मुझसे छीन ली व उस पर सवार होकर डी.ए.वी. कॉलेज के उस मोड़ की तरफ चला गया, जहाँ नहाने का तालाब है। दूसरा व्यक्ति जो मोड़ पर खड़ा था वह भी साइकिल दौड़ाकर भाग गया।

मैं चेत सिंह से साइकिल लेकर उस पर सवार होकर उनके पीछे गया। मैंने दो-तीन बार उनको आवाज दी; उन्होंने मुड़कर तो देखा, मगर जवाब नहीं दिया; मैं उनको पकड़ न सका।

डी.ए.वी. कॉलेज के तालाब के पास जाकर उस व्यक्ति ने, जो मेरी साइकिल लेकर गया था, साइकिल फेंक दी। वह स्वयं तार से कूदकर, लाट साहब के दफ्तर को जो रास्ता जाता है, की तरफ चला गया। दूसरा व्यक्ति जो साइकिल वाला था उसने अपनी साइकिल को तार के नीचे से निकाल लिया था और अपने साथी के साथ दौड़ गया था। मैं अपनी साइकिल लेकर वापस दुकान पर आ गया। **8-10 मिनट** के बाद पुलिस मेरी दुकान पर आई। वे लगभग 10-15 व्यक्ति थे, जिनमें दो-तीन यूरोपियन पुलिस अफसर थे। उन्होंने मुझसे पूछा, "क्या कोई व्यक्ति उस तरफ से दौड़कर गया है?" मैंने उन्हें जो कुछ ऊपर बयान किया है, सब बता दिया। उस समय मुझे मालूम हो गया था कि मिस्टर सांडर्स मारे गए हैं।

लगभग पाँच या साढ़े पाँच महीने के बाद लाहौर छावनी में एक शनाख्त परेड हुई, जिसमें मजिस्ट्रेट साहब मौजूद थे, जिनका नाम मुझे याद नहीं है, मैंने उस परेड में उस व्यक्ति को पहचाना था, जो मोड़ पर साइकिल लेकर खड़ा हुआ था।

मैंने विशेष मजिस्ट्रेट साहब की अदालत में गवाही दी थी, **वहाँ मैंने उसी व्यक्ति को शनाख्त किया था जो दोषियों के कठघरे में बैठा था और जो घटना वाले दिन उस मोड़ पर खड़ा था। परेड वाले दिन शनाख्त के बाद मुझे मालूम हो गया था उसका नाम भगत सिंह है।** जब मैंने मजिस्ट्रेट साहब की अदालत में शनाख्त की थी तो मुझे उस व्यक्ति की शनाख्त के बारे में शक नहीं था। मैंने बाद में कहा था कि शायद यही व्यक्ति है।

8 जुलाई, 1930 — निशान अँगूठा : अता मुहम्मद

अब समय हो गया है बाकी कार्रवाई कल होगी।

8 जुलाई, 1930 — जी.सी. हिल्टन

आदेश

(1) हमने गवाहियाँ जो आज तक लिखी गई हैं, देख ली हैं, और हम इस प्रमाण पर पहुँचे हैं कि दोषियों, आज्ञाराम उर्फ मास्टर जी और सुरिन्द्रनाथ पांडे उर्फ स्टोन के विरुद्ध कोई दोष सिद्ध नहीं हो रहा है।

तद्नुसार हम आज्ञाराम उर्फ मास्टर जी और सुरिन्द्रनाथ पांडे उर्फ स्टोन को रिहा करते हैं।

जी.सी. हिल्टन

10 जुलाई, 1930

(2) मिस्टर नोड, सरकारी वकील ने ट्रिब्यूनल के समक्ष जो बयान दिया है चूँकि बटुकेश्वर दत्त को असेम्बली केस में उम्र कैद-काले पानी की सजा हो चुकी है, हम उसके विरुद्ध दूसरे आरोपों की पैरवी नहीं करना चाहते, और इस अदालत में उसके विरुद्ध चलाए जा रहे मुकदमे को वापस लिए जाने की याचना करते हैं।

10 जुलाई, 1930 जी.सी. हिल्टन

आदेश

ट्रिब्यूनल ने पन्द्रह दोषियों के विरुद्ध आरोप लगाए हैं। हम मुकदमा कल दस बजे तक स्थगित करते हैं। तब हम निम्नलिखित पन्द्रह दोषियों के जवाब दर्ज करेंगे। चूँकि दोषी आज अदालत में मौजूद नहीं हैं; हम आदेश देते हैं कि इस आदेश की पन्द्रह नकलें आज ही जेल में सभी दोषियों को पहुँचाई जाएँ।

10 जुलाई, 1930 जी.सी. हिल्टन

आरोपी

(1) सुखदेव, उर्फ दयाल, उर्फ स्वामी, उर्फ विलेजर
(2) किशोरी लाल रत्न, उर्फ देवदत्त रत्न, उर्फ मस्त राम शास्त्री
(3) देशराज
(4) प्रेमदत्त, उर्फ मास्टर, उर्फ अमृत लाल
(5) जयदेव, उर्फ हरीश चन्द्र
(6) शिव वर्मा, उर्फ हरनारायण, उर्फ रामनारायण कपूर
(7) गया प्रसाद, उर्फ डॉ. बी.एस. निगम, उर्फ रामलाल, उर्फ रामनाथ, उर्फ देश भगत
(8) महावीर सिंह, उर्फ प्रताप सिंह
(9) भगत सिंह
(10) अजय कुमार घोष, उर्फ नीगरो जनरल
(11) जतिन्द्र सान्याल (जतिन्द्र नाथ सान्याल)
(12) विजय कुमार सिन्हा, उर्फ बच्चू
(13) शिवराम राजगुरु, उर्फ 'एम'
(14) कुन्दन लाल, उर्फ प्रताप, उर्फ नम्बर 1
(15) कँवलनाथ त्रिवेदी, उर्फ कँवलनाथ तिवारी

[**नोट :** छह दोषी फरार घोषित किए गए हुए थे, जबकि भगवतीचरण वोहरा (निम्न क्रम सं. 4) 28 मई, 1930 को शहीद हो गए थे–सम्पादक]:

(1) भगवान दास, उर्फ गुंथाला
(2) चन्द्रशेखर आजाद, उर्फ पंडित जी, उर्फ सीताराम
(3) कैलाशपति, उर्फ कालीचरण
(4) **भगवतीचरण, उर्फ बी.सी. वोहरा**
(5) यशपाल
(6) सतगुरुदियाल

जी.सी. हिल्टन/अब्दुल कादिर/जे.के. टप्प

आदेश

हम मुकदमा कल 12 जुलाई, 1930 समय दस बजे सुबह तक स्थगित करते हैं। अगली पेशी पर सभी दोषियों को यह बयान करना होगा कि क्या वे किसी गवाह पर जिरह करना चाहते हैं? और अगर चाहते हैं तो जिन सरकारी गवाहों की गवाही हो चुकी है, उनमें से किस-किस पर जिरह करेंगे। उनमें से कोई भी आज अदालत में नहीं आया, हम आदेश देते हैं कि इस आदेश की एक-एक नकल जेल में हरेक दोषी को पहुँचाई जाए।

11 जुलाई, 1930 जी.सी. हिल्टन

[नोटः कुल मिलाकर दोषी ट्रिब्यूनल की कार्रवाई का बहिष्कार करते आ रहे थे तथा सारी कार्रवाई उनकी अनुपस्थिति में ही चलती आ रही थी—सम्पादक]

गवाह नं. 49 : 'जयगोपाल सम्बन्धी'

लक्ष्मण नारायण सुपुत्र लाला बोलाकी राम, जाति खत्री, उम्र 26-27 साल, लाहौर, प्रोपराइटर, इम्पायर इलेक्ट्रिक इंजीनियर वर्क्स, लाहौरः—

एक जयगोपाल नाम का व्यक्ति हमारे कारखाने में बतौर नवसिखुआ काम करता रहा। शायद यह 1927 की बात है, जब गर्मियों में कॉलेज की छुट्टियों के दिन थे, तो लगभग डेढ़ मास तक वह हमारे यहाँ काम करता रहा। जयगोपाल का नाम याद है, मगर यह किसी रजिस्टर या पुस्तक में दर्ज नहीं है। (गवाह जयगोपाल को अदालत में पेश किया गया है) **गवाह ने बयान किया कि मैं इस व्यक्ति को नहीं पहचान सकता कि क्या यह वही व्यक्ति है।**

12 जुलाई, 1930

गवाह नं. 50 : 'महावीर सिंह सम्बन्धी'

दीनानाथ सुपुत्र लाला संत राम, जाति खत्री, उम्र 34 वर्ष, प्रिंसिपल, भारत मोटर कम्पनी, लाहौरः—औपचारिक।

12 जुलाई, 1930

गवाह नं. 51 : 'महावीर सिंह सम्बन्धी दस्तावेज'

कुन्दन लाल सुपुत्र लाल चन्द, खत्री, उम्र 25 साल, वासी भेरा, जिला शाहपुर, कर्मचारी, मोटर ट्रेनिंग कम्पनी, लाहौरः—

मैं मोटर ट्रेनिंग कम्पनी लाहौर का कर्मचारी हूँ। प्रताप सिंह नामक एक नौजवान हमारे मोटर स्कूल में दाखिल हुआ था। मैंने उसका नाम दाखिला रजिस्टर और हाजिरी रजिस्टर में दर्ज किया था। उन दोनों रजिस्टरों में एंट्री करना मेरा काम था।

दाखिला रजिस्टर *प्रदर्श पी.एन.* मौजूदा अदालत में देखकर बता रहा हूँ कि **नं. 1530** पर प्रताप सिंह के दाखिला होने की तारीख 4 जुलाई, 1928 है। रजिस्टर में शिक्षार्थियों के हस्ताक्षर नहीं कराए जाते। प्रताप सिंह के पिता का नाम देवी सिंह, वासी फर्रुखाबाद दर्ज है, उम्र 22 साल दर्ज है। यह एंट्री मेरी लिखाई में है। मैं अदालत की

मौजूदगी में **हाजिरी रजिस्टर *प्रदर्श पी.एन.-1*** देखकर बताता हूँ कि 4 जुलाई, 1928 से 10 अक्तूबर, 1928 तक प्रताप सिंह की हाजिरी, स्कूल के हाजिरी रजिस्टर में दर्ज है। वह 11 अक्तूबर, 1928 से 22 नवम्बर, 1928 तक बीमारी के कारण अनुपस्थित रहा। हाजिरी सही रूप से लगाई गई थी। 22 नवम्बर, 1928 को उसका नाम काट दिया गया।

ये दोनों रजिस्टर मैंने गवाही देते समय विशेष मजिस्ट्रेट साहब की अदालत में पेश किए थे।

मैंने पिछले साल इस विद्यार्थी को लाहौर किले की शनाख्त परेड में मजिस्ट्रेट साहब के सामने पहचाना था। उसके बाद विशेष मजिस्ट्रेट की अदालत, लाहौर में जब यह नौजवान अन्य दोषियों के साथ दोषियों के कठघरे में बैठा हुआ था, तो मैंने इसे शनाख्त किया था। शनाख्त परेड के बाद मुझे मालूम हो गया था कि प्रताप सिंह का नाम महावीर सिंह भी है।

12 जुलाई, 1930

गवाह नं. 52 : 'महावीर सिंह–औपचारिक'

किशन सिंह सुपुत्र रल्ला राम, सिख जट्ट, आयु 30–31 वर्ष, मालिक, लाहौरी होटल, सब्जी मंडी, लाहौर–औपचारिक।

13 जुलाई, 1930

गवाह नं. 53 : 'महावीर सिंह–औपचारिक'

महंत राम सुपुत्र भगवान दास, खत्री, होटल मालिक, लाहौर–औपचारिक।

13 जुलाई, 1930

गवाह नं. 54 : 'महावीर सिंह–औपचारिक'

सदानन्द सुपुत्र पूर्ण चन्द, ब्राह्मण, उम्र 35 वर्ष, हलवाई गवालमंडी, लाहौर–औपचारिक।

13 जुलाई, 1930

गवाह नं. 55 : 'जयगोपाल सम्बन्धी दस्तावेज'

डॉ. ज्ञान चन्द शर्मा, एम.एस–सी., बी.एस., सी.ई.ई., पी–एच.डी., ग्रेजुएट, आई.ई.ई., ए.एम.आई.ई.ई., प्रिंसिपल विक्टोरिया डायमंड जुबली हिन्दू टेक्निकल इंस्टीट्यूट, लाहौर:–

इस अदालत की मौजूदगी में देखता हूँ। यह **रजिस्टर (*प्रदर्श पी.बी.डी.*)** विद्यार्थियों के स्कूल में हाजिर होने व स्कूल छोड़कर जाने का है। यह दिनांक 4 जनवरी, 1927 से 6 नवम्बर, 1929 तक का है। उसके बाद दिनांक 7 नवम्बर, 1929 से दूसरा रजिस्टर शुरू किया गया था जो मैंने अपनी गवाही देते समय विशेष मजिस्ट्रेट की अदालत में पेश किया था। 25 जून, 1927 को **नम्बर 2978** पर जयगोपाल का दाखिला दर्ज है। इसके पिता का नाम दीवान चन्द और जन्म तिथि 30.11.1910 दर्ज है। रजिस्टर में एंट्री गिरधारी लाल क्लर्क की है जो अब तक इंस्टीट्यूट में कर्मचारी है। यह रजिस्टर ठीक तरह से रखा जाता है, और इसकी कभी–कभी पड़ताल की जाती है। मैं गिरधारी लाल की लिखाई पहचानता हूँ। जयगोपाल का नाम काटे जाने की तारीख इस रजिस्टर

के अनुसार 30 जनवरी, 1928 है, जो ***प्रदर्श पी.बी.डी.-1*** है। याचना ***प्रदर्श पी.बी.डी. 2 है,*** जिस पर जयगोपाल के हस्ताक्षर हुए हैं। मैंने जब 7.10.1927 को चार्ज लिया था तो जो रिकार्ड मुझे मेरे पूर्व पदाधिकारियों से मिला उसमें यह याचना थी।

13 जुलाई, 1930

गवाह नं. 56 : 'लाहौर-होटल'

सालिग राम सुपुत्र सुन्दर दास, ब्राह्मण, आयु 40 वर्ष, होटल मालिक, गवालमंडी, लाहौर-औपचारिक।

13 जुलाई, 1930

गवाह नं. 57 : 'यशपाल-किरायेदार'

हंसराज सुपुत्र हरनाम दास अरोड़ा, 36/37, चुंगी टैक्स इंस्पेक्टर, लाहौर-इसने यशपाल (दोषी) को 1928 में 6-7 महीने के लिए अपना मकान किराये पर दिया था।

13 जुलाई, 1930

गवाह नं. 58 : 'शनाख्त-किशोरी लाल'

रामप्रसाद सुपुत्र गुजर मल्ल अरोड़ा, आयु 50 वर्ष, दुकानदार, गवालमंडी, लाहौर-इसके मकान में तीन युवक 1-2 महीने ठहरे थे; इसने किशोरी लाल को देखा था।

13 जुलाई, 1930

गवाह नं. 59 : 'बरामदगियाँ सम्बन्धी'

लाला कांशीराम, सब-इंस्पेक्टर, सी.आई.डी., स्पेशल स्टाफ, लाहौर-कई स्थानों पर बरामदगी के बारे में।

13 जुलाई, 1930

गवाह नं. 60 : 'महावीर सिंह सम्बन्धी'

मोहन लाल सुपुत्र फेरू राम, मालिक, खालसा सेवक होटल, गवालमंडी, लाहौर-औपचारिक।

13 जुलाई, 1930

गवाह नं. 61 : 'किरायेदार-जयगोपाल'

कन्हैया लाल सुपुत्र दीनदयाल, जाति अग्रवाल, आयु 70 वर्ष, ड्राफ्टमैन, गवालमंडी, लाहौर-तीन साल पहले जयगोपाल तीन महीने इसके मकान में रहा था।

13 जुलाई, 1930

गवाह नं. 62 : 'किरायेदार-सुखदेव'

घोटा मल्ल सुपुत्र सुखदियाल, अरोड़ा, उम्र 55 वर्ष, दुकानदार जोड़ा मोरी, कूचा किरपा राम:-

डेढ़ साल पहले अपना मकान सुखदेव को 2 महीने के लिए किराये पर दिया था।

13 जुलाई, 1930

गवाह नं. 63 : 'शनाख्त–किशोरी लाल'

मोहम्मद जान, सुपुत्र, अशुर पठान, आयु 40 वर्ष, नानबाई मोजंग, लाहौर–किशोरी लाल को देखा था।

13 जुलाई, 1930

गवाह नं. 64 : 'शनाख्तें'

हुसन बख्श, सुपुत्र फजलदीन, जाति मिरासी, आयु 48 वर्ष, दुकानदार, मोजंग, लाहौर–इसने जयगोपाल, हंसराज वोहरा और भगत सिंह को देखा था।

13 जुलाई, 1930

गवाह नं. 65 : 'किरायेदार–जयगोपाल'

सुन्दर दास, सुपुत्र शिव गुलाम दास, राजपूत, आयु 55 वर्ष, लछमण गली, लाहौरः–इसने अपने मकान की ऊपर वाली छत का एक कमरा किराये पर किसी लड़के को (शायद जयगोपाल) को दिया था।

14 जुलाई, 1930

गवाह नं. 66 : 'कत्ल स्थल के नक्शे की जाँच'

मिस्टर टैरी, पुलिस इंस्पेक्टर, **अब गवालमंडी में स्थानांतरित**, लाहौर–औपचारिक।

14 जुलाई, 1930

गवाह नं. 67 : 'सांडर्स–पोस्टमार्टम'

मोहम्मद याकूब, कांस्टेबल नं. 65, जिला कैमबलपुर–औपचारिक।

14 जुलाई, 1930

गवाह नं. 68 : 'चनण सिंह–पोस्टमार्टम'

अल्लाह दित्ता, कांस्टेबल नं. 926, थाना गवालमंडी, लाहौर–औपचारिक।

14 जुलाई, 1930

गवाह नं. 69 : 'कत्ल सम्बन्धी'

नवाब दीन, कांस्टेबल नं. 1032, नाइब कोर्ट, लाहौर कचहरी–औपचारिक।

14 जुलाई, 1930

गवाह नं. 70 : 'कत्ल सम्बन्धी'

जलाल दीन, कांस्टेबल पुलिस नं. 1927, लाहौर–औपचारिक।

14 जुलाई, 1930

गवाह नं. 71 : 'चनण सिंह की लाश की शनाख्त'

सोहन सिंह सुपुत्र ईश्वर सिंह, जाति जट्ट, उम्र 35 वर्ष, वासी सुल्तान के, व्यवसाय खेती, लाहौर–चनण सिंह जो पुलिस कप्तान साहब का अरदली था, वो मेरा चचेरा भाई था। मैंने उसकी लाश को पोस्टमार्टम से पहले डॉक्टर के सामने शनाख्त किया था।

14 जुलाई, 1930

गवाह नं. 72 : 'लाहौर–मोजंग'

बूड़ा सुपुत्र मीरां बख्श, ईसाई, उम्र 25 वर्ष।
वह हर रोज कड़ी निगरानी में घर की सफाई किया करता था।
14 जुलाई, 1930

गवाह नं. 73 : 'शनाख्तें'

बुद्धू सुपुत्र बिहारी लोध, उम्र 26 वर्ष, पान फरोश, अराईं बिल्डिंग, मोजंग, लाहौर। इसने महावीर, जयगोपाल व भगत सिंह को देखा था।
14 जुलाई, 1930

गवाह नं. 74 : 'लाहौर–मोजंग'

गामां सुपुत्र मीरां बख्श, ईसाई, उम्र 14 वर्ष, खाकरोब–कड़ी निगरानी में हर रोज घर की सफाई करता था।
14 जुलाई, 1930

गवाह नं. 75 : 'कत्ल–तफ्तीश'

बहादुर अली, सब–इंस्पेक्टर पुलिस, सी.आई.डी.:–

मैं पड़ताल कर रहे पुलिस अफसरों के साथ शामिल था। 17 दिसम्बर, 1928 को मैं सांडर्स के कत्ल के घटनास्थल पर गया था और 18 दिसम्बर, 1928 को बावा मनीराम, डी.एस.पी. के साथ भी वहाँ गया था। गहना खोजी भी हमारे साथ गया था। 18 दिसम्बर, 1928 को शीशम के वृक्ष के पास सांडर्स के कत्ल होने के बयान हुए थे, और जहाँ उस समय तक कुछ खून के धब्बे मौजूद थे, वहाँ से गहना खोजी ने एक चले हुए कारतूस का खोल उठाकर मुझे दिया, जो मैंने बावा मनीराम, डी.एस.पी. को दे दिया। **कारतूस का खोल *प्रदर्श पी.864 1–ए*** जैसा था। बरामदगी की फर्द तैयार की गई और खोल को लिफाफे में बंद करके मुहरबंद कर दिया गया।

उसके बाद 19 दिसम्बर, 1928 को बावा मनीराम, डी.एस.पी. के आदेश पर मौके पर 5/5 व 7/7 कदम की दूरी से 5 चले हुए कारतूसों के खोल उठाए। सबसे ज्यादा दूरी पर जो खोल मिला था, वह मौके पर गहना ने 19 फुट के फासले से उठाया था। 5 कारतूसों के खोल भी उसी खोल जैसे थे जो खोल गहना खोजी को मिला था।

अदालत के सवाल के जवाब में : जब पहले दिन (18 दिसम्बर, 1928) कारतूस का खोल गहना खोजी को मिला था, तो उस दिन हमने अन्य खोलों की तलाश की तरफ ध्यान नहीं दिया था। दूसरे दिन हम खोलों की ही तलाश कर रहे थे। मेरे साथ छज्जू राम व मंगत राम थे, जिन्होंने उसी समय बरामदगी की फर्द पर हस्ताक्षर किए थे।

14 जुलाई, 1930

गवाह नं. 76 : 'भगत सिंह के मकान की तलाशी'

राय साहब लाला जवाहर लाल, पुलिस इंस्पेक्टर, लाहौरः–

2 मई को मैंने भगत सिंह के पिता किशन सिंह के मकान की तलाशी ली थी, जहाँ से दो गदरियों–करतार सिंह सराभा और भाई संतोख सिंह के फोटो और कुछ पुस्तकें मिली थीं।

14 जुलाई, 1930

गवाह नं. 77 : 'कत्ल–औपचारिक'

अमर सिंह, सब–इंस्पेक्टर, मुगलपुरा, लाहौर–औपचारिक।

14 जुलाई, 1930

गवाह नं. 78 : 'कत्ल–औपचारिक'

मनीराम, पुलिस इंस्पेक्टर, करनाल–औपचारिक।

14 जुलाई, 1930

गवाह नं. 79 : 'कत्ल–तफ्तीश'

तालेमंड हेड–कांस्टेबल, पुलिस लाहौरः–

मैं दिसम्बर 1928 में मिस्टर मोरिस साहब, डी.एस.पी. का रीडर था।

17 दिसम्बर, 1928 को शाम के साढ़े चार बजे दामोदर दास कांस्टेबल ने आकर बताया कि मिस्टर सांडर्स जख्मी हो गया है। मैं मिस्टर मोरिस साहब के साथ बाहर आया। हमने मिस्टर सांडर्स को घायल पाया और थोड़ी दूरी पर चनण सिंह को भी जख्मी हुआ पाया। मिस्टर मोरिस साहब ने आदेश दिया कि बन्दूक लाओ, मैं बन्दूक ले आया। मैं मिस्टर मोरिस के साथ बन्दूक लेकर चला। हम कॉलेज के अहाते में दाखिल हो गए। फिर उससे बाहर निकले; **जब हम बाहर निकल रहे थे तो कॉलेज कर्मचारियों के घरों के पीछे एक पगड़ी पड़ी हुई देखी।** जो मैंने मिस्टर मोरिस साहब को दे दी। वह **पगड़ी** अदालत में मौजूद ***प्रदर्श पी.-488*** है। थोड़ी देर बाद उस पगड़ी के कोने पर मैंने अपने हस्ताक्षर कर दिए थे, जो अभी तक मौजूद है।

14 जुलाई, 1930

गवाह नं. 80 : 'स्कॉट के टूर की जानकारी'

अब्दुल वाहिद, कांस्टेबल नं. 23, पुलिस ट्रेनिंग स्कूल, फिल्लौरः–

स्कॉट साहब 17 दिसम्बर, 1928 को दौरे पर कसूर गए हुए थे।

15 जुलाई, 1930

गवाह नं. 81 : 'कत्ल–पोस्टरों की जानकारी'

शेख मुहम्मद सादिक, डी.एस.पी., पुलिस लाहौरः–

सांडर्स की हत्या के बाद लगाए हुए इश्तिहारों के बारे में बताया।

15 जुलाई, 1930

गवाह नं. 82 : 'कत्ल–पोस्टरों की जानकारी'

लाला अमरनाथ, सब–इंस्पेक्टर, पुलिस थाना, शाहदरा:–

मैं वर्ष 1928 में थाना अनारकली, लाहौर में नियुक्त था। जिस दिन मुझे दो पोस्टर मिले थे वह दिसम्बर 1928 की 23–24 दिनांक थी। **एक पोस्टर *प्रदर्श पी.ए.एक्स.* तो भंगियों वाली तोप पर लगा हुआ था, जहाँ से मैंने उसे उतारा, और दूसरे पोस्टर *प्रदर्श पी.ए.एक्स.–2* को मैंने लोअर माल पर सनातन धर्म कॉलेज के फाटक से उतारा था।** वह डी.ए.वी. कॉलेज के होस्टल से दो या ढाई फर्लांग की दूरी पर होगा। मैंने उन दोनों पोस्टरों पर अपने संक्षेप हस्ताक्षर (इनीशल) किए थे। दोनों पोस्टर पुलिस सुपरिंटेंडेंट साहब को भेज दिए गए थे।

15 जुलाई, 1930

गवाह नं. 83 : 'कत्ल–पोस्टरों की जानकारी'

रहमत खाँ, पुलिस कांस्टेबल, नं. 676, स्पेशल स्टाफ, सी.आई.डी., लाहौर:–

मिस्टर सांडर्स साहब के कत्ल के 3–4 दिन बाद की बात है; मैं कचहरी लाहौर में कारे खास पर नियुक्त था। मैं अपने घर से अनारकली को आ रहा था तो बंदे मातरम्' समाचार पत्र के दफ्तर के दरवाजे की दीवार पर एक अंग्रेजी पोस्टर देखा और उसे उतारकर अपने अफसरों के हवाले कर दिया। मैं अंग्रेजी नहीं जानता। **वह पोस्टर अच्छी तरह चिपका हुआ था और उतारते समय फट गया था, इसलिए मैं उसे पहचान सकता हूँ। वह पोस्टर *प्रदर्श पी.ए.एक्स.–3* अदालत में मौजूद है, जिसको मैं शनाख्त करता हूँ।**

15 जुलाई, 1930

गवाह नं. 84 : 'स्कॉट के टूर की जानकारी'

लाला पिशोरी मल्ल, पुलिस सब–इंस्पेक्टर, हाल पे अफसर:–

17 दिसम्बर, 1928 को स्कॉट साहब कसूर गए हुए थे; बिल से भी ये बात जाहिर होती है।

15 जुलाई, 1930

गवाह नं. 85 : 'स्कॉट के टूर की जानकारी'

जियालुद्दीन सुपुत्र जफरद्दीन राजपूत, गार्ड, नार्थ–वेस्टर्न रेलवे:–

स्कॉट साहब 17 दिसम्बर, 1928 को दौरे पर थे।

15 जुलाई, 1930

गवाह नं. 86 : 'शनाख्त–महावीर व हंसराज वोहरा'

फकीर चन्द सुपुत्र मोती लाल, जाति बनिया, उम्र 30 वर्ष, चौकीदार, अराईं बिल्डिंग मोजंग, वासी लाहौर:–

लाला दुनी चन्द अराईं बिल्डिंग मोजंग का मालिक है। वह पुरानी अनारकली में रहते हैं। मैं 12 या 13 महीने उनके पास नौकर रहा। और अब से डेढ़ वर्ष पहले उनकी

नौकरी छोड़ दी। मैं चौकीदार था और बिल्डिंग का किराया वसूल किया करता था, तथा मेरा काम किराये पर मकान देने का था। मैं किराये की वसूली को याददाश्त के तौर पर नोट किया करता था। ***प्रदर्श पी.ए.वाई.*** **की वह कॉपी अदालत के समक्ष है, जिसमें मैं किराये की वसूली को नोट किया करता था।** वर्ष 1928 में **मकान नं. 96** एक व्यक्ति, प्रताप सिंह ने 10 रुपए प्रति महीना किराये पर लिया था। 2-4 व्यक्ति उसको मिलने आया करते थे, लेकिन मैं कह नहीं सकता कि कितने व्यक्ति प्रताप सिंह के पास आया करते थे। मैं उसी बिल्डिंग के द्वार (गेट) पर रहा करता था। मैंने मकान नं. 96 में जाकर कभी नहीं देखा कि कितने व्यक्ति उसमें रहते थे।

7.11.1928 को मैंने उससे एक माह का किराया 10 रुपए पेशगी लिया था। जिसकी एंट्री इस प्रकार है:–

"मकान नम्बर 96 प्रताप सिंह तारीख 7 नवम्बर, 10 रुपए।"

यह इंदराज (एंट्री) मैंने उसी दिन किया था, जिस दिन प्रताप सिंह को मकान किराया पर दिया था। कॉपी में सारी एंट्रियाँ मैंने की हैं। जिस-जिस तारीख को किराया वसूल किया था, मैंने उसी दिन अपनी याददाश्त के अनुसार दर्ज किया है। माह दिसम्बर की एंट्री इस प्रकार है:–

"मकान नम्बर 96 प्रताप सिंह, दिसम्बर के महीने की पेशगी 10 रुपए।"

प्रताप सिंह दो महीने से ज्यादा (दिसम्बर के बाद) उस मकान में नहीं रहा था। **10 रुपए की पहली एंट्री** ***प्रदर्श पी.ए.वी.-1*** **है और दूसरी प्रदर्श** ***पी.ए.वी.-2*** **है। एंट्री हिन्दी में की हुई है।**

मैंने जब स्पेशल मजिस्ट्रेट की अदालत में गवाही दी थी, उस समय 3-4 व्यक्तियों को पहचानना था, जो दोषियों के कठघरे में बैठे हुए थे। मैंने प्रताप सिंह, जिसने मकान किराये पर लिया हुआ था, को अदालत में पहचाना था।

उसने फिर कहा कि 5-6 व्यक्तियों को मैंने अदालत में पहचाना, जिनमें प्रताप सिंह भी था और भगत सिंह भी।

मैं रेलवे पुलिस लाइन और किला लाहौर की शनाख्त परेडों में गया था। इन शनाख्त परेडों में मैंने उन्हीं व्यक्तियों को पहचाना था, जिनको अदालत में पहचाना था। भगत सिंह को किसी दूसरी जगह भी शनाख्त किया था, मगर वह जगह अब याद नहीं है।

(इस दौरान जयगोपाल व हंसराज वोहरा, वादामाफ गवाह अदालत में लाए गए।)

गवाह ने हंसराज वोहरा की तरफ इशारा किया और कहा कि मैंने उसको रेलवे पुलिस लाइन में पहचाना था और अराईं बिल्डिंग के मकान नम्बर 96 में उसको आते-जाते देखा था।

15 जुलाई, 1930

गवाह नं. *87* : 'बैंक डकैती'

बरकत अली सुपुत्र अदालत खाँ, राजपूत, उम्र 27 वर्ष, टैक्सी ड्राइवर, लाहौर–औपचारिक।

15 जुलाई, 1930

गवाह नं. 88 : 'हंसराज वोहरा की माता का पत्र प्रकाशन'

लाला वीरसेन, सुपुत्र लाला राम कृष्ण, उम्र 32 वर्ष, मैनेजर, 'दी ट्रिब्यून', लाहौर। गवाह नं. 5 हंसराज वोहरा की माता की चिट्ठी 10 फरवरी, 1928 को छपी थी। 15 जुलाई, 1930

गवाह नं. 89 : 'हंसराज वोहरा के पिता का पत्र प्रकाशन'

लाला गुरांदित्ता मल्ल, सुपुत्र लाला चानण मल्ल, जाति खत्री, लेक्चरार, सेंट्रल ट्रेनिंग कॉलेज, लाहौर:–

हंसराज वोहरा गवाह नं. 5 मेरा लड़का है। उसके नाने का नाम राय साहब लाला गोविन्द राम है।

दोषी सुखदेव मेरी बीवी का रिश्तेदार (चचेरा भाई) है, लेकिन यह नहीं कह सकता कितनी दूर का।

हंसराज 1924 या 25 में फोरमैन क्रिश्चिन कॉलेज में दाखिल हुआ; मेरा मकान ट्रेनिंग कॉलेज के अहाते में है, और मेरा बेटा, हंसराज वहीं मेरे पास रहता था। मैं वहाँ बोर्डिंग का सुपरिंटेंडेंट हूँ और लेक्चरार भी हूँ। मैं वहीं रहता हूँ। मुझे मालूम है कि सुखदेव कुछ समय के लिए नेशनल कॉलेज में पढ़ता रहा था, किन्तु यह नहीं कह सकता कि **कब से कब** तक।

1925 में सुखदेव कभी-कभी हमारे घर में आया करता था; किन्तु मैंने सुखदेव को अपने घर में आने से मना कर दिया था।

हंसराज कुछ समय तक लाहौर स्टूडेंट्स यूनियन का सचिव रहा; शायद यह 1927 की बात है। मेरा ख्याल है वह तब तीसरे वर्ष की क्लास में था।

बी.ए. की पढ़ाई के दौरान हंसराज 2 या 3 जनवरी, 1928 को अचानक घर से गायब हो गया। मैं उसको कॉलेज में ढूँढ़ता रहा, मगर कोई पता न चला। तब मैंने राय साहब गोबिन्द राम से विचार-विमर्श करके एक चिट्ठी 'ट्रिब्यून' समाचार-पत्र में छपने के लिए दी, जिसका सिरलेख 'Outbrust of Mother's Love' है। एक उसी प्रकार की चिट्ठी राय साहब गोबिन्द राम ने भी लिखी थी। **मैंने दोनों चिट्ठियाँ 'ट्रिब्यून' में छपने के लिए भेज दीं। *वे प्रदर्श पी.डी.जेड. और प्रदर्श पी.डी.जेड.-1 हैं*** और वही हैं जो हमने छपने के लिए भेजी थीं। लाला गोबिन्द राम वाली चिट्ठी 9.2.1928 को छपी थी, और दूसरी चिट्ठी 19.2.1928 को छपी थी। दूसरी चिट्ठी के छपने के 24 घंटे के अन्दर मेरा लड़का हंसराज घर आ गया था। उसकी वापसी के बाद **3 बार** मेरे मकान की तलाशी ली गई। पहली बार पुलिस ने सिर्फ हंसराज के कमरे की तलाशी ली थी और वह कुछ कागज साथ ले गई थी, लेकिन उसमें कोई आपत्तिजनक चीज नहीं मिली थी।

अदालत के सवाल के जवाब में : मैंने अपने पत्र में जो 'ट्रिब्यून' में छपा, अपने बेटे को लिखा था कि मैं तुम्हारे प्रोग्राम में दखल नहीं दूँगा। **इससे मेरा आशय लाहौर स्टूडेंट्स यूनियन की सेक्रेटरीशिप से था।** मैंने एक बार दिसम्बर 1927

के शुरू में अपने लड़के को घर से बाहर निकाल दिया था और मैंने यह समझा कि इसीलिए वह घर से चला गया था।

15 जुलाई, 1930

22 अगस्त, 1930 को दोबारा बुलाए जाने पर बयान किया कि मैं 1928 में कश्मीर गया था। **रजिस्टर *प्रदर्श पी.जे.एच.* में 11 सितम्बर, 1928 की एंट्री मेरे हाथ की है।**

गवाह नं. 90 : 'किराये सम्बन्धी दस्तावेज'

लाला मनीराम सुपुत्र लाला परमेश्वरी दास, खत्री, आयु 58 वर्ष, सचिव, राय बहादर लाला रामशरण दास–दिनांक 12 जनवरी, 1928 की मकान के किराये की रसीद प्रस्तुत की।

15 जुलाई, 1930

गवाह नं. 91 : 'किराये सम्बन्धी दस्तावेज'

ईश्वर दास सुपुत्र गौरी शंकर, अग्रवाल, उम्र 26, गुड़गाँव, मुन्शी लाला गणपत राय, **ठेकेदार**, लाहौर।

उसने बताया कि डॉ. गोपी चन्द भार्गव (जो 1947 के बाद संयुक्त पंजाब के एक से अधिक बार मुख्यमंत्री बने थे) ने, जिनका मैं 1927 के दौरान मुन्शी था, उनका मकान गली जय किशन, मछीहटा बाजार, लाहौर में 26.11.1927 से किराये पर लिया था तथा दिनांक 5 दिसम्बर, 1927 की उस मकान की रसीद है। *मुझे यह मालूम नहीं कि वास्तव में इस मकान में रहा कौन था?* **[सुखदेव : इस मकान में यशपाल रहता था, जो डॉ. भार्गव का निजी सहायक था]**

15 जुलाई, 1930

गवाह नं. 92 : 'कत्ल–औपचारिक'

गहना खाँ, खोजी, हेड–कांस्टेबल नं. 1549, लाहौर–औपचारिक।

15 जुलाई, 1930

गवाह नं. 93 : 'मोजंग हाउस की निशानदेही'

वाजिद अली शाह, सुपुत्र फरजंद अली शाह, उम्र 24 वर्ष, अनारकली, लाहौर:–

एक हिन्दू लड़के (जयगोपाल) ने मुझे एक यंत्र बनाने के उद्देश्य से खाका (स्केच) दिया था; यही लड़का उसके तीन महीने बाद पुलिस के साथ आया था।

15 जुलाई, 1930

गवाह नं. 94 : 'फोटो–औपचारिक'

बलराज, सुपुत्र तुलसी राम, जसल, उम्र 40 वर्ष, **फोटोग्राफर**, अनारकली, लाहौर–औपचारिक।

15 जुलाई, 1930

गवाह नं. 95 : 'फोटो–औपचारिक'

शाहद्दीन, सुपुत्र मौलवी फिरोजद्दीन, उम्र 30–31 वर्ष, **फोटोग्राफर**, अनारकली, लाहौर–औपचारिक।

15 जुलाई, 1930

गवाह नं. 96 : 'कश्मीर बिल्डिंग मकान–भगवतीचरण वोहरा'

बुड्ढन शाह, सुपुत्र महबूब अली शाह, जाति सय्यद, उम्र 31 वर्ष, चौकीदार, कश्मीर बिल्डिंग, किला गुज्जर सिंह, लाहौर।

इसने 15 मार्च, 1929 को **कमरा नं. 69** भगवतीचरण को किराये पर दिया था, जहाँ उसने सुखदेव व किशोरी लाल को देखा था, जो, बाद में, वहीं से गिरफ्तार हुए थे।

15 जुलाई, 1930

गवाह नं. 97 : 'प्रिंटिंग–तकनीकी जानकारी'

मिस्टर टायसन (Tyson), सुपरिंटेंडेंट, सरकारी प्रिंटिंग प्रेस पंजाब, लाहौर:–

पुलिस की ओर से दोषियों के ठिकानों से मुद्रण के यंत्रों के तकनीकी पक्षों के बारे में बताया।

16 जुलाई, 1930

गवाह नं. 98 : 'लिखाइयाँ'

मुहम्मद हुसैन, सुपुत्र शेख नूरद्दीन, उम्र 52 वर्ष, मुख्य फोरमैन, सरकारी प्रिंटिंग प्रेस, लाहौर–औपचारिक।

16 जुलाई, 1930

गवाह नं. 99 : 'शनाख्तें'

ख्वाजा बशीर बख्श, सुपुत्र ख्वाजा मुहम्मद बख्श, जाति कश्मीरी, उम्र 20 वर्ष, हाउस प्रोपराइटर, वासी लाहौर:–

मैं कश्मीर बिल्डिंग का मालिक हूँ, जो मकलोड सड़क पर गुजर सिंह किले के सामने है। बुड्ढन शाह गवाह नं. 96 को मैंने चौकीदार नियुक्त किया हुआ है। 16 मार्च, 1929 को मैंने **मकान नं. 69** भगवतीचरण नाम के व्यक्ति को किराये पर दिया। बुड्ढन शाह चौकीदार उसको मेरे पास लाया था। 13 रुपए माहवार किराया तय हुआ था; भगवतीचरण ने एक महीने का पेशगी किराया अदा कर दिया और फार्म पी.इ. पर उसने हस्ताक्षर किए, जो हमारे कच्चे किरायेनामे का फार्म है। उसने 1 रुपया 50 पैसे के स्टाम का खर्च भी दे दिया ताकि उस कागज पर किरायानामा लिखा जाए। ***प्रदर्श पी.ई.–1*** **किरायानामा है। *प्रदर्श पी.ई.–2* एक छपा हुआ फार्म है। जिस पर भगवतीचरण ने हस्ताक्षर और उसने मेरे मुन्शी को अधिकार दिया कि वह स्टाम का कागज खरीदे। *पी.ई.–1 और पी.ई.–2* पर उसी दिन अर्थात् 16 मार्च, 1929 को भगवतीचरण ने हस्ताक्षर कर दिए, जिस दिन वह मेरे पास आया। *पी.ई.–1* पर छह या सात दिन के बाद हस्ताक्षर किए। मकान नं. 69 जिसमें भगवतीचरण आकर**

रहा था, एक महीने तक किराये पर रहा। 15 अप्रैल, 1929 को लाला कुन्दन लाल, सब-इंस्पेक्टर ने सुबह के सात बजे जब मैं मजदूरों से काम ले रहा था, मुझे बुलाया। मैं उसके साथ मकान नं. 69 में गया। पहले कमरे में खान बहादुर थे, और दूसरे कमरे में तीन दोषी, कुछ पुलिस वाले और दो या तीन अन्य व्यक्ति वहाँ मौजूद थे। तीन दोषियों के नाम किशोरी लाल, जयगोपाल और सुखदेव थे, जो मुझे वहाँ पर मालूम हुए।

जयगोपाल, वादामाफ गवाह उन तीन व्यक्तियों में से एक था, जो गिरफ्तार किए गए थे। मैंने उन दो व्यक्तियों (सुखदेव और किशोरी लाल) को विशेष मजिस्ट्रेट की अदालत में दोषियों के कठघरे में बैठे हुए शनाख्त किया था। मेरे सामने उस दिन (15.4.1929) तीनों दोषियों की निजी तलाशी हुई। **पिस्तौल *प्रदर्श 122***, जो इस समय मौजूदा अदालत में है, को देखकर मैं कहता हूँ कि यह वही पिस्तौल है, जो सुखदेव से ली गई थी। **टीन का डिब्बा *प्रदर्श पी.-13*, जिसमें पिस्तौल की गोलियाँ थीं, सुखदेव की जेब से निकाला गया था। बरामदगी की फर्द *प्रदर्श पी.ई.-3* मेरे सामने तैयार की गई थी।** उस पर मेरे हस्ताक्षर हैं और यह सही है। ***प्रदर्श पी.ई.-4* किशोरी लाल से मिली चीजों की बरामदगी फर्द है।** उस पर मेरे हस्ताक्षर हैं और यह सही है। जब पुलिस किशोरी लाल और जयगोपाल की निजी तलाशी ले रही थी तो सुखदेव उस कमरे में आ गया, जहाँ खान बहादुर अब्दुल अजीज थे और ऐसी सूरत बनाई जैसे उसको कै आती है और अपने कोट के अन्दर की जेब में हाथ डालने की कोशिश करने लगा। उस पर खान बहादुर अब्दुल अजीज ने लाला कुन्दन लाल को इशारा किया कि उसको पकड़ लो। जब लाला कुन्दन लाल ने उसका हाथ पकड़ा तो उसने अपनी जेब से पिस्तौल निकाल ली। उस समय पिस्तौल भरी हुई थी। ***प्रदर्श पी.-122* वही पिस्तौल है, जो अदालत में मौजूद है।** कुन्दन लाल ने उसको मजबूती से पकड़कर उससे पिस्तौल छीन ली।

फिर मकान की तलाशी शुरू हुई और एक काले सूटकेस से एक अनचला बम निकला। प्रदर्श पी.-2 वह काला सूटकेस है जो अदालत में मौजूद है। कुछ कीमीआई चीजें बरामद हुईं, जिनकी सूची बनाई गई। जो भी सामान मकान से बरामद हुआ था उसकी सूची बनाई गई थी। वह प्रदर्श पी.सी. है, जिस पर मेरे हस्ताक्षर हैं, और वह सही है। इन चीजों में कुछ बम खोल भी थे। जिस काले बक्से (सूटकेस) में से बम निकाला गया, उसके बारे में दोषी सुखदेव ने पुलिस को कहा कि पहले उसको उठाए, उसमें अनचला बम है। उसके बाद पुलिस ने पूछा कि ये मकान किसका है। मैंने कहा कि यह मकान मेरा है। दूसरे दिन मैंने किरायेनामे के दस्तावेज जो मेरे पास थे, पेश कर दिए। ***प्रदर्श पी.ई.-6* उनकी बरामदगी की फर्द है। उस पर भी मेरे हस्ताक्षर हैं।** मेरा रिहायशी मकान रेलवे स्टेशन के पास आस्ट्रेलिया बिल्डिंग में है। मैं सालाना ढाई-तीन हजार रुपए टैक्स भरता हूँ।

16 जुलाई, 1930

गवाह नं. 100 : 'कश्मीर बिल्डिंग-रेंट डीड'

अहमद दीन सुपुत्र रहीम बख्श, कश्मीरी बट्ट, आयु 50-55, मुन्शी ख्वाजा बशीर बख्श, लाहौर-भगवतीचरण वाले मकान के किराये की रसीद की पुष्टि की।

16 जुलाई, 1930

गवाह नं. 101 : 'कत्ल-चश्मदीद गवाह'

चौधरी हबीबउल्ला सुपुत्र नबी बख्श, 46 सफेद पोश, फतेहगढ़, लाहौर–सांडर्स के कत्ल वाले दिन राजगुरु और भगत सिंह के पहरावे के बारे में।

16 जुलाई, 1930

गवाह नं. 102 : 'कत्ल-चश्मदीद गवाह'

कमालदीन सुपुत्र जलालदीन अराईं, आयु 34 वर्ष, खजांची, सेंट्रल कोआपरेटिव बैंक–गवाह नं.–101 का दुहराव।

16 जुलाई, 1930

गवाह नं. 103 : 'सांडर्स-पोस्टमार्टम'

अली गौहर, कांस्टेबल नं. 64, लाहौर–औपचारिक।

16 जुलाई, 1930

गवाह नं. 104 : 'कत्ल-तफ्तीश'

गुलाम रसूल, हेड कांस्टेबल नं. 462, लाहौर–औपचारिक।

16 जुलाई, 1930

गवाह नं. 105 : 'कत्ल–तफ्तीश'

जगन्नाथ, हेड कांस्टेबल नं. 205, कसूर/लाहौर–औपचारिक।

16 जुलाई, 1930

गवाह नं. 106 : 'कत्ल–कातिलों का बच निकलना'

मघर सुपुत्र दोदी, बाल्मीकी, आयु 35, खाकरोब, लाहौर:–

17.12.1928 को सांडर्स हत्या के बाद आजाद, भगत सिंह और राजगुरु के बच निकलने के बारे में।

16 जुलाई, 1930

गवाह नं. 107 : 'कत्ल–लुँगी की शनाख्त' (बेटा)

लाजपत राय सुपुत्र लाला शरणपत्त, आयु 22 वर्ष, विद्यार्थी वैटरनरी कॉलेज, लाहौर–लुँगी के बारे में।

16 जुलाई, 1930

गवाह नं. 108 : 'कत्ल–लुँगी की शनाख्त' (बाप)'

शरणपत्त सुपुत्र झंडा राम, गुलाटी जिलेदार, सिंचाई विभाग, सरहिंद नहर, फिरोजपुर (गवाह नं. 107 का पिता)–लुँगी, जो भगत सिंह ने जयगोपाल से ली थी।

16 जुलाई, 1930

गवाह नं. 109 : 'औपचारिक'

मुहम्मद दीन सब-इंस्पेक्टर–औपचारिक।

16 जुलाई, 1930

गवाह नं. 110 : 'शनाख्त–जयगोपाल'

ब्रह्मदत्त कपूर सुपुत्र लाला धर्म चन्द, आयु 19 वर्ष, जाति खत्री, **कर्मचारी**–सन् 1927 में, मैं नेशनल स्कूल, लाहौर की परीक्षा में शामिल हुआ था। यह स्कूल 1926 में टूट गया था, मगर जो दसवीं कक्षा के शिष्य थे, उनको परीक्षा देने की मंजूरी मिल गई थी। **सरकारी गवाह जयगोपाल को देखकर कहा कि यह मेरा सहपाठी है।** वह पास हो गया था, जबकि मैं पास नहीं हुआ था। परीक्षा के बाद मैं विक्टोरिया डायमंड जुबली टेक्निकल हिन्दू इंस्टीट्यूट, लाहौर में दाखिल हो गया और जयगोपाल भी वहाँ दाखिल हो गया। मैं दो साल तक वहाँ पढ़ता रहा और जयगोपाल वहाँ छह–सात महीने तक रहा।

16 जुलाई, 1930

गवाह नं. 111 : 'शनाख्तें'

रामरखा सुपुत्र नत्थूराम, आयु 30–32 वर्ष, जाति खत्री, कौमी लांडरी, गवालमंडी, लाहौर–औपचारिक।

16 जुलाई, 1930

गवाह नं. 112 : 'सांडर्स हत्या–एफ.आई.आर.'

लाला कुन्दन लाल, सब–इंस्पेक्टर नं. 54, थाना गवालमंडी, लाहौर–सांडर्स हत्या की एफ.आई.आर. दर्ज की।

17 जुलाई, 1930

गवाह नं. 113 : 'कत्ल–तफ्तीश'

गुरांदिवाया, हेड कांस्टेबल नं. 1357, थाना पट्टी, लाहौरः–
औपचारिक।

17 जुलाई, 1930

गवाह नं. 114 : 'कत्ल–कातिलों का लाहौर छोड़ना'

[सुखदेव : गवाह नं. 114, 115, 116, 117, 118, 119 और 195, जो सभी रेलवे कर्मचारी थे, झूठे गवाह हैं, जो सरकार ने सांडर्स हत्या उपरांत भगत सिंह, राजगुरु, आजाद के लाहौर छोड़ने के बारे में जयगोपाल के बयान को सही ठहराने के लिए पेश किए थे। वास्तव में इस बारे में सच्चाई किसी को मालूम नहीं थी।]

बाबू रामशरण दास सुपुत्र लाला गणपत राय, आयु 41 वर्ष, जाति राजपूत, बुकिंग क्लर्क, एन.डब्ल्यू.आर., लाहौरः–**[सुखदेव : झूठी गवाहियाँ–केवल जयगोपाल की गवाही को सिद्ध करने के लिए। कोई कानपुर नहीं गया। पुलिस वास्तविकता का पता न लगा सकी।]**

मैंने 20.12.28 को एक सेकिंड क्लास क्रिसमिस टिकट वापसी लाहौर से कानपुर का जारी किया। **मैं डेली ट्रेन कैश बुक प्रदर्श पी.सी.ई. देखकर बता रहा हूँ। पुस्तक के पृष्ठ 143 पर यह एंट्री है 000001 टिकट का नम्बर है।**

17 जुलाई, 1930

गवाह नं. 115 : 'कत्ल–कातिलों का लाहौर छोड़ना'

बाबू हरीचन्द, सुपुत्र लाला मलावा मल, आयु 45 साल, जाति खत्री, बुकिंग क्लर्क, एन.डब्ल्यू रेलवे स्टेशन, लाहौर **[सुखदेव : झूठी गवाही]**:–

मैं डेली ट्रेन कैश बुक प्रदर्श पी.सी.एफ. देखकर बताता हूँ कि 20.11.1928 को एक सरवेंट क्लास क्रिसमिस वापसी टिकट लाहौर से कानपुर का जारी हुआ। टिकट नम्बर 000000 है। **यही एक टिकट है जो उस दिन कानपुर के लिए जारी हुआ था। पुस्तक *प्रदर्श पी.सी.एफ.* में पृष्ठ नम्बर 86 पर यह एंट्री है और प्रदर्श पी.सी.एफ–1 है।** यह भी क्रिसमिस कन्सेशन का टिकट था और 15.1.1929 तक वापसी का सफर हो सकता था।

17 जुलाई, 1930

गवाह नं. 116 : 'कत्ल–कातिलों का लाहौर छोड़ना'

बाबू नियाजद्दीन सुपुत्र शेख अमीर मुहम्मद, उम्र 31 वर्ष, टिकट कलेक्टर, कानपुर, सेंट्रल इ.आई.आर. **[सुखदेव : झूठी गवाही]**:–

मैं टिकट कलेक्टरों का रजिस्टर देखकर बता रहा हूँ कि 21.12.1928 को एक टिकट सेकिंड क्लास क्रिसमिस वापसी लाहौर से कानपुर तक का एक हिस्सा और एक नौकर टिकट लाहौर से कानपुर तक का एक हिस्सा नम्बर 14 डाऊन एक्सप्रेस के आने पर कलेक्ट किए थे उनके अनुसार रजिस्टर में एंट्री मेरे हाथ की हुई है। **सेकिंड क्लास वाली टिकट का नम्बर 000001 है। और सरवेंट वाले टिकट का नम्बर 000000 है।** यह क्रिसमिस के वापसी टिकट थे। रजिस्टर से मालूम होता है कि ये टिकट लाहौर से 20.12.1928 को जारी हुए। उसी दिन सेकिंड क्लास के दरवाजे पर टिकट कलेक्ट करने के लिए बाबू तेज सिंह की डयूटी थी। सरवेंट के जो टिकट होते हैं। वो ही बाबू कलेक्ट करता है, जो सेकिंड क्लास के दरवाजे पर खड़ा होता है, क्योंकि वह अपने मालिक के साथ उसी दरवाजे से गुजरते हैं।

17 जुलाई, 1930

गवाह नं. 117 : 'कत्ल–कातिलों का लाहौर छोड़ना'

तेज सिंह सुपुत्र ईश्वरी सिंह, टिकट कलेक्टर, इ.आई.आर., आयु 36 वर्ष, सेंट्रल कानपुर स्टेशन **[सुखदेव : झूठी गवाही]**:–

मैं 21.12.1928 को पहले सेकिंड क्लास के दरवाजे पर टिकट लेने की ड्यूटी पर था। मैंने एक टिकट सेकिंड क्लास का लाहौर से कानपुर तक जिसका नम्बर 000001 है। और एक सरवेंट टिकट जिसका नम्बर 000000 है, यह वापसी टिकट का एक हिस्सा था, जमा किए और ये यात्री नम्बर 14 डाऊन एक्सप्रेस से आए थे। ये टिकट लाहौर से 20.12.1928 को जारी हुए थे। यह सब बातें ***प्रदर्श पी.एफ.एल.–1*** में दर्ज हैं, जो नियाजद्दीन सरकारी गवाह 16 है के हाथ की एंट्री है।

17 जुलाई, 1930

गवाह नं. 118 : 'कत्ल–कातिलों का लाहौर छोड़ना'

तारा सिंह सुपुत्र शाम सिंह, खत्री, आयु 40 वर्ष, बुकिंग क्लर्क नार्थ वेस्टर्न रेलवे लाहौर

[सुखदेव : झूठी गवाही। कोई भी सांडर्स के कत्ल के बाद कानपुर नहीं गया।] :–

मैं डेली ट्रेन कैश बुक ऑफ डाऊन, दिल्ली साइड, प्रदर्श पी.सी.बी. देखकर बयान करता हूँ कि इसके पृष्ठ नम्बर 44 पर 21.12.28 की एंट्री है कि इस दिन दो थर्ड क्लास के टिकट कानपुर के लिए वाया सहारनपुर जारी किए जिनके नम्बर 000183 और 000184 हैं। ये टिकट मैंने जारी किए थे और एंट्री भी मेरे हाथ की है। यह टिकट 8 बजे सुबह से 12 बजे दोपहर तक जारी हुए। **एंट्री *प्रदर्श पी.सी.जी.–1*** मेरे हाथ की है। उस दिन लाहौर से कानपुर के लिए वाया सहारनपुर और कोई थर्ड क्लास का टिकट जारी नहीं हुआ।

17 जुलाई, 1930

गवाह नं. 119 : 'कत्ल–कातिलों का लाहौर छोड़ना'

मुश्ताक हुसैन सुपुत्र अफजल हुसैन सय्यद, आयु 25 वर्ष, ट्रांसशिपमेंट चेकिंग क्लर्क, जी.आई.पी. रेलवे, मथुरा:–

मैं डेली रिटर्न ऑफ ब्लैंक कार्ड एंड पेपर टिकट्स, ऐक्शेस फेयर रिसीट्स, आदि, का रजिस्टर देखकर बता रहा हूँ कि 26.12.28 को एक एंट्री इसमें मेरे हाथ द्वारा की हुई है। इससे जाहिर होता है कि एक थर्ड क्लास पेपर टिकट नं. 59764 मथुरा जंक्शन पर 30 अपट्रेन के आने पर कलेक्ट किया गया, जो रात को ग्यारह बजकर चौंतीस मिनट पर पहुँची थी। पेपर टिकट जमा करने के बाद हेड ऑफिस बम्बई में दूसरे दिन भेज दिए जाते हैं। मैं एंट्री देखकर यह कह सकता हूँ कि मेरी पुस्तक में जो एंट्री इस टिकट के नम्बर की है इसमें कोई गलती हो गई है। अर्थात् 59764 की जगह 69764 होना चाहिए था। ***प्रदर्श पी.सी.एच.–1*** में जो नम्बर था वह छपा हुआ है और वही सही मालूम होता है, नकल करने में गलती हुई है।

17 जुलाई, 1930

गवाह नं. 120 : 'असेम्बली बम केस–हैट'

मीर जैगम हुसैन, सब–इंस्पेक्टर नं. 38, रेलवे पुलिस, बठिंडा:–

इसने **26.4.1929 को भगत सिंह का हैट, दिल्ली जेल के अधिकारी वधावा राम से लिया।**

17 जुलाई, 1930

गवाह नं. 121 : 'कश्मीर बिल्डिंग–नक्शा नवीस'

मुहम्मद ओसमान सुपुत्र अब्दुल सुभान, सय्यद, आयु 50 वर्ष, ड्राफ्ट्समैन, मोजंग, लाहौर ने **सुखदेव, किशोरी लाल की गिरफ्तारी वाले मकान का खाका तैयार किया।**

17 जुलाई, 1930

गवाह नं. 122 : 'कत्ल–तफ्तीश'

मुहम्मद इस्माईल, ए.एस.आई., सी.आई.डी., स्पेशल स्टाफ, लाहौर–**कार्रवाई द्वारका दास पुस्तकालय–20.4.29**

17 जुलाई, 1930

गवाह नं. 123 : 'लिखतें–तफ्तीश'

बख्शी बद्रीनाथ, सब-इंस्पेक्टर, पुलिस सी.आई.डी., लाहौर:–

मैं **'इस्टर्न प्रिंटिंग प्रेस'** कानपुर में गया था और 28.9.1929 को उसकी तलाशी ली। **चार अक्षर 'एच.एस.आर.ए.' मौजूदा अदालत में *प्रदर्श पी-857* कब्जे में लिए। मुहम्मद हुसैन सरकारी गवाह नं. 98 जनरल फोरमैन, पंजाब सरकार प्रिंटिंग प्रेस, मेरे साथ था। मैं प्याजी रंग का एक पर्चा अपने साथ ले गया था।** बंडल ***प्रदर्श पी-442*** में एक फ़ार्म था जो मैं ले गया था। उस पर सिरलेख **'हिन्दुस्तान सोशलिस्ट रिपब्लिकन आर्मी'** अंकित था। बरामदगी **फर्द *पी.इ.जेड-1* है।**

बरामदगी उक्त लिखित के समय मैंने वहाँ तैयार की थी। वो मेरे हाथ की तैयार की हुई है, और सही है। एक प्रूफ, पी.इ.जैड उन अक्षरों के छापे का, वहीं मेरी मौजूदगी में तैयार किया गया था। इस पर भी मेरे हस्ताक्षर हैं। **मैंने दो चिट्ठियाँ डाकखाना लाहौर से हासिल कीं, जो एक व्यक्ति बाबू सिंह के नाम की थीं, और भाइयों की दुकान, डब्बी बाजार, लाहौर के पते पर आई थीं।** शाह दीन फोटोग्राफर गवाह नं. 95 से दोनों चिट्ठियों की फोटो उतरवाई। शाह दीन ने असल चिट्ठियाँ और लिफाफे मुझको वापस दे दिए थे। और **उनके फोटो *प्रदर्श पी.एफ.-7* से *प्रदर्श पी.एफ.-11* तक हैं। *पी.एफ.डी. 64* से *पी.एफ.डी. 69* उनकी नकलें हैं।** यह भी शाह दीन ने तैयार करके दी थीं। असल चिट्ठियाँ डाकघर में वापस दे दी कि जिनके नाम की हैं, उनको भेज दी जाएँ। मैं जुलाई 1929 में **कलकत्ता** गया। मैंने 6.7.29 को दो पी.एफ.एन. रजिस्टर और पी.एफ.ओ. बाबू रमेश चन्द्र चौधरी से लिए। जो इस्टर्न होम होटल का मालिक है। यह जगह 209, **कार्नवालिस स्ट्रीट** में स्थित है। मैंने उनकी **फर्द बरामदगी** नोट की थी, जो ***प्रदर्श पी.एफ.पी.*** है। **रजिस्टर *पी.एफ.एन.* में *पी.एफ.एन.-1* और *पी.एफ.एन.-2*** एंट्रियों पर 6 जुलाई, 1929 को हस्ताक्षर किए। रजिस्टर ***पी.एफ.ओ.*** में मैंने ***पी.एफ.एन.-1, पी.एफ.ओ.-2, पी.एफ.ओ.-3*** एंट्रियों पर हस्ताक्षर किए। ये सब एंट्रियाँ उसी तरह थी जैसी अब हैं।

7.7.29 को मैं **नोबिन फार्मेसी** गया, जो **नम्बर 81 हैरीसन रोड** पर स्थित है; और वहाँ से मैंने **दो पुस्तकें कैश मीमो** की पी.एफ.आर. और पी.एफ.-8 कब्जे में ली। पी.एफ.आर. मैं पी.एफ.आर.-1 एंट्री पर हस्ताक्षर किए।

पी.एफ.ओ. इन दोनों पुस्तकों की बरामदगी की **फर्द** है। 9.7.29 को मैं कलकत्ता केमिकल कम्पनी लिमिटेड में गया। **35/1 पौंडातिया लेन्स, बालीगंज** में है। वहाँ से एक पुस्तक कैश मीमो कब्जे में ली, जो ***प्रदर्श पी.एफ.टी.*** है। इस पर एंट्री

पी.एफ.टी.-1 पर हस्ताक्षर किए हैं। ***पी.एफ.टी.-2*** इसकी फर्द बरामदगी है, जो मैंने सही तौर पर तैयार की है। मैं 1928 में 'लाहौर स्टूडेंट्स यूनियन' की मीटिंग में जाया करता था और वहाँ की कार्रवाई नोट कर लिया करता था।

मैंने हंसराज वोहरा को उन जलसों में देखा था। उसकी भूमिका से यह मालूम होता था कि वह ही जलसे का कर्ता-धर्ता है।

सुनकर सही स्वीकार किया।

17 जुलाई, 1930

गवाह नं. 124 : 'निशानदेही–तलाशी'

पंडित मुन्शी राम इंस्पेक्टर, पुलिस सी.आई.डी. लाहौर बयान किया :

मैं दिसम्बर 1928 के आखिर में रावलपिंडी गया था। हंसराज वोहरा ने मुझको **आर्य समाज** की जगह दिखाई, और एक और मकान, जो **हैमिल्टन बाजार** में स्थित है, दिखाया। 2.5.29 को किशन सिंह जो भगत सिंह दोषी का पिता है उसके घर की तलाशी ली। और जो चीजें वहाँ से मिलीं उनकी फर्द सही तरह से बनाई गई थी, इस पर मेरे हस्ताक्षर हैं। राय साहब जवाहर लाल इंस्पेक्टर, सी.आई.डी. सरकारी गवाह नम्बर 76 मेरे साथ थे, उन्होंने लिस्ट बनाई थी।

17 जुलाई, 1930

गवाह नं. 125 : 'मकान–किरायानामा'

लाल चन्द सुपुत्र मुश्ताक मल्ल, जाति खत्री, उम्र 50 साल, मुलाजिम, कारखाना रेलवे, लाहौर–ने दिसम्बर 1928 में अपना मकान दो युवकों को किराये पर दिया जिनके साथ एक औरत थी। **[नोट : शायद वे सुखदेव की माता जी ही थीं, जो वहाँ 10 दिन ठहरीं थीं। किशोरी लाल को गवाह ने देखा था।–सम्पादक]**

17 जुलाई, 1930

गवाह नं. 126 : 'लाहौर–बम खोल'

सिराज दीन सुपुत्र मुहम्मद दीन, लोहार, आयु 31-32 वर्ष, ब्रांडरेथ रोड लाहौर–**एक लम्बे गोरे नौजवान ने मुझे एक यंत्र दिखाया। वह मुझसे इसी तरह के और यंत्र बनवाना चाहता था। यह एक पेचीदा चीज थी।** किशोरी लाल मेरे पास आया करता था। उसके आखरी बार आने से डेढ़ महीना पहले पुलिस मेरी दुकान पर आई थी। पहले जो नौजवान मेरे पास आया था, वह वास्तव में सुखदेव था।

18 जुलाई, 1930

गवाह नं. 127 : 'लाहौर–बम खोल'

फिरोज दीन सुपुत्र नूरदीन, मिस्त्री, आयु लगभग 25-26 वर्ष, लाहौर–गवाह नं. 126 वाली बातें।

18 जुलाई, 1930

गवाह नं. 128 : 'लाहौर–बम खोल'

सिराज दीन सुपुत्र अल्लाह दित्ता, अराईं, मिस्त्री–खरादी, ब्रांडरेथ रोड, लाहौर–गवाह नं. 126 युवक को इसकी दुकान पर लाया था।

18 जुलाई, 1930

गवाह नं. 129 : 'लाहौर–बम खोल'

गुलाम रसूल सुपुत्र जलाल दीन, संधू जट्ट, उम्र 20 वर्ष, लोहार, ब्रांडरेथ रोड, लाहौर–इसकी दुकान गवाह नं. 126 की दुकान के साथ है। वह गवाह नं. 126 के बयान को दोहराता है। उसने यह भी बताया कि उसको शक गुजरा तथा उसने चुपके से किशोरी लाल का उसकी कश्मीर बिल्डिंग तक पीछा किया। फिर उसने यह सब कुछ नूर शाह, गवाह नं. 132, हेड कांस्टेबल को बता दिया।

18 जुलाई, 1930

गवाह नं. 130 : 'लाहौर–बम खोल'

मिस्त्री जलाल दीन सुपुत्र मियाँ अल्लाह बख्श, जाति संधू जट्ट, आयु 55 वर्ष, **लोहार**, निवासी ब्रांडरेथ रोड, लाहौर:–

गुलाम रसूल गवाह नं. 129 जिसकी अभी गवाही हुई है, मेरा बेटा है; हम एक ही दुकान पर काम करते हैं। डेढ़ साल के करीब हुआ है, रमजान के महीने से कुछ दिन पहले का जिक्र है कि एक नौजवान लम्बा सा बाबू मेरी दुकान पर आया और उसने कहा कि पाँच लोहे के प्लग, जो उसके पास मौजूद थे उन पर पेच डाल दो। और चार लोहे के खोल जो उसके पास मौजूद थे उन में से चार प्लग ख़ोलों में लगा दो। वह एक साथ वाले दुकानदार सिराजदीन नामी से नाराज होकर यह काम मेरे पास लाया था।

वह सिराजदीन खराद का काम करता है और उसकी दुकान मेरी दुकान से एक दुकान छोड़कर है। प्लग जो वह लाया था इस किस्म के थे जैसा कि ***प्रदर्श पी–88*** अदालत में मौजूद हैं। लोहे के खोल जो लाया था ***प्रदर्श पी–94/203*** की तरह थे, जो अदालत में मौजूद हैं। इन प्लगों की लगवाई की मजदूरी दे गया। इस काम को वह अपने सामने तैयार करवाकर ले गया। तीन–चार दिन बाद, फिर वह नौजवान पाँच लोहे के खोल और पाँच प्लग बनवाकर लाया और कह गया कि इनको खराद कर दो। इन खोलों के मुँह में चूड़ियाँ डालनी थीं, और इन खोलों की झुरियों में क्रासवाइस टक्क लगाने थे, प्लगों में पेच डालने थे, और फिट करना था, क्योंकि एक झुरी उड़ी हुई थी। उसके उभरे हुए हिस्से में एक तरफ छेद करना था और एक तरफ के उभरे हुए हिस्से को दो भागों में विभाजित करके दोनों हिस्सों में छेद निकालने थे। यह काम मैंने दूसरे दिन तैयार कर दिया। और वही बाबू आकर पाँचों पुर्जे ले गया और मजदूरी दे गया। पाँच–छह रोज के बाद वो ही बाबू फिर आया और पाँच लोहे के खोल और पाँच प्लग लाया। दूसरी बार मैंने उससे पूछा कि यह पुर्जे आप किस काम के लिए बनवाते हैं। उसने कहा कि एक नई मशीन गैस की बनवाई है। उसमें यह काम आते हैं। तीसरे दिन वह तैयार किया हुआ

काम ले गया। जब वह ले जाने लगा, तो उसने सब पुर्जे अपने कोट की जेबों में डाल लिए। वह साइकिल पर सवार था।

उससे सात-आठ दिन बाद वही बाबू फिर आया। उसके साथ एक और बाबू था, जो उससे कम उम्र था; अठारह या उन्नीस वर्ष का मालूम होता था। उसका कद छोटा था और उसकी एक आँख में नुक्स था **[किशोरी लाल : सम्पादक]**। इस बार वो दस खोल और दस प्लग लाए थे, और उन पर वैसा ही काम होना था, जो पहले पुर्जों पर किया गया था। पहले बाबू ने कहा कि जब तैयार हो जाए, तो दूसरा बाबू (जो भैंगी आँख वाला था) आए तो उसको दे देना।

तीसरे दिन छोटे कद वाला बाबू आया, जिसकी आँख भैंगी थी, उसको दस पुर्जे दिए, और मजदूरी उसने अदा कर दी। और एक खाकी जीन के थैले में डालकर साइकिल पर बाँधकर चला गया।

जब दूसरे दिन मेरा लड़का उन दस पुर्जों को सही कर रहा था तो उस समय मेरा एक दोस्त हाजी मुहम्मद हुसैन वासी कोटली लोहारां मेरी दुकान पर आ गया। उसने मेरे लड़के से पूछा कि ये पुर्जे किस लिए बना रहे हो, तो उसने कहा कि कोई बाबू आते हैं और कहते हैं कि गैस मशीन के लिए बनवा रहे हैं। **[सुखदेव : बिलकुल स्पष्ट। सवाल यह है कि यह शक कैसे पैदा हुआ!]** हाजी मुहम्मद हुसैन ने कहा कि ऐसे काम के लिए मशीन को देख लेना चाहिए और *अच्छी तरह तसल्ली कर लेना चाहिए, ऐसा न हो कि कोई खतरनाक काम हो।* **[सुखदेव : नूर शाह को कैसे सूचित किया गया था!]**

इससे चार-पाँच दिन बाद नूर शाह कांस्टेबल जो मेरा परिचित है मेरी दुकान पर आया और हुक्का पीने बैठ गया। *बातों-बातों में मैंने उससे पूछा कि वह आजकल किस ड्यूटी पर है। उसने कहा कि दशहरे में जो बम चला था, उसकी जाँच में नियुक्त है। मैंने उससे कहा कि इन दिनों दो बाबू हमसे पुर्जे बनवा रहे हैं, जिनका हमको पता नहीं चला कि किस मतलब के लिए हैं।* **[सुखदेव : कितना विचित्र संयोग! देखो फुरसत की गप्प-शप्प का परिणाम!]** यह सुनकर नूर शाह कुछ कहे बगैर चला गया। दूसरे दिन नूर शाह फिर आया और मेरे लड़के को पुलिस के कप्तान के पास ले गया। मेरा लड़का दो-तीन घंटे बाद वापस आया और *उसने मुझे बताया कि कप्तान साहब यह जानना चाहता है कि क्या तुम्हें उन बाबुओं का घर मालूम है, जो पुर्जे बनवाते रहे हैं? तो मेरे लड़के ने कहा कि वह नहीं जानता, किन्तु वह यह पता लगाने की कोशिश करेगा, यदि वे बाबू दुबारा आते हैं।* **[सुखदेव : गुलाम रसूल कहता है कि उसने अब्दुल अजीज के पास जाने से पहले घर को नूर शाह को दिखाया था।]** और उन्होंने यह भी कहा है कि उनके घर का पता बताओ।

चार-पाँच दिनों के बाद वह छोटा बाबू, भैंगी आँख वाला हमारी दुकान पर आया **[सुखदेव : इस समय उसने किशोरी लाल को सूचित किया कि पुलिस उसके बारे में पूछताछ कर रही है, किन्तु हम बहुत लापरवाह थे कि हमने इस तरफ खास ध्यान नहीं दिया, इसलिए यह परिणाम निकला]** और लोहे की टाँगे बनाने

के लिए कहा। वह कागज पर जिस किस्म की टाँगे बनवाना चाहता था उसका नमूना बनाकर ले आया था, और बैठकर बनवा ले गया। वह साइकिल पर सवार होकर चला गया। मेरा बेटा पीछे-पीछे साइकिल पर सवार होकर गया। मेरे बेटे ने वापस आकर कहा कि वे बाबू, **मुहम्मद बख्श आस्ट्रेलिया वाले की कश्मीर बिल्डिंग** में रहते हैं। दो-तीन दिन के बाद नूर शाह आया और उसने पूछा कि क्या आपने उन बाबुओं के मकान का पता लगा लिया है या नहीं? इस पर मैंने अपने बेटे को कहा कि नूर शाह के साथ जाकर मकान दिखा दो; मेरे बेटे ने मकान दिखा दिया। जो लोहे की तीन टाँगें लगी हुई हैं, वो ही हैं जो हमने छोटे कद वाले बाबू को, जिसकी आँख में नुक्स था, बनाकर दी थीं।

18 जुलाई, 1930

गवाह नं. 131 : 'लाहौर-बम खोल'

हाजी मुहम्मद हुसैन सुपुत्र मुहम्मद रमजान, जाति लोहार, आयु 65 वर्ष, वासी कोटली लोहारां, अब किला गुज्जर सिंह, लाहौर।

इसने अपने मित्र, गवाह नं. 130 की गवाही को दुहराया।

18 जुलाई, 1930

गवाह नं. 132 : 'लाहौर-बम तफ्तीश'

नूर शाह, हेड कांस्टेबल नं. 331, स्पेशल ड्यूटी, लाहौरः-

गवाह नं. 130 से मिली सूचना के आधार पर आवश्यक पुलिस कार्रवाई की पैरवी की।

18 जुलाई, 1930

गवाह नं. 133 : 'रावलपिंडी-अड्डे'

राय साहब लाला वजीर चन्द, एडिशनल जिला मजिस्ट्रेट, रावलपिंडी-जयगोपाल के रावलपिंडी बारे बयान का दुहराव।

19 जुलाई, 1930

गवाह नं. 134 : 'रावलपिंडी-जयगोपाल'

ज्ञान चन्द सुपुत्र देवी दित्ता मल्ल, ब्राह्मण, आयु 65 वर्ष, क्लर्क, मार्केट प्रेस, रावलपिंडी-औपचारिक।

19 जुलाई, 1930

गवाह नं. 135 : 'रावलपिंडी-जयगोपाल'

लाला सीताराम सुपुत्र लाला देवी दास खत्री, आयु 58 वर्ष, मालिक 'मार्केट प्रेस', रावलपिंडी-औपचारिक।

19 जुलाई, 1930

गवाह नं. 136 : 'रावलपिंडी–जयगोपाल'

हरीचन्द सुपुत्र बिन्द्रा बन, खत्री, सेवामुक्त डाकिया, आयु 57 वर्ष, रावलपिंडी–औपचारिक।

19 जुलाई, 1930

गवाह नं. 137 : 'रावलपिंडी–डाक'

होरीलाल, सुपुत्र शिवराम दास, खत्री, मोन्याल ब्राह्मण, आयु 28 वर्ष, क्लर्क, आरसीनल, रावलपिंडी–औपचारिक।

19 जुलाई, 1930

गवाह नं. 138 : 'रावलपिंडी–डाक'

कश्मीरा सिंह सुपुत्र सुन्दर सिंह, अहलूवालिया, आयु 52 वर्ष, सब पोस्टमास्टर, अनारकली डाकखाना, लाहौर–औपचारिक।

19 जुलाई, 1930

गवाह नं. 139 : 'शनाख्त–जयगोपाल व वोहरा'

खड़क सिंह, पुलिस हेड कांस्टेबल, नं. 346, पुलिस लाइन, रावलपिंडी–औपचारिक।

19 जुलाई, 1930

गवाह नं. 140 : 'रावलपिंडी–हवाई पिस्तौल'

फजल अब्बास सुपुत्र दाऊन भाई, बोहरा, आयु 23 वर्ष, दुकान असला व गोली सिक्का, रावलपिंडी–औपचारिक।

19 जुलाई, 1930

गवाह नं. 141 : 'रावलपिंडी–हवाई पिस्तौल'

गुरदयाल सिंह सुपुत्र हरनाम सिंह, जाति खत्री, आयु 32 वर्ष, एजेंट जर्मन हाउस, रावलपिंडी–औपचारिक।

19 जुलाई, 1930

गवाह नं. 142 : 'मनी ऑर्डर–जयगोपाल'

बाबू मुहम्मद अफजल मकबूल सुपुत्र शेख फजल करीम, क्लर्क, डाक विभाग, लाहौर–औपचारिक।

19 जुलाई, 1930

गवाह नं. 143 : 'रावलपिंडी–जयगोपाल'

तुलसीराम सुपुत्र ब्रह्मदास, आयु 22 वर्ष, कम्पाउंडर, आर्य समाज दवाखाना, रावलपिंडी–औपचारिक।

19 जुलाई, 1930

गवाह नं. 144 : 'कत्ल–कातिलों का बच निकलना'

सोमनाथ सुपुत्र राम निवास, खत्री मरवाहा, विद्यार्थी, डी.ए.वी. कॉलेज, लाहौरः–सांडर्स के हत्यारों का बच निकलना।

19 जुलाई, 1930

गवाह नं. 145 : 'कत्ल–कातिलों का बच निकलना'

अबनाश चन्द सुपुत्र दीवान चन्द, ठाकर अरोड़ा, आयु 18 वर्ष, विद्यार्थी, डी.ए.वी. कॉलेज, लाहौर–17.12.1928 को उसने जो कुछ देखा।

19 जुलाई, 1930

गवाह नं. 146 : 'बम मसाला'

बालकराम सुपुत्र लाला बिशन दास, खत्री 36, मैसर्ज बेली राम, केमिस्ट, अनारकली, लाहौर–3.4.1929 को इसने एसिड बेचे थे।

19 जुलाई, 1930

गवाह नं. 147 : 'बम मसाला'

आसा सिंह सुपुत्र नारायण सिंह, अरोड़ा, आयु 29 वर्ष, केमिस्ट, चावला एंड कम्पनी, लोहारी गेट, लाहौर–मैथीलेटिड स्प्रिट बेचा था।

19 जुलाई, 1930

गवाह नं. 148 : 'लाहौर–बम खोल'

इच्छरू राम सुपुत्र देवी राम, खत्री, आयु 30 वर्ष, ढलाई गर, ब्रांडरेथ रोड, लाहौर–डेढ़ साल पहले किशोरी लाल आया, जिसने लकड़ी के बने कुछ नमूने दिए और इसी भाँति के बीस यंत्र बनाने को कहा; उसके यंत्रों को ले जाने के पाँच–छह दिन बाद, पुलिस आई थी।

19 जुलाई, 1930

गवाह नं. 149 : 'महावीर सम्बन्धी'

लाहौरी राम सुपुत्र सुन्दर दास, राजपूत, आयु 30 वर्ष, हलवाई, गवालमंडी, लाहौर–गवाह नं. 65 के महावीर बारे बयान का दुहराव।

19 जुलाई, 1930

गवाह नं. 150 : 'कत्ल–तफ्तीश'

मुहम्मद इब्राहिम कांस्टेबल नं. 1814, पुलिस ट्रेनिंग स्कूल, फिल्लौर–औपचारिक।

19 जुलाई, 1930

गवाह नं. 151 : 'भगत सिंह के घर की तलाशी'

सादिक अली शाह, पुलिस इंस्पेक्टर, सी.आई.डी. पंजाब–औपचारिक।

19 जुलाई, 1930

गवाह नं. 152 : 'दिल्ली में निशानदेही–तफ्तीश'

चौधरी गुलाम रसूल, डी.एस.पी. पुलिस, अमृतसर–यह किशोरी लाल को दिल्ली लेकर गया। दिल्ली जेल में भगत सिंह के पास भी गया था।

21 जुलाई, 1930

गवाह नं. 153 : 'भगत सिंह–लिखाई नमूना'

बशीर अहमद सुपुत्र रशीद अहमद उर्फ बुन्दू, शेख, आयु 27 वर्ष, साइकिल व्यापारी, खैबर पास मार्केट, दिल्ली–औपचारिक।

21 जुलाई, 1930

गवाह नं. 154 : 'भगत सिंह–लिखाई नमूना'

कर्म सिंह, पुलिस इंस्पेक्टर, सी.आई.डी., दिल्ली–औपचारिक।

21 जुलाई, 1930

गवाह नं. 155 : 'भगत सिंह–लिखाई नमूना'

जव्वर हुसैन सुपुत्र असगर अली, सय्यद, आयु 35 वर्ष, मैनेजर, कोर्ट ऑफ वार्ड्ज ऑफ राय बहादुर बूटा सिंह, दिल्ली–औपचारिक।

21 जुलाई, 1930

गवाह नं. 156 : 'निशानदेही–हंसराज वोहरा'

सय्यद कर्म शाह, मजिस्ट्रेट, प्रथम श्रेणी, सरगोधा–यह 14 जून, 1929 को हंसराज वोहरा को साथ लेकर अमृतसर स्थित **मकान नं. 2679/5**, गली निक्का सिंह, जहाँ वह कटड़ा अहलूवालिया से गुजरकर गए थे; यहाँ मास्टर आज्ञाराम के साथ वोहरा 3.1.1928 उपरांत 5–6 रोज ठहरा था।

21 जुलाई, 1930

गवाह नं. 157 : 'गुजरात–प्रेमदत्त के घर की तलाशी'

लेफ्टीनेंट कर्मचन्द सुपुत्र कृपाराम, जाति ब्राह्मण, आयु 60 वर्ष, वासी गुजरात, सरकारी पैनशनर, आई.एम.डी. का बयान:

मैं प्रेमदत्त दोषी को जानता हूँ। वह गुजरात का वासी है। मैं उसके सारे खानदान को जानता हूँ। वस्तुओं की सूची अदालत में प्रस्तुत है, जिसकी सारी चीजें उसने अपने मकान की कोठरी में से निकाल कर दी थीं, जिस को ताला लगा हुआ था। उसने (प्रेगदत्त) अपनी औरत के रिश्तेदार से चाबी लेकर ताला खोला। बरामद हुई सभी पुस्तकों पर मेरे हस्ताक्षर हैं। फर्द बरामदगी ***प्रदर्श पी.सी.ए.-1*** पर भी मेरे हस्ताक्षर हैं। **बरामद की चीजों** की सूची निम्नलिखित है:–

(1) ***प्रदर्श पी.-481*** पुस्तक ***'रोड ऑफ फ्रीडम'***

(2) ***प्रदर्श पी-510***

(3) ***प्रदर्श पी-511***

(4) ***प्रदर्श पी-511/1***

(5) ***प्रदर्श पी-547***
(6) ***प्रदर्श पी-549***
(7) ***प्रदर्श पी-554***
(8) ***प्रदर्श पी-555***
(9) ***प्रदर्श पी-562*** **सभी (2 से 9) पुस्तकें।**
(10) ***प्रदर्श पी-566*** **फोटो पेपर वेट**
(11) ***प्रदर्श पी-564 व प्रदर्श पी-565*** **फोटो**
(12) ***प्रदर्श पी-570*** **पुस्तक**
(13) ***प्रदर्श पी-471*** **टीन का बॉक्स**
(14) ***प्रदर्श पी-504*** **गलूबंद**
(15) ***प्रदर्श पी-482*** **खाकी बूट**
(16) ***प्रदर्श पी-567*** **तुर्की टोपी**
(17) ***प्रदर्श पी-475*** **चाकू का म्यान**
(18) ***प्रदर्श पी-568*** **चाबुक लोहे की पेचदार**
(19) ***प्रदर्श पी-474*** **बैटरी बिजली की दो जोड़े**
(20) ***प्रदर्श पी-725 व प्रदर्श पी-480*** **बूट का जोड़ा**

मैं ये सारी चीजें शनाख्त करता हूँ। ये दोषी प्रेमदत्त ने बरामद कराई थीं। और सूची फर्द बरामदगी में दर्ज हैं।

उसी दिन प्रेमदत्त मुल्जिम ने दूसरे मकान में से एक बॉक्स में से चीजें निकाल कर दीं, जिनकी फर्द बरामदगी तैयार की गई।

प्रदर्श पी.सी.ए.-2 वह फर्द बरामदगी है, जिस पर मेरे हस्ताक्षर हैं। मौके पर सही तौर पर बनाई गई थी। मैं उनमें से इन चीजों को शनाख्त करता हूँ:–

प्रदर्श पी-584 पुस्तक
प्रदर्श पी-585 दो पुस्तकें *'बंदी जीवन'*
प्रदर्श पी-586 पुस्तक
प्रदर्श पी-573 रसाला *'किरती'*
प्रदर्श पी-576 रसाला *'किरती'*
प्रदर्श पी-571 रसाला *'किरती'*
प्रदर्श पी-578-4 रसाला *'किरती'*

जिरह नदारद।

21 जुलाई, 1930

गवाह नं. 158 : 'गुजरात–प्रेमदत्त के घर की तलाशी'

अल्लाह बख्श सुपुत्र अल्लाह जोवाया, जाति अराई, उम्र 40 साल, वासी गुजरात, व्यवसाय खेतीबाड़ी–औपचारिक।

21 जुलाई, 1930

गवाह नं. 159 : 'गुजरात–प्रेमदत्त के घर की तलाशी'

राम रत्न सुपुत्र हीरालाल, खत्री, आयु 48 वर्ष, साहुकार, वासी गुजरात–औपचारिक।

21 जुलाई, 1930

गवाह नं. 160 : 'रावलपिंडी–जयगोपाल'

शमसुलहक्क सिद्दीकी सुपुत्र हबीबउल्ला सिद्दीकी, आयु 30 वर्ष, ओवरसीयर, एन.डब्ल्यू रेलवे, लाहौर–औपचारिक।

21 जुलाई, 1930

गवाह नं. 161 : 'रावलपिंडी–जयगोपाल'

रहमतद्दीन सुपुत्र फजल अहमद, पठान, आयु 21 वर्ष, ट्रालीमैन, सराय माधो, जिला रावलपिंडी–औपचारिक।

21 जुलाई, 1930

गवाह नं. 162 : 'रावलपिंडी–जयगोपाल'

बालकराम सुपुत्र लाला गणपत राय, खत्री, आयु 48 वर्ष, स्टेशन मास्टर चित्रकोट–औपचारिक।

21 जुलाई, 1930

गवाह नं. 163 : 'रावलपिंडी–जयगोपाल'

अमर सिंह, एल.एच.एम.एस. सुपुत्र डॉक्टर नारायण सिंह, आयु 35 वर्ष, व्यवसाय डॉक्टरी, कोहाट–औपचारिक।

21 जुलाई, 1930

गवाह नं. 164 : 'रावलपिंडी–जयगोपाल'

रामदित्ता मल्ल सुपुत्र दसौंधी राम, खत्री, आयु 24 वर्ष, एजेंट, सरदार बूटा सिंह कोहाट–औपचारिक।

21 जुलाई, 1930

गवाह नं. 165 : 'भगत सिंह–लिखाई नमूना'

मिर्जा इतजाजउद्दीन, पुलिस सुपरिंटेंडेंट, लुधियाना–औपचारिक।

21 जुलाई, 1930

गवाह नं. 166 : 'बमों की तुलना'

डॉ. डब्ल्यू.पी. रॉब्सन, एम.ए., पी–एच.डी., ए.आई.सी., वर्क्स इंस्पेक्शन ऑफिसर, कारडाइट फैक्टरी, अरुवानकाद–इसने क्रान्तिकारियों से बरामद हुए बमों की एक–दूसरे के साथ तुलना करके उनके भिन्न–भेद प्रस्तुत किए।

21 जुलाई, 1930

गवाह नं. 167 : 'शनाख्तें'

खान साहब मिर्जा महेन्दी हुसैन खाँ, मजिस्ट्रेट लाहौर–शनाख्तें।

21 जुलाई, 1930

गवाह नं. 168 : 'दाईबाड़ा मकान की निशानदेही'

अब्दुल रहमान सुपुत्र हाजी अजीज उल्ला शेख, आयु 50/55 वर्ष, ठेकेदार, दिल्ली:–यह दाई मोहल्ला में एक बजुर्ग औरत के मकान पर पुलिस व दोषियों के साथ गया था।

21 जुलाई, 1930

गवाह नं. 169 : 'शनाख्तें'

श्रीमती मुकन्दी विधवा मुतसद्दी लाल, जाति बनिया अग्रवाल, आयु 40 साल, वासी दाईबाड़ा, नई सड़क, दिल्ली:–मेरे दाईबाड़ा स्थित मकान की निचली मंजिल में, मैं खुद रहती हूँ और ऊपर की मंजिल किराये पर दी हुई है। लगभग सवा साल पहले मेरे पास एक व्यक्ति आया, जिसको 'मास्टर' कहते हैं, नाम मालूम नहीं। उसने कहा चार लड़के हैं जिनको मकान चाहिए। मैंने कहा था किसी गृहस्थी को मकान किराये पर दूंगी। **मास्टर** ने कहा कि आठ रोज तक लड़के घर से आएँगे। फिर मैंने किराया 15 रुपए प्रति महीना पर दे दिया। मास्टर ने 14 रुपए अदा कर दिए। एक रुपया बाकी रह गया।

मास्टर के आने से दूसरे दिन चार लड़के मकान में आकर रहने लगे। छह दिन रहे थे। सातवें दिन दो रहे और दो चले गए। मैंने पूछा कि दो लड़के कहाँ गए हैं **तो उसने कहा कि घर से पत्नियों को लेने गए हैं।**

(फिर कहा कि तीन गए थे, एक रह गया था। मास्टर उस व्यक्ति के पास रहा था जो घर में रह रहा था।)

फिर एक और दिन मास्टर एक लड़के के साथ वहाँ रहा और दूसरे दिन **मास्टर** भी और लड़का भी चले गए; मकान को ताला लगा गए। मुझको सूचना नहीं दे गए। एक कमरे को ताला लगा गए थे। आठ रोज के बाद मैंने **मास्टर** से जाकर कहा कि यदि वे चले गए हैं तो, ताला तो खोल दो। तो उसने जवाब दिया कि चन्द दिन तो ठहर जाओ फिर ताला खोल देंगे।

थोड़े दिनों के बाद मास्टर आया और उसने ताला खोलकर मकान मेरे हवाले कर दिया।

मैंने जब विशेष मजिस्ट्रेट साहब की अदालत में गवाही दी थी, तो मैंने **दो व्यक्तियों को शनाख्त किया था।** जो अन्य दोषियों के साथ दोषियों के कठघरे में बैठे थे। वे उन चार लड़कों में से थे, जो मेरे मकान में रह रहे थे। मैं मियाँवाली की जेल में शनाख्त परेड में गई थी, उसमें **मैंने चारों में से एक** को शनाख्त किया था।

एक और शनाख्त परेड थाना काजी का हौज में हुई थी। **जिसमें मैंने दो व्यक्ति शनाख्त किए थे, लेकिन वे वहीं व्यक्ति थे जो मैंने मियाँवाली और दिल्ली में शनाख्त किए थे।**

21 जुलाई, 1930

गवाह नं. 170 : 'जानकारी'

बनवारी लाल, हेड कांस्टेबल नं. 130, दिल्ली।

गवाह नं. 169 के मकान के सामने इसका अपना मकान है। श्रीमती मुकन्दी वाले मकान में तीन-चार युवक, 8/10 दिन रहे थे। **मैंने उनको जब कभी भी देखा पुस्तकें पढ़ते ही देखा, और मुझे उनके व्यवहार में कभी शक वाली बात नहीं लगी।** उनके पास तीन साइकिलें थीं।

21 जुलाई, 1930

गवाह नं. 171 : 'शनाख्तें'

हरनाम सिंह सुपुत्र ठाकर सिंह, आयु 50 वर्ष, सिख, दर्जी, नई सड़क, दिल्ली।

इसके दो नजदीकी रिश्तेदार उसी (गवाह नं. 169 के) मकान के पास रहते थे; उसने 8 अप्रैल, 1929 को वहाँ रह चुके युवकों में से दो को हथकड़ियों में देखा था।

21 जुलाई, 1930

गवाह नं. 172 : 'शनाख्तें'

रामशरण दास सुपुत्र गगन मल, जाति बनिया, उम्र 50 साल, दुकानदार **तस्वीर फरेम**, वगैरा वासी दिल्लीः-

कोई सवा साल हुआ मैं अपने चौबारे में गया, जिसका ऊपर का हिस्सा खाली था। मैंने देखा कि वहाँ पाँच-छह बाबू से नौजवान लड़के बैठे हुए थे। मैंने पूछा कि यहाँ कैसे बैठे हो? उन्होंने कहा कि **चंगू सिंह मास्टर**, जो मेरा किरायेदार था, से किराये पर लिया है। मैंने चंगू सिंह से कहा कि बगैर मुझसे पूछे और बगैर पूछताछ किए हुए मेरा चौबारा किराये पर क्यों दे दिया है? उसने कहा कि मेरी एक व्यक्ति से जान-पहचान थी, उसके कहने पर मैंने चौबारा किराये पर दे दिया है। **वे बाबू कोई महीना भर वहाँ पर रहे और मैंने उनसे 5 रुपए ढाई आना किराया वसूल किया।**

मकान के निचले हिस्से में जुगल किशोर नामक किरायेदार रहता था। उसने शिकायत की कि बाबू लोग साइकिल उनकी दुकान के आगे रखते हैं। **मैंने बाबूओं से कहा कि साइकिलें वहाँ न रखा करें। मैंने साइकिलें वहाँ से उठवाकर गली में रखवा दीं, और उनसे कहा कि मकान खाली कर दो; चार-पाँच दिन बाद मैंने देखा कि वे चौबारा खाली करके चले गए।**

मैंने विशेष मजिस्ट्रेट साहब की अदालत में मुल्जिमों में से भगत सिंह को मुल्जिमों के कठघरे में बैठा हुआ देखकर शनाख्त किया। मियाँवाली जेल की शनाख्त परेड में भी उसको शनाख्त किया था। उसका नाम मुझे मियाँवाली जेल की शनाख्त परेड के बाद मालूम हुआ। जब मैंने उसको विशेष मजिस्ट्रेट की अदालत में शनाख्त किया, तो मुझे उसका नाम मालूम था। मैंने उस व्यक्ति अर्थात् भगत सिंह को उस चौबारे पर आते-जाते हुए देखा था।

22 जुलाई, 1930

गवाह नं. 173 : 'शनाख्त–जयदेव कपूर'

जुगल किशोर सुपुत्र माँगी राम, आयु 40 वर्ष, जाति बनिया, पेशा दुकानदारी, सीताराम बाजार, दिल्ली–यह रामशरण दास के मकान की निचली (जमीनी) मंजिल पर रहता था, जिसने साइकिलों के बारे में शिकायत थी। इसने जयदेव कपूर को शनाख्त किया।

22 जुलाई, 1930

गवाह नं. 174 : 'शनाख्त–भगत सिंह'

नूर मुहम्मद, सुपुत्र रहीम बख्श, शेख, आयु 22 वर्ष, लकड़फरोश, दिल्ली–गवाह नं. 172 को दुहराया, भगत सिंह की शनाख्त की थी।

22 जुलाई, 1930

गवाह नं. 175 : 'फणिन्द्रनाथ घोष–निशानदेही'

मलिक सुलेमान खाँ, एक्सट्रा असिस्टेंट कमिश्नर, मजिस्ट्रेट, प्रथम श्रेणी, अमृतसर।

वादामाफ (गवाह नं. 3) फणिन्द्रनाथ घोष के साथ, अमृतसर वैष्णों भोजनालय नाम के होटल में गया जहाँ कि उसने शिव वर्मा के साथ खाना खाया था, तथा मजिस्ट्रेट को मुगल बाजार वाला मकान दिखाया। फिर बंगले को देखने गए, लेकिन वह अन्दर नहीं जा सके।

22 जुलाई, 1930

गवाह नं. 176 : 'जयगोपाल–निशानदेही'

सय्यद बशीर हैदर एक्सट्रा असिस्टेंट कमिश्नर, मजिस्ट्रेट, पहली क्लास, अमृतसर ने बयान किया:–

11.5.1929 को मैंने जयगोपाल वादामाफ गवाह के साथ **अमृतसर** में गया था। वहाँ उसने मुझे जगहें दिखाईं। मैं डिप्टी कमिश्नर के हुक्म से गया था। पहले वह मुझको **मुगल बाजार** ले गया, जिसको 'बाजारे कंजरां' भी कहते हैं। उसने मुझे एक चौबारा दिखाया, जिसको ताला लगा हुआ था। उसने बयान किया कि उसकी चाबी हमारी पार्टी के पास थी, जो पुलिस ने **बम फैक्टरी लाहौर** की बरामदगी के समय कब्जे में ले ली थी। उस चौबारे के नीचे **पंडित हीरालाल** की दुकान है, जिसमें एक होटल है। जयगोपाल ने पंडित हीरालाल को शनाख्त किया और यह कहा कि मैंने 13.2.29 को बसंत से एक दिन पहले उस व्यक्ति हीरालाल को, 13 रुपए (दस रुपए किराये के रूप में और तीन रुपए खाने के) अदा किए।

हीरालाल ने इस बात की मेरे सामने पुष्टि की। चौबारे का ताला तोड़ा गया, और जो चीजें उसके अन्दर थीं बरामद हुईं। उसकी **फर्द** तैयार की गई। वह **फर्द बरामदगी** ***प्रदर्श पी.एल.*** है और इस पर मेरे हस्ताक्षर हैं। उसके बाद जयगोपाल मुझको **एक दूसरे चौबारे** पर ले गया, जो उसी लाइन में कोई पच्चीस दुकानें छोड़कर है। यह चौबारा खुला था। और इसमें एक पाधा हाजी चुहड़ नामी बच्चों को पढ़ा रहा था। जयगोपाल ने कहा कि वह सितम्बर 1928 में एक दिन एक व्यक्ति को जो उस समय 'कालीचरण'

कहलाता था, देखने के लिए आया था और एक घंटे तक यहाँ ठहरा था। उसने यह भी बताया कि वह व्यक्ति कालीचरण इन दिनों एक नौकर के वेश मे इस चौबारे में रहता था। जयगोपाल ने एक दुकानदार रामसहाय को शनाख्त किया, जिसकी दुकान इस चौबारे के नीचे थी। रामसहाय बरतन व्यापारी था। और जयगोपाल ने यह भी बताया कि उसने इस रामसहाय से कालीचरण का पता पूछा था। **यादादाश्त *प्रदर्श पी.डी.एल.*** मैंने सही तौर पर तैयार की और उस पर मेरे हस्ताक्षर हैं। ***(जयगोपाल को अदालत में देखकर कहा कि यह वहीं व्यक्ति है जो मेरे साथ गया था।)***

22 जुलाई, 1930

गवाह नं. 177 : 'फोटो सम्बन्धी दस्तावेज व शनाख्तें'

पंडित रामनाथ सुपुत्र राम बहादुर बिसंबर नाथ, जाति ब्राह्मण, व्यवसाय फोटोग्राफी व चित्रकारी, कश्मीरी गेट, दिल्ली:–

तस्वीरें *प्रदर्श पी-231, प्रदर्श पी-231ए, प्रदर्श पी-229* और *प्रदर्श पी-220-ए* देखकर कहा कि ये तस्वीरें मेरी बनाई हुई हैं जो अप्रैल के शुरू में बनाई थीं। दो फोटो एक व्यक्ति की हैं, और दो दूसरे व्यक्ति की हैं। वो दोनों व्यक्ति मेरे पास इकट्ठे आते थे और उन्होंने भाव तय किया था। उन दोनों के नाम मुझको बाद में मालूम हुए।

मैंने अपने कैश मीमो में जो रकम उन फोटो की ली थी, उनको दर्ज किया है।

वह **लिखित *प्रदर्श पी.जी.सी.-1* पुस्तक *प्रदर्श पी.जी.सी.*** में है और **3.4.29** की है। इसके बाद एक और पेशगी **6.4.29** को ली थी। ***इसकी एंट्री प्रदर्श पी.जी.सी. 2 है।*** जब मैंने ये चार फोटोग्राफ तैयार करके दिए थे तो मेरा नाम हरेक कोने पर दर्ज था, जो अब उड़ा हुआ मालूम होता है।

13.5.29 को पुलिस के अफसर मेरे पास जाँच-पड़ताल करने को आए, और उन्होंने मुझसे उन दो व्यक्तियों की फोटो दिखाकर पूछा, कि क्या मैं बता सकता हूँ कि यह किसने बनाई थी? मैंने देखकर कहा कि यह मेरी बनाई हुई है। और मैंने वह कैश मीमो की पुस्तक पुलिस के हवाले कर दी। **यह नहीं कह सकता कि पुलिस ने जो फोटो मुझको दिखाए थे वो यही हैं। जो अदालत में मौजूद हैं, या कोई और। कैश मीमो बुक *प्रदर्श पी.जी.सी.*** पुलिस के हवाले की गई थी। उसकी **बरामदगी की फर्द** बनाई गई जो प्रदर्श पी.जी.सी.-3 है। मैंने **फोटोग्राफ्स *प्रदर्श पी-232, प्रदर्श पी-233* और *प्रदर्श पी-234* मौजूदा अदालत में देखकर कहा कि यह उन्हीं तस्वीर के नैगटिव हैं। मैंने 16.1.30 को दिल्ली की असेम्बली हाल के एक सतून की तस्वीर ली थी, जिस पर एक गोली सा निशान था।**

प्रदर्श पी.ए. 65 उसका फोटो है। उसमें गोली सा निशान नजर आता है। यह **गोल सा निशान** मैंने फोटो लेते समय असेम्बली हाल में खुद देखा था। नक्शा असेम्बली हाल का देखकर कहा कि इसमें उस सतून पर जिस का फोटो मैंने लिया।

22 जुलाई, 1930

गवाह नं. 178 : 'सुखदेव–निशानदेही'

मिस्टर इ.जी.बी. पील, असिस्टेंट डी.ई.जी., सी.आई.डी. इलाहाबाद।

यह गवाह अंग्रेजी में अपना बयान देगा और इसकी गवाही अंग्रेजी में लिखी जाए, जैसा कि अदालत लिखाएगी।

22 जुलाई, 1930

अनुवाद

1 मई, 1929 की रात को मैं **आगरा रेलवे स्टेशन** पर गया और एक दोषी को मिला। जिसे पंजाब की सी.आई.डी. लाई थी। उसका नाम मुझे सुखदेव बताया गया। उसकी आमद पर मैं और अन्य व्यक्ति जो कि मेरे साथ थे उस दोषी के साथ तीन बंद गाड़ियों में शहर की ओर गए। मुझे बताया गया था कि सुखदेव को यहाँ इस मन्तव्य से यहाँ लाया गया है कि वह कुछ मकानों की निशानदेही करे जिनकी तलाशी ली जानी थी। जब हम शहर से गुजर रहे थे तो उन तीन मकानों के सामने रुके, जिनकी सुखदेव ने एक-एक करके निशानदेही की। उन मकानों को **हींग की मंडी, नाई की मंडी और गुड़ की मंडी** वाले मकान व्यक्त किया जाता था। जहाँ तक मुझे याद है वह इसी तरतीब से हमारे रास्ते में आए थे। मुझे यकीन है कि तीनों मकान, जिनकी सुखदेव ने निशानदेही की थी, वे पुलिस को पहले मालूम न थे। मैंने उन तीनों मकानों की तलाशी एक ही समय में लिए जाने की व्यवस्था की। मैं खुद मकान, हींग की मंडी की तलाशी के समय मौजूद था। उस मकान की तलाशी बहुत सवेरे हुई, अर्थात् पाँच बजे सुबह से कुछ पहले। ***प्रदर्श पी.इ.एच.* हींग की मंडी के मकान का सही नक्शा है। मैंने नक्शा *प्रदर्श पी.इ.एच.* पर, जो कमरा अक्षर 'ए' से दिखाया है उसकी तलाशी ली। कमरा उक्त मकान हींग की मंडी की दूसरी मंजिल पर स्थित है।** और मैंने उक्त मकान की तलाशी सुखदेव के बताने पर ली। उसने कहा था कि **बम सीढ़ियों के नजदीक दूसरी मंजिल के एक कमरे में तैयार किए जाते थे।**

उक्त कमरे में, सिवाय एक जर्द और अगरवानी रंग के धब्बों के, जो कि फर्श और दीवारों के हिस्से पर मौजूद थे, और कुछ नहीं था। **मैंने दीवारों और फर्श पर से उन धब्बों को खरोंचा और इकट्ठा किया**, और उन्हें फर्द तलाशी में शामिल किया और उसे केमिकल टेस्ट को भेज दिया। ***प्रदर्श पी.ई.एच.*** फर्द बरामदगी है, जो मेरी देख-रेख में उस समय लिखी गई थी। मकान हींग की मंडी की दुबारा भी तलाशी ली गई, मगर उस समय मैं मौजूद न था। वे चीजें जो दूसरी मंजिल पर खुली हुई जगह के इर्द-गिर्द पड़ी थीं, उन पर तेजाब के धब्बे पड़े हुए मालूम होते हैं; फर्श के एक हिस्से और नाली पर भी तेजाब के ऐसे निशान मालूम होते थे। आज सुबह मैं बोरस्टल जेल गया और सुपरिंटेंडेंट की हाजिरी मैंने कई व्यक्ति बारक में बैठे हुए देखे।

मैं बोरस्टल जेल में सुखदेव की शनाख्त के लिए गया था और आखरी बार जब मैंने उसको 1 मई, 1929 की सुबह देखा था, उसकी दाढ़ी थी और उसने भेड़ की खाल की ऊँची टोपी पहनी हुई थी। मुझे उस समय यह विचार नहीं आया कि मैंने किसी अन्य दोषी को मुकदमे में देखा है। वहाँ दो लड़के थे,

जो मेरे विचार में सुखदेव से मिलते-जुलते थे, और उनमें से एक को मैंने आसानी से पहचान लिया। मैंने उसको शनाख्त किया। फौरन ही मुझे विचार आ गया कि वह सुखदेव नहीं है बल्कि कुन्दन लाल है। जिसे मैंने उसकी गिरफ्तारी के तुरन्त बाद प्रतापगढ़ में देखा था। **यह जानकर कि मैंने सुखदेव की बजाय कुन्दन लाल को शनाख्त किया है, मैंने यह गलती सुधारी, और फिर उसके साथ वाले व्यक्ति को शनाख्त किया कि यह सुखदेव है।** उस व्यक्ति को जिसे मैंने सुखदेव शनाख्त किया, उसे दाढ़ी न थी और वह नंगे सिर था। उसकी शक्ल व सूरत, उस सुखदेव से जिसे मैंने 1 मई को देखा था, से बिलकुल भिन्न लगती थी। **मैंने उसको ज्यादातर उसकी आँखों से शनाख्त किया।**

सर अब्दुल कादिर बहादुर के सवाल के जवाब में : अन्य दो मकान अर्थात् मकान गुड़ की मंडी और मकान नाई की मंडी की तलाशियाँ ली गई थीं, लेकिन ये मेरी मौजूदगी में नहीं ली गई थीं।

सुखदेव ने मुझे बताया था कि वहाँ एक और कमरा भी है, जिसमें तेजाब से भरी हुई बोतलें आदि रखी जाती थीं। मैंने उक्त कमरे में तेजाब का कोई निशान नहीं पाया।

सुखदेव ने मुझे यह नहीं बताया था कि बम बनाए जाने के निशान आदि इस मकान में पाए जाएँगे, सिवाय उस कमरे के ***जो नक्शा प्रदर्श में अक्षर 'ए' से मालूम किया गया है।*** और जिस जगह मैंने तेजाब के कुछ निशान पाए वे निचली मंजिल में नल के पास नाली के किनारों पर पाए गए।

जहाँ तक मुझे याद है सुखदेव ही सबसे पहला व्यक्ति था, जिसने हमें आगरा के मकानों के बारे में पता दिया। मुझे मालूम है कि एक या दो वादामाफ गवाहों ने उन मकानों का हवाला दिया है, जिनमें पार्टी के मेम्बर आगरा में रहा करते थे। लेकिन उन्होंने सुखदेव के बतलाने के बाद यह सूचना दी थी।

22 जुलाई, 1930

गवाह नं. 179 : 'हंसराज वोहरा सम्बन्धी'

हरबंस लाल सुपुत्र पंडित कर्मचन्द, आयु 21 वर्ष, पट्टी, जिला लाहौर, चीफ अकाउंटेंट, एफ.सी. कॉलेज, लाहौर-औपचारिक।

22 जुलाई, 1930

गवाह नं. 180 : 'कत्ल का चश्मदीद गवाह-शनाख्तें'

गंडा सिंह सुपुत्र मान सिंह, जमींदार, आयु 55 वर्ष, वासी मिनहाला-इसने सांडर्स की हत्या के उपरांत क्या कुछ हुआ बयान किया।

22 जुलाई, 1930

गवाह नं. 181 : 'कत्ल-कातिलों का बच निकलना'

अजमेर सिंह सुपुत्र सरदार सरमुख सिंह, जट्ट, वासी मुक्तसर:-

गवाह नं. 48 अता मुहम्मद की गवाही जैसी। सांडर्स कत्ल के उपरांत, डी.ए. कॉलेज से होते हुए भगत सिंह, आजाद और राजगुरु का बच निकलना।

गवाह नं. 182 : 'शनाख्त–जयगोपाल सम्बन्धी'

रलीया राम सुपुत्र लाला लाल चन्द, खत्री, आयु 33 वर्ष, पार्सल क्लर्क, लाहौर–एक सन्दूक और एक साइकिल 18.7.1928 को गुजरात भेजे गए थे।

22 जुलाई, 1930

गवाह नं. 183 : 'प्रेमदत्त सम्बन्धी'

गुलाम मुहम्मद सुपुत्र फकीर चन्द, आयु 30 वर्ष, रेलवे पार्सल क्लर्क, लाहौर–एक साइकिल के बारे में।

22 जुलाई, 1930

गवाह नं. 184 : 'मकान, भाटी गेट सम्बन्धी'

रोरू राम सुपुत्र बसंत राम, खत्री, आयु 65 वर्ष, कर्मचारी, राय बहादुर लाला मेलाराम लाहौर–गवाह नं. 90 का दुहराव।

22 जुलाई, 1930

गवाह नं. 185 : 'हंसराज वोहरा सम्बन्धी'

हमीद हुसैन सुपुत्र शेख मुहम्मद हसन, भाटिया, आयु 25 वर्ष, विद्यार्थी, मेडिकल कॉलेज, लाहौर–औपचारिक।

22 जुलाई, 1930

गवाह नं. 186 : 'हंसराज वोहरा सम्बन्धी'

दीपक भाटिया सुपुत्र लाला देवी दित्ता मल्ल, आयु 22 वर्ष, विद्यार्थी, मेडिकल कॉलेज, लाहौर–औपचारिक।

23 जुलाई, 1930

गवाह नं. 187 : 'कॉलेजी रिकार्ड–दस्तावेज'

दौलत राम सुपुत्र लाला नत्थूराम, जाति अरोड़ा, उम्र 31 साल, हेड क्लर्क, डी. ए.वी. कॉलेज, लाहौरः–

किशोरी लाल सुपुत्र पंडित रघबीर दत्त 'शास्त्री' 28.6.1927 को डी.ए.वी. कॉलेज में दाखिल हुआ। यह मैं रजिस्टर देखकर बतलाता हूँ। ***प्रदर्श पी.बी.जे.*** वह रजिस्टर है। यह रजिस्टर दाखिला फार्मों का है। इसका दाखिला फार्म अर्थात् **प्रार्थना फार्म, *प्रदर्श पी.बी.जे.–1*** है।

रजिस्टर ***प्रदर्श पी.बी.के.*** हाज़िरी का रजिस्टर है। उससे जाहिर होता है कि 21 नवम्बर, 1928 के बाद किशोरी लाल कॉलेज में नहीं आया। वह द्वितीय वर्ष की कक्षा में पढ़ता था। यह रजिस्टर मेरे अधिकार में रहता है। इसमें हाजिरी की एंट्री प्रोफेसर या लेक्चरार करता है। रजिस्टर में किशोरी लाल से सम्बन्धित एंट्री ***प्रदर्श पी.बी.के.–1*** है। **यह लाला संत राम सयाल प्रोफेसर के हाथ की एंट्री है। दोनों रजिस्टर मेरे कब्जे में रहते हैं।** दाखिला फार्म से अर्थात् ***प्रदर्श पी.बी.जे.–1*** से मालूम होता है कि किशोरी लाल गुरुदत्त भवन में रहता था। इस दाखिला फार्म पर किशोरी लाल के हस्ताक्षर हैं।

मैं उसी **रजिस्टर *प्रदर्श पी.बी.जे.*** को देखकर कहता हूँ और **दाखिला फार्म *प्रदर्श पी.बी.जे.-2*** को देखकर कहता हूँ कि प्रेमदत्त 20.6.1927 को कॉलेज में दाखिल हुआ था। दाखिला फार्म पर उसके हस्ताक्षर हैं। उसके पिता का नाम रामदत्त दर्ज है और रहने की जगह गुरुदत्त भवन होस्टल दर्ज है। इसको 'आर्य विद्यार्थी आश्रम' भी कहते हैं। हाजिरी के रजिस्टर ***प्रदर्श पी.बी.के.*** और एंट्री ***प्रदर्श पी.बी.के.-2*** से मालूम होता है कि प्रेमदत्त 5.11.28 के बाद कॉलेज नहीं आया है। इस रजिस्टर से यह भी मालूम होता है कि प्रेमदत्त पहली नवम्बर को गैर-हाजिर था। 2 नवम्बर को हाजिर था। 3-4 नवम्बर को छुट्टियाँ थीं। 5 नवम्बर को वह हाजिर हुआ। और फिर कॉलेज में नहीं आया। इस साल गर्मी की छुट्टियाँ पहली जुलाई से 24 सितम्बर तक थीं। हाजिरी रजिस्टर से यह भी मालूम होता है कि किशोरी लाल 7.11.1928 और 16.11.1928 को कॉलेज से गैर-हाजिर था।

23 जुलाई, 1930

गवाह नं. 188 : 'महावीर-निशानदेही'

लेफ्टीनेंट बी.एल. भंडारी, मजिस्ट्रेट, प्रथम श्रेणी, कैंबलपुर:-

महावीर सिंह को साथ लेकर फिरोजपुर के मकान तथा दूसरे मकानों की निशानदेही कराई।

23 जुलाई, 1930

गवाह नं. 189 : 'किशोरी लाल सम्बन्धी जानकारी'

रामशरण दास सुपुत्र दुलू, जाति राजपूत, उम्र 48 साल, व्यवसाय जमींदारी, वासी धर्मपुर, जिला होशियारपुर-मैं किशोरी लाल दोषी और सतपाल को जानता हूँ। वो दोनों संगे भाई हैं। मेरे गाँव के रहने वाले हैं। उनके बाप का नाम रघबीर दत्त शास्त्री है। वह कोइटा में रहता है।

23 जुलाई, 1930

गवाह नं. 190 : 'प्रेमदत्त व किशोरी लाल-दस्तावेज व शनाख्त'

पंडित ज्ञान चन्द सुपुत्र पंडित वजीर चन्द, जाति ब्राह्मण, उम्र 32 साल, वासी लाहौर, सुपरिंटेंडेंट, आर्य विद्यार्थी आश्रम, गुरुदत्त भवन, लाहौर बयान किया:-

किशोरी लाल और प्रेमदत्त डी.ए.वी. कॉलेज के विद्यार्थी थे। प्रेमदत्त को उस आश्रम में जून 1927 में कमरा दिया गया और किशोरी लाल को अक्तूबर 1927 में। किशोरी लाल दिसम्बर 1928 और प्रेमदत्त जनवरी 1929 में चला गया।

मैं प्रार्थना की हाजिरी का **रजिस्टर *प्रदर्श पी.डी.एफ.*** देखकर कहता हूँ कि प्रेमदत्त दिसम्बर महीने की सुबह-शाम प्रार्थना में बराबर हाजिर था। 12-18 दिसम्बर की शाम को उसकी छुट्टी रजिस्टर में दर्ज है। जनवरी 1929 की 23-24 की सुबह की प्रार्थना के समय में उसकी हाजिरी दर्ज है, और बाकी समय गैर-हाजिरी दर्ज है। इसके बाद वह नहीं आया।

किशोरी लाल 8–10 व 11 दिसम्बर को छुट्टी पर दर्ज है। 17 नवम्बर को वह हाजिर लिखा हुआ है। और इस महीने, नवम्बर में उसकी यही हाजिरी है।

रजिस्टर *प्रदर्श पी.डी.एफ.* मेरे हाथ का तैयार किया हुआ है और मेरे पास ही रहता है। ***प्रदर्श पी.डी.एफ.–3, प्रदर्श पी.डी.एफ.–4,*** बोर्डिंग की फीस अदायगी की एंट्रियाँ रजिस्टरों की सही नकलें हैं। पुलिस जब आई थी तो ***प्रदर्श पी.डी.एफ.*** रजिस्टर प्रार्थना हाजिरी और रजिस्टर ***प्रदर्श पी.डी.एफ.–1*** (किचन रजिस्टर) 28.5.1929 को कब्जे में ले लिया था।

फर्द बरामदगी रजिस्टर ***प्रदर्श पी.डी.एफ.–2*** किचन है, जो तैयार की गई थी। और इस पर मेरे हस्ताक्षर हैं। मैंने विशेष मजिस्ट्रेट साहब की अदालत में बयान दिया था। किशोरी लाल और प्रेमदत्त दोषियों को अन्य दोषियों के साथ दोषियों के कठघरे में देखकर शनाख्त किया था। मैं उनको अच्छी तरह जानता था। मुझे प्रेमदत्त के पिता का नाम लाला रामदत्त मालूम है। मैं किशोरी लाल के बाप को भी जानता हूँ, मगर नाम मालूम नहीं है।

23 जुलाई, 1930

गवाह नं. 191 : 'अराईं बिल्डिंग–गोली के छर्रे'

अब्दुल मजीद सुपुत्र शेख रहीम बख्श, आयु 45 वर्ष, राज मिस्त्री, लाहौर–अराईं बिल्डिंग की एक दीवार से इसने गोली के छर्रे निकाले थे।

23 जुलाई, 1930

गवाह नं. 192 : 'पुलिस–तफ्तीश'

गुलाम कादिर, सब–इंस्पेक्टर नं. सी–69, थाना तरनतारन, अमृतसर–औपचारिक।

23 जुलाई, 1930

गवाह नं. 193 : 'शनाख्त–तस्वीरों का प्रकाशन'

फिरोज चन्द सुपुत्र लाला ज्वाला सहाय, खत्री, आयु 30 वर्ष, सम्पादक *बंदे मातरम* लाहौर।

सुखदेव को वह अपने पूर्व–कर्मचारी के तौर पर जानता था; उसने अपने अखबार में भगत सिंह और बी.के. दत्त की तस्वीरें छापी थीं।

23 जुलाई, 1930

गवाह नं. 194 : 'किशोरी लाल सम्बन्धी'

आत्माराम सुपुत्र संत राम, जाति आर्य, उम्र 43 साल, (अब लाहौर कोर्ट क्लर्क), बॉम्बे साइकिल एंड मोटर कम्पनी, लाहौर–कुछ समय किशोरी लाल ने यहाँ कार्य किया था।

23 जुलाई, 1930

गवाह नं. 195 : 'कत्ल–कातिलों का लाहौर छोड़ना'

गुरदत्त सिंह सुपुत्र आत्मा सिंह, बुकिंग क्लर्क, एन.डब्ल्यू.आर.:–

25.12.1928 को मैं लाहौर स्टेशन पर ड्यूटी पर था। प्रदर्श पी.सी.एच., **वापसी यात्रा** पेपर टिकट बुक देखकर कहता हूँ कि इसमें वापसी पेपर टिकट्स की **काउंटर**

फाइल रहती है, जो प्रदर्श पी.सी.एच. है। पुलिस ने 1929 को आकर यह पुस्तक कब्जे में ले ली थी जिसकी **बरामदगी फर्द** प्रदर्श पी.सी.एच.-2 तैयार की थी। जिस पर मेरे हस्ताक्षर हैं।

25.12.1929 को साढ़े तीन टिकट थर्ड क्लास के जो क्रिसमिस कनसेशन के वापसी टिकट थे, वे मैंने लाहौर से मथुरा जंक्शन के लिए जारी किए थे। इस टिकट का नम्बर 069764 है जिस पर साढ़े तीन व्यक्तियों को सफर करने की इजाजत थी। ***प्रदर्श पी.सी.एच.-1*** काउंटर फाइल मेरे हाथ की लिखी हुई है और सही है। **[सुखदेव की टिप्पणी के लिए देखें गवाह नं. 114 का बयान, पृष्ठ 312—सम्पादक]**

23 जुलाई, 1930

गवाह नं. 196 : 'लोहे की जाली की बिक्री सम्बन्धी'

मुहम्मद रमजान सुपुत्र अहमद बख्श, उम्र 25 साल, व्यवसाय दुकानदारी (लाहौर हार्डवेयर मर्चेंट), वासी अनारकली, लाहौर—लगभग डेढ़ साल पहले उसने लोहे की जाली बेची थी।

23 जुलाई, 1930

गवाह नं. 197 : 'किरायेनामे सम्बन्धी रिकार्ड व शनाख्त'

रामसहाय सुपुत्र नगीना मल्ल, खत्री, 25, बरतन व्यापारी, मुगल बाजार, अमृतसर—इसका मकान सुखदेव ने सुन्दर दास, वासी फिरोजपुर के नाम से किराये पर लिया था। इस गवाह ने सुखदेव और दो-तीन दोषियों को अदालत में शनाख्त किया था। 26 जुलाई, 1930 को इसने इसका रिकार्ड पेश किया था।

23 जुलाई, 1930

गवाह नं. 198 : 'किरायेनामे सम्बन्धी'

पंडित हीरालाल सुपुत्र कखू राम, ब्राह्मण, आयु 41 वर्ष, होटल मालिक, अमृतसर। मालिक वैष्णो होटल, अमृतसर—पहली मंजिल पर एक कमरा कोई डेढ़ साल पहले एक काले रंग के गैर-पंजाबी युवक को किराये पर दिया था, जो तीन माह तक उसके पास रहा।

23 जुलाई, 1930

गवाह नं. 199 : 'डॉ. निगम व जयगोपाल की शनाख्त'

कालू राम सुपुत्र लाला माया मल्ल, अरोड़ा, उम्र 40 साल, दुकानदार, वासी फिरोजपुर:—

दो पौने दो साल हुए एक डॉक्टर जिसको डॉ. निगम कहा जाता था मेरे घर के करीब मोहल्ला शाहगंज में पाँच-छह महीने तक रहा था; जयगोपाल नाम का उसका नौकर उसके पास रहता था। उसके चले जाने के एक या डेढ़ महीने के बाद मैं सहारनपुर चला गया था। तो मैंने उस (डॉक्टर) को संयोग से वहाँ देखा। लगभग डेढ़ साल पहले जब मैं सहारनपुर गया था तो वह बाजार में खड़ा था, तो उसने मुझे पहचान लिया और

मुझको नमस्ते की। वह मोटर में जा रहा था। **मोटर एक मिनट रास्ते में रुकी तब उसने मुझे नमस्ते की थी।**

मेरा बयान विशेष मजिस्ट्रेट, लाहौर की अदालत में हुआ था। मैंने वहाँ डॉ. निगम को अन्य दोषियों में बैठे हुए शनाख्त किया था। एक और व्यक्ति को उन्हीं दोषियों में शनाख्त किया था। यह व्यक्ति वह था जिसे डॉ. निगम की दुकान पर बैठे देखा था।

मैंने लाहौर किले की शनाख्त परेड में भी डॉ. निगम को पहचाना था और एक शनाख्त परेड में जो फिरोजपुर में हुई थी उसमें उस व्यक्ति को पहचाना था जो डॉ. निगम की दुकान पर काम करता था। मैं उस व्यक्ति वादामाफ जयगोपाल को देख रहा हूँ। यह जयगोपाल है और यही वह व्यक्ति है जो डॉ. निगम की दुकान पर काम करता था और जिसको 'गोपाल' कहते थे।

23 जुलाई, 1930

गवाह नं. 200 : 'शनाख्तें'

दीवान चन्द सुपुत्र मोती राम, जाति खत्री, आयु 55 वर्ष, व्यवसाय **जमींदारी**, वासी फिरोजपुर:–

कोई पौने दो साल हुए एक डॉक्टर मोहल्ला शाहगंज में रहता था, जिनकी दुकान के बोर्ड पर डॉ. इ.एस. निगम **ड्रगिस्ट एंड केमिस्ट** लिखा हुआ था। उसकी दुकान मेरी दुकान के करीब थी। उसके पास एक नौकर जयगोपाल था।

जब वह डॉक्टर मेरे पास के मकान में आया तो उससे दो-तीन दिन बाद एक व्यक्ति जयगोपाल नामक मेरे पास आया था। वह सिर से नंगा और नंगे पाँव था। उसने कहा कि मैं गरीब ब्राह्मण का लड़का हूँ, कोई नौकरी दो। मैंने कहा कि डॉक्टर ने मुझे कहा था कि उसको एक व्यक्ति की जरूरत है तुम उसके पास चले जाओ। [**नोट : यह कुछ, डॉ. गया प्रसाद और जयगोपाल की आपसी साँठ-गाँठ अनुसार ही हो रहा था, ताकि जयगोपाल को सभी लोग 'नौकर' ही समझें, नहीं तो कई शंकाएँ पैदा हो सकती थी–सम्पादक**] मैंने अपनी बैठक से ही उस दुकान के डॉक्टर को इशारा कर दिया। वह वहाँ चला गया। मैं उस व्यक्ति जयगोपाल वादामाफ गवाह को देखता हूँ। यह वही व्यक्ति जयगोपाल है जो मेरे पास आया था और डॉ. निगम के पास नौकर लगा था। ऊपर का मकान भी डॉ. निगम के पास था। नीचे उसकी डिस्पेंसरी और ऊपर रिहायश थी। मैं दो-तीन बार उस डॉक्टर के मकान पर गया। कोई दवाई वगैरा लेने गया था। जब कभी मैंने आवाज दी तो उसने जवाब दिया था कि **नीचे ठहरो मैं आता हूँ। जब भी कोई उसको पुकारता था तो वह उसको ऐसा ही कहा करता था**। इस मकान पर कई व्यक्ति डॉ. निगम को मिलने आया करते थे। ये लोग जिनका मैं जिक्र कर रहा हूँ, वो डिस्पेंसरी में आने-जाने वाले नहीं थे; बल्कि वे थे जिनको **वह ऊपर बुला लेता था** और वे वहीं रहते थे। एक व्यक्ति जिसको डॉ. निगम **भाई साहब भाई साहब** पुकारते थे, वह भी उसके पास आकर ठहरा था। वह एक महीना भर रहा था और बीमार हो गया था।

16.4.1930 को मेरा बयान विशेष मजिस्ट्रेट साहब की अदालत में हुआ था। वहाँ मैंने डॉक्टर निगम, जिस व्यक्ति को भाई साहब कहते थे, पहचाना था और उसके अलावा तीन अन्य व्यक्ति भी शनाख्त किए थे। ये वे व्यक्ति थे, जो उसके पास आते-जाते थे और ठहरते थे। ये व्यक्ति जब पहले मेरे पास आए तो उन्होंने पूछा था कि डॉ. निगम का मकान कौन सा है? वे इकट्ठे नहीं आते थे। एक-एक करके कभी-कभी आते थे। तब वे डॉक्टर निगम का मकान मुझसे पूछते थे। उन तीनों व्यक्तियों में से एक **भगत सिंह** और एक **सुखदेव** था। उनके ये नाम मुझे बाद में मालूम हुए थे। एक और व्यक्ति को भी मैंने पहचाना था, जिसका नाम अब मुझे याद नहीं है। मैंने जयगोपाल को भी पहचाना था। किला लाहौर की शनाख्त परेड में मैंने डॉक्टर निगम और जयगोपाल को पहचाना था। दूसरी शनाख्त परेड जो बोरस्टल जेल में हुई थी। वहाँ मैंने **भाई साहब [शिव वर्मा–सम्पादक]** को शनाख्त किया था और सुखदेव को भी शनाख्त किया था।

मियाँवाली जेल की शनाख्त परेड में भगत सिंह को शनाख्त किया था। जिसका नाम बाद में मालूम हुआ था। कोतवाली लाहौर की शनाख्त परेड में एक और व्यक्ति को शनाख्त किया था जिसको **बच्चू बच्चू [विजय कुमार सिन्हा–सम्पादक]** कहते थे।

जिला लाहौर शनाख्त परेड में मैंने एक और व्यक्ति को शनाख्त किया था।

23 जुलाई, 1930

गवाह नं. 201 : 'लाहौर–होटल'

मेहर चन्द सुपुत्र गंगाराम, मेहरा, आयु 35-36 वर्ष, तंदूरवाला, पुरानी अनारकली, लाहौर–औपचारिक।

24 जुलाई, 1930

गवाह नं. 202 : 'लाहौर–होटल'

गंगाराम सुपुत्र कालू, मेहरा, आयु 32-34 वर्ष, नानबाई, पुरानी अनारकली, लाहौर–औपचारिक।

24 जुलाई, 1930

गवाह नं. 203 : 'तलाशी'

पंडित बृजभूषण लाल, विशेष मजिस्ट्रेट, सहारनपुर–औपचारिक।

24 जुलाई, 1930

गवाह नं. 204 : 'शनाख्तें'

खान साहब रहमान बख्श कादरी, मजिस्ट्रेट, इलाहाबाद **[सुखदेव : एक अच्छा मजिस्ट्रेट]**–औपचारिक।

24 जुलाई, 1930

गवाह नं. 205 : 'दस्तावेज–अधूरी शनाख्तें'

मुन्ना लाल सुपुत्र बलदेव प्रसाद, जाति अग्रवाल, उम्र 32 साल, वासी देहरादून, व्यवसाय जमींदारी, मालिक मकान बयान किया:–

देहरादून में मेरा एक होटल है, जिसका नाम 'कोरोनेशन होटल' है; होटल के पीछे कुछ कमरे हैं, जो मैं मुसाफिरों को किराये पर देता हूँ। जिस मोहल्ले में वह कमरे हैं, उस मोहल्ले का नाम 'विक्टोरिया होटल' है। मैंने एक कमरा 12.4.29 को राम नारायण **[जयदेव कपूर–सम्पादक]** को किराये पर दिया। **रसीद बुक *प्रदर्श पी.ए.जे.*** मौजूदा अदालत देखकर यह बयान देता हूँ कि उसके पर्ण नम्बर 90 पर उससे सम्बन्धित एंट्री है, जो एक महीने के लिए उसने किराये पर लिया था। यह एंट्री मेरे हस्तलिखित है। जब किराया लिया गया उस समय रसीद तैयार करके दी थी। उसके साथ की परत किरायेदार को दी थी और एक परत उस रसीद बुक में मौजूद है। एक और आदमी भी वहाँ एक महीना रहा था **[शिव वर्मा–सम्पादक]**

मैंने विशेष मजिस्ट्रेट साहब की अदालत में वही दो व्यक्ति शनाख्त किए थे जब मैं वहाँ गवाही देने गया था। वह दोषियों के कठघरे में बैठे थे। मुझे उस समय अदालत में उन दोनों के नाम मालूम नहीं हुए। मैंने एक या दो बार, दोनों को किला लाहौर की शनाख्त परेड में शनाख्त किया था।

24 जुलाई, 1930

गवाह नं. 206 : 'शनाख्तें'

अब्दुल जलील सुपुत्र मुश्ताक अहमद, शेख, आयु 33/34 वर्ष, लकड़ी व्यापारी, मोहल्ला चोब फरोशाँ, सहारनपुर–मुहम्मद हनीफ का दुहराव।

25 जुलाई, 1930

गवाह नं. 207 : 'शनाख्तें'

मुहम्मद हनीफ सुपुत्र हाफिज अब्दुल करीम, जाति शेख, उम्र 28 साल, **कपड़ा व्यापारी**, मोहल्ला चोब फरोशाँ, सहारनपुर:–

मेरा रिहायशी मकान मोहल्ला चोब फरोशाँ में है; और मेरी कपड़े की दुकान तेहास बाजार में है। मैं मकान किराये पर भी दिया करता हूँ। कोई सवा साल हुआ कि 2 अप्रैल को एक व्यक्ति जो अपने आपको डॉक्टर कहता था और एक दूसरा व्यक्ति जिसको वह अपना भाई बताता था, मेरे पास आए और मेरा मकान किराये पर लिया। मेरा वह मकान मोहल्ला चोब फरोशाँ में ही है, और मेरे रिहायशी मकान से 25 कदम के फासले पर है। बारह रुपए किराया तय हुआ था। एक महीना ग्यारह दिन वह इस मकान में रहे थे। जब वह वहाँ रहते थे तो मैं उन दोनों के साथ एक तीसरे व्यक्ति को भी एक दो बार देखा था, मगर मैं उसको शनाख्त नहीं कर सका। मेरा बयान अदालत विशेष मजिस्ट्रेट में हुआ था। मैंने दोषियों के कठघरे में दोनों व्यक्तियों को जो अन्य दोषियों के साथ बैठे थे, शनाख्त किया था।

सहारनपुर की कोतवाली में एक शनाख्त परेड हुई थी, और मैंने कादरी साहब मजिस्ट्रेट के सामने भी उन दोनों व्यक्तियों को शनाख्त किया था।

25 जुलाई, 1930

गवाह नं. 208 : 'शनाख्तें'

अनवार-उल्ल हक सुपुत्र इनामुलहक, जाति शेख, आयु 19 वर्ष, व्यवसाय नौकरी, वासी सहारनपुर–औपचारिक।

25 जुलाई, 1930

गवाह नं. 209 : 'शनाख्तें'

जिया-उल्ल हक सुपुत्र इनामुलहक, शेख, आयु 33 वर्ष, खेतीबाड़ी, मोहल्ला चोब फरोशाँ, सहारनपुर–औपचारिक।

25 जुलाई, 1930

गवाह नं. 210 : 'शनाख्तें'

अकबर अली सुपुत्र मुहम्मद यूनस, शेख, आयु 33 वर्ष, काश्तकार, मोहल्ला चोब फरोशाँ, सहारनपुर–औपचारिक।

25 जुलाई, 1930

गवाह नं. 211 : 'शनाख्तें'

मुहम्मद रशीद सुपुत्र शेख अब्दुल गनी, आयु 40 वर्ष, दुकानदार–औपचारिक।

25 जुलाई, 1930

गवाह नं. 212 : 'शनाख्तें'

मोहम्मद हनीफ सुपुत्र खुदा बख्श, शेख, आयु 30 वर्ष, दर्जी, मोहल्ला चोब फरोशाँ, सहारनपुर–औपचारिक।

25 जुलाई, 1930

गवाह नं. 213 : 'शनाख्तें'

भगीरथ सुपुत्र नन्दा, खाकरोब, आयु 25-26 वर्ष, सहारनपुरः–

यह घर की सफाई किया करता था; गवाह नं. 207 की गवाही को दुहराया।

25 जुलाई, 1930

गवाह नं. 214 : 'शनाख्तें'

आशाराम सुपुत्र आत्माराम, धोबी, आयु 20 वर्ष, सहारनपुर–औपचारिक।

25 जुलाई, 1930

गवाह नं. 215 : 'शनाख्तें'

प्यारेलाल सुपुत्र कुन्दन लाल, अग्रवाल, आयु 40 वर्ष, दुकानदार, सहारनपुर–औपचारिक।

25 जुलाई, 1930

गवाह नं. 216 : 'शनाख्तें'

टेकचन्द सुपुत्र बन्नू मल्ल, अग्रवाल, सराफ, आयु 22 वर्ष, सहारनपुर–औपचारिक।

25 जुलाई, 1930

गवाह नं. 217 : 'मनी ऑर्डर सम्बन्धी जानकारी'

मुहम्मद असलूब सुपुत्र महबूब खान, राजपूत, आयु 24 वर्ष, डाकिया, सहारनपुर–औपचारिक।

25 जुलाई, 1930

गवाह नं. 218 : 'शनाख्तें'

फूल चन्द, सरकारी वकील, सहारनपुर–औपचारिक।

25 जुलाई, 1930

गवाह नं. 219 : 'जयगोपाल से मित्रता सम्बन्धी'

बंसीलाल सुपुत्र कृपाराम, खत्री, आयु 19 वर्ष, क्लर्क, करंसी दफ्तर, लाहौर–जयगोपाल से अपने सम्बन्धों के बारे में बताया।

25 जुलाई, 1930

गवाह नं. 220 : 'एफ.आई.आर. सम्बन्धी'

अब्दुल मजीद खान, हेड कांस्टेबल नम्बर 25, अब रुड़की:–

मैं मई 1929 में सहारनपुर कोतवाली में हेड कांस्टेबल नियुक्त हुआ था।

मैं मौजूदा अदालत में **रोजनामचा *प्रदर्श पी.ए.टी.*** रपट नम्बर 68 दिनांक 13.5.29 देख रहा हूँ। एंट्री नम्बर 68 मिस्टर जोशी डी.एस.पी. ने मेरे सामने उसमें की थी। वह नियमित रिपोर्ट है, जो मिस्टर जोशी साहब के आदेश के अनुसार मैंने अपनी कलम से लिखी थी, जब वह 13.5.29 को वापस कोतवाली में आए थे। यह सही है।

एंट्री नं. 69 उसी रोजनामचे में सब–इंस्पेक्टर रघुबीर सिंह के हाथ की है और उस पर 13.5.29 की तारीख है।

25.7.1930

गवाह नं. 221 : 'नक्शा–डी.एस.पी. के निर्देशानुसार'

तुफैल अहमद सुपुत्र हबीब अहमद, जाति शेख, उम्र 34–35 वर्ष, नक्शा नवीस, वासी सहारनपुर:–

जो नक्शा मैंने तैयार किया था वह मकान मोहल्ला चोब फरोशाँ का है, जिस मकान से बम बरामद हुए थे। इस मोहल्ले का नाम 'कोट ताले' भी है। यह मौके के मुताबिक दुरुस्त है, और स्केल के अनुसार है, चार फुट फी इंच के हिसाब से यह नक्शा मैंने मिस्टर जोशी डी.एस.पी. की हिदायत के मुताबिक तैयार किया था।

अदालत के सवाल के जवाब में : जो गोल से निशान चिन्ह नम्बर 4 नक्शे में दिए हैं, वह मौका है, जहाँ फर्श पर कुछ जर्द रंग का मसाला लगा हुआ था। **डी.एस.पी.**

साहब ने कहा था कि यहाँ निशान बनाओ, जो मैंने बना दिए। मैंने खुद वह जर्दी मायल मसाला देखा। यह नक्शा मैंने 13.5.1929 को बनाया था।

25 जुलाई, 1930

गवाह नं. 222 : 'तलाशी–बरामदगी का गवाह'

इरसाद अहमद सुपुत्र हाफिज मुश्ताक अहमद, शेख, आयु 34–35 वर्ष, जमींदार, मोहल्ला चोब फरोशाँ, सहारनपुर–13.5.30 वाली पुलिस तलाशी में बरामदगी का गवाह।

25 जुलाई, 1930

गवाह नं. 223 : 'प्रकाशन–हंसराज वोहरा'

रामचन्द सुपुत्र लाला हीरालाल, जाति खत्री, उम्र 28 साल, वासी लाहौर, मालिक, 'अल्बर्ट प्रेस', लाहौर:–

मैं हंसराज वोहरा को जानता हूँ। उसने हमारी प्रेस से बतौर सचिव, स्टूडेंट्स यूनियन, लाहौर के कुछ पर्चे छपवाए थे। उसने 'ग्रेट थॉट ऑफ लाला लाजपत राय' नामक पम्फलेट की 1000 कापियाँ नवम्बर 1928 में छपवाई थीं, वे कापियाँ 26 या 27 नवम्बर को तैयार की गई थीं, जो वह ले गया; जिसका 30 नवम्बर को मैंने बिल तैयार किया। ***प्रदर्श पी.डी.जे.*** **मेरे रजिस्टर के सम्बन्धित एंट्री की सही नकल है। असली रजिस्टर आज मैं अदालत में लाया हूँ।**

इसके बाद दिसम्बर 1928 में मैंने 3000 कापियाँ एक *'न्यू ऐयर प्रेयर'* की उसी स्टूडेंट्स यूनियन के आर्डर के अनुसार छापी थी, और हंसराज वोहरा को दी थी। ***प्रदर्श पी.डी.जे.-1 मेरे रजिस्टर में से एंट्री की सही नकल है।***

25 जुलाई, 1930

गवाह नं. 224 : 'शनाख्तें–सुखदेव, प्रेमदत्त व किशोरी लाल'

प्राणनाथ सुपुत्र हरीचन्द, जाति खत्री, उम्र 22 साल, वासी लाहौर, शिष्य (चतुर्थ वर्ष) डी.ए.वी. कॉलेज, लाहौर:–

मैं 1927 में कॉलेज में दाखिल हुआ था, और कॉलेज के बोर्डिंग हाउस में रहता था। जनवरी 1928 में गुरुदत्त भवन में रहने चला गया; किशोरी लाल व प्रेमदत्त भी वहीं रहे थे। मैं और कुछ विद्यार्थी कभी-कभी किशोरी लाल के कमरे में उसको मिलने जाया करते थे, क्योंकि प्रेमदत्त का और किशोरी लाल का कमरा साथ-साथ था। प्रेमदत्त भी किशोरी लाल के कमरे में मौजूद होता था। राजनीति और दूसरी बातों पर चर्चा होती रहती थी। किशोरी लाल और प्रेमदत्त दोनों कहा करते थे कि हम सबको मुल्क की सेवा करनी चाहिए। किशोरी लाल ने मुझको एक–दो पुस्तकें इस विषय पर पढ़ने को दीं। एक पुस्तक हिन्दी में *'चिंगारियाँ'* थी। इसमें इंकलाबी कहानियाँ थीं। किशोरी लाल खुद 1928 में गुरुदत्त भवन में छोड़ गया था। उसने जाते समय मुझसे कमीज माँगी थी, जो मैंने दी थी। मैंने पूछा, 'कहाँ जा रहे हो?' उसने कहा, 'किसी काम से जा रहा हूँ।'

महीने-डेढ़ महीने बाद किशोरी लाल कभी-कभी अपने दोस्तों को मिलने गुरुदत्त भवन में आया करता था। दिसम्बर 1928 में एक दिन लाहौर में 'काकोरी दिवस' मनाया

गया था। दयाल नाम का एक व्यक्ति कहने आया था कि काकोरी दिवस पर जाना है। बाद में मालूम हुआ, कि उस व्यक्ति का असली नाम सुखदेव था।

मैं ब्राडलौघ हाल में उस दिन गया था। प्रेमदत्त भी मेरे साथ गया था। प्रेमदत्त 1929 में गुरुदत्त भवन से चला गया था। किशोरी लाल ने मुझको कहा कि उसकी चिट्ठियाँ आया करेंगी, तो मैं ले लिया करूँ। एक पार्सल भी असेंबली बम वाली घटना के बाद किशोरी लाल के नाम मेरी मारफत आया था। वह पार्सल मुझसे दयाल आकर ले गया था, जिसका जिक्र पहले किया था। मुझको किशोरी लाल ने कह दिया था कि पार्सल के लिए वह स्वयं आ जाएगा, या दयाल आया करेगा तो उसको दे देना।

जब अप्रैल 1929 में प्रेमदत्त गुरुदत्त भवन में आया था तो उससे मुझे मालूम हुआ कि जो पार्सल मुझसे दयाल ले गया था, उसमें भगत सिंह और दत्त की तस्वीरें थीं। उससे मुझे मालूम हुआ कि भगत सिंह और दत्त वे ही थे, जिनका सम्बन्ध असेम्बली बम के मुकदमे से था। प्रेमदत्त ने कुछ पुस्तकें दी थीं कि मैं उसके घर गुजरात पहुँचा दूँ। मेरा अपना घर भी गुजरात जिले में ही है। मुझे अपने घर जाते समय गुजरात शहर से गुजरकर जाना था। ये पुस्तकें मेरे गाँव कादिराबाद में अभी मेरे पास ही थीं कि पुलिस वहाँ मेरे पास आई और उसने मुझसे पूछा तो मैंने पुस्तकें पुलिस के हवाले कर दीं। बरामदी के दस्तावेज बनाए गए थे, जिन पर मेरे हस्ताक्षर हैं।

वे ***प्रदर्श पी.ओ.डी. व प्रदर्श पी.ओ.डी.-1*** हैं। बोरस्टल जेल में एक परेड शनाख्त 26 जून, 1929 के करीब हुई थी, जिसमें मैंने **किशोरी लाल और सुखदेव उर्फ दयाल** को शनाख्त किया था। प्रेमदत्त इस परेड में मौजूद नहीं था। परसों मैं फिर शनाख्त के लिए बोरस्टल जेल गया था। मैंने किशोरी लाल, सुखदेव और प्रेमदत्त तीनों को जेल सुपरिंटेंडेंट की मौजूदगी में शनाख्त किया था।

26 जुलाई, 1930

गवाह नं. 225 : 'सहारनपुर–तलाशी व बरामदगियाँ'

शब्बीर हुसैन सब-इंस्पेक्टर, पुलिस, (अब लुक्सर)–औपचारिक।

26 जुलाई, 1930

गवाह नं. 226 : 'तलाशी–बरामदगियाँ'

बंदे हुसैन, सब-इंस्पेक्टर, पुलिस, कोतवाली, सहानपुर–औपचारिक।

26 जुलाई, 1930

गवाह नं. 227 : 'तलाशी–बरामदगियाँ'

जफर हसन खाँ, सब-इंस्पेक्टर पुलिस, नागल, जिला बिजनौर:–

मैं मई 1929 में सहारनपुर में नियुक्त था। जब मैं मौके पर पहुँचा तो मोहल्ला चोब फरोशाँ में स्थित की तलाशी हो रही थी; दो दोषी गिरफ्तार हो चुके थे। तलाशी में, मैं भी शामिल हुआ।

बाकी चीजों के अतिरिक्त कुछ भरे हुए बम, कुछ खाली बम, कुछ बम बनाने का मसाला, केमिकल्स, रिवाल्वर, पुस्तकें, बरतन, कपड़े आदि तलाशी में बरामद हुए

थे। कुछ और औजार, खोखरी और खंजर भी बरामद हुए थे। जो कागजात और पुस्तकें बरामद हुई थीं, इनकी सूची मैंने बनाई थी। वह फर्द ***प्रदर्श पी.ए.ओ.-1*** है। यह मेरी हस्तलिखित है और सही है।

गुलाबी रंग के कागजों का बंडल, जो पोस्टर थे, और जो मैं अदालत में देखता हूँ, वह भी उस मकान में तलाशी के दौरान बरामद हुआ था। *प्रदर्श पी-442* इस बंडल पर हिन्दुस्तान सोशलिस्ट रिपब्लिकन आर्मी लिखा हुआ है।

***प्रदर्श पी.ए.के.-7, प्रदर्श पी.ए.के.-8* कागजात** भी वहाँ ही मिले थे। ये भी उन छोटे-बड़े 84 कागजों में थे, जिनका जिक्र मेरी सूची में है, और जिन पर मैंने कादरी साहब के हस्ताक्षर कराए थे।

प्रदर्श पी.ए.के.-18, प्रदर्श पी.ए.के.-19, प्रदर्श पी.ए.के.-20 भी मकान में से बरामद हुए थे और जो मेरी सूची में भी दर्ज हैं; उन पर भी कादरी साहब मजिस्ट्रेट के हस्ताक्षर कराए थे। दो गवाहों के हस्ताक्षर भी कराए थे, जो तलाशी के वक्त मौजूद थे।

जिन पुस्तकों की मैंने सूची बनाई थी वे इस तरह थीं:–

प्रदर्श पी-357–रिफार्म या रेवोल्यूशन
प्रदर्श पी-360–कमिंग ऑफ सोस्लिजम
प्रदर्श पी-361-1–अपील अनटू जार
प्रदर्श पी-362–थियोरी एंड प्रैक्टिस ऑफ लेनिनिज्म
प्रदर्श पी-365–इंडिया एंड द नेक्सट वार
प्रदर्श पी-367–एंड नाऊ फार पॉवर
प्रदर्श पी-371–द अवेकनिंग ऑफ इंडिया यूथ्स
प्रदर्श पी-364–द मैनुफैक्चर एंड यूज्स ऑफ एक्सप्लोसिवस
प्रदर्श पी-379–इज इंडिया सिविलाइड?
प्रदर्श पी-401–मॉर्डन ब्रीच लोड
प्रदर्श पी-402–स्वाधीनता के पुजारी
प्रदर्श पी-498–गांधी वर्सिस लेनिन
प्रदर्श पी-426–द पाथ टू फ्रीडम
प्रदर्श पी-431–सुरख कागज के बंडल
प्रदर्श पी.ए.इ.-3–जख्मी पंजाब
प्रदर्श पी.ए.इ.-2–सुल्ताना डाकू
प्रदर्श पी.ए.इ.-4–हैरत अंग्रेज जासूसी नावल
प्रदर्श पी.ए.इ.-1–पृथ्वी आधार

ये सब पुस्तकें मेरी सूची में शामिल हैं और मैं इनको शनाख्त करता हूँ।

मैंने विशेष मजिस्ट्रेट साहब की अदालत में उन दो व्यक्तियों को शनाख्त किया था, जो उस दिन उस मकान चोब फरोशाँ में गिरफ्तार हुए थे।

26 जुलाई, 1930

गवाह नं. 228 : 'तलाशी–बरामदगियाँ का गवाह'

शेर अली सुपुत्र रमजान अली, जाति शेख, उम्र 73 वर्ष, व्यवसाय जमींदारी व सौदागरी, वासी सहारनपुरः–

औपचारिक।

26 जुलाई, 1930

गवाह नं. 229 : 'छापा–गिरफ्तारियाँ–बरामदगियाँ'

मुहम्मद यासीन, नायक, पुलिस नं. 18, आयु 30 वर्ष, चौकी कटेहरा पहला, सहारनपुर। 13.5.30 को इसने गवाह नं 19 चौधरी रघुबीर सिंह के अधीन ड्यूटी निभाई।

26 जुलाई, 1930

गवाह नं. 230 : 'छापा–गिरफ्तारियाँ–बरामदगियाँ'

पंडित मथुरा दत्त जोशी, डी.एस.पी. सहारनपुरः–

13.5.1929 को मैं एक पुलिस की टुकड़ी लेकर मोहल्ला चोब फरोशाँ में एक मकान पर छापा मारने गया। चौधरी रघबीर सिंह सब–इंस्पेक्टर कोतवाली ने मुझको सूचना दी थी कि मोहल्ला चौब फरोशाँ में कुछ संदिग्ध व्यक्ति रह रहे हैं।

जिस शाम को मुझको ये समाचार मिला था उसकी दूसरी **सुबह को कोई साढ़े पाँच बजे** अपने साथ पुलिस के कांस्टेबल और नायक, हथियार लेकर लारी में कोतवाली गया। वहाँ सब–इंस्पेक्टर शबीर हुसैन, बंदे हसन, और चौधरी रघबीर सिंह को भी साथ ले गया, और मुहम्मद यासीन नायक को चौकी कटेहरा पहला से बुला लिया। इस सम्बन्ध में मैंने अपने जाने की एंट्री कोतवाली के रोजनामचे में दर्ज की जो ***प्रदर्श पी.ए.पी.***, लिखित नम्बर 68 मेरी हस्तलिखित है, जो अंग्रेजी में है।

वहाँ पहुँचकर हमने दरवाजा बंद पाया, और दरवाजा खटखटाने पर एक व्यक्ति ने दरवाजा खोला, जिसका नाम बाद में, शिव वर्मा मालूम हुआ। अन्दर जाने पर एक दूसरा व्यक्ति मौजूद पाया, जिसका नाम बाद में जयदेव मालूम हुआ। मकान की तलाशी ली गई। दूसरी चीजों के अतिरिक्त वहाँ से **छह भरे हुए बम, तीन खाली बम शेल, तीन रिवाल्वर बहुत सी बारूद की टोपियाँ, फोटोग्राफ्स, कुछ कारतूस, केमिकल, कुछ और चीजें, स्टेथेस्कोप कुछ पुस्तकें, कुछ बरतन, कुछ कपड़े, वगैरा बरामद हुए थे।** इन सबकी तीन अलग सूचियाँ तैयार की गई थीं। मैंने उन पर अपने हस्ताक्षर किए; और गवाहों के भी हस्ताक्षर कराए। एक गवाह शेर अली था। दूसरा इरशाद अहमद था। उनके भी हस्ताक्षर कराए। ***प्रदर्श पी.ए.एल., प्रदर्श पी.ए.एन., प्रदर्श पी.ए.ओ.* वे तीनों सूचियाँ हैं, जिन पर मेरे हस्ताक्षर हैं। ये सही तौर पर तैयार की गई थीं।** ग्यारह बक्स, दो घड़े और एक ठलीया (घड़ीया) थे। मैंने ये, सब–इंस्पेक्टर रघबीर सिंह के हवाले कर दिए कि वे कोतवाली ले जाए। मिस्टर कादरी मजिस्ट्रेट, प्रथम श्रेणी, उस दिन आ गए थे और कुछ चीजों पर अर्थात् कुछ चीजों, पुस्तकों और कागजों पर उनके भी हस्ताक्षर कराए गए थे।

मैंने उसी दिन वहीं शिव वर्मा और जयदेव को गिरफ्तार कर लिया था। उस दिन थोड़ी देर के लिए डिस्ट्रिक्ट मजिस्ट्रेट साहब भी आए थे। मैंने उस दिन पिछले पहर

कोतवाली में जाकर **एफ.आई.आर.** (शुरुआती रिपोर्ट) ***प्रदर्श पी.ए.पी.-1*** लिखवाई थी। जिस पर मेरे हस्ताक्षर हैं।

मैंने उस मकान पर पहरा लगाने का हुक्म दे दिया था, ताकि जब तीसरा व्यक्ति, जो इन दोनों का साथी होना बयान होता था, आए तो गिरफ्तार कर लिया जाए।

दूसरे दिन कोतवाली के मालखाना में कादरी साहब ने यह बक्स वगैरह खोले तो उस समय भी मैं मौजूद था। चूँकि मिस्टर पील, असिसटेंट डी.आई.जी. पुलिस सी.आई.डी. बरामद की गई चीजों को देखना चाहते थे, इसलिए उनको ये चीजें दिखलाई गई थीं। जो मोहरें मैंने पहले दिन लगवाकर चीजें कोतवाली में भेजी थीं, वो मोहरें सही तौर पर मौजूद थीं, कादरी साहब की मौजूदगी में तोड़ी गई थीं। मैं **आठ बम शेल**, ***प्रदर्श पी-89*** से ***प्रदर्श पी-96*** मौजूदा अदालत में शनाख्त करता हूँ, जो वहाँ बरामद हुए थे। **तीन रिवाल्वर** मौजूदा अदालत में ***प्रदर्श पी-200, प्रदर्श पी-201, प्रदर्श पी-202*** शनाख्त करता हूँ। **प्याजी पोस्टरों का बंडल *प्रदर्श पी-442*** भी शनाख्त करता हूँ।

मैं ***प्रदर्श पी-718*** **स्टेथेस्कोप** को भी शनाख्त करता हूँ। पुस्तकों में से एक पुस्तक **'बंदी जीवन'** भी बरामद हुई थी जो अदालत में मौजूद है, ***प्रदर्श पी-419*** है, और पुस्तक प्र***दर्श पी-364*** **'मैनुफैक्चर एंड यूज्स ऑफ एक्सप्लासिवस' थी।**

कुकरी *प्रदर्श पी-467* भी वही से निकली थी।

केमिकल चीजें एक बॉक्स में थीं। जो ***प्रदर्श पी-207*** है। मैंने इस बक्स को उस समय खोलकर देखा था, मगर कोई चीज उसमें से नहीं निकाली थी।

26 जुलाई, 1930

गवाह नं. 231 : 'निशानदेही-तफ्तीश-शनाख्तें'

सरदार गोपाल सिंह, डी.सी.पी., **[भगत सिंह की नंगे सिर, चारपाई पर बैठे हुए की फोटो में साथ कुर्सी पर बैठा हुआ यही पुलिस अफसर है-सम्पादक]** डेरा गाजी खाँ का बयान:-

मैंने इस केस की तफ्तीश में हिस्सा लिया था। मैंने बावर्ची लड़कों की एक शनाख्त परेड कराई, जिसमें उनको जयगोपाल ने शनाख्त करना था। छह अन्य व्यक्तियों के साथ मिलखी राम व रुलिया (बावर्ची लड़के) को बिठाया गया, वे व्यक्ति इन्हीं की उम्र के थे।

जयगोपाल ने इन दोनों लड़कों को शनाख्त किया। **याददाश्त *प्रदर्श पी.इ.बी.***, जो मैंने सही तौर पर तैयार की थी, मेरी लिखी हुई है और सही है।

दिनांक 10.5.1929 **[सुखदेव : सहारनपुर वाले मकान पर धावा 13 मई, 1929 को पड़ा था]** को किला लाहौर में यह परेड कराई गई थीं। इस फर्द पर जयगोपाल के हस्ताक्षर हैं। और मिलखी राम और रुलिया के अँगूठे के निशान हैं।

मैं ***प्रदर्श पी.इ.बी. 1, प्रदर्श पी.एफ.बी. 2*** **दो चिट्ठियाँ** अदालत में देख रहा हूँ। यह मेरी मौजूदगी में विजय कुमार सिन्हा ने 13.8.29 को लिखी थीं। एक पुलिस सुपरिंटेंडेंट, 'लाहौर कांस्पीरेसी केस' और दूसरी सेक्रेटरी, 'डिफेंस कमेटी' के नाम हैं। ये दोनों एक लिफाफे में थीं, जिसके ऊपर अंग्रेजी लिखित बी.के. सिन्हा की है, जो उसने मेरे सामने लिखी थी, यह **लिफाफा *प्रदर्श पी.इ.बी. 3*** है।

जिस समय सुखदेव मुल्जिम गिरफ्तार हुआ उस समय उससे पूछताछ का कार्य करना मुझे सौंपा गया था। वो 15.4.1929 को गिरफ्तार हुआ था। मैंने 18 अप्रैल को उससे पूछताछ शुरू की थी; और जिमनी देख कर बतलाता हूँ कि मैंने 22 को इसका बयान लिया जिसमें वह **मेरे सवालों का जवाब देता गया, और मेरे अधीन एक इंस्पेक्टर मेरी निगरानी में लिखता रहा।**

सुखदेव ने मुझको यह सूचना दी कि उसकी पार्टी ने आगरा में तीन मकान किराये पर ले रखे थे। एक नाई की मंडी में, दूसरा हींग की मंडी में और तीसरा गुड़ की मंडी में। और यह कि हींग की मंडी वाला मकान बम बनाने के लिए किराये पर लिया था। यह सूचना उसने लाहौर में दी थी। मैं 1.5.1929 को उसके साथ आगरा गया, और वहाँ रात को एक और दो बजे के दरमियान पहुँचा। मिस्टर पील मुझे स्टेशन पर मिले। और सुखदेव ने उस समय हम दोनों को साथ ले जाकर तीनों मकानों की निशानदेही कर दी। पील साहब ने अपने व्यक्ति उन तीनों मकानों पर नियुक्त कर दिए, लेकिन जब उन्होंने दूसरे दिन मकानों की तलाशियाँ लीं तो उनके साथ मैं नहीं था।

26 जुलाई, 1930

गवाह नं. 232 : 'कत्ल स्थल का चश्मदीद गवाह'

आफताब अहमद सुपुत्र शेख गुलाम गौस, आयु 19 वर्ष, विद्यार्थी, पाँचवाँ साल, सरकारी कॉलेज, लाहौर:–

गवाह नं. 48 अता मोहम्मद के बयान को दुहराया।

28 जुलाई, 1930

गवाह नं. 233 : 'शनाख्तें व तलाशी'

मिर्जा वली बख्श, सिटी मजिस्ट्रेट, आगरा कोतवाली में वादामाफ गवाह 6, ललित मुखर्जी द्वारा शनाख्तें कराईं, और हींग की मंडी वाले मकान की तलाशी ली।

28 जुलाई, 1930

गवाह नं. 234 : 'शनाख्तें'

छन्ना मल्ल सुपुत्र प्रिय दास, आयु 35 वर्ष, हलवाई तथा साहूकार, आगरा–डेढ़ साल पहले **अमीरचन्द** ने नूरी दरवाजा में स्थित एक मकान किराये पर लिया, जिसमें वह तीन महीने रहा, जिसको उसने शनाख्त भी किया था।

28 जुलाई, 1930

गवाह नं. 235 : 'शनाख्त–डॉ. गया प्रसाद'

घासीराम सुपुत्र चत्रीराम, बनिया, आयु 40 वर्ष, दुकानदार, नूरी गेट, आगरा।

वह मकान की निचली (जमीनी) मंजिल पर रहता था; कोई डेढ़ साल पहले तीन–चार युवक मकान की ऊपर वाली मंजिल में ढाई/तीन महीने रहे थे, जिनमें से उसने गया प्रसाद को शनाख्त किया था।

28 जुलाई, 1930

गवाह नं. 236 : 'तफ्तीश–जानकारी'

बेनीप्रसाद सुपुत्र अमृत लाल, अग्रवाल, आयु 30 वर्ष, हलवाई, नूरी दरवाजा, आगरा–मेरी दुकान उस दुकान के सामने हैं; वे लड़के मेरी दुकान से दूध लिया करते थे।

28 जुलाई, 1930

गवाह नं. 237 : 'नूरी दरवाजा–शनाख्तें'

गेंदालाल सुपुत्र रणधीर, ब्राह्मण, आयु 52 वर्ष, हलवाई, आगरा।

इसने वादामाफ फणिन्द्रनाथ घोष को देखा था; गवाह नं. 234 के बयान को दुहराया।

28 जुलाई, 1930

गवाह नं. 238 : 'हींग की मंडी–मकान तलाशी'

भरोसीलाल सुपुत्र बृज नाथ, बनिया जैन, आयु 37 वर्ष, दुकानदार, आगरा।

उसने अपना **हींग की मंडी वाला 1784 नम्बर** मकान एक लड़के को दिसम्बर 1928 में 10 रुपए महीने पर किराये पर दिया था; फणिन्द्रनाथ घोष (वादामाफ गवाह नं. 3) को उसने मकान में तो नहीं, सब्जी मंडी आगरा में देखा था। लड़कों के मकान छोड़ जाने के एक महीने के उपरांत पुलिस ने उसके मकान की तलाशी ली थी।

28 जुलाई, 1930

गवाह नं. 239 : 'शनाख्तें'

मिर्जा अब्दुल अजीज बेग सुपुत्र मिर्जा मदद अली बेग, मुगल, आयु 55 वर्ष, रिटायर्ड पुलिस सब–इंस्पेक्टर, भोपाल (अब वकील का मुन्शी), आगरा।

यह हींग की मंडी वाले मकान से 50 फुट दूर मकान में रहता था; दो–तीन लड़के उस मकान में सवा एक/डेढ़ साल पहले रहे थे, जिनके पास कुछ और लड़के भी आते–जाते थे; वह वहाँ तीन माह रहे थे, उनमें से कुछ को शनाख्त किया था। फणिन्द्र भी वहाँ आया करता था।

28 जुलाई, 1930

गवाह नं. 240 : 'शनाख्तें'

मोहम्मद इरशाद अली खाँ सुपुत्र मोहम्मद आजिम खाँ, पठान, आयु 50 वर्ष, व्यापारी, आगरा–हींग की मंडी वाले मकान के सामने रहता था; गवाह नं. 239 को दुहराया।

28 जुलाई, 1930

गवाह नं. 241 : 'शनाख्तें'

शेख अली बख्श सुपुत्र हुसैन बख्श, आयु 60 वर्ष, सियाई बनाना, आगरा–गवाह नं. 239 का दुहराव।

28 जुलाई, 1930

गवाह नं. 242 : 'हींग की मंडी–तलाशी गवाह'

अहमद हसन खाँ सुपुत्र अब्दुल कादिर खाँ, पठान, आयु 35 वर्ष, वकील, रियासत बीकानेर।

हींग की मंडी वाले मकान की 4.5.29 को हुई तलाशी का गवाह।

28 जुलाई, 1930

गवाह नं. 243 : 'हींग की मंडी–तलाशी गवाह'

नवाब बेग सुपुत्र मिर्जा मुहम्मद बेग मुगल, आयु 35 वर्ष, जूता व्यापारी, आगरा–2.5.1929 की तलाशी का गवाह।

28 जुलाई, 1930

गवाह नं. 244 : 'हींग की मंडी मकान–फोटोग्राफी'

छोटेलाल सुपुत्र हरबंस लाल, आयु 45 वर्ष, फोटोग्राफर, आगरा:–

हींग की मंडी वाले मकान की दीवार की फोटो ली थी।

28 जुलाई, 1930

गवाह नं. 245 : 'आगरा के तीनों मकानों के नक्शागिरी'

जमालुदीन सुपुत्र अमीनुदीन, शेख, आयु 30 वर्ष, ठेकेदार, आगरा–आगरा के तीनों मकानों के नक्शे तैयार किए थे।

28 जुलाई, 1930

गवाह नं. 246 : 'नूरी दरवाजा मकान–तलाशी'

मुकन्द सिंह, सब-इंस्पेक्टर, पुलिस, कोतवाली, आगरा–नूरी दरवाजा वाले मकान की 2.5.1929 को तलाशी ली।

28 जुलाई, 1930

गवाह नं. 247 : 'भगत सिंह–लिखाई नमूना'

शेख मुरीद अकबर, एक्स्ट्रा असिस्टेंट कमिश्नर, मुल्तान–औपचारिक।

29 जुलाई, 1930

गवाह नं. 248 : 'तलाशी–शनाख्त'

नारायण प्रसाद सुपुत्र खुलासी राम, खत्री, आयु 55 वर्ष, फीतों का व्यापारी, नाई की मंडी, आगरा (**मकान नं. 1483** का मालिक):–

रामलाल को 15.2.1929 को 3 रुपए महीने से किराये पर दिया था। जिसको उसने शनाख्त भी किया था। पुलिस मकान को खाली किए जाने के एक महीने के उपरांत 1.4.29 को आई थी।

29 जुलाई, 1930

गवाह नं. 249 : 'नाई की मंडी–किरायानामा'

रामस्वरूप सुपुत्र मथुरादास, वैश्य, आयु 27 वर्ष, दुकानदार, नाई की मंडी, आगरा–किरायनामे का गवाह–गवाह नं. 248 को दुहराया।

29 जुलाई, 1930

गवाह नं. 250 : 'नाई की मंडी–किरायानामा'

अब्दुल जब्बार सुपुत्र हाजी अल्लाह बख्श, शेख, आयु 33 वर्ष, दुकानदार, नाई की मंडी, आगरा।

इसकी दुकान मकान के नजदीक है; 15.2.1929 वाले किरायेनामे का गवाह; बाकी गवाह नं. 248 का दुहराव।

29 जुलाई, 1930

गवाह नं. 251 : 'नाई की मंडी–किरायानामा'

पिर्थी सिंह, सब–इंस्पेक्टर, पुलिस, सदर बाजार, आगरा:–

2.5.29 को मकान की तलाशी ली। चाबी गवाह नं. 248 से ली थी।

29 जुलाई, 1930

गवाह नं. 252 : 'आगरा–औपचारिक'

अब्दुल हमीद खाँ सुपुत्र रसूल खाँ, पठान, आयु 26 वर्ष, मुख्य अध्यापक, फारसी विद्यालय, आगरा–औपचारिक।

29 जुलाई, 1930

गवाह नं. 253 : 'फणिन्द्र के फर्जी नाम सम्बन्धी'

बशीर अली सुपुत्र खरम अली, सय्यद, आयु 30 वर्ष, मैनेजर, पंजाब नेशनल होटल, आगरा–धर्मशाला का प्रभारी:–

24.1.1929 को (वादामाफ) फणिन्द्र के वहाँ 'बरोदा प्रसाद' के (फर्जी) नाम पर ठहरने की पुष्टि करता है।

29 जुलाई, 1930

गवाह नं. 254 : 'बम सामग्री खरीदना'

अमरनाथ शर्मा सुपुत्र पंडित बूटा मल्ल, ब्राह्मण, आयु 38 वर्ष, सचिव, साइंटिफिक कीमिआई फैक्टरी, आगरा:–

18.2.29 और 19.4.30 को कैश मीमो की पुष्टि की।

29 जुलाई, 1930

गवाह नं. 255 : 'बम सामग्री–तेजाब'

दुर्गाप्रसाद शर्मा सुपुत्र मुन्शी बैजनाथ, कायस्थ, आयु 28 वर्ष, कर्मचारी, साइंटिफिक कीमिआई फैक्टरी आगरा:–

23.2.29, 8.3.29, 13.3.29 और 18.3.29 को तेजाब बेचे थे।

29 जुलाई, 1930

गवाह नं. 256 : 'हींग की मंडी–तलाशी गवाह'

सईदुल्लाह, सुपुत्र समीदुल्लाह, पठान, आयु 25 वर्ष, अलीगढ़–हींग की मंडी वाले मकान की 4.5.29 को हुई तलाशी का गवाह।

29 जुलाई, 1930

गवाह नं. 257 : 'शनाख्त–जयगोपाल'

बृजभूषण सुपुत्र कुंज बिहारी लाल, आर्य, आयु 44 वर्ष, क्लर्क, रायल इंजीनियरर्स, दफ्तर आगरा–औपचारिक।

29 जुलाई, 1930

गवाह नं. 258 : 'शनाख्त–जयगोपाल व एच.एस. वोहरा'

धर्मवीर सुपुत्र लहिनू राम, आर्य, आयु 32 वर्ष, चपरासी, आर्य समाज, गुरुकुल सेक्शन, रावलपिंडी–औपचारिक।

29 जुलाई, 1930

गवाह नं. 259 : 'शनाख्त–एच.एस. वोहरा'

गोपालकृष्ण सुपुत्र हकीम हरीचन्द, अरोड़ा, आयु 19, मैनेजर हरी अमृत भंडार, रावलपिंडी–औपचारिक।

29 जुलाई, 1930

गवाह नं. 260 : 'शनाख्त–देशराज'

रुलिया राम सुपुत्र गंगाराम, जाति ब्राह्मण, उम्र 18 साल, बावर्ची डी. ए.वी. कॉलेज होस्टल, लाहौर:–

मैं दिसम्बर 1928 में डी.ए.वी. कॉलेज, लाहौर के होस्टल में बावर्ची खाना नम्बर 14 में काम किया करता था। उन दिनों में, देशराज जो उस समय वहाँ पढ़ता था और एक होटल के कमरा नम्बर 28, ब्लॉक बी, में रहता था। ***मैंने देशराज को विशेष मजिस्ट्रेट की अदालत में बाकी दोषियों के साथ कठघरे में बैठे हुए को शनाख्त किया था।***

कभी-कभी देशराज के पास दो तीन मेहमान आया करते थे; वादामाफ गवाह जयगोपाल को देखकर कहा कि यह व्यक्ति कभी-कभी देशराज के पास खाना खाया करता था।

29 जुलाई, 1930

गवाह नं. 261 : 'शनाख्त–देशराज'

मिल्खी राम सुपुत्र बाबू राम, जाति ब्राह्मण, उम्र 13-14 साल, कर्मचारी डी.ए.वी. कॉलेज, लाहौर (अब रायपुर, जिला होशियारपुर):–

मैं बावर्चीखाना नम्बर 14, होस्टल, डी.ए.वी. कॉलेज में काम करता था। इस बात को साल/डेढ़ साल हो गया है। मैं चन्द महीनों से नौकरी छोड़कर चला गया हूँ। देशराज

मुल्जिम उस समय कॉलेज में पढ़ता था और **कॉलेज बोर्डिंग हाउस के कमरा नम्बर 28, ब्लॉक बी** में रहता था। ***जब मैंने विशेष मजिस्ट्रेट साहब की अदालत में गवाही दी थी तो मैंने देशराज को दोषियों के कठघरे में बैठे हुए शनाख्त किया था।*** जिस दिन एक अंग्रेज पुलिस के दफ्तर के सामने मारा गया था, उस दिन **देशराज दो साइकिलें शौचालय के पास से उठाकर अन्दर लाया था**, एक जामुन के पेड़ के नीचे जो बावर्ची खाना नम्बर 14 के करीब है, छोड़ गया और एक वह खुद ले गया। यह शाम की घटना है। थोड़ी देर बाद एक और बाबू आया, जिसके पास साइकिल थी। उसने पूछा कि देशराज जो दो साइकिलें लाया था वे कहाँ हैं? मैंने कहा कि एक साइकिल वह खुद ले गया है, और दूसरी साइकिल जामुन के वृक्ष के नीचे छोड़ गया है। थोड़ी देर बाद तीन और बाबू वहाँ आए। जिस समय पहला बाबू मुझसे साइकिल के बारे में पूछ ही रहा था, उसी दौरान तीन बाबू आ गए, और उनमें से दो साइकिल लेकर चले गए। और वह पहला बाबू और इन तीनों में एक पीछे रह गया था। फिर यह दोनों उस साइकिल को ले गए। जो जामुन के वृक्ष के नीचे पड़ा हुआ था।

मैं, जयगोपाल वादामाफ गवाह को अदालत में देख रहा हूँ। यह वही व्यक्ति है, जिसने पहले मुझको साइकिलों के बारे में आकर पूछा था, और जिसकी साइकिल दूसरे दो बाबू ले गए थे; और फिर यह और इसका साथी जामुन के नीचे वाली साइकिल ले गए। मैंने उस बाबू को किला की परेड शनाख्त में पहचाना था। और उसने भी मुझको पहचाना था। यह व्यक्ति और उसका साथी उस दरवाजे से बाहर चले गए थे, जो शौचालय की तरफ जाता था। दरवाजा शौचालय के नजदीक था।

29 जुलाई, 1930

गवाह नं. 262 : 'लाहौर–शनाख्तें'

लाला गुरदत्त सुपुत्र लाला कर्मचन्द, *हिन्दोस्तानी*, उम्र 35 साल प्राइवेट सचिव, नारायण जय सिंह *अमेठी*, यू.पी. :–

मैं नेशनल स्कूल लाहौर में हेड मास्टर था। अक्तूबर 1922 से अक्तूबर 1926 तक मैं हेड मास्टर रहा। मैं जयगोपाल को अदालत में देख रहा हूँ; इसको मैं जानता हूँ। यह मेरे समय में कोई तीन साल तक इस स्कूल में विद्यार्थी रहा, और यह स्कूल के बोर्डिंग हाउस में रहता था। जब स्कूल बन्द हुआ तो यह दसवीं कक्षा में पढ़ता था। स्कूल बंद होने पर बाकी लड़कों की छुट्टी कर दी गई थी, मगर दसवीं कक्षा के लड़कों को रहने दिया था, जिसमें कुल तीन लड़के थे। उनमें बोडिंग में रहने वाला सिर्फ जयगोपाल था, क्योंकि पहला बोर्डिंग जो ब्राडलौघ हाल के करीब था टूट गया, इसलिए जयगोपाल को शहर के परी महल में एक कोठरी रहने को दी गई। जब जयगोपाल हमारे स्कूल में पढ़ता था, तो उसके विषय अंग्रेजी, फोटोग्राफी, विज्ञान, आदि थे। **विज्ञान के सामान** के कमरे की चाबी बारी-बारी से विद्यार्थियों के पास रहा करती थी। यह उन दिनों का जिक्र है, जब स्कूल जारी था। जयगोपाल की बारी भी चाबी रखने की जरूर आई होगी, क्योंकि, सबको बारी-बारी चाबी रखने को मौका दिया जाता था। विज्ञान का कमरा खास

तौर पर मेरे सुपुर्द था। एक बार 1924 और 1925 का जिक्र है कि **एक पारे की बोतल गुम** हो गई थी। चीजें तो कई बार गुम हो जाती थीं, मगर यह इसलिए मुझे याद है कि इसकी जाँच मैंने की थी। बोतलों पर स्कूल के नाम के लेवल्स लगे होते थे। **जो बोतल *एक्स.पी. 41* मुझे अदालत में दिखलाई गई है, उसमें पारा है।** इस भाँति की बोतल हमारे स्कूल से गुम हो गई थी। जाँच से पता नहीं चला। जब मैंने अक्तूबर 1926 में स्कूल का चार्ज छोड़ा तो पुस्तकालय की **कुछ** पुस्तकें गुम पाई गईं। हमारे पुस्तकालय में **'मैनुफैक्चर एंड यूज्स ऑफ एक्स्पलोसिवस' नामक पुस्तक मौजूद थी।** मैं नहीं कह सकता कि यह गुमशुदा पुस्तकों की सूची में शामिल थी या नहीं। **हमारी सब पुस्तकों पर स्कूल की मोहर लगाई जाती थी, और उन पर एक नम्बर होता था।** पुस्तक *प्रदर्श पी-364* मौजूदा अदालत में देखता हूँ, **इसके पहले पृष्ठ पर से कोई चीज खुर्ची हुई मालूम होती है, जो मालूम होता है कि मोहर थी।** हमारे स्कूल की मोहर अंडे की शक्ल की थी, और इतनी ही बड़ी थी, जैसी कि छिली हुई जगह मालूम होती है। **पंडित यशपाल** नेशनल स्कूल में मास्टर थे। उन्होंने नेशनल कॉलेज में विद्या प्राप्त की थी। और फिर हमारे स्कूल में एक साल से ज्यादा समय तक मास्टर रहे। शायद 1925 में वह मास्टर रहे थे, जब स्कूल टूटा तो मास्टर यशपाल चले गए।

29 जुलाई, 1930

गवाह नं. 263 : 'बम सामग्री–गन्धक व शौरे का तेजाब'

द्वारका दत्त शर्मा सुपुत्र चिन्तामणी, आयु 30 वर्ष, बिक्री कर्मचारी, साइंटिफिक यंत्र, केमिकल कम्पनी, आगरा–18.2.1929, 27.2.29 व 15.7.29 को गंधक का तेजाब बेचा। 26.2.29 को शौरे का तेजाब बेचा।

30 जुलाई, 1930

गवाह नं. 264 : 'शनाख्तें'

मि. लियूस, एडिशनल जिला मजिस्ट्रेट, लाहौर–शनाख्तें।

30 जुलाई, 1930

गवाह नं. 265 : 'नाई की मंडी मकान सम्बन्धी'

बाबू सुपुत्र खूबी, खाकरोब, आयु 20 वर्ष, नाई की मंडी, आगराः–

मकान हमेशा अन्दर से बंद ही रहता था। मेरे पहुँचने पर खोला जाता और मेरे चले जाने पर बंद कर दिया जाता था।

30 जुलाई, 1930

गवाह नं. 266 : 'योगेश–टिकटों की बिक्री'

एस.के. चक्रवर्ती सुपुत्र के.एन. चक्रवर्ती, आयु 39 वर्ष, सहायक बुकिंग क्लर्क, इ.आई.आर. इलाहाबाद–7.9.1928 और 12.2.1929 को टिकटें जारी कीं।

30 जुलाई, 1930

गवाह नं. 267 : 'योगेश–टिकटों की उगाही'

श्री किशन सुपुत्र डॉ. ओम्बे प्रसाद, आयु 29 वर्ष, टिकट कलेक्टर, दिल्ली–8.9.1928 को टिकटें जमा कीं।

30 जुलाई, 1930

गवाह नं. 268 : 'योगेश–टिकटों की बिक्री'

रामेश्वर दयाल सुपुत्र लाला उजागर प्रसाद, ब्राह्मण, आयु 30 वर्ष, पार्सल क्लर्क, झाँसी जंक्शन–5.3.29 को झाँसी के टिकट जारी किए।

30 जुलाई, 1930

गवाह नं. 269 : 'योगेश–टिकटों की बिक्री'

प्रभुदयाल सुपुत्र बाँके बिहारी लाल, कायस्थ, आयु 30 वर्ष, रेलवे क्लर्क, ग्वालियर–6.3.29 को झाँसी के टिकट बेचे।

30 जुलाई, 1930

गवाह नं. 270 : 'अमृतसर-इलाहाबाद–टिकट उगाही'

रामलाल सुपुत्र मुकन्द लाल, कहार, आयु 43 वर्ष, हेड टिकट कलेक्टर, कानपुर–19.9.28 को अमृतसर से इलाहाबाद के टिकट लिए।

30 जुलाई, 1930

गवाह नं. 271 : 'योगेश–टिकटों की बिक्री'

दीनदयाल सुपुत्र सागर मल्ल, वैश्य, आयु 33 वर्ष, बुकिंग क्लर्क, आगरा कैंट–16.2.1929 को कानपुर के 13 टिकट बेचे।

30 जुलाई, 1930

गवाह नं. 272 : 'आगरा-कानपुर–साइकिल बुकिंग'

परमेश्वरी प्रसाद सुपुत्र ज्वाला प्रसाद, कायस्थ, आयु 45 वर्ष, बुकिंग क्लर्क आगरा शहर:–
16.2.29 को एक साइकिल आगरा से कानपुर को बुकिंग किया।

30 जुलाई, 1930

गवाह नं. 273 : 'योगेश–साइकिल मुसाफिर'

सतीश चन्द्र पाल सूपुत्र राज जादू पाल, कायस्थ, आयु 48 वर्ष, पार्सल, क्लर्क, कानपुर:–
17.2.1929 को आगरा से एक मुसाफिर, साइकिल के साथ पहुँचा।

30 जुलाई, 1930

गवाह नं. 274 : 'आसनसोल के टिकट की बिक्री'

अब्दुल सलाम, सुपुत्र वली, शेख, आयु 36 वर्ष, बुकिंग क्लर्क, आगरा शहर–25.1.1929 को आसनसोल का एक टिकट बेचा।

30 जुलाई, 1930

गवाह नं. 275 : 'टिकटों की उगाही'

विजय सिंह सुपुत्र महीपाल सिंह, राजपूत, आयु 30 वर्ष, टिकट कलेक्टर, राजा की मंडी, आगरा–6.3.29 को झाँसी से आए मुसाफिरों से टिकट उगाही किए।

30 जुलाई, 1930

गवाह नं. 276 : 'आगरा–साइकिल बुकिंग'

सिंदोहन प्रसाद सुपुत्र हनुमान प्रसाद, आयु 30 वर्ष, पार्सल क्लर्क झाँसी–6.3.29 को एक साइकिल आगरा के लिए बुक की।

30 जुलाई, 1930

गवाह नं. 277 : 'मुसाफिर का साइकिल सहित पहुँचना'

गोबिन्द राव सुपुत्र गणपत राव, आयु 33 वर्ष, बुकिंग क्लर्क, राजा की मंडी, आगरा–6.3.29 को एक साइकिल मुसाफिर के हमराह पहुँची।

30 जुलाई, 1930

गवाह नं. 278 : 'इलाहाबाद के लिए एक टिकट बिक्री'

देवीचन्द सुपुत्र लाला जगत राम, चीफ बुकिंग क्लर्क, अमृतसर–18.9.29 को एक इलाहाबाद का टिकट जारी किया।

31 जुलाई, 1930

गवाह नं. 279 : 'फणिन्द्र की निशानदेही पर तफ्तीश'

ठाकुर सूरज नारायण सिंह, सब-डिविजनल मजिस्ट्रेट, झाँसी:–

8.7.29 को जिला मजिस्ट्रेट साहब के हुक्म के मुताबिक मैं फणिन्द्र घोष के साथ गया। कुछ स्थान झाँसी में और कुछ झाँसी से बाहर मुझको दिखाए गए। हम एक लारी में कोतवाली से सवार हुए और जब **पंचकोटीया** पहुँचे तो फणिन्द्र ने मुझे बताया कि उसने और उसके तीन साथियों ने अर्थात् चन्द्रशेखर आजाद, भगत सिंह और एक झाँसी का मरहट्टा व्यक्ति जिसका नाम उसको मालूम न था, एक मोटर किराये पर ली थी। और वहाँ से उसी जगह गए थे जहाँ उन्होंने **बम चलाकर** उसका निरीक्षण किया। वहाँ से पी.एन. घोष फिर मुझे लारी में उस जगह ले गया; जो झाँसी से लगभग 22 मील की दूरी पर **ललितपुर** वाली सड़क पर है; **वहाँ जाकर उसने लारी एक पीपल के वृक्ष के नीचे खड़ी कराई, और वह दो फर्लांग की दूरी पर मुझे एक छोटी सी पहाड़ी पर ले गया, और बताया कि इस जगह पर बम फेंका था, और बताया कि बम भगत सिंह ने फेंका था। जिस तरह बम फेंका गया था उसने बयान किया।** और जहाँ वह और उसके साथी कुछ फासले पर खड़े हुए थे, उस जगह के करीब कई मीलों तक कोई आबादी नहीं है। और ललितपुर वाली सड़क पर आना-जाना भी बहुत कम है। फिर वह हमको वापस छह मील तक लाया। और एक दूसरी सड़क पर कोई छह मील के फासले पर मुझको लाकर **बाँध**

दिखाया और उसने बताया कि यहाँ भगत सिंह ने दरिया बेतवा में गुसल किया था। वहाँ से फणिन्द्र हमें झाँसी वापस लाया। मैंने उसकी ओर से **फर्द *प्रदर्श पी.एच.ए.*** तैयार की जो मेरी लिखी हुई है और सही है। उस पर मेरे हस्ताक्षर हैं। 9.7.29 की सुबह को मैं फिर फणिन्द्र के साथ गया। **मैंने उसको कहा कि वह मकान दिखाए, जिसमें वह और इसके साथी ठहरे थे।** तब वह मुझे कई गलियों में ले गया। उस समय उसको कोई मकान नहीं मिला। फिर मैं कचहरी चला गया। **मोहल्ले में हम दुबारा गए। उस समय उसने मुझको एक मकान दिखाया जो सेठ मिलाप चन्द के रिहायशी मकान के पास है, और कहा कि यह वह मकान है जिसमें वह और उसके साथी ठहरे थे।** उसने मुझको उस मकान की बनतर बताई। और जो कुछ उसने बताया वह मैंने अन्दर जाने पर सही पाया। **इस मकान का नम्बर 143 है। और मोहल्ला पुरानी नजाई है।** उसने मुझे बताया था कि जब वह वहाँ ठहरा था उस वक्त **रामदुलारे** उस मकान में रहता था।

10.7.29 को फणिन्द्र की शनाख्त के लिए मैंने एक परेड कराई। परेड कोतवाली झाँसी में कराई क्योंकि रामानन्द सुपुत्र किशोरी, टैक्सी ड्राइवर गवाह ने शनाख्त करनी थी। ***फणिन्द्र को 13 अन्य व्यक्तियों के साथ जो करीब-करीब उसकी उम्र और मिलते-जुलते थे, बैठाया गया। गवाह को दूर बैठाया गया। जहाँ से कि वह शनाख्त के स्थान को नहीं देख सकता था। रामानन्द ने फणिन्द्र को शनाख्त किया।*** जब रामानन्द अन्दर आया तो मैंने उसको कहा कि उन व्यक्तियों में से किसी व्यक्ति को पहचानते हो? उसने फणिन्द्र की तरफ इशारा करते हुए कहा कि यह वह व्यक्ति है जो उसकी मोटर टैक्सी पर पिछले मार्च के शुरू में बाबनिया की तरफ गया था। सिर्फ यह फर्क है, कि उस समय चेचक के निशान जो अब उसके चेहरे पर नजर आते हैं, मौजूद न थे। **बाबनिया** उसी तरफ है जहाँ वह पहाड़ी थी, जो फणिन्द्र ने मुझे दिखाई थी। और वह पहाड़ी बाबनिया से छह मील परे है। ***मैंने फर्द शनाख्त प्रदर्श पी.एच.ए.-2 सही तौर पर तैयार की और इस पर मेरे हस्ताक्षर हैं। इस पर फणिन्द्र के हस्ताक्षर और अँगूठा है।***

31 जुलाई, 1930

गवाह नं. 280 : 'आगरा-दिल्ली—साइकिल मुसाफिर'

शाम मनोहर लाल, असिस्टेंट पार्सल क्लर्क, दिल्ली:

7.3.29 को आगरा से एक मुसाफिर साइकिल के साथ आया था।

31 जुलाई, 1930

गवाह नं. 281 : 'टिकटों की उगाही'

रघुबंस मिश्र, स्टेशन मास्टर, इज्जत ब्रिज रेलवे स्टेशन (इलाहाबाद):–

6.9.1928 को दो मुजफ्फरपुर से इलाहाबाद के टिकट लिए।

31 जुलाई, 1930

गवाह नं. 282 : 'आजाद–ड्राइवरी सीखने सम्बन्धी'

उमानंद सुपुत्र पंडित फूल सिंह, ब्राह्मण, आयु 42 वर्ष, मैनेजर, अकाउंटेंट, बुंदेलखंड मोटर एजेंसी, सदर बाजार, झाँसीः–

आजाद दो साल पहले उसके सिखलाई स्कूल में 4–5 महीने रहा; उसको गवाह नं. 288 रामदुलारे के साथ देखता था।

31 जुलाई, 1930

गवाह नं. 283 : 'आजाद–ड्राइवरी सीखने सम्बन्धी'

मिस्त्री सिराजुदीन, शेख, आयु 40 वर्ष, बहादुरगढ़, रोहतक, मैकेनिक बुंदेलखंड मोटर एजेंसी, सदर बाजार, झाँसीः–

यह आजाद का उस्ताद था। गवाह नं. 282 का दुहराया; आजाद के साथ गवाह नं. 290 रामानन्द को देखा करता था।

31 जुलाई, 1930

गवाह नं. 284 : 'आजाद–ड्राइवरी सीखने सम्बन्धी'

लक्ष्मी नारायण, सुपुत्र बसंत लाल, ब्राह्मण, आयु 43 वर्ष, मैकेनिक बुंदेलखंड मोटर एजेंसी, सदर बाजार, झाँसी–गवाह नं. 282 के बयान का दुहराव।

31 जुलाई, 1930

गवाह नं. 285 : 'आजाद–ड्राइवरी सीखने सम्बन्धी'

कल्लू पुरोहित सुपुत्र पंडित लोकनाथ पुरोहित, ब्राह्मण, रियासत बिजोर, मैकेनिक, बुंदेलखंड मोटर एजेंसी, झाँसी–गवाह नं. 282 का दुहराव।

31 जुलाई, 1930

गवाह नं. 286 : 'आजाद–किराये की टैक्सी'

देवकी सुपुत्र बिन्दे, तेली, आयु 40 वर्ष, दुकानदार, लाल कुर्ती बाजार, झाँसीः–

आजाद ने उसकी टैक्सी, परिवार को उड़ीसा ले जाना बताकर किराये पर ली थी।

31 जुलाई, 1930

गवाह नं. 287 : 'रामदुलारे शर्मा–किराये सम्बन्धी'

शिवराज सुपुत्र घेवर चन्द, 32, मैनेजर, सेठ मिलाप चन्द, झाँसी–गवाह नं. 288 रामदुलारे शर्मा उसके मकान में 8.1.29 से 18.4.29 तक रहा था, किराया 3.50 रुपए महीना था।

31 जुलाई, 1930

गवाह नं. 288 : 'विस्तृत गवाही'

रामदुलारे शर्मा सुपुत्र पंडित कांता प्रसाद, ब्राह्मण, उम्र 27 साल, कर्मचारी, म्यूनिसिपल बोर्ड, झाँसी ने बयान कियाः–

मैंने मिडल तक पढ़ाई की है; साल 1921 में मैंने 'असहयोग आन्दोलन' की वजह से पढ़ाई छोड़ दी। कांग्रेस कमेटी प्रतापगढ़ में काम शुरू किया। मैं निष्काम कार्यकर्ता

था। मैं चंदा वसूल करता था। आटे की चुटकी भी वसूल करता था। वालंटियर भर्ती करता था। गांधी आश्रम प्रतापगढ़ में रहता था, जो व्यक्ति वहाँ मेरे साथ काम करते थे, उनमें एक **कुन्दन लाल** भी था। जो इस मुकदमे में दोषी है। और जिसको मैंने विशेष मजिस्ट्रेट साहब की अदालत में शनाख्त किया था वह भी निष्काम कार्य करता था। चार महीने मुफ्त काम करने के बाद मुझ पर फौजदारी मुकदमा बना, और छह महीने कैद की सजा मुझको मिली। मेरे साथ और काम करने वालों को जिनमें कुन्दन लाल भी शामिल था, सजा हुई थी। कुन्दन लाल और मैं फैजाबाद की जेल में इकट्ठे थे, यह 1922 का जिक्र है।

मैंने जेल से वापस आकर, खद्दर का प्रचार **प्रतापगढ़ में** शुरू किया। मगर वर्ष 1925 में मैंने नौकरी कर ली, और 4.8.25 को नम्बर 69, 'बुलौक हाफ ग्रुप', झाँसी में बतौर ड्राइवर भर्ती हो गया। वहाँ कुन्दन लाल मुझे मिलने आया; वह एक धर्मशाला में रहता था, मैं वहाँ जाकर उसे मिला था। साढ़े सात महीने नौकरी करने के बाद मैंने इस्तीफा दे दिया। फिर मैं झाँसी सदर में बाजार की सेवा समिति में नियुक्त हो गया। कुछ समय बाद वह नौकरी भी छोड़ दी और मैं म्युनिसिपल कमेटी में नियुक्त हो गया। यह अगस्त 1926 का जिक्र है; उसके बाद मैं सेवा समिति में ऑनरेरी काम करता रहा।

1928 और 1929 में श्री रामायण समाज खुश फुराका में प्रेजीडेंट नियुक्त हो गया, और श्री राम दल झाँसी का भी प्रेजीडेंट बन गया। अगस्त 1928 में मुझे कुंज बिहारी के मन्दिर में एक व्यक्ति मिला। उसने मुझे बताया कि लोग उसे **पंडित जी** कहते हैं। मगर उसका असली नाम राम समाज है। उसका हुलिया यह था–रंग गंदमी, कद मामूली बदन दुहरा, गोल चेहरा, चेचक के निशान, आँखें बड़ी, उम्र तकरीबन 23–24 साल। वह यू.पी. का व्यक्ति मालूम होता था। उसने मुझको यह भी बताया था कि वह बुंदेलखंड मोटर साइकिल कम्पनी झाँसी में मोटर का काम करता है। हम मन्दिर में मिलते रहे। और उसके बाद जब ज्यादा पहचान हो गई, तो मेरे घर मुझे मिलता रहा। कई बार कुछ और व्यक्ति भी उसके साथ मेरे घर आया करते थे। कुन्दन लाल और सदाशिव के साथ आया करते थे, जिनमें भगत सिंह और बच्चू भी थे। और उनको विशेष अदालत में बैठा हुआ देखकर शनाख्त किया था, तो मुझको मालमू हुआ कि 'बच्चू' का पूरा नाम विजय कुमार सिन्हा है।

सितम्बर 1928 के आखिर में यू.पी. की बाइसवीं पोलिटिकल कॉन्फ्रेंस झाँसी में हुई। मेरे सुपुर्द वहाँ पंडाल का इंतजाम सेवा समिति की तरफ से था। वहाँ पंडाल में पंडित जी दो व्यक्तियों के साथ मेरे पास आए। उन दोनों में एक व्यक्ति वह था, जिसका नाम बाद में बच्चू मालूम हुआ। पंडित जी ने कहा कि ये दोनों 'फ्री प्रेस' के रिपोर्टर हैं। इनको अपने मकान में ठहराओ। यह पहला अवसर था, जब मैंने उन दो व्यक्तियों को देखा; मैंने मकान के बाहर वाले दरवाजे की चाबी पंडित जी को दे दी और अपने कमरे की चाबी जिसमें मेरा सामान था अपने पास रख ली। मैं अकेला मकान में रहता था, मगर उन दिनों कुन्दन लाल भी वहाँ आ गया था। कुन्दन लाल मेरे मकान पर पन्द्रह बीस रोज ठहरा। उस समय तक मेरी शादी नहीं हुई थी। कांफ्रेंस के खत्म होने

पर पंडित जी ने मेरे मकान की चाबी मुझको दे दी, और कहा कि उसके साथ जो मेरे मकान में ठहरे हुए थे, चले गए हैं।

जब कुन्दन लाल मेरे पास ठहरा हुआ था, तो उसके कुछ समय बाद एक तार वाला (टेलीग्राफिक) मनीऑर्डर उसके नाम दस रुपए का आया था। उसका पता मेरी मार्फत था। वह जाते समय मुझे कह गया था कि उसका मनीऑर्डर मेरे दफ्तर अर्थात् म्युनिसिपल कमेटी में आएगा। मैंने मनीऑर्डर ले लिया और कुन्दन लाल को दे दिया, जो इस दौरान सफर से वापस आ गया था, और फिर वापस आकर मेरे पास ठहरा था। यह सब जिक्र मेरे उस मकान का है जो **मोहल्ला पन्ना लाल** में था। इसके बाद मैं **पुरानी नजाई सेठ मिलाप चंद** के मकान पर चला गया। यह दिसम्बर 1928 या जनवरी 1929 की बात है।

शिवराज सेवा समिति का चपरासी मेरे मकान मोहल्ला पुरानी नजाई में मेरे साथ रहता था। मैंने जब मकान बदला तो नया मकान पंडित जी को दिखा दिया था। पंडित जी उस मकान में मेरे साथ अक्सर आया करते थे। उसने दो मुँगलियाँ मेरे मकान पर लाकर रख दीं। और वहाँ आकर वह और सदाशिव उनसे वर्जिश किया करते थे। वर्जिश के समय वे कपड़े उतार देते थे और लंगोट बाँध लिया करते थे। एक दिन पंडित ने अपना कोट उतार कर लटकाया हुआ था। मैं पास से गुजरा और कोई भारी चीज जो कोट में थी मेरे हाथ को लगी। मैंने पंडित जी से पूछा कि यह क्या है? उसने कहा कि वर्जिश के बाद तुमको बताऊँगा? उसने वह चीज जेब से निकाली जो कागज में लिपटी हुई थी। कागज को हटाकर उसने मुझे बताया कि यह रिवाल्वर है; वह चीज लोहे की थी। करीब छह इंच लम्बी थी। और करीब ढाई इंच गोलाई में थी। मैंने पहले रिवाल्वर नहीं देखा था। उसने घूमने वाला खाना भी मुझको दिखाया। उसमें छह खाने थे और सब भरे हुए थे, अर्थात् उनमें कारतूस थे। उसने कहा कि यह रिवाल्वर उसको उसकी पार्टी ने दिया हुआ है, ताकि वह इससे अपनी भी हिफाजत करे और उन अफसरों के विरुद्ध इस्तेमाल करे जो पार्टी के आजादी हासिल करने में रुकावट बनते हैं।

इस बातचीत से पहले पंडित जी ने अपनी पार्टी का हाल नहीं बताया हुआ था। मैंने पूछा कि वह कैसी पार्टी है और उसका क्या नाम है? उसने बताया कि उसका नाम 'हिन्दोस्तान रिपब्लिकन एसोसिएशन' है, और उसका उद्देश्य आजादी हासिल करना है। उसने मुझे कहा कि तुम भी इस पार्टी के मेम्बर बन जाओ। मैंने बहाना किया और कहा कि मेरे पास समय नहीं है। उसने उस समय गांधी की तजवीज और ढंग-तरीकों के उल्ट बहुत कुछ कहा, और कहा कि **उसने शान्ति-शान्ति पुकारकर मुल्क का नाश कर दिया है।** और यह कहा कि उसकी अर्थात् पंडित की पार्टी 'क्रान्ति' अर्थात् सशस्त्रों के बलबूते आजादी हासिल करेगी। और उमीद है कि इसमें वह सफल होगी। जब मैंने अपने शामिल होने से इनकार किया तो पंडित ने मुझको कहा कि उसने किसी से कभी अपनी पार्टी के बारे में जिक्र नहीं किया है और मुझे भी ताकीद की कि किसी को यह बात न बताओ। और यह भी कहा कि अगर बताऊँगा तो मुझको जान से मार

देंगे। उसने मुझको कहा कि कसम उठाओ। **मैंने कसम उठाई कि मैं किसी को नहीं बताऊँगा।** यह बातचीत जहाँ तक मुझे याद है फरवरी 1929 में हुई होगी।

उसके बाद भी पंडित जी मेरे पास आता रहा। वर्जिश के लिए भी आता रहा और एक बार दो साथी साथ ले आया। यह मार्च का जिक्र है। उस समय जब पंडित जी साथियों के साथ मेरे पास आया, शिवराज चपरासी मौजूद था। वह सुबह-सुबह आते थे; उसने मुझसे कहा कि मैं इन दो व्यक्तियों को अपने पास ठहरा लूँ, और उनके खाने-पीने का इंतजाम करूँ। वह खुद चला गया; उनमें से एक को उस समय **'सरदार'-'सरदार'** कहते थे और दूसरे को **'दादा'** कहते थे। वे दोनों एक दिन और एक रात ठहरे। मैंने विशेष मजिस्ट्रेट की अदालत में बैठे हुए **भगत सिंह** को पहचाना था और कहा था कि यह वही व्यक्ति है जिसको **'सरदार'** कहते थे। और उसका नाम शनाख्त के बाद अदालत में मालूम हुआ। **पी.एन. घोष** वादामाफ गवाह को अदालत में देखकर कहा कि यह व्यक्ति वह है जिसको **'दादा'** के नाम से पुकारा जाता था। यह पहला मौका था जब भगत सिंह और दादा मेरे मकान पर आए। उस दिन कुछ समय बाद पंडित जी वापस आया, और सदाशिव भी उसके साथ आया। मैं उन चारों को अपने मकान पर छोड़ कर साढ़े ग्यारह बजे अपने दफ्तर चला गया।

मैं साढ़े पाँच बजे दफ्तर से वापस आया। जब मैं वापस आया तो चारों व्यक्ति मेरे मकान पर मौजूद न थे। मुझे शिवराज ने कहा कि पंडित जी के साथ बाकी तीन व्यक्ति बाहर चले गए। उसी सुबह जब सरदार भगत सिंह आया था, उसके हाथ में एक चमड़े का सूटकेस था। जब मैं दफ्तर से वापस आया तो वह सूटकेस मेरे मकान पर नहीं था। एक साइकिल मेरे मकान पर पड़ी थी, जो सदाशिव अपने साथ लाया था। फिर मैं सैर को चला गया और आठ बजे के करीब वापस आया। इतने में चारों उक्त व्यक्ति आ गए। दो व्यक्ति अर्थात् सरदार और दादा मेरे पास ठहरे। पंडित जी और सदाशिव चले गए। सुबह को पंडित जी और सदाशिव फिर मेरे मकान पर आए, और उन दोनों मेहमानों को साथ लेकर चले गए। सदाशिव अपनी साइकिल लेकर चला गया, और सरदार अपना सूटकेस लेकर चला गया।

प्रदर्श पी-296 अदालत में देखकर कहा कि यह वही **चमड़े का बॉक्स** है जिसका मैंने जिक्र किया है। इससे कुछ समय पहले एक और व्यक्ति पंडित जी के साथ आया था, तो वह एक दिन और एक रात मेरे पास इसी मकान में ठहरा था। ***उस व्यक्ति को मैंने विशेष मजिस्ट्रेट की अदालत में पहचाना था और उसका नाम शनाख्त के बाद राजगुरु मालूम हुआ था।*** राजगुरु जब मेरे पास ठहरा था तो मुझसे बातें होती रहीं। यह हिन्दोस्तानी में बात करता था। दादा और भगत सिंह के मेरे मकान पर कुछ समय ठहरने के बाद, 20.3.1929 को सदाशिव एक व्यक्ति बच्चू को लाया था। ***उस बच्चू को मैंने पहले कॉन्फ्रेंस के दिनों में भी देखा था, जब वह मेरे पास रात को ठहरा था।*** जब बच्चू दूसरी बार मेरे पास आकर ठहरा तो उसने मेरे कहने पर सेवा समिति के काम के बारे में कुछ चिट्ठियाँ अंग्रेजी में लिखी थीं। **उनमें से एक्स पी.बी.डब्ल्यू-2 बच्चू के हाथ की लिखी हुई है।** यह मैं इसलिए पहचानता हूँ कि

मैंने बच्चू को कहा था कि मदन गोपाल को चिट्ठी लिखे; वह कानपुर में वकील है। उसकी चिट्ठी की पुष्टि पर मदन गोपाल की तरफ से जो जवाब आया था वह दर्ज है। **मैं मदन गोपाल के हस्ताक्षर आगे भी देखता रहा हूँ, और पहचानता हूँ। हालाँकि मैं अंग्रेजी नहीं जानता।** जब मैं **मोहल्ला नजाई वाले मकान** में आया तो उससे दो तीन दिन बाद पंडित जी और सदाशिव दो सूटकेस लाए और मेरे पास रख गए। दो सूटकेस और एक रजाई रखने के लिए दे गए। इन दिनों सूटकेसों की चाबियाँ मुझको देकर कहा कि खोलना नहीं। और कहा कि जो व्यक्ति उनकी पार्टी का सदाशिव के साथ आए उसको यह चाबियाँ दे देना।

जब बच्चू और सदाशिव आए थे और बच्चू से मैंने चिट्ठियाँ लिखवाई थीं, उसके कोई दो दिन के बाद वे फिर आए, और उन्होंने मुझसे चाबियाँ माँगीं। मैंने सदाशिव को चाबियाँ दे दीं; मैं चाबियाँ देकर नीचे चला गया, और वह ऊपर के कमरे में ही रहे। तीन-चार घंटे बाद वे वहाँ से चले गए। मालूम नहीं कि उन्होंने बक्सों में से क्या निकाला। मगर बक्से बंद करके चाबियाँ मुझको दे गए। यह मार्च की बात है। रजाई छींट की फटी हुई हालत में थी, रुई मैंने निकाल ली थी।

मैं **दोनों सूटकेसों** को ***प्रदर्श पी-514 और 15*** को मौजूदा अदालत में शनाख्त करता हूँ।

2.5.1929 को यू.पी. पुलिस ने आकर मेरे मकान की तलाशी ली। ये दोनों सूटकेस उस तलाशी में निकले। चाबियाँ मेरे पास थीं। चाबियाँ मैंने पुलिस को दे दीं। पुलिस ने सूटकेसों को मेरे सामने खोला। कुछ गर्म कपड़े, कुछ पुस्तकें, कुछ कागज उन सूटकेसों में से बरामद हुए। पुलिस ने फर्द बरामदगी तैयार की। निम्नलिखित चीजें सूटकेसों में से बरामद हुईं:–

प्रदर्श पी-526–दो टोपियाँ

प्रदर्श पी-524–पुस्तक 'सोशिलिज्म वरसस दी स्टेट'

प्रदर्श पी-523–पुस्तक 'बालशेवक जादूगर' (हिन्दी)

प्रदर्श पी-522–पुस्तक 'काकोरी केस के शहीद' (हिन्दी)

प्रदर्श पी-520–पुस्तक 'कम्यूनिज्म क्या है?' (हिन्दी)

प्रदर्श पी-514–'चाँद' मैगजीन 'फाँसी अंक'

प्रदर्श पी-519–पुस्तक 'गद्दर की कहानियाँ' (हिन्दी)

प्रदर्श पी-527–पुस्तकों की सूची

प्रदर्श पी.बी.एक्स.-प्रदर्श पी.बी.एक्स.-7–कुछ कागज

प्रदर्श पी-528–शस्त्रों और युद्ध सामग्री के सामानों की सूची

प्रदर्श पी-525–'मस्कटरी रेगुलेशन' (भाग 1)

हो सकता है इन पुस्तकों और कागजों में से कुछ मेरे मकान से मिली हों या **सूटकेसों से बाहर हों; मैं यह यकीनी तौर पर नहीं कह सकता। ये कागज, पुस्तकें और दो टोपियाँ *प्रदर्श पी-526* यू.पी. पुलिस वाले लेकर चले गए; बाकी कपड़े और सूटकेस वहाँ ही छोड़ गए।** चाबियाँ मुझको दे गए। मैंने कपड़े सूटकेसों में रखकर

ताले लगा दिए। 19.7.29 को यू.पी. पुलिस ने आकर मुझको गिरफ्तार किया और मुझको लाहौर ले आए। मैंने लाहौर में पुलिस में बयान दिया। फिर मैं झाँसी ले जाया गया। और बाकी चीजें अर्थात् दो सूटकेस और जो कपड़े उनमें से थे, और दो मुँगलियाँ, रजाई का गिलाफ, 31.7.29 को पुलिस के हवाले कर दिया। उन चीजों की सूची निम्न है:—

प्रदर्श पी-524—कोट
प्रदर्श पी-537—कोट
प्रदर्श पी-487—कोट
प्रदर्श पी-536—कमीज फलालैन
प्रदर्श पी-535—कमीज
प्रदर्श पी-534—रूईदार बास्कट
प्रदर्श पी-533—मफलर
प्रदर्श पी-531—मफलर
प्रदर्श पी-532—मफलर
प्रदर्श पी-530—कोट
प्रदर्श पी-529—गर्म चादर
प्रदर्श पी-516—रजाई गिलाफ
प्रदर्श पी-513—मूंगली जोड़ा

पुलिस ने मुझको लाहौर में एक मजिस्ट्रेट साहब के समक्ष पेश किया, और 9.8.29 को मुझको रिहा कर दिया गया। जो चीजें मैंने पंजाब पुलिस के हवाले की थीं, उनकी फर्द बरामदगी ***प्रदर्श पी.एच.ई.*** दिनांक 31.7.29 को बनाई गई थी। इस पर मेरे हस्ताक्षर हैं।

(यह बयान 31.7.30 को खत्म हुआ, लेकिन गवाह को 1.8.30 को पढ़कर सुनाया गया)

31 जुलाई, 1930

1.8.30 को दुबारा बुलाया गया।

लगभग एक साल पहले लाहौर सेंट्रल जेल में एक शनाख्त परेड हुई थी, जिसमें मैंने भगत सिंह को शनाख्त किया, और जिसका नाम **भगत सिंह** अदालत में गवाही देने के बाद मालूम हुआ था। उस शनाख्त के मौके पर भगत सिंह कपड़ा ओढ़कर लेटा हुआ था। और जिन व्यक्तियों को साथ मिलाकर शनाख्त कराई गई थी, वह भी कपड़े ओढ़कर लेटे हुए थे।

एक और परेड में जो लगभग इतने ही समय पहले हुई थी, लाहौर शहर की कोतवाली में हुई थी, उसमें मैंने बच्चू उर्फ विजय कुमार सिन्हा को पहचाना था। उसका नाम भी बाद में, गवाही देते हुए मालूम हुआ था। मगर जब कोतवाली में मैंने उसको शनाख्त किया तो **हमने एक-दूसरे से हाथ मिलाए थे**। यह शनाख्त परेड मजिस्ट्रेट के समक्ष हुई थी।

एक और शनाख्त परेड जो पहली दोनों परेडों से कुछ समय बाद लाहौर के किले में हुई थी, वहाँ मैंने एक व्यक्ति को मजिस्ट्रेट साहब के सामने पहचाना था, जिसका नाम बाद में राजगुरु मालूम हुआ था। उस अवसर पर राजगुरु ने मेरी

शनाख्त के बाद ये शब्द कहे थे **'कहो अब अपनी बीवी के हाथ की पकी हुई रोटियाँ खिलाओगे न'।**

अदालत के सवाल के जवाब में : जब मैं मोहल्ला पन्ना लाल में रहता था, उस समय शिवराज गवाह नम्बर 289 मेरे मकान में नहीं रहता था बल्कि आया-जाया करता था, क्योंकि मैं सेवा समिति का सचिव था, और वह सेवा समिति का चपरासी। **राजगुरु** मेरे मकान पर दो बार आया था। और एक बार वह लगभग 10 रोज मेरे पास ठहरा था। उस बार वह अकेला आया था। इससे पहले वह सदाशिव के साथ आया था।

01 अगस्त, 1930

गवाह नं. 289 : 'बम प्रयोग गतिविधियों सम्बन्धी कुछ-कुछ परिचित'

शिवराज सुपुत्र भगवान दत्त, ब्राह्मण, आयु 15 वर्ष, चपरासी, बिजली सप्लाई कम्पनी झाँसी–यह आजाद को जानता था। बम प्रयोग की गतिविधियों से कुछ-कुछ परिचित था।

01 अगस्त, 1930

गवाह नं. 290 : 'बम प्रयोग का विवरण'

रामानन्द सुपुत्र किशोरी लाल, कायस्थ, आयु 32-33 वर्ष, मोटर ड्राइवर, झाँसी। आजाद के साथ इसने मोटर चलानी सीखी। बम प्रयोग के हालात का विवरण दिया।

01 अगस्त, 1930

गवाह नं. 291 : 'झाँसी–औपचारिक'

लाला मदन गोपाल सुपुत्र मुन्शी लाल, एडवोकेट, कानपुर–औपचारिक।

01 अगस्त, 1930

गवाह नं. 292 : 'शनाख्त–महावीर व विजय कुमार सिन्हा'

तुलसी राम सुपुत्र पंडित गंडा राम, ब्राह्मण, आयु 36-37 वर्ष, रीडर, एडिशनल जिला मजिस्ट्रेट, फिरोजपुर–महावीर सिंह और विजय कुमार सिन्हा को डॉक्टर निगम वाले मकान में देखा था।

01 अगस्त, 1930

गवाह नं. 293 : 'किरायेनामे सम्बन्धी'

लेखराज सुपुत्र लाला किशोर चन्द खत्री, आयु 34 वर्ष, साहूकार मालिक मकान, फिरोजपुर–मोहल्ला शाहगंज में स्थित इसका मकान डॉ. निगम (गया प्रसाद) ने 'भगवान स्वरूप' के नाम पर किराये पर लिया था। जहाँ वह छह महीने रहा था।

01 अगस्त, 1930

गवाह नं. 294 : 'किरायेनामे सम्बन्धी'

साधूराम सुपुत्र लक्ष्मण दास, सूद, आयु 24 वर्ष, मुनीम, लाला किशोर चन्द-लेखराज, फिरोजपुर–गवाह नं. 293 को दुहराया।

01 अगस्त, 1930

गवाह नं. 295 : 'व्यक्तियों के आवागमन सम्बन्धी'

गजूराम सुपुत्र खेलूराम, राजपूत, आयु 23 वर्ष, नाई, शाहगंज मोहल्ला, फिरोजपुर–पाँच-छह व्यक्तियों को डॉ. निगम के पास आते-जाते देखता था।

[नोट : सम्भवत भगत सिंह ने सितम्बर 1928 में दिल्ली मीटिंग से वापसी पर इसी से अपने बाल कटवाए थे।–सम्पादक]

01 अगस्त, 1930

गवाह नं. 296 : 'निगम फार्मेसी–पेंटर'

मुहम्मद तुफैल सुपुत्र फैज बख्श, राजपूत, आयु 40 वर्ष, पेंटर, फिरोजपुर छावनी:– 2 साल पहले उसने एक बोर्ड 'निगम फार्मेसी–केमिस्ट्स एंड ड्रगिस्ट' नाम से तैयार किया था जिसके लिए उसने 6 रुपए लिए थे।

01 अगस्त, 1930

गवाह नं. 297 : 'निगम की टोपी व कोट का दर्जी'

चन्दा सिंह सुपुत्र हरी सिंह, कम्बोज, आयु 38 वर्ष, दर्जी, फिरोजपुर शहर। इसने डॉ. गया प्रसाद के लिए एक टोपी और एक कोट तैयार किया था।

01 अगस्त, 1930

गवाह नं. 298 : 'प्रेमदत्त–किरायेदार'

रामलाल सुपुत्र बहादुर मल्ल, अरोड़ा, दुकानदार, फिरोजपुर शहर–प्रेमदत्त इसका मकान किराये पर लेकर, वहाँ 24-25 दिन ठहरा था।

01 अगस्त, 1930

गवाह नं. 299 : 'प्रेमदत्त–दाखिला'

मुकन्द लाल सुपुत्र लाला गोपाल सहाय, खत्री, आयु 29 वर्ष, प्रिंसिपल टाइप-शार्टहैंड कॉलेज, फिरोजपुर शहर–प्रेमदत्त इस कॉलेज में दाखिला लेकर चार-पाँच दिन आया था।

01 अगस्त, 1930

गवाह नं. 300 : 'फिरोजपुर–औपचारिक'

मिरन बख्श सुपुत्र रांझा, गुजर, आयु 60 वर्ष, चारा व्यापारी, फिरोजपुर शहर–औपचारिक।

01 अगस्त, 1930

गवाह नं. 301 : 'फिरोजपुर–औपचारिक'

श्रीमती बीबी रानी, विधवा लालू, आयु 40 वर्ष, खाकरोब, फिरोजपुर शहर–औपचारिक।

01 अगस्त, 1930

गवाह नं. 302 : 'फर्नीचर व दवाइयों की बिक्री सम्बन्धी'

डॉ. दीवान सिंह, एम.बी.बी.एस., असिस्टेंट सर्जन, अब्दुलापुर, जिला अंबाला।

इसने जनवरी 1929 से जुलाई 1929 तक फिरोजपुर में डॉक्टरी की; 4 फरवरी, 1929 को डॉ. निगम ने इसको अपनी दुकान की मेज-कुर्सी और दवाइयाँ 25 रुपए में बेची थीं।

01 अगस्त, 1930

गवाह नं. 303 : 'शनाख्तें'

खान अमीर निवाज खाँ, मजिस्ट्रेट, प्रथम श्रेणी, मीयाँवाली–शनाख्तें कराईं।

02 अगस्त, 1930

गवाह नं. 304 : 'फिरोजपुर–औपचारिक'

दीनानाथ सुपुत्र लाला दीवान चन्द, खत्री, आयु 24 वर्ष, जमींदार, फिरोजपुर– औपचारिक।

02 अगस्त, 1930

गवाह नं. 305 : 'प्रेमदत्त–पुस्तकें'

रोशन लाल सुपुत्र भगत निर्मल दास, अरोड़ा, आयु 37 वर्ष, क्लर्क, रेलवे दफ्तर, फिरोजपुर–प्रेमदत्त अप्रैल 1929 के दिनों में इसका पड़ोसी था, जिससे गवाह ने कुछ पुस्तकें पढ़ने को ली थीं।

02 अगस्त, 1930

गवाह नं. 306 : 'फिरोजपुर–औपचारिक'

भागराम सुपुत्र माया दास, खत्री, आयु 30 वर्ष, क्लर्क, दफ्तर डिप्टी कमिश्नर, फिरोजपुर–औपचारिक।

02 अगस्त, 1930

गवाह नं. 307 : 'फिरोजपुर–औपचारिक'

सिरीराम सुपुत्र गोकल चन्द, ब्राह्मण, आयु 24 वर्ष, क्लर्क, आरसीनल दफ्तर, फिरोजपुर–औपचारिक।

02 अगस्त, 1930

गवाह नं. 308 : 'लाहौर–औपचारिक'

दुल्ला खाँ सुपुत्र अब्दुला रज्जाक खाँ, पठान, आयु 30 वर्ष, राज मिस्त्री, मोहल्ला शाहकंठ, लाहौर–औपचारिक।

02 अगस्त, 1930

गवाह नं. 309 : 'अराई बिल्डिंग–किरायानामा'

लाला गोपालकृष्ण सुपुत्र लाला बेली राम, कपूर, खत्री, आयु 19-20 साल, दुकानदार, लाहौर–अराई बिल्डिंग, मोजंग वाले मकान का किरायेनामा पेश किया।

02 अगस्त, 1930

गवाह नं. 310 : 'शनाख्त–विजय कुमार सिन्हा'

बृजगोपाल मितरा सुपुत्र केदार नाथ मितरा, कायस्थ, आयु 22 वर्ष, विद्यार्थी, पिटमैंन शार्टहैंड इंस्टीट्यूट, कानपुर–विजय कुमार सिन्हा को जानता था, उसको दिसम्बर 28 जनवरी 29 के दिनों में आगरा में देखा था।

02 अगस्त, 1930

गवाह नं. 311 : 'लाहौर–औपचारिक'

देवीचन्द सुपुत्र लाला आत्माराम, खत्री, आयु 24 वर्ष, ठेकेदार, वच्छोवाली, लाहौर–औपचारिक।

02 अगस्त, 1930

गवाह नं. 312 : 'रावलपिंडी–औपचारिक'

मानस खाँ सुपुत्र भादू खाँ, डाकिया, रावलपिंडी–औपचारिक।

02 अगस्त, 1930

गवाह नं. 313 : 'पुलिस–औपचारिक'

चरण सिंह, सब–इंस्पेक्टर, पुलिस कांस्टेबल नं. 138, लाहौर, छावनी–औपचारिक।

02 अगस्त, 1930

गवाह नं. 314 : 'रावलपिंडी–औपचारिक'

मुहम्मद अफजल सुपुत्र नूर मुहम्मद कश्मीरी, आयु 30 वर्ष, क्लर्क, हेड पोस्ट ऑफिस, लाहौर–औपचारिक।

02 अगस्त, 1930

गवाह नं. 315 : 'कूचा किरपा राम–अस्टाम पेपर'

बंसीलाल सुपुत्र गुरांदित्ता मल्ल, आयु 63 वर्ष, अर्जी नवीस-टिकट फरोश, शाह आल्सी गेट, लाहौर–15.12.1928 को कूचा किरपा राम के मकान मालिक घोटा मल्ल को अस्टाम पेपर बेचा था।

02 अगस्त, 1930

गवाह नं. 316 : 'मकान–किरायानामा'

महिंगा राम सुपुत्र छन्ना मल्ल, खत्री, आयु 22 वर्ष, मुगल बाजार, अमृतसर:– मुगल बाजार वाला मकान गवाह नं. 197 रागसहाय के जरिये किरागे पर दिया था। उसी का दुहराव।

02 अगस्त, 1930

गवाह नं. 317 : 'लाहौर–औपचारिक'

मनसा राम सुपुत्र गोबिन्द राम, ब्राह्मण, आयु 23 वर्ष, होटल मालिक, जालन्धर–औपचारिक।

02 अगस्त, 1930

गवाह नं. 318 : 'फिरोजपुर–औपचारिक'

हंसराज सुपुत्र हरी राम, ब्राह्मण, आयु 25 वर्ष, मालिक, हिन्दू शर्मा होटल, फिरोजपुर शहर–औपचारिक।

02 अगस्त, 1930

गवाह नं. 319 : 'हैट–चालान'

जगननाथ अग्रवाल सुपुत्र हुंमल लाल, जाति अग्रवाल, उम्र 32 साल, दुकानदार, अनारकली, लाहौर-**[सुखदेव : वास्तव में वह एक अच्छा आदमी है। श्री कृष्ण की अदालत में इस गवाह को मुनकर (hostile) घोषित किया था, क्योंकि उसने ग्राहक की पहचान के मामले में जानबूझकर असमर्थता जताई थी : हालाँकि कई ऐसे गवाह भी थे, जो निर्लज्य होकर पुलिस के इशारों पर चलते थे।]** :–

अंग्रेजी टोपी *प्रदर्श पी–493* मौजूदा अदालत में देखता हूँ। यह हमारी दुकान से बेची गई है। इस दुकान का नाम अग्रवाल ब्रदर्ज है। इस टोपी पर मेरी दुकान का नाम अग्रवाल ब्रदर्ज अंग्रेजी में लिखा हुआ है। यह टोपी इस सामान के साथ इटली से आई थी, जो ***प्रदर्श पी.बी.एन.* चालान** के जरिये आया था। चालान की तारीख 18.3.27 है। इससे मालूम होता है कि यह माल मार्च–अप्रैल में रवाना हुआ होगा। **कागज *प्रदर्श पी.बी.एन.*** और उसके साथ **इंग्लिस्तान वाले एजेंट *का कागज प्रदर्श पी.बी.एन.–1*** मुझसे पुलिस ले गई थी। फर्द बरामदगी ***एक्स पी.बी.एन.–2*** तैयार हुई थी, जिस पर मेरे हस्ताक्षर हैं।

02 अगस्त, 1930

गवाह नं. 320 : 'फणिन्द्र की निशानदेही–तफ्तीश'

मियाँ जगदीश सिंह मजिस्ट्रेट, प्रथम श्रेणी, दिल्ली:–

14.7.29 को मैंने फणिन्द्रनाथ घोष को कोतवाली से अपने साथ लिया, क्योंकि वह कुछ जगहें दिखाना चाहता था। पहले वह मुझको **संगम लाल बिल्डिग, चाँदनी चौक के करीब ले गया, और उसने वह कमरे दिखलाए,** जिनके बारे में उसने बताया कि वह इनमें दो दिन ठहरा था। वहाँ से वह मुझको **फिरोजशाह कोटला** में ले गया; वहाँ उसने दो घास के लान दिखलाए। जहाँ उसने बताया कि उनकी पार्टी की दो बैठकें हुई थीं; उसने ये भी बतलाया कि एक व्यक्ति बड़ा सिंह, चौकीदार ने उनसे पूछा था कि वह यहाँ क्या कर रहे हैं, तो उन्होंने जवाब में चौकीदार को कहा था कि वह अपनी परीक्षा की तैयारी कर रहे हैं। वहाँ से वह मुझको **जन्तर–मन्तर आबजरवेटरी** के पास ले गया, जो जन्तर–मन्तर रोड पर स्थित है और कहा कि वह और पार्टी के व्यक्ति जन्तर–मन्तर को देखने आए थे। फिर उसने मुझको **ताँगों का अड्डा** दिखाया, जो असेम्बली चेम्बर के करीब है और कहा कि उन्होंने यहाँ से ताँगे लिए थे। वहाँ से वह मुझको **गुरुद्वारा रोड** पर ले गया। वहाँ **पानी का नल्का** दिखलाकर उसने कहा कि यहाँ से उन्होंने पानी पिया था। फिर वह मुझको **रॉयल हिन्दू होटल में ले गया, जो फतेहपुरी मस्जिद के पास है।** और यह बताया कि उसने और उसके

साथियों ने दो बार वहाँ खाना खाया था। मैंने उसके बाद उसको कोतवाली पहुँचा दिया। और वहाँ से एक मनमोहन बनर्जी वादामाफ को साथ लिया, क्योंकि वह भी वही जगहें दिखलाना चाहता था, और उसने भी घोष की तरह सारे वाक्य बताए। मैंने ***प्रदर्श पी.डी.डब्ल्यू*** याददाश्त निशानदेही तैयार की, जो सही है और मेरी लिखी हुई है और इस पर मेरे हस्ताक्षर हैं।

अदालत के सवाल के जवाब में : बारा सिंह चौकीदार को उस समय बुलाया गया था, जब घोष ने इसका जिक्र किया। वह आया तो घोष ने उसको पहचाना और बारा सिंह ने घोष को पहचाना। इस बात का जिक्र मेरी याददाश्त में दर्ज है।

04 अगस्त, 1930

गवाह नं. 321 : 'कत्ल–तफ्तीश'

खान बहादुर सय्यद बुड्ढे शाह, ऑनरेरी मजिस्ट्रेट व ऑनरेरी सिविल जज व सब रजिस्ट्रार अमृतसरः–

कश्मीर बिल्डिंग की तलाशी का विवरण–गवाह नं. 23 का दुहराव।

04 अगस्त, 1930

गवाह नं. 322 : 'बेतिया–औपचारिक'

खान साहब डॉ. नूर मुहम्मद, असिस्टेंट सर्जन, वजीराबाद–औपचारिक।

04 अगस्त, 1930

गवाह नं. 323 : 'भगत सिंह के कपड़ों सम्बन्धी'

हरगुरचेत सिंह, पुलिस सब–इंस्पेक्टर, दिल्ली–19.4.29 को भगत सिंह के कपड़े कब्जे में लिए।

04 अगस्त, 1930

गवाह नं. 324 : 'सहारनपुर–औपचारिक'

आशाराम सुपुत्र उमराव सिंह, ब्राह्मण, आयु 22 वर्ष, दुकानदार, सहारनपुर–औपचारिक।

04 अगस्त, 1930

गवाह नं. 325 : 'रेलवे पार्सल–प्रेमदत्त'

देशराज, पार्सल क्लर्क, एन.डब्ल्यू.आर., लाहौर–21.4.29 को गुजरात के लिए कुछ सामान बुक किया।

04 अगस्त, 1930

गवाह नं. 326 : 'रेलवे पार्सल–प्रेमदत्त'

फखरुद्दीन सुपुत्र अलाह वधावा, आयु 40 वर्ष, पार्सल क्लर्क, लाहौरः–
21.4.29 को गुजरात के लिए कुछ सामान भेजा।

04 अगस्त, 1930

गवाह नं. 327 : 'दो टिकटों की उगाही'

अहमद बख्श सुपुत्र कमरुद्दीन, शेख, आयु 45 वर्ष, हेड टिकट कलेक्टर, आगरा फोर्ट–हावड़ा (कलकत्ता) से आगरा फोर्ट की 2 टिकटें पाईं।

04 अगस्त, 1930

गवाह नं. 328 : 'एक टिकट की उगाही'

हाशाउल्ला खाँ सुपुत्र बख्शउल्ला खाँ, पठान, आयु 30 वर्ष, रेलवे क्लर्क, आगरा फोर्ट–13.2.29 को हावड़ा से आगरा फोर्ट की एक टिकट कलेक्ट कीं।

04 अगस्त, 1930

गवाह नं. 329 : 'आगरा-दिल्ली–टिकटों की उगाही'

कबूल चन्द सुपुत्र कूड़ा मल्ल, जैन, आयु 43 वर्ष, हेड टिकट कलेक्टर, दिल्ली–2.4.1929 को आगरा से दिल्ली की दो तृतीय श्रेणी की टिकटें कलेक्ट की।

04 अगस्त, 1930

गवाह नं. 330 : 'दिल्ली-आगरा–टिकटों का ब्यौरा'

बी. हेम चन्द सुपुत्र लाला कश्मीरी लाल, जैन, आयु 26 वर्ष, बुकिंग क्लर्क, दिल्ली–1.4.29 को आगरा का एक थर्ड क्लास टिकट और इसी तरह का एक टिकट 29.3.29 का जारी किया।

04 अगस्त, 1930

गवाह नं. 331 : 'नूरी दरवाजा-किरायानामा रिकार्ड'

गोपाल दास सुपुत्र प्रिया दास, अग्रवाल बनिया, आयु 26 वर्ष, हलवाई–साहूकार, नूरी दरवाजा, आगरा–गवाह नं. 234 का भाई जिसने किराये की रसीदों का रिकार्ड पेश किया।

04 अगस्त, 1930

गवाह नं. 332 : 'सहारनपुर–विस्तृत गवाही'

रामचन्द सुपुत्र बिहारी लाल, जाति राजपूत, उम्र 52 साल, व्यवसाय सुनार, वासी सहारनपुरः–

मेरी दुकान चकरोता, जिला देरादून में है। मेरा एक मकान रानी बाजार सहारनपुर में है। उसको मैं किराये पर दिया करता हूँ। साल 1929 में मैंने वह मकान रामनाथ को किराये पर दिया था, जिसको साल भर का समय हुआ है। ये उस साल को होली के थोड़ी देर बाद का जिक्र है। मैं उन दिनों सहारनपुर आया हुआ था, क्योंकि मैं गर्मियों में **चकरोता** व सर्दियों में **सहारनपुर** रहता हूँ। उसने निचले दो कमरे पसन्द किए, और जिनका किराया पाँच रुपए महीना मुकर्रर हुआ था। उसने अपना कुछ सामान अन्दर रखा और कहा कि अपने बाल–बच्चे लेने जाता हूँ और मकान को ताला लगा गया। वह मुझे पाँच रुपए पेशगी दे गया था। 8–9 दिन के बाद वापस आया। उसके साथ एक और नौजवान बाबू था। मेरे पूछने पर कि उसका साथी कौन है? डॉक्टर ने कहा कि वह उसका भाई है। आकर

मुँह–हाथ धोकर फिर दोनों बाजार चले गए। थोड़ी देर बाद डॉक्टर अकेला 4–5 बजे शाम वापस आया। मैंने पूछा कि तुम्हारा भाई कहाँ है? उसने कहा कि वापस घर चला गया। मैंने डॉक्टर से पूछा कि आप बाल–बच्चे लेने गए थे, उन्हें क्यों नहीं लाए? उसने कहा कि वह यहाँ दुकान जमाएगा, और अगर दुकान जम गई तो एक–दो महीने तक बाल–बच्चे ले आएगा। तो मैंने कहा कि अगर आप बाल–बच्चे नहीं लाए तो मैं मकान आपको किराये पर नहीं दे सकता, मेरा मकान खाली कर दो। सुबह उठकर वह बाहर गया और दो–तीन घंटे बाद आया और उसने कहा कि उसने, किसी और मकान का इंतजाम कर लिया है। मेरा मकान खाली कर देगा और ये भी कहा कि **पाँच रुपए किराया जो मैंने पेशगी लिये थे उनमें से 7–8 दिन का किराया मैं काट लूँ और बाकी वापस कर दूँ।** मैंने सारा किराया पाँच रुपए उसको वापस कर दिया।

मैंने एक शनाख्त परेड में, जो लाहौर के किले में हुई थी मजिस्ट्रेट साहब के सामने उस बाबू को शनाख्त किया, जो डॉक्टर के साथ था और जिसको डॉक्टर ने अपना भाई बताया था। उसके बाद उसी दिन मैंने बोरस्टल जेल में जाकर एक और शनाख्त परेड में डॉक्टर को शनाख्त किया जो बहुत से व्यक्तियों में मिलाकर बिठाया गया था।

मैं आज फिर उसी जेल में गया था, जिसमें मैंने पहले डॉक्टर को शनाख्त किया था। वहाँ बहुत से व्यक्ति एक बारक में चारपाइयों पर लेटे हुए थे।

उनमें से मैंने डॉक्टर को भी और उस बाबू को जो डॉक्टर का भाई बयान हुआ था, शनाख्त किया।

जिरह समाप्त।

04 अगस्त, 1930

गवाह नं. 333 : 'योगेश–दरखास्तों की शनाख्तें'

हाफिज मुहम्मद इस्हाक सुपुत्र शमश–उद–दीन, जाति शेख, उम्र 55 साल, अर्जी–नवीस, वासी फतेहगढ़:–

मैं 3.3.28 को ***प्रदर्श पी.इ.एस., प्रदर्श पी.इ.एस.–1*** कैदियों से मुलाकातों की दरखास्तें देखता हूँ। एक व्यक्ति रामआसरा वाली दरखास्त ***प्रदर्श पी.इ.एस*** है, जो रामदुलारे कैदी के साथ मुलाकात के लिए हैं; और ***दरखास्त प्रदर्श पी.इ.एस.–1*** प्रभात चन्द्र (शिव वर्मा) की तरफ से है, जो चटर्जी सजा याफता कैदी से मुलाकात करना चाहता था। मैं वहाँ बैठकर अर्जियाँ लिखा करता हूँ।

04 अगस्त, 1930

गवाह नं. 334 : 'योगेश–निगरानी–शनाख्तें'

ओंकार नाथ सुपुत्र रामसहाय, जाति ब्राह्मण, उम्र 41 साल, वासी मुलाजिम, सी. आई.डी. पुलिस, फर्रुखाबाद:–

4 मार्च, 1928 को मेरी प्रभात चन्द्र (शिव वर्मा) की निगरानी की ड्यूटी मेरी लगाई थी। मैंने उसको फतेहगढ़ रेलवे स्टेशन पर देखा और वहाँ से खुदलापुर रेलवे

स्टेशन तक उसकी निगरानी करता रहा। वह खुदलापुर स्टेशन पर उतरा और कुछ कदम इधर-उधर टहलने के बाद वह एक मकान की तरफ गया और मैं उसके पीछे-पीछे गया। उस मकान के ऊपर साइन बोर्ड लगा हुआ था, जिस पर डॉक्टर गया प्रसाद लिखा हुआ था। **[सुखदेव : शिव वर्मा से भूल हुई। इस प्रकार उसने न चाहते हुए भी डॉ. गया प्रसाद के घर जाकर, उसके ठिकाने का सुराग पुलिस को उपलब्ध करा दिया।]** यह मकान स्टेशन खुदलापुर से 8-10 कदम के फासले पर था। मैं इस जगह की निगरानी चुपके से करता रहा।

दूसरे दिन सुबह कुछ मरीज आए और डॉक्टर उनको देखने के लिए निकला तब मुझको पता लगा कि ये व्यक्ति डॉक्टर गया प्रसाद है। प्रभात चन्द्र उस दिन मकान से बाहर नहीं निकला था। मैं उस दिन सारा दिन वहाँ रहा और रात को 11 बजे की गाड़ी में सवार होकर फर्रुखाबाद वापस आया। *फतेहगढ़ से प्रभात चन्द्र के साथ एक और व्यक्ति सवार हुआ था जो कि बंगाली मालूम होता था, और 18-19 वर्ष का मालूम होता था। मैं उन दोनों को बराबर देखता गया। मगर वह खुदलापुर नहीं उतरा था। वह गाड़ी आगे कानपुर जा रही थी।* **[सुखदेव : गलत]** ***21.6.29 को मैंने किला लाहौर में एक शनाख्त परेड में मजिस्ट्रेट साहब के समक्ष प्रभात चन्द्र को शनाख्त किया जिसका नाम शनाख्त के बाद शिव वर्मा मालूम हुआ, और डॉक्टर गया प्रसाद को भी उसी परेड में शनाख्त किया।***

इसके बाद लाहौर की जेल में 19.8.29 को मैंने मजिस्ट्रेट साहब के समक्ष उस नौजवान व्यक्ति को शनाख्त परेड में पहचाना, जिसने प्रभात चन्द्र के साथ फतेहगढ़ से खुदलापुर तक सफर किया था।

आज सुबह मैं फिर उस जेल में शनाख्त के लिए गया था और वहाँ एक बारक में बहुत से व्यक्ति चारपाइयों पर लेटे हुए थे। मैंने तीनों व्यक्तियों को पहचाना था। मैंने यह शनाख्त जेल के अफसरों के समक्ष की थी।

04 अगस्त, 1930

गवाह नं. 335 : 'योगेश-निगरानी-शनाख्तें'

जेनुलबदीन सुपुत्र मुहम्मद तकी, जाति शेख, उम्र 41 साल, वासी फर्रुखाबाद, मुलाजिम सी.आई.डी. पुलिस:-

4 मार्च, 1928 को मुझे सरदार मोहन सिंह सब-इंस्पेक्टर ने टेलीफोन पर हुक्म दिया कि **फतेहगढ़ सेंट्रल जेल** पर फौरन उसको मिलूँ। *सब-इंस्पेक्टर साहब ने दो नौजवान व्यक्ति जो जेल के बाहर घूम रहे थे, इशारे से दिखाए और मुझको यह कहा कि उनकी निगरानी करते रहो; जिधर जाए खबर रखो। वो दोनों भौलापुर गाँव की तरफ गए जो फतेहगढ़ रेलवे स्टेशन के करीब है। मैं भी उनके पीछे-पीछे गया। ये दोनों व्यक्ति* ***गंगा प्रसाद*** *वार्डन सेंट्रल जेल के मकान में दाखिल हुए।* **[सुखदेव : शायद यह वह व्यक्ति था जिसके द्वारा योगेश से जेल में पत्र-व्यवहार शुरू हुआ। जब उनका पीछा किया जा रहा था तो वे उसके घर क्यों गए!]** उस मकान

का मालिक रुधन सिंह कुरमी था। मैं मकान के बाहर खड़ा रहा। और जब कानपुर को जाने वाली गाड़ी का समय हुआ तो ये दोनों व्यक्ति घर से निकले और रेलवे स्टेशन पर गए। मैं भी इनके पीछे-पीछे गया और रेलवे स्टेशन पर सरदार मोहन सिंह सब-इंस्पेक्टर ने ओंकार कांस्टेबल, सरकारी गवाह नं. 334 की ड्यूटी लगा दी, और मुझे फार्ग कर दिया। ओंकार नाथ भी उसी ट्रेन में सवार हो गया। वह दोनों व्यक्ति मेरी मौजूदगी में ही ट्रेन में सवार हो गए थे।

16.11.29 को मैं लाहौर में शनाख्त के लिए आया और बोरस्टल जेल में एक मजिस्ट्रेट साहब के सामने मैंने इन दोनों में से एक व्यक्ति को शनाख्त किया, जिसका नाम शनाख्त के बाद **शिव वर्मा** मालूम हुआ।

जब मैंने फतेहगढ़ की जेल के बाहर उन दोनों को देखा था तो मुझे मालूम हुआ कि एक का नाम **बाल किशन** और एक का नाम **प्रभात चन्द्र** है। शिव वर्मा जिसका नाम मालूम हुआ था, उसका नाम प्रभात चन्द्र फतेहगढ़ में मालूम हुआ था।

***आज भी मैं फिर उसी बोरस्टल जेल में आ गया। वहाँ एक बारक में बहुत से व्यक्ति लेटे हुए थे, उनमें में से मैंने उसी शिव वर्मा उर्फ प्रभात चन्द्र को शनाख्त किया।* शनाख्त के दौरान जेल के अफसर मौजूद थे।**

04 अगस्त, 1930

गवाह नं. 336 : 'कैलाशपति–अदालती रिकार्ड'

नंद कुमार वर्मा सुपुत्र बलदेव प्रसाद, कायस्थ, आयु 34 वर्ष, रिकार्ड कीपर, कलेक्टर ऑफिस, गोरखपुरः–

कैलाशपति के खिलाफ गोरखपुर की अदालत में चल रहे मुकदमे का रिकार्ड पेश किया।

04 अगस्त, 1930

गवाह नं. 337 : 'कैलाशपति–अदालती रिकार्ड'

दुर्गा सिंह, पुलिस सब-इंस्पेक्टर, गोरखपुर–गवाह नं. 336 का दुहराव।

04 अगस्त, 1930

गवाह नं. 338 : 'लाहौर–हवाई पिस्तौल'

मथुरादास सुपुत्र राधा राम, ब्राह्मण, आयु 28 वर्ष, सहायक मीटर इंस्पेक्टर, बिजली सप्लाई कम्पनी, लाहौर–औपचारिक।

04 अगस्त, 1930

गवाह नं. 339 : 'लाहौर–हवाई पिस्तौल'

जग्गू राम सुपुत्र मुन्शी राम, ब्राह्मण, आयु 27 वर्ष, इलेक्ट्रीशन, बिजली सप्लाई कम्पनी, लाहौर–औपचारिक।

04 अगस्त, 1930

गवाह नं. 340 : 'मकान की निशानदेही'

गोपाल सिंह सुपुत्र खुशहाल सिंह, रामगढ़िया सिख, आयु 48 वर्ष, सब-ओवरसीयर, जिला बोर्ड एंड म्यूनिसिपल कमिश्नर, फिरोजपुर:-

पुलिस तथा किशोरी लाल के साथ मोहल्ला पटवारीयां में एक मकान की निशानदेही की।

04 अगस्त, 1930

गवाह नं. 341 : 'योगेश-स्थानांतर'

रामसिंह सुपुत्र भवानी सिंह, नायक पुलिस, आगरा:-

16.2.1929 को मेरी यह ड्यूटी लगी कि एक कैदी को आगरा जेल से लखनऊ सेंट्रल जेल ले जाऊँ। उस कैदी का नाम योगेश चन्द्र चटर्जी था। मेरे साथ लखनऊ की पुलिस के कुछ व्यक्ति थे।

05 अगस्त, 1930

गवाह नं. 342 : 'प्रेमदत्त-लिखाई नमूना'

हकीम अहमद्दीन सुपुत्र मियाँ सिराजुदीन, उम्र 48 साल, हकीम, वासी शाहदरा, जिला लाहौर-औपचारिक।

05 अगस्त, 1930

गवाह नं. 343 : 'निशानदेही-तलाशी-बरामदगियाँ'

सरदार नारायण सिंह, सब-इंस्पेक्टर, पुलिस, थाना सदर झंग:-

मैं मई 1929 में लाहौर सी.आई.डी. के विशेष स्टाफ में नियुक्त था। 7.5.1929 को प्रेमदत्त मुल्जिम के साथ मैं गुजरात गया। और वहाँ उसने अपनी दादी, श्रीमती मेला देवी के मकान से कुछ चीजें बरामद कराईं। श्रीमती मेला देवी वहाँ मौजूद थी। **बरामद चीजें, जिनका ब्यौरा फर्द बरामदगी *प्रदर्श पी.सी.ए.-1* में दर्ज है, कुछ पुस्तकें थीं, कुछ कपड़े और कुछ बरतन थे। *मैंने फर्द वहाँ तैयार की थी जो मेरी कलम की लिखी हुई है, इस पर मेरे हस्ताक्षर हैं। मैंने पुस्तकों पर भी हस्ताक्षर कर दिए थे,*** निम्नलिखित पुस्तकें हैं जिन पर मैंने हस्ताक्षर किए:-

पी-509	**'दी सेवन दैट वर हैंग्ड'**
पी-481	**'रोडस टू फ्रीडम'**
पी-554	**'बंदी जीवन' (हिन्दी)**
पी-543	**'हाउ टू इन्क्रीज योर वेट'**
पी-544	**'हाउ टू स्ट्रेंथन योर लंग्ज'**

इस बरामदगी में **जिंक बॉक्स** मौजूदा अदालत में ***प्रदर्श एच.पी.-471*** बरामद हुआ था। जिसको मैं शनाख्त करता हूँ और **बिजली की बैटरियाँ *प्रदर्श पी-474, पी-474-ए*** भी इसी तलाशी में बरामद हुईं; अदालत में मौजूद हैं, मैं शनाख्त करता हूँ।

इसी दिन प्रेमदत्त मुल्जिम मुझको अपने दूसरे बन्द मकान पर ले गया। जिसकी चाबी उसने अपनी दादी मेला देवी से ली। वहाँ से वे चीजें बरामद करवा दीं जिनका

ब्यौरा फर्द बरामदगी *प्रदर्श एच.पी.सी.ए.-2* में है। फर्द बरामदगी भी मैंने दुरुस्त तौर पर वहाँ तैयार की और मेरे ***उस पर हस्ताक्षर हैं।*** जो **पुस्तकें** उस दूसरी तलाशी से निकलीं उन पर भी मेरे हस्ताक्षर हैं। ***पी-89* एक अंग्रेजी जूतों का जोड़ा है जो उसी मेला देवी वाले मकान से बरामद हुआ था।**

12.5.29 को मुल्जिम प्रेमदत्त ने शहर गुजरात से श्रीमती विद्यावंती विधवा ठाकर दास के घर से कुछ और चीजें बरामद कराईं। श्रीमती विद्यावंती उसके बाप की चाची है। 7.5.29 को हम लाहौर वापस आ गए थे। 12.5.29 फिर तलाशी के लिए गुजरात गए थे, ये चीजें सिर्फ दो थीं, **खाकी टविल की कमीज *पी-593* और एक मैला तौलिया *प्रदर्श एच.पी.-594***, और ***पी.सी.ए.-3;*** जो इन वस्तुओं की फर्द बरामदगी हैं जो मैंने दुरुस्त तौर पर तैयार की और इस पर मेरे हस्ताक्षर हैं। उसी तारीख को प्रेमदत्त मुल्जिम ने अपनी दादी श्रीमती मेला देवी के मकान से कुछ और चीजें बरामद कराईं। जिनमें **एक थैला *पी-484*** मौजूदा अदालत में है। इन चीजों की फर्द दुरुस्त तौर पर तैयार की गई। और इस पर मेरे हस्ताक्षर हैं। ***प्रदर्श एच.पी.सी.ए.*** है।

05 अगस्त, 1930

गवाह नं. 344 : 'इलाहाबाद पुलिस–अजय घोष'

पंडित गंगाराम नागर सुपुत्र अनंदी लाल, नागर, आयु 68 वर्ष, वार्डन, हिन्दू होस्टल, इलाहाबाद–औपचारिक।

05 अगस्त, 1930

गवाह नं. 345 : 'योगेश–स्थानांतर'

मिस्टर सैमुअल नासिर सुपुत्र फतेह मसीह, उम्र 42 साल, ईसाई, पुलिस सब-इंस्पेक्टर, डिस्ट्रिक्ट इन्टेलिजेन्स स्टाफ, आगरा–गवाह नं. 346 का दुहराव।

05 अगस्त, 1930

गवाह नं. 346 : 'योगेश–स्थानांतर'

अजमतुल्ला खाँ सुपुत्र हफीज उल्ला, उम्र 40 साल, कांस्टेबल नं. 231, सी.आई.डी., डिस्ट्रिक्ट इन्टेलिजेन्स स्टाफ, आगरा–16.2.29 को जोगेश चन्द्र चटर्जी, आगरा जेल से लखनऊ को भेजा गया। मैंने इस बात की सूचना मिस्टर सैमुअल नासिर, सरकारी गवाह नं. 345, अपने अफसर को दे दी, जिसे उन्होंने अपने रोज-नामचे में दर्ज कर लिया।

05 अगस्त, 1930

गवाह नं. 347 : 'नौजवान भारत सभा मैनीफेस्टो–भगवतीचरण वोहरा'

मिस्टर जंग बहादुर सिंह, असिस्टेंट एडीटर, दी *ट्रिब्यून*, लाहौर–

यह गवाह अंग्रेजी में अपना बयान देगा और इसकी गवाही अंग्रेजी में लिखी जाएगी, जैसा कि अदालत लिखाएगी। इसका अनुवाद उर्दू में शामिल मिस्ल में किया जाए।

05 अगस्त, 1930

अनुवाद

मिस्टर जंग बहादुर सिंह, असिस्टेंट एडीटर, *ट्रिब्यूनल*, लाहौर–

सवाल : क्या 1928 की गर्मियों में भगवतीचरण नाम का कोई व्यक्ति आपके दफ्तर में एक रसाला 'मैनीफैस्टो' छपवाने या समाचार पत्र 'ट्रिब्यून' में छापने के उद्देश्य से आया था?

जवाब : जब तक कि उक्त दोषी मुझ पर जिरह करने या मेरे बयान की जाँच-पड़ताल करने के लिए यहाँ मौजूद न हो, मैं किसी सवाल का जवाब देना या बतौर गवाह कोई बयान देना अपने जमीर के उल्ट समझता हूँ, मैं यह कहूँगा कि ये मेरे जमीर के खिलाफ है।

[इस पड़ाव पर निम्नलिखित कानूनों के बारे में गवाह को सूचित किया गया:–

(1) धारा 14, ओथस एक्ट,

(2) धारा 179, ताजीराते हिन्द (आई.पी.सी.)

(3) धाराएँ–485, 480, 486 जाबता फौजदारी, सीआर.पी.सी]

अदालत का सवाल : अब जबकि सम्बन्धित कानून आपके नोटिस में लाए गए हैं, क्या आप इस सवाल का जवाब देने के लिए तैयार हैं जो प्रोसिक्यूटर ने आप से किया है?

जवाब : अफसोस है कि मैं इस सवाल का जवाब नहीं दे सकता; मैं अपने जमीर के खिलाफ नहीं जा सकता।

(इस पड़ाव पर गवाह को यह जताया गया कि इस पर जो सवाल किया गया है वह भगवतीचरण मुल्जिम, जो कि फरार है के बारे में है और धारा 514 फौजदारी की शर्तें भी गवाह को समझाई गईं।)

(गवाह को मौका दिया गया कि वह इस मामले पर गौर करे। इसके बाद प्रोसिक्यूटर साहब का सवाल दुहराया गया।)

जवाब : मेरे ख्याल से 1928 ई. में कोई व्यक्ति समाचार पत्र 'ट्रिब्यून' में छपवाने के लिए एक रसाला मेरे पास लाया था।

सवाल : क्या आपने वह रसाला ले लिया था, या उसे लेने से इनकार कर दिया था?

जवाब : मैंने वह रसाला ले लिया और उसे शुरू से आखिर तक पढ़ा; चूँकि उसमें आपत्तिजनक बातें थी, इसलिए मैंने वह एडीटर साहब के सामने पेश किया। उन्हें भी ऐसा ही लगा, और यह फैसला हुआ कि इसे प्रकाशित न किया जाए। मेरे ख्याल से वह उसी व्यक्ति को वापस दे दिया गया था, जो उसे लाया था। ***रसाला जो मेरे पास लाया गया था वह इसी किस्म का था जैसा कि प्रदर्श पी.एक्स. जो मुझे दिखाया गया है।*** मैं कागज के रंग और आकार के लिहाज से यह कहता हूँ। ***प्रदर्श पी.एक्स.*** पढ़कर मैं कह सकता हूँ जो रसाला मेरे पास लाया गया था उसका सिरलेख यही था। मुझे यह ठीक तौर पर याद नहीं

कि क्या उस व्यक्ति ने जो मेरे पास रसाला लाया था, ने अपना नाम भगवतीचरण बताया था। मेरे पास इतने व्यक्ति आते हैं कि मैं उनके नाम याद नहीं रख सकता। मैं उस व्यक्ति को जो रसाला मेरे पास लाया था **शनाख्त न कर सकूँगा।** एडीटर साहब जिनका मैंने जिक्र किया है और जिनके पास मैं रसाला ले गया था। शायद पंडित प्यारे मोहन साहब सीनियर असिस्टेंट जो एडीटर साहब की गैर-हाजिरी में उनकी जगह काम करते थे।

5 अगस्त, 1930 — जी.सी. हिल्टन

उक्त गवाह ये भी कहना चाहता है कि उसे सवालों के जवाब प्रासिक्यूटर साहब के इस यकीन दिलाने पर कि उसकी गवाही फरार भगवतीचरण दोषी के विरुद्ध ही इस्तेमाल की जाएगी और बाकी दोषियों के विरुद्ध इस्तेमाल न की जाएगी, दिए हैं।

05 अगस्त, 1930

गवाह नं. 348 : 'नौजवान भारत सभा मैनीफेस्टो–भगवतीचरण वोहरा'

सोहन लाल सुपुत्र सालिग राम, जाति अरोड़ा, उम्र 33 साल, प्रोपराइटर, 'अरोड़ा बंस प्रेस', लाहौर–मैं ***प्रदर्श पी.एक्स.*** मौजूदा अदालत देखता हूँ। यह एक **'मैनीफेस्टो'** है जो हमारे प्रेस में छपा है। जो व्यक्ति, इसे छपवाने के लिए लाया था वह हाथ से लिखी हुई या टाइप की हुई कापी लाया था, और जो वह लाया था उसके अनुसार हमने छाप दिया था। जो व्यक्ति लाया था वह अपना नाम बी.सी. वोहरा बताता था, और यू.पी. का व्यक्ति मालूम होता था। वह व्यक्ति मेरी प्रेस में कई बार आया, क्योंकि उसने इसके अलावा तीन-चार चीजें और छपवाई थीं। ***मैं अगर उसको देखूँ तो शनाख्त कर सकता हूँ।***

05 अगस्त, 1930

गवाह नं. 349 : 'हंसराज वोहरा–मकान तलाशी'

मिस्टर पी.ए. डोगरा, डी.एस.पी., पुलिस लुधियानाः–

2.5.1929 का प्रोफेसर सेंट्रल ट्रेनिंग कॉलेज, लाहौर, लाला गुरांदित्ता मल्ल के मकान की तलाशी ली, जो हंसराज के पिता हैं।

05 अगस्त, 1930

गवाह नं. 350 : "चाँद–'फाँसी अंक'"

पंडित चत्तर सेन शास्त्री सुपुत्र लाला केवल राम, जाति राजपूत, उम्र 38 साल, मोहल्ला फतेहपुरी, दिल्लीः–

मैं कभी-कभी हिन्दी रसालों में छोटी-छोटी कहानियाँ और लेख लिखता हूँ। मैं मिस्टर सहगल, जो 'चाँद' मैगजीन के एडीटर और मालिक हैं, को जानता हूँ। तकरीबन दो साल हुए, नवम्बर महीने में हिन्दी रसाले 'चाँद' का एक खास नम्बर निकला था जो मैंने सम्पादित किया था। उसमें बहुत लोगों ने लेख भेजे थे; एक व्यक्ति राम नारायण कपूर ने भी कुछ लेख उसमें भेजे थे, जो कि चन्द्रशेखर शास्त्री मेरे पास लाए थे। उन लेखों के साथ तस्वीरों के कई ब्लॉक भी राम नारायण ने भेजे थे जो लोग राजसी

गतिविधियों में फाँसी पर गए उनकी जिन्दगी के बयौरे और चित्र थे; जहाँ तक मुझे याद है दो रुपए प्रति तस्वीर सहगल साहब ने राम नारायण को दिए थे और राम नारायण कपूर के लेख मैगजीन में छाप दिए गए थे। मैंने एक बार कोई दस मिनट के लिए राम नारायण कपूर को देखा था। वह नौजवान आयु का था, पतला था, दाढ़ी मूँछ बिलकुल मुँडी हुई थी। काला चश्मा लगाए हुए था और उसका रंग पक्का था। ***प्रदर्श पी.-570*** 'चाँद' मैगजीन का ***विशेष नम्बर देखकर कहा कि इसके आखिर में राम नारायण कपूर के लेख छपे हैं।*** पृष्ठ 244 से 315 तक वे लेख और तस्वीरें छापी थीं।

अदालत के सवाल के जवाब में : जहाँ तक मुझे याद है इस खास नम्बर की कोई **दस हजार प्रतियाँ छपी थीं।**

05 अगस्त, 1930

गवाह नं. 351 : 'इलाहाबाद पुलिस–जतिन सान्याल'

सुरेन्द्र नाथ मुखर्जी, सब-इंस्पेक्टर, सी.आई.डी., इलाहाबाद, यू.पी.–औपचारिक।

05 अगस्त, 1930

गवाह नं. 352 : 'इलाहाबाद पुलिस–अजय घोष'

रघुनाथ मितरा सुपुत्र गिरी गोपाल मितरा, कायस्थ, आयु 23 वर्ष, एम.एस-सी. विद्यार्थी, इलाहाबाद–औपचारिक।

06 अगस्त, 1930

गवाह नं. 353 : 'दिल्ली–भगत सिंह के हैट सम्बन्धी'

पंडित वधावा राम सुपुत्र पंडित गेला राम, ब्राह्मण, आयु 53 वर्ष, डिप्टी सुपरिंटेंडेंट जेल, दिल्ली–भगत सिंह का हैट, 26.04.29 को गवाह नं. 120, मीर जैगम हुसैन, पुलिस सब-इंस्पेक्टर के सुपुर्द किया था।

06 अगस्त, 1930

गवाह नं. 354 : 'डॉ. गया प्रसाद–निशान अँगूठा'

नत्था सिंह, कांस्टेबल नं. 1008, थाना बरकी, जिला लाहौर–औपचारिक।

06 अगस्त, 1930

गवाह नं. 355 : 'तफ्तीश'

एम.एल. बनर्जी, सब-इंस्पेक्टर, पुलिस, निशान अँगूठा विभाग, फिल्लौर– औपचारिक।

06 अगस्त, 1930

गवाह नं. 356 : 'आगरा–रिकार्ड की घोख'

गुरदित्ता मल्ल, सब-इंस्पेक्टर पुलिस, नं. 15 डब्ल्यू, रावलपिंडी–16 जुलाई, 1929 को आगरा की धर्मशाला और रेलवे स्टेशनों के रिकार्ड की घोख की।

06 अगस्त, 1930

गवाह नं. 357 : 'तलाशियाँ–बरामदगियाँ'

मुहम्मद अताउल्ला इंस्पेक्टर, पुलिस सी.आई.डी., लाहौर:–

2.5.29 को उच्च अधिकारियों के हुक्म के अनुसार मैंने यशपाल के मकान की तलाशी अपनी निगरानी में कराई। यशपाल का मकान, बाजार बच्छोवाली लाहौर में है। ***जो चीजें उस मकान से बरामद हुई थीं, वे मैंने कब्जे में ले ली थीं और उनकी बरामदगी की फर्द सही तौर पर तैयार करवाई थी, जिस पर मेरे हस्ताक्षर हैं। चीजों की बरामदगी की फर्द प्रदर्श पी.वाई. मौजूदा अदालत में है। जो चीजें बरामद हुई थीं, वे प्रदर्श पी.77, से प्रदर्श पी.109 तक हैं और अदालत में मौजूद हैं। इन सब पर मेरे हस्ताक्षर हैं।*** यशपाल फरार था, किन्तु उसका भाई व उसकी माता जी उस समय मकान में मौजूद थे।

उसके दो–तीन दिन बाद, मैं इलाहाबाद गया। 5.5.29 को **चाँद प्रेस**, इलाहाबाद की तलाशी ली। फाँसी के हिसाब से रिकार्ड और कैश बुक मैंने वहाँ से कब्जे में ले ली। वे कागजात वे थे जिनसे 'चाँद' मैग्जीन के 'फाँसी' अंक से सम्बन्धित पैसे देने की जानकारी मिली थी। ***प्रदर्श पी.इ.ओ.–1*** वह कैश बुक है। ***एंट्रियाँ पृष्ठ 86*** पर हैं जो ***प्रदर्श पी.ई.ओ.–2*** है। और बाकी एंट्रियाँ पृष्ठ 93 पर ***प्रदर्श पी.इ.ओ.–3*** और पृष्ठ 117 पर ***प्रदर्श पी.इ.ओ.4*** और पृष्ठ 129 पर ***प्रदर्श पी.ई.ओ.–5*** पर हैं।

हिसाब का रिकार्ड ***प्रदर्श पी.इ.ओ.–6*** है। ***प्रदर्श पी.इ.ओ.–6*** हिन्दी हिसाब है। फर्द बरामदगी ***प्रदर्श पी.इ.ओ.*** मेरी निगरानी में तैयार हुई सही है और उस पर मेरे छोटे हस्ताक्षर (इनिशल) हैं। मैंने कुछ कागजों जो 'चाँद' के 'फाँसी' अंक के नम्बर के बारे में थे, और जो पत्राचार 'चाँद' के प्रकाशक और चत्तरसेन के मध्य हुई थी, वो कब्जे में ले ली। **चिट्ठियाँ *प्रदर्श पी.इ.ओ.–9 से प्रदर्श पी.इ.ओ.–14*** तक वे हैं जो रिकार्ड के अलावा मैंने अपने कब्जे में ली थीं। उनकी **फर्द बरामदगी *प्रदर्श पी.इ.ओ.–8*** सही है जिस पर मेरे हस्ताक्षर हैं। मैंने **चिट्ठी *प्रदर्श पी.इ.ओ.–9*** का अंग्रेजी में अनुवाद कराया था। वह अनुवाद ***प्रदर्श पी.इ.ओ.–9–ए से प्रदर्श पी.इ.ओ. 14–ए*** तक है। अनुवादिक प्रेस ब्रांच का एक पद–अधिकारी था जिससे अनुवाद कराया था। उसके बाद मैं कानपुर गया और 18.5.29 को **सतगुरु दयाल** अवस्थी फरार मुल्जिम के मकान की तलाशी ली। कुछ पुस्तकें बरामद हुई थीं, जो मैंने अपने कब्जे में ले ली थीं, वे **बरामदगी फर्द *प्रदर्श पी.इ.ओ.–27*** में दर्ज हैं, जो मेरी निगरानी में लिखाई गई थी, उस **फर्द बरामदगी पर मेरे हस्ताक्षर हैं, सही है। *प्रदर्श पी–792 व प्रदर्श पी.–798*** उन पुस्तकों में से है जिन पर मेरे छोटे हस्ताक्षर (इनिशल) हैं। सतगुरु दयाल फरार मुल्जिम का भाई उस मकान में मौजूद था और मकान खुला और आबाद था।

24.5.29 को मैं दुबारा इलाहाबाद वापस गया और मेरे आग्रह पर **मिस्टर आर. सहगल मालिक ने रसीदें और दो चिटें पेश कीं। रसीदें *प्रदर्श पी.ई.ओ.–15 से प्रदर्श पी.इ.ओ.–18*** तक हैं, और **दो चिटें *प्रदर्श पी.इ.ओ. 19 और प्रदर्श पी.इ. ओ.–20*** हैं। चार रसीदों पर और ***प्रदर्श पी.इ.ओ.–20*** पर हस्ताक्षर की जगह हरनारायण नाम लिखा हुआ है। मैंने पाँच हिन्दी पत्र भी कब्जे में लिए थे, परन्तु ***प्रदर्श पी.इ.ओ.***

21 से प्रदर्श पी.इ.ओ.-25 वे पत्र नहीं हैं। ये मिस्टर आर. सहगल और चत्तर सेन के बीच पत्राचार लगता है। रसीदों पर, चिटों पर और इन पाँचों चिट्ठियों पर मेरे हस्ताक्षर हैं। और ये सब कागजात जबसे कब्जे में लिए गए हैं उसी हालत में ही हैं। मैंने ***प्रदर्श पी.इ.ओ.-21 से प्रदर्श पी.ई.ओ.-25*** पत्रों का अनुवाद हिन्दी से अंग्रेजी में कराया था। अनुवाद ***प्रदर्श पी.इ.ओ.-21-ए से प्रदर्श पी.इ.ओ. 25-ए*** हैं। ये अनुवाद भी प्रेस ब्रांच के उसी कर्मचारी से कराया था। इन खतों की फर्द बरामदगी ***प्रदर्श पी.इ.ओ.-26*** मेरी निगरानी में सही तौर पर लिखी गई थी। उस पर मेरे हस्ताक्षर हैं। मिस्टर आर. सहगल के भी उस पर हस्ताक्षर हैं। उसके बाद 2.6.29 को उच्च अधिकारियों के आदेश पर मैं कपूरथला में गया, और **रामशरण दास** गवाह नं. 7 (सरकारी गवाह) की दुकान की तलाशी ली। **फर्द बरामदगी *प्रदर्श पी.इ.ओ.-28*** सही तौर पर बनाई गई थी जिस पर मेरे हस्ताक्षर हैं।

प्रदर्श पी-799 से प्रदर्श पी-811 तक वे चीजें मौजूदा अदालत में हैं, जो उस तलाशी में बरामद हुई थीं और उन सब चीजों पर मेरे छोटे हस्ताक्षर हैं। 6.10.1929 को रामशरण दास ने एक **पाजामा** प्रदर्श बी.12 कपूरथला में अपने घर से निकालकर पेश किया। जिसकी फर्द बरामदगी ***प्रदर्श पी.ई.ओ.-29*** मैंने तैयार की जिस पर मेरे हस्ताक्षर हैं।

06 अगस्त, 1930

गवाह नं. 358 : 'तफ्तीश–बरामदगियाँ'

लाला दीवान चन्द, सब-इंस्पेक्टर, पुलिस नं. डब्ल्यू 32, मुल्तान का बयान–आर्य समाज मन्दिर से एक लकड़ी का सन्दूक, गवाह नं. 397 तुलसी राम द्वारा बरामद कराया गया था।

06 अगस्त, 1930

गवाह नं. 359 : 'लाहौर–पुलिस तलाशी'

हंसराज सुपुत्र लाला फकीर चन्द, खत्री, आयु 25 वर्ष, रिटायर्ड सब-इंस्पेक्टर पुलिस, अब ठेकेदार, लाहौर–औपचारिक।

06 अगस्त, 1930

गवाह नं. 360 : 'अमृतसर–औपचारिक'

भींकम सिंह सुपुत्र निहाल सिंह, राजपूत, आयु 35 वर्ष, सविलिया, ठंडी खुही, अमृतसर–औपचारिक।

06 अगस्त, 1930

गवाह नं. 361 : 'शनाख्त–फणिन्द्रनाथ घोष'

भवानी शंकर सुपुत्र जयनारायण, ब्राह्मण, आयु 31 वर्ष, बावर्ची, रॉयल हिन्दू होटल, दिल्ली–फणिन्द्र घोष को शनाख्त किया, मनमोहन बनर्जी को नहीं।

06 अगस्त, 1930

गवाह नं. 362 : 'रिकार्ड की बरामदगी'

भीमसेन, सब-इंस्पेक्टर, सी-7, पुलिस स्टेशन ननकाना साहब-रिकार्ड आदि की बरामदगी।

06 अगस्त, 1930

गवाह नं. 363 : 'लाहौर, गवालमंडी-II -दुकानदार'

शोभाराम सुपुत्र ठाकर राम, सुनार, 26, गोवालमंडी, लाहौर-गवाह नं. 58, रामप्रसाद का दुहराव।

06 अगस्त, 1930

गवाह नं. 364 : 'गिरफ्तारी-विजय कुमार सिन्हा'

मि. इ.जे. सपीक, एस.आई., पुलिस, जिला इन्टेलीजेन्स स्टाफ, बरेली-10.8.1929 को विजय कुमार सिन्हा को **सिनेमा हाल** में फिल्म देखते हुए गिरफ्तार किया था। **[नोट : पार्टी के साथी भगत सिंह और सिन्हा को मजाक किया करते थे कि ये दोनों सिनेमा हाल में पकड़े जाएँगे-सम्पादक]**

06 अगस्त, 1930

गवाह नं. 365 : 'गिरफ्तारी-कुन्दन लाल'

रामानंदन सिंह, हेड कांस्टेबल, सी.आई.डी., प्रतापगढ़-14.11.29 को कुन्दन लाल को प्रतापगढ़ में गिरफ्तार किया गया था।

06 अगस्त, 1930

गवाह नं. 366 : 'बेतिया डकैती-बरामदगियाँ'

मि. एन.एन. बागची, इंस्पेक्टर, पुलिस, सी.आई.डी., पटना-बेतिया डकैती की बरामदगियाँ।

11 अगस्त, 1930

गवाह नं. 367 : 'रावलपिंडी-जयगोपाल'

फिरोजदीन सुपुत्र मुहम्मद शरीफ, शेख, आयु 42 वर्ष, सब-पोस्ट मास्टर, डाकखाना पैसा अखबार, अनारकली, लाहौर-औपचारिक।

11 अगस्त, 1930

गवाह नं. 368 : 'रावलपिंडी-हंसराज वोहरा'

शिव दयाल सुपुत्र रत्न चन्द, खत्री, आयु 30 वर्ष, मालिक, इम्पीरियल ट्रेनिंग कम्पनी, रावलपिंडी-औपचारिक।

11 अगस्त, 1930

गवाह नं. 369 : 'शिव वर्मा-लिखाई नमूना'

मुमताज हुसैन, इंस्पेक्टर पुलिस, स्पेशल ड्यूटी, दिल्ली-औपचारिक।

11 अगस्त, 1930

गवाह नं. 370 : 'हींग की मंडी मकान की निशानदेही व तलाशी'

मकसूद अली खाँ, पुलिस सब-इंस्पेक्टर, भारतना, जिला अटावा–सुखदेव को साथ लेकर हींग की मंडी वाले मकान की 2.5.29 को और फिर 4.5.29 को तलाशी ली।

11 अगस्त, 1930

गवाह नं. 371 : 'हींग की मंडी–तलाशी–शनाख्तें'

ठाकुर रामसिंह, सब-इंस्पेक्टर, पुलिस, जसरानी जिला मैनपुरी–हींग की मंडी वाले मकान की 2.5.1929 को तलाशी ली। **इससे पहले वह 3/4 लड़कों को इस मकान में आते-जाते देखता रहा था,** जिनको इसने शनाख्त किया। इस मकान के पास ही वह जून 1929 तक रहा था। भगत सिंह को मियाँवाली जेल में शनाख्त किया।

11 अगस्त, 1930

गवाह नं. 372 : 'कानपुर–संक्षेप ब्यौरा व शनाख्तें'

उदय प्रकाश सुपुत्र पंडित देवी चरन अग्निहोत्री, जाति ब्राह्मण, उम्र 22 वर्ष, वासी काइनगंज, जिला फर्रुखाबाद, व्यवसाय स्कूल मास्टर रियासत कोटाह [**सुखदेव : पढ़ने योग्य है**]।

मैंने 1927 ई. में एफ.ए. की परीक्षा हरबर्ट कॉलेज कोटाह से पास की थी। फिर मैं डी.ए.वी. कॉलेज में बी.ए. में दाखिल हो गया। कॉलेज के बोर्डिंग हाउस में एक कमरा रहने के लिए लिया। साल 1927 में दो कमरों में रहकर मैं दशहरे की छुट्टियों के बाद एक और कमरे में शिव वर्मा के साथ जाकर रहा। मैं अप्रैल 1928 तक निरन्तर शिव वर्मा के साथ उसी कमरे में रहा था। दूसरे विद्यार्थियों के अलावा सुरेन्द्र पांडे और ब्रह्मदत्त, शिव वर्मा को मिलने के लिए उसके कमरे में आते-जाते थे। आम तौर पर उनकी बातचीत होती थी कि हिन्दुस्तान स्वतन्त्र कैसे हो सकता है? कभी-कभी वे मुझको कहते थे कि मैं कमरे से बाहर चला जाया करूँ और कभी वह खुद ही इकट्ठे बाहर चले जाया करते थे। शिव वर्मा के पास मैंने पुस्तकें देखी थीं, जिनमें से एक हिन्दी की पुस्तक थी, जो दो भागों में थी, और जिसमें उन दो व्यक्तियों की जिन्दगी के हालात थे जिन्होंने अपनी जान हिन्दोस्तान की खातिर दे दी थी। मैं पुस्तक का नाम भूल गया हूँ। एक और पुस्तक अंग्रेजी में थी जो आयरलैंड क्रान्ति के बारे में थी और एक पुस्तक अंग्रेजी में रशियन रेवोल्यूशन के बारे में थी। एक बार जब शिव कुमार कमरे में नहीं था तो मैंने एक **पीले रंग के पम्फलेट** के दो-तीन पृष्ठ मेज पर पड़े देखे थे। मैंने उनको पढ़ा। मैं ***प्रदर्श पी.इ.वी.*** मौजूदा अदालत को देखता हूँ। **ये उस पम्फलेट की भाँति है, जो मैंने पढ़ा था।**

जब शिव वर्मा वापस कमरे में आया तो उसने मुझसे पूछा कि क्या मैंने इस पम्फलेट को पढ़ा है तो मैंने जवाब दिया, 'हाँ'। मैंने कहा कि मेरे पढ़ने से कोई हर्ज तो नहीं हुआ। उसने जवाब दिया कि मेरे पढ़ने से कोई हर्ज तो नहीं है, मगर मैं किसी को यह न बताऊँ कि मैंने यह पम्फलेट पढ़ा है। मैं और शिव वर्मा अप्रैल 1928 में बी.एस-सी. के तीसरे वर्ष की परीक्षा में बैठे थे, मगर दोनों सफल न हुए। मैं तब अपने घर चला

गया और जुलाई में फिर परीक्षा में बैठने के लिए आया। शिव वर्मा भी जुलाई में वापस आया था, मगर पता नहीं कि वह भी परीक्षा में बैठा या नहीं। शिव वर्मा और मैं जुलाई में एक ही कमरे में ठहरे थे। शिव वर्मा ने मुझे बताया कि वह एसोसिएटेड प्रेस का संवाददाता बन गया है। मैं दूसरी परीक्षा में भी फेल हो गया था। इसलिए मैं वापस अपने पिता के पास चला गया था।

मैं अगस्त 1928 के आखिर में **आगरा** आ गया और सेंट जोनस कॉलेज, आगरा में दाखिल हो गया। मैं अपने पिता के दोस्त अयोध्या नाथ भट्ट जो एम.बी.बी.एस. डॉक्टर हैं के पास ठहरा था।

एक दिन सितम्बर या अक्तूबर 1928 में जब मैं कॉलेज से वापस आ रहा था, तो रास्ते में शिव वर्मा मिला। *शिव वर्मा ने कहा कि वह किसी खास जगह नहीं रहता, क्योंकि एसोसिएटेड प्रेस संवाददाता होने के कारण जगह-जगह फिरना पड़ता है। उसने मुझे कहा कि अगर उसका कोई पत्र मेरे नाम पर आए, तो मैं अपने पास रख लिया करूँ। पहले मैंने उसको जवाब दिया कि मैं ऐसा नहीं कर सकता, परन्तु शिव वर्मा को मालूम था कि मैं डॉ. अयोध्या नाथ के पास ठहरा हुआ हूँ, इसलिए शिव वर्मा ने कहा कि चूँकि उसने अपने रिश्तेदारों और दोस्तों को मेरे पते पर पत्र लिखने को कह दिया हुआ है, इसलिए मैंने उसके पत्र रखना मंजूर कर लिया।* **[सुखदेव : अनिच्छुक व्यक्तियों को पोस्ट बॉक्स बनने के लिए दबाव डाला गया था]** दिसम्बर 1928 तक मैंने शिव वर्मा के चार **पत्र प्राप्त किए**। पत्र मेरे नाम पर ही आते थे, और उन पर पता चूँकि अंग्रेजी में होता था इसलिए मुझे जानकारी थी कि वह शिव वर्मा के हैं, क्योंकि मेरे अपने पत्र मुझे हिन्दी में लिखे हुए पते पर मिलते थे।

एक बार शिव वर्मा मेरे मकान पर एक बंगाली नौजवान के साथ आया था और उसने कहा कि यदि वह खुद न आ सके तो उसके पत्र इस बंगाली को दे दिया करे। मैंने कहा, 'अच्छा'। एक-दो पत्र शिव वर्मा खुद मुझसे ले गया और एक या दो वह बंगाली आकर मुझसे ले गया था। मुझे पता लगा कि मेरे पत्र खोले जाते हैं; यह बात पोस्ट ऑफिस के किसी कर्मचारी ने बताई थी। इसलिए मैंने शिव वर्मा को बता दिया था कि यद्यपि मेरे पत्र भी खोले जाते हैं इसलिए वह मेरे पते पर पत्र न मँगवाया करे; और उसने मेरी बात मान ली।

जनवरी और अप्रैल के बीच मैं नागरी प्रचारणी पुस्तकालय आगरा में रहता था। उन दिनों एक रोज एक नौजवान जो कानपुर में शिव वर्मा के पास आकर रहता था (जब मैं कानपुर आया करता था) उस नौजवान लड़के ने मुझे नमस्ते की, मगर मैं उसको पहचान न सका तब उसने मुझे स्मरण कराया और मैं उसे पहचान गया; मैं और वह लड़का तब पुस्तकालय से बाहर चले गए तो शिव वर्मा वहाँ मौजूद था। उस समय मैंने शिव वर्मा को सूचना दी थी कि मेरे पत्र डाकखाने में खोले जाते हैं। **पहली अप्रैल 1929** को शिव वर्मा मुझे मिला, और उसने कहा कि वह आगरा से बाहर जा रहा है; मुझे कहा कि मैं उसको स्टेशन तक सामान आदि उठवाने में सहायता करूँ। मगर मैंने ऐसा करने से इनकार कर दिया। वह फिर 9/10 बजे रात को मेरे मकान

पर आया और मुझे एक मकान **नाई की मंडी** में ले गया। मैंने शिव वर्मा को सामान बँधवाने में सहायता की और मैं और वह इनके (ताँगे) में स्टेशन राजा की मंडी आगरा तक गए। मुझे पता चल गया था कि शिव वर्मा मथुरा की ओर जा रहा था; क्योंकि गाड़ी लेट थी इसलिए मैं अपने मकान पर वापस आ गया। शिव वर्मा कानपुर में कॉलेज से दो बार 10 या 15 दिन गैर-हाजिर रहा था। अपनी गैरहाजिरी का कारण शिव वर्मा ने मुझे अपने निजी टयूशन कार्य पर जाने को बताया करता था।

कल मैं बोरस्टल जेल, लाहौर में गया था। वहाँ एक जेल अधिकारी की मौजूदगी में मैंने शिव वर्मा को पहचाना था।

मैंने 18-19 जून, 1929 के नजदीक एक शनाख्त परेड में जो सेंट्रल जेल में हुई थी उस बंगाली बाबू को शनाख्त किया जो शिव वर्मा के पत्र लेने आता था। मैंने उसको मजिस्ट्रेट के समक्ष शनाख्त किया था। एक और शनाख्त परेड जो किला लाहौर में हुई थी, मैंने मजिस्ट्रेट के सामने उस बाबू को जो आगरा के पुस्तकालय में मेरे पास आया, शनाख्त किया था। मैंने उसको कल जेल में नहीं देखा। शनाख्त के बाद मुझे उसका नाम डॉक्टर मालूम हुआ था। मुझे अब उसका नाम **डॉक्टर गया प्रसाद** मालूम हुआ है। मैं उसको शनाख्त कर सकता हूँ।

अदालत के सवाल के जवाब में : डॉक्टर गया प्रसाद को आगरा में जब वह मुझे मिला था तो उसे दाढ़ी नहीं थी, मूँछें छोटी-छोटी थीं।

12 अगस्त, 1930

13.08.1930 को दुबारा बुलाया गया :

कल मैं फिर बोरस्टल इंस्टीट्यूशन में गया और दोषियों को मुझे बैरक में दिखाया गया। मुझसे कहा गया कि मैं दिखाए गए दोषियों में से किसी को शनाख्त करूँ। **मैंने शिव वर्मा को शनाख्त किया और किसी को मैं शनाख्त नहीं कर सका।** मैं किसी व्यक्ति को वहाँ नहीं देख सका। जिसकी शक्ल उस व्यक्ति से मिलती हो, जो आगरा पुस्तकालय में मेरे पास आया करता था।

गवाह नं. 373 : 'बेतिया-फणिन्द्र व मनमोहन की शनाख्त'

इन्द्र मातो, सुपुत्र जगीशर मातो, जाति कोहरी, आयु 25 वर्ष, जमींदार, बेरीया, जिला चम्पारन-वादामाफ मनमोहन बनर्जी को जानता है और इसने फणिन्द्र घोष को एक खास मौके पर देखा था।

12 अगस्त, 1930

गवाह नं. 374 : 'शनाख्त-विजय कुमार सिन्हा'

मनोरंजन घोष (फणिन्द्र का भाई) सुपुत्र मोती लाल घोष, आयु 45 वर्ष, दुकानदार, बेतिया-इसे विजय कुमार सिन्हा से सम्पर्क को कहा गया था; क्रान्तिकारी को अच्छा नहीं समझता था। सिन्हा को बोरस्टल जेल लाहौर में शनाख्त किया।

12 अगस्त, 1930

गवाह नं. 375 : 'बेतिया–औपचारिक'

कपिल देव नारायण सुपुत्र अम्बिका प्रसाद, कायस्थ, आयु 28 वर्ष, दुकानदार बेतिया–गवाह नं. 374 की दुकान के सामने इसकी दुकान है–औपचारिक।

12 अगस्त, 1930

गवाह नं. 376 : 'कानपुर–पुलिस तलाशी'

शम्भू नाथ, पुलिस इंस्पेक्टर, सी.आई.डी., कानपुर–डाकखाने से एक चिट्ठी वसूल की।

12 अगस्त, 1930

गवाह नं. 377 : 'सुरेन्द्र पांडे का दोस्त–संक्षेप'

संतोष कुमार मुखर्जी सुपुत्र हीरालाल मुखर्जी, जाति ब्राह्मण, उम्र 25 वर्ष, कोयला व्यापारी, वासी कानपुर:–

मेरे पिता कानपुर मयूर मिल्स में बतौर शार्ट हैंड राइटर काम करते हैं। हमारी कोयले की दुकान की एक शाखा झरिया में भी है। कई बार वहाँ भी जाता हूँ। मैं **विजय कुमार सिन्हा** को बचपन से जानता हूँ। हम कानपुर में सहपाठी भी रहे हैं। **अजय कुमार घोष** को भी मैं जानता हूँ। वह कानपुर में मेरे मकान के पास रहता था। मैं **ब्रह्मदत्त** को भी जानता हूँ। वह कानपुर में शारीरिक कसरत क्लब का मेम्बर था और हम भी सारे इस क्लब के मेम्बर थे।

विजय कुमार सिन्हा ने मुझे कई बार कहा था कि हमें देश का काम करना चाहिए और मजदूरों की हालत को सुधारना चाहिए व इनकी सहायता करनी चाहिए। मैंने 'झाँसी की रानी' पुस्तक पढ़ी थी। सिन्हा ने मेरा परिचय एस.एन. पांडे और **सतगुरदयाल अवस्थी** से भी कराया था। मुझे शक था कि सिन्हा और उसके साथी कुछ क्रान्तिकारी कार्य करते हैं, क्योंकि पुलिस उनका पीछा करती थी। सिन्हा की पार्टी को मैंने दो-एक बार एक–आधा रुपया चन्दा भी दिया था। एक बार मैं विजय कुमार सिन्हा के मकान पर शिव वर्मा नाम के व्यक्ति को मिला था। उसके बाद कई बार मैं **शिव वर्मा** को विभिन्न जगहों पर मिलता रहा। विजय कुमार सिन्हा को 'बच्चू' के नाम से पुकारते थे। मैं **फोटोग्राफ्स *प्रदर्श पी.एफ.डी.-57, प्रदर्श पी.एफ.डी.-58, प्रदर्श पी.एफ.डी.-59, प्रदर्श पी.एफ.डी.-60*** देखता हूँ, जो इस **चिट्ठी** के फोटो हैं, जो मैंने अजय कुमार घोष को भेजी थी। **अंग्रेजी अनुवाद *प्रदर्श पी.एफ.डी.-58(9)*** सही अनुवाद है, जो मेरी बंगाली चिट्ठी का अनुवाद है। और मैंने पढ़ लिया है। **पंडित जी** जिसका जिक्र चिट्ठी में है, सतगुरदयाल अवस्थी है और **सरदार** का भाव एम.एन. पांडे है।

उन दिनों मेरी गतिविधियों की निगरानी पुलिस किया करती थी। मैंने इस चिट्ठी के आखिर में अपना नाम इसलिए नहीं लिखा था, क्योंकि पुलिस मेरी निगरानी कर रही थी। यह चिट्ठी 8.2.29 की है। अप्रैल 1929 में जब मैं संयोग से झरिया गया तो सिन्हा के साथ एक नाटे कद वाले व्यक्ति जिसकी उम्र 30 वर्ष के लगभग थी मेरे पास झरिया में आया। मैंने बाद में इस नाटे व्यक्ति को शनाख्त किया और उसका

नाम **पी.एन. घोष** मालूम हुआ था। विजय कुमार सिन्हा ने मुझे हिदायत की थी **बी.के. दत्त** जो मेरा साथी है, वह कोई ऐसा खतरनाक काम करने वाला है। अतः मुझे सुचेत रहना चाहिए। मैं उस व्यक्ति (पी.एन. घोष) को अदालत में देखता हूँ वह विजय कुमार सिन्हा के साथ आया था। विजय कुमार सिन्हा ने मुझे यह भी कहा था कि वह कलकत्ता जा रहा है और अगर जरूरत हुई तो मैं उसको कॉलेज स्ट्रीट, कलकत्ता में मिल सकता हूँ। विजय कुमार सिन्हा को रुपए की जरूरत थी, इसलिए मैंने उसको 2/- रुपए दिए थे।

विजय कुमार सिन्हा और उसका साथी कुछ घंटे मेरे पास रहे थे। 8/10 दिन बाद मैं झरिया वाले काम से उकता गया, और कलकत्ता चला गया। वहाँ मुझे सिन्हा मिल गया, जो मछवा बाजार, कलकत्ता में रहता था। मैं उसके मकान पर जा ठहरा। उसने वहाँ मकान किराये पर लिया हुआ था। जब मैं कलकत्ता में था तो वहाँ मैंने गोरे रंग के एक नौजवान व्यक्ति को देखा था जो विजय कुमार सिन्हा के साथ था। मैं कलकत्ता में उनके पास एक सप्ताह रहा था। मैं अखबार में यह पढ़कर कि मेरे पिता ने मेरे लिए अखबारों में इश्तिहार दिया हुआ था, मैं घर वापस चला गया। यह अप्रैल 1929 के आखिर का जिक्र है। मैं **विजय कुमार सिन्हा की लिखित शनाख्त कर सकता हूँ;** क्योंकि मेरा उसके साथ पत्राचार भी रहा है।

प्रदर्श पी.एफ.डी.-60, प्रदर्श पी.एफ.डी.-64, प्रदर्श पी.एफ.डी.-65, प्रदर्श पी.एफ.डी.-70, प्रदर्श पी.एफ.डी.-71, प्रदर्श पी.एफ.डी.-72, प्रदर्श पी.एफ.डी.-74, प्रदर्श पी.एफ.डी.-76, प्रदर्श पी.एफ.डी.-2 **चिट्ठियाँ मौजूदा अदालत में विजय कुमार सिन्हा की लिखी हुई हैं। पत्र** ***प्रदर्श पी.बी.एन.-1*** विजय कुमार सिन्हा का लिखा हुआ नहीं है। हस्ताक्षर बरिन्द्र नाथ चटर्जी और तारीख जो नीचे लिखी है, वह विजय कुमार सिन्हा की लिखी हुई है जो ***प्रदर्श पी.एफ.डी.-80*** मौजूदा अदालत में है।

विजय कुमार सिन्हा ने मुझे कहा था कि जो मकान उसने किराये पर लिया हुआ है वह उसने अपना नाम बरिन्द्र नाथ चटर्जी बताकर किराये पर लिया है। वह नाम उसने इसलिए रखा था क्योंकि पुलिस उसकी गतिविधियों की निगरानी कर रही थी।

12 अगस्त, 1930

गवाह को 13.08.30 को दोबारा बुलाया गया।

मैं आज सुबह बोरस्टल इंस्टीट्यूशन लाहौर में गया। 15-20 व्यक्तियों में से जो बैरक में बैठे हुए थे, से मैंने तीन व्यक्तियों को शनाख्त किया। **शिव वर्मा, विजय कुमार सिन्हा और अजय कुमार घोष** जिनका जिक्र कल मैंने गवाही में किया है।

गवाह नं. *378* : 'लाहौर-लाइब्रेरी'

शान्ति स्वरूप सुपुत्र हकीम राय, *हिन्दुस्तानी*, आयु 22 वर्ष, सरवेंट ऑफ पीपल सोसाइटी, लाहौर-औपचारिक।

13 अगस्त, 1930

गवाह नं. 379 : 'दिल्ली–संक्षेप'

राय बहादुर मिस्टर सूरज नारायण, बैरिस्टर एट लॉ–पब्लिक प्रॉसीक्यूटर, दिल्ली। (यह गवाह अंग्रेजी में अपनी गवाही देगा और इसकी गवाही अंग्रेजी में लिखी जाएगी जैसा कि अदालत लिखाएगी। इसकी गवाही का अनुवाद उर्दू में करके मिस्ल में शामिल किया जाए)।

जी.सी. हिल्टन

अनुवाद

मैं दिल्ली असेम्बली बम केस में सरकारी वकील था, जिसमें दो दोषियों भगत सिंह और बी.के. दत्त को भारतीय दंड संहिता की धारा 307 विस्फोटक पदार्थ विधान के अधीन सजा हुई थी। मैं इस मुकदमे में मजिस्ट्रेट साहब के समक्ष और सेशन अदालत में पेश हुआ था। मुकदमा काफी हद तक इस तथ्य पर आधारित था कि असेम्बली में पिस्तौल से फायर किए गए थे, और यह कि दोषियों में से एक के कब्जे में एक पिस्तौल थी। लेकिन मुख्य रूप से मुकदमा यह था कि असेम्बली हाल में बम फेंके गए थे। *मजिस्ट्रेट साहब की अदालत में कार्रवाई शुरू होने से पहले मुझे मिस्टर जैफरीज सीनियर सुपरिंटेंडेंट पुलिस दिल्ली ने सुझाया था कि यदि सम्भव हो सके तो वह पिस्तौल जो एक दोषी के हाथ में पाया जाना बयान होता था,* **उस समय तक बतौर सबूत पेश न किया जाए, जब तक वह इस मुकदमे के लिए अति आवश्यक न हो।** *मुझे यह बताया गया था, कि* **पंजाब सरकार वास्तव में इस पिस्तौल को यूरोप भेजना चाहती है,** *कि अगर वह पिस्तौल असेम्बली बम मुकदमे में बतौर सबूत पेश किया गया तो उससे मुकदमे की कार्रवाई में रुकावट पैदा हो जाएगी; मेरे ख्याल में पिस्तौल का अदालत में बतौर सबूत पेश करना जरूरी नहीं था।* **[सुखदेव : महत्त्वपूर्ण]** साथ ही मिस्टर जैफरीज से कह दिया कि वह ऐसी व्यवस्था करे कि अगर वकील सफाई (जिरह) इस पिस्तौल को देखना चाहे और इससे सम्बन्धित जिरह करना चाहे तो कर सकता है। मुकदमे की कार्रवाई के दौरान मुझे बताया गया कि पिस्तौल इस आशे के लिए अदालत में मौजूद है और मैंने ऐसा ही बयान 4 जून, 1929 ई. को दिया जो कि साहब सेशन जज की अंग्रेजी मिस्ल पर पृष्ठ 66 पर दर्ज है; जो बयान मैंने दिया वह इस तरह है। **"पब्लिक प्रॉसिक्यूटर बयान करते हैं कि आटोमेटिक पिस्तौल के मैगजीन और कारतूस अदालत में मौजूद हैं लेकिन चूँकि वह गैर–जरूरी है इसलिए पेश नहीं किए गए।"**

सार्जेन्ट टैरी, सरकारी गवाह नं. 11 मुकदमा असेम्बली बम की गवाही से जाहिर होता था कि एक पिस्तौल दोनों मुल्जिमों में एक के पास पाई गई है। **उस गवाह ने भगत सिंह मुल्जिम की तरफ इशारा करके कहा था कि यही वह व्यक्ति है जिसके हाथ में पिस्तौल थी। मैंने वह पिस्तौल देखी ही नहीं।**

13 अगस्त, 1930

गवाह नं. 380 : 'कीमिआई टेस्ट सम्बन्धी'

कैप्टन एफ.डब्ल्यू. होलमेस, सिविल सर्जन, सहारनपुर–**शिव वर्मा और जयदेव के नाखूनों की खुर्चन ली, जो पीले रंग की थी, जिसको कीमिआई टेस्ट के लिए भेजा जाना था।**

13 अगस्त, 1930

गवाह नं. 381 : 'दिल्ली–नक्शा नवीस'

जमील अहमद सुपुत्र हबीब अहमद, शेख, उम्र 40 साल, नक्शा नवीस, नई दिल्ली–*मैंने* **नक्शा** *प्रदर्श पी.इ.एक्स. असेम्बली दिल्ली का तैयार किया। पैमाना 4 फीट 1 इंच है। नक्शा दुरुस्त है जिस पर 'पी' का निशान है, वह सतून है। और वहाँ गोली का निशान है, मैंने वह निशान खुद देखा है और मेरा ख्याल है कि वह गोली का निशान है। निशान फर्श से पाँच फुट ऊँचा था।* **[सुखदेव : अति महत्त्वपूर्ण]**

13 अगस्त, 1930

गवाह नं. 382 : 'डी.ए.वी. होस्टल–औपचारिक'

राम मूरती सुपुत्र बृज लाल जाति ब्राह्मण, उम्र 26–27 वर्ष, बावर्ची, डी.ए.वी. कॉलेज–औपचारिक।

13 अगस्त, 1930

गवाह नं. 383 : 'बम सामग्री–कारबोलिक तेजाब'

कालीदास घोष सुपुत्र जादूनाथ घोष, कायस्थ, उम्र 31 वर्ष, सेल्समैन, मै. चंपत लाल एंड को-केमिस्टस की दुकान, कलकत्ता–4.2.1929 को कारबोलिक तेजाब बेचा।

13 अगस्त, 1930

गवाह नं. 384 : 'बम सामग्री–कैश मीमो'

नगिन्द्र नाथ बोस, सुपुत्र बाँके बिहारी बोस, कायस्थ, उम्र 32 वर्ष, केमिकल कम्पनी, 35/1 पंडतिया रोड, बल्ली गुंजे, कलकत्ता–कैश मीमो पेश किया।

13 अगस्त, 1930

गवाह नं. 385 : 'बम सामग्री–कैश मीमो'

जतिन्द्र नाथ नाग सुपुत्र सुरिन्द्रो नाथ नाग, उम्र 38 वर्ष, गन्धा बनीक, मैनेजर ऑफ नोबिन फार्मेसी, 81 हैरीसन रोड, कलकत्ता–5.2.29 का कैश मीमो पेश किया।

13 अगस्त, 1930

गवाह नं. 386 : 'बम सामग्री–कैश मीमो'

बेभास चन्द्र गुप्ता सुपुत्र कैलाश चन्द्र गुप्ता, उम्र 32 वर्ष, वैद्य सेल्समैन, नोबिन फार्मेसी, 81 हैरीसन रोड, कलकत्ता–4.2.29 का कैश मीमो पेश किया।

13 अगस्त, 1930

गवाह नं. 387 : 'बम सामग्री–अमोनियम कार्बोनेट'

क्षितीश चन्द्र दास सुपुत्र गोष्टो बिहारी दास, उम्र 31 वर्ष, वैष्णु सेल्समैन ऑफ कलकत्ता कम्पनी, नं. 5, बॉड फील्ड लेन, कलकत्ता–12.2.29 को अमोनियम कार्बोनेट बेचा।

13 अगस्त, 1930

गवाह नं. 388 : 'बम सामग्री–दस्तानों का जोड़ा'

शरथ कुमार चक्रवर्ती सुपुत्र अखिल चन्द्र चक्रवर्ती, ब्राह्मण, उम्र 26 वर्ष, सेल्समैन ऑफ मैसर्स पाल एंड कं.–3, कॉलेज स्कवेयर, कलकत्ता–6.2.1929 को दस्तानों का जोड़ा बेचा।

13 अगस्त, 1930

गवाह नं. 389 : 'थर्मामीटर और शीशे की नलियाँ'

बिजोय चन्द्र गौतम सुपुत्र गोपाल चन्द्र गौतम, ब्राह्मण, 30, क्लर्क मैसर्स बी.के. पाल एंड कं., 1 और 3 बॉड फील्ड लेन, कलकत्ता–7.2.29 को 110 डिग्री सैलिसस वाला थर्मामीटर और शीशे की नलियाँ बेचीं।

13 अगस्त, 1930

गवाह नं. 390 : 'कलकत्ता–ठहरने की व्यवस्था'

सत्योचरण घोष सुपुत्र कैलाश चन्द्र घोष, गोप, आयु 58 वर्ष, जमींदार, 25–आनन्द पल्थ रोड, कलकत्ता–1928 के कांग्रेस सेशन दौरान, बेतिया से आए 20–25 व्यक्तियों के लिए ठहरने की व्यवस्था की।

13 अगस्त, 1930

गवाह नं. 391 : 'कलकत्ता–फणिन्द्र व भगत सिंह'

बलाई लाल घोष (फणिन्द्र का भाई) सुपुत्र हरी मोहन घोष, गोप, उम्र 28 वर्ष, क्लर्क, डाकघर धर्म टोला, कलकत्ता–गवाह नं. 390 के बयान को दुहराया और दिसम्बर 1928 में फणिन्द्र घोष के साथ भगत सिंह का उसके (बलाई) मकान में आने का उल्लेख किया।

13 अगस्त, 1930

गवाह नं. 392 : 'कलकत्ता–फणिन्द्र व भगत सिंह'

चन्द्रशेखर घोष सुपुत्र मनमतो नाथ घोष, गोप, उम्र 13 वर्ष, 29/2 आनन्द पाल रोड, कलकत्ता–भगत सिंह को फणिन्द्र घोष के साथ देखा था।

13 अगस्त, 1930

गवाह नं. 393 : 'कँवलनाथ, फणिन्द्र व मनमोहन का शनाख्ती'

मनीभूषण भट्टाचार्य सुपुत्र त्रिलोक नाथ भट्टाचार्य, ब्राह्मण, उम्र 22 वर्ष, विद्यार्थी, प्रेजीडेंसी कॉलेज, कलकत्ता–कँवलनाथ तिवारी को वह तब से जानता था, जब

उसके पिता बेतिया में नियुक्त थे; उसको कलकत्ता में 1927-28 दौरान मिला। फणिन्द्र घोष और मनमोहन बनर्जी को भी जानता था।

13.08.1930

गवाह नं. 394 : 'निशानदेही–तफ्तीश'

मिस्टर टी.पी. भट्टाचार्य रजिस्ट्रार कोर्ट व प्रेजीडेंसी मजिस्ट्रेट, कलकत्ताः–

2 जुलाई, 1929 को मैं पी.एन. घोष के साथ जिसे मैं अब अदालत में देख रहा हूँ, और शनाख्त करता हूँ। उसने कुछ स्थानों की निशानदेही की। पी.एन. घोष मुझे पहले **बैंड फील्ड लेन में ले गया, और मकान नम्बर 5 कलकत्ता केमिकल कम्पनी** की निशानदेही की और कहा कि यही वह दुकान है जहाँ से फरवरी 1929 में मैंने दो बार कुछ अंग्रेजी दवाइयाँ खरीदी थीं। वहाँ से मुझे उसी बाजार में **मैसर्स बी.के. पाल एंड कम्पनी** की दुकान पर ले गया और कहा कि **उस जगह से मैंने उन्हीं दो दिनों में से एक दिन दो तोले पारा खरीदा था।** उसने मुझे मकान नं. 22 बैंड फील्ड लेन में **मिस्टर पाल की प्रयोगशाला दिखाई, और कहा कि यहाँ से मैंने एक शीशे का पैमाना और एक बड़ा सेंटीग्रेड थर्मामीटर खरीदा था।** वहाँ से वह मुझे एक **अंग्रेजी दवाइयों की दुकान नम्बर 33**, क्लाईव स्ट्रीट भाव दुकान मैसर्ज चंपत लाल एंड ब्रदर्ज पर ले गया, और कहा कि फरवरी 1929 के शुरू में एक दिन मैंने **दो पौंड कार्बोलिक एसिड और एक पौंड अमोनियम सल्फेट यहाँ से खरीदा था।** उस जगह उसने काली दास घोष कर्मचारी दुकान (सरकारी गवाह नं. 383) को शनाख्त किया और उक्त व्यक्ति ने उसको शनाख्त किया। वहाँ से पी.एन. घोष मुझे **मकान नं. 23, मछवा बाजार** में ले गया। और मुझे **कमरा नम्बर 42 दिखाया**, और कहा कि **इस जगह विजय और संतोष रहा करते थे व मैं और कंवल उन्हें मिलने जाया करते थे।** उसने इसी बाजार में **मकान नम्बर 97** की भी निशानदेही की और कहा कि **इस जगह एक व्यक्ति बिनाय राय चौधरी ने मेरी मुलाकात काली दास बोस से कराई थी, और मैंने अपनी गिरफ्तारी के दिन यहाँ खाना खाया था।** उसने मुझे पार्क के उत्तर की ओर **मकान नम्बर 7 मारकुइस स्कवेयर भी दिखाया** और कहा कि मैं यहाँ अपने मामू के मकान की तलाशी के बाद लगभग एक सप्ताह अपना एक फर्जी नाम रखकर ब्रह्मदत्त टंडन के साथ रहा था।

पी.एन. घोष तब मुझे **मकान नम्बर 3 कॉलेज स्क्वेयर इस्ट** पर ले गया और एक अंग्रेजी दवाइयों की दुकान **पाल एंड कम्पनी** की निशानदेही की, उस दुकान का नाम आर्थोपैडिक स्टोर है। पी.एन. घोष ने बयान किया कि इस दुकान से मैंने रबड़ के दो जोड़े दस्ताने खरीदे थे। उसने मुझे एक और **दुकान नौबीन फार्मेसी दिखाई, जो कॉलेज स्ट्रीट और हैरीसन रोड** के मोड़ पर है। उसने बयान किया यहाँ से रबड़ के दस्तानों का एक और जोड़ा और एक शीशे का पैमाना खरीदा था। उस जगह से वह मुझे उत्तर की ओर **कार्नवालिस स्ट्रीट** ले गया, जहाँ मुझे **मकान नम्बर 19 आर्य समाज** में दिखाया। उसने कहा कि उस मकान में मैं, कंवल से मिला करता था। और

उसी जगह **भगत सिंह, जतिन, और कंवल गन-कॉटन तैयार किया करते थे।** उस मकान के ऊपर उसने एक कमरे की यह कहकर निशानदेही की कि उसमें गन-कॉटन तैयार की गई थी।

पी.एन. घोष ने तब मुझे **अगला मकान नम्बर 20** दिखाया। जिसकी ऊपरी मंजिल में कंवल आर्य समाज के कमरे को खाली करके आया (शिफ्ट किया) था। उन दोनों इमारतों के सामने मुझे एक होटल नम्बर **209 कार्नवालिस रोड दिखाया** और कहा कि इस जगह मैं, कंवल और विजय खाना खाया करते थे। आखिर में **वह मुझे कपला टोला लेन के उत्तर की ओर एक पार्क में ले गया।** उसने बयान किया कि **उस पार्क में, मैं, जतिन्द्र दास और भगत सिंह से मिला था; और आगरा में बमों की तैयारी के लिए कलकत्ता में गन-कॉटन की तैयारी के बारे में विचार-विमर्श किया था।** पी.एन.घोष उसी दिन शाम के समय मुझे **पैरलल रोड** पर ले गया, और मुझे **एक टीन का साइबान दिखाया,** जिस पर एक बोर्ड लगा हुआ था। उस पर **बंगाल मोटर वर्क्स** लिखा था। उसने कहा कि यहाँ मुझे बिनाय लाया था, और यहाँ मैं मालिक मकान के पास दो दिन रहा था। फिर वह मुझे **शाह नगर** ले गया; और **उस सड़क के पश्चिम की ओर मुझे बिनाय का मकान नम्बर 29/1, श्री मोहन लेन में दिखाया गया।** हम **इन्द्रो राय रोड** पर आ गए। जहाँ पी.एन. घोष ने एक छोटा मकान, एक लाइब्रेरी, जिसका नं. 5 था, इस सड़क पर स्थित थी। तब वह मुझे **मकान नं. 43 कंसरीबाड़ा रोड** पर ले गया और **एक-दो मंजिला मकान की निशानदेही की।** उसने कहा कि यहाँ **बिनाय ने मुझे अपने एक साथी के साथ, जो जनरल पोस्ट ऑफिस में बतौर क्लर्क काम करता था, चार दिन रखा था।**

मैंने याददाशत ***प्रदर्श पी.एच.वाई.*** उन नोटों से तैयार की जो मैंने विभिन्न स्थानों पर लिखे थे। उस पर मेरे हस्ताक्षर हैं, और दुरुस्त हैं।

5 जुलाई, 1929 को मैं मनमोहन बनर्जी उर्फ मनोहर के साथ गया।

मैं मौजूदा अदालत में जिस व्यक्ति (एम.एम. बनर्जी वादामाफ) को देखता हूँ, मैं ठीक नहीं कह सकता, क्या यह वही व्यक्ति है?

वह मुझे **मेडन ले गया** और सिनोटाफ के बेसन से 20 या 25 फुट पश्चिम की ओर एक जगह की निशानदेही की और कहा कि **उस जगह विजय सिंह, कंवल तिवारी, फणिन्द्र घोष और मैंने एक मीटिंग इस मन्तव्य के लिए की थी कि विजय सिंह जब बेतिया जाए तो उसकी सहायता के लिए रुपया उपलब्ध कराया जाए।** उस जगह से मुझे **एम.एम. बनर्जी मकान नम्बर 21, कॉलेज स्ट्रीट** पर ले गया जो एक खाना खाने की जगह है, उसने कहा कि इस जगह कंवल ने मेरा अपने एक साथी मनीभूषण बनर्जी से परिचय कराया था, और मैं उसके कमरे में एक रात रहा था।

मैंने **याददाशत *प्रदर्श पी.एच.जैड.*** उन नोटों से तैयार की जो मैंने उस समय लिए थे। उस पर मेरे हस्ताक्षर हैं और यह दुरुस्त है।

13 अगस्त, 1930

गवाह नं. 395 : 'माछवा बाजार पड़ोसी–शनाख्तें'

ओमकार दास सुपुत्र साँवले दास, ब्राह्मण, आयु 45 वर्ष, कर्मचारी, मारवाड़ी अस्पताल, कलकत्ता:–

मछवा बाजार गली के मकान नं. 23 के कमरा नं. 42 में बहुत से व्यक्तियों को आते-जाते देखा था, उनमें से कुछ को शनाख्त किया था जिनमें कँवलनाथ तिवारी भी था।

13 अगस्त, 1930

गवाह नं. 396 : 'कँवलनाथ तिवारी के खाने का ब्यौरा'

रमेश चन्द्र चौधरी सुपुत्र अम्बिका नाथ चौधरी, ब्राह्मण, आयु 38 वर्ष, मैनेजर, विद्यासागर होस्टल, कलकत्ता–कँवलनाथ तिवारी ने 6, 7, 10, 15 सितम्बर, 1928 को खाना खाया था; और 14 नवम्बर को भी। कई बार मेहमानों के साथ, और फिर 6, 7, 11, 14, 16, 23, 26, 27, 29 जनवरी, 1929 को भी खाना खाया था।

14 अगस्त, 1930

गवाह नं. 397 : 'आर्य समाज मन्दिर–निशानदेही–बरामदगी'

तुलसी राम सुपुत्र भज्जू राम, जाति वैश्य, उम्र 27 वर्ष, 19, कार्नवालिस स्ट्रीट, कलकत्ता (जमींदार, आर्य समाज मन्दिर)–**कँवलनाथ तिवारी आर्य समाज मन्दिर में लगभग दो साल रहा था,** जब वह विद्यासागर कॉलेज में पढ़ रहा था, तो **भगत सिंह** उसको मिलने आया था। तुलसी राम को सर्दियों के दिनों में बाजार से बर्फ लाने को कहा गया था, जो गन-कॉटन तैयार करने के लिए चाहिए थी। तिवारी अप्रैल 1929 में चला गया; **वह एक लकड़ी का सन्दूक पीछे छोड़ गया, जो पुलिस ने जुलाई 1929 को बरामद किया था।**

14 अगस्त, 1930

गवाह नं. 398 : 'कँवलनाथ तिवारी–माछवा बाजार'

बद्री सिंह सुपुत्र जयपाल सिंह, ठाकुर, आयु 33 वर्ष, मोटर ड्राइवर, डम डम, कलकत्ता–मकान नं. 23, माछवा बाजार के बारे में।

14 अगस्त, 1930

गवाह नं. 399 : 'पुलिस–बनारस'

नंद कुमार तिवारी सुपुत्र पंडित हर प्रसाद तिवारी, ब्राह्मण, आयु 40 वर्ष, प्रोफेसर, बनारस हिन्दू यूनिवर्सिटी, बनारस–अप्रासंगिक।

14 अगस्त, 1930

गवाह नं. 400 : 'पुलिस'

मुजफ्फर हसन, इंस्पेक्टर, पुलिस, सुल्तानपुर, यू.पी.–अप्रासंगिक।

14 अगस्त, 1930

गवाह नं. 401 : 'भगत सिंह के मकान तलाशी'

दिल मुहम्मद सुपुत्र चनण दीन, जाति जट्ट, उम्र 35 साल, व्यवसाय खेतीबाड़ी, नम्बरदार, वासी *चमरूपुर*, थाना अमर सिंधु, जिला लाहौर।

सवा साल हुआ भगत सिंह के पिता किशन सिंह के मकान की तलाशी मेरी मौजूदगी में ली गई थी। पुलिस ने जो चीजें कब्जे में ली थीं उनकी एक फर्द बनाई थी, जिस पर मेरा अँगूठा लगाया गया था।

[नोट : यह गवाह भगत सिंह के गाँव का नम्बरदार था–सम्पादक]

14 अगस्त, 1930

गवाह नं. 402 : 'कलकत्ता–मकान तलाशी'

मुहम्मद सुल्तान महमूद सुपुत्र मियाँ फजलदीन, जाति जट्ट, उम्र 33 वर्ष, वासी लाहौर, म्यूनिसिपल कमिश्नर–औपचारिक।

14 अगस्त, 1930

गवाह नं. 403 : 'आगरा-झाँसी–टिकट उगाही'

रहमत उल्लाह सुपुत्र मुहम्मद अली, आयु 35 वर्ष, टिकट कलेक्टर झाँसी स्टेशन–5.3.29 को आगरा से झाँसी तक की एक थर्ड क्लास टिकट कलेक्ट की।

14 अगस्त, 1930

गवाह नं. 404 : 'आगरा-दिल्ली–पैकेटों की बुकिंग'

बद्री प्रसाद सुपुत्र मुन्शी ज्वाला प्रसाद, जाति कायस्थ, उम्र 27 वर्ष, बुकिंग क्लर्क, राजा की मंडी, आगरा।

2.4.29 को एक थर्ड क्लास के टिकट पर चार पैकेट, हर नारायण (शिव वर्मा) के नाम नई दिल्ली तक बुक थे।

14 अगस्त, 1930

गवाह नं. 405 : 'अदालती कार्रवाई–दोषियों का अड़ंगा–शनाख्तें'

राय साहब पंडित श्री कृष्ण मजिस्ट्रेटः–

मैं इस केस के लिए विशेष मजिस्ट्रेट नियुक्त हुआ था। कार्रवाई 10 जुलाई, 1929 को शुरू हुई थी। **25.7.29 को पहली बार दोषियों ने भूख हड़ताल की थी।** उसके लिए अदालती कार्रवाई अभी तक बंद थी, जब मुल्जिम **विजय कुमार** को अदालत में लाया गया था; अदालत की कार्रवाई 24.9.29 को शुरू हुई थी उन दिनों जब **जे.एन. दास** दोषी की मृत्यु हो गई थी। **शिवराम राजगुरु** दोषी पहली बार 17.10.29 को अदालत में लाया गया था। 9.11.29 को उस मुल्जिम ने पहली बार मुझसे दरखास्त की कि दुभाषिया नियुक्त किया जाए।

29.11.29 को **कुन्दन लाल** दोषी पहली बार मेरे सामने पेश हुआ था।

6.2.30 को दोषियों ने फिर हाजिर होने से इनकार किया। 8.2.30 से लेकर 22.2.30 तक मुकदमा मैंने स्थगित कर दिया। **22.2.30 को जेल के डॉक्टर साहब का बयान हुआ कि कुछ दोषी भूख हड़ताल की वजह से बीमार हैं और अदालत में हाजिर होने के अयोग्य हैं**, इसलिए 8.3.30 तक मुकदमा स्थगित रहा।

8.3.30 को मुकदमे की कार्रवाई शुरू हुई। उस समय से लेकर जब तक यह केस विशेष ट्रिब्यूनल के सुपुर्द मेरे समक्ष चलता रहा।

राजगुरु की दुभाषिया उपलब्ध कराए जाने की याचना के बारे में पड़ताल करके मैंने उसकी उक्त याचना ना-मंजूर कर दी थी। जब राजगुरु को मेरे समक्ष पहली बार, शायद 15.10.1929 को पुलिस रिमांड के लिए पेश किया गया तो राजगुरु ने पुलिस रिमांड का विरोध करते हुए जेल रिमांड की माँग की। उसने मेरे साथ उर्दू में ही बात की। मैंने उसको उर्दू में कहाः–

> "नाम तो तुम्हारा राजगुरु है और इल्जाम तुम्हारे ऊपर यह क्या है?" तो उसने जवाब दिया, **"हाँ मेरा नाम राजगुरु है और मेरा काम राजा को शिक्षा देने का है।"**

9.11.29 को राजगुरु ने जबानी याचना की कि मुकदमे की कार्रवाई स्थगित कर दी जाए, क्योंकि वह हाई कोर्ट में मुकदमे को तब्दील किए जाने की दरखास्त देना चाहता है।

समूह दोषी हर पेशी पर आते समय रास्ते में विद्रोही गीत गाते हुए आते थे, और जब कचहरी के अहाते में पहुँचते थे तो पहले इंकलाबी नारे लगाते थे और साथ ही विद्रोही गीत गाते थे–मैंने उनको एक दिन मना किया था। जब वह अदालत में लाए जाते थे तो भी ऐसा ही विद्रोही गीत गाते थे।

जयगोपाल वादामाफ ने अभी गवाही देनी शुरू की ही थी कि दोषियों ने उसको **'शेम शेम' कहा और *प्रेमदत्त* मुल्जिम ने अपनी जूती उतारकर उसके ऊपर फेंकी** जिससे शोर हो गया। दोषियों के व्यवहार से जयगोपाल की जिन्दगी को खतरा था, इसलिए मुझे मुकदमा स्थगित करना पड़ा अतएव मैंने हुक्म दिया कि दोषियों को जेल भेजा जाए।

19.12.1929 को अदालत में जब दोषी आए थे तो अपने **गले के गिर्द सुर्ख रंग के रूमाल पहने हुए थे,** जो उन्होंने काकोरी शहीदों का दिन मनाने के लिए पहने हुए थे। **17.12.29 को जब शिवराम राजगुरु** पहली बार अदालत में लाया गया तो **बाकी सारे दोषी उस समय खड़े हो गए और जिन्होंने उसको सलाम किया और उसने सलाम का जवाब दिया।**

29.11.29 को जब कुन्दन लाल मुल्जिम को पहली बार अदालत में पेश किया गया तो सारे दोषियों ने खड़े होकर इंकलाबी नारे लगाएः–

> **"up, up with revolution"**
> **"long live Lalaji"**
> **"long live Kakori martyrs"**
> **"long live Jatin Das".**

तो कुन्दन लाल ने उनके जवाब में इंकलाबी नारे लगाए, 'इंकलाब जिन्दाबाद', 'लाला जी जिन्दाबाद', 'जतिन्द्रनाथ दास जिन्दाबाद', 'शहीदाने काकोरी जिन्दाबाद'।

जब गवाह से किसी दोषी को शनाख्त कराना होता था तो मैं खुद कठघरे में दोषियों के पास आ जाता था और सारी कार्रवाई की देख-रेख करता रहता था। दोषियों के कठघरे की और अदालत के कठघरे की रेलिंग लगी हुई थी। जब शनाख्त होती थी तो मैं उसी समय शार्टहैंड राइटर को शनाख्त के परिणाम लिखा देता था, और रीडर भी जो कुछ मैं उसको लिखाता था उसी समय लिख लेता था।

अगर मुझे किसी दोषी की शनाख्त के बारे में शक रहता था तो मैं उसका नाम पूछ लेता था। लेकिन उनमें से बहुत से दोषियों के नाम मुझे आते थे। दोषियों के वकील हर समय उस शनाख्त की कार्रवाई को चैक करते रहते थे। ***अनवार-उल्ल-हक गवाह नम्बर 63 जो पेश हुआ था*** उसकी गवाही अंग्रेजी रिकार्ड के मुताबिक यह है कि जयदेव कपूर तीसरा व्यक्ति था, जिसको उसने शनाख्त किया था। और उस मुल्जिम का नाम संयोग से उर्दू में रह गया था। जो नोट मैंने हर गवाह के बयान में शनाख्त के बारे में लिखा है कि क्या उसने एक या ज्यादा मुल्जिमों की शनाख्त की है, ठीक तौर पर उसी समय लिखा था और यह सब नोट गवाह की गवाही के एक अंश के तौर पर दिए गए थे।

अदालत के सवाल के जवाब में—मैंने शिवराम राजगुरु की दरखास्त जबानी जो उसने 9.11.29 को मुकदमा स्थगित किए जाने पर की थी ना-मंजूर की थी। हालाँकि मुझे क्लाज नम्बर 9 धारा 526 के अधीन फौजदारी की व्यवस्था का ज्ञान था, क्योंकि मैंने ख्याल किया कि इस धारा की व्यवस्था के बारे में पहली दरखास्तों पर काफी हद तक अमल किया जा चुका है। **17.10.29 और 9.11.29 के दरमियान मैंने कोई अदालती कार्रवाई धारा 522 के अधीन स्थगित नहीं की थी।**

14 अगस्त, 1930

गवाह नं. 406 : 'रावलपिंडी मकान—जयगोपाल'

पंडित ठाकुर दास, ए.एस.आई., पुलिस, स्पेशल स्टाफ, सी.आई.डी., लाहौर—औपचारिक।

15 अगस्त, 1930

गवाह नं. 407 : 'शनाख्त'

महाराज स्वरूप (डॉ. निगम का पड़ोसी) सुपुत्र भगवान सहाय, कायस्थ, आयु 19 वर्ष, अध्यापक, सनातन धर्म स्कूल, फिरोजपुर शहर।

कभी-कभी डॉ. निगम से ईलाज कराता था।

15.08.1930

गवाह नं. 408 : 'फिरोजपुर–डॉ. निगम सम्बन्धी'

रामशरण दास सुपुत्र हरिया मल्ल, अरोड़ा, आयु 46 वर्ष, व्यापारी, फिरोजपुर–डॉक्टर निगम मेरे होटल में 3–4 दिन ठहरा; बाद में वहाँ खाना खाया करता था।

15 अगस्त, 1930

गवाह नं. 409 : 'लाहौर–बम सामग्री–तेजाब'

हरनाम दास सुपुत्र गोबिन्द दास, सुनेजा, आयु 34 वर्ष, एम.एस-सी., मैनेजर, एजूकेशनल स्टोर्ज, चंगड़ मोहल्ला, लाहौर–28.3.1929 को तेजाब आदि बेचे थे।

15 अगस्त, 1930

गवाह नं. 410 : 'शनाख्त–प्रेमदत्त'

नत्थूराम सुपुत्र छज्जू राम, जाति ब्राह्मण, उम्र 27–28 साल, बावर्ची गुरुदत्त भवन, लाहौरः–

मैं तीन साल से गुरुदत्त भवन में काम करता हूँ। **एक विद्यार्थी प्रेमदत्त मेरे बावर्चीखाने में खाना खाता था। और गुरुदत्त भवन में रहता था।** जिन तारीखों में वह खाना खाता रहा, उन्हें मैं रजिस्टर में दर्ज करता रहा। मैं उर्दू पढ़-लिख सकता हूँ। 10 जनवरी से 28 जनवरी, 1929 तक की हाजरियाँ मैंने लगाई हुई हैं। प्रेमदत्त का नाम उर्दू में मेरे हाथ का लिखा हुआ है। ***रजिस्टर प्रदर्श पी.इ.सी.*** जो मौजूदा अदालत में है, हमारा है। मैंने विशेष मजिस्ट्रेट साहब की अदालत में प्रेमदत्त को बाकी दोषियों के साथ बैठे हुए देखा था और शनाख्त किया था।

15 अगस्त, 1930

गवाह नं. 411 : 'बम तफ्तीश–बरामदगियाँ'

सय्यद अहमद शाह, डी.एस.पी., सी.आई.डी. लाहौरः–

जब अक्तूबर 1928 में दूसरे बम का विस्फोट दशहरे वाले दिन हुआ तो उसकी तफ्तीश के लिए मैं खान बहादुर शेख अब्दुल अजीज साहब के साथ नियुक्त था। मैं बराबर उसकी तफ्तीश करता रहा। मैं इस मुकदमा की तफ्तीश में भी शामिल रहा।

प्रदर्श पी.एफ.-10 एक राज के अक्षरों में लिखी हुई चिट्ठी का फोटो है जो मैंने खान साहब नियाज अहमद खान साहब (सरकारी गवाह नं. 23) से लिया था। मैंने उन अक्षरों की एक समझी जाने वाली कॉपी ***प्रदर्श पी.एफ. 10-ए*** हासिल की। जिससे **चिट्ठी *एक्स पी.एन. 10*** की विषय-वस्तु स्पष्ट हुआ।

अप्रैल के शुरू में शायद 9 या 10 अप्रैल की तारीख, नूर शाह कांस्टेबल (सरकारी गवाह नं. 132) ने मुझे **कुछ कमरे कश्मीर बिल्डिंग** के दिखाए। मैं इस मकान की निगरानी करता रहा। जिस दिन नूर शाह कांस्टेबल ने मुझे मकान दिखाया था, मैंने देखा कि उस मकान के **परनाले में कुछ पीला मैदा लगा हुआ है। मैंने देखा कि इस मकान के दरवाजे अक्सर अन्दर से बंद रहते थे, बाहर से ताले लगे रहते थे।**

15.4.29 की सुबह को मैं किले में था, जब खान साहब नियाज अहमद का टेलीफोन पर सन्देश पहुँचा कि जितने व्यक्ति मिल सकें उनको लेकर फौरन

कश्मीर बिल्डिंग में आ जाओ। मैं शहाबुददीन सब-इंस्पेक्टर गवाह (सरकारी नम्बर 32) और नानक चन्द सब-इंस्पेक्टर और कुछ कांस्टेबलों को लेकर वहाँ पहुँचा। मेरे पहुँचने से पहले खान बहादुर अब्दुल अजीज, खान साहब नियाज अहमद वहाँ पहुँच गए थे। खान बहादुर सय्यद बुड्ढे शाह (सरकारी गवाह नम्बर 321), ऑनरेरी मजिस्ट्रेट अमृतसर वहाँ से गुजर रहे थे। उनको रोक लिया गया था। मकान मालिक ख्वाजा बशीर बख्श (गवाह नं. 99) को बुलाया गया। मुहम्मद इस्हाक (सरकारी गवाह नं. 333) लकड़ी बेचने वाले को भी बुलाया गया। इधर-उधर की गलियों में पहरा लगाया गया। उस मकान का नम्बर 69 था। फिर हम ऊपर गए; उस समय दरवाजा खुला था।

जब हम दाखिल हुए तो तीन नौजवान वहाँ मौजूद थे। सामने वाले कमरे से अगले कमरे में वह मौजूद पाए गए। उन तीन व्यक्तियों ने अपने नाम **सुखदेव, जयगोपाल, किशोरी लाल** बताए। जब मैं सुखदेव की तरफ उसकी तलाशी लेने बढ़ा तो उसने अन्दरूनी जेब से रिवाल्वर निकाला। मैंने सुखदेव के हाथ से रिवाल्वर छीना। जो उसने अपने कोट की अन्दरूनी जेब से निकाला था। और ज्यों ही उसने रिवाल्वर निकाला था, मैंने उसके हाथ से रिवाल्वर पकड़ लिया। तीनों मुल्जिमों को गिरफ्तार किया गया और उनकी तलाशी ली गई। **रिवाल्वर *प्रदर्श 122*** वही है जो **सुखदेव से छीना और उसकी जेब से 18 कारतूस भी बरामद हुए। ये कारतूस टीन के एक छोटे से बक्स *प्रदर्श पी.13* में थे।** बक्स अदालत में मौजूद है। **एक जिन्दा बम टीन के बक्स *प्रदर्श पी-2* में चार नोट बुकों सहित पाया गया, और आठ खाली बम खोल जिनमें एक अंडे की आकृति का था, अल्मारी में से मिले। वह बम खोल जिनमें एक अंडे की आकृति का था** अदालत में मौजूद है। मैं उनको शनाख्त करता हूँ। यह **बम खोल *प्रदर्श 11* है। चार नोट बुक्स इसी बक्स में निकली थीं और उनमें बम के नुस्खे दर्ज हैं। कुल चीजें जो बरामद हुई थीं, उनकी बरामदगी की फर्द *प्रदर्श पी.सी.* बनाई गई; इस पर मेरे हस्ताक्षर हैं और सही है। तीनों मुल्जिमों की फर्द की निजी तलाशी अलग-अलग तैयार हुई।**

प्रदर्श पी.ई.-3
प्रदर्श पी.ई.-4
प्रदर्श पी.ई.-5

इन तीनों फर्दों पर मेरे हस्ताक्षर हैं। जो चीजें इस मकान की तलाशी से बरामद हुई थीं, कब्जे में ली गईं। उनमें से जो चीजें केमिकल परीक्षक के पास भेजी गईं, उनके 20 पार्सल थे, जिनको मोहर बंद हालत में, मैं केमिकल परीक्षक के पास ले गया था। उन्होंने बाद में 19 पार्सल मुझको वापस कर दिए। जिंदा बम को वापस नहीं किया। चार और पार्सल उन्होंने मेरे हवाले किए। यह उन चीजों के थे जो वह खुद ले आए थे।

16.4.29 को मैंने दस्तावेज *प्रदर्श पी.इ., प्रदर्श पी.इ.1, प्रदर्श पी.इ.2, प्रदर्श पी.इ. 3,* बशीर बख्श (सरकारी गवाह नं. 99) मालिक कश्मीर बिल्डिंग में से कब्जे में ली। फर्द बरामदगी ***एक्स पी.इ.*** है। यह दुरुस्त है और इस पर मेरे हस्ताक्षर हैं।

24 अप्रैल, 1929 को किशोरी लाल ने मुझको एक मकान दिखाया था, जो गवालमंडी लाहौर में स्थित है, जिसको 'उत्तम निवास' कहते हैं। फर्द निशानदेही ***प्रदर्श पी.जे.इ.*** तैयार किया गया था। इस पर मेरे हस्ताक्षर हैं, और यह सही है।

1.5.29 को किशोरी लाल मुझको **फिरोजपुर** ले गया, वहाँ वह मुझको **कूचा पटवारियाँ** में ले गया। और वहाँ उसने एक मकान की निशानदेही की। कांशी राम, सरकारी गवाह नं. 59 भी साथ था।

प्रदर्श पी.सी.एम. मैंने तैयार किया है और इस पर मेरे हस्ताक्षर हैं। उसी तारीख को मैंने ***प्रदर्श पी.सी.वाई.*** मुकन्द लाल गवाह से कब्जे में लिया, जो **प्रेमदत्त के स्कूल टाइपराइटिंग के दाखिले के बारे में था।** उसकी फर्द बरामदगी ***प्रदर्श पी.सी.वाई.-1*** है। फिर मैं किशोरी लाल के साथ दिल्ली गया। हम लगभग आधी रात को दिल्ली पहुँचे। स्टेशन से उतरकर हम जाफरी साहब सुपरिंटेंडेंट पुलिस की कोठी पर गए। वहाँ से वह भी हमारे साथ हो लिए। किशोरी मुल्जिम ने एक मकान **सीताराम बाजार**, दिल्ली की निशानदेही की। हमारे वहाँ पहुँचने से डेढ़ घंटा के अन्दर निशानदेही हो गई।

9.5.29 को किशोरी लाल ने **कुछ मकान लाहौर में दिखाए।** जिनमें **अराई बिल्डिंग** वाला मकान भी शामिल था, और **वहाँ उसने मकान नम्बर 96 दिखलाया। वहाँ उसने वह जगह भी दिखाई जहाँ गोलियों के निशानेबाजी के निशान थे।** मैंने एक फोटोग्राफर को बुलाया और उन दीवारों के फोटो लिए गए, दो जगहों में गोलियाँ दीवार में घुसी हुई मिलीं। फर्द बरामदगी ***प्रदर्श पी.डी.एम.*** तैयार किया गया जो दुरुस्त है और इस पर मेरे हस्ताक्षर हैं।

जब किशोरी लाल ने वे निशान दिखाए थे तब उसने मजिस्ट्रेट साहब की हाजिरी में दिखाए थे। मैंने बाद में जाकर फोटो उतरवाए थे, और दो गोलियाँ दीवार में घुसी हुई पाई गईं।

हुसैन बख्श (सरकारी गवाह नं. 64) ने एक किराये के हिसाब की एक अभ्यास-पुस्तिका पेश की थी। जिसमें किरायेदारों का हिसाब दर्ज है। अभ्यास-पुस्तिका ***प्रदर्श पी.ए.वी.*** है।

1.5.1929 को मैंने एक अभ्यास-पुस्तिका ***प्रदर्श पी.जे.एफ.*** बसाओ राम मालिक **शहंशाह होटल, फिरोजपुर शहर से प्राप्त की, जिसमें प्रेमदत्त, दोषी के वहाँ खाना खाने की एंट्री है।** उसकी फर्द बरामदगी ***प्रदर्श पी.जे.एफ.-1,*** मेरी तैयार की हुई और उस पर मेरे हस्ताक्षर हैं। जब मैं किशोरी लाल के साथ फिरोजपुर गया था, और उसने कूचा पटवारियाँ वाला मकान दिखाया था तो रोशन लाल वहाँ मौजूद था। और उन दोनों ने एक दूसरे को पहचाना और बातचीत की। **एक चाबी *प्रदर्श पी.16*** जो कश्मीर बिल्डिंग वाले मकान की खाना तलाशी से मिली थी, उसका मैंने पार्सल बनाया और उसको मोहरबंद करके कांशी राम के हवाले किया ताकि वह उसको केमिकल परीक्षक के पास ले जाए।

6.6.1929 को मैंने *प्रदर्श पी.एच.टी.* हासिल किया जो शिव वर्मा की लिखाई का नमूना है, यह उसने मेरे सामने लिखी थी।

15.08.1930

(16 अगस्त, 1930 को जारी रहा)

मैं **आगरा** में 7 जुलाई, 1929 को **धर्मशाला मारवाड़ियाँ** में गया। उस धर्मशाला का रजिस्टर जिसमें ठहरने वालों के नाम दर्ज होते हैं, मैंने कब्जे में लिया। रजिस्टर ***प्रदर्श पी.सी.ओ.*** है। उसमें एंट्रियाँ ***प्रदर्श पी.सी.ओ.*** हैं। यह पी.एन. घोष के बारे में है। बरामदगी प्रदर्श ***पी.सी.ओ. 14*** है। मैं 7.7.1929 को वहाँ गया था।

मैंने 4 जुलाई, 1929 को कलकत्ता में कमरा नम्बर 42, बिल्डिंग नम्बर 23 मछवा बाजार का किरायानामा किदारनाथ मालिक से कब्जे में लिया था। किरायानामा *प्रदर्श पी.एफ.डी. 80* है। **फर्द बरामदगी *प्रदर्श पी.एफ.डी. 80-ए*** है। यह मेरी हस्तलिखित व सही है। 8 और 12 जुलाई, 1929 के बीच किसी तारीख पर मैंने एक फाइल डी.एल. नम्बर 67 साल 1928 पुलिस सुपरिंटेंडेंट साहब पुलिस झाँसी के दफ्तर से हासिल की जो एक व्यक्ति ***हरी शंकर*** [चन्द्रशेखर आजाद–सम्पादक] सुपुत्र श्री सीताराम के लाइसेंस मोटर ड्राइवरी के मुत्तलक है। उसका फाइल ***प्रदर्श पी.जे.जी.*** है।

मैं 31.7.1929 को **झाँसी** में फिर गया। मैं एक व्यक्ति **रामदुलारे** के मकान पर गया। जहाँ उसने कुछ चीजें जो उसके मकान पर मौजूद थीं, पेश की, जिनकी **फर्द बरामदगी** मैंने सही तौर पर तैयार की। फर्द ***प्रदर्श पी.एच.इ.*** है और उस पर मेरे हस्ताक्षर हैं। उसके घर की औरतें वहाँ रहती थी। घर आबाद था। यह मकान जहाँ से चीजें ली गईं मोहल्ला कच्ची झाँसी में स्थित है। यह रामदुलारे वही है, जो उस मुकदमे में सरकारी गवाह नं. 288 है।

21.8.1929 को मैंने **श्रीनगर** में एक व्यक्ति अहमद सुबहान सुपुत्र मुहम्मद सिद्दीक दर्जी चिनार बाग से उसका रजिस्टर कब्जे में लिया। जिसमें कि लोगों के आर्डर दर्ज होते हैं। रजिस्टर प्रदर्श पी.जे.एच. कब्जे में लिया जिसमें **एंट्री *प्रदर्श पी.जे.एच.-1*** है उस पर मैंने उस समय हस्ताक्षर कर दिए, मैंने उस रजिस्टर की फर्द बरामदगी दुरुस्त तौर पर तैयार की थी, जो ***प्रदर्श पी.जे.एच.-2*** है। उस पर मेरे हस्ताक्षर हैं, यह सही है।

12.7.1929 को मैंने (रिस्क नोट फॉर्म ए) ***प्रदर्श पी.जी.एक्स.-2ए*** मिर्जा असद हुसैन, हेड पार्सल क्लर्क झाँसी से हासिल किया। **मैंने उसको जबानी कहा था कि रिस्क नोट तलाश कर दो।** उसने अपने अफसर की इजाजत से चिट्ठी ***प्रदर्श पी.जी.एक्स.-3*** रिस्क नोट के साथ मेरे पास भेज दिया। यह एक साइकिल झाँसी से **राजा की मंडी आगरा** तक बुक होने के बारे में है। उसके बाद मैंने **इलाहाबाद यूनिवर्सिटी** से एक एडमिशन फार्म, ***प्रदर्श पी.जे.एक्स.-4*** हासिल किया जो **सदाशिव** सुपुत्र रघुनाथ का दाखिला इंटरमीडिएट की परीक्षा से सम्बन्धित बयान किया जाता है। मैंने ***प्रदर्श पी.जे.एक्स.-2, प्रदर्श पी.जे.एक्स.-4*** को हस्तलिखितों के विशेषज्ञों के पास भेज दिया। मैं फिर **पूना** गया। और **वहाँ 30.09.1929 को चार बजे सुबह मैंने पूना के एक मकान में शिवराम राजगुरु को रात के समय गिरफ्तार किया।** एक और व्यक्ति उसके पास सोया हुआ था। **शिवराम राजगुरु के सिरहाने के करीब एक काला बाक्स पड़ा था। जिसमें एक रिवाल्वर और**

14 कारतूस मिले। रिवाल्वर ***प्रदर्श पी.-875*** है। चौदह कारतूस ***प्रदर्श पी. 876*** हैं जब मैं गया तो दरवाजा बंद था। और अन्दर से दोनों व्यक्तियों में से किसी ने उठकर दरवाजा खोला। जो दूसरा व्यक्ति उसके साथ था वह भी गिरफ्तार कर लिया गया। उसको लाहौर लाया गया। यहाँ उसको किसी गवाह ने शनाख्त नहीं किया; उसको फिर वापस पूना भेजा गया। **मिस्टर मिल्ज, पुलिस इंस्पेक्टर, पूना उस समय मेरे साथ था।** फर्द बरामदगी मराठी में तैयार हुई थी, जो ***प्रदर्श पी.जे.जे.*** है और उस पर मेरे हस्ताक्षर हैं। **रिवाल्वर *प्रदर्श 875*** को मैं शनाख्त करता हूँ। यह वही है। शिवराम राजगुरु की गिरफ्तारी के बाद उसके भाई दिनकर हरी राजगुरु के मकान की तलाशी ली गई, वहाँ जो कागज थे, उनमें ***प्रदर्श पी. जे.के.*** जो एक रजिस्टरी किए खत की रसीद है जो लगता है कि दिनकर हरी राजगुरु ने शिवराम राजगुरु को **पटनी टोला मकान नम्बर 5 बनारस शहर** में भेजा था। उसकी फर्द बरामदगी प्रदर्श पी.जे.के.-1 है जो मिस्टर मिल्ज ने अंग्रेजी में तैयार की थी, और उस पर मेरे हस्ताक्षर हैं। यह तलाशी 1.10.1929 को हुई थी। 30.9.1929 को दिन के समय मैंने मिस्टर मिल्ज इंस्पेक्टर पुलिस पूना व अन्य अफसरों पूना दत्ता तरीया बलवंत करेन्दीकर के साथ मकान की तलाशी ली। मकान नम्बर 170 शकरपत पूना शहर में था। **वहाँ से एक रिवाल्वर और 15 कारतूस भी बरामद हुए।** कारतूस सब भरे हुए थे। फर्द बरामदगी ***प्रदर्श पी.जे.एल.*** मराठी में तैयार की गई। जिस पर मेरे हस्ताक्षर हैं, सही है। **जब मैं पूना से शिवराम राजगुरु को लाहौर लाया तो रास्ते में उससे बातें होती रहीं, वह हिन्दोस्तानी में मुझसे बात करता था; और वह हिन्दोस्तानी में अच्छी तरह बात कर सकता है।** 12.5.1929 को मैंने **झाँसी** में जी.आई.पी. रेलवे के रजिस्टर की झाँसी स्टेशन पर पड़ताल की। रजिस्टर ***प्रदर्श पी.जे.बी.*** है और उसमें एंट्री ***प्रदर्श पी.जे.बी.-1*** पर मैंने हस्ताक्षर कर दिए थे। ये उस समय इसी हालत में था जैसा कि अब है।

जिरह समाप्त।

16 अगस्त, 1930

गवाह नं. 412 : 'पूना पुलिस–राजगुरु'

सी.जी. फोरमैन, पुलिस इंस्पेक्टर, पुलिस, पूना–अप्रासंगिक।

16 अगस्त, 1930

गवाह नं. 413 : 'गिरफ्तारी–राजगुरु'

इ. मिल्ज, इंस्पेक्टर पुलिस, इंचार्ज, सिटी पुलिस स्टेशन, पूनाः–

30.9.1929 को राजगुरु की तिलक रोड पूना में एक पिस्तौल और 14 कारतूसों सहित गिरफ्तारी।

16 अगस्त, 1930

गवाह नं. 414 : 'शनाख्तें'

मुल्कराज, मजिस्ट्रेट, होशियारपुर–शनाख्तें।

16 अगस्त, 1930

गवाह नं. 415 : 'राजगुरु–बरामदगियाँ'

जसवंत राय टुकाराम सावंत, मरहट्टा, आयु 44 वर्ष, सदाशिव पेट, पूना–राजगुरु की गिरफ्तारी पर बरामदगी की पुष्टि।

16 अगस्त, 1930

गवाह नं. 416 : 'बरामदगियों का गवाह'

दत्तात्रेय बलवंत करेंदीकर (राजगुरु का मित्र), आयु 29 वर्ष, अब कैदी, यरवदा जेल, पूना–राजगुरु का मित्र; बरामदगियों का गवाह।

16 अगस्त, 1930

गवाह नं. 417 : 'लाहौर कश्मीर बिल्डिंग–हलवाई'

गणपत सुपुत्र रामप्रसाद, आयु 45 वर्ष, नौकर, पंडित बालकराम, गवालमंडी, लाहौर–औपचारिक।

16 अगस्त, 1930

गवाह नं. 418 : 'योगेश–एफ.आई.आर. सम्बन्धी'

अब्दुल गफूर, हेड कांस्टेबल, पुलिस, नं. 26, थाना इंद्रगढ़, जिला प्रतापगढ़।

रिपोर्ट नं. 26, तिथि 2.5.1928, ***प्रदर्श पी.जे.आर.*** फतेहगढ़ कोतवाली में उसकी हाजिरी में दर्ज की गई थी, जिस पर उसके हस्ताक्षर हैं। यह रिपोर्ट जे.सी. चटर्जी (योगेश चटर्जी) रामदुलारे (शर्मा) गंगा प्रसाद और दो अज्ञात व्यक्तियों के खिलाफ, धारा 224, 109, 511 थी। **प्रथम सूचना रिपोर्ट (एफ.आई.आर.)** नियमानुसार नष्ट की जा चुकी है।

16 अगस्त, 1930

गवाह नं. 419 : 'योगेश–एफ.आई.आर. सम्बन्धी'

शकूर बेग, हेड कांस्टेबल नं. 15, देहरादून:–

उक्त रिपोर्ट प्रदर्श पी.जे.आर. मैंने लिखी थी। मैंने यह तब लिखी थी जब मैं फतेहगढ़ कोतवाली में नियुक्त था।

16 अगस्त, 1930

गवाह नं. 420 : 'दिल्ली मीटिंग–सितम्बर 1928'

बारा सिंह सुपुत्र काकू सिंह, जट्ट, आयु 36 वर्ष, वासी बादले, वार्डन, पटियाला जेल।

दो साल पहले (सितम्बर 1928 में) इसने 15-16 युवकों को दिल्ली कोटला फिरोजशाह घास पर बैठे देखा था। उसके यह पूछने पर कि वे वहाँ क्या कर रहे थे, तो उसे बताया गया कि वे स्कूल के विद्यार्थी थे और परीक्षा की तैयारी कर रहे थे।

16 अगस्त, 1930

गवाह नं. 421 : 'गिरफ्तारी–महावीर सिंह'

अहमद शाह खाँ, सब-इंस्पेक्टर, पुलिस नं. 31-डब्ल्यू, रावलपिंडी:–19.6.1929 को महावीर सिंह को एटा (यू.पी.) में गिरफ्तार किया था।

16 अगस्त, 1930

गवाह नं. 422 : 'योगेश–कानपुर पहुँचने की रिपोर्ट'

माता प्रसाद सुपुत्र बच्चू लाल, कायस्थ, आयु 45 वर्ष, हेड कांस्टेबल, रेलवे पुलिस, कानपुर सेंट्रल रेलवे स्टेशन–17.12.1929 को योगेश चन्द्र चटर्जी के कानपुर पहुँचने की रिपोर्ट दर्ज की थी।

16 अगस्त, 1930

गवाह नं. 423 : 'दस्तावेज–लिखाइयों की शनाख्त'

आर. स्टोट, सरकारी परीक्षक, संदिग्ध दस्तावेज:–

बड़े विस्तार से दोषियों की लिखाई की पहचान करके स्पष्ट किया कि कौन सी लिखावट किस दोषी की लिखावट है।

18 अगस्त, 1930

गवाह नं. 424 : 'इलाहाबाद पुलिस'

अमूल्य रतन मितरा, बी.एस–सी. सुपुत्र, आर.जी. मितरा, कायस्थ, आयु 25 वर्ष, बुलन्दशहर–औपचारिक।

18 अगस्त, 1930

गवाह नं. 425 : 'निशानदेही–तफ्तीश'

स्टीफन कर्म सिंह, सुपरिंटेंडेंट दफ्तर, आई.जी. पुलिस, दिल्ली:–

किशोरी लाल की निशानदेही पर सीताराम बाजार (दिल्ली) वाले मकान की जाँच की।

19 अगस्त, 1930

गवाह नं. 426 : 'निशानदेही–तफ्तीश'

आर.सी. जैफरीज, सीनियर सुपरिंटेंडेंट पुलिस, दिल्ली–किशोरी लाल की निशानदेही अनुसार सीताराम बाजार, दिल्ली वाले मकान की जाँच की।

19 अगस्त, 1930

गवाह नं. 427 : 'भगवती अनुसार–पुस्तक जारी करना'

राजा राम सुपुत्र पंडित गहना राम, जाति ब्राह्मण, उम्र 24 साल, सहायक लाइब्रेरियन, द्वारका दास लाइब्रेरी, लाहौर (अब कैदी, गुजरात स्पेशल जेल):–

अप्रैल 1929 में द्वारका दास लाइब्रेरी, लाहौर में अंग्रेजी हिस्से का सहायक लाइब्रेरियन था। **पुस्तक *प्रदर्श पी.–24* 'एडमिनिस्ट्रेशन ऑफ़ आयरलैंड'** मौजूदा अदालत में जो अब मुझे दिखाई गई है, द्वारका दास लाइब्रेरी की पुस्तक है। वह लाइब्रेरी के रजिस्टर के पृष्ठ नं. 84 पर दर्ज है और पुस्तक का नम्बर 7640 है। **एंट्री *प्रदर्श पी.के. 2*** है। 12.4.1929 को लाला भगवतीचरण वोहरा के नाम पर जारी हुई थी। यह पुस्तक सुखदेव ले गया था। उसने यह भगवतीचरण के नाम पर ली थी। मैंने रसीद प्रदर्श पी.के. सुखदेव से ले ली थी। उस पर सुखदेव ने मेरे सामने हस्ताक्षर किए। यह

सुखदेव वही व्यक्ति है जो मुकदमे में दोषी है। मैंने सुखदेव को पुस्तक इसलिए दी थी क्योंकि **भगवतीचरण ने मुझे कहा था कि यदि कोई पुस्तक मेरे नाम पर लेने आए तो उसको दे देना।** इसलिए मैंने पुस्तक सुखदेव को दे दी थी। ***मैंने लाइब्रेरी का रजिस्टर पुलिस के हवाले किया था और दूसरे दिन एक चिट प्रदर्श पी. के.-1 मैंने पुलिस को दी थी।***

मैं आज बोरस्टल जेल लाहौर में गया था, और वहाँ मैंने सुपरिंटेंडेंट साहब जेल की मौजूदगी में सुखदेव को शनाख्त किया था, जो लगभग 18 अन्य व्यक्तियों के बीच में बैठा हुआ था।

> **[नोट : श्री राजा राम शास्त्री ने 1981 में एक पुस्तक लिखी थी 'अमर शहीदों की यादें' जिसमें उन्होंने उन दिनों की रोचक बातें लिखी हुई हैं—सम्पादक]**

19 अगस्त, 1930

गवाह नं. 428 : 'चाँद' के 'फाँसी अंक'—लेखों सम्बन्धी

मिस्टर आर. सहगल सुपुत्र राजिन्द्र सिंह, जाति हिन्दोस्तानी, उम्र 34 साल, एडीटर 'चाँद' मैगजीन बयान किया:–

नवम्बर 1928 में मैंने 'चाँद' मैगजीन का एक खास नम्बर निकाला था। जिसका नाम 'फाँसी' नम्बर था। **चतरसेन शास्त्री, वासी दिल्ली ने उस विशेष अंक को बतौर एडीटर सम्पादित किया था।** इसके लिए लेख और चित्र आदि जमा करने का काम चतरसेन के जिम्मे था। **बहुत से लेख शिव वर्मा ने 'हर नारायण कपूर' के नाम से लिखे थे।** [नोट : जयगोपाल ने अपने बयान में इसका कुछ विस्तार दिया है—सम्पादक]

19 अगस्त, 1930

गवाह नं. 429 : 'जयगोपाल द्वारा फिरोजपुर में निशानदेही'

लाला वजीर चन्द, मजिस्ट्रेट, रावलपिंडी।

14.5.29 को जयगोपाल को फिरोजपुर में मोहल्ला शाहगंज वाले मकान में लेकर गया था, जहाँ उसने एक दीवार पर कुछ निशान दिखाए जहाँ निशानेबाजी हुआ करती थी; उसने फिरोजपुर में कुछ और स्थान भी दिखाए।

20 अगस्त, 1930

गवाह नं. 430 : 'शिव वर्मा, जयदेव, महावीर—कॉलेज रिकार्ड'

विद्याधर सुपुत्र पंडित राजपती शर्मा, आयु 26 वर्ष, हेड क्लर्क, डी.ए.वी. कॉलेज, कानपुर:–

शिव वर्मा : पहली बार 6.7.25 को कॉलेज में दाखिल हुआ, जबकि रिकार्ड अनुसार उसकी आयु साढ़े 13 वर्ष थी। फिर बाहरवीं पास करके 16.7.27 को दोबारा दाखिल हुआ और अप्रैल 1928 को कॉलेज छोड़ दिया।

जयदेव कपूर : 9.7.25 को साढ़े सोलह वर्ष की उम्र में दाखिल हुआ और अप्रैल 1928 में बाहरवीं पास करके चला गया था।

महावीर सिंह : 13.7.1925 को 19 साल की उम्र में मैट्रिक की परीक्षा एटा से पास करके दाखिल हुआ और अप्रैल 1928 में चला गया।

20 अगस्त, 1930

गवाह नं. 431 : 'बेतिया–कँवलनाथ तिवारी सम्बन्धी'

डॉ. एच.सी. लहिरी, असिस्टेंट सर्जन, बेतिया–8.6.1929 को कँवलनाथ तिवारी के जख्मों की धर्मशाला में मरहम पट्टी की थी, जिसको वह पहले से जानता था।

20 अगस्त, 1930

गवाह नं. 432 : 'जब्तशुदा दस्तावेजों का ब्यौरा'

खानसाहब शेख अब्दुल अजीज, बी.ए. सुपरिंटेंडेंट प्रेस ब्रांच लाहौर–(यह गवाह अंग्रेजी में अपनी गवाही देगा और इसके बयान का उर्दू में अनुवाद करके मिस्ल में शामिल किया जाए।)

जी.सी. हिल्टन

अनुवाद

निम्नलिखित पुस्तकें जब्तशुदा हैं–

(1) *'काकोरी केस के शहीद'*–पंजाब सरकार नोटिफिकेशन नं. 4015 दिनांक 31.1.29 ***प्रदर्श पी-18***

(2) *'व्हॉट डू वी वांट'*–1922 में यू.पी., सी.पी., पंजाब, बर्मा, दिल्ली और करग की सरकारों ने जब्त की, लेकिन मुझको नोटिफिकेशन के दस्तावेज नहीं मिले।

(3) *'दी रेवोल्यूशनरी'* पर्चा–1925 में बंगाल सरकार ने जब्त की, जिसका नोटिफिकेशन नम्बर 1259 पी. दिनांक 31.1.1925 ***प्रदर्श पी-26*** है।

(4) *'इंडियन होमरूल'* लेखक : गांधी–बंगाल, बम्बई, बर्मा और नार्थ वेस्टर्न फ्रंटियर प्रांत की हुकूमतों ने जब्त की।

(5) *'मुहिब्बाने वतन'*–1923 में यू.पी., सी.पी. और बर्मा में जब्त की गई। (***प्रदर्श पी-767***)

(6) रसाला *'चाँद'* का *'फाँसी अंक'*–1928 में यू.पी. सरकार ने जब्त किया गया, जिसका नोटिफिकेशन नं. 100-8-3774 दिनांक 10.12.1928, ***प्रदर्श पी.-570*** है।

(7) *'भारतवर्ष का इतिहास'*–1925 में जब्त की गई, जिसका पंजाब गजट नोटिफिकेशन नं. 3922 जे. दिनांक 11.2.25 है। यह ***प्रदर्श पी-581*** है।

20 अगस्त, 1930

गवाह नं. 433 : 'देहरादून पुलिस'

मिस्टर शम्भू नाथ हक्कू सुपुत्र पंडित निरंजन नाथ हक्कू, जाति ब्राह्मण, उम्र 26 वर्ष, प्रोफेसर अंग्रेजी डी.ए.वी. कॉलेज, देहरादून–अप्रासंगिक।

20 अगस्त, 1930

गवाह नं. 434 : 'शनाख्त–फणिन्द्र व मनोरंजन'

देवी दत्त उर्फ देवी प्रसाद सुपुत्र रामचन्द, मारवाड़ी, 43, आढ़ती, बेतिया–फणिन्द्र घोष को गवाह नं. 374 मनोरंजन घोष के द्वारा जानता था।

20 अगस्त, 1930

गवाह नं. 435 : 'प्रेमदत्त–लिखाई नमूना'

सेठ झंडा मल्ल सुपुत्र सेठ राम धन दास अग्रवाल, आयु 41 वर्ष, जमींदार–नम्बरदार, मिंटगुमरी–औपचारिक।

20 अगस्त, 1930

गवाह नं. 436 : 'गवालमंडी-II–मकान सम्बन्धी'

श्रीमती पार्वती विधवा गुरदित्ता मल्ल, ब्राह्मण, आयु 50 वर्ष, गवालमंडी, लाहौर–औपचारिक।

20 अगस्त, 1930

गवाह नं. 437 : 'रावलपिंडी–मकान मालिक'

विद्यासागर सुपुत्र ईश्वर दास, जाति ब्राह्मण, उम्र 22 साल, सिनेमा ओपरेटर, जलालपुर जट्टां, जिला गुजरात–औपचारिक।

(इसने जयगोपाल वादामाफ गवाह को शनाख्त किया। जयगोपाल इसके मकान में किराये पर 3-4 महीने रहा था।)

20 अगस्त, 1930

गवाह नं. 438 : 'लिखते–'चाँद''

चन्द्रशेखर शास्त्री सुपुत्र भगवान दास, जाति ब्राह्मण, उम्र 30 साल, प्रोफेसर, (अब डॉक्टर), वासी आगरा:–

मैं 1925 से 1928 तक दिल्ली में था। मैंने चतरसेन शास्त्री के साथ बतौर सहायक सम्पादक के रूप में 'चाँद' मैगजीन के 'फाँसी अंक' में काम किया। एक नौजवान व्यक्ति जिसका नाम 'हरनारायण कपूर' था, एक मित्र के जरिये मुझसे मिला; और मैंने उसका परिचय चतरसेन शास्त्री से कराया। यह व्यक्ति 'फाँसी अंक' के लिए लेख और चित्र देगा। इस पर हरनारायण कपूर ने कुछ लेख चतरसेन शास्त्री के पास भेजे, और कुछ इलाहाबाद भेज दिए।

मैं आज बोरस्टल इंस्टीट्यूशन में गया था। और वहाँ मैंने हरनारायण कपूर को शनाख्त किया था। 11-12 और व्यक्ति उस बारक में थे। एक अंग्रेज अफसर जेल का मेरे साथ था। मैंने इस व्यक्ति से पहले किला लाहौर की शनाख्त परेड में भी एक मजिस्ट्रेट साहब के समक्ष पहचाना था।

20 अगस्त, 1930

गवाह नं. 439 : 'प्रेमदत्त–होटल खाना ब्यौरा'

बसाओ राम सुपुत्र राम रत्न, जाति ब्राह्मण, उम्र 32 वर्ष, भूतपूर्व होटल मालिक (अब दुकानदार), हरियाणा, जिला होशियारपुर:–

प्रेमदत्त ने 14–15 दिन इसके होटल में खाना खाया था।

20 अगस्त, 1930

गवाह नं. 440 : 'योगेश–स्थानांतर'

अब्दुल हसन खान, हेड कांस्टेबल 874, रेलवे पुलिस झाँसी:–

फरवरी 1929 में, मैं कानपुर सेंट्रल रेलवे पुलिस के थाने में बदली हुआ।

17.2.1929 को जे.सी. चटर्जी कैदी जो आगरा से आया हुआ था; सात बजे सुबह थाना से रवाना कर दिया गया। और सुबह की गाड़ी से लखनऊ को गया, जो 8.25 मिनट पर रवाना होती है। **एंट्री नम्बर 53 रोजनामचा *प्रदर्श पी.एम.इ.*** में उसके बारे में मेरे हाथ का लिखा हुआ है और सही है। इस **एंट्री पर निशान *प्रदर्श पी.एम.इ.-2*** दिया गया है।

20 अगस्त, 1930

गवाह नं. 441 : 'वादामाफी से मुकरना'

ब्रह्मदत्त सुपुत्र रत्न मिश्रा, उम्र 23 साल, जाति ब्राह्मण, वासी मेराजपुर, जिला कानपुर (भूतपूर्व विद्यार्थी डी.ए. कॉलेज, कानपुर):–

मैं 1925 में प्रिथी नाथ हाई स्कूल कानपुर की नौवी कक्षा में दाखिल हुआ। मैं सुरिन्द्रनाथ पांडे को जानता हूँ। वह मेरा रिश्तेदार है। मैं बी.के. दत्त को जानता हूँ। वह मेरे साथ कक्षा में पढ़ता था। मैं 1926 में दसवीं कक्षा में हो गया था।

1926 में कानपुर में कांग्रेस सेशन हुआ था। 'हिन्दू सेवा दल क्लब' की स्थापना कानपुर में हुई थी; जो सम्भवत: 1926 में सुदेश चन्द भट्टाचार्य ने स्थापित किया था। मैं इस क्लब में शामिल नहीं हुआ। सुदेश चन्द भट्टाचार्य ने इंकलाबी पार्टी का मेम्बर होने के बारे में मुझसे कोई बात नहीं की। सुदेश चन्द भट्टाचार्य 'काकोरी साजिश' के मुकद्मे में गिरफ्तार हो गया था। मुझको मालूम नहीं कि सेवा दल क्लब का चार्ज सुदेश चन्द भट्टाचार्य के बाद **विजय कुमार सिन्हा** के सुपुर्द हुआ कि नहीं। मैं विजय कुमार सिन्हा को जानता हूँ। वह भी इसी स्कूल में पढ़ता था, जिसमें मैं पढ़ता था। वह इस मुकदमे में मुल्जिम है; मैंने उसकी हिदायत के मुताबिक कोई काम नहीं किया, न मैंने उससे कहा कि वह 'इंकलाबी पार्टी' के मुत्तलक कोई काम मेरे सुपुर्द करे। मैं कभी इंकलाबी पार्टी कर मेम्बर नहीं बना। मुझे पता नहीं कि विजय कुमार सिन्हा ने कभी कोई जलसा रेलवे स्टेशन के करीब किया है। मैं कभी ऐसे जलसे में शामिल नहीं हुआ, जो इ.आई. रेलवे स्टेशन कानपुर के करीब हुआ हो। मैंने कभी सतगुरुदयाल अवस्थी को नहीं देखा। मैं **शिव वर्मा** दोषी को जानता हूँ। वह मेरे साथ कॉलेज में कानपुर में पढ़ता था। यह 1928–29 का जिक्र है, वह भी डी.ए.वी. कॉलेज में पढ़ता था। मैं कभी सुखदेव मुल्जिम से नहीं मिला। मैंने इंकलाबी पार्टी के किसी भी मेम्बर से हिंसा या अहिंसा के मुद्दे पर कभी बात नहीं की। मैं कभी विजय कुमार सिन्हा के कहने के मुताबिक बड़ौदा नहीं गया। मगर मैं एस.एन.

पांडे के साथ बड़ौदा गया था, और कुछ दिन वहाँ ठहरा था। विजय कुमार सिन्हा मुझको बड़ौदा में नहीं मिला, न उसने मुझे यह कहा कि दिल्ली में एक मीटिंग है, वहाँ हाजिर हो जाओ। मैं, कभी दिल्ली में कोटला फिरोजशाह में किसी मीटिंग मे शामिल होने के लिए नहीं गया। मुझे याद नहीं कि मैं अगस्त या सितम्बर 1928 में दिल्ली में था या नहीं। मुझे विजय कुमार सिन्हा दिल्ली में नहीं मिला। मैंने भगत सिंह मुल्जिम को नहीं देखा।

सवाल : क्या तुम सितम्बर 1928 में आगरा में गए थे, और वहाँ ठहरे?

जवाब : **मैं इस सवाल का जवाब नहीं देना चाहता।**

सवाल : क्या तुम आगरा में किसी मकान में एस.एन. पांडे के साथ रहे?

जवाब : **मैं इस सवाल का जवाब नहीं देना चाहता।**

सवाल : क्या तुम आगरा में किसी मकान में एस.एन. पांडे के साथ रहे?

जवाब : **मैं इस सवाल का जवाब नहीं देना चाहता।**

सवाल : क्या तुमने एक मकान की चाबी राधा मोहन गोकल जी के सुपुर्द की? और खुद आगरा में चले गए?

जवाब : **मैं इस सवाल का जवाब नहीं देना चाहता।**

सवाल : क्या यह सही है या नहीं कि जब तुम दुबारा इस मकान में वापस आए तो तुमने वहाँ एक सूटकेस और एक बिस्तर पड़ा देखा?

जवाब : **मैं इस सवाल का जवाब नहीं देना चाहता।**

सवाल : क्या सितम्बर 1928 के आखिर में या अक्तूबर 1928 के शुरू में इसी मकान में विजय कुमार सिन्हा तुम्हारे पास आया?

जवाब : **मैं इस सवाल का जवाब नहीं देना चाहता।**

सवाल : क्या वह आगरा वाला मकान छोड़ने के बाद तुम और सुरिन्द्रनाथ पांडे अन्दर गए?

जवाब : **मैं इस सवाल का जवाब नहीं देना चाहता।**

सवाल : क्या विजय कुमार ने तुमको कोई पुस्तक जैसे *'बंदी जीवन'* या *'थ्रू रसियन रेवोल्यूशन'* पढ़ने के लिए दी थी?

जवाब : **मुझे कोई पुस्तक ऐसी पढ़ने के लिए नहीं दी थी।**

सवाल : क्या तुमने वादामाफी ली थी और उसके लेते समय यह वादा किया था कि जो कुछ बातें तुम्हारे ज्ञान में होंगी उनको पूरी तरह जाहिर करोगे?

जवाब : **मैं इस सवाल का जवाब नहीं देना चाहता, और न इसके किसी हिस्से का।**

सवाल : क्या तुमने एक विस्तृत बयान 1929 को लाला मुल्क राज साहब मजिस्ट्रेट लाहौर के समक्ष लिखाया था।

जवाब : **मैंने लिखवाया था।**

सवाल : क्या तुमने इसके दुरुस्त होने के मुत्तलक हस्ताक्षर किए थे?

जवाब : **हाँ मैं प्रदर्श पी.जे.ओ. उक्त बयान पर अपने हस्ताक्षर शनाख्त करता हूँ।** और एक तर्तिमा (सप्लीमेंटरी) बयान भी मैंने उसी दिन दिया था। उसके

नीचे भी मैं अपने हस्ताक्षर शनाख्त करता हूँ। उस समय मैंने इन दोनों बयानों को सही तसलीम किया था। **लेकिन वह मेरा बयान 23.6.1929 और इसी तारीख का ततिंमा बयान सही नहीं है। फिर कहा कि मैं नहीं जानता कि वह बयान सही है या नहीं। मगर मुझसे वे बयान कराए गए।**

(प्रोसिक्यूटरज ने अदालत से फौरन दरखास्त की कि चूँकि गवाह मुकर गया है, इसलिए इस पर जिरह करने की इजाजत दी जाए।) इजाजत दे दी गई।

सवाल : क्या तुमने निम्नलिखित बयान दिल्ली के जलसे के बारे में लाला मुल्कराज साहब के समक्ष दिया था?

"हम तीनों राधा मोहन गोकल जी, सुरिन्द्रनाथ पांडे और मैं (गवाह) फिर दिल्ली चले गए, और वहाँ बालचंद के मकान पर ठहरे। मीटिंग की जगह विजय कुमार सिन्हा ने फिरोजशाह कोटला तय की थी।

मैं और पांडे वहाँ पर गए। लेकिन उस दिन फिरोजशाह के कोटला में कोई मीटिंग करने के लिए नहीं आया और हम दोनों वापस आ गए। दूसरे दिन हम दोनों जब मीटिंग में गए तो तब विजय कुमार सिन्हा, शिव वर्मा, सुखदेव और भगत सिंह आए। मैंने और पांडे ने विजय कुमार की शिकायत की कि वह हमको बातें नहीं बताता, और झूठ बोल देता है। विजय कुमार सिन्हा ने इन सब बातों को मान लिया और कहा कि मुझे उनके खिलाफ कुछ नहीं कहा है। इसके बाद भगत सिंह ने यह तय किया कि हमारे सम्बन्ध अब विजय कुमार से नहीं रहेंगे। और किसी दूसरे व्यक्ति के अधीन रहकर तुम दोनों काम करोगे। इस मीटिंग में कुछ व्यक्ति बाहर से भी आए थे, मगर वे हम लोगों के सामने नहीं लाए गए। मैंने और पांडे ने कहा कि हम दोनों में से कम से कम एक जरूर स्थाई कमेटी में रख लिया जाए। मगर यह बात नामंजूर की गई। हम नाराज हुए। दिल्ली से लौटकर मैं और पांडे आगरा आए और फिर हम वहाँ से महाराजपुर।"

जवाब : **मैं इस सवाल का जवाब नहीं देना चाहता।**

सवाल : क्या तुम बता सकते हो कि सितम्बर 1928 में तुम कहाँ और क्या करते थे?

जवाब : **मैं इस सवाल का जवाब नहीं देना चाहता। और मुझे याद नहीं कि मैं कहाँ था?**

मैंने जुलाई 1928 में डी.ए.वी. कॉलेज छोड़ा और अपने गाँव महाराजपुर को चला गया। यह याद नहीं है कि कितनी देर वहाँ रहा। फिर गाँव से निकलने के बाद कई जगहों पर गया। मैं आगरा गया, बम्बई गया और कई जगह गया। बम्बई में मेरा कोई परिचित नहीं था। वहाँ मैं एक सप्ताह ठहरा और होटल में रहा। होटल का नाम याद नहीं है। आगरा में मैं राधा मोहन गोकल जी से मिला।

सवाल : क्या तुमको लाहौर में 2.4.30 को एक **पोस्ट कार्ड** प्रदर्श पी.एम.एफ. मिला जो 31.3.30 का लिखा हुआ है, और जिसके दोनों तरफ का फोटो, अब तुमको दिखाया जाता है।

जवाब : **मैंने प्रदर्श पी.एम.एफ. पढ़ा है। ऐसा कोई पोस्ट कार्ड मुझे नहीं मिला।**

मैंने उसको पढ़ लिया है। उसके आखिर पर जो हस्ताक्षर हैं उस पर मेरे ससुर

पंडित सीताराम का दर्ज है। मगर मैं यह नहीं कह सकता कि उनके हस्ताक्षर हैं। मेरा ससुर सीताराम कन्नौज में रहता है। मैं नहीं कह सकता कि हिन्दी में कार्ड पर जो लिखा हुआ है वह मेरी बीवी के हाथ का लिखा हुआ है या नहीं। मेरी बीवी का पता निम्नलिखित है, सुशीला देवी मैनेजर हिन्दी गर्ल मिडल स्कूल कन्नौज जिला फर्रुखाबाद।

सवाल : क्या तुमने अपनी बीवी और अपनी माता से गवाही देने के लिए पत्राचार किया था?

जवाब : **मैं इस सवाल का जवाब नहीं देना चाहता।**

सवाल : क्या तुम्हारी माता इस बात के हक में है कि जो सच्चा-सच्चा बयान हो वह दे दो?

जवाब : **मैं इस सवाल का जवाब नहीं देना चाहता।**

सवाल : **क्या तुम कह सकते हो कि तुम्हारी बीवी तुम्हारे बयान देने के हक में है या नहीं?**

जवाब : **मैं इस सवाल का जवाब नहीं देना चाहता।**

सवाल : क्या यह ठीक नहीं है कि जबसे तुम बतौर सरकारी गवाह जेल में बन्द हो तुम्हारी बीवी ने कई बार तुमसे बात की?

जवाब : **मैं इस सवाल का जवाब नहीं देना चाहता।**

सवाल : क्या उस दौरान तुम्हारी माता ने तुमसे मुलाकात की?

जवाब : **मैं इस सवाल का जवाब नहीं देना चाहता।**

राज नारायण पांडे और बिन्द्रा नाथ पांडे, एस.एन. पांडे के, जो इस मुकदमे में मुल्जिम था, के भाई हैं।

सवाल : क्या तुमने **चिट्ठी *प्रदर्श पी.एम.जी.*** जिसका एक हिस्सा अंग्रेजी में और दूसरा हिस्सा हिन्दी में है, एस.एन. पांडे या उसके भाइयों में से किसी को लिखी थी?

जवाब : **यह मेरी लिखी हुई है।** लेकिन मुझसे जबरन लिखाई गई थी। सी.आई.डी. का एक सब-इंस्पेक्टर था, जिसने मुझसे लिखाई थी। मैं उसका नाम नहीं जानता, मगर उसको पहचान सकता हूँ।

प्रदर्श पी.एम.जी.-1, जो पता है वह मेरे हाथ का लिखा हुआ है। पता यह है–राज नारायण पांडे या वरिन्द्र नाथ पांडे कानपुर सरवेंट्स ऑफ द पीपल्स सोसायटी।

प्रदर्श पी.एम.जी.-2, अंग्रेजी अनुवाद जो मुझको पढ़कर सुनाया गया है। वह इस खत के हिन्दी हिस्से का सही अनुवाद है।

सवाल : **तुम्हारे 23.6.1929 वाले बयान का कोई हिस्सा सही है भी या नहीं?**

जवाब : कुछ थोड़े हिस्से ऐसे हैं जो सही हैं।

सवाल : क्या यह सही है कि तुम एस.एन. पांडे और राधा मोहन गोकल जी के साथ सितम्बर 1928 में देहली गए?

जवाब : **यह सही नहीं है।**

20 अगस्त, 1930

गवाह नं. 442 : 'लिखतें'

पृथ्थु राय सुपुत्र पंडित कांशी राम, ब्राह्मण, आयु 25 वर्ष, अनुवादक, प्रेस शाखा, सिविल सचिवालय, लाहौर–औपचारिक।

21 अगस्त, 1930

गवाह नं. 443 : 'होटल–खाने की जानकारी'

बाबू राम सुपुत्र लक्ष्मण दास, खत्री, आयु 28 वर्ष, दुकानदार, हाशिमपुर, अमृतसर–28 जुलाई, 1928 को इसका अमृतसर शहर में अमृतसर वैष्णो भोजनालय नाम का होटल था। दो 'हिन्दोस्तानी' जैसे युवक जिन्होंने धोतियाँ पहन रखी थीं, होटल में खाना खाया करते थे; फणिन्द्र घोष उनमें से एक था, जिसकी उसके शनाख्त की थी।

21 अगस्त, 1930

गवाह नं. 444 : शनाख्तें

लाला कालू राम, सुपरिंटेंडेंट, बोरस्टल जेल, लाहौर–शनाख्तें।

22 अगस्त, 1930

गवाह नं. 445 : 'शनाख्तें'

मोहम्मद अकबर, डिप्टी सुपरिंटेंडेंट, सेंट्रल जेल, लाहौर–शनाख्तें।

22 अगस्त, 1930

गवाह नं. 446 : 'निशानदेही–तफ्तीश'

सरदार रूपिन्द्र सिंह, कमिश्नर, प्रथम श्रेणी, (एक्सट्रा असिस्टेंट कमिश्नर) शेखूपुरा:–

मैं मई 1929 में लाहौर में मजिस्ट्रेट था। मैं जिला मजिस्ट्रेट के आदेश के अनुसार किशोरी लाल मुल्जिम के साथ लाहौर गया। और उसने मुझको लाहौर में कुछेक मौके दिखाए। वह पहले मुझको **जौड़े मोरी** बाजार में ले गया और वहाँ *कूचा किरपा राम में एक मकान दिखाया और यह बयान किया कि वह और सुखदेव की माता उस मकान की ऊपरी मंजिल में पहले से रहते थे, और कत्ल के बाद उसी शाम को भगत सिंह, पंडित जी, सुखदेव और राजगुरु मोजंग वाले मकान को छोड़कर उस मकान में आ गए।* **[सुखदेव : वास्तव में हम स्वयं ही अपनी मूर्खताओं द्वारा अपने सबसे बड़े शत्रु सिद्ध हुए और इस प्रकार अपने उद्देश्य के भी। कदम–कदम पर हमें इकबालिया बयान मिलेंगे, यहाँ तक कि ठिकानों की निशानदेही के भी।]** फिर वह मुझको एक और मकान पर ले गया, जो **प्रेम गली** में स्थित है। प्रेम गली पुराने शहर के बाहर स्थित है, और निहाल चन्द स्ट्रीट के करीब है। उसने मकान की बीच की मंजिल की निशानदेही की और कहा कि इसके लिए उसने श्रीमती कनसो को किराया पेशगी में अदा कर दिया था। उसने यह भी बताया कि वह कभी–कभी इस मकान में आया करता था। फिर वह मुझे लोहे और पीतल वाले की दुकान पर जो ब्रांडरेथ रोड पर है, ले गया। ***वहाँ अच्छरू राम (गवाह नं. 148) मौजूद था। किशोरी लाल ने उस व्यक्ति की तरफ इशारा***

करके कहा कि उसने अच्छरू राम से 20 बम शेल बनाए थे। अच्छरू राम ने किशारी लाल को शनाख्त किया। अच्छरू राम ने यह भी कहा कि किशोरी लाल उसके पास दो लकड़ी के साँचे लाया था, जिनको देखकर लोहे के खोल ढाले गए और फिर वह साँचे वापस ले गया। फिर मुझे **एक और दुकान**, जो ब्रांडरेथ रोड पर स्थित है, पर ले गया। जिस पर गुलाम रसूल जलाल-उद-दीन का बोर्ड है; और दुकान का नम्बर 3 है। किशोरी लाल ने यह बयान किया कि इस दुकान से उसने दस बम शेल बनवाए थे। फिर वह मुझको **सुहेल सिंह स्ट्रीट गंवालमंडी** में ले गया और वहाँ उसने एक मकान दिखाया और बताया कि वह एक और व्यक्ति के साथ उस मकान में रहा था। फिर वह मुझको **अराई बिल्डिंग** मोजंग में ले गया। और उसने मुझे ऊपर की मंजिल का कमरा नं. 96 दिखाया जिसमें तीन जगहों पर एयर पिस्तौल से दीवार पर गोलियों के निशान थे और उसने बताया कि यहाँ वह भगत सिंह, पंडित जी, राजगुरु और जयगोपाल हवाई पिस्तौल से निशाने का अभ्यास किया करते थे। उसने यह भी कहा कि **यह वही मकान है जिसको छोड़कर भगत सिंह आदि जौड़े मोरी वाले मकान में गए थे।** फिर किशोरी लाल ने मुझको नानबाइयों की दो दुकानें (भोजनालय) दिखाईं, जो मोजंग में स्थित हैं और कहा कि यहाँ से वह अपने साथियों के लिए खाना ले जाया करता था।

फिर वह मुझको **पुरानी अनारकली** में ले गया और वहाँ तीन नानबाइयों की दुकानें दिखाईं और बताया कि वह उनसे साथियों के लिए रोटी खरीदा करता था।

फिर उसने मुझको **फिरोजदीन फोटोग्राफर** की दुकान दिखाई और कहा कि वहाँ से उसने **लोहे की जाली खरीदी थी।** फिर वह मुझे **इंटरनेशनल सांइटीफिक स्टोर** में ले गया, जो इम्पीरियल होटल के नजदीक है और कहा कि उसने एक स्टैंड वहाँ से खरीदा था।

फिर वह मुझको **पैसा अखबार स्ट्रीट** में ले गया और वाजिद अली की दुकान दिखाई और कहा कि **उसने एक चीज वहाँ बनाई थी, जिसको फियूमहोल्डर कहते हैं।** ***किशोरी लाल ने वाजिद अली (गवाह नं. 193) की तरफ इशारा किया और कहा कि वाजिद अली ने किशोरी लाल को शनाख्त किया और कहा कि उसने एक ऐसी चीज किशोरी लाल के आर्डर में बनाई थी।***

फिर वह मुझे **लुहारी दरवाजा** ले गया और एक **लड़का आज्ञा पाल** नामी दिखाया जो एक दुकान में बैठा था और उस दुकान का नाम मनीराम एंड सन्ज है और यह कहा कि **लड़का उसके लिए दो बोतल माइथालेटिड स्प्रिट चावला ब्रदर्स की दुकान से लाया था** और उसने दाम दिए थे। फिर वह मुझको **गुरुदत्त भवन** में ले गया, जो, रावी रोड पर स्थित है। और यह बताया कि उसके बुर्ज के निचले हिस्से में वह रहा करता था और उसने एक **बिजली का खम्भा** दिखाया जो गुरुदत्त भवन के नए डाकखाने के सामने है। और यह बताया कि उसने एक बार निशानेबाजी करते हुए उस खम्भे पर बिजली का बल्ब तोड़ डाला था।

इन सब निशानदेही की बाबत फर्द निशानदेही प्रदर्श पी.ओ.एक्स. तैयार की थी यह मेरी लिखी हुई है व सही है।

22 अगस्त, 1930

गवाह नं. 447 : 'फिरोजपुर होटल'

रिवाल नाथ उर्फ रामनाथ सुपुत्र राम लोक, ब्राह्मण, आयु 19 वर्ष, क्लर्क, बिजली सप्लाई कम्पनी, लाहौर–औपचारिक।

22 अगस्त, 1930

गवाह नं. 448 : 'शनाख्तें'

अल्लाह दित्ता सुपुत्र मौलवी मुहम्मद हुसैन, क्लर्क, दफ्तर डिप्टी कमिश्नर, लाहौर–औपचारिक

23 अगस्त, 1930

गवाह नं. 449 : 'लाहौर–बैंक डकैती'

फिरोज दीन सुपुत्र मिरन बख्श, जाति अराई, उम्र 26–27 साल, ताँगा ड्राइवर, वासी लाहौर:–

लगभग दो साल हुए मैंने लारेंस हाल से एक नौजवान बाबू को अपने ताँगा में सवार किया। दिन के तीन बजे का समय था। वहाँ एक मोटर खड़ी थी, जिसमें दो और बाबू थे, और बरकत नामी मोटर ड्राइवर था। मैं बरकत को जानता हूँ। उनमें से एक बाबू मोटर में से उतरकर मेरे ताँगे में सवार हो गया। दूसरा बाबू मोटर से उतरकर मोटर वाले को पैसे अदा कर रहा था। वह बाबू मेरे ताँगे में पंजाब नेशनल बैंक में आया। वहाँ बैंक की डयोढी के बाहर एक और बाबू था। उस बाबू ने उतरकर उससे कुछ बातें की और फिर मुझे कहा कि ताँगा मोजंग के अड्डे पर ले चलो। उसने मोजंग के अड्डे पर आकर मुझे दस आने दिए और ताँगा छोड़ दिया। **[सुखदेव : कितनी 'बेमिसाल' गवाही है! क्या एक ताँगा चालक, इतनी तेज बुद्धि वाला होता है! क्या पुलिस के 'उचित व्यवहार' पर अब भी कोई शक रह जाता है जिस पर मिस्टर नोड ने अपनी बहस के अन्त में इतना बल दिया था!]**

23 अगस्त, 1930

गवाह नं. 450 : 'चिलावली डकैती–भगत सिंह'

छत्तर पाल सिंह सुपुत्र बलवंत सिंह, जाति ठाकुर राजपूत, उम्र 33 साल, जमींदार, वासी मराई, जिला फतेहपुर:–

1924 में चिलावली के एक मकान में डकैती हुई थी। चिलावली थाणापुर अमकनी, जिला इलाहाबाद में स्थित है। **रामप्रसाद बिस्मिल और योगेश चन्द चटर्जी, जंग बहादुर सिंह**, मैं और **एक पंजाबी** समेत कुल 10–11 व्यक्ति इस डकैती में शामिल थे। इस पंजाबी को आज मैंने सेंट्रल जेल में जाकर पहचाना था। बहुत सी कोठरियाँ थीं; उनके आगे से मैं चलता था, जब मैं उस कोठरी में पहुँचा जिसमें वह व्यक्ति था, जिसको मैंने शनाख्त किया। शनाख्त के बाद मुझे उसका नाम **भगत सिंह** मालूम हुआ। मैंने यह शनाख्त जेल के अफसर की मौजूदगी में की थी।

उस व्यक्ति को मैंने मियाँवाली जेल में मजिस्ट्रेट साहब की मौजूदगी में शनाख्त परेड में पहले भी शनाख्त किया था, रामप्रसाद बिस्मिल को जो मेरे साथ इस डकैती में शामिल था, बाद में काकोरी केस में फाँसी की सजा हुई थी। योगेश चन्द्र चटर्जी को भी काकोरी केस में दस साल कैद की सजा हुई थी। वह अब तक कैद में है।

अदालत के सवाल के जवाब में : चिलावली की डकैती में कोई भी व्यक्ति गिरफ्तार नहीं हुआ था। इस डकैती में मेरा नाम नहीं लिया गया। जहाँ तक मुझे मालूम है, मैं 1926 में मखदूमपुर की डकैती में गिरफ्तार हो गया, और वादामाफ लेकर सरकारी गवाह बन गया, इसमें मैंने चिलावली की डकैती में हिस्सा लेने का भी जिक्र किया। पंजाबी जिसको अब मैंने पहचाना है और जिसका नाम भगत सिंह है, चिलावली डकैती में शामिल था। उस समय मुझे उसका कोई नाम मालूम नहीं था। जब आज सुबह मैंने उसे शनाख्त किया तो वह आखरी कोठरी में था।

23 अगस्त, 1930

गवाह नं. 451 : 'मनगढ़त बातें'

सय्यद अब्दुल रहमान शाह सुपुत्र सय्यद पीर बख्श शाह, जाति सय्यद, उम्र 38 साल, इलेक्ट्रीकल एंड मैकेनिकल इंजिनियर लाहौर बयान किया–मनघड़ंत बातें।

23 अगस्त, 1930

गवाह नं. 452 : 'आगरा धर्मशाला–रजिस्टर पेशगी'

सिरी चन्द सुपुत्र गिरवर, ब्राह्मण, आयु 28 वर्ष, चौकीदार, बिसंबर नाथ, धर्मशाला, आगरा–रजिस्टर पेश किया।

23 अगस्त, 1930

गवाह नं. 453 : 'प्रेमदत्त–निशानदेही'

लेफ्टीनेंट सय्यद आशिक हुसैन, एक्सट्रा असिस्टेंट कमिश्नर, मुल्तान–17.5.29 को प्रेमदत्त ने उसको वह ठिकाने दिखाए जहाँ-जहाँ वह रहा था।

25 अगस्त, 1930

गवाह नं. 454 : 'झाँसी पुलिस'

सूरजबल्ली सुपुत्र भगवान दीन, अहिर, आयु 42 वर्ष, हेड कांस्टेबल, पुलिस, सी.आई.डी. कानपुर–औपचारिक।

25 अगस्त, 1930

गवाह नं. 455 : 'लाहौर–उत्तम निवास'

अमोलक राम सुपुत्र राय सालिग राम, खत्री, आयु 62 वर्ष, मैनेजर, उत्तम निवास बिल्डिंग, लाहौर–औपचारिक।

26 अगस्त, 1930

गवाह नं. 456 : 'शनाख्तें'

खान साहब बहादुर खैरद्दीन, डिप्टी सुपरिंटेंडेंट, बोरस्टल इंस्टीट्यूशन, लाहौर–शनाख्तें।

26 अगस्त, 1930

गवाह नं. 457 : 'झूठी गवाही'

बख्शीश राय सुपुत्र लाला रत्न चन्द, जाति खत्री, उम्र 18 साल, वासी पटियाला (विद्यार्थी, महिन्द्रा कॉलेज, पटियाला):–

मैं 1928 में सारा साल और 1929 में कुछ समय डी.ए.वी. कॉलेज, लाहौर में विद्यार्थी था और गुरदत्त भवन के बोर्डिंग हाउस में रहता था। किशोरी लाल और प्रेमदत्त भी उन्हीं दिनों डी.ए.वी. कॉलेज में स्टूडेंट थे और वे भी गुरुदत्त भवन में रहते थे। मैं प्रेमदत्त के कमरे में अक्सर आया-जाया करता था। एक और व्यक्ति 'दयाल' वहाँ होता था। एक और व्यक्ति भी वहाँ प्रेमदत्त के कमरे में आया करता था, जिसका नाम बाद में भगत सिंह मालूम हुआ। **[सुखदेव : झूठ]** उसके लम्बे बाल थे और दाढ़ी भी थी। उसका रंग गोरा था और कद लम्बा था। प्रेमदत्त और किशोरी लाल मुझसे और बाकी विद्यार्थियों के साथ इंकलाबी मुदों पर बातचीत किया करते थे कि देश को किस तरह स्वतन्त्र कराया जाए; और दूसरे विद्यार्थियों को इंकलाबी पुस्तकें दिया करता था। मुझको जो दो पुस्तकें दी उनके नाम हैं–*'माई फाईट फार फ्रीडम'* और *'लाइफ ऑफ सावरकर'*।

मुझको ये पुस्तकें किशोरी लाल ने दी थीं। दयाल अक्सर ऐसी पुस्तकें शहर से लाकर किशोरी लाल या प्रेमदत्त को देता था; और वे आगे और विद्यार्थियों को दिया करते थे। मुझको बाद में मालूम हुआ कि उस व्यक्ति का नाम सुखदेव है। मैंने कुछ हिस्सा उन पुस्तकों का पढ़ा और फिर किशोरी लाल को वापस दे दीं।

नवम्बर 1928 में किशोरी लाल एक दिन मुझसे एक कमीज व पाजामा माँगने आया। मैंने उसे एक कमीज दी, जो मुझे वापस नहीं मिली।

मैं कल बोरस्टल जेल, लाहौर में गया था और वहाँ मैंने बहुत से व्यक्तियों में, जो बारक में बैठे थे, किशोरी लाल, प्रेमदत्त और सुखदेव को पहचाना था। यह सुखदेव वही व्यक्ति है जिसको मैं पहले दयाल के नाम से पुकारता था।

एक केसधारी सिख जिसका नाम मुझे बाद में पता चला कि वह भगत सिंह था, जिसे मैं अक्सर प्रेमदत्त के कमरे में देखा करता था। **[सुखदेव : दुष्ट ने भगत सिंह को कभी नहीं देखा।]**

26 अगस्त, 1930

फैसला–सजाएँ

भारतीय दंड संहिता की धारा 121 के अन्तर्गत जो अपराध सजा के योग्य है वह है राजा के खिलाफ युद्ध करना या युद्ध करने का प्रयास करना, या युद्ध करने के लिए उकसाना। क्रान्तिकारी पार्टी जिसका गठन दिल्ली में सितम्बर, 1928 में हुआ था, और जिससे अभियुक्तगण सम्बन्ध रखते थे उसकी गतिविधियों का अर्थ था युद्ध करना या राजा के खिलाफ युद्ध करने के लिए उकसाना। इस तर्क से साबित हो जाता है कि उनके कृत्य राजा के खिलाफ युद्ध करने वाले या युद्ध के लिए उकसाने वाले थे। सदस्यों ने पार्टी का नाम रखा था 'हिन्दुस्तान सोशलिस्ट रिपब्लिकन आर्मी' और उनके एक नेता जिनका नाम पंडित जी था, उनके जिम्मे जो विभाग था वह सैन्य विभाग कहा जाता था। यह बात पार्टी के लड़ाकू चरित्र की ओर इंगित करती है, नहीं तो कम से कम उनके इरादों के बारे में जिन्होंने इसका गठन किया था। इसके बाद कुछ किताबें जिस तरह की थीं कि उन्हें देखा जाए और जो पार्टी के कुछ सदस्यों के पास थीं जैसे कि 'मॉडर्न ब्रीच लीडर्ज' (सहारनपुर के घर से सब–इंस्पेक्टर रघबीर सिंह, गवाह नं. 19, द्वारा प्राप्त) (प्रदर्श पी. 401), 'इन्फैन्ट्री ट्रेनिंग' (प्रदर्श पी. 27) 'दी सिपाय ऑफिसर्स मैनुअल' (प्रदर्श पी. 29), 'इन्फैन्ट्री ट्रेनिंग' (प्रदर्श पी. 159), 'स्माल आर्म्स ट्रेनिंग' (खान साहिब नियाज अहमद खान, गवाह नं. 23 द्वारा कश्मीर बिल्डिंग में प्राप्त) (प्रदर्श पी. 160)। इसके बाद और भी देखें तो दिल्ली में इस्तेमाल किए गए बम तथा लाहौर एवं सहारनपुर में पाए गए बम। ये सारे बम वास्तव में अपराध करने के लिए जरूरी हथियार हैं और जानबूझकर जीवन छीन लेने के उद्देश्य से इस्तेमाल करने के लिए हैं। ये ऐसे हथियार नहीं हैं जो अपनी सुरक्षा के उद्देश्य के लिए होते हैं। इसके बाद फणिन्द्रनाथ घोष एवं मनमोहन बनर्जी का साक्ष्य सितम्बर, 1928 में दिल्ली की बैठक में लिए गए प्रस्ताव के स्वरूप के बारे में है और जो क्रान्ति लाने के साधन के रूप में आतंकवाद को अपनाने के हक में था।

अन्त में, कार्यों के स्वरूप जैसे कि बाद में पार्टी के सदस्यों ने अपराध किए, खासकर बमों का दिल्ली के असेम्बली हॉल में फेंकना, लाहौर में पुलिस ऑफिसर का कत्ल करना, जेल से कैदी को छुड़ाने की योजना, बम बनाने की फैक्ट्री के लिए महत्त्वपूर्ण केन्द्रों को स्थापित करना। ये गतिविधियाँ प्रकट कार्य हैं जो भारतीय दंड संहिता की धारा 121 के दायरे में आती हैं। जहाँ तक अभियुक्त कुन्दन लाल एवं प्रेमदत्त का

सवाल है, इस बात में न्यायोचित सन्देह है कि उनकी गतिविधियों को युद्ध करने के लिए उकसाना भी कहा जा सकता है, हालाँकि यह बिलकुल स्पष्ट है कि वे युद्ध करने के अपराध के षड्यन्त्र में दूसरे अभियुक्तों के साथ थे और इस तरह भारतीय दंड संहिता की धारा 121A के अन्तर्गत दोषी हैं।

खून करने का अपराध भगत सिंह एवं शिवराम राजगुरु के विरुद्ध सिद्ध होता है, भले ही यह नहीं मालूम है कि इन दोनों में से किसके द्वारा चलाई गई गोली से वास्तव में मौत हुई। भारतीय दंड संहिता की धारा 114 के प्रावधान दोनों को खून करने के लिए समान रूप से दोषी ठहराते हैं। जो मि. सांडर्स का कत्ल करने की योजना से सम्बद्ध थे वे भी भारतीय दंड संहिता की धारा 111 के अन्तर्गत खून करने की दुष्प्रेरणा एवं षड्यन्त्र के दोषी हैं। जहाँ तक विस्फोटक पदार्थ कानून (VI of 1908) के अन्तर्गत दिल्ली के असेम्बली हॉल के अन्दर बम फेंकने की बात है तो यह इस अधिनियम की धारा 4(A) के अन्तर्गत अपराध होगा पर भगत सिंह को पहले ही इस कृत्य के लिए सजा दी जा चुकी है। उन लोगों का अपराध, जिन्होंने आगरा, सहारनपुर, लाहौर में बम बनाए या जिनके पास बम थे, उक्त अधिनियम की धारा 4(6) एवं धारा 6 के अन्तर्गत आता है। कँवलनाथ तिवारी के विषय में, जिसके लिए सम्बन्धित स्थानीय सरकार या गवर्नर जनरल इन काउंसिल ने अधिनियम की धारा 7 के अन्तर्गत ट्रायल चलाने की जो सहमति दी है उसमें कलकत्ते में बम कॉटन बनाने का अपराध नहीं है और इसी तरह प्रेमदत्त के सम्बन्ध में किसी भी सरकार की सहमति, विस्फोटक पदार्थ कानून के किसी भी आरोप के लिए नहीं है सिवाय धारा 4(a) के अन्तर्गत आनेवाले आरोप के जो उस पर लागू नहीं होता है। हालाँकि कँवलनाथ तिवारी एवं प्रेमदत्त दोनों ही के विरुद्ध आग्नेयास्त्रों के निर्माण करने की वजह से आपराधिक षड्यन्त्र में शामिल होने का दोष साबित होता है और इस प्रकार वे भारतीय दंड संहिता की धारा 120B(1) के अन्तर्गत दोषी हैं।

इस सम्बन्ध में यहाँ यह गौर करने लायक बात है कि आपराधिक प्रक्रिया संहिता की धारा 196A इस अदालत को इस बात के लिए मना नहीं करती कि यह अदालत भारतीय दंड संहिता की धारा 120B के अन्तर्गत हुए ऐसे अपराध का संज्ञान नहीं ले सकता जहाँ षड्यन्त्र का उद्देश्य विस्फोटक पदार्थ कानून के अन्तर्गत अपराध करना हो, भले ही इसके लिए स्थानीय सरकार के गवर्नर जनरल इन काउंसिल की सहमति, विस्फोटक पदार्थ कानून की धारा 7 के अन्तर्गत न मिली हो।

उपरोक्त तथ्यों एवं निष्कर्षों के आधार पर **भगत सिंह** को भारतीय दंड संहिता की धारा 121 एवं 302 एवं विस्फोटक पदार्थ कानून की धारा 4(6) एवं धारा 6 तथा भारतीय दंड संहिता की धारा 120B के अन्तर्गत सजा दी जाती है। इस तथ्य को देखते हुए कि यह जानबूझकर, कायरता से किया गया खून था जिसमें उसने हिस्सा लिया था और यह देखते हुए कि वह इस षड्यन्त्र का प्रमुख सदस्य था **उसे गर्दन से तब तक लटकाए जाने की सजा दी जाती है जब तक उसकी मौत न हो जाए।**

शिवराम राजगुरु उर्फ 'एम' को भारतीय दंड संहिता की धारा 121 एवं 302 के अन्तर्गत सजा दी जाती है। मि. सांडर्स के खून में उसकी भागीदारी को देखते हुए **उसे तब तक गर्दन से लटकाए जाने की सजा दी जाती है जब तक उसकी मौत न हो जाए।**

सुखदेव को भारतीय दंड संहिता की धारा 121 एवं 302 साथ ही 109 एवं 120B एवं विस्फोटक पदार्थ कानून की धारा 4(बी) एवं धारा 6 साथ ही भारतीय दंड संहिता की धारा 120B के के अन्तर्गत सजा दी जाती है। यह अभियुक्त पार्टी की पंजाब शाखा का नेता था और वह पंजाब ही था जहाँ पार्टी की बहुत सी हिंसक घटनाएँ घटी थीं। वह मि. स्कॉट के खून की योजना से सम्बद्ध था, जिसके तहत मि. सांडर्स की हत्या की गई, साथ ही वह बम बनाने में प्रमुखता से हिस्सा लेता था और पार्टी के लिए नए सदस्यों की भर्ती करता था। उसका दोष भगत सिंह से कम नहीं है जो एक साधन था और जिसकी मदद से सुखदेव अपनी योजनाओं को फलीभूत करता था। **सुखदेव को भी गर्दन से तब तक लटकाने की सजा दी जाती है जब तक उसकी मृत्यु नहीं हो जाती।**

किशोरी लाल को भारतीय दंड संहिता की धारा 121 एवं 302, साथ ही धारा 109 एवं 120B एवं विस्फोटक पदार्थ कानून की धारा 4(6) साथ ही 6 एवं भारतीय दंड संहिता की धारा 120B के अन्तर्गत सजा दी जाती है।

वह षड्यन्त्र का एक अधीनस्थ सदस्य था पर वह मि. स्कॉट की हत्या की योजना से सम्बद्ध था और बम निर्माण में सक्रिय था। **उसे आजीवन कारावास की सजा दी जाती है।**

महावीर सिंह को भारतीय दंड संहिता की धारा 121 एवं 302 साथ ही धारा 109 एवं 120B के अन्तर्गत सजा दी जाती है। वह भी पार्टी का एक अधीनस्थ सदस्य था पर मि. स्कॉट की हत्या की योजना से सम्बद्ध था। **उसे आजीवन कारावास की सजा दी जाती है।**

विजय कुमार सिन्हा को भारतीय दंड संहिता की धारा 121 एवं धारा 302 साथ ही धारा 109 एवं 120B तथा विस्फोटक पदार्थ कानून की धारा 4(6) साथ ही धारा 6, तथा भारतीय दंड संहिता की धारा 120B के अन्तर्गत सजा दी जाती है। वह षड्यन्त्र में अग्रणी था एवं मि. स्कॉट की हत्या की योजना से सम्बद्ध था। **उसे आजीवन कारावास की सजा दी जाती है।**

शिव वर्मा को भारतीय दंड संहिता की धारा 121 एवं विस्फोटक पदार्थ कानून की धारा 4(6) एवं धारा 6 एवं साथ ही भारतीय दंड संहिता की धारा 120B के अन्तर्गत सजा दी जाती है। वह संयुक्त प्रान्तीय दल का नेता था और बम बनाने में प्रमुख था। **उसे आजीवन कारावास की सजा दी जाती है।**

गया प्रसाद उर्फ **निगम** को विस्फोटक पदार्थ कानून की धारा 4(6) साथ ही धारा 6 एवं भारतीय दंड संहिता की धारा 120B के अन्तर्गत सजा दी जाती है। वह पार्टी का एक सक्रिय एवं महत्त्वपूर्ण सदस्य था और बम बनाने का काम करता था। **उसे आजीवन कारावास की सजा दी जाती है।**

जयदेव को भारतीय दंड संहिता की धारा 121 एवं विस्फोटक पदार्थ कानून की धारा 4(6) एवं 6, साथ ही भारतीय दंड संहिता की धारा 120B के अन्तर्गत सजा दी जाती है। वह पार्टी का एक सक्रिय सदस्य था और बम बनाने के काम में भाग लेता था। **उसे आजीवन कारावास की सजा दी जाती है।**

कँवलनाथ तिवारी को भारतीय दंड संहिता की धारा 121 तथा 120B के अन्तर्गत सजा दी जाती है। उसके कलकत्ता में बम कॉटन बनाने और इस काम के लिए अपने कमरे उधार देने और मोलानिया डकैती में हिस्सा लेने के लिए **आजीवन कारावास की सजा दी जाती है।**

कुन्दन लाल को भारतीय दंड संहिता की धारा 121A के तहत सजा दी जाती है। वह षड्यन्त्र में नवम्बर, 1928 तक सक्रिय था लेकिन उस तारीख के बाद नहीं। **उसे सात साल सश्रम कारावास की सजा दी जाती है** पर यह एकान्त कारावास नहीं होगा।

प्रेमदत्त को भारतीय दंड संहिता की धारा 121A तथा 120B के अन्तर्गत सजा दी जाती है। वह पार्टी का महत्त्वपूर्ण सदस्य नहीं था। वह जनवरी, 1929 के बाद शामिल हुआ था। उसे **5 वर्षों का सश्रम कारावास** पर बगैर एकान्त कारावास के सजा दी जाती है।

अभियुक्त **देशराज, अजय कुमार घोष एवं जतिन्द्र नाथ सान्याल** को रिहा किया जाता है।

इस फैसले की कापी भगत सिंह, शिवराम राजगुरु एवं सुखदेव को निःशुल्क दी जाएगी।

जहाँ तक इस कार्यवाही से सम्बन्धित किसी आरोप का सवाल है, पाँच इकबालिया गवाहों, जयगोपाल, फणिन्द्रनाथ घोष, मनमोहन बनर्जी, हंसराज वोहरा एवं ललित कुमार मुखर्जी को कैद से मुक्त किया जाता है। आज इकबालिया गवाह रामशरण दास एवं ब्रह्मदत्त के लिए अलग आदेश जारी किए जाएँगे। घोषणा की गई।

7 अक्टूबर, 1930

जी.सी. हिल्टन
अब्दुल कादिर
जे.के. टप्प

अनुक्रमणिका

□□□